KB002054

내가 어렸을 당시에는 카메라가 있는 가정이 거의 없었다. 그래서 가족사진을 찍으려면 가족 모두가 사진관으로 가야 했다. 왼쪽부터 여동생 정란, 남동생 기훈(사망), 나, 막내 기호이고, 첫째 동생 기상이는 뒤에 서 있다.

16세에 한국 보이스카우트에 입단했다. 보이스카우트는 1950년대와 1960년대에 인기가 높았다. 우리는 캠핑을 하며 자연과 어울려 지냈다. 보이스카우트 활동은 외교관의 중요한 자질인 관찰의 중요성을 일깨워주었다. 또한 가치와 품위를 중시하고 정직과 관용적인 삶에 깃든 도덕적 무장을 강조했다. 나는 2019년 웨스트버지니아에서 열린 세계잼버리 대회에서, 한국스카우트연맹 명예 총재 자격으로 연단에 섰다. 내 생애를 통틀어 가장 많은 청중 앞에서 한 연설이었다.

내 인생의 이력은 열여덟의 나이에 백악관을 방문한 1962년에 시작되었다. 나는 미국 적십자사에서 주관하는 VISTA에 선발되었는데, 세계 40개국의 청소년이 미국을 방문하는 프로그램이었다. 백악관에 초대되어 존 F. 케네디 대통령의 발언을 들었을 때, 나는 전율을 느꼈다. 나는 평소 우리나라가 전쟁의 참화에서 회복되어 평화롭게 번영하는 데 일익을 담당하겠다고 막연히 생각하고 있었다. 하지만 좋은 일에는 국경도 없고 국적도 없다는 케네디 대통령의 발언을 듣고 난 뒤로, 국제적인 업무를 담당하는 공무원이 되기로 마음먹었다. 내 조국과 가족을 구해준 이 세계가 고마웠기 때문이다.

한국의 젊은 남자라면 누구나 군 복무를 해야 하기에 나는 대학 2학년을 마치고 군에 입대하기로 했다. 1960년대 초에는 학생시위로 수업이 취소되는 일이 잦았고 그 상황에서 시간을 허비하고 싶지 않아서 내린 결정이었다. 만약 학군단 훈련을 마칠 때까지 기다렸다면 장교가 될 수 있었겠지만, 나는 한국 육군 병장으로 만기 제대하는 길을 택했다.

유엔 사무총장 취임 선서를 한 2006년 12월 14일은 내 인생에서 손에 꼽히는 자랑스러운 날 중 하나였다. 이때까지 지나온 내 삶의 이력은 이 자리를 위한 준비 단계였다. 내 가족과 조국을 구해준 세계 각국에 진정으로 보답할 수 있게 되어 행복했다. (UN Photo/Mark Garten)

2007년 11월 9일, 우리 일행은 남극의 킹 조지 아일랜드를 방문했다. 거기서 우리는 기후위기의 비극적 결과를 직접 목격했다. 이날의 방문은 인간의 과소비와 낭비 그리고 에너지로 인한 극심한 오염 피해를 줄이려는 내 열정에 불을 댕겼다. (UN Photo/Eskinder Debebe)

2015년 12월 12일, 세계 각국이 기후위기의 재앙으로부터 지구를 구할 책임을 인정한 직후에 찍은 사진이다. 파리협약을 통해 각국 정부는 탄소 배출량을 줄이고 청정에너지를 받아들이기 위해 노력했다. 정부와 과학계, 학계, 옹호자, 시민사회, 언론 등 전 지구적 차원의 동맹 노력은 말할 것도 없고 이 단계에 도달하는 데만 수년이 걸렸다. 이 짜릿한 순간은 크리스티아나 피게레스 유엔 기후변화기본협약 사무총장, 로랑 파비위스 프랑스 외교부 장관 겸 제21차 유엔 기후변화협약 당사국회의 의장, 프랑수아 올랑드 프랑스 대통령 등과 공유한 내 인생에서 기억에 남는 흡족한 경험 중 하나였다. 내 집무실에 걸어둔 사진이기도 하다. (UN Photo/Mark Garten)

유엔 사무총장의 커다란 특권 중 하나는, 전 세계 12곳이 넘는 유엔평화사절단을 방문하는 것이었다. 이들 민간인과 군인은 분쟁지역에서 발생하곤 하는 적대행위를 종식하기 위해 노력한다. 콩고민주공화국 지원단의 평화유지군은 2007년에 가장 복잡하고 위험하며 값비싼 임무에 종사했다. (UN Photo/Eskinder Debebe)

아이티의 공포에 대비할 수 있는 사람은 아무도 없었을 것이다. 2010년 1월 12일에 발생한 대규모 지진은 포르토프랭스의 기반을 뒤흔들고 유엔 건물의 정중앙을 뒤집어놓았다. 27초 동안 이어진 지진으로 102명의 직원과 평화유지군을 잃었다. 내가 4일이나 지나서 피해 지역을 방문했을 때, 피 묻은 손으로 삽을 든 직원들은 여전히 친구와 동료의 시신을 찾으려 애쓰고 있었다. 아이티 유엔 본부 광경은 차마 눈 뜨고 볼 수 없었다. 아이티인 직원이 더럽혀진 유엔기를 건넸을 때, 나는 그만 평정심을 잃고 말았다. 적어도 30만 명의 아이티인이 지진으로 목숨을 잃었고 다른 수십만 명은 지진 직후의 비위생적인 환경에서 죽어갔다. (UN Photo/Marco Dormino)

2009년 1월 15일, 이스라엘군은 무차별적 전쟁인 캐스트 리드 작전의 일환으로 유엔의 가자 지구 본부와 창고를 폭격했다. 긴급 구호품 수천 톤을 파괴한 이 폭격은 가자 시민뿐만 아니라 유엔에 대한 계획적인 공격처럼 보였다. 일부 포탄에는 독성이 강한 황린이 들어 있었는데, 이것은 제1차 세계대전 당시에 사용하던 화학무기로, 물로 씻어도 제거되지 않는다. 나는 공격이 있고 5일이 지나도 여전히 연기가 자욱하고 독극물로 가득 찬 창고에서 기자회견을 했는데, 그 뒤로도 갑자기 어지럽고 시야가 흐려지는 이유를 알지 못했다. 에후드 올메르트 이스라엘 총리와 에후드 바라크 국방부 장관은 "중대한 실수"라는 표현을 하며 사과했지만, 폭격으로 인한 식량, 의약품, 담요와 그 밖의 물품 손실은 실향민에게 견딜 수 없는 고통이었다. (UN Photo/Eskinder Debebe)

위기가 발생했을 때는, 하루에 10개국 수도에 전화하는 날도 있었다. 이런 전화는 모두 업무용으로, 날씨나 가족에 관한 잡담 같은 것은 전혀 하지 않는다. 통화하는 쌍방 모두 기록자와 주제에 관한 전문가가 있으며 주제는 보통 사전에 합의한다. 내가 밤낮으로 받는 전화 중에서, 각국의 대통령이나 총리가 뉴스에 대한 반응으로 혹은 긴박한 상황에 대한 최신정보와 관련해 전화할 때는 기록되는 경우가 적다. 나는 걸려 오는 전화는 언제나 받았다. 중요하지 않은 일로 나에게 전화하지는 않을 터이니. (UN Photo/Mark Garten)

2003년 11월 18일, 폴란드 아우슈비츠-비르케나우 강제수용소를 방문했을 때, 나는 여전히 마음이 착잡했다. 수용소 경내를 걸을 때, 유대인과 소수민족 600만 명의 학살과 관련해 비통함을 느끼지 않을 수 없었다. 이 수용소에서만 100만 명이 목숨을 잃었다. 나는 동시에 제2차 세계대전 이후 저질러진 대량학살의 무게를 느꼈고 아직도 반인도적 범죄가 발생하고 있다는 생각에 몸서리를 쳤다. 제2차 세계대전 직후 세계 곳곳에 평화와 인권을 가져다주고 이러한 일이 다시는 일어나지 않게 하려고 유엔이 창설되었다. 불행하게도 유엔은 그런 임무를 다하지 못한 때가 있었다. 나는 그토록 많은 사람이 취약한 환경에서 고통받고 있는데도 충분히 보호하지 못한 것이 몹시 마음 아프다. (UN Photo/Evan Schneider)

2011년 2월 중순, 아랍의 봄은 리비아에서 최대 위기를 맞았다. 대부분 반군 지역을 향해 무아마르 카다피가 공중과 육상에서 맹공을 퍼붓는 무차별적인 폭력의 결과였다. 하지만 안보리 5개 상임이사국은 무력사용 승인을 놓고 교착상태에 빠졌다. 폭력이 격렬해지자, 전 세계에 포진한 리비아 외교관들은 고심을 거듭했다. 정부와 단절하는 것은 망설여졌지만, 국민에 대한 책임은 날카롭게 인식했기 때문이다. 2011년 2월 24일, 존경받는 샬감 유엔 대사는 안보리에서 발언하는 동안 눈물을 흘렸다. 그는 "제발 유엔이 리비아를 구해줘요!"라고 호소하며 흐느꼈다. 나는 이 엄숙한 회의에서 감정이 폭발하고 동정 어린 포옹과 악수가 이어지리라곤 상상조차 하지 못했다. (UN Photo/Evan Schneider)

2015년 4월 28일, 나는 교황을 만나기 위해 바티칸에 방문했다. 프란치스코 교황은 유엔의 야심 찬 개발과 기후변화 협약과 관련해 세계적 지원체제를 구축하는 문제에서 나의 든든한 동맹 중 하나였다. 인간적으로 진정 온화하고 애정 넘치는 교황은 인류를 위해 빈곤과 환경파괴에 맞서는 싸움의 틀을 잡아주었다. 그는 세계 지도자들이나 종교인과 가톨릭 신자들에게 지속가능 발전이 윤리적·종교적 가치를 대변한다고 말했다. 프란치스코 교황의 2015 회칙 "찬미받으소서"는 모든 사람에게 "우리 공동의 집"인 지구를 보호하라고 촉구한다. 우리 두 사람의 수많은 만남 중 하나였다. (UN Photo/Eskinder Debebe)

2009년 2월 24일, 아내와 나는 프리토리아에 사는 넬슨 만델라를 방문했다. 전 세계 지도자와 존경받는 외교관, 학자로 구성된 작은 모임이 그들의 권위를 통해 다가오는 위기를 피하고 인권과 발전을 위한 지원체제를 구축할 수 있으리라는 생각에, 그는 2007년에 엘더스를 창설했다. 전 아일랜드 대통령이자 유엔 인권고등판무관인 메리 로빈슨이 현재 이 모임의 의장이고 내가 부회장이다.

워싱턴에서 집으로 가는 마지막 비행기를 탔을 때, 당시로서는 당선 가능성이 낮은 버락 오바마 대통령 예비후보가 통로 맞은편에 있는 나에게 손을 들어 인사했다. 우리는 비행하는 동안 북한 관련 사안을 주로 이야기했다. 그는 유엔에 대한 자신의 입장을 설명했다. 그때 나는 깊은 인상을 받았지만, 2007년 중반에 있었던 민주당 후보 선출 과정에서 그가 경쟁자인 힐러리 클린턴에 승리를 거두리라고는 예상하지 못했다. (UN Photo/Evan Schneiderman)

2014년 겨울, 에볼라바이러스가 라이베리아, 시에라리온, 기니를 휩쓸고 있을 때, 나는 서아프리카로 날아갔다. 사람들은 전염병 발생 초기에는 그 치명적인 바이러스에 대해 잘 알지 못했지만, 전염성이 강하다는 것은 알았다. 사람들이 악수하는 대신 팔꿈치를 부딪치는 것을 본 것은 이때가 처음이었다. 내 집무실에서는 WHO와 평화유지 보급단, NGO 지원 등을 포함한 전례 없는 방역대책을 수립했고, 결국 우리는 전염병을 막을 수 있었다. 똑같은 공포와 예방책이 불과 6년 만에 코로나바이러스의 형태로 우리에게 돌아올 것이라고는 생각지 못했다. (UN Photo/Evan Schneider)

나는 내 어머니 신현순과 고향 충청북도 음성군에서 주최한 환영식에 참석해 포옹했다. 나는 어머니에게서 성실하게 일할 힘과 능력을 물려받았다. 어머니는 2019년에 향년 100세의 일기로 눈을 감으셨다. (UN Photo/Evan Schneider)

18세에 미국에 도착했을 때, 나는 너무 겁이 나서 영어를 한마디도 할 수 없었다. 하지만 샌프란시스코 공항에서 리바 패터슨을 만나면서 달라졌다. 패터슨 여사는 나를 자신의 넷째 아이처럼 가족으로 따뜻하게 맞이했다. 패터슨 가족은 내가 영어 실력을 키울 수 있도록 인내를 가지고 도왔고 와플과 탁구, 미국의 속어 같은 것을 소개했다. 이 가족은 또 나를 기막힌 태평양 해안으로 데려갔다. 거기서 나는 파도를 보며 자연의 위력에 감탄했다. 나는 60년 가까이 이 "미국 어머니"와 교류를 이어왔으며 내 사무총장 선서를 보려고 먼 길을 와준 패터슨 여사에게 감동했다. (UN Photo/Mark Garten)

사무총장이 되고 2년 정도 지났을 때, 후진타오의 후임인 시진핑 주석과 좋은 관계를 맺었다. 나는 그가 거대한 경제 규모와 인구, 잠재력을 바탕으로 빠르게 발전하는 국가의 위상에 걸맞게 세계 문제에서 더 큰 역할을 할 수 있도록 격려했다. 중국은 유엔의 평화유지 임무에 병력을 파견했고 개발과 공공 보건을 위해 수십억 달러를 기부했다. 중국은 이미 세계적인 강대국의 반열에 오른 만큼 중국 정부가 세계와 공존하는 방향으로 나아가길 바란다. (UN Photo/Mark Garten)

빌 클린턴 전 미국 대통령은 항상 유엔을 지원했다. 그는 또 아이티 유엔 특사를 맡아달라는 내 요청을 빠르게 받아들였다. 2010년 1월의 지진이 일어나기 6개월 전에 그를 임명했던 터라 그는 위기 시작부터 우리와 함께 일하게 되었는데 그 시점이 절묘했다. 우리는 아이티 복구 상황을 확인하기 위해 함께 여행했다. 클린턴 대통령은 복구를 돕기 위해 클린턴재단을 통해 수백만 달러를 모금했다. (UN Photo/Eskinder Debebe)

아내와 나는 연례적인 세계경제포럼에 참석하기 위해 스위스 군용 헬기를 타고 취리히에서 다보스로 여행했다. 짧은 비행이었지만 몹시 추웠고 소음이 심했다. 나는 사무총장으로 재임하는 10년 동안 154개국을 방문했으며 여행 횟수는 총 559회에 달했다. 내 집무실 직원의 추산에 따르면, 달을 6회 왕복할 수 있는 거리다.

나는 분쟁이나 환경파괴로 인해 삶의 터전을 잃은 사람을 위해 마련된 난민 캠프를 방문하는 것을 중시했다. 북한군이 쳐들어와 가족과 함께 마을을 떠나 피난 갈 때, 나는 겨우 여섯 살이었다. 그래서 나는 온갖 것을 버리고 떠나는 공포를 경험한 아이들에게 유독 마음이 쏠린다. 나는 그런 아이들에게 위로와 용기를 주고 싶다. 그 아이들에게 자신의 세계가 난민 캠프라는 빈약한 피난처에 국한되어서는 안 된다는 사실을 알렸다. 2010년 8월, 나는 전례 없는 홍수 피해를 본 파키스탄 수백 가구를 돌아보기 위해 이 캠프를 방문했다. (UN Photo/Eskinder Debebe)

밀레니엄 개발목표를 위한 500일 활동을 기념하는 행사에서, ABC 뉴스 진행자인 에이미 로백(왼쪽)이 나와 교육활동가 겸 말랄라펀드의 공동설립자인 말랄라 유사프자이(오른쪽)와 함께 '셀카'를 찍었다. 밀레니엄 개발목표와 후속 프로그램인 지속가능개발목표는 대부분 NGO와 시민사회에 의해 열광적으로 받아들여졌다. 이러한 노력은 또한 각 나라와 특수한 사회적·경제적·정치적 이슈를 고려한 빈곤퇴치 로드맵을 그려냄으로써 많은 세계 지도자와 언론의 상상력을 자극했다고 생각한다. (UN Photo/Mark Garten)

스포츠는 평화를 구축하는 도구 가운데 가장 저평가된 것 중 하나다. 공정한 경기는 더 큰 적대감에 대한 비폭력적인 대안을 제공함으로써 자신감과 존중심을 키워준다. 월드컵은 물론이고 아이들 픽업게임에서도 그러하듯 풋볼이나 축구는 종교와 민족과 계급을 넘어 지속적인 단결심을 만들어낸다. 그런 이유로 나는 IOC 윤리위원회 위원장을 맡았고, 2018년 평창 동계올림픽에서 남북한 선수들을 한자리에 모아 한반도 깃발 아래 행진하게 했다. 나는 전쟁 희생자를 기리는 2010년 5월 30일, 요웨리 무세베니 우간다 대통령과 간단한 시합을 했다. 그는 강력한 적수다. (UN Photo/Evan Schneider)

에티오피아 오로미아처럼 극히 건조한 농업 및 목축업 지역에서는 무엇보다 우물이 중요하다. 물은 위생과 건강, 생계, 생명 자체를 의미하며 지속가능개발목표에서 중요한 문제 중 하나이기도 하다. 나는 2016년 1월 31일, 이곳의 보건소를 방문했다. (UN Photo/Eskinder Debebe)

대형 태풍 하이옌은 6천 명의 목숨을 앗아가고 1,400만 명을 이재민으로 만들었다. 나는 태풍 발생 한 달 뒤인 2013년 12월 21일에 초토화된 필리핀의 레이테섬을 방문했다. 유엔의 1차 기부자 회의에서 8억 달러의 기부금 약속을 받아냈지만, 파괴된 그곳의 광경을 보는 내 마음은 여전히 무거웠다. (UN Photo/Evan Schneider)

쿠웨이트의 셰이크 사바 알아흐마드 알자베르 알사바는 유엔과 유엔의 활동을 열정적으로 지지했다. 그는 유엔에서 "아랍 외교 학장"으로 불렸고 나는 지역 안보와 지속 가능성에 대한 그의 조언을 귀하게 여겼다. 내가 그를 만난 곳은 분쟁으로 고향에서 쫓겨난 시리아인들을 위해 그가 마련한 기부자 회의 5곳 가운데 하나였다. 2020년 9월, 알사바의 죽음은 국제 사회에 엄청난 슬픔이었다. (UN Photo/Eskinder Debebe)

내가 조 바이든을 처음 만난 것은 그가 상원 외교 관계위원회 소속이던 2008년으로, 내가 이미 사무총장이 되고 난 이후였다. 그는 언제나 유엔에 우호적이었다. 그리고 나는 그의 타고난 온정과 강력한 외교 정책팀이 미국을 국제협력의 등대 역할을 하는 나라로 되돌려 놓을 것으로 확신한다. 바이든 행정부는 4년간의 공백 끝에, 많은 국제 협약과 다자 기구에 재가입을 시도 중이며, 나는 여기에 이란 비핵화 합의도 포함되기를 바란다. 외교와 관련된 47년간의 공직생활을 바탕으로, 그가 '러브 레터'를 쓰는 대신에 북한의 완전한 비핵화를 추구할 것임을 알기에 나로서는 위안이 된다. (UN Photo/Mark Garten)

2017년 10월 13일, 코피 아난 전 사무총장(왼쪽)과 내가 안토니우 구테흐스 사무총장(중앙)을 예방해서, 유엔 지도자 3인이 처음으로 한자리에 모였다. 뛰어난 외교관이었던 코피 아난은 이 사진을 촬영하고 불과 10개월 후에 세상을 떠났는데, 그의 죽음은 엄청난 슬픔이 아닐 수 없다. 모든 사무총장은 자신의 독립적인 지위를 유지하기 위해 강대국에, 심지어 유엔 산하 기구에 대해서도 유엔의 기본원칙에 충실하고자 부드럽게 맞서왔다. 유엔 사무총장은 힘과 동정심, 에너지, 신념이 있어야 제 역할을 수행할 수 있다. 나는 최초의 여성 사무총장이 탄생하여 이 작은 모임에 함께할 날이 오기를 고대한다. (UN Photo/Mark Garten)

반기문
결단의
시간들

Resolved: Uniting Nations in a Divided World
by Ban Ki-Moon

Copyright © 2021 Ban Ki-Moon
Korean translation copyright © 2021 Gimm-Young Publishers, Inc.
All rights reserved.

This Korean edition was published by arrangement with Ban Ki-Moon through Jennifer Lyons Literary Agency.

이 책의 한국어판 저작권은 Jennifer Lyons Literary Agency를 통한 저작권사와의 독점 계약으로 김영사에 있습니다.
저작권법에 의해 한국 내에서 보호를 받는 저작물이므로 무단전재와 무단복제를 금합니다.

반기문 결단의 시간들

1판 1쇄 발행 2021. 12. 17.
1판 5쇄 발행 2022. 2. 15.

지은이 반기문
옮긴이 박상은
감 수 보다나은미래를위한 반기문재단

발행인 고세규
편집 심성미 디자인 조명이
발행처 김영사
등록 1979년 5월 17일(제406-2003-036호)
주소 경기도 파주시 문발로 197(문발동) 우편번호 10881
전화 마케팅부 031)955-3100, 편집부 031)955-3200 | 팩스 031)955-3111

값은 뒤표지에 있습니다.
ISBN 978-89-349-8010-0 03340

홈페이지 www.gimmyoung.com 블로그 blog.naver.com/gybook
인스타그램 instagram.com/gimmyoung 이메일 bestbook@gimmyoung.com

좋은 독자가 좋은 책을 만듭니다.
김영사는 독자 여러분의 의견에 항상 귀 기울이고 있습니다.

반기문

결단의 시간들

세계를 하나로

김영사

추천의 말

반기문 총장은 극빈했던 그의 성장 환경을 고려할 때, 특별한 영감을 주는 삶을 살았다. 중대차한 현안인 지속가능개발목표를 위해 세계적 동참을 이끌어낸 그의 야망과 신념, 인내는 감탄을 자아낸다. 이 책의 흐름과 같이하는 황금 실Golden Thread 같은 그의 인류애를 인정하게 될 것이다.

— 토니 블레어(전 영국 총리)

이 책은 유엔 사무총장으로서 10년 임기를 완수하고, 언제나 기후위기를 최우선 목표로 삼아온 반기문 총장이 세계인에게 전하는 따뜻하고 친절한 설명을 담고 있다. 회의론이 고조되는 시기에, 그의 겸손한 인도주의적 관심과 강렬한 헌신은 유엔의 핵심 가치에 대한 신뢰를 회복하는 데 많은 역할을 할 것이다.

— 메리 로빈슨(전 아일랜드 대통령, 전 유엔 인권고등판무관, 엘더스 회장)

상상에 그치지 않고 우리는 실제로 더 나은 세계를 만들 수 있을까? 이 책에서, 선견지명이 있는 세계적인 정치가는 그것이 가능하다고 말할 뿐만 아니라 그 방법까지 보여준다.

— 그레이엄 앨리슨(《예정된 전쟁》의 저자)

반기문 총장은 중요한 회고록에서 세계 지도자, 저명인사, 시민, 옹호자들이 세계적 의제를 만들어낼 때, 그들 사이에 이루어지는 생생한 교류와 소통 그리고 상호작용 한복판에서 종횡무진 활약한다. 이 책은 유엔과 유엔 사무총장의 업무에 관심이 있는 사람이라면 누구나 반드시 읽어야 할 책이다.

— **엘런 존슨설리프**(전 라이베리아 대통령, 노벨평화상 수상자)

반기문 총장은 한국을 위해 그리고 제8대 유엔 사무총장으로서 세계를 위해 헌신한 자신의 생애를 설명한다. 여기서 그는 무엇보다 기후위기를 첫 번째 의제로 꼽는다. 그는 평화와 안보의 궁극적인 위협은 외교와 정치라고 말하며 이에 대한 흥미진진한 세부사항을 제시한다.

— **조지프 S. 나이 주니어**(전 하버드 케네디스쿨 학장)

반기문 총장은 자신의 역사적인 유엔 사무총장 재임 시절을 날카롭게 기술한다. 인간의 존엄과 공익을 위한 한결같은 헌신으로, 편협함, 권력 남용, 군국주의, 경제와 기술 발전에 따른 재앙 등 인류를 위협하는 위험을 일깨워준다.

— **제프리 D. 삭스**(컬럼비아대학교 교수, 2007~2015 반기문 특별보좌관)

일러두기

- 저자와 협의를 거쳐 영문판의 일부 내용을 덜어내거나 수정하고 새로운 내용을 추가로 실었습니다.
- 출처를 밝히지 않은 사진은 모두 저자가 제공한 것입니다.

"나, 반기문은 충성심과 분별력과 양심을 다하여 유엔 사무총장으로서 오로지 유엔의 이익을 위해 이 직무를 수행하고 나의 행동을 규제하며, 내 직무 수행과 관련하여 유엔 밖의 그 어떤 정부나 권력으로부터 지시를 받거나 간섭을 받아들이지 않을 것을 엄숙하게 선서합니다."

— 2006년 12월 14일

차례

제3부

인권과 개발 인류와 지구에 대한 지원

제4부

우리의 미래 유엔과 세계의 전진

제5부

나의 정치 참여

한국어판 서문

지난 2007년 1월부터 2016년 12월까지 제8대 유엔 사무총장으로 봉직하면서, 나는 유엔의 3대 핵심 가치인 국제평화와 안보, 인권 및 개발의 구현을 위해 진력했다. 퇴임한 후, 그동안의 활동 내용을 정리해 소개하는 것이 좋겠다는 국내외 인사들의 권유를 받아들여, 올 6월 미국 컬럼비아대학교 출판부에서 영문본 회고록을 출간했다.

제1부는 나의 어린 시절부터 유엔 사무총장 선출까지의 과정을 담고 있다. 제2부와 제3부는 유엔의 3대 가치를 실현하기 위한 나의 활동을 설명한 것이다. 마지막 부분인 제4부와 제5부는 우리의 미래 및 나의 정치 참여를 다룬 내용으로 구성되어 있다.

이 책은 한국 독자들의 이해를 돕기 위해 영문판을 그대로 한글로 직역하기보다는 현재의 국내 정세에 맞추어 부분적으로 생략, 수정 및 보완 작업을 진행했다. 특히 '나의 정치 참여' 부분은 영문판에는 없는 내용이지만, 별도의 장으로 추가하여 당시의 상황과 현재의 소회를 진솔하게 서술했다.

유엔 사무총장 직위에서 물러난 지 거의 5년이 되는 시점에 회고록을 통해 국내 독자들에게 나의 활동과 생각을 전할 수 있게 되어 무척 기쁘고 감회가 깊다. 이 책이 유엔의 전반적 활동을 관장하는 유엔 사무총장의 역할에 대해, 그리고 오늘날 국제사회에서 유엔이 차지하는 위상과 중요성에 대해, 우리 국민의 이해와 관심을 높이는 데 도움이 되기를 바란다. 누구보다도 미래세대인 청소년들이 세계시민정신을 함양하는 데 조금이나마 보탬이 된다면 더 바랄 나위가 없겠다.

이 책이 한국어판으로 출간되기까지 많은 분들이 열정과 노력을 기울였다. 이 과정에 참여해준 김숙 대사, 이병용 실장, 최성주 대사, 김봉현 대사, 이경철 대사, 박일호 실장, 정내권 대사, 정태용 교수께 감사드린다. 일차로 번역된 내용을 총괄하여 점검하고 꼼꼼히 감수해준 박용민 대사에게 특별한 감사를 표한다.

미국 컬럼비아대학교 출판부와 긴밀히 협업하면서 번역본을 완성해주신 김영사에도 각별히 감사를 전한다.

2021년 12월

반기문

서문

분열된 세계를 하나로

전쟁과 평화라는 두 단어는 유엔이 걸어온 길을 함축하는 표현이지만, 내 유년 시절의 경험을 규정하는 말이기도 하다. 내게 전쟁이란 여섯 살이 되던 1950년에 한반도에서 일어난 전쟁을 의미했고, 평화란 유엔이 분단된 조국을 구조하며 선사해준 평화의 씨앗을 상징했다. 우리 마을에 폭탄이 빗발처럼 쏟아지던 광경을 잊을 수 없다. 그러나 내 기억에 새겨진 장면은 그것만이 아니었다. 저만치 높이 휘날리던 유엔기의 모습은 우리가 혼자가 아니라고 말하고 있었다. 그 푸른 깃발이 나부끼는 한 우리는 안전할 터였다. 나는 유엔의 사무총장이 됨으로써 나와 내 조국을 파멸에서 구해준 조직의 장으로 봉직하는 행운을 얻었다. 그런 나에게, 유엔기가 오래전 전해준 희망은 결코 잊을 수 없는 것이었다.

열두 살 무렵 학우들을 대표해 다그 함마르셸드 유엔 사무총장에게 서한을 쓴 일이 있었다. 소련에 맞서 자유를 쟁취하려고 싸우는 헝가리의 젊은이들을 도와주십사 부탁하는 내용이었다. 이 일을 계기로 유엔을 향한 나의 관심은 한층 깊어졌는데, 유엔 사무총장에게 호소문을 보내던 그 소년은 50년 후에 자신이 그 자리에 앉게 되리라고는 꿈에도 상상하지 못했다.

전란의 폐허 속에서 유니세프가 배급하는 식량으로 허기를 채우고 유네스코가 제공하는 교과서로 공부하며 자랐던 내가 유엔 사무총장으로 일할 수 있었다는 것은 더없이 큰 영예였다. 2006년 10월 사무총장으로 선출되었을 때, 나는 전 인류를 위해 더 나은 세계를 만드는 일에 전력을 다하겠노라고 맹세했다. 내가 한 일에 대한 평가는 미래 역사가들의 몫이겠지만, 나 자신은 발언권을 얻지 못한 사람들을 대변하고 무방비 상태에 놓인 사람들을 보호하기 위해 할 수 있는 일을 다 했다는 사실에 위안을 느낀다. 나 또한 한때는 발언권 없이 무방비 상태에 놓인 사람 중 하나였다. 나는 국제적 연대야말로 생사를 가르는 중요한 사안임을 경험으로 배웠다. 국제적 연대가 내 조국을 구했고, 그것이 장차 우리 세계를 구원할 것이라는 믿음을 나는 버리지 않을 것이다.

오늘도 도처에서 수백만의 난민이 울부짖고, 절망에 빠진 아이들이 도움의 손길을 찾으며, 수많은 여성이 홀몸으로 억압에 맞서며 자녀에게 먹일 음식을 구하러 다닌다. 이런 참상을 떠올리면 요즘도 차마 편안히 밤잠을 이루기 어렵다. 내가 여전히 세계 지도자들의 정치적 의지를 강조하고 국가들의 협력이 필요하다고 주장하는 것은 그 때문이다. 나는 우리가 이런 노력을 펼쳐나갈 때 선불리 장벽과 철조망에 기대지 않고, 우리가 공유하는 보편적 인류애를 강화함으로써 그 노력을 뒷받침해야 한다고 줄곧 주장하고 있다.

오늘날 가장 걱정스러운 문제는 국가들 사이에 분열과 증오를 조장하는 일부 지도자들의 위험한 수사와, 다자주의에 대한 위협 등이다. 어떤 나라는 예컨대 파리기후협약처럼 유엔이 지원하는 협정과 관련된 공약을 저버리는가 하면, 어떤 나라는 인권 문제와 씨름하기도 한다.

사무총장으로서 나는 시간과 장소를 불문하고 전 세계의 정계, 재계, 시민사회 지도자들과 끊임없이 접촉했다. 관심을 가진 모든 이들이 열린 마음과 애정을 가지고 문제를 다룰 때 우리는 비로소 국제정치의 격랑을 헤쳐나갈 힘을 얻게 된다. 나를 이끄는 힘은 그런 믿음에서 나온 것이었다. 누구를 상대하든지 나는 언제나 존중과 겸손을 보이려고 노력했다. 하지만 불행히도 이런 노력이 때로는 나약함으로 오인당할 때도 있었다. 스스로 만든 나의 행동 지침은 물처럼 유연하되, 물처럼 강해지자는 것이었다. 물은 장애물을 피해 간단없이 흐르기도 하지만 때로는 맹렬한 충격을 만들어내기도 하는 법이다. 나는 말하는 것이 지식의 표현이요, 듣는 것이 지혜의 원천이라고 믿는다. 오늘날 세계 각지에서 갈등이 벌어지는 가장 큰 이유 중 하나는 다른 문화, 다른 국가, 다른 지역 사이에서 서로에 대한 이해와 존중이 모자란다는 데 있다.

나의 업적에 관해서는 이런저런 평가가 있겠지만, 나로서는 2015년이 유엔이 세계 인류에게 가장 야심 찬 비전 2가지를 제시한 해로 역사에 기록되리라는 사실에 자부심을 느낀다. 파리 기후협약과 더불어, 17개의 지속가능개발목표를 포함하는 어젠다 2030이 그것이다. 나는 이 2가지 계기에, 인류에 대한 거대한 위협에 맞서 단결함으로써 영감을 얻은 세계 지도자들이 보내는 우레와 같은 박수갈채를 들었다. 그 기립박수야말로, 서로 반목하던 지도자들이 더 고상한 목표를 위해 이견을 극복할 수 있음을 알리는 희망의 메시지였다.

나는 그 2가지 계기로 형성된 일체감이 영원히 지속되기를 바랐다. 하지만 5년이 흐른 뒤, 그 두 가지 목표에 다가가려면 기업과 시민사회와 일반 시민들의 참여를 포함해 우리의 노력을 배가하지 않으면 안 된다는 점이 분명히 드러났다. 나는 세계적인 경기 침체와 코로나바이러스가 빈곤과 맞서 싸워 얻은 우리의 수많은 성과를 무위로 돌리는 현실을 무거운 마음으로 지켜보았다. 증거를 부정할 길 없는 기후변화 위기가 세계 전역에 고통을 주는데도 우리는 여전히 위협에 대처할 만큼 탄소 배출량을 줄이지 못하고 있다. 이 2가지 획기적인 목표를 달성하는 것 외에,

나는 여성과 젊은이들의 권리를 향상하는 일에도 시간과 노력을 쏟았다. 많은 이들이 유엔 여성기구의 창설을 중요한 개혁으로 평가하고 환영했다.

조국에서 내가 공직을 통해 기울인 헌신은 자연히 세계에 대한 헌신으로 이어졌다. 나와 한국 국민에게 강력하고 무조건적인 지지와 우정을 베풀어준 전 세계의 수많은 사람에게 너무나도 큰 빚을 졌다. 복잡한 위기와 맞닥트린 난관의 순간마다 그들이 보내준 성원은 나로 하여금 스스로의 한계를 넘어서도록 해준 힘의 원천이었다.

바라건대, 나는 전 인류가 점진적인 개선과 구체적인 장기 목표에 마음을 쓰면서 각자의 능력을 최대한 발휘하기를 소망한다. 시민적 참여는 우리가 공유하게 될 삶이 장차 지니게 될 미래상이다. 우리 환경이 우리에게 버팀목이 되어주기를, 우리 건강이 우리에게 힘을 주기를, 우리가 누리는 평화가 우리에게 영감을 제공하기를, 그리고 우리 미래가 우리에게 동기를 보여주기를 바란다. 내가 굳이 '우리'라는 표현을 반복하는 까닭은 우리 중 누구도 이와 같은 보편적 조건에 홀로 도달할 수는 없기 때문이다.

이 책은 연대기가 아니며, 나의 재임 기간에 벌어진 모든 일을 다루지도 않는다. 그것을 전부 담자면 제한된 지면으로는 어려우리라 생각한다. 이 책은 나의 개인적 관점에서 서술되었고, 따라서 내용도 당연히 제한적이다. 비록 이 책에 전부 담지는 못했지만, 수많은 유엔의 직원과 평화유지군이 크나큰 헌신을 하면서 꽃피운 무수한 감동의 이야기들도 모쪼록 널리 알려졌으면 한다.

RESOLVED **제1부**

전란 속에 자란 아이, 평화를 꿈꾸다

외교관 인생의 토대

1

전쟁터의 아이가 평화의 수호자로

나는 고추 농사로 유명한 충북 음성군의 작은 마을에서 태어났다. 호적상의 생일은 1944년 6월 13일이지만 실제 생일은 이보다 한 달쯤 먼저다. 당시 많은 이들이 그랬듯 나의 부모님 역시 갓 태어난 내가 계속 생명 줄을 잡고 있을지 확인할 시간이 필요해 출생신고를 뒤늦게 한 탓이다.

대개 어렸을 적 기억은 희미한 법이다. 그러나 나의 6~8세 무렵의 유년기 시절은 절대 잊을 수 없는 기억으로 점철되어 있다. 한국전쟁에서 비롯된 악몽 같은 경험 때문이다. 북한군이 38선을 무너뜨리고 쳐들어온 건 내 여섯 번째 생일이 지난 직후였다. 전쟁이 터지고 불과 며칠 뒤, 우리 가족은 멀리에서 나는 대포 소리를 들을 수 있었다. 처음 북한군에 밀리던 전세는 미군이 주력인 유엔군의 참전으로 금세 역전되었다. 하지만 이런 상황은 그리 오래가지 못했다. 1951년 1월 초 50만 명이 넘는 중공군이 북한군에 가세하면서 전황은 삽시간에 뒤바뀌었다.

우리 가족은 즉각 피난 보따리를 싸서 청주에서 빠져나와야 했다. 웬만한 살림살이는 죄다 집에 두고 떠나왔지만 어린 나에게는 작은 짐도 여간 무거운 게 아니었다. 짐도 짐이었지만 우리에겐 더 큰 난제가 있었다. 출산을 코앞에 둔 임신 9개월의 어머니였다. 전쟁이 임신부의 사정 따위를 봐줄 리 없었다. 어머니는 피난길에 산통을 맞아야 했다. 산통이 시작되자 우리는 길옆에 있는 인가로 무조건 들어갔다. 일단 들어간 뒤 사정을 설명하고 도움을 청했다. 전란의 와중에도 인정은 살아 있었던 모양이다. 집주인은 기꺼이 방 한 칸을 내줬고 어머니는 그곳에서 출산의 고통을 맞았다. 나는 그때 어머니의 비명을 아직도 생생히 기억한다. 어머니의 고통을 덜어줄 방법은 없었기에 나는 그저 눈물만 흘렸다.

사흘 후 출산의 후유증이 채 가시지 않은 상태의 어머니를 모시고 온 가족은 다시 남쪽으로 움직이기 시작했다. 당연히 느릴 수밖에 없는 어머니의 속도에 맞춰 우리 가족은 모두 천천히 걸어야 했다. 당시 우리의 목적지는 집으로부터 24킬로미터 정도만 걸어가면 당도하는 곳이었다. 하지만 몸이 불편한 어머니와 함께 움직여야 했던 우리는 이틀 내내 걸어야 했다. 얇은 고무신을 신고 걷다 보니 돌부리나 가시덤불은 물론이고 울퉁불퉁한 진흙 길에서도 고역이었다. 발은 피투성이가 되었고 쫄쫄 굶은 상태로 계속 걷자니 녹초가 되었다. 다른 피난민들은 우리 곁을 휙휙 지나쳤다. 졸음이 쏟아졌지만 날씨도 몹시 춥고, 부모님이 바로 곁에 있었음에도 너무 겁이 나서 제대로 잠을 잘 수도 없었다. 그렇게 느린 걸음으로 힘겹게 도달한 곳은 증평의 외가였다. 거기서 우리는 몇 달을 지내야 했다. 그해 봄 맥아더 사령관이 이끌던 유엔군이 한반도 남쪽을 해방한 뒤에야 우리 가족은 집으로 돌아갈 수 있었다.

내가 미국인을 처음 본 것도 그 무렵이었다. 16개국에서 파견된 유엔군 사령부UNC 소속 군인들은 제각기 자국의 군복을 입고 있었던 터라 어린 나로서는 누가 미군인지 가려낼 재간은 없었다. 아이들은 조그만 장난감이나 사탕이라도 얻을까 하고 유엔군 군인들을 보면 "헬로"라고 소리쳤다. 덜컹거리는 트럭을 타고 지나가던 병사들은 이런 아이들을 향해 사탕이나 초콜릿 따위를 던져주곤 했다. 이런 행동은 어린이들의 환심을 사는 데 분명 효과가 있었던 것 같다.

물론 그때는 유엔의 중요성을 제대로 알지 못했지만, 그럼에도 유엔이란 존재에 한 가닥 희망을 걸 수 있으리라는 사실만은 어렴풋이나마 느낄 수 있었다. 유엔이 전 세계에 걸쳐 우리를 돕는 친구라는 사실은 분명했다.

유엔이 전쟁으로 고통받았던 한국의 어린이들에게 준 것은 사탕과 장난감만이 아니었다. 유엔은 전쟁으로 폐허가 된 땅에 학교를 세웠다. 유엔은 또 전쟁 통에 부족해진 교사를 충원하려고 무던히도 애를 썼다. 나는 지금도 교실 대용으로 썼던 나무 밑 공터에 학생들이 매일 칠판을 나르던 모습을 기억한다. 자갈이 깔린 공터에서 우리는 땅바닥에 앉아 공부했다. 아이들은 교사가 시키는 대로 학교에 빈 자루를 가지고 와서는 유엔이 마련해준 분유를 담아 집에 가져가곤 했다. 음식과 옷도 중요했지만, 내 기억에 학교에서 나눠줬던 교과서만큼 애착이 가는 것도 없었다. 우리는 그 황량한 풍경 속에서 독본과 수학, 과학, 한국 밖의 세계를 배웠다. 나는 이런 지식을 달콤한 꿀떡이라도 삼키듯 열심히 습득했다.

당시 우리가 사용하던 모든 교과서의 마지막 페이지에는 "이 책은 유엔 한국재건단UNKRA과 유네스코의 원조로 인쇄되었음"이라는 글귀가 적혀 있었다. 나는 진심으로 이 두 기관에 고마움을 느꼈고, 특히 유네스코에 관심이 갔다. 물론 당시 나는 장차 이 국제기구를 향해 가난한 소년에게 글을 가르치고 한국 밖의 세계에 눈을 돌리도록 일깨운 것에 대해 개인적으로 감사의 표시를 할 수 있을 것이라고는 상상도 하지 못했다. 2012년 9월, 유엔 특사 신분이었던 고든 브라운 전 영국 총리와 함께 '글로벌교육증시계획GEFI'을 창설했을 때, 나는 회원국 대표들에게 이 일화를 전했다.

내 이야기를 전해 들은 유네스코 한국위원회는 고서점을 뒤져 그 옛날 사용했던 교과서 몇 권을 찾아냈고, 여수에서 엑스포가 개최되었을 때 그중 한 권을 내게 전달해주었다. 이 책은 지금껏 내가 받은 선물 중 가장 소중한 것이었다. 한국위원회에서는 다른 2권을 이리나 보코바 당시 유네스코 사무총장에게 기증했고, 보코바 사무총장은 그것을 파리에 있는 유네스코 본부에 영구 전시하기로 결정했다. 이 책들이 전시되던 날, 나는 전시회 개막 행사에 참석했다. 나는 현재와 미래의 어린이들도 유엔이 밝히는 희망의 등불을 볼 수 있기를 기대한다.

지금은 오래전의 이야기가 되었지만, 전쟁 당시의 쓰라린 기억은 절대 나의 뇌리에서 떠나지 않는다. 특히 전쟁의 참화를 피해 도망쳐 온 난민들의 캠프를 방문할 때마다 나 자신의 옛 기억이 떠오르곤 한다. 전쟁의 가장 큰 피해자는 어린이들이다. 어린 시절에 경험한 전쟁의 트라우마는 커서도 완전히 극복하기 어렵다. 유엔 사무총장으로 취임한 뒤 세계 곳곳에서 터지는 분쟁을 어떻게든 막으려고 온 힘을 다했던 이유 중 하나도 바로 어린 시절에 겪은 아픈 기억 때문이었다.

전쟁 때의 쓰라린 기억이 비록 생생하기는 하지만, 그때를 제외한다면 내 나머지 어린 시절의 삶은 그렇게 모두 나쁘지만은 않았다. 내가 태어난 집안은 그리 가난하지도, 그리 부유하지도 않은 전형적인 농촌의 가정이었다. 당시에는 모두가 없이 살았기에 넉넉하진 못했어도 가난하다는 생각은 들지 않았다. 농업고등학교를 졸업하신 아버지는 우리 집 뒷마당에 배추, 고추를 직접 재배하고 돼지, 닭을 키우셨다. 나는 늘 아버지의 일을 도와드렸다. 비료를 살 만큼 여유가 있는 집은 거의 없었기 때문에, 대다수 농가가 풀과 변소에서 퍼낸 인분을 퇴비로 사용했다.

특히 장작으로 쓸 나무를 쪼개는 일은 장남인 나의 몫이었다. 나는 도끼를 능숙하게 다루는 편이어서 어렵지 않게 장작용 나무를 반으로 가르고 다시 반으로 쪼개 네 조각으로 만들었다. 처음에는 도끼가 무겁고 손에 익지 않아 꼭 흉측한 무기처럼 느껴졌지만, 반복해 사용하다 보니 도끼를 들어 올리고, 겨누고, 내리치고, 빠개는 일련의 동작에 익숙해졌다. 나는 도끼의 무게와 장작이 갈라지는 소리가 좋았다. 그 덕분에 상체 근육도 발달했고 주로 책만 붙들고 살았던 양손에도 못이 박히기 시작했다. 지금도 손에 그 못 자국이 만져지는 듯하다. 지금은 여유롭게 회상하지만, 그때 내가 했던 도끼질은 체력 단련이나 명상을 위한 것이 아니라, 오로지 가족의 생존을 위한 일이었다.

그 당시 여느 집과 마찬가지로 넉넉하지 않았던 우리 가족은 모두 한방에서 잤다. 방이 너무 비좁아서 개인 공간이 있었으면 하는 생각을 종종 했다. 부모님은 어려운 형편에도 언제나 자식들에게 힘이 되어주신 훌륭한 분들이었다. 두 분은 결혼식 날 처음으로 서로의 얼굴을 보았다고 했다. 옛 전통 방식으로 중매쟁이가 결혼을 주선했는데, 당시에는 청춘 남녀가 스스로 만나 결혼을 약속하는 일은 아주 드물었다. 15세만 되어도 짝을 맺는 조혼이 드물지 않은 시절이었는데, 아버지는 스무 살에 결혼하셨다. 양가의 부모님은 좋은 짝을 찾았다며 기뻐했고 실제로 그렇게 되었다. 결혼 후 부모님은 50년을 해로하셨고 아버지가 먼저 돌아가셨다.

선친(반명환)은 선하고 인정 많은, 그러면서도 필요할 때는 자식들에게 엄한 아버지였다. 일제강점기에 청주농고를 졸업한 뒤 충북산업이라는 개인 회사의 충주 출장소장으로 일한 선친을 충주 사람들은 반 소장이라고 불렀다. 이 회사는 농한기에 농부들이 짠 가마니나 새끼줄을 사들여 전국에 파는 것이 주된 사업이었다. 그런데 1960년대 들어 농협이 생기면서 선친의 역할에도 변화가 찾아왔다. 농협이 가마니와 새끼줄 수매를 대신 했기 때문이다. 아버지는 농촌 여러 곳을 돌아다니며 농산물을 사들인 뒤 이를 되파는 일을 했고 때로는 정부에서 나오는 비료를 농가에 분배하는 업무를 대행하기도 했다.

나는 초등학생 때부터 아버지의 일을 자주 도와드리곤 했다. 회사 창고에 가서 물자 출납을 도왔는데 가마니가 몇 개 들어오는지, 몇 개가 팔렸는지 등을 헤아렸다. 지금도 숫자를 외우고 다니는 나의 습관은 어릴 적 창고에서 가마니를 세던 경험에서 생겨난 것인지도 모르겠다.

선친의 인정 많던 성품이 간혹 과하게 보일 때도 있었다. 남의 부탁을 거절하지 못하는 탓에 본인은 물론이고 가족까지 애를 먹은 적이 한두 번이 아니었다. 심지어 이런 일도 있었다. 어느 날 아버지는 나병에 걸린 친구를 집으로 데려와 함께 살도록 했다. 식사는 따로 했지만 우리 집에는 세숫대야가 하나밖에 없었다. 그래서 어쩔 수 없이 친구분이 세수를 하고 나면 다른 식구들은 대야를 여러 번 씻은 뒤 사용해야 했다. 지금 생각하면 더 기막힌 것은 집에 방이 많지 않던 터라 나병에 걸린 아버지 친구분과 내가 반년 동안이나 함께 생활해야 했다는 사실이다.

이렇듯 남의 부탁에는 한없이 마음이 약한 아버지셨지만 일면은 엄격하기도 하셨다. 특히 자식 교육에 관해서는 엄하신 편이었다. 아들들이 장난이 심하거나 말을 듣지 않으면 주저 없이 매를 드시곤 했다. 심지어 마땅한 매가 없으면 가죽 허리띠를 풀어 체벌하기도 하셨다. 누구나 인정하는 모범생이었던 나 역시 매를 맞곤 했던 기억이 선하다.

돌이켜 보면 아버지는 자녀들이 문무를 겸비한 인물로 자라기를 원하셨던 것 같다. 언제나 "운동을 하라"고 말씀하시면서 "체육관에 가서 유도를 배워보라"고 권하시기도 했다. 하지만 내가 썩 내키지 않아 계속 미적대자 아버지는 집 마당에 평행봉을 설치하고 시멘트와 철판을 이용해 역기를 만들어주셨다. 그 덕에 나는 고등학교 때까지 집에서 운동을 손쉽게 할 수 있었다. 충주에 복원된 우리 집에는 당시 내가 쓰던 역기와 평행봉이 전시되어 있다.

운동과 함께 아버지가 강조하신 것은 한자 공부였다. 아버지는 늘 "서당에 가서 천자문을 배우라"고 말씀하셨는데 이 역시 계속 미루다 실행에 옮기지는 못했다. 천자문을 독학한 적은 있지만 아버지 말씀처럼 서당에서 제대로 배웠더라면 한학에 대해 상당한 식견을 기를 수도 있었을 텐데 하는 후회가 남는다.

아버지가 더없이 온화한 성품이셨다면 어머니 신현순 여사는 매사를 확실히 휘어잡고 통제하는, 강단 있는 성품이셨다. 그런 성품 탓이기도 했겠지만 어머니는 만사를 흘러가는 대로 내버려 두는 아버지의 생활방식에 불만이 적지 않았다. 실제로 우리 집은 아버지의 봉급만 꼬박꼬박 들어왔다면 별 어려움이 없을 만한 상황이었다. 그러나 아버지가 남에게 돈을 빌려주고 떼이거나 보증을 잘못 서는 바람에 가산을 날리는 일이 반복되어 어머니는 속을 끓이셨다. 이런 지경인지라 부모님의 다툼이 잦았던 것은 어쩌면 당연했을지 모른다.

강단 있는 분이셨지만, 아이를 8명이나 낳다 보니 어머니의 건강은 그리 좋지 못했다. 위로 누님과 형님이 있었는데 아주 어릴 적에 사망하는 바람에 내가 맏이가 되었다. 게다가 둘째 동생이 대학 3학년 때 수영을 하다가 변을 당하는 바람에 살아남은 건 5명뿐이었다. 영양 상태도 별로 좋지 않은 가운데 산파도 없이 연이어 출산을 했던 어머니는 자주 누워서 지내셨다. 자연히 맏이였던 내가 수제비에 밥과 김치로 밥상을 차렸고 청소도 도맡았다. 어린 여동생들을 업어서 돌보는 일도 내 몫이었다. 내가 밥하고 빨래하는 모습을 비슷한 또래의 아이가 보기라도 하는 날에는 어린 마음에 무척이나 창피하기도 했다. 간혹 동네 아주머니들이 어머니를 문안하러 오셨다가 우리 형제를 위해 밥이라도 앉혀놓고 가시면 그렇게 고마울 수가 없었다.

어머니는 사소한 내용도 무척이나 재미있게 풀어낼 줄 아는 타고난 이야기꾼이었다. 동네 아주머니들 사이에서 인기가 높았고, 어머니의 이야기를 들으려고 일부러 찾아오는 분도 적지 않았다. 어머니는 나를 가졌을 때 행운과 행복의 상징인 꿩 꿈을 꾸었노라고 하셨다. 꿈에 나타난 꿩을 잡으려 하니 계속 도망치려 해 치맛자락을 펴서 잡았다는 것이었다. 이 꿈 이야기를 들은 동네 사람들은 다들 좋은 태몽이라고 했다고 한다.

공부보다는 노는 데 열중하면서 초등학교를 다니던 나는 어느덧 중학교에 진학했다. 중학교 시절부터 내가 좋아한 과목들은 단연 문과 쪽이었고, 특히 영어를 열심히 했다. 반면에 수학, 물리, 화학은 싫어했다. 영어는 공부가 즐겁기도 해서 숙제도 열심히 하고 새로 배운 단어는 100회씩 쓰면서 달달 외웠다. 시사 영어 잡지도 애독했고 영화 속 영어 대사도 흥미롭게 되새겼다. 영어 대사가 나오는 외화를 자주 찾아서 봤는데 대사를 알아들으면 그렇게 즐거울 수가 없었다. 고등학교에 진학해서는 길을 가면서도 흥얼거리며 영어 문장을 외울 정도였고, 이런 습관은 대학 시절까지 이어졌다. 중학교 시절에는 선생님이 나더러 영어 발음을 해보게 하고 다른 학생들이 따라 하도록 시키기도 했다.

고교생이 되어서도 영어에 대한 열의는 식지 않았다. 1960년대 우리 동네에는 충주비료공장 건설을 위해 파견된 미국인 기술자들과 그 가족들이 살고 있었다. 이들은 자신들이 사는 동네를 이태원처럼 이국적인 분위기로 꾸몄다. 이 미국인들은 지방에서 종종 자원봉사를 했는데 고등학교 2학년 시절의 어느 날,

미국인 기술자의 부인들이 내가 다니던 충주고등학교 전람회에 오게 되었다. 학교 측에서는 나더러 안내를 맡으라고 하여 서툰 영어로 이들을 맞이했다. 그런 인연으로 주말이 되면 서너 명의 학우들과 함께 10리나 떨어진 미국인촌까지 한 시간가량 걸어가 놀다 오곤 했다. 이런 경험도 영어에 관한 관심을 더 키우는 데 도움이 되었다.

그러다 나의 삶에 지대한 영향을 미친 일이 일어났다. 하루는 영어 선생님이 부르시더니 "각 도에서 영어를 잘하는 남녀 학생 한 명씩을 뽑아 서울에서 본선을 치르게 한 뒤 우수자는 미국에 연수를 보내겠다는 적십자사의 공문이 왔다"며 "내가 너를 추천했는데 충북에서는 다른 경쟁자가 없어 혼자 서울에 가게 되었다"고 하셨다. 청주에서 간단한 테스트를 거친 나는 서울에 입성했다. 본선에서는 서울의 최고 명문고를 비롯해 전국 각지에서 모인 40여 명의 학생이 해석, 영작, 청취 등 필기시험을 거쳐 영어 면접시험을 치러야 했다.

이 무렵 나는 이미 학교에서 '한국 문화란 무엇인가', '한국의 음식은 무엇인가' 등 주제별로 말하는 법을 익힌 상태였다. 고교 2학년 때는 학원에서 〈타임〉, 〈뉴스위크〉를 보며 영어로 설명하는 수업을 받은 적도 있다. 다른 학생들은 주로 문법과 영작을 집중적으로 공부한 탓인지 주제를 던지고 질문을 하자 제대로 대답을 하지 못했다. 결국 나는 워싱턴에서 열린 '청소년적십자국제대회VISTA: Visit of International Students to America'에 참석하는 한국 대표 4인 중 하나로 선발되어 광활한 미지의 땅을 두 눈으로 직접 살필 수 있는 행운을 얻었다. 되돌아보면 이름 없는 한국 시골 학교의 고등학생이 유엔 사무총장으로 성장하는 역사적 계기가 이때 마련되었던 셈이다.

당시 충주에서는 그곳의 고등학생이 미국에 간다는 것이 실로 대단한 사건이었다. 다른 학생에 비해 초라해 보이지 말라고 학교 선생님들이 십시일반으로 돈을 모아 양복을 마련해줄 정도였다. 근처 충주여고에서는 여학생들이 50~60개의 선물용 복주머니까지 만들어주었다. 이런 전폭적인 지원과 기대 속에서 나는 1962년 7월 30일, 대망의 미국행 비행기에 올랐다. 당시만 해도 외국 여행 자체가 워낙 특별한 일이어서 부모님, 삼촌과 친구들이 충주에서 김포공항까지 동행하며 배웅했다.

마침내 미국 땅에 도착해 샌프란시스코의 금문교를 지나 넓은 101번 고속도로를 달리던 때의 흥분을 나는 아직도 잊지 못한다. 자동차와 슈퍼마켓이 넘쳐나는 미국은 상상했던 것보다도 훨씬 자유롭고 풍요로워 보였다. 그때 나는 '모든 것이 가능하다'고 느꼈다. 그리고 꿈을 이루기 위해 최선을 다하겠노라고 다짐했다.

한편 캘리포니아에서 목격한 새롭고 놀라운 문명이 나를 다소 위축시켰던 것도 사실이다. 이런 긴장감은 내가 훗날 '미국 어머니'라고 부르게 될 리바 패터슨 여사를 만나면서 눈 녹듯 사라졌다. 일주일간 집에 묵으며 신세를 지는 동안 패터슨 부부는 나를 친아들처럼 다정하게 대해줬다. 이들 부부에겐 나보다 한 살 어린 아들과 그 밑으로 두 딸이 있었는데 모두가 한결같이 친절했으며 한국에 대해서도 알고 싶어 하는 것이 많았다. 지금도 캘리포니아 해변에서 그들과 함께 보냈던 즐거운 시간을 가끔씩 추억한다. 바다에서 첨벙거리며 노는 바람에 돌아오는 차 안에서 곯아떨어진 내가 깨지 않도록 리바는 살그머니 담요를 덮어주었다.

나는 지난 55년 동안 패터슨 가족과 꾸준히 연락을 이어오고 있다. 편지만 교환하는 것이 아니라 직접 방문도 했다. 2004년 외교장관이 된 후 나는 패터슨 부부를 서울로 초청했고, 유엔 사무총장 취임 후에는 이들 가족 모두를 유엔으로 초청했다. 패터슨 가족은 나를 자랑스럽게 여겼다. 2017년 4월 29일은 나의 '미국 어머니' 리바의 100번째 생일이었다. 우리 부부가 캘리포니아의 집을 깜짝 방문하자 놀란 리바는 나를 껴안고 감격의 눈물을 흘렸다. 미국의 현지 TV 방송이 이 모습을 보도했는데, 아쉽게도 그것이 내가 미국 어머니 리바를 만난 마지막 순간이었다.

일행과 함께 캘리포니아에 도착한 나는 워싱턴주를 거쳐 마침내 꿈에 그리던 세계의 수도 워싱턴 D.C.에 도착했다. 거기서 나는 세계에서 가장 영향력 있는 지도자인 존 F. 케네디 미국 대통령을 만날 수 있었다. 백악관 로즈가든에서 만나본 케네디는 누구보다 멋지고 강인한 원칙주의자였다. 그는 세계 각지에서 모인 학생들 앞에서 각국의 이름을 외쳤다. 그가 "한국!"이라고 외치던 순간, 나는 심장이 터질 듯한 감동을 느꼈다. 고향 충주의 시장조차 만나본 적이 없었던 시골의 고등학생에게 얼마나 영광스러운 순간이었겠는가. 거기서 케네디는 영원히 내 가슴에 각인될 질문을 던졌다. "당신은 도움의 손길을 뻗칠 준비가 되어 있는가?"라는 물음이었다. 그의 연설은 나의 인생을 바꿔놓았다.

미국인 중에는 "아예 미국에서 살고 싶은 생각은 없느냐", "한국이 어려우니 미국의 51번째 주가 되어 미국에 속하는 것이 좋지 않겠느냐"고 묻는 사람도 있었다. 이런 이야기를 들으면 이들이 한국을 얕잡아 본다는 생각이 들었다. 그때마다 내 대답은 "미국도 좋지만 여기서 영원히 살고 싶은 생각은 없다. 역사와 전통이 있는 내 나라 한국에서 살겠다"는 것이었다. 이런 일을 겪은 후 나는 외교관이 되어 조국을 위해 일하겠다고 결심했다. 다른 길은 생각할 것도 없었다. 모교의 김용한 교장선생님이 법대로 진학해 법관이 되라고 조언을 하셨음에도 나는 외교학과로 진학했다.

미국 연수 경험은 내게 장래의 꿈만 선사한 게 아니었다. 내 인생의 반려자인 아내(유순택)와의 만남 또한 미국 연수를 계기로 이뤄졌기 때문이다. 아내는 당시 선물용 복주머니를 만들어서 전달했던 충주여고의 학생회장이었다. 나는 첫 만남에서 아내가 조용하면서도 상냥하고 똑똑한 여자임을 알아차릴 수 있었다. 그녀도 나에게 관심이 있는 것 같았지만 수줍은 성격 탓인지 아무 말도 하지 않았다.

그런 아내와 본격적으로 교제를 시작한 것은 우리 둘 다 서울에서 대학을 다니기 시작하면서부터였다. 나는 서울대학교 외교학과에, 아내는 중앙대학교 도서관학과에 다녔는데 당시는 전화기도 드물던 시절이라 서로 만나기도 쉽지 않았다. 데이트라고 해야 함께 산책하거나, 편지로 영화를 보러 가자고 제안한 뒤 약속 장소에서 만나는 정도가 전부였다. 다행히 아내가 언제나 약속 시간에 맞춰 나타난 덕분에 데이트를 이어갈 수 있었다.

대학 생활의 시작은 전혀 만족스럽지 않았다. 시골에서 힘겹게 서울로 진학한 나는 공부에 집중하고 싶었다. 하지만 1963년 당시는 5·16 직후여서 반일, 반독재 데모가 연일 벌어져 학교에선 휴강이 잦았다. 면학 분위기가 말이 아니었다. 3학년이 되면서 ROTC를 신청했는데 ROTC 관련 과목과 훈련만 진행되고 나머지는 대부분 휴강이었다. 자연히 '이렇게 ROTC 교육만 받다가는 나중에 군인이 되겠다'는 생각이 절로 들었다.

그 시점에서 나는 중요하면서도 올바른 판단을 내렸다. 차라리 병역을 빨리 마치자는 생각에 입대를 결심한 것이다. 어차피 군대는 가야 하는 데다, 2년간 수업은 듣지 않고 ROTC 교육만 받다가는 머리가 텅 빌 게 뻔했기 때문이었다. 게다가 당시 군사정부가 '관존민비'를 조장한다는 이유로 외무·행정고시 제도를 폐지한 탓에, 외교관이 되려고 해도 주사보로 시작해야 할 판이었다. 나는 3년간 복무하고 제대하면 다시 외무고시가 복원될 가능성이 크다고 판단했다. 시간이 흐르면 학교도 정상화되면서

면학 분위기가 조성될 터였다.

여기까지 생각이 이른 나는 3학년 초부터 일부러 ROTC 수업에 들어가지 않았다. 당시 규정에 따르면 ROTC를 신청했다가 해당 교육을 받지 않으면 바로 영장이 나오도록 되어 있었다. 결국 입대한 나는 2년 반 동안 사병으로 복무한 뒤 1967년 10월 만기 제대했다. 군대 시절 나의 첫 보직은 군사원조 물자를 하역하는 일이었다. 미국에서 보내온 군수품을 배에서 내리거나 차에 싣는 일을 했다. 부산 군용부두에서 밤낮없이 일해야 했다. 그런데 하역 과정에서 국군 장교들이 미군 장교를 상대할 일이 많았기 때문에 통역병으로 차출되는 경우도 드물지 않았다. 장교들 사이에서 내가 영어에 능하다는 이야기가 돌면서 사령관실에서 근무하게 되었다. 그 뒤로 군 생활이 조금 편해졌다.

병역 의무를 마치고 복학해보니 아니나 다를까 나의 예상대로 외무고시는 부활했고 학교도 정상화되어 있었다. 3학년에 복학해서는 소원대로 공부에 매진해 체육 과목을 제외한 전 과목 A를 받고 우등상도 받았다. 원래 서울대학교에는 우등상 제도가 없었는데 당시 신태환 총장이 면학 분위기를 조성할 필요가 있다며 딱 한 해만 성적 우수자에게 상을 주었다. 졸업 성적 역시 좋았지만 전체 수석은 아니었다. 하지만 졸업 당시 KBS에서 진행하던 〈수석 졸업생들과의 대화〉라는 프로그램에는 학교를 대표해서 출연한 적이 있다.

대학 시절에서 특별히 기억에 남는 것을 꼽으라면 하숙 생활을 빼놓을 수 없다. 처음엔 외삼촌 댁에서 통학하다가 2학년 때는 당시 신용남 국회의원의 아들을 가르치는 입주 가정교사로 들어가 1년간 살게 되었다. 그러다 입대를 했고, 제대한 뒤에도, 대학생이 된 아들과 형제처럼 지내라며 신 의원은 자기 집에서 지낼 수 있게 배려해주었다. 신 의원 부부는 나를 아들처럼 자상하게 대해주셨고, 나도 그들을 부모님과 다름없이 생각했다. 대학 졸업 후 고시 준비도 그 집에서 했는데 커피도 직접 타다 주시며 친아들처럼 여러모로 챙겨주셨다. 이렇게 그 집에서 공부한 끝에 외무고시에 합격할 수 있었으며 결혼 전까지 그곳에서 지냈다. 물론 신 의원 가족과의 인연은 계속됐고 유엔 사무총장이 된 후인 2008년 첫 번째 귀국 시에 두 분을 찾아가 큰절을 올리기도 했었다.

신 의원과 얽힌 에피소드도 적지 않다. 외무고시에 합격한 후 총무처로부터 생각지도 못한 편지가 왔다. "경제기획원에서 채용하고자 하니 경제기획원 총무과장실로 오라"는 내용이었다. 알아봤더니 김학렬 경제부총리가 경제 외교가 중요하다며 외무고시 합격생 중 영어 성적이 우수한 두 사람을 경제기획원으로 스카우트하라고 지시했다는 것이다. 나는 "안 가겠다"고 거절했는데도 총무처 측에서 "일단 와서 면접을 보라"고 했다. 그래서 신 의원께 상의했더니 "경제기획원으로 가라. 내가 지금 재무위원인데 그쪽으로 가면 얼마나 좋겠냐. 거기 가면 몇 년 안에 집도 한 채 살 수 있지만 외무부에 가봐야 아무것도 없다"라고 조언하셨다. 하지만 내가 "저는 경제를 잘 모릅니다"라며 고집을 꺾지 않았더니 "희한한 놈 봤다"며 혀를 차셨다.

외무부로 가야겠다는 마음은 그처럼 강했지만 총무처에서 온 편지가 마음에 걸렸다. 그래서 나는 충주고 8년 선배였던 홍순영 당시 외교부 서기관(전 외교부 장관)을 찾아가 이 문제를 상의했다. 이야기를 들은 홍 서기관은 "말도 안 되니 절대 가지 마라. 외무부로 와야지 무슨 소리냐"며 흥분했다. 그러더니 나를 외무부 기획관리실장에게 데리고 가서는 "다른 부처로 가는 것을 막아야 하지 않겠느냐"며 열변을 토하기도 했다. 나는 경제기획원의 면접에 아예 출석하지 않았고, 결국 외무부로 발령이 났다.

외무부에 들어간 뒤에도 해프닝이 있었다. 어느 날 신 의원께서 "좋은 혼처가 있으니 결혼해라. 국회 외무분과 소속 국회의원의 딸이니 결혼만 하면 출셋길이 보장될 거다"라고 말씀하시는 게 아닌가. 그래서 "만나는 사람이 있습니다"라고 했더니 "남자가 시시하게 그런데 연연하지 마라. 그쪽은 당장 끊고 여기로 해라"고 윽박지르시는 것이었다. 그러자 옆에 있던 양어머니가 "기문이가 사귀는 색시가 있다고 하잖아요"라며 내 편을 들어주셨다. 결국 외무부에 들어가고 1년 후인 1971년 3월 결혼식을 올렸는데 신 의원께서는 끝내 안 오시고 나머지 다른 가족은 참석하여 결혼을 축하해주셨다.

이런 해프닝 속에서 결혼식을 마친 우리 부부는 흑석동에 10만 원짜리 전세방을 얻어 신접살림을 시작했다. 당시 신참 외교관의 월급은 많지 않았다. 연구원에서 연수를 받을 경우 월급은 5천 원, 사무관이 되면 매달 1만 2천 원 남짓 받았다. 셋방살이 신세인 터라 주인집과 아궁이를 같이 썼다. 그래서 일단 주인집이 밥을 짓고 나면 그 연탄불에 우리도 음식을 할 수 있었다. 별도의 세면 시설도 없던 때라 세수도 부엌에서 하던 시절이었다.

외무부 근무는 여권과에서 시작했다. 일단 외무부에 들어가면 여권과에서 일하는 게 관례였다. 그래야 행정업무를 제대로 익힐 수 있다고 여겼기 때문이다. 여권과에서는 7~8개월 정도 일했고 그 이후에는 동남아과에서도 근무했다. 어느 정도 시간이 흐르자 내게도 해외공관에서 근무할 차례가 다가왔다. 당시 외무부 수장은 원리원칙주의자인 최규하 장관이었다. 최 장관은 특정인을 여건 좋은 해외공관에 보내달라는 민원이 쇄도하자 한 가지 아이디어를 냈다. 해외공관 파견 대상자들을 한 달 정도 연구원에서 교육을 받게 한 뒤 시험을 치러 그 성적순으로 희망 보직을 선택하게 만들자는 것이었다. 객관적이고 공정한 인사를 위한 방편이었다.

부지런한 성격 탓에 이 시험에서도 나는 30~40명의 응시생 중 1등을 차지했다. 관련 규정대로 내가 희망 지역을 일순위로 선택할 수 있었다. 지금도 그렇지만 당시에도 워싱턴이 가장 인기 있는 지역이어서 모든 사람이 내가 그곳을 선택할 것으로 예상했다.

하지만 나로서는 왠지 워싱턴으로 가는 게 썩 내키지 않았다. 무엇보다 미국 대사관에서는 직급이 낮은 편인 3등 서기관으로, 매일같이 층층시하에서 신문 복사 같은 심부름만 하다 보면 업무를 익히는 데 도움이 안 될 거라는 생각이 컸다. 게다가 꼭 워싱턴에서 일하고 싶다는 동기생마저 나에게 사정사정하는 상황이었다. 그래서 "워싱턴은 네가 가라"고 그에게 양보한 뒤 어디로 갈지 고심했다. 고민 끝에 당시 유종하 과장에게 찾아가 사정을 털어놓았더니 "그러면 아예 눈높이를 확 낮춰서 인도에 가라"고 조언해주는 게 아닌가.

유 과장의 설명은 이랬다. "당신은 지금 경제적으로도 어려움이 있는 것 같은데 인도에 가면 험지 근무 수당이 적잖게 나오니 귀국할 무렵이면 집 한 채는 살 수 있다. 게다가 거기엔 전도유망한 노신영 총영사가 부임해 있다. 노 총영사가 차관이 되는 건 시간문제이고 장관도 될 수 있다. 이분 밑에서 일을 배우면 큰 도움이 될 것이다." 유 과장의 조언이 나의 상황에 적절하다는 판단이 들어, 나는 결국 인도에 가기로 결정했다.

하지만 연구원 성적 1등이 워싱턴을 선택하지 않고 인도로 간다는 게 워낙 이례적인 일이었기에 주변에서 의아하게 여겼다. 그래서 총무과장과 감사관마저 "인도로 가겠다는 게 정말 본인 뜻이 맞느냐"고 거듭 물어왔다. 특히 군인 출신 감사관은 엄한 성격이어서 "장관이나 차관이 압력을 넣은 게 아니냐"고 추궁하기도 했다. 별수 없이 경제적 문제를 고려해 선택한 결정이며 전적으로 자의적인 판단이라고 소상히 설명했더니 그제야 감사관도 납득했다. 사정을 알게 되자 감사관의 태도도 바뀌어 "젊은 사람이 자세가 되었다"며 "무슨 일이 있으면 나에게 이야기하라"고 격려까지 해주었다.

이런 곡절 끝에 나는 인도에 부임했고 결과적으로 내 판단이 옳았음을 알게 되었다. 전 직원이 9명에 불과했던 인도 대사관에서 나는 원 없이 업무를 익힐 수 있었으며, 제법 저축도 해 수유리에 대지 50평짜리 보금자리를 당시 600여만 원에 마련할 수 있었다. 지금도 나는 후배들에게 내 일생에서 잘한 결정을 꼽으라면 하나는 첫 부임지를 인도로 간 일이고, 다른 하나는 아내와의 결혼이라고 털어놓곤 한다.

2

외교관 생활

한국의 전통적 가치를 공유하기

외교관으로서 첫 임지였던 인도의 델리에 아내와 나는 1972년 10월에 도착했다. 나는 거기서 3년 가까이 근무했는데, 처음에는 총영사관의 부영사로, 그리고 한국과 인도 사이에 완전한 국교가 수립된 1973년 12월부터는 대사관의 이등 서기관으로 일했다. 무척이나 열정적으로 보낸 시간이었다. 스물여덟의 나이에 신혼인 데다 외교관의 길을 걷고 있었으니 어찌 흥분되지 않았으랴.

부임 당시 딸아이 선용이는 생후 8개월이었고 외아들인 우현이는 1974년 10월 30일에 인도에서 태어났다. 나는 인도인들에게 인도와 거래한 나의 대차대조표는 완전무결하다는 농담을 하곤 했는데, 그도 그럴 것이 아들이 인도 출생인 데다가 막내딸 현희는 인도 남자와 결혼했기 때문이다. 50년 가까이 지난 지금도 나는 인도인을 만나면 내 마음의 절반은 인도에 있다고 말하곤 한다.

업무는 꽤 힘들었지만 젊은 외교관에게 매혹적인 면도 있었다. 한국의 기본 목표는 당시 비동맹권의 리더인 인도로부터 완전한 외교적 승인을 받는 것이었다. 이 목표는 1973년 12월에 이루어졌다. 외교가에서는 공관을 영사에서 대사급으로 격상하는 것을 외교 관계의 전환점이라고 여기고 있었다. 인도는 남북한을 공히 승인한 최대의 비동맹국 중 하나가 되었다.

국내외를 오가며 우리나라의 국제관계와 발전을 위해 일하는 동안 나의 외교관 직급은 꾸준히 올라갔다. 델리로 부임했던 이래 나는 십여 가지 이상의 직책을 맡았다. 하지만 동료 중 다수가 나를 '너무 빨리 출세하는 사람'으로 여긴다는 말을 전해 듣고 한편으로 놀라기도 하고 내심 걱정도 되었다. 당시 한국 외무부에는 서열을 중시하는 관료주의 풍토가 강했기 때문에 선임 직원들보다 먼저 승진하는 것은 다소 불편하게 여겨지는 일이었다.

나의 멘토 중 한 분은 훗날 외무장관과 국무총리를 역임한 노신영이었다. 그는 원대한 비전과 강인한 성품의 소유자로, 카리스마 넘치는 지도자이자 존경받는 외교관이었다. 뉴델리에서 인도 주재 대사로 모셨을 때부터 그분은 나를 깊이 신임해주셨다. 1987년 노 총리는 이례적으로 나를 고위직으로 승진시켰다. 이때 나의 승진은 내 동료들, 특히 내 상사들에게는 놀랄 만한 사건이었다. 종종 볼 수 있는, 개인적인 연고에 바탕을 둔 승진발령이 아니라, 나의 노력과 성실성을 주목한 국무총리가 내린 결정이었다. 승진 소식을 들은 나는 퇴근 후 밤마다 동료와 상사들에게 이해를 구하는 편지를 썼다. 고위 외교관으로서 기대에 부응하기 위해 최선을 다하겠노라고 다짐하는 편지를 줄잡아 120여 명에게 쓰는 데 거의 한 달 가까운 시일이 소요되었다.

대한민국과 한반도를 넘어 세계에 이바지하겠다는 나의 야심은 어린 시절의 경험에서 비롯된 것이다. 37년 동안 한국의 외교관으로 살면서, 나는 한반도에서 전쟁이 벌어졌던 이래로 대한민국의 중추적인 양대 우방이라고 할 수 있는 미국 및 유엔과 맺은 관계의 여러 면모를 볼 수 있었다.

1978년, 나는 뉴욕의 유엔 주재 옵서버대표부Permanent Observer Mission에 일등 서기관으로 보임되었다. 유엔의 정식 회원국이 되려면 안전보장이사회의 승인이 필요했는데, 한국은 유엔에서 정회원국으로 인정받지 못하고 있었다. 공산권인 소련과 중화인민공화국은 한국의 가입 결의안에 거부권을 행사하겠다고 위협했다. 이런 사정으로 한국은 유엔기구에서 투표권이 없었지만, 우리 외교관들은 언제나 바빴고, 그래야 할 만큼 일도 많았다. 나는 복잡미묘한 유엔 시스템의 작동방식을 배웠고, 다자주의에 관한 경험을 얻었다. 이 경험은 이후 나의 경력 전반에 큰 도움을 줄 터였다. 우리는 모든 회의에 신중하게 대비했고, 회원국들을 상대로 남한의 입장을 지지해달라고 열성적으로 설득했다.

북한 역시 각국 대표단의 마음을 사려고 애썼다. 그것은 총성 없는 맹렬한 외교전이었다.

유엔 총회가 1991년 9월 17일 대한민국과 조선민주주의인민공화국의 동시 가입을 승인하고서야 우리는 정회원국 자격을 얻었다. 이것은 한반도에 2개의 국가가 존재한다는 사실을 세계가 인정한다는 것을 의미했다. 나로서는 분단이 공식화되었다는 현실이 가슴 아프기는 했지만, 유엔 가입이야말로 전후 대한민국의 역사에서 가장 기념비적인 순간이라는 사실도 잘 알고 있었다. 그래서 한국의 유엔 가입을 축하하는 분위기에 기꺼이 동참했다. 1970년대에 옵서버대표부에서 일하던 젊은 시절이 떠올랐다. 이처럼 중요한 순간을 맞이한 내 조국이 자랑스러웠고, 작게나마 거기에 기여한 나의 역할도 자랑스러웠다.

균형을 갖춘 교육

이 무렵 나는 종종 외교관 경력에서 중요한 뭔가를 놓치고 있다는 기분이 들었다. 나는 공직자로서 열심히 일하기는 했지만, 원대한 비전을 키우지는 못했다. 그래서 스스로의 지적 능력을 더 키우고 가꾸어야겠다는 생각이 들었다. 유엔 과장의 보직을 마치고 나자 앞으로의 경력을 위해 시야를 더 넓혀야겠다는 생각은 더 강해졌다.

나는 훗날 외무장관을 역임한 공로명 차관보와 이 문제를 상의했다. 그는 해외연수를 권유하며 관련 절차를 진행하도록 승낙해주었다. 나는 1983년에 우선 국제법 과정을 밟기 위해 런던정치경제대학교LSE에 지원했는데 입학 허가를 얻지 못했다. 학교 측은 내가 충분한 법률 관련 배경을 갖추지 못했다고 했다. 부분적으로는 그들이 옳았을 수도 있지만, 사실 나는 서울대학교 재학 당시 국제법 과목에서 아주 우수한 성적을 얻은 바 있었다. 다음 단계로 나는 공공행정 석사과정을 밟기 위해 하버드대의 케네디스쿨에 지원했고, 다행히 입학 허가를 얻었다.

나는 1984년에 하버드 케네디스쿨에서 공공행정 석사학위를 취득했고, 졸업할 때는 학업성취도와 하버드 커뮤니티에 대한 기여를 인정받아 '리타우어 펠로Littauer Fellow'라는 권위 있는 상을 받았다. 나는 내 성적에 자부심을 느낄 만큼 열심히 공부했다. 무엇보다 나의 영웅인 존 F. 케네디의 이름을 딴 대학원을 졸업했다는 것이 자랑스러웠다. 심지어 나는 하버드에서 'JFK'라는 별명을 얻기까지 했다. 처음 대학원 친구들 앞에서 자기소개를 하면서 농담으로 'JFK'라고 말하며 "한국에서 막 도착한Just From Korea"이라는 의미라고 설명하자 모두가 웃었는데, 그 뒤로도 그레이엄 앨리슨 전 학장은 종종 나를 JFK로 소개하곤 했다.

유엔 사무총장으로 선출되었을 때는, 내가 케네디 대통령과 만났다는 소문이 널리 퍼졌다. 사무총장 취임을 준비하고 있을 때, 에드워드 케네디 상원의원이 뉴욕으로 나를 찾아와 잊지 못할 선물을 주었다. 내가 케네디 대통령과 함께 찍은 사진이었다. 그는 사진 밑에 "JFK가 JFK를 만나다"라고 적어놓았다. 뜻깊은 선물이 아닐 수 없었다.

대학원에서 나는 교수들과 동료 대학원생들이 벌이는 토론회에 참석하며 수많은 국제문제에 관한 내 견해를 밝혔다. 지금도 기억나는 경험 하나는 국제적인 위기 국면에서 조지 H. W. 부시 부통령의 역할과 관련된 것이었다. 교수들은, 어떤 경우든 미국 대통령은 2페이지가 넘는 정책 비망록policy memo은 읽지 않을 것이라는 가정을 엄격하게 견지했다. 따라서 학생들로서는 정책적 건의사항의 골자를 간단하되 명료하게 설명하는 것이 긴요했다. 이런 훈련은 이후 내가 두 명의 한국 대통령을 위한 외교안보보좌관으로, 외교장관으로, 유엔 사무총장으로 근무할 때 소중한 자산이 되었다.

터프츠대학교의 플레처스쿨에서 외교사 학점을 취득하기 위해 수업을 들었을 때, 나는 한국전쟁의 역사를 강의하는 교수에게 이의를 제기한 적이 있다. 교수는 한국전쟁 발발과 관련해 두 가지 이론이 있다고 소개하며 하나는 남침설이고 다른 하나는 북침설이라고 설명했다. 나는 손을 들고 "교수님, '북침설'이라니 그게 무슨 말씀이십니까?"라고 물었다. 1950년 6월 25일, 북한이 남한을 상대로 전쟁을 일으킨 것은 역사적 사실이다. 이틀 후 유엔 안전보장이사회는 "대한민국에 대한 공격을 평화에 대한 침해로 규정하고, 북한 당국이 군사력을 38도선 이북으로 철

수할 것을 요구하는" 결의안을 채택한 바 있다.[1]

교수는 역사에는 여러 다른 이론이 있을 수 있다고 말했다. 나는 다시 이의를 제기하며 역사적 사실에 반하는 이론은 있을 수 없다고 대답했다. 수천 년 전에 일어난 일이라면 다양한 이론이 있을 수도 있다는 말도 덧붙였다. 논쟁이 이어지던 끝에 나는 한국사에 관한 교수의 발표는 "편향된 것biased"이라고 반박했다. 모욕감을 느낀 교수는 화를 내며 자신이 어떻게 하면 편견에서 벗어날 수 있겠냐고 반문했다.

나는 상황을 상세하게 설명할 기회를 달라고 요청했다. 공정하고 관대하게도, 교수는 그다음 주 나에게 초빙 강의 시간을 내주었다. 강의를 마친 다음, 나는 그의 연구실로 찾아가 공개적으로 이의를 제기한 것에 유감을 표했다. 하지만 다른 학생들이 한국사에 대해 그릇된 지식을 갖도록 만들 수도 있는 그런 잘못을 그냥 보아넘길 수는 없는 노릇이었다. 교수는 나의 사과를 받아들였다.

해외연수를 마친 후 다시 공직에 복귀했다. 1987년부터 1990년까지는 한국의 가장 중요한 우방국인 미국의 워싱턴 D.C.에 주재하는 총영사로 근무했다. 뒤이어 1990년 6월, 나는 예상치 못했던 외무부 미주국장으로 임명되어 서울로 돌아왔다. 미국 정부 내의 고위 관료들과 접촉을 시작하며 이후 나의 외교관 임기 내내 지속될 관계를 확장해갔다. 내가 일생일대의 충격을 받은 것은 이 무렵이었다. 미국 정보부와 군부 인사들이 서울에 와서 놀랄 만큼 세밀하고 명료한 브리핑을 해주었다. 북한이 핵 개발 야심을 실행에 옮기고 있다는 것이었다. 브리핑이 끝났을 때 나를 비롯해 그 자리에 있던 모두가 입을 떼지 못했다. 우리는 미국 측의 브리핑 내용상의 허점이나, 그 끔찍한 소식을 반박할 증거를 찾으려고 면밀하게 검토했지만, 그런 것은 없었다.

의무와 책임

나는 북한이 핵 야망을 포기하도록 설득하기 위해 5인으로 구성된 협상팀의 일원으로 핵 관련 업무에 매달렸다. 1991년 12월 30일, 북한 측과 저녁 늦은 시간까지 핵 협상을 마치고 집으로 오는 동안 나는 상황에 진척이 있다고 느꼈고, 우리가 기울인 노력에 보람도 느끼고 있었다. 그런데 집 안으로 들어서는 순간 무언가가 잘못되었다는 것을 알 수 있었다.

아버지가 자전거를 타다가 과속 차량에 치여 돌아가셨다는 것이다. 전혀 예상치 못했던 사건이라서 충격이 더 컸다. 하늘이 내 위로 무너져 내리는 것 같았다. 일순 어찌할 바를 몰랐다. 장남으로서 장례 준비를 해야 했다. 아내와 나는 충주로 차를 몰았다. 정신적으로나 감정적으로 진이 모두 빠져나가는 것만 같았다. 나는 공무원으로서 긍지를 가지고 살았고, 언제나 공적 책무를 사적 의무보다 중시해왔다. 내 앞에 놓인 첫 번째 난제는, 내가 깊이 관여할 수밖에 없는 가정사와 국가의 중대사를 동시에 어떻게 처리할 것인가였다.

나의 숙부(반필환)는 당시 청원군 부군수로 재직하고 계셨다. 자신도 평생 헌신적인 공무원이던 그가 나의 사정을 이해하고, 자신이 장례 준비를 도맡겠다고 나섰다. 숙부는 나더러 판문점으로 돌아가라고 재촉했다. 나는 자정이 넘도록 빈소를 지키다가 자리를 떴다. 아내가 밤새 운전해준 덕에 나는 아침 이른 시간에 판문점에 도착할 수 있었다. 아내는 내 건강을 염려하며 차 안에서 눈을 붙이라고 했지만 좀처럼 잠을 이룰 수 없었다. 동이 틀 무렵 다른 대표단원들과 함께 판문점으로 갔다. 그리고 그날, 1991년 12월 31일에 남북한 대표단은 역사적인 비핵화 선언에 합의했다. 비핵화 선언이 채택된 후, "협상 대표로 참여했던 반기문 국장이 부친상을 당하고도 협상장에 나와 북한 측 인사들을 감동시켰다"는 뉴스가 방송을 탔다. 그러자 노태우 대통령을 비롯하여 전국의 많은 분들로부터 조전이 쇄도했다. 비핵화 선언은 1992년 2월 19일에 발효되었다. 29년이 흐른 지금도 나는 그 역사적인 협상에 참여한 것을 크나큰 영예로 생각한다.

이 협상에 참여한 덕분에 외교관으로서 나의 위상은 높아졌다. 그 후 나는 주미대사관 정무공사로 발령받아 일하면서 여러 명의 미국 정부 관리, 학계 인사들과도 만나며 활동 반경을 넓혔는데, 이들은 이후 내가 외교차관 및 장관으로 근무하는 동안 든든한 동료가 되어주었다. 훗날 유엔 사무총장이 되었을 때도 그들은 여러모로 도움을 주었다. 1993년 2월에 김영삼 대통령이 취임했고, 나는 1995년에는 외무부 외교정책기획실장, 그 후에는 정무차관보를 맡게 되었다. 대통령의 신임을 받아 나는 그의 의전수석 비서관이 되었고, 얼마 후에는 외교안보수석 비서관에 임명되어 김영삼 대통령의 임기 말까지 봉직했다.

한국은 1997년의 아시아 금융위기 때 경제 전반에 심각한 타격을 입었다. 국제통화기금IMF과 구제금융 조건을 협상했지만 좀처럼 진척이 없었다. 부총리를 필두로 한국의 경제팀은 전력을 다했지만, 미셸 캉드시 총재가 이끄는 IMF는 요지부동이었다. 캉드시 총재는 퇴임을 앞둔 김영삼 대통령에게 차기 대선후보 전원에게 IMF의 요구를 준수하겠다는 서약서를 받아내라고 요구할 만큼 강경한 태도를 보였다. 나는 김 대통령의 표정이 굳어지는 것을 곁에서 지켜보았다.

김 대통령은 외교안보 수석비서관이던 내게 우리가 수용할 수 있는 조건으로 IMF와 협상할 것을 주문했다. 그때까지의 협상에 관여하지 않았던 나로서는 최종 단계의 협상 테이블에 임한다는 것이 그리 편치 않은 상황이었다. 나는 최선을 다했지만 협상 타결을 끌어내지는 못했다. 결국 1997년 12월, 한국 정부는 600억 달러에 가까운 굴욕적인 구제금융 동의안에 서명할 수밖에 없었다. 구제금융은 대한민국이 오랫동안 성공적으로 이룩해온 번영이 얼마나 순식간에 무너질 수 있는지를 단적으로 보여주는 충격적인 상징이었다. 수십만 개의 일자리가 사라졌고 전

국민이 고통받았다. 대한민국호는 침몰하고 있었다.

이듬해 취임한 김대중 대통령의 리더십 아래, 온 국민이 이 빚을 갚기 위해 하나로 뭉쳤다. 한국인은 근면하고 희생도 감내하는 국민이지만, 상황은 생각보다 훨씬 더 심각했다. 정부는 금이 필요했다. 정부의 호소를 접한 국민은 애국심을 발휘해 각자의 장신구나 금붙이를 챙겨 들고 특별히 마련된 수집 장소를 찾아왔다. 나라의 미래를 지키기 위해 무공훈장이나 결혼반지를 기부하려고 줄지어 기다리는 사람들의 모습은 눈물겨운 광경이었다.

아내와 나도 나라를 위해 우리의 수수한 결혼반지를 기부했다. 우리 두 사람은 대한민국에 대한 믿음이 있었고 많은 봉사와 희생의 사례를 보며 성장했기 때문에 기부가 이상한 일은 아니었다. 하지만 되돌아보면 결혼반지가 사라진다는 사실에 별다른 서운함을 느끼지 않았다는 것이 신기하기는 하다. 지금도 우리 부부는 결혼반지 없이 지내고 있다.

예전에는 돌잔치 때 첫 생일을 맞은 아기에게 조그만 금반지를 선물하는 풍습이 있었다. 이 돌 반지도 나라를 구하는 구명줄이 되었다. 돌 반지를 기부한 가족들에게 반지의 가치는 단지 금의 중량을 넘어서는 것이었을 터다. 한국 정부는 이렇게 모은 226톤의 금을 금괴로 만들어 국제시장에 팔았다. 그리고 한국은 2001년 12월에 구제금융의 빚을 청산했다. 예정보다 4년 이른 시점이었다.

김대중 대통령은 평생 민주주의와 자유를 위해 투쟁한 공로로 국제적인 칭송을 받는 인물이었고, 2000년에는 노벨평화상을 수상했다. 그는 고문을 당하고 사형선고까지 받았지만, 국제사회의 압력 덕분에 석방되었다.

한국 역사상 처음으로 정치 지형이 보수에서 진보로 기울었다. 보수적인 공무원이던 나에게 반드시 유리한 상황이라고는 할 수 없었다. 그해 후반 나는 직전 보직에 비해 비중이 상대적으로 낮은 오스트리아 주재 대사로 부임했다. 동시에 빈 주재 국제기구대표부 대사를 겸임함으로써, 다자외교 무대에서 경험을 쌓는 기회가 되었다. 당시 빈 주재 유엔 대표를 통해 당시 사무총장이던 코피 아난에게 신임장을 제출했다. 빈에 부임하고 몇 달 후에는 빈에 본부를 둔 포괄적핵실험금지조약기구CTBTO 준비위원회 의장으로 선출되어 나의 업무 영역은 더 넓어졌다. 나는 열정적으로 업무에 임했지만, 오스트리아 근무는 20개월 만에 끝났다.

2000년 1월, 김대중 대통령이 나를 외교차관에 임명했던 것이다. 나는 종종 국무회의에도 참석했고, 장관 부재시에는 장관을 대리했다. 하지만 행운의 여신이 나에게 늘 미소만 보냈던 것은 아니다. 호사다마라고 하지 않던가. 아니나 다를까, 나는 새로 출범한 조지 W. 부시 미 행정부와 김대중 정부 사이에서 위기로 번진 외교적 실수에 휘말렸다.

1972년의 탄도탄요격유도탄조약(ABM 조약)은 국제 평화의 초석으로 환영받았고 한국은 언제나 그 조약을 지지했다. 그런데 불행히도 당시 우리 정부는 그것을 폐기하려는 부시 대통령의 움직임을 이해하지 못했다. 2001년 2월 27일, 서울에서 김 대통령과 블라디미르 푸틴 러시아 대통령의 정상회담이 열렸고 공동성명이 발표되었는데, 거기에는 ABM 조약의 중요성을 재확인하는 내용이 포함되었다. 모스크바 측은 부시 행정부가 그것을 폐기하려고 한다는 사실을 알았지만 우리는 그러지 못했던 것이다. 〈뉴욕타임스〉 등 언론은 그 공동성명에 관해, 미국의 확고한 우방인 한국이 러시아 쪽으로 기울고 있다고 경고하는 내용으로 보도했다.[2] 유감스러운 실수였다. 한국이 그처럼 공공연히 미국을 반대할 이유는 없었다. 결국 김 대통령이 공식적으로 사과해야 하는 굴욕적인 상황이 되었다.

상황은 더 나빠졌다. 김 대통령은 얼마 후 워싱턴 D.C.로 가서 새로 취임한 부시 대통령을 처음으로 만날 예정이었다. 그러나 백악관은 부시 대통령이 주요 국제문제를 파악할 시간이 필요하다며, 김 대통령의 미국 방문을 적어도 6개월 이상 연기해달라고 강력히 요구했다. 그러나 노벨상 수상자인 김 대통령은 미국이 북한에 대한 입장을 바꾸기 전에 신임 미국 대통령에게 설명하고 싶어 했고, 필요하다면 강의라도 할 기세였다. 결국 미국 측은 마지못해 3월 초에 김 대통령의 방미를 접수했는데, 부시 대통령이 두 번째 영접하는 국빈 방문이었다.

공동 기자 회견 자리에서 부시 대통령은 기자들 앞에서 "이 남자this man"와 우호적인 만남을 가졌다고 말했는데, 이 표현은 노벨상 수상자이자 원로 정치인에 대한 호칭으로는 이례적으로 가벼운 것이었다. 한국인들은 이것을 한국에 대한 무시로 느끼고 격분했다. 나 역시 김 대통령이 모욕감을 느꼈을 것으로 확신했다. 당시 주한 미국 대사였던 토머스 허바드는 이후 "this man"이 친구들끼리 애정을 담아 사용하는 평범한 영어 구절이라는 해명을 해야 했다. 부시 대통령이 사람들을 허물없이 대하는 성품으로 알려져 있긴 했지만 한국인들은 그런 설명을 여전히 납득하지 못했다.

평탄치 않은 결말, 예견할 수 없는 미래

예상한 대로, 김 대통령이 귀국하자 이정빈 장관과 나는 해임되었다. 김 대통령은 귀국 전에 이미 외교통상부의 수뇌부 두 명을 경질하기로 결심했던 것 같다. 나는 외교관으로서 보직을 받지 못했고, 난생처음 실업자 신세가 되었다. 나는 이런 상황에 전혀 준비되어 있지 않았다. 56세의 나이에 직장을 잃는 개인적 수치와 재정적인 압박은 상상해본 적도 없는 충격이었다. 이 시기에 많은 친구가 점심이나 저녁 식사에 초대하며 나를 위로해주었다. 술로 울분을 달랜 날도 있었다. 다행히 이런 자조적 상태가 오래 지속되지는 않았다. 해임됨으로써 오히려 그때까지 해본 적 없는, 가장 도전적인 일을 하는 기회를 얻게 되리라는 사실을, 그 암울한 시기에 전혀 알지 못했다.

유엔의 아시아 그룹은 한국의 한승수 외교통상부 장관을 제56차 유엔 총회 의장 후보로 지명했다. 2001년 중반, 막 지명을 받은 한 장관은 나를 자신의 비서실장으로 지목했다. 나로서는 놀랍고 다행스러운 일이었다. 외교부에서 해임된 지 4개월 만에 나는 다른 어디보다 활기찬 외교 현장으로 들어가게 된 것이다. 아내와 나는 다시 짐을 꾸려 맨해튼으로 거처를 옮겼다. 아내는 뉴욕 생활을 즐겼고 나는 낙관적인 에너지로 충만했다. 우리는 서둘러 유엔 본부 맞은편에 있는 건물에 정착했다. 도널드 트럼프가 새로 세운 72층짜리 고층아파트였다.

한승수 총회의장의 수석보좌관으로서 나는 공식 일정을 총괄하고 대사들과의 면담을 조정하는 등 여러 가지 일을 했다. 제56차 총회가 채택한 512개 결의안 중 다수의 성안 과정도 꼼꼼하게 지원했다. 이른 아침부터 밤까지 일했고, 귀갓길에는 1~2곳에 들르는 일이 다반사였다. 대개 이런 모임은 외관상 멋들어진 칵테일파티처럼 보이지만 실상은 고된 일과의 연장이었다. 한 시간 남짓한 행사 중 10여 명의 각국 고위 외교관들과 대화를 나누는 일이 흔했고, 대화의 주제도 매번 달랐다.

이런 리셉션 자리를 벗어나 귀가할 때면 머릿속은 어지러웠고 주머니는 명함으로 가득했다. 이런 모임은 내가 각국 대사들을 만날 기회였고, 총회에서의 공식 업무가 시작되기 이미 3개월 전에 나는 대다수 국가의 유엔 대사들을 만날 수 있었다. 그때는 미처 몰랐지만, 이런 만남은 훗날 사무총장을 맡게 될 시기를 위한 좋은 훈련의 기회였다. 해마다 9월이 오면 총회 일반토의에는 100명에 달하는 각국 대통령, 총리, 국왕이 참석했다. 나는 한승수 의장이 주재하는 여러 회의에 동석했다.

유엔에 대한 나의 존중과 감사는 변치 않을 것이다. 유엔은 전쟁과 기아로부터 수많은 사람을 구조했고, 내 가족도 거기 포함되기 때문이다. 유엔의 세 기둥이라고 부르는 인권과 평화 안보와 개발은 언제나 대한민국의 우선 목표이기도 했다. 유엔이라는 조직은 작은 섬나라와 저개발국을 포함해 모든 나라가 가장 영향력이 큰 나라들과 한자리에 모여 동등한 발언권과 투표권을 행사하는 전 지구적 규모의 만남의 장이고, 나는 그 점을 오래전부터 높이 평가해왔다. 물론 국제법적 구속력을 가지는 결의안을 채택하는 것은 안보리이지만, 총회의 컨센서스야말로 다른 어느 기관도 따라가지 못하는 도덕적 권위를 지닌다. 유엔에 졌던 신세를 다소나마 갚을 기회를 가질 수 있었던 것을 지금도 감사하게 생각한다.

2003년 서울로 귀임하자, 당시 새로 취임한 노무현 대통령은 나를 자신의 외교 보좌관으로 선임했다. 나는 대통령 취임식 당일에 임명장을 받았는데, 그때까지 노 대통령을 만난 적이 없었다. 보수주의자로서 진보 정권의 고위직에 임명되었다는 점이 다소 놀라웠다. 노 대통령과의 첫 상면은 취임식 날 오후에 있었던 청와대 오찬에서 이루어졌다. 신임 비서실장 및 안보 보좌관과 더불어 4인이 함께 하는 식사 자리였다. 그 자리에서는 북한과 유엔을 포함하여 주요 외교 현안이 논의되었고, 물론 미국, 중국, 일본과의 관계도 화제에 올랐다. 나는 차분하면서도 확신을 가지고 자리에 임하기는 했지만, 진보적 성향으로 알려진 지도자와 소인수로 그토록 긴밀한 대화를 나누는 자리에 참석할 수 있다는 사실이 신기하게 느껴졌다.

"저를 신임해주셔서 감사합니다." 나는 노 대통령에게 말했다.

"우리가 전에 만난 적이 있던가요?" 대통령이 물었다.

"아뇨, 없습니다." 나는 대통령으로부터 꾸밈없는 질문을 받고 내심 놀랐다.

"외교장관으로 추천하는 분들이 많았어요." 그는 나지막한 목소리로 말했다.

"그런데 이미 마음에 둔 다른 사람이 있어서 말이죠. 열심히 일해주세요. 또 어찌 될지 누가 압니까?"

나는 이런 격의 없는 대통령의 화법에 놀랐고, 좋은 기분으로 식사를 마치자마자 아내에게 전화를 걸었던 기억이 있다.

노 대통령이 취임하고 한 달 후인 2003년 3월, 무디스는 한국의 국가신용등급을 2단계 낮추겠다고 우리 정부에 통보했다. 김진표 부총리 겸 재정경제부 장관은 갑작스러운 강등을 막아보려고 애썼지만 무디스를 설득하는 데는 실패했다. 나에게는 외교적 역량을 동원해 한국의 등급이 내려가지 않도록 무디스를, 나아가서 스탠더드 앤드 푸어스와 피치까지 설득하라는 임무가 주어졌다. 나는 국방부 정책실장 차영구 중장, 재경부 권태신 국제금융국장, 최종구 국제금융과장 등 한국 대표단을 이끌고 뉴욕으로 건너가서 무디스의 경영진을 만났다. 우리는 실력을 갖춘 팀이었다. 권 국장은 이후 국무조정실장이 되었고 최 과장은 금융위원회 위원장이 되었다.

나는, 경제가 어려운 상황 속에서 분투하고 있는데 국가신용등급까지 하향 조정한다면 한국 경제의 회복력이 더 나빠질 뿐이라고 설명했다. 등급 강등은 한국의 대외신용도와 국가안보 역량에도 타격을 줄 것이라는 점도 지적했다. 그렇게 되면 결국 한·미 간의 전략적 동맹 관계를 훼손할 터였다. 우리 대표단은 스탠더드 앤드 푸어스 경영진과도 만났고 피치를 설득하기 위해 홍콩도 방문했다. 그리고 우리는 리먼 브러더스와 골드만 삭스의 최고경영자도 만났다. 우리가 홍콩에 있는 동안, 무디스 측으로부터 한국의 신용등급을 하향하는 조치는 추진하지 않겠다는 연락이 왔다. 우리 대표단은 서로를 얼싸안고 펄쩍펄쩍 뛰었고, 나는 안도의 한숨을 쉬었다. 대한민국호가 다시 한번 회생할 기회를 얻은 것이 너무도 기뻤다.

이런 나의 노력이 노 대통령에게 깊은 인상을 남긴 것이 분명했다. 그로부터 10개월 후에 대통령은 나를 외교장관으로 임명했고, 그것은 크나큰 영예였다. 비록 나는 노 대통령의 측근이라고 할 수는 없었지만, 가능하면 자주 대통령에게 직보할 기회를 얻으려고 노력했다. 숱한 민감한 사안에 관해 나는 자주 대통령을 독대하며 보고했다. 우리는 수많은 외교 현안에 대해, 특히 한·미관계에 관해 의논했다. 취임하고 한 달쯤 되었을 때, 대통령은 나에게 자신의 '개인 교사'가 되어달라고 요청했다. 나는 최선을 다해 대통령에게 한국의 대외관계를 설명하면서 상세한 역사적 배경과 향후 전망을 보고했다. 대통령은 특히 한반도를 둘러싼 열강 사이에서 한국이 차지할 위치에 관심이 컸다. 내가 당혹감을 느낄 만큼, 노 대통령은 나를 지목해 본인이 좋아하는 사람 중 한 명임을 밝혔다. 장관들도 포함된 고위급 회합에서 대통령은 몇 번이나 나를 가리켜 '백과사전', '천재', '만물박사'로 칭하며 치켜세우기까지 했다. 대통령의 그와 같은 신임 때문에 다른 관료들과의 관계가 불편해질까 조금 염려될 정도였다. 하지만 대통령의 발언은 나의 지위를 굳건히 뒷받침해주었고, 청와대의 고위 보좌관들이 내 목소리에 귀를 기울이도록 만드는 힘이 되었다.

2004년 1월 16일, 노 대통령은 34년간 국가를 위해 봉직한 공로를 인정해 나를 외교통상부 장관에 임명했다. 내 생각에, 노 대통령은 그보다 3년 전에 내가 유엔 총회의 의장 비서실장으로 활동하며 두루 알려졌던 사실을 떠올린 것으로 보인다.

이라크의 비극

외교통상부 장관에 취임하고 5개월쯤 지났을 때, 한국은 외교 부문에서 비극적인 위기를 겪었다. 기독교 선교사인 김선일은 2003년 초에 미군에 한국산 군수품을 납품하는 가나무역의 한-아랍어 통역으로 이라크에 건너갔다. 그가 이라크에 도착한 직후, 이슬람 무장 세력은 김선일의 자격과 선교 활동에 예민하게 반응하며 얼마 지나지 않아 그를 납치했다. 이슬람 사회에서 배교는 끔찍한 범죄이므로 이라크인을 개종시키려는 그의 노력은 중대한 실수였다. 그를 그곳에 보내서는 안 되는 일이었다고 생각한다.

2004년 5월 30일, 김선일을 납치한 이슬람 무장 세력은 한국 정부가 이라크에 파견한 660명의 한국군을 철수하고, 이후 예정된 3천 명의 추가 파병을 취소하지 않으면 김선일을 참수하겠다고 위협했다.

그를 고용한 회사는 그가 피랍된 것을 알았지만, 바그다드 주재 한국 영사에게는 몇 주가 지나서야 이 사실을 알렸다. 결국 한국 정부에는 6월 하순이 되어서야 김선일의 피랍 사실이 전해졌다. 6월 21일, 알자지라 방송은 눈을 가린 채 살려달라고 처절하게 애원하는 김선일의 동영상을 공개했다. 이슬람 무장 세력은 아랍어로 방송하는 이 케이블 뉴스 네트워크를 선호했는데, 이후에 나는 그들이 온갖 끔찍한 영상을 이 방송국에 보냈다는 것을 알게 되었다.

한국인들은 이루 말할 수 없는 야만적 협박에 충격을 받았다. 차마 지켜보기 어려울 정도로 잔혹한 동영상 때문에 큰 소란이 일었다. 10여 명의 기자가 김선일의 본가에 진을 치고 있었고 노부모는 울면서 아들의 대학 졸업사진을 꺼내 보였다. 나는 즉시 전 외교부 차관보 장재룡 본부대사를 특사로 파견했지만 때는 이미 늦었다. 이튿날 무장 세력은 김선일에게 관타나모에서 죄수들이 입는 것과 같은 오렌지색 죄수복을 입히고 참수하는 장면을 촬영해서 방영했다. 그 시간에 장 특사는 비행기로 이동하는 중이었다.

미국 관리들도 중재를 위해 노력했지만, 그들도 김선일을 납치한 무장 세력에 닿을 수 있는 접촉선이 마련되어 있지 않았다. 알자지라 방송이 가장 처참한 마지막 부분을 제외한 동영상을 방영한 다음 날, 한 미군 순찰대원이 팔루자와 바그다드를 잇는 간선도로에서 김 씨의 훼손된 시신이 담긴 가방을 발견했다. 미국무부는 이 사실을 즉시 우리에게 알렸고, 피살된 통역관의 집에는 애도 인파와 기자들이 밀려들었다.

공포는 끝나지 않았다. 알자지라가 우리에게 김 씨 살해 장면을 담은 테이프를 받았다고 알려왔기 때문이다. 그들은 최후의 순간만큼은 방송에 내보내지 않겠다고 약속했다. 사실 우리나라는 몇 달 내로 이라크 북부에 군대를 파병할 예정이었는데, 이 살해 사건으로 파병 계획에 관한 국민적 지지는 흔들렸다. 그렇다고는 해도, 다수 여론은 우리의 소규모 이라크 주둔을 지지했고 참전 규모를 계속 확대해야 한다고 생각했다. 결정하기 쉬운 문제도 아니었고 논란의 여지도 많았지만 노 대통령은 파병을 다짐했다. 정부에 대한 비판은 특히 외신을 중심으로 시시각각 고조되었다. 나는 여론을 진정시키기 위해 사임해야겠다고 생각했다.

어느 일요일 아침, 나는 청와대에 연락하고 잠시만 대통령을 뵙고 싶다고 말했다. 뜻밖에 청와대에서는 아주 신속하게 면담을 주선했다. 그날 아침에 나는 노 대통령에게 사임의 뜻을 밝혔다. 나의 사임으로 정부에 대한 비난이 잦아들기를 바라는 마음이었다. 나는 대통령께 이번 사태가 참여정부를 욕되게 하는 것을 원치 않는다고 말했다.

그러나 대통령은 김 씨의 죽음이 내 잘못이라고 여기지 않는다고 말하면서, 실은 몇몇 측근이 나를 해임하거나 최소한 보직을 변경하도록 건의했노라고 털어놓았다. 대통령은 그들에게 "여러분이 외교장관이라면, 김 씨를 구하기 위해 무엇을 할 수 있었겠는지?" 하고 되물었다고 했다. 당시 대통령의 측근은 나보다 20년은 젊은 진보 성향의 정책 인사들이 대부분이었다. 대통령은 결국 나의 사직서를 반려했고, 나는 노 대통령의 신임을 재확인한 셈이었다. 노 대통령은 다른 정책 사안에서도 나의 경험과 판단을 존중하고 있음을 수차례 말과 행동으로 보여주었다.

3

유엔 사무총장으로 선출되다

지휘권을 확보하기

총회 회의장의 연단으로 오르는 4칸의 계단에 익숙해지는 데는 그리 긴 시간이 필요치 않았지만, 2006년 12월 14일 내가 제8대 유엔 사무총장이 되어 올라갈 때 그 계단은 유난히 가파르게 느껴졌다. 숨은 가빴지만 가슴은 자신감으로 차 있었다. 나는 유엔 헌장에 손을 얹고 선서했는데, 그렇게 한 첫 사무총장이었다. 전임자는 단 7명뿐이었지만, 나는 그들이 했던 것처럼 충성과 양심과 신중한 분별력을 바탕으로 유엔에 봉사할 것을 약속했다.

나는 유엔 헌장을 진정으로 믿는다. 외교관으로 활동하는 동안 수없이 자주 읽었기 때문에 헌장을 거의 외우다시피 했다. 나는 나 자신에게, 그리고 나를 지켜보는 세계인 앞에서 "기본적 인권, 인간의 존엄성과 가치, 남녀의 평등, 그리고 모든 국가의 동등한 권리에 대한 믿음"을 재확인했다.[1] 유엔의 상징이 금빛으로 새겨진 벽 앞에 섰을 때, 나는 회원국들 앞에서 우리가 사는 세계와 내가 이끌 기구를 더 낫게 만들기 위해 전력을 기울이겠다고 약속하며 이렇게 말했다.

> 저는 유엔의 구석구석에 자리 잡은 높은 수준의 전문성과 헌신, 노하우를 직접 목격했습니다. 그것을 잊지 않으면서, 저는 이 조직을 위해 날마다, 어려운 상황 속에서, 때로는 위험 속에서 봉사하고 있는 유능하고 용감한 남녀 동료들과 함께 일하기를 고대합니다.

나는 그 넓은 회의장을 둘러보면서 이곳에서 다루는 세계의 온갖 문제가 지닌 무게를 상상했다. 해결을, 갱신을, 행동을, 그리고 정의의 실현을 기다리는 그 모든 문제를. 나는 유엔 직원들에게 활기를 불어넣고 그들에게 도전을 제안하며, 최고의 윤리와 행동 기준을 지키고, 유엔의 3대 기둥이라고 할 수 있는 안보, 개발, 인권을 강화할 것을 맹세했다. 나는 회원국들이 내 재임 기간에 새로운 생명력, 새로운 에너지, 새로운 아이디어를 기대하기를 원했다. 수년간의 의혹을 털어내고 신뢰를 회복시키고 싶었다. 나는 회원국들에 인내와 지지를 부탁했다.

> 모든 것을 단번에 바꿀 수는 없습니다. 하지만 우리는 몇 가지 분

야에서 진전을 이루어낼 수 있으며 그럼으로써 더 많은 분야에서 진전을 위한 길을 마련할 수 있습니다. 그러자면 철저하면서도 지속적인 대화가 요구됩니다. 아울러 우리는 투명하고 유연하고 정직하게 협력해야 합니다. 그러자면 우리 모두 열린 마음으로 시작해야 할 것입니다. 오늘 저는 동료 직원과 회원국 대표 여러분에게 그런 정신으로 일해주실 것을 요청합니다. 여러분도 제게 똑같은 요구를 할 권리가 있습니다.

임기를 마치는 코피 아난 사무총장은 내 뒤의 연단에 앉아 있었다. 그는 유엔의 시의성과 활력을 되살린 인물이었다. 그를 향한 사람들의 존경과 애정은 진심에서 우러난 것이었다. 그의 어조는 부드러웠지만 카리스마가 있었다. 그는 노벨평화상을 수상했고, '밀레니엄 개발목표MDGs: Millennium Development Goals'를 창설했으며, 미국이 2003년 이라크를 침공했을 때는 그것을 막으려고 노력하고 비판하며 맞섰다.

사무총장의 책무를 완수하기 위해서는 외교술이나 의지만으로는 부족하고 반드시 회원국의 지지가 수반되어야 한다. 이 직무를 완벽하게 수행할 수 있는 사람은 없다. 코피 아난 재임 시 유엔은 이라크에서 추진된 석유-식량 교환 프로그램과 관련된 문제의 늪에 빠져 허덕였다. 유엔 인권기구를 개혁하려는 그의 용맹한 노력은 의석을 장악한 국가의 횡포로 인해 궤도를 이탈했다. 그런 모든 사정에도 불구하고, 나는 유엔의 조직과 이상을 위해 그가 평생에 걸쳐 보여준 헌신을 존중한다. 나는 그를 바라보며 말했다.

> 당신은 험난한 시기를 헤치고 유엔이 21세기 들어서도 굳건하게 설 수 있도록 이 기구를 이끌어왔습니다. 당신은 인류의 삶과 관련된 새로운 적실성을 유엔에 부여했습니다.[2]

내 취임 연설은 20분 정도였지만, 나와 아내가 총회장을 벗어나는 데는 더 많은 시간이 걸렸다. 출구를 향해 난 통로는 나와 악수를 하며 축하와 지지의 덕담을 전하려는 각국 대사들로 붐볐다. 사진기자들은 서로 밀치며 플래시를 터뜨렸다.

충주 시골에서 유엔 총회장까지, 참으로 멀리까지 온 셈이다.

기회가 찾아오다

유엔 사무총장직을 향한 나의 여정은 2004년 1월, 노무현 대통령이 나를 외교통상부 장관에 임명할 때 시작되었다. 당시 우리 정부는 유엔 사무총장 자리를 추구할 것인지 안보리 비상임이사국에 진출할 것인지를 두고 고심하고 있었다. 그러다가 2006년 2월 14일, 정부는 코피 아난의 후임 사무총장 후보에 한국인을 내세우기로 결정했다. 그러나 당초 나는 우리 정부가 우선적으로 고려하던 후보가 아니었다.

2006년 초, 주요국 주재 대사들과 수석보좌관들이 길고 열띤 토론을 벌인 결과 한국 정부는 회원국들의 강한 지지에도 불구하고 안보리 비상임이사국 입후보를 철회하기로 했다. 안보리 비상임이사국 진출은 후일에도 기회가 있을 수 있지만, 한국인 유엔 사무총장 피선은 시도해볼 수 있는 마지막 기회라고 보았기 때문이다. 관례상 안보리 이사국과 사무총장 자리를 동시에 노리고 경쟁에 뛰어드는 것은 무리였다. 특히 사무총장 직위는 순환 보임이라는 비공식적 원칙이 받아들여지고 있고, 당시는 아시아권에서 사무총장이 나오리라는 것에 대해 대체적인 합의가 형성되어 있었다.

2005년 당시에는 유엔 사무총장의 한국인 후보로 청와대의 낙점을 받기 위해 전직 외교부 장관, 영향력 있는 신문발행인 등 2~3명이 물밑에서 움직이고 있던 상황이었다. 정부 일각에서는 중앙일보 발행인 홍석현 회장을 선호한다는 소문이 있었는데, 그는 입후보 전에 주미대사로 임명되어 외교관으로서 경험을 쌓을 기회도 가졌다. 대통령의 측근인 정치인 한 명이 나를 찾아와 홍 회장을 주미대사로 임명하자는 제안을 했을 때 좀 뜻밖이기는 했지만, 나는 대통령에게 그를 추천했다. 당시 각료로 재직하고 있던 이 정치인은 이후에 홍석현 회장이 차기 유엔 사무총장 후보로 추천되어야 한다고 주장했다. 나는 그것이 원칙에 맞지 않으며 미국 정부에 대한 국제 예양에도 맞지 않는다는 점을 들어 반대했다. 내가 노 대통령과 독대했을 때, 대통령은 유엔 사무총장 후보와 관련해 홍 회장을 언급하지 않았다.

안타깝게도 홍 대사는 얼마 후 비자금 스캔들에 연루되어 주미대사직에서 물러났다. 이후 몇 달에 걸쳐 여타 한국 후보들도 정치적 내지 일신상의 사유로 낙마하면서 아무도 남지 않게 되었다. "아무도 오르지 않는 높은 산"이라는 공자의 말씀이 생각났다. 홍석현 대사가 수사를 받기 위해 한국으로 소환된 직후에 나는 노 대통령의 부름으로 조찬 회동을 할 기회가 있었다. 대통령은 주미대사 자리를 제안하며 유엔 사무총장 후보에 나서는 것을 고려해보라고 했다.

전혀 예상치 못한 일이어서 순간적으로 뭐라고 답할지 떠오르지 않았다. 나는 우리가 미국과 군사동맹을 맺고 있기 때문에 러시아와 중국의 거부권 행사로 한국인이 사무총장에 선출될 가능성은 낮다고 본다는 의견을 표했다. 나는 화제를 바꾸어, 대통령께서 원하시면 미국 주재 대사를 맡을 의향은 있다고 말했다. 그러나 이제 우리나라도 전직 장관이나 정치지도자를 주미대사로 보내는 관행은 바꿀 필요가 있다고 덧붙였다. 미국 정부는 통상 외국 대사를 국무부 차관보, 기껏해야 차관 정도 직급에서 상대하지 그 이상으로 대우하지는 않기 때문에, 과거 총리나 외교장관 출신 대사들은 제한적인 역할로 인해 고충을 겪어왔다는 점도 설명했다. 노 대통령은 이런 내용을 즉각 이해하고, 내게는 계속 외교통상부 장관을 맡아달라고 했다. 사무총장 입후보 문제에 관해서는 나중에 다시 논의하기로 했다.

하지만 나는 그 문제에 관한 생각을 완전히 떨칠 수가 없었다. 유엔 사무총장직은 도덕적 권위를 가지고 평화를 대변하는 목소리다. 사무총장은 모든 직업적·개인적 관계에서 흠 잡힐 곳 없이 행동해야 하고 그 자신과 주변의 모든 사람은 평화, 인권, 개발이라는 최고 원칙을 지켜야 한다. 세계 최고의 외교관인 유엔 사무총장은 종종 분쟁으로 이어지는 국제적 갈등을 해결하고자 노력하는 과정에서 정치적 중립을 지킨다. 명시적 규정은 없지만 수백 가지의 책임이 따르는 자리인 것이다. 사무총장이 행정 능력을 발휘해 이끌어야 하는 조직은 모든 대륙에 본부를 두고 6개의 공식 언어를 사용하면서 최소한 10여 건의 평화작전을 수행한다.

나는 한국인 사무총장 배출이 쉽지 않다고 보았다. 그러나 정부가 의욕을 가지고 추진한다면 내가 후보가 될 수 있을지를 고민하기 시작했다. 자신감이 있어서가 아니라, 조국이 전쟁의 폐허를 딛고 기록적인 단기간에 선진산업국에 진입한 것을 지켜본 나로서는 세계 각국을 이어주는 다리 역할을 할 수도 있겠다는 사명감 같은 생각이 들었다. 나선다면 왜 나서는 것인가? 그 일을 위해, 유엔을 위해, 세계를 위해 할 수 있는 것은 무엇인가?

2005년 9월 14일, 창설 60주년을 맞이한 유엔 총회에서 노무현 대통령은 처음으로 연설을 했다.[3] 대통령에게는 공무 출장이었지만, 나는 유엔 내부를 걸어가면서 낯익은 얼굴들을 다시 만날 수 있어 반가웠다. 이날은 나에게 중요한 하루였다. 대통령은 수많은 나라의 장관들과 대사들, 심지어 유엔 직원들까지 나와 따뜻한 인사를 나누는 모습을 지켜보았다. 내가 소개할 때까지 노 대통령을 알아보고 다가오는 사람은 없었고, 대통령이 혼자 있는 순간도 많아 나로서는 마음이 편치 않았다.

그날 늦게 노 대통령과 나는 꽉 막힌 뉴욕 시내 도로를 서행하는 대통령의 리무진 안에 앉아 있었다. 유엔 본부에서 월도프 아스토리아 호텔까지 평소에는 차로 10분 거리지만, 총회 일반토의General Debate 같은 유엔의 공식행사가 있는 날이면 수백 명의 경찰이 길을 차단하고 검문소를 설치한다. 여느 때였다면 대통령과 나는 유엔 연설이나 고위급 인사들과의 접촉에 대해 논의한다든지, 북한 문제와 관련해서 의논했을 터였다.

그러나 그날 노 대통령은 전에 없이 조용했다. 어색한 침묵을 깨려고 나는 유엔 본부 주변에 주차한 덤프트럭은 침입자의 공격을 차단하고 차량 폭발의 충격을 흡수하는 역할을 한다는 등의 이야기를 했다. 유엔의 보안 문제는 언제나 외교적 관심거리지만, 대통령이 듣고 있는지 확신할 수 없었다. 대통령은 이미 폭발물 탐지견이나 경호원들이 집결한 모습을 본 터였다. 나는 마침 눈에 띈, 지붕 위의 저격수들이나 길에서 잠복근무 중인 경찰을 가리키며 설명했다.

대통령이 불쑥 나를 보며 물었다. "유엔 사무총장직에 도전해 보지 않겠습니까? 출마한다면 전폭적으로 지원하겠습니다."

전혀 예상치 못한 질문이었다. 더욱이 그 순간에 그런 말을 듣게 될 줄은 몰랐다. 놀랍고 흥분되었지만, 동시에 묘하게도 마음이 맑아지는 것을 느꼈다. 내 속의 내가 말을 걸어왔다. 내가 선택을 받았다고, 그동안의 공로에 대해 보상을 받은 것이라고 속삭이며 내 마음을 흔들었다. 대통령이 나를 높이 평가하고 신임한 것이었다. 나는 자부심을 느꼈다. 겸손해지려고 애썼지만 기분이 좋았다는 사실을 부정할 수는 없다. 복잡한 감정이 부딪치고 있었지만 거리낌 없이 대답했다.

"저로서는 영광입니다." 나는 격식을 갖추며 말했다. 감격스럽기는 했는데, 내가 입후보한다면 얼마나 가능성이 있을지는 알 수 없었다. 그러나 나는 앞으로 나아가는 것 외에 다른 대안은 없다고 생각했다. "대통령님의 말씀에 따르겠습니다. 며칠간 더 뉴욕에 머물러도 되겠습니까? 여기 남아 미국 등 주요국들과 의견을 교환해볼 필요가 있어서 말이죠." 주요국들의 분위기를 타진하겠다는 의미였다. 대통령은 바로 승낙했다. 내 마음은 이미 선거 전략을 향해 줄달음치고 있었다.

"핵심 회원국들의 의향을 확인할 때까지는 말씀하신 내용을 기밀로 유지하고 발표하지 않는 것이 좋겠습니다"라고 나는 말했다. 내가 우선 신경을 써야 할 것은 당연히 안보리 상임이사국들의 거부권이었다. 나의 입후보는 안보리의 5개 상임이사국들의 태도에 따라 무산될 수도 있었다. 다행히 나는 총회 당시까지 대부분의 대사들과 좋은 관계를 유지하고 있었다.

한국으로서는 쉽지 않은 경쟁이 될 것이다. 우리나라는 남북으로 분단되어 치열하게 대치하는 상황인 데다 남한은 미국과 긴밀한 군사동맹을 맺고 있는 터였다. 미국 정부와의 강력한 관계는 다른 어느 국가들보다 특히 러시아와 중국을 불안하게 했다. 게다가 경쟁이 치열함을 감안하면 출발이 늦다는 것도 걱정이었다. 이 시점에 움직임이 가장 빠르고 유망한 후보는 태국 부총리인 수라키아트 사티라타이로서, 그는 ASEAN 10개국의 지지를 받고 있는 상태였다.[4]

대통령 숙소에서 나는 노 대통령에게 조지 부시 미국 대통령과 중국의 후진타오 주석, 러시아의 블라디미르 푸틴 대통령에게 나의 출마 문제에 관한 언급을 해달라고 요청했다. 이 3인의 지도자는 그해 11월에 부산에서 열리는 아시아태평양경제협력체APEC 정상회의에 참석차 한국을 방문하기로 되어 있었는데, 이들의 지원은 어떤 후보에게도 결정적으로 중요한 것이었다.

귀국 후 아내에게 유엔 사무총장 입후보 제안을 받았다고 알렸다. 언제나 침착한 아내는 이 소식을 듣고도 별말이 없었다. 아내는 매사에 상냥하고 내조를 잘 해왔다. 35년간 외교관 생활을 함께해오는 동안 무엇이든 받아들이는 아내가 새삼 고마웠다. 벌써 나는 우리 삶이 얼마나 크게 바뀔 것인지를 가늠해보고 있었다. 어쩌면 위험에 빠질 수도 있는 노릇이었다.

시간이 흐른 후, 나는 아내가 행복과 기쁨을 느끼면서도 또 한편으로는 걱정하고 있는 것으로 생각했다.

선거전이 시작되다

유엔 사무총장 선출은 거의 유엔 안보리가 결정한다고 해도 과언이 아니다. 안보리가 한 명의 후보를 지명해 총회에 검토를 요청하면 회원국들은 별다른 토의 없이 안보리의 선택을 비준하는 것이 관례였다. 비록 헌장에 그렇게 규정되어 있지는 않지만 안보리의 15개 이사국, 정확히 말하자면 거부권을 쥔 5개 상임이사국이 사무총장을 선출하는 셈이다. 이런 과정이 결코 공정하다고는 볼 수 없으므로, 내 사무총장 임기가 끝나갈 무렵에는 이런 절차를 개선하자는 논의가 활기를 띠기도 했다.

노 대통령과 논의한 다음, 나는 즉시 오랜 지인이던 존 볼턴 유엔 대사부터 시작해 미국과 직접 협의에 나섰다. 나는 유엔 개혁에 대한 포부를 비롯해 내 비전을 설명하고 미국의 지원을 요청했다. 2005년부터 2006년까지 유엔 대사를 지낸 볼턴은 보기 드물게 직설적인 성품인데, 그가 보인 반응은 긍정적이었다. 그는 나처럼 직책이 높은 인물이 후보로 나서는 것을 환영한다며 당시 뉴욕에 머물고 있던 콘돌리자 라이스 국무장관에게 즉시 보고하겠다고 했다. 나의 기대감은 높아졌다.

이튿날에는 콘돌리자 라이스 국무장관에게 일대일 면담을 신청하고 오후에 비공개로 만났다. 라이스 장관은 볼턴 대사로부터 호의적인 추천이 있었노라고 말했다. “아시겠지만, 미국 정부의 원칙은 사무총장 선출에 관해 공개적으로 입장을 밝히지 않는다는 것입니다. 어쨌든 나는 당신을 전적으로 신뢰합니다." 라이스 장관은 특유의 침착한 태도로 말했다. 그러면서 나에게 다른 회원국과도 접촉하고 지지를 구하라고 조언했다.

우리는 이런 논의 자체를 비밀에 부치기로 했다. 미국의 지지 사실을 서둘러 일찍 발설하면 이른바 '죽음의 키스'라고 불리는 전략적 실수가 된다는 것을 알기 때문이었다. 겉으로는 도움이 될 것처럼 보여도 실제로는 파멸로 치닫는 계기가 된다는 뜻이다. 그러나 미국의 암묵적 지지는 큰 힘이 될 수밖에 없다.

뉴욕에 머무는 동안, 나는 안보리 상임이사국의 외교부 장관이나 차관과 접촉했다. 러시아의 세르게이 라브로프 외교장관은 그가 유엔 대사를 지낸 2001년부터 알고 지낸 터였는데, 속내를 알 수 없는 무표정한 얼굴로 나의 입후보에 반대하지 않는다고 했다. 프랑스의 필리프 두스트 블라지 외교장관은 내 얘기에 귀를 기울였지만, 조심스러운 반응이었다. 그는 프랑스 정부는 '외교의 언어(프랑스어)'를 사용하지 않는 후보를 지지한 적이 없다고 하면서, 내게 프랑스어를 배울 것을 권했다. 실제로 프랑스어와 영어는 유엔 사무국의 '공용어'이며 프랑스는 유창하지는 않더라도 자국어를 숙달되게 구사하는 것을 일종의 조건으로 내세운 것이 사실이다. 나는 30년 전에 프랑스어를 조금 배우기는 했지만, 의사 표현을 할 수 있는 수준은 아니었으므로 귀국하는 즉시 프랑스어 개인교수를 채용했다.

5개 상임이사국과 예비적 협의를 거친 뒤, 노 대통령에게 한국인 사무총장의 당선 가능성을 조심스럽게 낙관할 수 있겠다고 보고하면서 나의 출마 소식이 엄격한 기밀로 유지되기를 희망한다고 말했다. 국가안보 회의 수장 역할을 맡고 있던 이종석 사무차장과도 이 문제를 논의하면서 지원을 부탁했다. 그는 나의 입후보 소식을 당분간 비밀에 부치는 데 동의했지만, 얼마 후 외교부 기자단과 만나 대통령이 나를 공식 후보로 추천했다는 말을 전하며 이 뉴스의 엠바고를 요청했다. 나는 공식발표 때까지 만 4개월 동안 언론이 이 요청을 존중해준 것에 감사한다. 나도 언론사의 외교 담당 기자와 편집부 간부진을 몇 차례 직접 접촉하며 비밀을 유지해달라고 협조를 구했다.

나는 이 단계에서는 조용한 외교가 가장 효과적인 전략이라고 생각했다. 평생 공직에 몸담고 살면서, 가장 두각을 드러내는 사람은 가장 공격받기 쉽다는 것을 본능적으로 알았다. 하지만 이런 철학이 널리 공유되는 것은 아니었다. 2004년 6월 21~22일에 중국 칭다오에서 열린 아시아 협력대화ACD각료회의에서 34개 회원국은 합의된 단일 후보를 내세우기로 했다. 내심 나의 경쟁력을 평가받는 것에 흥미를 느꼈다. 태국의 탁신 친나왓 총리는 자신의 손해를 감수하며 수라키아트 외교장관이 아시아 단일 후보로 나가도록 허용하겠다고 발표했다. 이것은 반갑잖은 기습 제안이자, 아직 널리 알려지지 않은 나의 열망에 대한 직접적 위협이기도 했다. 그러나 그때까지도 나는 공식 후보가 아니었기 때문에 내 반응을 떠볼 생각을 하는 사람은 없었다. 나로서는 다소 당혹감과 낭패감을 느끼기는 했지만, 주변 사람들의 시선을 끌 만한 어떤 반응도 하지 않았다.

태국 외교장관이 가장 선두주자로 나선 것은 명백했다. 그 밖에 입후보를 선언한 사람은 없었다. 나는 다시 사다리에 가장 먼저 오른 사람의 처지를 생각하며 은밀한 출발이 생각보다 훨씬 중요하다는 것을 깨달았다. 탁신 총리의 제안은 열렬한 박수갈채를 받았다. 그것도 중국의 원자바오 총리 바로 앞에서 그랬다. 내 추측으로는 태국 정부가 수라키아트 외교장관을 기정사실화된 후보로 일찌감치 내세움으로써 크나큰 영향력을 발휘하는 중국 정부의 지지를 얻어내려는 속셈 같았다.

개회식 직후, 각국 외교장관들이 모여 비공개회의를 가졌다. 의장이 수라키아트를 아시아의 합의된 후보로 승인하자는 제안을 했을 때, 자야쿠마르 싱가포르 외교장관은 아시아 단일 후보를 추대하자는 탁신 총리의 제안에는 원칙적으로 동의하지만, 특정 후보 선출은 뒤로 미루자고 제안했다. 그러면서 싱가포르도 후보를 낼 수 있다고 덧붙였다. 나머지 참석자들도 결정을 미루자는 데 재빨리 동의했다. 나는 내심 안도의 숨을 쉬었다.

2005년 12월, 나는 유럽안보협력기구OSCE의 장관회담 참석차 슬로베니아를 방문했다. 나는 장 아셀보른 룩셈부르크 외교장관과 반갑게 회동했는데, 그는 친절하게도 나를 유럽의 여러 외교장관에게 소개했다. 나는 그들의 반응에 크게 고무되었다.

그곳의 블레드 호수 한가운데 위치한 작은 섬에는 높은 종탑

이 딸린 기막히게 아름다운 교회가 있다. 1534년에 세워진 이 종을 울리면 소원이 이루어진다는 전설이 있다. 문제는 종이 아주 무거운 밧줄 끝에 느슨하게 매여 있다는 것이다. 종을 울리게 하는 유일한 방법은, 힘을 조절해 적당히 균형을 맞추는 것뿐이다. 나를 초대한 디미트리 루펠 슬로베니아 외교장관이 지켜보는 가운데, 나는 심호흡을 하고 정신을 집중하면서 힘을 조절해 줄을 당겼다. 묵직한 종소리가 들렸을 때, 나는 성공 가능성이 크다는 느낌을 받았다.

출마 의사를 발표하기 3주 전에, 나는 북한을 제외한 전체 유엔 회원국 외교부 장관들에 대한 예우로서 나의 입후보 소식을 전하며 지지를 부탁하는 개인 편지를 보냈다. 많은 장관이 이해를 표하며 격려해주었다. 2006년 2월 14일, 나의 출마를 공식적으로 발표하면서 엠바고는 해제되었다.[5] 놀랍게도 이것은 한국에서 큰 뉴스거리가 되지 못했다. 정부는 외교부의 주간 언론 브리핑에서 기자들에게 발표하는 것으로 결정했고, 외교통상부 장관인 내가 직접 소식을 전해야 하는 상황은 면했다. 유명환 외교통상부 차관은 내가 한국의 후보가 되었다고 발표한 후에 마이크를 나에게 넘겼다. 나는 준비한 소견을 짤막하게 밝혔다.

> 대한민국은 유엔의 도움으로 정부를 수립했습니다. 그 후 우리나라는 평화와 안보, 경제성장, 민주주의, 인권 등 유엔이 추구하는 모든 이상과 목표를 실현한 모범적인 국가로 발전했습니다.

이어서 나는 북한 뉴스로 말머리를 돌렸다.

추진력을 얻다

유럽의 첫 번째 지지 표명은 훗날 독일 대통령이 된 프랑크발터 슈타인마이어 외교장관에게서 나왔다. 그는 2006년 2월 19일, 외교장관 공관에서 나와 함께 공동 기자 회견을 하던 중에 독일의 지지 의사를 공개적으로 밝혔다. 나는 대단히 기뻤다. 한국 정부가 나의 출마를 발표하고 불과 닷새 만이었다. 독일은 유엔과 긴밀한 유대를 맺고 있었고 한국과의 관계도 아주 우호적이었다. 한국에서는 흔히 독일인과 한국인이 비슷한 근면성을 가지고 있다고들 한다. 나는 독일의 외교적·정치적 중량감이 다른 유럽 국가들에 영향을 주기를 바랐다.

몇 주가 지나자, 이슬람 카리모프 우즈베키스탄 대통령이 한국을 공식 방문하는 기간에 지지를 약속했다. 그뿐 아니라 그는 푸틴 러시아 대통령에게 나의 후보직을 추천하겠다는 제안까지 했다. 그러나 러시아의 태도는 분명치 않았다. 모스크바에서 오는 메시지는 복합적이었다. 태국의 탁신 총리가 그 얼마 전에 푸틴의 지지를 기대하며 러시아를 방문했는데, 그가 성과를 거두었는지는 알 수 없었다. 그러나 2005년 11월에 한국을 공식 방문한 푸틴 대통령은 노 대통령에게 자신이 이미 수라키아트에 대한 지지를 약속했다고 말했다. 그러면서 "상황이 바뀌면" 협조할 것이라고 했다. 나는 실망했지만, 상황 진전에 따라서는 푸틴 대통령의 지지 가능성도 기대할 수 있다고 느꼈다.

재치 있고 사교적인 수라키아트는 아세안ASEAN 회원국의 지지를 받았지만, 나는 이 기구의 지지가 견고하지 않다고 느꼈다. 아세안의 다른 회원국은 연대감을 과시하기는 했지만, 태국 후보를 달가워하지 않는다는 이야기를 몇몇 아세안 외교장관들로부터 들은 적이 있기 때문이었다.

2006년 3월, 노무현 대통령이 이집트를 공식 방문했다. 그리고 공동 기자 회견 중에 호스니 무바라크Hosni Mubarak 대통령은 이집트가 한국 후보를 지지할 것이라고 밝혔다. 이 뉴스는 빠르게 아랍과 북아프리카 양쪽 블록에 퍼져나갔다. 뒤이은 압델아지즈 부테플리카 알제리 대통령과 올루세군 오바산조 나이지리아 대통령의 지지도 큰 힘이 되었다.

많은 회원국이 유엔에 대한 믿음을 상실했고 평화유지군의 문제점과 군데군데 허점투성이인 결의안, 낭비, 사기, 관리 부실에 대한 인식 때문에 좌절하거나 분노하고 있었다. 나는 할 일이 태산 같다는 것을 느꼈다. 그러나 자연스레 낙관적인 생각이 내게 깃들었고, 어쩌면 내가 그 일에 적임자일 것이라는 느낌도 들었다. 한국이야말로 전쟁의 잿더미에서 일어나 빠르게 경제협력개발기구OECD의 일원이 되지 않았던가!

나는 2006년의 상당 기간을, 각국 수도를 오가며 한국 방문을 원하는 지도자들의 공식 방문을 추진하는 데 보냈다. 정신없이 바쁜 일정이었다. 그중에서도 도쿄에서 리마, 부에노스아이레스, 오클랜드, 캔버라로 갔다가 다시 서울로 돌아온 6일간의 여정은 잊을 수가 없다. 훗날 유엔의 최대 조직 중 하나인 유엔 개발계획UNDP 총재로 내가 임명한 헬렌 클라크 뉴질랜드 총리는, 당시 오스트레일리아로 가던 중 기착한 오클랜드 공항으로 나를 보러 나오기까지 했다. 나는 그의 예의에 깊이 감동했다.

나는 다음과 같은 문제를 중심으로 공약을 다듬었다. 즉 유엔을 좀 더 능률적이고 효과적이며 투명하게 만든다는 것, 기후변화에 정면 대응한다는 것, 다르푸르에서의 잔학 행위에 대한 해결책을 찾는다는 것, 2015년에 만료 예정인 MDGs를 확대하여 극빈 문제에 초점을 맞춘다는 것 등이었다. 또 나는 국제형사재판소ICC를 옹호하고, 각국 정부가 국민을 총체적 인권유린으로부터 보호해야 할 법적·도덕적 책임을 지도록 하는 '보호책임R2P: Responsibility to Protect'을 지지함으로써 중대한 인권 침해로부터 국민을 보호할 것을 강조했다.

내가 한국인이라는 것과 관련된 유보적 분위기를 극복하기 위해, 나는 한국이 전후 빈곤에서 벗어나 번영을 이루고 평화를 구가하는 민주주의 국가로 탈바꿈한 과정을 설명했다. 한국은 가난한 개발도상국들이 처한 어려운 상황을 이미 겪었고, 이런 역사적 경험은 선진국과 개발도상국 간의 교량 역할을 수행하는 데 도움이 될 것이라고 설명했다.

나는 여러 외교장관들에게, 전쟁으로 잿더미가 된 나라에서 성장하는 경험으로부터 얻은 교훈을 깊이 새기고 있노라고 말했다. 아울러 일본의 혹독한 식민지배에 이어 중국의 지원을 받은 북한과의 전쟁이 끝난 후, 외국과 국제기구가 앞다투어 우리나라의 재건을 지원해준 것을 경외하는 시선으로 지켜보았노라고 했다. 한국 정부가 가난한 농업사회에서 경제성장을 통해 산업사회로 이행하는 과정을 밟았음을 설명하면서는 한국이 극빈 상태에서 출발해 OECD 회원국으로까지 발돋움한 유일한 나라라는 사실도 빼놓지 않았다. 나는 한국의 이런 독특한 역사적 경험을 강조하면서, 나와 나의 나라가 부국과 빈국 사이에서 교량 역할을 할 것임을 강조했다.

이 당시 사무총장직에 도전한 아시아 후보로 2인이 더 있었다. 한 사람은 그 사이에 태국 부총리로 승진한 수라키아트 사티라타이였고, 또 한 사람은 스리랑카의 외교관으로서 유엔 군축 담당 사무차장을 맡고 있던 자얀타 다나팔라였다. 이어서 인도 작가로서 오랫동안 유엔 관리로 일한 샤시 타루르가 경쟁 대열에 합류했다. 존경받는 요르단 대사이자 유엔 평화유지군 경력도 지닌 자이드 라드 알 후세인 왕자는 초반에 인기가 있었다. 훗날 나는 그를 유엔 인권 고등판무관에 임명했다. 자이드 왕자는 (지금은 전직 국가수반 모임인 'the Elders'의 일원으로서) 널리 존경을 받았고 고등판무관으로서도 평판이 높다. 당시 나의 진정한 경쟁자로 여겨지는 상대로는 태국 후보인 수라키아트 사티라타이가 유일했다. 타루르와 다나팔라는 본국 정부의 강력한 지원을 얻지 못하고 있었다. 어쩌면 그들의 유엔 활동에 대한 세계 지도자들의 인상은 과대평가된 것인지도 몰랐다.

엄밀히 말해 유엔의 지역그룹에는 해당하지 않는 동유럽은 라트비아의 바이라 비케 프라이베르가 대통령을 중심으로 연합했다. 비록 아시아 출신은 아니지만, 그는 최초의 여성 사무총장이라는 슬로건을 내걸고 도전했다. 그에 대한 지지는 항의 투표라는 성격이 짙었다. "출신 지역을 막론하고 최고의 자격을 갖춘 인물을 선발해야 한다"라는[6] 존 볼턴 미국 대사의 발언이 동유럽 지역을 자극한 것이 분명했다.

마지막으로 관심을 표명한 후보는 전 세계은행 임원인 아프가니스탄의 아슈라프 가니였다. 당시의 입지는 그리 확고하지 못한 편이었지만, 몇 년 뒤에는 아프가니스탄 대통령에 당선된 인물이다. 당시 하미드 카르자이 대통령은 나에게 변함없는 지지를 약속하면서 아프간의 공식 후보를 그다지 신임하고 있지 않음을 암시했다.

선거운동을 공식적으로 시작하며 나는 먼저 유엔 사무총장을 역임한 페루의 페레스 데 케야르와 이집트의 부트로스 부트로스갈리를 접촉했다. 부트로스갈리는 나의 사무총장직 수행에 매우 귀중한 조언을 해주었다. 아울러 그는 지역별 정상회의에 참석하라고 충고하면서, 빈틈없는 업무 수완으로 다년간 아랍연맹 사무총장을 맡고 있던 아므르 무사를 소개해주었다. 무사는 아랍연맹의 다음 정상회의에 나를 초대했고 나는 물론 참석했다.

부트로스갈리의 조언에 따라, 나는 존경받는 전 말리 대통령이자 아프리카연합African Union 의장이던 알파 우마르 코나레에게 전화를 걸었다.

그가 입을 열었다. "장관님, 당신이 제8대 유엔 사무총장에 출마하는 것으로 알고 있습니다." 그는 기분이 좋은 것 같았다. 내가 대답했다.

"대통령님, 그건 사실입니다. 물론 유능한 후보가 많긴 하지만 저를 지지해주십사 부탁드리고 싶습니다." 그와 나는 나의 당선 가능성, 그리고 아프리카와 선진국을 잇는 한국의 가교 역할에 관해 이야기를 나누었다.

코나레 대통령은 "장관님이 모든 아프리카 국가들을 방문할 시간은 없겠죠"라고 말하며 나에 대한 아프리카의 지지를 모아보겠다고 약속했다. 그리고 다가오는 아프리카연합 정상회의에서 연설하도록 나를 초대해주었다. 아프리카와 아랍 국가의 지원 없이 유엔 총회에서 뭔가를 성사시킨다는 것은 불가능한 일이다. 일부 중복되기는 하지만, 회원국 수를 보더라도 전체 192표 중 53표와 21표나 된다. 그러므로 이 두 지역을 잘 아는 것이 중요했다.

무사 사무총장의 초청으로 2006년 3월에는 수단의 하르툼에서 열린 아랍연맹 정상회의에 참석했다. 이 출장은 육체적으로 힘들었지만 정신적으로 활력을 불어넣어 주었다. 아랍 정상들을 한자리에서 만날 수 있는, 아주 효과적인 캠페인이었다. 각국의 지도자를 따로 만나기 위해 모든 나라를 돌아다닐 수는 없는 노릇이었다. 게다가 한 나라에 지원을 호소하는 데 종일이 소요되는 것도 아니었다. 나는 회의 참석을 위한 준비를 했고, 그들의 관심사를 언급하는 가운데 나에 대한 지지도 호소했다.

나는 다른 후보들도 이 회의에 참석할 것으로 생각했다. 회의장으로 들어갔을 때 앞줄에 여러 후보의 이름이 붙어 있는 의자가 늘어선 것이 보였다. 초대받은 것이 나 혼자가 아니라는 사실을 알고 다소 실망했지만, 자리에 앉아 담담하게 경쟁자들을 기다렸다. 그러나 그들은 참석하지 않았는데, 나는 그 이유가 몹시 궁금했다. 누가 아랍 국가들과의 접촉을 소홀히 한단 말인가? 더 중요한 무슨 일이 있단 말인가? 아마도 그들은 안보리가 실질적 선출권을 갖고 있기 때문에 안보리 이사국들에만 관심을 집중하고 있는지 모른다. 그러나 나는 전체 유엔 회원국을 대상으로 호소하기로 했다. 비록 그 방식이 바보 같을지라도 옳은 것이라고 판단했다.

의장인 오마르 알바시르 수단 대통령은, 정상회의에서 유엔 사무총장 후보들의 비전을 듣고 싶었지만 정견을 밝힐 참석자는 내가 유일하다고 발언했다. 의장이 후보자들의 이름을 차례로 호명할 때 당황하던 아므르 무사의 얼굴이 지금도 생생히 기억난다. 훗날 이 수단의 독재자는 다르푸르에서의 평화유지군 작전 수행을 놓고 나와 격렬하게 다투게 될 터였다. 2009년에 ICC

는 알바시르를 대량 학살 혐의로 기소했다.

나는 한국 외교부 장관이라는 공식 직함을 가지고 여러 대통령과 총리, 외교장관을 만났는데, 그때마다 이들은 다른 후보들이 참석하지 않은 데 불만을 표했다. 상당수는 그들이 과연 아랍연맹을 존중하는지 의문을 표하며 말했다. "당신이 우리의 후보입니다. 우리는 당신을 지지할 겁니다."

2006년 7월에 감비아 수도 반줄에서 열린 아프리카연합 정상회의 때 분위기는 사뭇 달랐다. 하르툼 정상회담의 소식을 전해 들은 후보들 모두가 반줄에 왔던 것이다.

가장 미묘한 분위기는 중국 정부와의 대화에서 감지되었다. 한국전쟁에서 가장 치열한 공방이 벌어질 때 중국은 북한을 지원한 전력이 있었다. 한·중 양국은 1992년이 되어서야 비로소 외교 관계를 수립했고 그때부터 경제 교류가 확대되고 있었다. 양국 정부는 원만한 관계를 유지하려고 노력하는 중이었다. 나는 2006년 6월 27일에 베이징을 방문해 리자오싱 외교부장을 만나서 중국 정부의 지지를 요청했다. 중국은 안보리의 상임이사국이고 아시아에서 막강한 영향력이 있으므로 중국의 지지는 긴요했다. 예상했던 대로 리 부장은 명확한 지지 의사를 밝히지 않았다. 면담 도중에 나는 조용히 말했다. "당신이 태국 후보를 호의적으로 생각하는 것을 이해합니다. 하지만 기회가 온다면 나를 지지해주신다면 고맙겠습니다."

리 부장의 표정을 보아서는 당최 속마음을 알 수 없었다. "우리는 태국 후보의 출마를 환영했지요"라고 말문을 연 그는 곧이어 한마디 덧붙였다. "환영과 지지는 다른 것입니다." 이 메시지를 듣는 순간 마음이 놓였다.

공식 회담을 마친 뒤에 리 외교부장은 사적인 자리로 나를 안내하더니 깊은 의미를 담은 선물을 주었다. 발아래 작은 새를 잡고 있는 천마의 동상이었다. "이것은 하늘을 나는 말입니다" 그가 나지막이 말했다. "아주 빠르고 높게 날아요. 날아가는 제비도 잡지요. 사무총장에 선출되면 이것을 집무실에 두기 바랍니다." 중국인들은 천마를 지혜와 명예의 상징으로 생각한다. 나는 그처럼 은근한 지지 의사에 깊이 감동했다. 물론 후에 나는 그 조각상을 유엔 사무총장 공관의 좋은 자리에 두고 방문객에게 사연을 설명하곤 했다.

내가 낙관적인 전망을 하는 데는 몇몇 이유가 있었다. 나는 내가 외교관으로서, 또 위기 관리자로서 긍정적인 인상을 심어주었다는 것을 느낄 수 있었다. 5년 전 짧은 유엔 근무 중에 나는 9·11 테러를 규탄하는 결의안이 총회에서 통과되도록 길잡이 역할을 한 적이 있었다. 또한 대한민국이 높은 평가를 받는 것도 알고 있었다. 나 자신은 외교장관으로서 고위급 인사들과 숱한 접촉을 해왔다. 그런데 한국이 최빈국들에 대한 공적개발원조ODA를 통해 나를 위한 매표 행위를 하고 있다는 근거 없는 주장이 나돌았다.

나는 적잖이 걱정스러웠고 화도 났다. 내 경쟁자 중 하나가 비열한 공작을 하고 있다는 생각을 들었다. 최영진 유엔 주재 대사에게 그 뉴스를 다룬 기자를 불러달라고 요청했다. 나는 〈워싱턴 포스트〉의 유엔 특파원인 콜럼 린치를 만나 그런 식으로는 캠페인하지 않는 것이 한국 정부의 오랜 방침임을 설명했다. 그는 문제의 주장들이 신빙성이 없음을 인정했고, 소문은 차츰 가라앉았다.

2006년 7월 24일, 안보리 이사국들은 구속력이 없는 제1차 예비 투표를 시행했다. 나는 싱가포르에 있었는데, 오전 5시 20분, 안보리 의장을 맡고 있던 장 마르크 드 라 사블리에르 프랑스 대사의 전화를 받았다. 그는 프랑스어로 내가 찬성 12표, 반대 1표, 기권 2표를 얻었다고 알려주었다. 그는 내가 확실히 알아듣도록 영어로 12표라는 말을 반복했다. 선두주자가 되었다는 말에 흥분을 느꼈다.

그런데 누가 반대표를 던졌을까?

훗날 총리가 된 아소 타로 일본 외상은 일본 정부는 찬성표를 던졌다고 나에게 확언했다. 그러나 많은 사람이 반대표를 던진 것이 일본이었을 것으로 의심했다. 존 볼턴 유엔 주재 미국 대사는 2007년에 출간된 회고록《항복은 선택이 아니다Surrender Is Not an Option》에서 일본이 반대표를 던졌다고 기술했다. 이에 일본 정부는 당황했다. 다카스 유키오 대사가 볼턴에게 오류를 정정해달라고 요청하자, 미국 대사는 자신이 그때 회의장 안에서 투표 과정을 보았다고 말하며 일본이 반기문 후보를 반대하지 않았다면 다카스 유엔 주재 일본 대사도 본인의 회고록을 쓰면 될 게 아니냐고 응수했다고 한다.

1차 예비 투표 결과는 다음과 같다. 숫자는 각각 찬성, 반대, 기권을 나타낸다.[7]

반기문(대한민국)	12 : 1 : 2
샤시 타루르(인도)	10 : 2 : 3
수라키아트 사티라타이(태국)	7 : 3 : 5
자얀타 다나팔라(스리랑카)	5 : 6 : 4

나의 기대를 넘어선 결과였다. 나는 후발 주자였지만 이제는 선두 후보가 되었다. 38층의 유엔 사무총장 집무실로 가는 길이 눈앞에 보이는 듯했다. 하지만 한편으로는 반대표가 혹시 안보리 상임이사국에서 나온 것은 아닌가 하는 걱정을 떨칠 수 없었다. 샤시 타루르가 인도 정부의 지원을 받지 못하고 있다는 소문이 돌았지만, 그에 대한 찬성표가 10표나 되었다는 사실도 불안했다. 기권표는 페루에서 나온 것이 확실했다. 알란 가르시아 대통령 당선자가 알레한드로 톨레도 만리케 현 대통령에게, 자신이 취임하기 전까지는 기권해달라고 요청했기 때문이었다. 실은 톨레도 대통령은 내가 페루를 방문했을 때, 전폭적 지지를 다짐했었다.

백악관의 지지

9월 14일에 내가 노 대통령과 함께 워싱턴 D.C.에 머물 때, 9월의 안보리 의장을 맡고 있던 아다만티오스 바실라키스 그리스 대사가 전화를 걸어왔다. 그날 오전의 제2차 예비 투표에서 내가 찬성 14표, 반대 1표를 받았다는 내용이었다.[8] 압도적인 결과였다. 만일 반대 1표만 아니었다면, 나는 그날 공식적으로 선출되었을 터였다.

반기문(대한민국)	14 : 1 : 0
샤시 타루르(인도)	10 : 3 : 2
수라키아트 사티라타이(태국)	9 : 3 : 3
자얀타 다나팔라(스리랑카)	3 : 5 : 7
자이드 라아드 알 후세인 왕자(요르단)	6 : 4 : 5

긍정적인 결과에 날아오를 듯한 기분을 맛보면서도 어느 나라가 반대표를 던졌는지 궁금했다. 혹시 일각에서 말하듯 그것이 안보리 상임이사국인 영국이나 프랑스라면 나는 심각한 타격을 입을 터였다.

노 대통령과 내가 백악관의 오벌 오피스로 들어가자 부시 대통령은 나를 따뜻하게 환대하며 말했다. "행운을 빕니다. 관심 있게 지켜보고 있어요. 무슨 말인지 알 것입니다." 부시는 그날 아침에 있었던 제2차 예비 투표 결과에 관해 브리핑을 받은 것이 분명했다.

오벌 오피스에 자리를 잡고 앉자, 노 대통령이 미국 정부의 지지를 요청했다. "훌륭한 후보입니다"라고 부시 대통령이 말했다. "이분이 선출되기를 바랍니다. 선출될 거예요." 이어 부시는 나에게 물었다. "왜 세계에서 가장 힘든 일을 하려고 합니까?"

가벼운 질문이었지만, 나는 세계를 더 안정되고 평화롭게 만들려는 나의 비전을 설명했다. 부시 대통령을 비롯해, 딕 체니 부통령, 콘돌리자 라이스 국무장관, 도널드 럼스펠드 국방장관, 스티븐 해들리 국가안보보좌관, 그리고 그 밖의 몇몇 관리와 가진 비공개 회담에서였다. 내 설명을 들은 부시 대통령은 "당신이 적격자입니다. 우리 후보라고요!"라고 선언했다.

개인적으로는 부시 대통령이 내 어깨에 손을 얹고 나를 출입문으로 안내한 것은 영광이었지만, 나는 그 손길을 사양하면서 뒤에서 오는 노 대통령과 함께 걸어줄 것을 부시 대통령에게 부탁했다. 부시 대통령의 손이 내 어깨에 닿는 순간 내가 당황한 것은 그런 상황이 노 대통령에게 실례라고 느꼈기 때문이다. 부시 대통령은 별로 신경을 쓰지 않았다. "정말 잘 해내셨습니다." 백악관에서 나오자 노 대통령이 말했다. 날씨는 쌀쌀했지만 나는 외투 단추를 잠그지 않았다. 하늘을 나는 기분이었다. 앞날에 서광이 비치는 것 같았다.

2주 뒤, 볼턴 대사는 제3차 예비 투표 전에 5개 상임이사국 외교장관들끼리 회의를 했다고 전화로 알려왔다. 그들이 나를 차기 사무총장으로 선출하기로 합의했다는 것이었다. 유엔 총회 기간에 월도프 아스토리아 호텔에서 열린 소회의에 참석한 한 미국 외교관의 말에 따르면, 라이스 국무장관은 후보를 1인으로 압축해 합의할 것을 제안했다. 라이스 장관은 중국의 리자오싱 외교부장에게 먼저 추천을 의뢰했다. 리 외교부장은 망설임 없이 중국 정부는 반기문을 지지한다고 밝혔고 콘돌리자 라이스가 이에 동의했다. 그러자 나머지 상임이사국들도 동의한 것이었다.

반대, 행복 그리고 실망

그런데 9월 28일에 열린 제3차 예비 투표의 결과는 의외로 실망스러웠다. 찬성은 13표밖에 얻지 못했고 반대 1표와 기권 1표가 나왔다.[9] 무슨 일이 일어난 것인지 이해할 수 없었다. 하지만 최소 기준인 9표 이상을 얻은 후보는 내가 유일했다. 다른 후보들은 표가 줄었다. 샤시 타루르는 8표를 얻어 찬성이 2표 줄었고, 수라키아트는 그 얼마 전에 있었던 태국의 군사 쿠데타를 옹호한 것이 화근이 되어 5표를 얻는 데 그쳤다.

피를 말리는 제4차 투표로 가기 직전에, 나는 프랑스가 내게 반대표를 던진 것을 알게 되었다. 거부권을 행사하는 상임이사국인 프랑스는 나의 입후보를 좌절시킬 수 있었다. 이 무렵 내 프랑스어 실력은 나아지고 있었으므로 나는 프랑스어를 사용하고 싶었다. 나는 필리프 두스테 블라지 프랑스 외교장관에게 전화해 (영어로) 설명을 부탁했다. 그는 프랑스인을 유엔 평화유지활동국DPKO 사무차장으로 임명해달라고 솔직하게 요구했다. 아난 사무총장이 계속 프랑스인으로 임명해왔던, 중요하고도 눈에 띄는 자리였다. 프랑스는 줄곧 평화유지활동을 주도적으로 펼쳐왔는데, 부분적으로는 그들이 많은 과거 아프리카 식민지는 물론이고 유엔군을 받아들이거나 파견하거나 지원하는 국가들과 계속 좋은 관계를 유지했기 때문이다. 프랑스는 상임이사국의 일원으로서도 그런 요구를 할 수 있는 지위에 있었다.

그렇다고는 해도 나는 프랑스 정부가 어떤 자리든 가로막고 나설 수 있는 것처럼 구는 것이 언짢았다. 어쩌면 내가 적은 말수로 응대한 것이 도움이 되었을지도 모른다. 나는 아직 후보에 불과하며, 우선 나를 사무총장으로 선출해주어야 고려할 수 있는 문제라고 말했다. 결국 나는 프랑스의 지지를 얻어냈고 실제로 3회 연속으로 평화유지군 지휘관에 프랑스 인사를 기용했다. 처음에는 장마리 게노를 유임했고 그 뒤를 이어 알랭 르 로이와 에르베 라드수를 차례로 임명했다. 세 사람 모두 모범적으로 임무를 수행했다.

10월 2일 나는 찬성 14표와 기권 1표를 얻었다. 나머지 후보들은 나의 성공을 확인하고 사퇴했다.[10] 37년에 가까운 외교관 생활 끝에, 나는 지구상에서 가장 어려운 직책이라고 알려진 자리를 맡을 준비가 되었다. 나는 스스로를 목석같은 사람으로 생각할 때가 종종 있다. 그날 밤 많은 사람이 나의 무덤덤한 반응에 실망했겠지만, 나는 천성이 차분한 사람이다. 흔히 영화에서 보듯 펄쩍펄쩍 뛰고 춤을 추는 것과 달리 나는 조용히 그 소식을 받아들였다. 미국과 아프리카에 사는 자식들이 축하 전화를 해왔다. 아내는 내 옆에 있었는데, 말은 없어도 내심 자랑스러워하고 있다는 것을 느낄 수 있었다.

아내와 나는 수많은 한국인이 이 뉴스에 흥분했다는 사실을 자정 직후인 이른 개천절에 알게 되었다. 한국 언론이 앞다투어 내 뉴스를 대서특필했는데, 이내 다른 사건이 내 뉴스를 덮었다. 그날 저녁 6시에 북한이 최초의 핵무기 실험을 하겠다고 발표한 것이다. 기쁨보다는 걱정이 앞서는 상황이었다. 충격적인 소식이었고, 하필 흥겨운 분위기가 고조되던 순간에 찬물을 끼얹는 중대 사건이 발생한 것이 유감스러웠다.

만만찮은 시작

그로부터 일주일 후인 10월 9일 북한은 첫 핵실험을 자행하며 한반도의 평화와 안전을 위기로 몰고 갔다. 이 급박한 사태 전개는 모든 사람에게 충격을 안겼다. 세계는 일순, 전보다 훨씬 더 위험한 곳으로 변했다.

그날 밤늦게 나는 안보리 회의를 지켜보았는데, 이사국들은 만장일치로 나를 코피 아난에 이어 유엔 사무총장으로 지명했다. 10월의 의장인 겐조 오시마 유엔 주재 일본 대사가 의사봉을 두들겨 나의 선출을 선언한 뒤, 나는 외교부 청사 안에 있는 기자회견장으로 달려갔다. 자정이 지난 시간이었는데도 100명이 넘는 한국과 세계 각국의 기자가 나의 당선을 취재하려고 모여 있었다.

"이 긴 선거전을 인내심을 갖고 지켜보아 주셔서 감사합니다" 나는 기자들에게 말했다. "이 순간이 너무도 기쁘지만, 이웃이 대량파괴무기를 실험한 마당에 환호성을 지를 수 있는 사람은 아무도 없을 것입니다. 나는 유엔이 이런 도발을 용납하지 않겠다는 것을 세계에 보여준 점을 자랑스럽게 생각합니다."

많은 유엔 회원국은 북한이 한국의 유엔 사무총장 진출을 훼방하는 것이라고 판단했다. 북한이라면 무슨 짓이든 할 수 있다는 인식이 널리 퍼져 있었다. 내가 유엔 사무총장이 되자 북한 지도부가 위협을 느낀 것이 확실하다고 나는 생각했다. 북한 정권으로서는, 코피 아난은 전반적으로 불간섭 노선을 유지했는데 한국인 사무총장이 자신들과 협상하는 데 유엔의 힘을 활용할 것인지, 활용한다면 어떻게 할 것인지 알지 못했다. 나로서도 나 자신이 개별적인 위기에 어떻게 대처할지를 예단할 수는 없는 노릇이었지만, 처음부터 분명히 밝힌 방향은 있었다. 인권과 개발에 역점을 두는 한편, 유엔의 조직과 역량을 강화해 평화와 안보에 대한 전례 없는 위협에 대응토록 하겠다는 것이었다.

이날의 사태는 자국을 진지하게 대해달라는 북한의 노골적인 메시지일 수도 있었다. 아울러 내 앞날에 험난한 과제가 숱하게 생길 것이라는 강력한 예고이기도 했다.

감동적인 역사

2011년 6월 회원국들은 여느 때보다 몇 달 일찍 나를 두 번째 5년 임기의 총장으로 선출했다. 총회는 내 첫 번째 임기가 끝날 때를 기다리지 않고 즉시 나의 공식 취임 선서를 개최하기로 결정했다. 나는 기념으로 뭔가 특별한 것을 하고 싶었다.

미국 국가기록원은 그때까지, 작지만 엄청난 도덕적 힘을 지닌 유엔 헌장의 소중한 원본을 공개한 적이 없었다. 그러던 그들이 내가 유엔 헌장에 손을 얹고 취임 선서를 하는 데 동의했고, 무장경찰의 호위 아래 그 귀중한 물건을 유엔으로 보내주었다. 보호 장갑을 낀 국가기록원의 큐레이터는 내 집무실에서 헌장 원본의 페이지를 조심스럽게 넘겼다. 없어서는 안 될 국제기구를 창설한 귀중한 사료를 직접 보고 만지기까지 하는 특별한 순간이었다. 나는 표지에만 손을 대는 것이 허용되었는데, 그것만으로도 전율을 느꼈다.

2011년 6월 21일, 총회 의장인 스위스의 요제프 다이스가 내

두 번째 임기의 취임 선서를 주재했다. 유엔 헌장 원본에 왼손을 얹고 나는 충성심과 분별력, 양심을 다해 유엔에 영광을 돌리겠다고 약속했다.

4

위험

직면한 위험

외교관이라고 하면 사람들은 으레 짙은 정장을 입은 남자나 보수적인 재킷에 스커트를 입은 여성을 떠올린다. 완전히 틀린 생각은 아니지만, 항상 그런 건 아니다. 나는 한 달에 열흘 정도는 해외 출장으로 보낸다. 내 의복에는 방탄조끼, 방한 기능을 갖춘 첨단 점프슈트, 가벼운 셔츠 혹은 라텍스 장갑 따위도 포함된다. 총회 연단에 어울릴 복장은 아니다.

사무총장으로 10년을 지내는 동안 나는 위험이 갖가지 형태로 찾아온다는 사실을 알게 되었다. 위협은 박격포처럼 클 수도 있고 바이러스처럼 작을 수도 있다. 군중이 이성을 잃으면 숨을 곳은 사라진다. 황량한 활주로에는 엄폐물도 없다. 외교관이라면 누구나 어느 정도의 위험을 감수해야겠지만, 오늘날 유엔 사무총장이 된다는 것은 국제적인 목표물이 된다는 말이나 다름없다.

2007년 사무총장 업무를 개시했을 때, 앞으로 24시간 감시구역 안에서 지내게 되리라는 사실은 의심할 여지가 없었다. 고도로 훈련된 무장경호대는 유엔의 모든 시설에서, 그리고 세계 어디를 가든 나를 호위했다. 경호팀은 내가 거주하는 공관 문 바로 안쪽에 본부를 차렸다. 집무실 밖에는 금속탐지기를 설치했다. 재임 10년 동안 혼자 다니는 일은 허용되지 않았다. 때에 따라서는 시선을 따돌리기 위해 대역과 함께 여행하기도 했다. 아내와 나는 경호원과 카메라, 그 밖에 삶에 제약을 가하는 (정확히 말하자면 삶을 연장해주는) 예방책에 적응하느라 상당히 애를 먹었다. 부지런한 나의 보호자들이 고마웠지만, 아무리 눈에 띄지 않게 행동한다고 해도 그들의 존재는 끊임없이 위협적인 존재를 환기시켜 주었다.

이라크, 바그다드: 입안 가득한 흙먼지

2007년 3월 22일에 바그다드 안전지대에서 기자 회견 도중에 날아든 로켓은 나로서는 전혀 대비하지 못한 것이었다. 나의 당일치기 방문이야말로 이라크가 다시 안정을 되찾은 증거라고 기자들 앞에서 말하고 있을 때, 나는 이라크의 누리 알말리키 총리 옆에 서 있었다. 그 몇 분 사이에 실내를 뒤흔드는 요란한 폭음이 울렸고 강력한 먼지바람이 일었다. 나는 본능적으로 연단 뒤로 몸을 숙였다. 그 직후에 무슨 일이 일어났는지는 기억이 나지 않는다. 눈과 입속까지 흙먼지로 뒤덮였는데, 두렵다기보다는 충격을 받은 상태였다. 단단한 방어시설을 갖춘 안전지대로 무장세력이 로켓포 4발을 발사한 것이다. 총리 관저에서 불과 80미터밖에 떨어지지 않은 곳이었다. 몇 시간 동안 몸의 떨림이 멎지 않았다.

물론 기자 회견은 생방송으로 방영되었고 나중에 유튜브에도 게시되었다. 나는 몇 주가 지나서야 그 장면을 보았다. 겁먹은 표정인가? 당황한 얼굴인가? 운이 좋다는 느낌인가? 공황 상태에 빠진 표정이 아니라 충격으로 입을 찌푸린 표정이었지만 이내 자세를 바로잡고 정신을 차리려 애쓰고 있었다. 하지만 나의 이런 침착함도 이라크인의 냉정한 태도와는 비교가 되지 않았다. 말리키 총리는 거의 눈도 끔쩍하지 않았으며, 내 발언을 아랍어로 옮기던 통역관은 잠시 멈칫하더니 계속 통역을 이어나갔다.

나는 나중에 총리에게 물었다. "어떻게 그렇게 아무렇지도 않을 수 있나요?"

그러자 그는 대답했다. "자주 일어나는 일이니까요."

내가 예고 없이 방문해 기자 회견을 가진 것이 무장 세력을 자극했던 것으로 드러났다. 유엔이 생방송을 허용한 것은 엄청난 실수였다. 나는 나중에야 주요 인사들이 이라크를 떠나기 전까지는 방문 사실 자체를 발표하지 않는다는 말을 전해 들었다. 실제로 유엔의 의전 관행은 안전을 위해 대통령이나 총리에게 직접 전화로만 여행 계획을 통보하는 것이다.

나도 그렇게 했지만, 그렇게 조심해도 결코 완벽하게 안전한 것은 아니었다.

아프가니스탄, 바그람: 위협받는 평온

2010년 7월에 원조 공여국 회의에 참석하기 위해 아프가니스탄으로 향하던 중, 내 전용기는 연료를 보급받기 위해 조지아의 수도 트빌리시에 기착했다. 착륙하느라 애를 먹고 있던 비행기의 앞 유리가 깨지고 말았다. 안전벨트가 날카롭게 몸을 파고 들었다. 등골이 오싹할 만큼 아찔한 경험이었다. 그 정도면 여행 한 번에 받을 충격으로는 충분할 것 같았지만 그날은 이걸로 끝이 아니었다.

조지아 당국은 우리에게 다른 항공기를 주선해주었고 40분 후에 칼 빌트 스웨덴 외교장관과 나는 다시 카불 여행길에 올랐다. 도착해보니 카불 공항은 폐쇄되어 있었고 거대한 서치라이트와 조명탄이 밤하늘을 밝히고 있었다. 몹시 낯선 풍경에서 뭔가 불길한 느낌을 받았다. 바그람 기지 내 비행장에 착륙을 앞두고 잠시 고공을 선회하는 동안에도 좀처럼 긴장을 풀 수 없었다. 우리는 이튿날이 되어서야 우리가 착륙하기로 예정되었던 시간에 탈레반이 공항을 폭격했다는 것을 알게 되었다. 등골이 오싹했다. 아프가니스탄 대통령실의 누군가가 내 일정을 흘린 것이었다.

바그람은 미군 사령부로서, 아마 아프가니스탄에서는 가장 방비가 잘된 곳 중 하나일 것이다. 그러나 우리가 착륙했을 때 비행장에는 사람이 전혀 없었고 부자연스러울 만큼 조용했다. 말 그대로 텅 비어 있었다. 빌트 장관과 나는 미군 병사들이 마중 나오기를 기다리며 활주로에 우두커니 서 있었다. 물론 분명히 착륙 허가를 받았지만, 우리는 승인받지 못한 방문자처럼 보였다. 혹시 우리에게 총알이 날아오지나 않을까 걱정이 되었다. 비행기의 앞 유리가 깨지는 사고를 당했을 뿐 아니라 카불 공항에서 이런 일까지 겪고 보니, 우리도 운이 다한 것 아니냐는 농담이 절로 나왔다. 하지만 우리는 무사했다.

잠시 후 미군 병사 두 명이 반바지 차림에 졸린 눈으로 무슨 일인지 확인하러 나왔다가 우리가 거기 서 있는 것을 보고는 놀란 기색을 보였다. 나는 그들에게 카르자이 대통령 공관으로 갈 헬리콥터 한 대를 제공해달라고 요청했다. 우리는 블랙호크에 탑승했다. 기관총을 든 병사 두 명이 지상을 주시하면서 우리는 밤하늘을 날아갔다.

비행기에 관한 한 나는 운이 나쁜 편이었다. 유엔 출장 중에 비행기의 착륙장치가 접히지 않는 경우도 두 차례 있었다. 2011년 3월 나토NATO가 리비아를 공습하기 전날에는 마드리드를 이륙한 직후 착륙장치에 문제가 발견되었다. 같은 회의에 참석하기 위해 파리로 가던 호세 루이스 로드리게스 사파테로 스페인 총리에게 부탁하며 그의 비행기에 동승해서 파리로 갈 수 있었던 것은 다행이었다. 그다음 날 똑같은 문제가 파리에서 카이로로 비행할 때도 일어났다. 위험을 최소화하기 위해 우리가 탑승한 비행기는 착륙 전에 제트 연료를 분사해야 했다. 이번에는 사르코지 프랑스 대통령이 친절하게도 자신의 특별기를 나에게 제공해주었다. 일요일임에도 프랑스가 이런 조치를 취해주어 무척 고마웠다.

착륙장치가 고장 난 비행기에 동승한 직원들은 비행기가 착륙할 때까지 쥐 죽은 듯 조용했다. 그들이 무슨 생각을 하고 있는지는 알 수 없었지만, 나는 반세기 전 잠비아에서 비행기 추락 사고를 당한 다그 함마르셸드 사무총장을 생각하고 있었다. 뉴욕으로 돌아온 다음 나는 출장 일정을 관장하는 평화유지지원국의 수잔나 말코라 사무차장에게 전화를 걸었다. 나는 "내가 제2의 함마르셸드가 되어도 괜찮겠어요?"라고 추궁했다. 말코라는 사과했다. 그때를 빼면 그녀는 훌륭하게 업무를 처리했고, 나중에 나는 그녀를 비서실장으로 임명했다.

나의 재임 기간 내내 유엔이 관리하는 항공기는 불편하고, 불안하고, 위험했다. 특히 유엔평화유지군 비행기의 노후화는 실적과 관계없이 최저가 입찰자를 받아들여야만 했던 구조에서 비롯되었다. 주로 서방 회원국들이 가하는 예산상의 제약 탓이었다.

재난 대비 의상

안전에 관한 한 화력이나 인력만 문제가 되는 건 아니다. 때로는 올바른 예방적 대책이 최상의 방법이 된다. 복장은 뛰어난 위장과 보호 기능을 한다. 잘 만든 검은 정장은 세련된 멋이 있지만, 그것은 총회 회의장에서나 입을 옷이지 콩고 동부의 진흙 길에는 어울리지 않는다. 국적이나 지위에 상관없이 방문객이면 누구나 남극 대륙에서는 방한복을 입어야 하고 아이티에서는 가벼운 셔츠 차림이라야 한다. 기니에서는 에볼라 감염을 막기 위해 여러 겹의 고무와 플라스틱으로 만든 방호복을 입는다. 방탄복을 입지 않고 말리나 시리아 쪽으로 가는 일은 최대한 삼가야 한다.

물론 옷차림만으로는 범죄나 몰려드는 군중을 막을 수 없고, 암살 시도로부터 안전을 장담할 수 없다. 때에 따라서는 무장 경호나 대역이 필요하기도 하다.

베이루트, 레바논: 눈속임

2005년 2월 14일, 시리아 정권의 소행으로 추정되는 베이루트 공격으로 라피크 하리리 총리가 암살되었다. 엄청난 차량 폭발로 22명이 목숨을 잃었고 200명이 넘는 사람이 부상을 당했으며 베이루트의 유명한 해안도로에도 수영장 크기만 한 분화구 모양의 구멍이 생겼다. 과학수사관들은 폭탄에 약 1천 톤의 TNT가 쓰였다고 결론지었다. 당시 한국의 외교통상부 장관으로 재직 중이던 나는 충격을 받았다. 케이블 뉴스는 폭발의 여파를 반복적으로 보여주었다.

그로부터 수년 뒤, 나는 유엔 사무총장 첫 임기 초반에 레바논을 방문했다. 당연히 경호팀은 긴장했다. 그들은 오래전부터 나를 보좌해온 김원수를 두 번째 차량에 유인용 대역으로 탑승하도록 조치했다. 레바논에는 한국인이 별로 없었기 때문에, 그들은 우리 두 사람이 아주 비슷해 보일 것이라고 생각했다. 경호팀이 김원수를 먼저 차에서 내리게 하고 사격하는 사람이 없으면 내가 차에서 내리도록 하는 식이었다. 나는 여러 해 전부터 김원수를 알고 지냈는데, 그는 분명히 의무감에서 이 역할을 맡았을 것이다. 하지만 나로서는 위험한 상황에서 그런 역할을 하는 것이 어떤 느낌일지 상상도 되지 않는다. 그의 충성심에 깊이 감사할 뿐이다.

유엔 사무총장 임기가 끝나고 2년 뒤, 레바논 정부는 다에시, 즉 IS의 대원으로 알려진 팔레스타인인 3명을 체포했다. 나는 그들이 내가 2012년에 레바논을 방문했을 당시 암살을 계획했었다는 이야기를 듣고 무척 놀랐다.

레바논 군사 법원은 남부 레바논을 방문 중이던 유엔 사무총장을 암살하려는 음모를 꾸몄다는 혐의로 그들을 심문했다. 레바논 당국은 내가 마지막 순간에 차량 대신 헬리콥터로 이동함에 따라 그들의 공격이 불발에 그친 것으로 파악된다고 전했다. 그들이 유죄 선고를 받았는지 어떤지는 아직 레바논 당국에 확인해보지 않았다.

스발바르, 북극권: 선상에서

폭력 사태뿐만 아니라 때로는 단순히 일이 잘못되었을 때도 위험이 닥칠 수 있다. 2015년 7월, 아내와 나는 스발바르에서 노르웨이의 작은 탐사선을 타고 북극권 내로 들어갔다. 호화로운 여행은 아니었다. 그날 밤, 나는 탐사선의 2단 침대 위층에서 내려오다 넘어지면서 의자에 머리와 어깨를 부딪쳤다. 왼쪽 옆구리에 통증이 있었지만 탐사단원들을 귀찮게 하고 싶지 않았다. 나와 동행한 노르웨이의 뵈르게 브렌데 외교장관을 불편하게 만들고 싶지도 않았다. 그가 걱정한 나머지 여행을 취소하기를 원치 않았고 수행원이 지나치게 염려하는 것도 내키지 않았던 터라 아무 말도 하지 않았다. 나는 최대한 조심스럽게 움직였다. 아내는 옆에 붙어서 사람들이 내 왼쪽 옆구리를 밀지 못하게 막았다.

뉴욕으로 돌아오자마자 의사에게 진찰을 받았다. CT 검사에서 왼쪽 갈비뼈 2개에 가벼운 골절 흔적이 발견되었다. 병원에서 해줄 수 있는 것은 없었다. 그저 자연히 낫기를 기다리는 수밖에 없었다. 이후 나는 두 달 동안, 천천히 걷고 기침도 참으면서 아주 조심스럽게 움직였다. 동작은 경직되었지만, 나에게서 뭔가 이상 징후를 발견한 사람은 아무도 없었다. 그나마 오른쪽 갈비뼈를 다치지 않은 것이 천만다행이었다. 만일 그랬다면 방문자들과 악수하는 데 애를 먹었을 것이다. 하루에 30명 넘게 만나는 날도 있었기 때문이다. 존 케리 미국 국무장관이 제네바에서 이란과 협상을 벌이던 중, 자전거를 타다가 다리에 골절상을 입은 지 한 달쯤 후에 벌어진 일이었다.

카이로, 포르토프랭스, 다르푸르: 이성으로 상대할 수 없는 위협

위험이 나타날 때까지는 여럿이 함께 있는 편이 안전하다. 하지만 무질서한 대규모 집단 앞에서 외교는 유용한 기술이 아니다. 군중은 두려운 대상이다. 예측 불가하고 감정적이며 설득이 통하지 않는다. 놀라울 정도로 순식간에 상황이 악화되기도 한다. 한 명이 분노하면 그 수는 수십 명으로 늘어날 수 있다. 기자들이 스크럼을 짜고 뾰족이 튀어나온 마이크와 육중한 카메라를 경쟁적으로 들이댈 때도 있고, 시위 군중이 떼 지어 몰려올 때도 있다.

2010년 1월의 지진으로 아이티의 수도 포르토프랭스가 초토화된 며칠 후, 나는 그곳을 찾았다. 나는 거리에서 한 젊은 여인에게 조용히 말을 건넸는데, 여인은 집안의 세간살이가 모조리 파괴되었다고 말하며 감정이 점점 격해졌다. 여인은 거리의 참상으로 인해 겁에 질려 있었다. 여인의 목소리가 커지자 사람들이 우리의 대화를 들으려고 가까이 다가왔다. 곧이어 군중은 내 경호팀을 빽빽하게 둘러싸고 아이티의 토속언어인 크레올어로 소리쳤다. 경호원들은 내 팔을 살짝 잡고 성난 군중의 벽에서 벗어날 기회를 엿보았다.

아이티인들이 우리를 해치려는 것이 아니라는 것은 알았지만, 소리치고 울부짖는 군중이 수십 명으로 불어난 가운데 그들로부터 분노와 공포, 좌절감이 뿜어져 나오자 두려움이 엄습했다. 사방에서 외치는 군중의 목소리는 갈수록 커졌다. 마침내 경호팀은 그 자리를 빨리 벗어나도록 나를 재촉했다. 이성적 판단으로는 위험한 상황이 아니라는 것을 알았지만, 그렇게 비좁은 공간에서 폭발되는 군중의 감정은 두려운 것이었다.

1년 뒤, 북아프리카에서는 아랍의 봄 초기 몇 달 동안 소요가 일어났다. 리비아의 독재자 무아마르 카다피는 간신히 권좌에서 버티고 있었다. 리비아인들은 카다피의 잔혹한 장기 집권에 맞서 자주 시위를 벌였고, 시위는 종종 격렬해졌다.

아랍국가연맹League of Arab States은 2011년 2월 3일, 카이로에서 긴급회담을 열고 카다피의 유혈진압을 비난하는 한편, 폭격으로부터 민간인을 보호하기 위해 비행 금지 구역을 설정했다. 회담을 마친 내가 경호팀과 차를 향해 걸어가고 있을 때였다. 50명가량의 카다피 지지자들이 나를 향해 주차장으로 몰려오더니 카다피를 옹호하는 플래카드를 흔들며 나를 성토하는 구호를 외쳤다. 나는 깜짝 놀라 자동차들 사이를 헤치며 반대편으로 달렸다. 시위대가 따라오기 전에, 이집트의 경호 요원이 내 뒤에 바짝 붙었다. 우리는 한 바퀴를 돌아 건물 안으로 들어갔다. 나는 아므르 무사 아랍연맹 사무총장의 사무실로 피했다. 경호팀이 바깥의 안전을 확인하는 동안, 나는 그곳에서 15~20분 정도 머물렀다. 그런 다음 뒷문을 통해 자동차 뒷좌석에 탑승했다.

지도자가 없는 군중은 예측할 수 없다. 그들의 관심을 특정 방향으로 유도하거나 흥분을 가라앉힐 사람이 없기 때문이다. 그날 밤 주차장으로 몰려온 군중이 정말 위험했는지 궁금했다. 이튿날 한 신문은 이 이야기를 기사로 다루며 내 곁에서 달리는 이집트 경호 요원의 사진을 큼지막하게 실었다. 그의 손이 권총에 가 있는 모습을 보고 내 눈이 휘둥그레졌다. 당시에는 그가 권총을 빼 드는 것에 주목하지 않았다. 밖으로 드러나지는 않았겠지만 온몸에 전율이 일었다.

뉴욕의 유엔 본부: 수행원들과 함께 살아가기

나는 유엔에도 적이 있다는 것을 안다. 사무총장이 눈에 잘 띄고 공격하기 쉬운 대상이라는 것도 잘 안다. 유엔 경호실도 그점을 잘 알고 있다. 내 임기 내내 그들은 사무총장을 귀중하면서도 깨지기 쉬운 소포처럼 취급했다. 밀착 경호팀은 여러 언어를 구사하고 다재다능하며, 규모는 작아도 사명감이 투철하다. 이 무장 요원들은 여러 날을 제대로 먹지도 자지도 못하고 잦은 출장으로 가족과 떨어져 지내며 직접 위험에 노출되는 경우도 많다. 나는 그들이 번번이 나를 위험에서 구해준 실적을 따로 기록해두지는 않았지만 결코 잊지 못할 것이다. 그 고마움이란 이루 말로 다 할 수 없다.

버나드 '로비' 로빈슨 경호대장은 경호팀을 10년 동안 지휘했다. 그는 2006년 11월에 나와 아내를 뉴욕까지 호위하기 위해 한국에 건너왔는데, 그 이후로 10년간 나는 거의 매일 그를 보았다. 10년간의 임무를 마치고 뉴욕을 떠날 때, 다시 서울까지 성의껏 호위하고 한국 경호팀에 나를 인계한 사람도 로빈슨 경호대장이었다.

안전과 보안은 뉴욕에서 우리 삶을 지배했다. 예방조치에는 아무 표식도 없는 승용차와 제복 차림의 무장 경호원도 포함되었다. 공관에는 경호 요원 2명이 24시간 상주했다. 특별히 논란이 될 만한 일이 유엔에 발생했을 때는 뉴욕 경찰국이 공관 주변에 특별기동대SWAT를 배치했다. 그런 일이 있을 때면, 나는 평온한 서튼 플레이스 구역의 주민들이 이웃에 사는 내 존재를 탐탁지 않게 여길까 봐 염려스러웠다.

경호팀 때문에 크게 신경이 쓰인 건 아니지만, 사무총장 공관의 한가로운 잔디밭에서 손주들과 자주 놀아주지 못한 것은 못내 아쉽다. 보안 카메라가 우리를 감시하고 있다는 사실을 생각하면 도저히 편할 수가 없다. 그래도 나는 거리를 유지하며 늘 곁에서 지켜보는 경호원의 존재에 익숙해졌지만, 아내는 그러지 못했다. 아내는 2001년 잠시 뉴욕 생활을 했을 때는 활발하게 친구들과 어울리며 도심 생활을 즐겼다. 하지만 내가 사무총장이 되자 혼자서는 쇼핑하러 가지도 못하고 경호원 없이는 브리지 게임도 하러 갈 수 없었다. 경호원을 따돌린 적도 한 번 있었다. 나는 그날 아내가 어디 갔는지 지금도 정확히 모르지만, 그저 자유를 만끽하고 싶었던 것 같다. 아내가 돌아오자, 경호원들은 정중하지만 단호하게 다시는 그러지 말라고 주의를 주었다.

자신이 사라지면 경호 업무에 얼마나 큰 차질이 발생하는지 알았더라면 아내는 아무리 답답했더라도 그러지 않았을 것이다.

한국, 서울: 위협의 그늘

나는 여생을 감시구역에서 지낼 터였다. 2017년에 귀국한 이후, 한국 정부는 거의 24시간 내내 나를 수행하는 경호팀을 제공하고 있다. 한국 정부와 유엔 안전보안국UNDSS은 과거에 내가 IS나 그 밖의 다른 테러리스트 조직을 상대로 숱하게 쏟아낸 비난에 대한 보복 가능성을 막기 위해 나를 보호해야 한다는 결론을 내렸다. 그러한 결론을 내리게 된 것은 유엔 안전보안국이 내 두 번째 재임 기간 중 나를 해치거나 살해하라고 지시하는 IS의 웹사이트를 발견했기 때문이었다. 최소 한두 차례의 시도가 있었다는 증거도 있었다.

암살을 전혀 염두에 두지 않는다고 할 수는 없지만, 공포가 내 삶을 제약하는 것은 아니다. 나는 여전히 친구들과 만나 어울리고, 연설 초청에 응하거나 장시간 회의에도 종종 참석한다. 코로나19 팬데믹 이전에는 한 달에 평균 2주를 여행하며 10여 군데의 기후변화 혹은 개발 관련 행사 및 회의에 참석했다. 2018년 1월에는 오스트리아의 빈에 설치된 반기문세계시민센터를 방문한 적도 있었다. 그러니 숨어 지내는 건 전혀 아니다.

내가 어디를 가든 서울 경찰청 소속 한영은 경감이 이끄는 사복 경호관들이 동행한다. 이미 퇴임했고 국내에 머무는데도 그렇게 한다. 외출하면 사람들이 종종 나를 알아보고 다가와 말을 걸거나 사진을 찍기도 한다. 대부분 악수하려고 손을 내밀며, 심지어 길거리에서 과감하게 내 옆에 서는 사람도 있다. 식사할 때 내 일행은 식당의 별실을 이용하고, 그것이 여의치 않을 때는 되도록 남의 눈에 띄지 않게 내 근처의 테이블에 자리한다. 이런 대우가 싫은 것은 아니다. 특정 장소에서 잠깐 유명인 대접을 받는 것도 크게 개의치 않는다. 하지만 친근한 군중이라고 해도 경호팀에는 불편한 법이다. 더 곤란한 것은, 나와 사진을 찍기 위해 경호 요원들에게 자신의 휴대전화기를 건네며 촬영을 부탁할 때다. 차마 거절하지는 못하지만, 경호 요원들이 이런 행동을 좋아할 리는 만무하다. 주변을 두루 살펴야 하는 그들의 시야가 좁은 곳으로 제한되기 때문이다.

밀착 경호는 뉴욕에서보다 한국에서 사생활에 더 방해가 되는 느낌이다. 안전 조치를 통해 충돌을 막아야 하고 사소한 경우에도 거리를 확보해야 하기 때문이다. 나는 아마 다시는 차를 운전하거나, 길을 잃을 일이 없을 것이다. 아내와 나는 저녁 식사 후에 조용히 산책하는 일마저 삼가고 있다. 동네를 한 바퀴 돌 때도 경호 조치가 수반되기 때문이다. 나는 여전히 비행기를 빈번하게 이용하지만 전과 달리 출발 안내방송이 나올 때까지 공항 대기실에서 조용히 기다리다가 보통 마지막으로 탑승한다.

유난스럽다는 것을 알지만 내가 그만둘 수 있는 일이 아니다. 곁에 지켜선 정장 차림의 말쑥한 신사들이 가까운 곳에 있는 누군가가 나를 해칠 수도 있다는 사실을 끊임없이 일깨우니 말이다. 엄밀히 말해 나는 자유인이 아니다. 하지만 그것을 불평하는 것은 아니다.

5

협상

상선약수

나는 외교관 경력의 모든 단계에서 협상에 관여했다. 양측 모두에게 유익하도록 타협하기 위해 작은 양보를 끌어내는 간단한 협상이 있는가 하면, 이란과의 핵 협상 때처럼 극심한 긴장과 대결로 점철되는 협상도 있다. 중재자와 당사자에게 공히 유용한 자질은 힘과 결단력이 뒷받침되는 유연성과 겸손이라고 할 수 있다.

외교관으로 지내면서, 나는 물에서 영감을 얻었다. 물은 자연의 구성요소 중 가장 부드러우면서도 강하다. 노자는 2,600년 전에 물의 미덕을 가르쳤다. 물은 투명하고 맛도, 색도, 형체도 없지만, 불을 끄고, 바위를 쓸어버리며, 쇠를 녹슬게 하고, 나무를 부식시킨다. 물은 얼음이 되면 단단해지고, 증기가 되면 부드러워진다. 물은 자주 과소평가되지만 생명을 이어가게 하며, 장애물에 가로막히면 맞서지 않고 우회한다. 상선약수上善若水, 즉 최고의 미덕은 물과 같다는 가르침은 나에게 너무도 소중한 말이었던 터라, 넉 자를 정성껏 붓글씨로 써서 버락 오바마 미 대통령에게 생일선물로 준 적도 있다. 최고의 협상가는 액체처럼 언제나 움직이고 언제나 적응하며 언제나 장애물을 피해 길을 찾고, 대립을 피하되 상대의 호전성을 허용하지 않는다.

외교는 가능성의 예술이고, 협상은 행동하는 외교다. 내 방식은 공감을 통한 개인적 외교라고 할 수 있는데, 겸손하고 지속적인 접촉을 통해 신뢰와 존중을 쌓아가는 방식이다. 아주 간단한 대화를 통해서도 선의를 끌어낼 수 있는데, 다만 상대와의 모든 대화가 거래나 비판이 아닐 때만 그러하다. 이 방식이 내게는 유효했다. 다만, 개인적 관계를 구축한 세계 지도자들이 자리를 계속 바꾼다는 단점은 있다. 사람이 바뀔 때마다 신뢰를 다시 쌓아야 하기 때문이다.

전 유엔 사무총장인 부트로스 부트로스 갈리가 내게 해준 조언 중에는, 가끔 마지막 순간에 약속을 취소하거나 세계 지도자의 연락에 하루가 지난 후에 응하라는 것도 포함되어 있었다. 그러나 내 방식은 신뢰와 원칙에 방점을 두는 것이었다. 2009년 1월에 내가 하마스와 이스라엘 사이의 격렬한 전쟁Operation Cast Lead을 종식하기 위해 중동을 방문했을 때도 이 원칙은 중요했다. 형식으로나 내용으로나 셔틀 외교라고 할 수 있었는데, 나는 7일 동안 열세 차례나 비행기를 타고 8개국을 돌아다녔다. 민간인 피해가 어찌나 막심했던지 내가 방문한 나라의 모든 정상이 촉박한 요청에도 서둘러 나를 만나주었다. 유엔에 그다지 호의적이지 않은 이스라엘 측도 나를 즉시 만났다. 양측은 이미 전쟁을 끝낼 용의가 있었기 때문에 필요한 것은 그것을 실행할 방법뿐이었다. 합의가 깨지는 것은 체면 손상 탓인 경우가 많기 때문에, 현명한 중재자라면 양측 모두가 작더라도 진전이나 승리라고 주장할 수 있는 양보를 얻은 상태로 협상 테이블을 떠나도록 만들어야 한다.

물은 폭풍 때처럼 맹렬하게 해안에 부딪힐 때도 있지만, 평화로운 하늘을 비추며 잔물결로 소곤거릴 때도 있다. 나는 언제나 열린 마음으로 차분하게 시작해서 상대의 말을 듣고, 듣고, 또 듣는다. 반대편이 아니라 파트너로서 토론을 시작한다. 협력은 거의 언제나 대결보다 낫다. 신선한 아이디어가 나올 때도 있고, 중대하고 정당한 우려 사항이 드러나기도 한다. 쌍방이 최종 결과에 합의할 수 없을 때는, 의미 있는 점진적 진전을 끌어내기 위해 길고 고통스러운 과정을 거쳐야 한다.

나는 협상가들이 토론 과정에 거칠게 끼어들어서, 상대를 윽박지르는 것을 본 적이 있다. 상대가 불합리하게 버틴다고 생각하기 때문이다. 미안한 이야기지만, 특히 강대국의 경우 우월한 힘을 앞세우며 오만한 태도로 토론을 시작할 때가 종종 있었다. 이런 접근은 매우 비생산적이다. 긍정적인 태도로 임할 때 얻는 이득이 더 크다. 모쪼록 협상가들이 억압적인 강요보다 존중이 훨씬 더 지속가능한 방식임을 깨닫기를 바란다.

세르게이 라브로프 러시아 외교장관과 콘돌리자 라이스 미국 국무장관은 무슨 이슈에서든 반사적으로 서로 반대 입장을 취하곤 했다. 나는 유엔과 유럽연합, 미국, 러시아가 2000년 중동 평화 로드맵을 개발하기 위해 구성한 자문그룹인 4자 회담 과정에서 그 두 사람이 말다툼하는 것을 보았다. 라브로프 장관은 유능한 전 유엔 대사로, 협상에 관해 모르는 것이 없었고 모든 것을 기억했으며 중동 문제에도 정통했다. 소련 전문가인 라이스 장관 역시 모든 사안에 잘 준비되어 있었고, 뭐든 쉽사리 포기하는 법이 없었다. 가장 언변이 뛰어난 두 외교관의 대결이었다. 그들의 말을 듣고 있노라면 나 자신이 활력과 깨달음을 얻는 기분이었다.

2007년 2월에 베를린에서 개최된 제2차 4자 회담에 참석했는데, 회의가 시작되자마자 두 사람이 언쟁을 벌여서 놀랐다. 팔레스타인이 국민통합 정부 수립에 막 합의를 했는데, 하마스의 역할을 놓고 의견이 갈린 것이다. 하마스의 지도자인 이스마일 하니야가 공개적으로 폭력을 비난하고 이스라엘이 존재할 권리를 인정해야 한다는 것이 미국 정부의 입장이었다. 라이스 장관은 이를 되풀이했다. 라브로프 장관은 자신이 "이스라엘에 대한 묵시적 승인의 중요성을 과소평가하는 게 아니라 과도한 요구에 찬성하지 않는 것"이라고 말했다.

나는 그들이 로드맵의 여러 부분에 관해서 웅변적으로, 이상적으로, 열정적으로 의견을 달리하고 있음을 알 수 있었다. 그들은 부딪칠 때마다 서로의 발목을 잡았다. 워싱턴과 모스크바의 견해차에서 비롯된 갈등은 4자 회담이 아무것도 하지 못한다는 평판을 듣는 유일한 이유는 아니었다. 팔레스타인과 이스라엘도 일부 책임이 있다. 그러나 미·러의 불화는 회담을 교착상태로 몰고 갔다.

타고난 외교관도 있다. 빌 클린턴 전 미국 대통령은 유엔 아이티 특사로서 2010년 대규모 지진이 발생했을 당시 스타가 지닌 힘과 매력으로 사람들을 휘어잡았다. 힐러리 클린턴 국무장관이 유엔에 왔을 때는 많은 사진기자와 외교관이 노상 따라다녔다. 두 사람 모두 유엔 주변의 명사로서, 사람들은 클린턴 대통령에게 말을 걸고 싶어 했고, 클린턴 장관이 뉴스를 만들어내기를 기대했다.

가장 비효율적인 외교관은 인기에 영합하려고 힘을 과시하는 사람일 것이다. 흔히 자기중심적인 성향을 보이는 이런 지도자는 자신의 전략을 쉽사리 드러내고 자신이 만들어낸 결과를 자랑하는데, 이는 국제 외교의 원칙과는 정반대의 행태다. 도널드 트럼프 전 미 대통령은 북한이 핵 개발을 포기할 것이라고 미국인들에게 여러 차례 장담했다. 이런 행동은 그에게 이 거래가 개인적으로 얼마나 중요한지 보여줌으로써 김정은의 입지를 오히려 강화해주었다. 레제프 타이이프 에르도안 터키 대통령은 코바니에서 쿠르드군을 몰아내겠다고 단언하고 2014년 겨울 내내 시리아인들의 고통만 연장하는 군사적 충돌을 가속화했다. 헤즈볼라와 하마스는 이란의 지원을 기대할 수 있다는 것을 잘 알고 있었다. 헝가리의 빅토르 오르반 총리는 유럽연합을 무시하고 나토를 비판함으로써 국제적 협조를 약화했다. 유엔 인권이사회에서 독재자들의 영향력이 커지는 상황은 독재자들로 하여금 자국의 자유 탄압을 용인하는 분위기를 조장한다.

나는 외교적 언어가 종종 모호하기 때문에 명확성을 요구하는 사람들의 화를 돋울 수 있다는 것을 인정한다. 분쟁의 '당사자들'에게 무장 해제를 촉구하는 것이 느리고 긴 과정의 출발점이다. 주의를 기울이면, 외교관들이 발생했거나 발생하지 않은 일에 관해 '우려', '깊은 우려', '심각한 우려'를 표하는 것을 들을 수 있다. 보통 사람에게는 별 차이 없이 들리겠지만, 외교관이라면 그 차이를 명백히 안다고 확언할 수 있다.

갈등 상황에서는 특히 긴급성이 중요하다. 심사숙고한 결과라면, 전략적 모호성은 우리가 압박을 강화하거나 협상을 벌일 수 있는 시간과 공간을 조금 더 확보할 수 있는 여지를 제공할 수도 있다. 말이란 본래 그것이 담고 있는 의미에 더하여 추가로 미묘한 메시지를 전달할 수도 있는 수단이다. 예컨대 나는 어떤 사안에 관해서도 '좌절감'이라는 표현은 거의 사용하지 않았다. 유엔이 위기를 타개할 능력이 없다는 인상을 주기 때문이다.

어떤 정부도 공개적으로 비판받기를 원치 않는다. 게다가 갈수록 더 많은 나라가 여론의 압박에 면역이 되고 있다. '공개적으로 이름을 거명함으로써 수치를 안기는' 방식은 인권 부문에서는 여전히 효과적인 수단이 될 수도 있지만, 오늘날 그런 방식은 지도자들을 한층 방어적으로 대응하게 만드는 경우가 많다. 2014년 소치 동계올림픽이 개막되기 전날 나는 IOC 공개 총회 연설을 통해 푸틴 대통령에게 러시아 정부의 동성애 박해 정책을 전환해달라고 요구했지만 아무 소용이 없었다. 이스라엘과 미국이 반복되는 국제사회의 비난을 무시하는 것도 사실이다. 인도네시아와 필리핀, 짐바브웨, 부룬디 등은 공히 십수 차례나 유엔 인권 조사관의 입국을 거부했다.[1]

유엔의 외교관은 가장 우수한 사람들이고, 나는 그들을 깊이 존경한다. 그들 중 일부는 자국 정부에서 중요한 경험을 쌓았고, 일부는 유엔 체제를 통해 승진했다. 그들 모두의 이름을 전부 거명할 수는 없다. 각자 자신이 맡은 문제의 쟁점과 역사를 알고, 협상 테이블 맞은편 당국자의 성품까지 잘 알아야 한다. 갈등과 협상이 진행되고 있을 때면 나는 유엔 정무국DPA으로부터 우리가 중재하는 사안에 관해 브리핑을 지속적으로 받았다.

나는 대화를 단절하는 것은 어떤 경우에도 성공적인 전술이 되기 어렵다는 점을 깨달았다. 이상적으로 말하면, 합의란 쌍방이 함께 이기고 함께 지는 것이다. 양측 다 체면을 살릴 수 있는 양보를 얻어내야 하지만 동시에 몇몇 요구에는 양보해야만 한다. 바람직한 협상에서는 양측 모두 양보의 아픔을 느끼면서도 승리를 주장할 수 있다.

전 알제리 외무장관인 라크다르 브라히미와 노벨상을 받은 전 핀란드 대통령 마르티 아티사리는 세계 곳곳에서 근무하며 많은 사람이 해결하기 어려울 거라고 했던 정치적·군사적 분쟁을 해결했다. 이들은 중재자로서 기량이 뛰어나고, 노련하며 현명하다. 브라히미는 인내심이 깊고 친절하며, 시리아에서 유엔-아랍연맹 공동 특사로 활동할 때는 그의 아랍어 실력도 도움이 되었다. 아티사리는 평생 평화를 위해 헌신했으며 그 업적 덕분에 협상의 대가라는 명성을 얻었다. 이 두 외교관은 현재 전직 국가수반들을 중심으로 하는 모임인 엘더스the Elders의 회원으로 봉사하고 있다.

유엔 외교의 성공은 결단력, 관련자들의 성격, 타이밍에 달려 있는데, 이 모든 것이 늘 완벽하게 맞아떨어지는 것은 아니다. 실제로 유엔 특사가 너무 심하게 몰아붙이거나 부주의한 언행으로 당사국 정부를 곤란하게 만들면, 특사는 기피 인물persona non grata로 낙인찍혀 추방되기도 한다. 때로는 해당국에 주재하던 고위 대표가 추방되기도 하고, 해당 정부와 지나치게 밀착하는 경우도 있다. 하지만 대개의 경우 유엔 외교관은 균형을 잃지 않고 외교의 실낱같은 줄 위를 걷는다.

최근 독립한 남수단이 유난히 까다로운 사례에 해당했다. 2014년 봄까지, 살바 키르 대통령과 전 노르웨이 국제개발부 장관 힐데 욘손 사무총장 특별대표 사이에 불화가 진정되지 않았다. 두 사람은 사석에서만이 아니라 공개적인 자리에서도 상대에 대한 불만을 표했는데, 이런 마찰이 유엔의 평화 작전을 방해하고 있었다.

다소 강권적인 지도자인 키르 대통령은 과거 자유의 투사였는데 폭력을 공개적으로 단념한 적이 없었다. 마침내 그는 특별대표의 교체를 요구하기에 이르렀다. 평화유지군 파견 대상 국가는 사무총장의 특사를 임의로 선택하거나 거부할 수 없다. 나는 키르 대통령에게 남수단을 위하여, 욘손 특사를 나를 대하듯 존중하는 마음을 가져줄 것을 촉구했다. 욘손에게는 두 사람이 프로답게 긴밀하게 협력하는 것이 필수적이라는 점을 상기시켰다. 그러나 두 사람 다 그러지 못했다. 두 사람의 관계는 화해가 불가능한 수준임이 명백했고, 나로서는 원만하게 상황을 전환할 전략이 필요했다. 나는 키르 대통령에게 공개적으로 특사를 칭송할 것을 주문하며, 그렇게 한다면 사람들은 뭔가 문제가 있다고 생각하지는 않을 것이라고 했다. 결국 키르 대통령은 기자 회견을 통해 특사의 활약을 칭찬했고, 내키지는 않았지만 나는 그 후 특사를 교체했다.

협상에는 때로 무력 사용 위협이나 제재의 부과, 지속적인 비난과 같은 다방면의 압력이 필요하기도 하다. 내가 목소리를 내야 했을 때는 주로 비공개로 했다. 그편이 대놓고 공개적인 비난을 하는 것보다 효과적인 방식이었다. 내가 공개적으로 입장을 표하면 관련 당사자들도 그것을 공개적으로 반박하는 경우가 많기 때문이다.

막후의 채널

2007년 3월 23일 호르무즈 해협에서 이란 해군은 자국의 영해를 침범했다는 이유로 영국해군 순양함 'HMS 콘월호'를 나포했다. 이란 당국은 콘월호의 승무원과 영국 해병 15명을 간첩 혐의로 억류했다. 순양함을 철저히 조사했지만 아무런 이상이 발견되지 않았음에도 이란 정부는 그들의 석방을 거부했다.

그다음 주 후반, 나는 사우디아라비아에서 개최된 2007년 아랍연맹 정상회의 계기에 마누셰르 모타키 이란 외교장관을 만나 이 문제를 논의했다. 위성사진을 입수한 영국 정부는 순양함이 공해상에 있었다고 확신했다.

사무총장에 취임한 지 3개월밖에 안 된 나로서는 그것이 이란 고위 관리들과의 첫 회담이었다. 염려가 되기는 했지만, 나는 설령 함정이 실수로 공해에서 영해로 들어갔다고 하더라도 함정을 나포해 이란의 대외관계를 더 경직시키지는 말아달라고 모타키 장관에게 호소했다. "이란은 남에게 도움을 주는 나라로 인식되어야지, 명백히 위협이 되지 않는 외국인을 억류하는 말썽 국가가 되어서는 안 됩니다"라고 설득했다. 이런 대화를 가진 후 며칠이 지나서 이란 정부가 영국 승무원을 석방했다는 소식을 듣고 매우 다행이라고 생각했다. 사람의 목소리는 공개적으로 내야 가장 멀리까지 다다르는 경우도 있지만, 어떤 경우는 은밀히 말할 때 더 큰 위력을 발휘하기도 한다.

2009년 7월 31일, 도보로 여행 중이던 미국인 청년 3명이 이라크-이란 국경의 이란 쪽에서 체포되었다. 20대 후반에서 30대 초반의 사라 슈드, 조시 파탈, 셰인 바우어 세 사람은 투옥되었다가 이란이슬람공화국에 대한 첩자 혐의로 기소되었다. 그들의 가족에게는 끔찍한 시간이었다. 이들의 부모는 자녀와 접촉할 길이 없었고 감옥이나 법정에서 무슨 일이 벌어지는지도 확인할 도리가 없었다. 독방에 갇혔다든가, 무기 사찰단과의 협상을 위한 인질로 잡힌 것이라든가, 또는 수감자 맞교환을 통해 미국에 송환될 것이라는 따위의 소문만 무성했다.

미국인들은 불안감 속에서 사태를 주시했다. 이란 정부는 이 젊은이들이 CIA의 지령을 받은 게 아니라 단지 휴가 중이었음을 분명히 알고 있었을 것이다. 하지만 수십 년간 상호 외교적 승인이 없이 불신만 쌓였기 때문에, 양국 정부 간의 직접적인 소통은 간단치 않았다. 나는 유엔 대변인으로 하여금 대화를 지지하며 공정한 대우를 바란다는 내용의 성명을 발표하도록 했다. 그리고 무함마드 하자이 유엔 주재 이란 대사에게 말했다. "그 사람들이 어떤 식으로 이란에 해를 끼치려고 했는지 설명할 수 있습니까?"

나는 체포 사태가 얼마나 많은 악감정을 불러일으켰는지를 지적했다. "그들을 잡아둔다고 이란에 무슨 이익이 되나요? 왜 당장 석방하지 않는 겁니까?" 나는 대사에게 나의 메시지를 마무드 아마디네자드 대통령에게 전해달라고 하면서 "그렇게 하면 이란 대통령에게는 미국에 대한 지렛대가 생길 것이고, 내가 이란을 돕는 데도 도움이 될 겁니다"라고 설명했다.

나는 뉴욕에서 지속적으로 부드러운 외교적 압력을 가했다. 나는 이란 정부와 줄곧 우호적인 관계를 유지해왔고 이란 지도부도 나를 신뢰했다. 이와는 대조적으로, 미국과 영국 정부는 이란을 주저 없이 비난했고, 이란을 경멸하는 태도를 보였다. 2010년 9월 14일, 이란 정부는 인도적 사유로 사라 슈드를 석방했지만 조시 파탈과 셰인 바우어 두 사람은 계속 감금했다.

2011년 8월, 두 사람에게는 '간첩 행위'와 불법 입국 혐의로 8년 징역형이 선고되었다. 국제사회는 강력하게 항의했다. 그런데 9월이 오자 뜻밖에도 두 사람은 26개월의 억류 끝에 석방되었다. 마무드 아마디네자드 이란 대통령이 유엔 총회 토론에 참석하기 위해 뉴욕에 도착하기 불과 며칠 전이었다.

이란 대통령은 미국에 억류된 이란인들과 미국의 젊은 여행자들을 교환하고 싶었다는 사실을 명확히 밝히지는 않았지만 사실상 시인한 것이나 다름없었다. 이란 정부는 미국인 3명을 석방하는 데 체면을 차릴 이유가 필요했던 것인가? 아마디네자드 대통령이 포로 교환 시도에 실패한 것일까? 이 모든 것이 이유에 해당할 수도 있다. 복잡한 협상에는 변화무쌍한 요인이 복잡하게 작용한다. 이 젊은이들이 첩자였을까? 나는 그렇다고 생각하지 않는다. 간첩 행위라는 죄목은 목소리를 약화할 수 있다. 특히 귀찮은 미국 언론을 침묵시키는 데 효과적이다. 이란법은 이 중국적을 인정하지 않기 때문에, 이중국적을 소지한 사람은 이란법 앞에서 특히 취약하다.

억류된 사람들의 석방을 위해 나는 사무총장으로서 외교관이나 중개자들과 조용하고 긴밀하게 협력했다. 대부분 이란에 억류 중이었다. 인질 협상은 사무총장의 오래된 임무다. 함마르셸드 전 사무총장은 중국에 억류된 미 공군의 석방을 위해 과감한 시도를 한 덕분에 큰 명성을 얻었다. 이란에 억류된 사람 중 일부는 이미 공개 혹은 비공개 재판을 통해 유죄 선고를 받은 상태였다. 그들의 범죄는 이란 국경을 넘나들었다든가 이것저것 캐묻고 다닌 것이었다.

나는 여러 명의 기자와 방송인의 석방을 돕기 위해 막후에서 활동했다. 미국과 이란 이중국적을 가진 프리랜서 기자 록사나 사베리는 미국의 첩자 혐의로 하루 만에 비밀재판에서 유죄 선고를 받았다. 나는 이 사건에 관해 이란 관리들을 압박했고, 사베리는 100일간 수감된 뒤 석방되었다. 집으로 돌아간 사베리는 전화와 엽서로 나에게 감사를 표했다.

이란계 캐나다인으로서 인권 변호사 겸 다큐멘터리 영화제작자이자 〈뉴스위크〉 기자인 마자르 바하리는 2009년 6월, 아마디네자드 대통령의 대선 부정에 항의하는 집회를 취재한 후 체포되었다. '국가안보에 반하는 행동'과 '공공질서를 어지럽히는 행위'를 했다는 혐의로 기소된 그는 공개재판에서 다수의 시위자와 함께 유죄 선고를 받았다. 나는 하자이 대사에게 내 메시지를 아마디네자드 대통령에게 전해달라고 했다. 그리고 바하리는 10월 17일에 석방되었다. 이란 정부가 선거기간에 언론 및 집회의 자유를 폭력적으로 억압한 것에 대해 내가 신랄한 성명을 발표하고 이틀이 지나서였다. 나는 〈뉴스위크〉가 표지 기사에 나의 개입 사실을 언급하지 않아 다행이라고 생각했다. 나는 거의 언제나 막후에서 은밀하게 활동했기 때문이다. 그래도 바하리가 나를 찾아왔을 때는 기뻤다.

2014년 7월 22일 이란 당국이 〈워싱턴포스트〉의 테헤란 지국장인 제이슨 레자얀을 체포하고 투옥했을 때도 나는 깊이 우려했다. 레자얀도 미국과 이란의 이중국적자였다. 내가 백악관 회의 참석차 워싱턴 D.C.에 갔을 때, 다수의 〈워싱턴포스트〉 임원과 제이슨의 형이 나를 찾아왔다. 그때는 가을이었는데, 그들은 레자얀은 물론이고 이란 기자로서 같이 체포된 레자얀의 아내 예가네 살레히의 안위 때문에 겁에 질려 있었다. 그들은 부부의 석방을 돕는 것과 함께 그들이 무슨 죄로 잡혔는지 알아내는 데 유엔이 도와달라고 간곡히 호소했다.

나는 자바드 자리프 이란 외교장관이 유엔 주재 이란 대사였던 시절부터 그를 잘 알고 있었으므로, 그에게 이란 정부가 레자얀과 다른 정치범을 석방할 것을 강력하게 촉구하면서 그들의 인권이 염려된다고 말했다. 나의 메시지를 하산 로하니 대통령에게 전해달라고도 부탁했다. 자리프 장관은 대통령의 업무처리 방식을 잘 안다고 하면서, 이란 정부로서는 우려할 이유가 있다고 말했다.

내가 볼 때는, 이란에 있는 다른 기자들 또한 걱정해야 할 이유가 있는 것이 분명했다. 몇 달간 이란 지도자들이나 실세 관리들과 접촉하며 석방을 호소한 결과 2016년 1월 〈워싱턴포스트〉 기자는 18개월간의 고된 수감 끝에 석방되었다. BBC와 마찬가지로 〈워싱턴포스트〉 역시 이 억류 사실을 공개하며 수십 명의 연예인, 미국 국회의원, 기자, 기타 유명 인사의 도움을 받겠다고 했다. 그 기자는 결국 일종의 수감자 교환 형태로 석방된 것이었다.

나는 2017년에 매사추세츠 케임브리지에서 제이슨 레자얀을 만났다. 내가 유엔에서 막 퇴직하고 하버드 케네디스쿨의 특별 연구원으로 있을 때였다. 나는 니먼 연구원들을 위한 프레젠테이션을 진행 중이었는데, 수업 후에 그가 내게 다가와 자신을 소개해 깜짝 놀랐다. 그를 그렇게 만나게 될 줄이야! 우리는 반갑게 포옹했다.

며칠 후, 우리는 당시의 상황을 정리해보기 위해 내 사무실에서 다시 만났다. 그가 겪은 일 중 일부는 듣고 있기 힘들 정도로 끔찍했다. 레자얀은 간첩 활동을 했다는 죄목으로 이란의 에빈 교도소에서 총 544일간 수감되었는데, 그동안 고문을 당한 것이었다. 2019년 11월 22일, 미국 컬럼비아 특별구 지방법원은 이란 정부가 불법 구금과 학대에 대해 1억 8천만 달러를 배상하라는 판결을 내렸다. 이란 정부는 변론 의견도 제출하지 않은 채 판결을 비웃었다. 다음 협상은, 40~50억 달러에 달하는 동결된 이란 자산에서 차감하는 방식으로 이란이 배상금을 지급하도록 미국 정부를 설득하는 방향으로 추진될 것으로 보였다.

이 언론인들을 비롯해 다른 서구인들이 석방되도록 애를 쓴 사람이 나만은 아니었지만, 나는 이란이 올바른 결정을 내리는 데 일조했다고 생각한다. 유엔 사무총장이라는 자리는 도덕적이고 비정치적이며 독립적이고 불편부당하므로 널리 존경을 받는다. 사무총장이나 엘더스 회원, 유수한 세계의 명사들은 강대국의 도구가 아니라 집단 양심의 일부로 행동해야 한다. 그렇게 하지 않으면 임무를 배신하는 것이고 완결성을 훼손하는 것이다. 나는 조용하게, 그리고 비공개적으로 최고위 지도자들과 접촉하며 최선을 다했다. 나는 물처럼 투명해지려고 노력했다. 보이지도 않고 들리지도 않지만 강력한 힘을 지닌 물처럼.

이란이 경제적·정치적 이득을 취하려고 외국인을 체포한 유일한 국가는 아니지만, 그래도 이란은 최악의 부류에 속했다. 그러나 가장 끔찍한 것은 무장 집단이라고 해야 할 것이다. BBC는 2007년 3월 17일, 앨런 존스턴 가자 지구 특파원이 이슬람군에 납치되자 그 사실을 공개했다. 국제사회는 가용 자원을 총동원했고 이는 결과적으로 매우 중요한 역할을 했다. 전 세계의 고위 관리와 국제기구, 유명 언론인들이 존스턴 기자의 석방을 요구했고 나를 비롯한 다수의 인사들은 막후에서 활동했다. 사태는 예기치 못한 방향으로 전개되어 영국 정부는 하마스와 비밀리에 회동했다. 이는 양측 간 최초의 직접적 접촉으로, 오늘날까지도 신뢰 형성을 유지하는 계기가 되었다. BBC 유엔 특파원인 로라 트리빌리언의 요청으로 나는 존스턴의 석방을 호소하는 생방송을 했는데 이것은 BBC 아랍어 방송을 통해 아랍어로 번역되어 존스턴 납치 5주째에 방영되었다.

이런 종류의 협상에서 내가 맡은 역할은 공개적 요구와 비공개 설득을 동원하여 지원 세력 구축과 비난을 적절히 조절하는 것이다. 존스턴이 7월 4일에 석방되자 BBC는 환호했다. BBC는 억류되거나 납치된 기자들, 존스턴의 석방을 위해 애를 쓴 사람들을 포함해 수십 명을 초대하여 런던 BBC 본사에서 리셉션을 개최했다. 나와 유엔의 노력에 특별히 감사한다는 인사말을 듣고 나는 큰 기쁨과 보람을 느꼈다. 리셉션장을 떠나며 나는 BBC가 옆 건물 꼭대기에 파란색의 유엔 문양을 영상으로 투사한 것을 보고 감동했다.

10년간의 대화

시간적 제약이 없거나, 재정적·정치적·군사적 압력이 무시할 정도이고, 타협 의지가 별로 없다면 어떻게 견해차나 갈등을 조정할 것인가? 이것이 나와 7명의 내 전임자들이 사이프러스에 항구적인 평화를 가져오기 위해 노력할 때 당면한 문제였다. 지중해의 이 아름다운 섬나라는 1974년 7월에 터키의 침공을 받으면서 남북으로 갈라졌다.

사이프러스는 유엔이 수행하는 여느 평화작전 지역과는 달라서, 보통 사람들의 눈에는 장기간 대립하는 상황처럼 보이지 않을지도 모른다. 그린 라인 완충지대에 사는 사람들은 다른 쪽으로부터 위협을 받는 상태가 아니다. 사실 유엔 사이프러스평화유지군UNFICYP은 지속적인 휴전의 보장자로 활동하고 있다. 이는 유엔 평화유지의 원래 취지에 맞게 임무를 수행하는 몇 안 되는 부대 중 하나다. 터키 병력이 북쪽으로부터 유엔 경계선을 보강하고 있어 실제로 무력 충돌의 위협은 없다.

따뜻하고 활기가 넘치는 국경이긴 하지만, 우리는 분단의 종식을 위해 협상해야 했다. 타성에 젖은 채 수십 년이 지난 지금이야말로 평화를 위한 노력을 집중할 때라고 판단했다. 그리스계 사이프러스인인 디미트리스 크리스토피아스가 내 임기 초반에 대통령에 당선되었다. 나는 북사이프러스 지도자인 메메트 탈라트와 오랫동안 교분을 쌓아왔다. 이 두 사람은 나에게 통치와 권력 분점, 자산, 경제, 유럽연합 가입을 포함해 주요 현안을 해결할 준비가 되어 있다고 말했다. 양쪽 지도자들이 45년 동안 해온 말이다. 그럼에도 나는 낙관적이 되기로 했다.

이 두 지도자는 확실히 대화를 하고 있었으며, 그것만으로도 다른 어떤 분쟁에 비해서도 해결 가능성이 커 보였다. 과거에도 감질나는 가능성의 순간은 몇 차례 있었지만, 유엔과 여타 파트너들은 이 정도의 저강도 갈등을 조기에 정치적으로 해결할 능력을 보여주지 못했다. 과거 지도자들이 합의한 몇 가지 중 하나는, 모든 것에 합의하기 전까지는 아무것도 합의된 것이 아니라는 것이었다. 협상은 정중하게 이루어졌지만 의미 있는 성과를 끌어내지 못하고 있었는데, 나는 변화된 여건이 이런 협상 분위기를 바꾸어주기를 기대했다.

2012년 1월 25일, 나는 두 지도자를 그린트리로 초대해 대화 자리를 마련했다. 회의는 아름답고 아늑한 저택에서 이루어졌는데, 저택의 전 소유자가 평화를 위해 기증한 장소였다. 맨해튼에서 한 시간 거리의 교외에 있는 그린트리는 유엔의 소중한 자산이었으며, 나는 그 존재가 고마울 따름이다. 사실 나에게 그곳은 미 대통령의 캠프 데이비드 별장을 연상시키는 곳이다.

우리가 도착하기 전날 폭설이 내렸기 때문에 크리스토피아스와 탈라트는 거기서 먹고 마시고 잠자고 이야기하는 것 말고는 할 수 있는 다른 일이 없었다. 이틀간의 휴양을 통해 두 사람이 개인적 관계를 돈독히 함으로써 입장 차이를 좁히기 위한 논의가 수월해졌다. 나는 용기를 얻어 제네바의 유엔 본부와 스위스 휴양지 몽펠르랭 등지로 장소를 옮겼다. 유엔에 10년간 재임하는 동안, 나는 의견일치를 끌어내기 위한 노력을 계속하면서 양측 지도자들을 뉴욕과 스위스로 초대해 3자 협상을 5회나 성사시켰다. 개별적으로 만난 것은 12회나 된다. 오스트레일리아와 노르웨이의 전 외교장관인 나의 특별고문 알렉산더 다우너와 에

스펜 바르트 아이데는 각각 지속적으로 이 문제에 관여했다. 하지만 우리의 노력을 얼마나 더 보여주어야 할지는 알 수 없었다. 지도부의 교체가 도움이 되지 않았던 것은 분명하다. 내가 재임한 10년 동안 교체된 지도자만 5명으로, 그때마다 다시 신뢰 관계를 구축하고 새로 선의를 보여야 했다.[2]

갈등에 처한 양 당사자가 서로 대화하도록 할 수만 있다면 서로의 입장 차이를 좁힐 수 있으리라고 착각하기 쉽다. 하지만 단순한 대화만으로는 불화의 역사를 개선하거나 분열을 봉합하기에 충분치 않다. 솔직히 말하자면, 지도자들 스스로 갈등 종식의 긴박성을 느끼지 못할 때 다른 사람이 할 수 있는 일은 별로 없다. 나는 획기적 진전을 이루리라는 기대는 하지 않았지만, 합의의 요소들을 좀 더 발전시킬 수 있기를 희망했다. 터키가 요구를 완화하지 않고 그리스가 양보하지 않는 한, 사이프러스는 분단 상태를 유지할 것이다. 통합된 사이프러스 연방을 위해 무엇이 필요한지 알지만, 무사안일과 습관, 분단을 이용해 이익을 얻는 뿌리 깊은 이해관계를 극복하려면 정치적 의지를 어떻게 임계점으로 끌어올릴 수 있을 것인가? 통합을 이루는 비법은 무엇인가?

내가 사이프러스를 처음 방문한 것은 2010년 1월 31일 일요일이었는데, 이날은 아직도 나의 뇌리에 강렬하게 남아 있다. 나는 니코시아 중심부의 레드라 번화가를 통해 북부에서 남부로 여행했다. 이 중심가의 쇼핑 지구를 나누는 경계선이 이 섬의 6개 검문소 중에 가장 곧게 뻗어 있었기 때문에 양쪽을 가르는 상징처럼 보였다.

내가 레드라를 걸어가며 터키 쪽 사이프러스에 발을 들여놓자, 수천 명의 군중이 나를 둘러쌌고, 창밖으로 고개를 내민 사람들은 "즉시 해결을!"이라고 외치며 통일의 열망을 호소했다. 여자들이 카네이션을 던지는 가운데, 거리는 열광적인 욕구와 희망으로 흘러넘치고 있었다. 사이프러스를 위해 수차례 대화를 주선하던 당시를 돌아보면, 나는 '당신들이 해야 할 일이 뭔지 국민이 말하고 있지 않소! 거기 귀를 기울이시오!' 하는 말이 심중에 떠오르곤 한다.

작지만 상징적인 진전을 이루며 레드라의 검문소에 섰을 때, 나는 판문점을 통해 북한을 방문하면 얼마나 감격스러울 것인가를 상상해보았다. 사이프러스와 달리, 그곳에는 쉽게 오갈 수 있는 검문소가 없다. 남북한은 가족과 문화가 단절된 채 75년 넘도록 분단 상태로 지내고 있다. 나는 사이프러스와 한국의 분단이 다르다는 것을 매우 깊이 실감했다. 레드라의 풍경은 아름다웠지만, 나에게 그것은 또 다른 슬픔이었다.

절대 동의할 수 없는 사람들

서부 사하라는 아프리카 대서양 연안에 있는 바람 많은 사막이다. 혹독한 더위, 짙은 안개, 사라위족 사람들을 따가운 바람으로 뒤덮는 먼지투성이의 시로코 열풍이 있는 곳이다. 역경은 눈앞에 있지만, 땅이 제공하는 풍요는 잘 보이지 않는다. 모래와 태양이 작열하는 땅 밑에는 치약에서 화학무기에 이르기까지 다양한 제품의 필수 소재인 인산염이 세계에서 가장 풍부하게 매장되어 있다. 최근의 탐사에 따르면, 판도를 바꿀 정도의 원유가 근해에 부존되었을 가능성도 있다고 한다.

스페인 식민 통치자가 이웃 국가에 땅을 할양한 1975년에, 모로코 정부는 서부 사하라를 합병했다. 알제리와 모리타니아가 압력을 넣었지만 모로코는 굴하지 않았다. 모로코는 이미 자국의 영토가 된 땅을 다른 어느 나라도 차지할 수 없다고 주장하면서 45년이 넘게 국제사회의 비난에 맞서고 있다. 1991년에 유엔이 개입해 휴전을 끌어냈다. 그 이후 유엔 서부사하라주민투표지원단MINURSO이 배치되어 서부 사하라 내부와 모로코 국경에서 긴장을 완화하는 임무를 맡고 있다.

취임 초부터 나는 서부 사하라에 가려고 했다. MINURSO를 방문해 평화유지군의 노고에 감사인사를 전하고 싶었다. 나는 또 사라위족의 폴리사리오 정부와 모로코 사이의 분쟁을 해결하고 싶었다. 그런데 모로코는 자국이 통제하는 75퍼센트의 땅에 대한 진입 허가를 의도적으로 계속 미루었다. 무함마드 6세 국왕이 나를 서부 사하라에서 직접 환영하고 싶지만, 내가 제안한 날짜에는 도저히 일정을 맞출 수 없다는 것이었다. 그렇다고 다른 시간을 대안으로 제시한 것도 아니었다.

두 번째 임기가 끝나가고 있었고 솔직히 실망스러웠다. 2016년 3월 4일에 어쨌든 나는 그 지역으로 갔다. 어디를 가든, 나는 난민촌 방문 일정에 우선순위를 둔다.

사라위족의 여건은 몹시 열악했다. 그들은 뜨거운 열기와 거친 모래폭풍을 막아줄 시설도 없이 살고 있었다. 경작지도 없고 물도 없어서 농사를 짓거나 땔감을 구하고 경제활동을 할 수 없었다. 틴두프 지역에 정착한 대부분의 난민과 마찬가지로, 스마라 수용소에 사는 사람들은 식량을 포함한 모든 생필품을 외국의 인도적 지원에 의존한다. 난민이야말로 세계에서 가장 취약한 사람들이다. 내 마음은 끝이 보이지 않는 가혹한 환경에서 살아가는 사라위족 난민에게로 향했다. 수많은 아이가 이 난민촌에서 태어났다. 그리고 더 많은 아이가 주민투표가 실시될 때까지 거기서 자랄 것이다.

나의 첫 방문지 중 하나는, 스마라 수용소 모퉁이에 있는 '6월 17일 학교'였다. 빽빽이 모인 난민들이 나를 기다리고 있었다. 인원은 총 2만 명으로 추산되었다. 그들은 내 자동차가 지나가는 길가에 줄지어 있었다. 나는 전 세계의 난민촌을 돌아다녔는데, 예외 없이 환영을 받았다. 하지만 스마라 난민촌의 수많은 남녀는 내가 자신들의 분노를 보기를 원했다. 나는 험한 캠프에 살면서 억눌린 그들의 분노를 보았다. 그것은 유엔이 모로코와 자신들의 분쟁을 종식시키지 못하는 데 대한 격노였다.

그토록 분노한 많은 청년이 "40년 점령은 이제 그만!"이라든지 "불공정한 유엔!"이라고 쓴 팻말을 들고 있는 것이 놀랍고 당황스러웠다. 시위자들이 외치는 소리가 들려왔다. 일부는 피 흘리는 시신의 사진을 보여주려고 차량을 향해 달려들고 있었다. 방탄차에서 나오지 말라는 보안요원들의 말을 나는 고분고분 따랐다.

미국 외교관이자 나의 서부 사하라 문제 특사인 크리스토퍼 로스가 상황을 살피러 밖으로 나갔다. 그 사이에 돌멩이가 날아오기 시작했다. 차창이 탄탄해서 안전하다고는 하지만 방탄차량에 돌멩이가 부딪히는 소리는 요란했다.

알제리 측과 유엔 안전보안국은 나의 방문을 취소해야 한다고 한목소리로 주장했지만, 나는 계속 진행할 것을 고집했다. 우리는 난민촌 사이로 차를 몰며 쉬지 않고 달렸다. 더 많은 군중이 경호원들을 향해 몰려들었지만, 우리는 자욱한 흙먼지를 뚫고 계속 이동했다. 방수포 천막 주변에는 학교에 있어야 할 어린이들이 모여 있었다. 나는 이 방문의 취소 여부를 신속하게 결정해야 했다. 결국이 소요 때문에 부득이 공항으로 돌아갈 수밖에 없었다.

유엔 보안요원과 지역 치안 담당자들은 차를 따라 달리거나 차량의 측면 발판을 딛고 매달려 있었다. 몹시 혼란스러운 사태였기 때문에, 무슨 일인지 보려고 사람들이 길거리로 몰려들었다. 로스와 내 경호팀의 제안에 따라 우리는 차량의 진로를 돌렸다. 차가 속도를 내자, 발판에 서 있던 유엔 경호 요원 2인이 차에서 떨어지면서 땅바닥으로 심하게 굴렀다. 무함마드 압둘 후세인은 어깨를 다쳤고 호세 로렌스는 손에 상처가 났다. 나중에 나는 이들 두 사람이 여러 달 물리치료를 받아야 했다는 이야기를 듣고 매우 마음이 아팠다.

내가 이 지역을 방문한 것은 코피 아난이 1998년 임기 초에 다녀간 뒤 18년 만이었다. 모로코 정부는 그토록 긴 시간이 흐르는 동안 유엔 사무총장의 방문이 수반하는 국제사회의 이목을 피할 수 있었다. 기분은 착잡하고 체력이 바닥나기는 했지만, 우리는 예정대로 곧바로 기자 회견을 열기로 했다.

"그렇게 많은 난민을 보고 정말 슬펐습니다. 특히 수용소에서 태어나는 어린 생명들을 보면서 말입니다." 기자들의 질문에 나는 이렇게 말했다. "점령 초기에 태어난 아이들은 이제 40세 내지 41세가 됐습니다." 나는 '점령occupation'이란 말을 모로코인들이 매우 민감하게 받아들인다는 사실을 알고 있었다. 하지만 나는 그날 오후에 겪은 경험으로 큰 충격을 받았고 감정이 북받쳐서 거침없이 말했다. 실은 진실을 말했던 셈이다.

내 발언은 널리 보도되었다. 그리고 나는 이 말이 심각한 영향을 미치리라는 것을 곧 깨달았다. 유엔 공보국에 지시하여 그 발언은 사무총장 개인의 의견이며 유엔의 입장과는 무관하다는 공식성명을 즉시 발표토록 했다. 이런 조치로 모로코 정부가 진정되라고 보지는 않았다. 내 판단이 옳았다. 무함마드 국왕은 나를 비난하며 그런 표현을 '계획적인 것'으로 간주했다.

결국 내가 이 지역을 방문한 비용을 치러야 했다. 무함마드 국왕은 모로코 평화유지군을 MINURSO에서 철수시키고 연간 300만 달러의 경비 지급을 중단하겠다는 결정을 내렸다. 국제적으로 구성된 수십 명의 민간인 직원을 모로코 정부가 잠시 추방함으로써 이들의 활동은 대대적으로 축소되었고 그것은 곳곳에서 비난받았다. 내가 그곳을 떠난 뒤에, 플래카드와 스피커를 동원하고 함성을 지르며 군중의 열광과 분노를 유도하는 조직적 시위가 모로코 전역에서 일어났다. 모로코의 추산에 따르면, 모든 도시와 주요 시가지에서 벌어진 시위대의 규모는 100만 명이 넘었다.

내가 뉴욕으로 돌아온 며칠 후인 3월 15일, 모로코의 살라헤딘 메주아르 외교장관이 유엔으로 나를 찾아왔다. 나의 의도치 않은 발언을 공개적으로, 그것도 여러 차례 문제 삼은 그가 내게 항의하려고 뉴욕에 왔다는 것을 알면서도 그를 만났다. 그런 그가 나에게 모로코 정부와 무함마드 국왕에게 사과하라고 요구해서 상당히 놀랐다. 나는 사과할 생각이 없었다. 나는 10년간 유엔에서 근무하면서 사무총장의 자발적이고 순수한 감정 표현을 이유로 어떤 회원국으로부터도 그렇게 용납할 수 없을 정도의 무례한 행동을 보거나 들은 적이 없다고 일갈했다. 나는 또 내가 이미 유감을 표명했다는 점도 지적했다.

유엔 공보국은 나의 지시에 따라 다시 강력한 성명을 발표했다. 외교적 표현 수위를 간신히 유지한 이 발표문은 모로코 관리들의 발언에 대한 나의 놀라움과, 직접 나를 표적 삼아 일어난 시위에 대한 나의 '깊은 실망과 분노'를 강조했다. 아울러 그런 공격은 사무총장과 유엔에 대해 무례를 범한 것이라고 지적했다. 무함마드 6세 국왕과 나의 관계는 회복할 수 없을 만큼 틀어졌다. 실제로 모로코 관리들은 내 솔직한 표현으로 인한 충격에서 완전히 회복되기는 어려웠다. 하지만 나는 진실을 말한 것을 후회하지 않았다.

퇴임이 6주밖에 남지 않았던 2016년 11월, 나는 기후변화 회의 참석차 모로코의 마라케시를 방문해 무함마드 국왕을 그의 궁에서 만났다. 우리의 대화는 간략했고, 정중했으며, 피상적이었다. 퇴임 후 1년이 지난 2017년 12월에 파리에서 열린 '원 플래닛 서밋One Planet Summit' 기간에 국왕을 다시 만났다. 에마뉘엘 마크롱 프랑스 대통령이 오찬을 주최했는데, 그 자리에서 악수를 하지 않았다면 어색했을 것이다. 그래서 나는 국왕과 악수를 나눴다. 그날도 우리는 서로에게 정중했지만 대화는 몇 마디 나누지 않았다.

우리는 어쩌면 앞으로도 기후변화 회의라든가 청소년 이니셔티브Youth Initiatives와 같은 행사장에서 서로 만날 수도 있을 것이다. 언젠지는 몰라도 기회가 생긴다면 우리는 화해할 수도 있을 것이다. 단순히 의견만 다른 것이 아니라 아예 듣길 거부하는 사람들에게는 접근할 수가 없다. 그런 사람들과는 아무것도 할 수 없으므로 언제 이 사람들과 손을 털어야 할지 순간포착에 능할 필요도 있다.

RESOLVED 제2부

평화와 안보

갈등, 재난 그리고 국제 정치

6

북한

다루기 어려운 형제 관계

북한은 내 평생의 삶과 경력 전체에 어두운 그림자를 드리웠다. 수십 년간 북한을 상대하면서 나는 북한 정권이 주민들에게 자행한 학대 행위를 결코 잊은 적이 없다. 인권을 완전히 무시하는 무자비한 행태와 그것이 야기하는 끔찍한 고통은 헤아릴 수도 없고, 말로 설명하기도 어렵다. 나는 분단된 조국의 통일에 대한 믿음을 한 번도 저버린 적이 없지만, 살아생전에 통일을 볼 수 있을 것인지는 확신이 없다. 남북 간 해빙 분위기는 언제나 오래가지 못했다. 공직생활 50년 동안 수많은 외국인이 나에게 통일이 될지, 된다면 그 시점은 언제가 될지를 물었다. 이 질문에 대해서는 점점 더 비관적인 생각이 든다.

한국전쟁은 내 어린 시절을 산산조각 냈다. 전쟁의 후유증 속에서, 나는 종종 북한 군인이나 부역자의 시체를 전시해놓은 광경을 보았다. 뇌리에 박힌 그 장면은 절대 지워지지 않는다. 비록 어리기는 했지만, 나는 이것이 전쟁의 결과라면 진정한 승자는 없다는 사실을 직관적으로 알았다. 이 교훈은 지울 수 없는 흔적을 남겼고 50여 년 뒤, 유엔 사무총장으로서 내 활동의 기반이 되었다. 호전적인 사람들은 군사적 승리에만 집착한다. 하지만 개인적 경험을 바탕으로, 나는 전쟁이 오로지 자원과 생명의 손실만을 가져오고 급기야 삶에 대한 의지마저 잃게 만든다는 사실을 잘 알고 있다.

어린 날의 기억에서 배운 또 하나의 교훈은 전쟁이 아니라 평화에 관한 것으로서, 특히 국제적 연대에서 나오는 힘에 대한 것이다. 내 고향 충주를 비롯해 한국의 많은 곳은 전쟁으로 완전히 폐허가 되었다. 이때 유엔군 사령부 휘장을 단 군인들이 우리를 도우러 왔다. 이 군인들은 인도적 지원군을 보낸 5개국(스웨덴, 인도, 덴마크, 노르웨이, 이탈리아)을 포함해 21개국에서 파견한 이들이었다. 그들은 5대륙에서 왔고 남아프리카와 에티오피아, 콜롬비아 등 아주 먼 나라에서 온 이도 있었다. 나는 그렇게 많은 나라가 우리에게 구조의 손길을 내밀기 위해 자발적으로 왔다는 사실을 깨닫고 감동을 느꼈다.

한국전쟁에서 유엔은 북한의 침략에 군사력으로 대응하기로 결정을 내리는 역할을 담당했다. 이는 유엔 최초의 선례로서 현재의 평화유지군보다 훨씬 강력한 대응이었다. 당시 유엔은 회원국으로서 대만을 중화인민공화국으로 대체하는 안건을 놓고 서방측 상임이사국인 미국과 영국, 프랑스가 반대하고, 소련 대표가 안보리 참석을 거부하는 상황이었다. 이는 소련에 뼈아픈 실수였다. 소련의 불참으로 다른 이사국들은 1950년 6월 27일 안보리 결의 제83호를 만장일치로 승인했고, 이에 따라 유엔은 북한을 격퇴하기 위한 군사 개입을 단행했다.[1]

1950년 8월 안보리에 복귀한 소련은 자국이 불참한 상황에서 이사국들이 중요한 결정을 한 것에 대해 크게 화를 내고 초대 유엔 사무총장인 트뤼그베 리에 서한을 보내 강력한 불만을 제기했다. 하지만 유엔 헌장은 사무총장이 안보리의 결정을 뒤집는 것을 허용하지 않는다. 그런데도 소련 정부는 사무총장을 공격하고 모욕하며 그와의 협력을 거부했다. 1952년 11월, 리 총장은 회원국들과 더 원만한 관계를 유지하기 위해 물러나는 수밖에 없다고 판단했다.

이후 사무총장secretary-general의 약칭인 SG는 '희생양scape goat'을 의미한다는 냉소적 농담이 생겼다.

영원한 감사

우리의 자유를 위해 먼 나라의 일면식도 없는 사람들이 와서 자기 목숨을 희생한 사실을 마주하고 감동하지 않은 한국인은 없을 것이다. 불과 3년이라는 시간 동안 약 4만 명의 외국군과 무려 21만 7천 명에 달하는 한국군, 100만 명이나 되는 민간인이 목숨을 잃었다.[2] 이들 전사자 중 2,282명의 유해가 부산에 있는 세계 유일의 재한유엔기념공원에 안장되어 있다. 이곳은 처음에는 맨땅에 흰 십자가만 세워져 있었다. 그러다 전사자들이 속한 국가별로 국기를 세우고 그 뒤에 무덤을 조성했다. 내가 외무부 유엔과장이 된 1981년에 대대적인 보강공사가 이루어졌다.

나는 유엔 사무총장으로서, 모든 전사자, 수백만의 민간인과 전쟁의 고통으로 신음하던 병사를 생각하며 유엔 묘지를 방문했다. 10년간의 유엔 임무를 마치고 한국에 돌아왔을 때도 유엔군 전사자에게 경의를 표하기 위해 다시 이 묘지를 찾았다. 그들의 희생은, 도움을 받은 사람은 은혜에 보답해야 한다는 사실을 일깨운다. 나는 에티오피아와 그리스, 터키, 미국, 영국, 오스트레일리아, 뉴질랜드 출신의 수많은 참전용사를 만났다. 한국전쟁 참전과 희생에 대해 한분 한분에게 일일이 고맙다는 말을 전했다. 많은 사람이 한국의 비약적 발전에 매우 놀라고 감동을 받았다고 말했다. 그리고 이런 변화를 이루도록 자신들이 도왔다는 사실에 자랑스러움을 느낀다고도 했다.

그들의 표정과 그들이 건넨 말을 나는 절대 잊을 수가 없다. 고위공직자가 되고 복잡한 북한 업무에 파묻히면서도 재한유엔기념공원에 감도는 비애의 아름다움이 머리에서 잊히지 않았다. 나는 힘들 때면 극도로 비참한 상황에서도 의지가 되는 인류의 형제애의 상징으로 기념공원을 종종 떠올리곤 했다.

충격파

내가 북한 문제를 처음으로 접한 것은 1975년 유엔과에서 일하기 시작하면서였다. 1970년대 한국 외교는 북한과의 대결에서 이기는 게 무엇보다 중요했다. 유엔은 남북 대결 외교의 최전방이었다. 당시 유엔에서는 '핵심 우방 그룹Core Group'을 구성한 미국이 북한의 결의안 통과를 막는 한편, 우리 측 결의안이 채택되도록 힘썼다. 유엔 외교가 외무부의 핵심이 되다 보니 아프리카나 중동 과장이 "우리는 유엔과의 아프리카, 중동 계장이다"라고 농담할 정도로 모든 한국 외교가 유엔과를 중심으로 돌아갔다. 당시 한국은 유엔의 정식 회원국도 아닌 옵서버였는데도 말이다.

이런 노력으로 우리는 유엔에서의 남북 대결에서 계속 승리했다. 하지만 1975년 유엔 총회에서는 사상 처음으로 주한 미군 철수 및 유엔군 사령부 해체 등과 관련하여 남북한이 각각 제출한 결의안이 동시에 채택되는 이상한 일이 일어났다. 이는 완전히 모순된 두 개의 결의안이 유엔 역사상 처음이자 마지막으로 채택된 것이었다.

우리 측 결의안은 "주한 미군의 주둔은 동북아 안보의 초석이므로 유지해야 하며 유엔사 해체는 한반도 안정을 유지하기 위한 체제가 갖춰진 뒤 이뤄져야 한다"라는 내용인 반면, 북한 측 결의안은 "유엔사는 즉시 해체해야 한다"라는 내용이었다. 북한 입장을 대변하는 결의안이 통과된 것은 그때가 처음으로, 이는 북한의 외교력이 성장했음을 보여주는 상징적인 사건이었다. 그 때문에 이 사건은 한국 외교의 참패로 비쳤다.

이 일을 계기로 한국 외교는 '한반도 문제 토의의 탈유엔화'에 초점을 맞추게 되었다. 외무부 유엔과의 임무가 유엔에서 한국 문제가 토의되지 않도록 하기 위한 외교가 된 것이다. 역설적인 일이 아닐 수 없다.

이 무렵 외무부 수장으로 임명된 노신영 장관은 "돈과 사람 모두를 유엔과 반기문 과장에게 몰아줘라"고 지시할 정도로 다자외교를 중시했다. 유엔과는 비동맹그룹에서 한국 문제가 논의되지 않도록 밤낮없이 뛰었다. 한국은 한·미 동맹으로 비동맹그룹의 비회원국으로 있지만 북한은 정식 회원국이었다. 따라서 비동맹회의는 완전히 북한의 독무대였고 남한은 그 안에 끼지도 못했기 때문이었다.

내가 1990년 초 외무부 미주국장으로 있을 당시, 미 중앙정보국CIA 관리들이 비밀회의를 하기 위해 서울에 왔다. 흥미로운 점은 회의가 열리는 장소가 외교부가 아닌 국방부라는 사실이었으며, 그 때문에 그것이 통상적 브리핑이 아님을 알았다. 그들은 북한이 핵무기를 개발해왔다는 사실을 상세하게 입증하는 극비 정보를 가지고 있었다. CIA는 영변 지역의 활동을 담은 위성 자료와 사진, 전선 등을 보여주었다. 북한은 군사용 핵 프로그램을 개발하고 있었다.

이 정보를 처음 접한 우리는 충격을 받았다. 워싱턴의 정보가 틀리기를 바라는 사람도 있었다. 나는 그 뉴스 자체만이 아니라 증거의 구체성에 아연실색했다. CIA의 프레젠테이션은 의심의 여지가 없을 만큼 신빙성이 높았다.

브리핑 내내 그리고 그 이후에도 생각이 꼬리에 꼬리를 물었다. 과연 평양 정권은 핵무기를 끝까지 개발할 수 있을까? 그것을 형제라고 할 수 있는 우리에게 겨눌까? 내 가족이 어제보다 덜 안전하다는 이야기인가? 불안하고 걱정이 그치지 않았다. 이는 단순히 남북의 균형이 깨졌다는 문제가 아니었다. 이 소식은 동북아 지역을 비롯한 전 세계에도 큰 파장을 일으킬 터였다. 북한의 파괴력이 순식간에 한반도를 넘어 동북아 전체와 세계를 뒤흔들 수 있기 때문이다. 우리는 북한 정권이 평화를 추구하는 대신 핵전쟁에 투자해왔다는 것을 알게 되었다.

대화 아닌 대결

우리는 한·미 합동 대책본부를 결성했다. 외교부의 미주국장으로서 나는 한국 측의 중심이 되어 미 국무부의 담당자들을 비롯해 우리 통일부, 국방부, 정보부처와도 긴밀하게 협력했다.

1991년, 나에게 공식 임무가 주어졌다. 나는 5인의 한국 대표 중 하나로 임명되었다. 북한 정부와의 첫 회담은 판문점에서 열렸다. 한국 정부는 이 회담이 쉽게 합의에 도달하지 못하리라는 것을 알고 있었다. 왜냐하면 근본적으로 양측 모두 허심탄회한 자세를 기대하기가 어려운 상황이었기 때문이다. 그렇다 하더라도 나는 그후 30년간 남한의 7개 정부가 관여할 만큼 북한과의 협상이 난항을 겪을 줄은 꿈에도 생각하지 못했다.

북한은 처음부터 핵 프로그램을 축소하지 않겠다는 입장을 분명히 했다. 북한의 기본 전술은 원자력에 대한 작업이 계속되는 동안 효과적으로 시간을 벌면서 회담을 질질 끄는 것이었다. 결국 뭔가 비현실적인 협상이 되어버렸다. 나는 자리 배치에서 비롯된 북한의 조작에 혼란스러워졌다. 이런 종류의 협상은 보통 회의 준비의 기준이 정해져 있다. 대표단은 사각 테이블 양쪽으로 서열에 따라 앉으며, 각 참석자는 자신의 상대와 마주 보기 마련이다. 휴식 시간이면 협상팀은 흔히 협상 테이블로부터 멀찍이 떨어져 끼리끼리 모여 새로운 접근법을 놓고 난상토론을 벌인다.

그런데 처음부터 분위기가 얼어붙어 있었다. 한국에서는 손님을 환대하는 것이 관례이며 이것은 판문점에서도 예외가 아니었다. 하지만 북측이 회담을 주최할 때, 그들의 조작 수법은 유치하기까지 했다. 북측은 화장실을 들락날락하게 할 요량으로, 달고 짠 음식과 함께 많은 물을 내놓았다. '생리현상'을 더 잘 견디는 편이 이기도록 일종의 경쟁구도를 도입한 것이다. 당시 상대적으로 젊었던 나는 의지를 시험하는 이 말없는 싸움이 크게 고통스럽지는 않았다.

양측 대표단 사이에 합의한 것은 없는데도 휴회하자는 말이 나오면, 양쪽 모두 기꺼이 동의하는 모양새였다. 그러고 나면 참석자들은 엄숙한 얼굴로 공동구역 밖으로 나갔다. 하지만 상대편의 시야에서 벗어났다 싶으면, 태연한 표정은 온데간데없이 화장실로 달려가기 일쑤였다.

코끼리 사냥꾼

30년 이상 북한과 회담을 해온 경험에 비추어 분명한 것이 하나 있다면, 북한 측 김영철 소장의 태도가 눈에 띄게 오만했다는 점이다. 김정일 사후에도 김정은의 오른팔 역할을 하는 그는 2019년 2월, 트럼프 행정부와 벌인 하노이 정상회담이 갑자기 결렬되어 김정은이 세계적으로 굴욕을 당하며 회담장을 떠날 때까지 비핵화 협상을 이끌었다. 이 정상회담은 국제적 제재를 완화할 기회를 잃고 결국 후속 조치 없이 관계만 악화하는 결과를 낳았다.

들리는 말로는, 김영철은 평양으로 돌아가는 열차에서 김정은에게 무릎을 꿇고 잘못을 빌었으며 귀국 후에는 한직으로 좌천되었다고 한다. 김영철은 오랫동안 4성 장군의 격식 있는 군복 차림으로 공식 사진에 등장했다. 키는 크지 않아도 당찬 외모를 지녔으며 주변 인사들을 경멸하는 듯한 태도를 보인다.

1990년대 초, 거침없이 사납게 쏘아붙이는 김영철의 모습을 보며 나는 문득 독사 같다는 생각을 했는데, 북한 정권은 그의 무례를 뻔히 보면서도 용인했다. 그는 양어깨에 별이 하나씩 달린 군복을 입었을 당시에는 5인의 협상팀 중 최연소자였다. 서열상 그는 발언이 별로 많지 않은 테이블 맨 끝자리에 앉았다. 하지만 그는 처음부터 회담 분위기에 찬물을 끼얹는 존재였는데, 남한 측 이인자인 이동복 대표의 의견을 반박한 것이 그 예다. 이동복 대표가 북한 측 수석대표의 오류를 지적할 때마다, 김 소장은 "이 선생은 안기부에서 나온 것이 분명하군요. 안기부가 아니라면, 남측 수석대표가 가만히 있는데 어떻게 감히 발언한단 말입니까?"라며 끼어들고는 했다.

치열한 심리전은 언제나 협상의 일부였다. 한번은 휴식 시간에 김영철이 우리 대표단 쪽으로 다가와 뜻밖의 질문을 했다. "혹시 이 중에 코끼리를 사냥해본 분 계십니까?" 나는 '키플링의 시에 나오는 아기 코끼리를 말하나?'라는 생각을 했다. 코끼리는 한반도에서는 동물원에서나 볼 수 있다. 이상하고 엉뚱한 질문이었다. 회담장의 긴장감을 고려할 때, 분명 순수한 의도에서 말문을 열었다고 보기는 어려웠다.

"아, 보통 코끼리는 기관총으로도 잡기 힘든 동물이지요"라고 말하며 그는 능청스러운 표정을 지었다. "하지만 총알 한 방으로 잡을 수 있는 방법이 있지요." 다들 말없이 귀를 기울였다. "두 눈 사이를 똑바로 맞히면, 코끼리는 그냥 나가떨어집니다." 그가 말하는 코끼리는 미국이고 한 방의 총알은 핵무기를 의미하는 것이 분명했다. 김영철은 지속적인 평화 구축을 목표로 하지 않는 것이 분명했고 우리의 반응도 개의치 않는 듯했다.

김영철은 우리에게, 특히 북한이 한국과 그 동맹을 제압할 힘을 지녔다는 사실을 상기시켜주기 좋아했다. 그런 노골적이고 일관된 행위는 우리를 선동하려는 의도였겠지만 우리가 세심하게 준비한 덕에 그의 도발은 힘을 쓰지 못했다.

부푸는 희망, 작아지는 가능성

우리는 한반도 비핵화의 로드맵을 그리기 위해 회동했다. 그러나 북한은 양측이 합의한 시간과 장소에서 상호 사찰하기로 하는 내용을 고집하여 불가피하게 남북한에 의해 합의되었다. 내가 볼 때, '사찰 요구' 절차는 합의의 핵심 요소였다. 그래야만 경쟁과 적대감 속에서 오랫동안 상실한 신뢰를 구축하는 데 필요한 투명성이 보장되기 때문이다.

1991년 9월, 조지 부시George H. W. Bush 대통령은 동맹국을 방어하는 데 핵무기는 더 이상 필요하지 않다고 밝히며 한국 영토로부터 모든 전술 핵무기를 철수하겠다고 발표했다. 도널드 그레그 한국 주재 미국 대사는 내게 이 결정을 알렸고, 이 사실은 즉시 이상옥 외무부 장관과 노태우 대통령에게 보고되었다.

1991년 11월 8일, 노 대통령은 "영해와 영공, 육지를 막론하고 한국에는 핵무기가 없다"라는 선언을 공개적으로 발표했다. 이 선언은 북한과 협상하는 우리에게 강력한 지렛대 역할을 했다. 이제 우리는 핵무기가 없는 청정한 상태가 되었다고 말할 수 있었다.

12월 31일, 막바지 협상을 마치고 남북한은 마침내 한반도의 비핵화를 위한 역사적인 남북 공동선언에 합의했다.[3] 국제사회는 한국인과 함께 이 합의에 환호했다. 그것은 분단된 한국 역사 최초로 구체적이고 포괄적인 합의였다. 나로서는 가장 기쁘고 자랑스러운 순간 중 하나이기도 했다.

강력한 금지

공동선언은 1992년 2월 19일에 발효되었다. 양측은 "핵무기를 시험, 제조, 생산, 접수, 보유, 저장, 배비 및 사용하지 않을 것"임을 약속했다. 한반도가 곧 비핵화될 것이라는 기대는 강렬했다. 하지만 시기상조였다. 나는 조심스럽게 낙관해보았지만, 곧 좌절하게 된다.

1992년 3월, 양측은 합의 이행 여부를 확인하기 위해 남북핵통제공동위원회JNCC를 설치했다. 나는 남측 대표단의 부위원장에 임명되었고, 이 일을 맡으며 대부분의 협상을 진행했다. 공로

명 위원장은 나중에 외무장관이 되었다. 나는 부위원장으로서 북한과 몇 달씩 치열하고 때로는 감정적인 북한과 협상을 진행하면서, 그들이 공동선언의 8개 합의사항을 잘 이행하는지를 점검했다.

이때의 합의는 2018년 4월 27일에 문재인 대통령과 김정은 위원장이 합의한 '완전한 비핵화'보다 훨씬 더 구체적이었다. 안타깝게도 문 대통령 팀은 이전에 있었던 북한과의 협상 과정에 대한 명확한 이해 없이, 판문점 선언에 들어 있는 '완전한 비핵화'라는 모호한 문구를 계속 되풀이했다.

남북한과 미국이 '완전한 비핵화'의 정확한 정의에 합의할 수 없었다는 것은 여전히 우려되는 점이다. 미국 정부도 '완전하고 검증 가능하며 불가역적인 비핵화CVID'로부터 '최종적이고 완전하게 검증된 비핵화FFVD'로 태도를 바꾼 실정이다. 트럼프 대통령은 자신의 우선적인 관심사는 미국인의 안전이라고 언급하면서, 핵실험만 하지 않는다면 미국은 기쁠 것이라고 말했다. 이 발언은 아시아에서는 큰 주목을 받았다. 그것은 미국의 관심이 북아메리카에 미치는 북한 미사일의 영향이지, 아시아에 대한 것이 아니라는 의미였기 때문이다.

JNCC의 협상은 1992년 3월부터 12월까지 열렸다. 나는 어느 날 밤, 심신이 극도로 지친 상태에서 귀가했다. 아내가 날 부르더니 말했다. "북한 대표들 앞에서 고함치는 당신 모습을 보고 실망했어요." 나는 방송국에서 회담 앞부분을 중계한다는 사실을 몰랐다. 보통 우리는 수많은 기자의 '카메라 세례' 속에 일상적인 환담을 주고받으며 회담을 시작하곤 했다. 나는 기자들이 전부 퇴장했다고 생각한 것이 분명했다. 이 장면이 한국에서 가장 시청률이 높은 황금시간대 뉴스 프로그램인 '9시 뉴스'의 첫 꼭지로 보도되었다.

나는 아내에게 이렇게 대답했다. "아니, 북측에서 그렇게 분별없고 뻔뻔한 주장을 하는데 어떻게 참아요?"

강제 사찰에 관한 힘겨운 협상

남북협상은 얼마 가지 않아 난항에 부딪혔다. 우리 정부는 강제사찰에 우선순위를 두었다. 국제 사찰단이 핵 시설로 의심받는 곳을 방문하기 한두 시간 전에 양측에 통보하는 방식이었다. 우리는 강제사찰에 치중하면서 핵무기가 배치되었던 미군기지에도 예외를 두지 않았다. 북측은 처음에는 동의하더니 이내 다른 조건을 내걸었다. 특히 그들은 양측이 사전에 시간과 장소에 동의해야 한다는 주장을 내세웠다. 각기 제안한 사찰이 이루어지기 전에 수 주 혹은 수개월의 시간을 벌려는 심산이었다. 이것은 정밀 조사를 무의미하게 만들 수 있었다. 결국 회담은 이 지점에서 중단되고 말았다. 북한은 1992년 말, 13차 회담을 마지막으로 협상을 중단했다.

이 뒤로 북한 정권은 남한이 비핵화 문제에 개입하는 것을 거부하며 협상 창구를 완전히 닫아버렸다. 그때까지 공을 들인 모든 준비 사항과 어렵사리 진행해온 모든 협상 과정이 물거품이 되는 것을 지켜보면서, 나는 처음으로 북한에 대해 진정한 좌절감을 맛보았다.

북한은 1994년 미국과 제네바에서 담판할 때까지 핵 협상장으로 복귀하지 않았다. 북한의 태도가 돌변한 것을 두고 당시에는 의문이 많았지만 지금 되돌아보니 그 나름대로 이유가 있었던 게 틀림없다. 북한은 비핵화 공동선언을 논의하는 과정에서는 비교적 협조적으로 나왔었다. 자주 다투긴 했지만, 우리가 제시한 의견을 비교적 잘 수용했다. 북한 정권은 소련을 포함한 공산주의 정권이 무너질 때 생존의 위협을 느꼈던 것이 아닌가 싶다. 빌 클린턴 대통령이 공개적으로 '정밀타격'을 고려했다는 것도 미국과의 협상 테이블에 나오게 한 요인일 수 있었다. 나는 1992년에 한반도 비핵화 공동선언이 채택된 요인 중 하나가 국제적인 정치 환경의 급속한 변화 앞에서 북한 정권이 위기를 느꼈기 때문이라고 보았다.

그사이 소련은 독립을 선언한 동유럽 9개국과 중앙아시아 5개국, 거기에 러시아를 더해 15개 국가로 분리되었다. 자유와 민주적 통치에 대한 열망이 들불처럼 번지고 있었다. 북한 지도자 김일성은 이런 흐름이 북한에 어떤 영향을 줄지, 틀림없이 불안하게 지켜보고 있었을 것이다. 민주화라는 위협이 분명 북한을 회담장으로 나오게 만들긴 했지만, 그것은 어디까지나 시간을 벌려는 의도에 지나지 않았다. 즉 비핵화 공동선언을 끌어내는 데 북한이 협조한 것도 김일성이 공산주의 국가들의 연쇄적인 몰락 속에서 북한의 붕괴를 어떻게 막을 것인지 고심한 끝에 생각해 낸 맞불 작전이었던 셈이다.

실제로 1991년 1월 북한의 신년 메시지에는 흥미롭고 획기적인 내용이 포함되어 있다. 메시지의 골자는 "남북한은 같은 민족이니 우리 사이를 가로막는 철조망을 다 걷어내고 자유 왕래를 하자. 이를 위해 남북한 고위급 회담을 갖자"는 것이었다. 이런 제안을 노태우 대통령이 받아 총리 회담이 이루어졌고 자연히 남북한 분위기도 크게 개선되었다. 하지만 얼마 뒤 북한은 언제 그랬냐는 듯 다시 문을 걸어 잠갔다.

북한과의 접촉이 끊어지자 핵 개발과 관련된 우리 측 정보도 사라졌다. 미국 클린턴 행정부는 북한의 핵 개발 의도에 대한 의심을 끝내 걷어내지 못하고 결국 김일성의 야욕을 뿌리 뽑아야겠다고 결정한 뒤 대북 폭격을 내부적으로 검토하기 시작했다. 결국 위기일발 상황에서 카터 전 미국 대통령이 북한으로 들어가 제네바 합의를 끌어냈다. 당시 '정밀타격' 이야기가 자주 나왔었는데 지금 되돌아보면 정밀타격을 감행하려 했다면 그때 했어야 했지, 북한이 핵무기와 ICBM까지 보유한 지금은 늦었다는 생각이 든다. 그때는 북한이 제대로 된 대응 능력을 갖추지 못했던 시절이었다. 그럼에도 남한이 불바다가 될 가능성 때문에 김영삼 대통령이 나서서 막았던 것이다.

안타깝게도 제네바 회담은 한국 정부를 외면했다. 1994년 여름, 한국은 북한과의 협상에서 배제된 가운데 좌절감에 빠졌다. 남한 정부는 이런 달갑잖은 환경에서 고위급 대사인 김삼훈과 그 휘하의 유능한 직원을 파견하는 방식으로 대처했다. 이들은 매일 저녁 북·미 회담이 끝나면 미국 측과 만나 한국 정부의 생각을 전달했다. 우리는 이제 그런 접근방식을 정상으로 보고 있으며, 지금도 그것을 훌륭한 동반자 관계에서 비롯된 것으로 간주한다. 하지만 그 당시 이런 방식은 북한에 대한 미국의 엄청난 정책 변화를 의미했다.

한국 외교정책권에서는 미국 협상팀에 누가 선정될지에 촉각을 곤두세웠다. 두 명의 이름이 잠재적 후보로 거론되었다. 국무부 아시아·태평양 담당 차관보로서 전 중국 주재 미국 대사였던 윈스턴 로드와 국무부 정치군사 담당 차관보로서 군축 전문가인 로버트 갈루치가 그들이었다. 우리는 지역 현안에 대한 이해가 더 깊다는 점에서 내심 로드를 선호했고, 협상에서 우리가 배제된 데 따르는 피해를 그가 최소화해주기를 바랐다. 우리로서는 양도할 수 없는 지분을 가지는 협상이었기 때문이다. 그러나 결국 갈루치가 북한 외무성의 강석주 부상과 협상을 주도할 대표에 임명되었다. 갈루치는 뛰어난 명성에 훌륭한 자질을 갖추었지만, 외교관치고는 무뚝뚝한 편이었다.

성공의 대가

미국과 북한 간 제네바 핵 협상이 막 시작되려 할 때인 1994년 7월 8일, 김일성이 갑자기 심장마비로 사망했다. 82세의 지도자에 대한 한 달의 애도 기간에 북한이 핵 협상을 중단하는 것은 불가피했다. 군축 영역에서는 추측이 난무했다. 아들이자 후계자인 김정일은 핵 협상에 더 적극적으로 나설 것인가? 아니면 협상을 외면한 채, 세계의 우려에도 아랑곳하지 않고 북한의 핵 프로그램을 계속 가동할 것인가? 충격을 받은 건 남한 정부도 마찬가지였다. 김일성이 불과 17일 후에 김영삼 대통령과 만나기로 예정되어 있었기 때문이다. 사상 최초로 남북의 지도자가 마주 앉아 회담하려던 차에 그런 사태가 벌어진 것이다. 이제 모든 희망은 산산조각이 났다. 정부는 조문단 파견을 놓고 고심했지만, 결국 파견하지 않았다. 김일성의 사망은 국내에서 극심한 논쟁을 유발했다.

빌 클린턴 대통령이 북한에 압박을 가한 뒤에 군축 회담이 재개되었다. 그리고 1994년 10월 21일, 협상대표단은 제네바에서 합의에 도달했다고 발표했다. 이것은 북한의 기존 핵 프로그램을 동결하고, 국제원자력기구IAEA의 규약을 채택하며, 한반도 관계를 더욱 정상화하기 위해 추가 조치를 실시한다는 내용이었다.

북한은 핵 개발을 포기하겠다는 약속을 재확인했다. 대신 미국 정부는 경수로 2기를 확실하게 허용하고 경수로 완공 때까지 연간 50만 톤의 중유를 제공하기로 했다. 또한 미국과 북한이 각각 상대국의 수도에 연락사무소를 설치하기 위한 논의를 하기도 했다.

이 합의서에는 가격표가 붙어 있었다. 경수로 2기의 비용은 한국과 일본, 유럽연합을 포함한 제3의 국가들이 부담하기로 되어 있었다. 미국은 중유만을 제공하려고 했다. 원활한 진행을 위해 한반도에너지개발기구KEDO라는 다국적 기구가 설립되었다. 최종 비용은 48억 달러에 이를 것으로 평가되었고 총액의 70퍼센트를 한국이 부담하기로 했다.[4] 한국은 우려와 반감이 뒤섞인 채로 이 부담을 받아들였다. KEDO는 북한의 인력으로 최초의 경수로를 건설하기 시작했다. 이것은 원자력을 생산하긴 하나, 그 과정에서 사용되는 우라늄 연료봉을 농축하지는 못하는 시설이었다. 가능한 한 핵무기는 배제하는 '안전한' 원자로였다.

이렇게 뚜렷한 성과에도 불구하고, 새로 당선된 조지 부시 미 대통령은 2002년 1월 29일에 있었던 첫 일반교서에서 북한과 이란, 이라크를 '악의 축Axis of Evil'으로 명명했다.[5] 나는 우려를 표했다. 아니나 다를까 북한 정부가 신속하게 독설로 대응하면서 한반도에 다시 긴장이 고조되었다.

2002년 10월, 미 국무부의 제임스 켈리 차관보가 평양을 방문하고 돌아가는 길에 서울에 들러 우리의 의혹을 확인해주었다. 북한이 여전히 비밀리에 우라늄 농축 핵무기에 매달려 있으며 플루토늄 기반의 프로그램도 가동하고 있다는 것이었다. 합의의 기반이 무너지는 순간이었다. 그것은 모든 관계자에게 엄청난 타격이었고 개인적으로도 큰 충격이었다.

나는 그때 미국이 제네바 협약을 깨지 않고, 우라늄 농축을 막기 위한 협상을 재개했어야 한다고 생각했다. 플루토늄 재처리는 하지 않는 상황에서 우라늄 농축은 하고 있으니 미국으로서는 모든 걸 없던 걸로 해버린 것이다. 이 때문에 그 뒤 2년간 북한은 아무런 제재 없이 마음 놓고 필요한 물자를 수입해 핵무기를 개발할 수 있었다. 미국이 감정적으로 대응해 잘못된 정책을 택한 것이다. 북한의 기만행위에 대한 미국의 보복조치를 이해하지 못하는 바는 아니나 큰 그림을 보지 못한 채 미래의 결과를 생각하지 않고 결정을 내린 것은 참으로 안타까운 일이었다.

6자 회담

2003년 초, 미국의 조지 부시 대통령과 중국의 장쩌민 주석은 남북한과 중국, 일본, 러시아, 미국을 한자리에 모으기로 합의했다. 이른바 6자 회담이었다.

이 회담의 성사가 딕 체니 부통령이 병상에 있는 동안 이루어진 것이 우연이었다고는 생각하지 않는다. 작지만 영향력 있는 보수파 커뮤니티인 '네오콘'이 대부분 그렇듯, 체니는 필요하다면 무력 사용을 포함하여 강력한 국방 정책을 옹호하는 인물로서 그런 다자회담에 반대하는 것으로 알려졌기 때문이다. 하지만 그가 잠시 빠진 틈에 콘돌리자 라이스 국무장관은 부시 대통령의 지지까지 받아내며 이 새로운 협의체를 밀어붙였다. 나는 체니 부통령의 조속한 회복을 기원하는 한편, 자신의 반대에도 불구하고 협상의 틀이 마련된 데 대해 체니 쪽에서 격노했다는 소식을 흥미롭게 들었다.

2005년 9월 19일, 베이징에서 열린 6자 회담은 실질적인 진전을 이루었다. 나는 한국 외교통상부 장관으로서 콘돌리자 라이스 미 국무장관, 나중에 중의원 의장이 된 일본의 마치무라 노부타카 외무대신과 긴밀히 협력했다. 우리는 모두 뉴욕 월도프 아스토리아 호텔에 있는 라이스 국무장관의 응접실에서 대표단의 협상을 지켜보고 있었다.

우리 협상팀은 과감한 외교력을 발휘했다. 우리 셋은 힘겹게 협상한 공동성명을 수용하기로 합의했다. 이 성명에서 북한은 기존의 핵 프로그램을 포기하고 세계의 주요 핵 협정인 핵확산금지조약과 IAEA의 핵 안전 조치로 복귀하겠다고 공개적으로 약속했다.[6] 이것은 기념비적인 사건으로, 나는 잠정적으로 그것이 6개국 정부 전체의 승리라고 생각했다. 이후 북한이 약속 이행을 계속 질질 끄는 동안, 몇 차례의 회담이 계속되었다.

6자 회담은 1년도 채 되지 않아 물거품이 되었다.[7] 북한이 핵과 관련된 인공위성을 시험 발사했기 때문이다. 북한을 제외하고는 그 어느 나라도, 합의서의 잉크가 채 마르기도 전에 북한이 첫 핵폭탄 실험을 할 것이라고는 예상치 못했다.

사무총장과 은둔의 왕국

2006년 10월 초, 유엔 사무총장이 되고자 하는 나의 오랜 노력은 거의 막바지 단계에 다다랐다. 나는 분쟁국 출신이라는 불리함에도 불구하고, 유엔 안보리가 나를 선출할 것이라는 데 점점 자신감이 생겼다.

호전적인 북한은 7월에 몇 차례 미사일 발사에 실패하고 나서, 10월 9일에는 핵무기를 시험했다. 내게는 좋지 않은 타이밍이었고, 북한도 당연히 그것을 안다고 볼 수밖에 없었다. 그런데도 열두 시간 뒤, 나는 만장일치로 안보리의 추천을 받았다. 안보리는 나에 대한 승인과 임명을 요청하는 추천서를 총회로 보냈다. 나는 그 결정으로 영예를 안았지만, 한반도에서 벌어진 일로 마음은 무거웠다.

유엔 사무총장이 된 후에도 북한 문제는 내 곁을 떠나지 않았다. 취임 후 기자들 이 처음으로 던진 질문도 "북핵 문제는 어떻게 할 거냐, 북한 특사는 임명할 거냐"는 것이었다.

이런 상황이라 나는 유엔 차원에서 북한 문제를 논의하고자 검토했지만 유엔 내에서 북한 문제의 우선순위는 상당히 낮았다. 이미 안보리에서 제재가 결정된 상태여서 활활 타오르는 이슈는 아니었기 때문이었다.

심지어 사무총장이 정기적으로 주재하는 정책 회의에도 북한 문제는 올라오지 않는 형편이었다. 내 쪽에서 "북한 문제는 왜 논의하지 않느냐"고 묻기도 했다. 그러면 "그건 급할 게 없다. 다르푸르 학살 등 더 급한 문제가 산적해 있다"는 대답이 돌아왔다.

상황이 이렇다 보니 안 되겠다 싶어 "북한 문제를 가져오라"고 지시해 회의를 한 번 하긴 했다. 하지만 또다시 책상 서랍으로 들어가기는 마찬가지였다.

이는 안보리가 북한 핵 문제를 자신들이 처리하고자 유엔 사무총장에게는 이를 다룰 권한을 주지 않는 탓도 적지 않았다. 나에게는 정세 보고만 올라올 뿐, 특사를 임명할 권한도 주어지지 않았다. 안보리 상임이사국인 중국이 "왜 자꾸 북한 문제를 건드리려 하느냐. 활화산을 만들지 말라"며 반대했기 때문이었다.

내가 원한다고 해도 불가능했다. 유엔 총회나 안보리에서 "사무총장에게 북한 특사를 임명할 권한을 주라"고 결정해야 가능한 일이기 때문이다. 이런 일은 사전 협의가 없으면 불가능한 사안으로, 사전 협의를 시도해도 중국 등은 자꾸 다음에 하자고 미루기만 했다.

임기 10년 내내 개인적으로 북한 대사도 만나고 유엔 총회 때는 뉴욕으로 찾아온 북한 차관 등도 만났지만 소용이 없었다. 북한도 유엔에 관심을 두지 않았을 뿐 아니라 유엔의 관여를 원치도 않았다.

내 후보 지위를 방해하려는 평양의 책동에도 불구하고, 나는 한반도의 평화를 진척시키는 데 사무총장의 지위를 활용하기로 했다. 나는 취임 초기부터 해묵은 적대감을 해소하기 위해 북한 방문을 추진하고 그들이 새로운 내 역할을 활용하기를 바라며 북한 인사들과 꾸준히 접촉했었다. 실제로 자성남 대사와는 뉴욕의 음식점이나 나의 관저에서 만나곤 했다. 그때뿐 아니라 지금도 북한 대사는 한국 대사와는 만나지 않는다고 하는데, 다행히도 북한 대사는 나와 접촉하는 데는 꽤 적극적이었다. 내가 성명을 발표하면 그 내용에 대해 항의하러 오는 경우도 있었고, 함께 식사를 하면서 세상 돌아가는 이야기를 나눈 적도 많았다. 놀랍게도 그때 만난 북한 대사들은 서울에서 일어나는 일을 죄다 꿰고 있었다. 한국 신문도 모두 읽는 것 같았다. 정보 가치가 없는, 내가 모르는 뉴스까지도 잘 알고 있었다.

이들 북한 대사들과는 두세 달에 1회 정도 만났던 것 같다. 주로 내가 보자고 해서 만났지만 급하면 그들이 먼저 찾아올 때도 있었다. 김정일이 사망했을 때, 유엔 내에서는 조의를 표하기 위해 유엔기를 내려 걸 것인지, 아니면 그냥 둘 것인지를 두고 논란이 벌어진 적이 있었다. 형식상 김정일은 국가수반이 아니기 때문이었다. 명목상 국가수반은 김영남이었다. 하지만 북한 측 요청을 받고는 관련 부서에 조기를 걸도록 지시했다. 이에 대해 북한 측은 고마워했다. 김정은에게 조전을 보낼 때도 비슷한 일이 벌어졌다. 위로 메시지를 보내긴 해야 했는데 김정은에게는 공식 타이틀이 없었다.

결국 유엔에서는 김정일 사망에 대한 조전을 김영남에게 보냈다. 그랬더니 북한 대사관 측에서 수신자를 김정은으로 바꿔달라는 부탁을 해왔다. 그래서 나는 "지금 김정은에겐 공식 직함이 없지 않느냐. 공식 타이틀과 주소가 없으면 곤란하다"라고 말했다. 하지만 그들은 애걸하듯 사정을 계속했다. 결국 수신자를 김정은, 수신처를 평양으로 변경해 조전을 다시 보냈다.

내가 만난 북한 외교관 중에서 신선호 유엔 주재 북한 대사는 북한 출신의 다른 인사에 비해 유난히 점잖고 예의 바른 신사였다. 2009년 하반기에 그는 북한 방문 초청장을 가져왔다. 하지만 나는 시기가 좋지 않다고 생각했다. 12월에 코펜하겐에서 열리는 기후변화 정상회의가 얼마 남지 않아서였다. 기후변화는 내가 중시한 대표적 현안으로, 회담은 위기에 처한 상태였다. 최우선 과제를 방치하고 시간을 낭비하는 것처럼 비치고 싶지 않았다.

나는 대안으로 평양 측에 2010년 초 방문을 제안했다. 나는 미국무장관과 이명박 대통령이 참석한 코펜하겐 기후변화 회의에서 이 문제를 꺼냈고, 두 사람은 이 방문이 시도할 만한 가치가 있다는 데 의견의 일치를 보았다. 평양 방문은 1월로 예정되었다. 하지만 내가 코펜하겐에 머무는 동안 북한은 사무총장 비서실의 김원수 차장에게 방문을 연기해야겠다고 연락해왔다. 평양에서는 방문 취소에 대해 아무런 설명도 하지 않았다. 나중에 나는 김정일이 중국 방문을 계획하고 있었다는 사실을 알게 되었다. 북한 지도자들은 출국할 때마다 심지어 국빈을 맞이할 때마다 국경을 폐쇄한다. 돌이켜 보면, 내가 그때 더 세게 밀어붙였어야 했던 것은 아닌가 하는 생각이 든다. 나는 불과 한두 달 뒤에 북한 관련 상황이 갑자기 악화하리라고는 예상치 못했다.

2010년 3월 26일, 북한의 천안함 폭침으로 우리 해군 장병 46명이 목숨을 잃었다. 나는 여러 세계 지도자들과 마찬가지로 용서할 수 없는 이 도발을 비난했다. 이때 김영철은 정찰총국장으로 있었는데, 일반적인 시각으로는 그가 공격을 주도한 것으로 보았다. 나는 기자들에게 회담이 중단된 시기에 그런 사태가 일어난 것은 안타까운 일이라고 말했다. 나는 그런 공격은 용납할 수 없는 일이며 평화를 증진하고 지역에 안정을 가져오려는 국제적인 노력에 역행하는 것이라고 지적했다. 남북관계는 완전히 동결되었다. 내 방문 성사를 위해 협상할 여지는 없어졌지만, 우리는 신뢰 회복을 위해 계속 공을 들였다.

2003년부터 2008년까지, 6자 회담 정부의 고위급 협상이 다섯 차례 열릴 동안 유엔에는 이렇다 할 역할이 주어지지 않았다. 논의는 중국과 미국이 주도했다. 그들은 유엔 안보리 내의 유럽 국가와는 논의조차 하지 않았으며, 러시아는 논의에서 배제된 것에 불만을 표했다. 나는 직무상으로만이 아니라 개인적으로도 실망이 컸다. 군축은 유엔의 대표적인 책무 중 하나이고 한반도의 평화는 내가 평생 몰두하는 과제였기 때문이다.

이들의 협상은 핵 문제에 집중되었다. 북한의 국내 문제는 우선순위에서 배제되었다. 그러나 북한 정권의 인권 탄압은 여전히 세계 최악으로, 인도적인 처우는 기대할 수 없을 정도로 끔찍한 환경이었다.

그런 만큼 내가 최선을 다해 도와야 할 이유는 많았다. 나는 유엔에 있던 북한 관리들과 비공식 연락을 지속했다. 그리고 우리는 2015년 5월로 예정된 방문을 추진하기로 합의했다.

나는 평양으로 가는 도중에 한 곳을 더 들르기로 했다. 곧장 수도로 가는 대신 5월 21일 하루, 남북한 경제 협력이 드물게 이루어지고 있는 개성공단을 방문하기로 한 것이다. 북한 쪽 비무장지대 부근에 있는 개성공단에는 당시 한국 회사가 입주해 있었다. 이들 회사에는 5만 명의 북한 인력을 고용할 수 있는 권한이 있었다. 대형버스를 타고 통근하는 북한 직원들이 아침마다 현장에 도착하여 200~300개 기업에 흩어져 근무했는데 자신이 하는 일에 감사했다.

그로부터 이틀 전, 나는 인천에서 열린 세계교육포럼World Education Forum 회의에서 "개성공단 프로젝트는 남북한 양측의 상생 모델"이라고 말하며 다음과 같이 덧붙였다. "그것은 남북한의 장점을 보완적으로 활용할 수 있는 좋은 방법을 상징합니다. 나는 이번 북한 방문이 남북한의 지속적인 관계 개선을 이루고 이런 시설이 다른 지역으로 확대되는 데 긍정적인 역할을 하기를 기대합니다."[8]

나는 개성공단 시설을 둘러보는 것으로 하루를 시작하고, 대언론 메시지 발표로 방문을 마무리할 예정이었다. 잘 준비된 방문이 될 것이라는 데 의심의 여지가 없었다. 따라서 북한 노동자들이 불필요한 말을 하는 일은 없을 것이다. 나는 현실을 잘 알았으므로 어떤 형태의 자발적인 상호교류도 기대하지 않았다.

그에 앞서 2006년 외교장관으로 있을 당시, 개성공단을 방문한 적도 있다. 물론 나의 방문이 남북의 교착 국면을 타개할 것이라고 기대하지는 않았지만 대화를 여는 징검다리 역할을 할 것으로 보았다.

방문팀이 뉴욕에서 여행의 세부 절차를 바쁘게 마무리하고 있을 때, 김용 세계은행 총재로부터 연락이 왔다. 북한 방문이 성사될 경우, 자신도 함께 가고 싶다는 것이었다. 나는 5월 19일에 북한을 방문할 것이라고 발표했는데, 부트로스 부트로스갈리가 1993년 김일성을 만난 이후 유엔 사무총장으로서는 첫 방문인 셈이었다. 신문과 공중파는 즉시 이 뉴스를 요란하게 보도했다. 나는 인천에서 기자들에게 "새로운 대화를 재가동하여 모든 당사자가 이익을 볼 것입니다"라고 말했다. 나는 한반도의 평화와 안전이 유엔 사무총장의 가장 중요한 임무 중 하나라고 말하며 대화가 한반도의 문제를 푸는 유일한 길이라고 강조했다. 대화를 촉구한 것은 우리가 풀어야 할, 난마처럼 얽힌 복잡한 상황을 제대로 짚은 것이었다. 하지만 나는 그다음에 일어날 일을 예측하지는 못했다.

몇 달씩 양측에서 세부적으로 철저한 준비를 해나갔는데 출발 예정일을 하루 앞두고 북한이 돌연 방문 허가를 취소한 것이다. 사전 경고는 없었다. 그 어떤 설명이나 사과도 없었다. 개인적으로 몹시 실망했고 나는 어쩔 수 없이 지난 과정을 하나하나 돌이켜 보았다.

사무총장으로서 화가 났고 좌절감을 맛보았다. 그리고 갑자기 텅 비어버린 시간에 감정이 고조되었다. 하지만 그보다 더 큰 상처는 평화에 대한 희망이 산산조각 났다는 것이었다. 의아하지 않을 수 없었다. 도대체 어떻게 된 것인가. 평양 어느 부서에서 이런 결정을 내렸는지조차도 우리는 알 수 없었다. 사체로 변한 특정 안건의 사인을 밝히기 위해 완전한 해부를 하는 데는 몇 달이 걸릴 것이다. 뒤에 가서야 북한 인권에 대한 나의 언급이 방문 허가 취소사태를 초래했다는 사실을 알게 되었다. 나의 인권 발언을 한국에서 널리 보도한 것이 아닌가 싶었다. 그리고 외신은 사태 해결에 도움이 되지 않았다.

내가 이 사실을 생방송으로 발표하자, 국민은 충격을 받았고 전국의 언론은 이 소식을 대서특필하며 원인에 관한 추측성 기사를 내보내기 바빴다. 나는 취소 사실을 발표해서 교착상태를 타개하겠다는 나의 오랜 약속을 되풀이했다. "사무총장으로서 조선민주주의인민공화국DPRK이 한반도와 주변의 평화와 안전을 위해 국제사회와 협력하도록 독려하는 그 어떤 노력도 아끼지 않을 것입니다."[9] 당분간 내가 할 수 있는 것은 그것이 전부였다.

이후 몇 달 동안, 나는 북한의 리수용 외무상과 비공식 협상을 계속했다. 나는 2015년에 그와 자성남 북한 대사를 공관으로 초대해 아내와 함께 사적인 만찬 자리를 가졌다. 우리는 그해 말, 기후변화 정상회담이 열리는 파리에서 다시 만났다. 그때마다 우리는 내 임기가 끝나기 전에 북한을 방문해야 한다는 데 의견이 일치했다. 나는 자성남 유엔 주재 북한 대사와 논의를 계속했고 방식에 관해 합의를 이루었다. 자 대사와 나의 관계는 내가 상대한 북한 대사 중에서 가장 화기애애했다. 그는 친절하고 상대하기가 편했으며 우호적이었다.

유엔 내부에서 방문 관련 이야기를 접한 사람은 거의 없었다. 우리는 한국의 〈연합뉴스〉를 포함해 특정 세계 언론에 관련 소식을 계속 알려주기로 했다. 내 대변인인 스테판 두자릭은 비밀 방문을 위해 조용히 언론사 대표들과 접촉했다.

2015년 11월 터키 안탈리아의 G20 정상회의 기간 중 박근혜 대통령에게 이 방문에 관해 얘기하자 대통령도 내가 가야 한다는 데 의견을 같이했다. 대북 강경 자세에 비추어볼 때 대통령의 동의는 놀라웠다.

나는 버락 오바마 미 대통령, 그리고 유엔 대사를 역임한 수전 라이스 국가안보 보좌관과도 이야기를 나눴다. 라이스는 약간 부정적 반응을 보이며 "무슨 소용이 있겠어요? 이 시점에 북한에 무엇을 기대하나요?"라고 물었다. 그러나 오바마 대통령은 호의적인 반응을 보였다. 미국 정부는 내 편이었다.

시진핑 주석은 북한 방문에 관해 얘기했을 때 몹시 흡족해하며 협조적인 반응을 보였다. 그는 더 나아가서 북한에 가기 전에 중국에 들러 함께 논의하자는 제안까지 내놓았다. 그러면서 가능한한 모든 지원을 아끼지 않겠다고 약속했다. 푸틴 대통령도 평양 방문을 진심으로 환영하며 물었다. "정말 가십니까?"

"별일이 없다면요"라고 나는 대답했다. 나의 신중한 대답은 선견지명이었다. 뉴욕에 도착한 비행기가 천천히 활주로를 달리고 있을 때, 김원수 차장이 숨 가쁜 목소리로 전화를 걸어왔다. 방문 허가가 취소되었다는 것이었다. 세 번째로!

방문 소식은 이미 언론에 유출된 상태였다. 〈연합뉴스〉가 11월 15일, 유엔 고위 관리의 말을 인용해 "유엔 반기문 총장 이번 주 평양 방문"이라는 뉴스를 보도했기 때문이다.[10] 이 정보 누설은 한국 언론에 엄청난 관심을 불러일으켰다. 그뿐만 아니라 그들은 나에게 인권을 거론할 것을 주문했다. 하지만 그런 기사는 북한 당국을 자극할 것이 분명했다. 나는 의기소침해진 채 좌절감을 맛보았다. 그리고 북한이 세 차례나 방북 허가를 취소한 것에 화가 났다. 이 사태는 말할 것도 없이 내 경력 중 가장 큰 오점으로 남았다.

많은 사람이 왜 북한이 내 방문을 세 차례나 취소했느냐고 물었다. 하지만 당연히 나는 대답할 수가 없었다. 방문 계획을 취소하도록 평양을 자극한 요인을 굳이 유추해보자면 두 가지를 들 수 있을 것이다. 첫째, 김일성 기념관인 금수산 궁을 참배해 달라는 요청을 사양했다. 둘째, 북한 사정을 잘 아는 전문가의 말에 따르면, 북한 정부는 한국에서 잠재적인 대통령 후보로 거론되는 내가 세계적인 주목을 받는 것을 달가워하지 않았을 것이라는 것이다.

나는 현 상황을 냉철하게 분석할 수밖에 없다. 도널드 트럼프 미 대통령이 김정은과 세 차례 회담한 뒤로, 북한은 1992년의 공동선언 당시의 8개 합의사항과는 비교할 수도 없이 훨씬 이행이 쉬운 약속을 보상으로 받았다. 과거에 포괄적이고 잘 준비된 협정을 이행하게 하는 것이 얼마나 어려웠는지 보아온 나로서는, 평양 정권이 과연 검증은 훨씬 적게 받으면서 훨씬 더 많은 이해가 걸린 사안을 약속대로 지킬 것인지 강한 의심이 든다.

시민 정치가

유엔에서 퇴직한 직후, 한반도는 내가 기억하는 한 최악의 긴장 상태에 있었다. 2017년 몇 달 동안, 평양과 워싱턴은 전 세계가 지켜보는 가운데 노골적인 상호 경멸 속에 험악한 말을 주고받았다. 2016년 1월과 9월 두 차례 자행한 북한 핵실험의 여파 속에서, 국제사회는 김정은 정권을 엄중한 제재의 틀에 가두어넣는 데 초점을 맞추었다. 하지만 이런 조치는 평양 정권을 더 독단적이고 다루기 힘들게 만들었다.

2017년 내내, 트럼프 대통령의 태도는 위협 일변도로 더 강경해졌고, 북한을 향해 "일찍이 세계가 보지 못한 화염과 분노에 직면할 것"이라고 경고하면서 절정에 달했다. 이에 대해 김정은은 최대 규모의 핵실험으로 대항하면서 미국 본토를 타격할 수 있는 대륙간탄도탄ICBM 실험에 성공했다는 공식발표를 했다.

사태는 통제할 수 없이 확대일로로 치닫는 듯 보였다. 트럼프 대통령이 이란 핵 문제에 관한 포괄적공동행동계획JCPOA을 곧 취소할지도 모른다는 보도가 나왔다. 나는 북한이 JCPOA의 최종 결과를 주시한다고 보았다. JCPOA는 제재를 완화하는 대신, 우라늄 농축을 중단시키기 위한 세밀한 외교적 조율 끝에 나온 핵 합의였다.

더 이상 유엔 사무총장이 아니었지만, 나는 뉴욕에서 니키 헤일리 유엔 대사를 만났다. 2017년 10월 12일, 나는 평양 정권을 과소평가하지 말라고 말했다. "평양은 트럼프 행정부를 분석해 왔단 말입니다. JCPOA를 폐기하면, 미국이 약속을 지키지 않는다는 잘못된 메시지를 북한 지도부에 보낼 것입니다." 헤일리 대사는 내 말을 알아들었다.

그러는 사이에 남북한 관계는 새로운 국면으로 접어들었다. 2017년 5월, 진보 정치인 문재인이 대통령에 당선되었다. 그것은 한국 정책에 변화가 온다는 신호로서 긍정적인 것만은 아니어서 걱정되었다.

기대할 것 없는 남북 정상회담

알려진 대로, 나는 유엔을 떠난 뒤 귀국 후 대선 출마를 고려했었다. 정치적 파벌은 없었지만, 사람들은 보통 나를 보수 인사로 보았고 그 당시 여당에 입당하리라고 여겼다. 실제로 한국인 대다수가 내가 대통령 후보가 될 것으로 예상했다. 그러나 그렇게 되지 않았다. 2017년 1월 12일 귀국 당시, 박근혜 대통령은 권력 남용과 수뢰 혐의로 탄핵 위기에 있었다. 보수파 집권당인 새누리당은 위기에 빠졌다. 일부 원로 당원들은 신당을 차리기 위해 탈당했지만 나는 그들과 합류하지 않았다.

나는 한국 지도자의 위치에 올랐더라면 어떻게 평양 정권을 상대했을지 종종 상상했다. 첫째, 나는 개인적·정치적 이득을 위해 대통령이라는 지위를 이용하지는 않았을 것이다. 둘째, 나는 문 대통령보다 더 단호하고 더 원칙적으로 대응하며 북한 지도자를 덜 신뢰했을 것이다. 아니 어쩌면 회담 자체가 열리지 않았을 수도 있다. 악수라는 것은 진지하지 않을 때는 아무 의미가 없는 것이다.

문 정부는 지속 가능성보다는 신속한 정치적 과실 쪽에 무게를 두고 있다. 나는 대통령이 자신의 정치적 유산이라는 맥락에서 기념비적 성과를 고려하는 것은 아닌가 염려가 된다. 대통령은 북한 정권이 절대 핵 프로그램을 폐기하지 않을 것이라는 점을 알아야만 한다. 남북 관계의 올바른 출발점은 이것이지, 공동 번영이라는 공허한 가능성이 되어서는 안 된다.

나는 핵 폐기 가능성이 열려 있는 척하는 평양의 태도를 액면 그대로 받아들이지 말라고 수년 전부터 정부에 경고해왔다. 북한은 '완전한 비핵화'를, 미래의 핵 개발을 중단하되 현재 보유 핵무기는 유지하는 것으로 정의한다. 한국과 미국이 기대하는 것은 북한이 핵 프로그램을 포기하고 보유하고 있는 핵무기를 자발적으로 포기하는 포괄적인 핵 비무장이다. 이는 북한의 생각과는 엄청난 차이이며, 확고한 정치적 의지가 요구된다. 개인적 견해를 밝히자면, 미국이 외교적으로 북한을 인정하고 한반도에 평화선언이 이루어진다고 하더라도, 원심분리기가 해체되지는 않을 것이다. 북한 정권에는 평화에 대한 열망이 동기로서 작동하지 않는다.

북한에 대한 의심은 전혀 흔들리지 않았다. 한·미 양국 지도자 중 누구도 전쟁 시절의 잔혹함을 경험해보지 않았으며, 북한 핵 협상가들과 마주 앉아 담판을 해보지도 않았다. 25년간 북한과 상대해왔지만 그들에게서 순수한 협력이나 호의의 일면을 본 적은 별로 없다. 북한과 거래할 때는 최대한 더 현실적이고 빈틈없는 자세가 필요하다. 한국은 노력의 초점을 화해에 맞춤으로써, 우리 자신이나 우방에 쉽사리 악용될 수 있도록 지렛대를 지레 포기해버린 꼴이 되고 말았다.

남북 단일팀

가장 눈에 띄는 화해의 손짓 중 하나는 2018년 2월에 열리는 평창 동계올림픽에 북한을 초청한 일이었다. 토마스 바흐가 이끄는 국제올림픽위원회IOC는 1년 가까이 북한 당국과 접촉하고 있었다. 문 대통령은 취임 후에 비공식적으로 평양에 손을 내밀었다. 하지만 그들이 별 반응을 보이지 않아 전망이 어두워지자 초조해졌다.

전통적으로 북한 지도자의 신년사는 남북한 관계에 중요한 척도가 되어왔다. 1946년부터 1994년까지 집권한 김일성 치하에서 북한은 라디오 방송으로 지도자의 목소리를 내보냈다. 아버지보다 내성적으로 알려진 김정일은 주요 신문에 신년사 형태로 목소리를 전달하는 것을 선호했다. 이 매체에는 당과 군, 청년조직의 공식 간행물도 포함된다.

북한 왕조가 3대에 들어선 지금, 김정은은 할아버지의 방식인 TV 생중계 연설을 다시 시작했다. 2018년 신년사에서 김정은은 북한의 핵과 미사일을 실전에 배치할 준비가 완료되었다고 공표했다. 그런데도 문 대통령은 북한의 지도자가 평창올림픽에 선수단을 파견할 의지가 있는지에만 주목했다. 김정은은 한술 더 떠, 남북이 올림픽 준비를 함께 논의하자는 제안까지 했다. 이에 문 정부는 망설임 없이 그 소식을 환영하는 성명을 발표했다. 내가 볼 때, 문 대통령이 결정을 잠시 뒤로 미루고, 올림픽 관계자들과 협력하며 협상력을 강화할 시간을 벌었더라면 더 좋았을 것이다.

사무총장 임기 내내, 나는 자크 로게, 토마스 바흐 등 IOC 위원장들과 긴밀한 관계를 유지했다. 바흐 위원장과는 2013년부터 협력하며 "스포츠를 통한 평화증진" 운동을 시작했고 이 과정에서 두터운 교분을 쌓았다. 때때로 그는 북한의 평창 동계올림픽 참가와 관련한 문제를 의논하기 위해 비공식적으로 연락을 해왔고, 우리는 속 깊은 대화를 나누었다.

IOC와 한국 당국이 남북한 선수단이 공동으로 입장하는 구체적 방식과 여자 아이스하키 단일팀에 관한 문제로 협상을 벌이는 와중에, 나는 바흐 위원장에게 전화를 걸어 남북한 선수단의 팀 규모와 관련해 IOC가 최대한 너그럽게 유연성을 발휘해 줄 것을 요청했다. 물론 당시 민감한 정치 분위기를 고려해 모든 대화는 조심스러웠다. 나는 여자 아이스하키의 역사적인 남북한 단일팀이 이루어지도록 작으나마 역할을 한 것에 자부심을 느낀다.

여자 아이스하키 단일팀이 대패한 것은 사실이다. 하지만 그들의 스포츠맨십과 공동 노력이 빚어낸 선의는 승리에 대해 지극히 회의적인 사람들에게까지도 한 가닥 가능성을 보여주었다.

불안했던 시기

김정은의 신년사와 그에 뒤이은 북한의 평창 동계올림픽 참가는 남북 관계와 북·미 관계에서 2018년을 기념비적인 한 해로 만들었다. 정상회담 횟수만 보더라도, 남북 사이에 4회, 북·중 사이에 4회, 북·미 사이에 3회나 있었다. 그러한 하향식 협상은 전례가 없는 것이었다. 긴장을 줄이고 신뢰를 쌓는 가운데 남북한 사이에는 안정감이 형성되었다.

시민 참여를 유도하는 한 가지 방법은 인도주의 프로젝트에서 나온다. 나는 이것이 상대를 교화한다는 점에서 남북 관계에 지극히 중요하다고 본다. 하지만 정부도 중요한 역할을 해야 한다. 이러한 일련의 정상회담은 한국에 거주하는 노령의 이산가족에게 큰 희망을 안겨주었으며, 오랫동안 기다려온 가족 상봉의 가능성을 암시했다. 겉으로는 관계가 호전되는데도 불구하고, 이산가족 상봉과 같은 시급한 인도적 문제에 별다른 진전이 없어서 상봉을 고대하는 사람들의 기대를 충족하지 못하는 것은 불행한 일이다.

물론 나는 군사 전선이 걱정되었다. 2018년 9월 19일 남북의 군사 합의는 남한의 공중 감시 능력을 대폭 약화했고 방어 태세의 심각한 약점을 노출했다. 더욱이 나는 맹방 관계인 한·미 간에 잠재적 불화가 생기지나 않을까 염려했다. 트럼프 행정부는 미국의 우방에 대해 전통에서 벗어난 상업주의적 관점을 보여왔다. 이는 전체적으로 한·미 동맹의 가치에 깊은 우려를 자아냈다.

2018년 내내 전개된 상황이 우려스러운 까닭은 그것이 북한의 비핵화 의제에 대한 기능적 정의를 뒤집었고, 결과적으로는 25년 동안 쌓은 공든 탑을 허물어버렸기 때문이다. 일련의 정상회담을 통해 김정은은 추가로 핵 개발을 하지 않는 대가로 기존 핵무기를 현상 유지로 지킬 수 있다는 생각을 확고히 하게 되었다. 이는 사실상의 핵보유국 지위를 획득하는 데 성공한 것이라고 볼 수 있다. 외부적으로 그의 이미지는 그가 만나는 상대와 대등한 국가지도자의 모습으로 변형되었다. 하지만 어느 모로 보나 세계 최악이라고 할 북한의 인권 상황에 대해서는 아무도 관심을 기울이지 않는 실정이다.

2019년 김정은의 신년사에는 핵무기를 포기한다는 언급이 없었다. 그 대신 동북아 지역에서 미국의 위상을 약화하려 하면서 제재를 비난하는 주장만 있었다. 김정은과 중국의 시진핑 주석 사이에 새로 구축된 관계는 나의 비관적 전망을 더욱 어둡게 만들었다. 나 혼자만의 생각은 아니다. 많은 한국인이 볼 때, 2018년 6월 12일 싱가포르에서 열린 1차 북·미 정상회담은 맥 빠지는 내용과 비핵화에 대한 모호한 표현을 얻고 동맹국인 한국과의 중요한 합동군사훈련만 양보하는 대가를 치렀다. 트럼프 대통령이 수십 년이나 이어진 합동군사훈련을 취소하면서 문 대통령과 단 한마디 상의도 하지 않았다는 것은 도저히 받아들일 수 없는 처사다. 한국인은 이처럼 북한에 양보를 거듭함으로써 '북한의 비핵화'라는 오랜 목표를 포기하게 되지나 않을까 염려한다.

또한 나는 북한에 대한 트럼프 행정부의 수사에 변화가 생긴 것이 두려웠다. "최종적이고 완전하게 검증된 비핵화"라는 엄격한 주장으로 시작된 관계가 북·미 지도자 사이의 있을 법하지 않은 관계로 부드러워졌다. 2020년 대선에서 트럼프가 패하긴 했지만, 나로서는 미국 정부가 주로 대륙 간 타격 능력에 관심을 두는 것이 걱정이다. 미국의 행정부가 북한의 핵탄두와 플루토늄, 우라늄 제거에 관한 관심을 거두고 오로지 발사 시스템에만 초점을 맞출 것이라는 전망은, 미국 정부가 오직 자국의 안보에만 관심을 쏟는다는 것을 암시한다. 이것은 동맹국으로서 받아들일 수 없는 태도다.

결국 내가 걱정한 것은 트럼프의 지속적인 영향력이다. 그의 변덕스러운 협상 방식은 한국 문화에 대한 존중심이나 지식이 별로 없다는 것을 보여주었다. 2019년 3월, 트럼프 대통령은 미국이 당시까지 부과한 수많은 대북 제재를 일방적으로 해제함으로써 자신의 외교정책 고문과 고위 재무 관리들을 혼란에 빠뜨렸다.

백악관 대변인 사라 샌더스는 기자들에게 트럼프 대통령이 대북한 제재를 완화했다고 말하면서 그 이유를 다음과 같이 덧붙였다. "트럼프 대통령은 김 위원장을 좋아하며 이런 제재가 필요하다고 생각지 않습니다."[11] 나는 트럼프 대통령의 예측 불가능한 행동을 경계했다. 그것은 나를 비롯해 모든 사람을 불안하게 만들었다. 내가 볼 때, 그가 평양과의 거래에 너무 목마른 나머지 불확실한 양보의 대가로 지렛대를 남용할 것임이 분명했다.

그렇기는 해도 트럼프 대통령은 하노이에서 현명한 결정을 내렸다. 정권과 인민의 목을 조르고 있는 다양한 제재를 해제해달라는 북한의 요구를 거부한 것이다. 비록 지켜보기가 힘들기는 하지만 비군사적 압박은 평양 정권으로 하여금 국제사회의 규범을 따르도록 강제하는 유일한 합리적 무기라고 할 수 있다. 안타깝게도, 준비가 허술했던 하노이 정상회담은 미국과 한국, 북한의 관계를 위협했다. 이 결과는 분명히 앞으로의 진전을 방해할 것이다.

그렇다 해도 트럼프 대통령이 북한의 요구를 거부한 것은 옳았다. 회담이 결렬된 뒤, 리용호 북한 외무상은 트럼프 대통령의 발표와 달리 북한 지도자는 유엔 제재의 완전한 해제를 요구한 적이 없다고 주장했다. 그러면서 김정은은 "2016년과 2017년에 유엔이 부과한 제재 5건의 해제"를 요구했다고 말했다. 또한 리 외무상은, 북한은 "평범한 주민들의 생계를 방해하는" 제재가 풀리기를 바란다고 했다. 사실 2006년 이후 북한에 부과된 11건의 제재 중에서 북한의 목을 조를 만큼 가장 강력한 것은 바로 그 5건이다. 2018년에 무역량이 48퍼센트나 감소하면서 GDP는 4퍼센트가 줄었으니,[12] 북한으로서는 그런 제재의 해제가 경제와 인민을 위해 절대적으로 중요했다.

강선의 핵 생산시설을 폐쇄하라는 트럼프 대통령의 요구는 김정은으로서는 기겁할 일이었을 것이다. 북한은 '모든 제재'를 해제하는 대가로 영변의 낡은 핵 시설만 해체하겠다고 제안했었다. 북한은 미국의 정보력을 과소평가했음이 틀림없다. 아마 그들은 실제로 트럼프 대통령이 김정은을 '좋아해서' 위반 행위를 눈감아 주리라 생각했을 것이다. 김정은에게 그것은 분명히 집권 9년 동안 가장 수치스러운 사건이었을 것이다. 또한 그것은 북미 정상회담의 성공을 열렬히 지원한 한국의 문재인 대통령에게도 분명 곤혹스러운 일이었을 것이다.

트럼프-김정은 정상회담의 성공적인 결과를 기대하는 가운데, 문 대통령이 개성공단 재개와 금강산 관광 프로젝트를 포함해 새로운 한반도 평화 체제의 주도권을 행사하며 북한과의 경제 협력을 확대하는 큰 그림을 그리고 있었다는 보도가 나왔다.

하노이 이후

4개월간 이어진 북·미 협상의 교착상태는 2019년 6월 30일, 놀랍게도 도널드 트럼프 미 대통령과 북한의 김정은 위원장 간에 정상회담이 성사되면서 일단락되었다. 사실, 이 양자 회담은 뭔가 충동적이었던 것으로 보인다. 오사카에서 열린 G20 회담에서 트럼프 대통령이 트위터로 김 위원장을 초청하고는 나중에 기자들에게 방금 생각한 것이라고 말했기 때문이다.

트럼프 대통령은 수십 명의 기자와 정부 관리, 전 세계의 시청자가 지켜보는 가운데 판문점의 분계선을 넘어감으로써 북한 지역을 밟은 최초의 현직 미 대통령이 되었다. 비록 이런 일이 일어나리라고 예측한 사람은 아무도 없었겠지만 누구도 한국인만큼 놀라지는 않았을 것이다. 회담에 앞서 한국 정부와 협의를 했는지는 분명치 않았다. 더 중요한 것은, 평양조차 사전에 연락을 받은 것 같지 않았다는 점이다.

하노이 회담이 참담하게 끝난 이후, 미국의 초청은 트럼프 보좌관이나 한국인은 말할 것도 없고 전 세계 많은 사람을 놀라게 했다. 세 지도자의 급조된 만남은 전 세계인을 흥분하게 만들었고 오랫동안 질질 끌어온 비핵화 협상의 돌파구가 마련될 것이라는 희망을 안겨주었다.

평소처럼 트럼프 대통령에게 세계의 이목이 쏠린 가운데, 문재인 대통령은 어느 나라보다 한국에 큰 영향을 줄 사건을 단순한 관찰자로서 사실상 옆에서 지켜보기만 했다. 내 생각엔 미국과 북한 지도자가 미소 지으며 악수하는 모습을 지켜보는 문 대통령의 기분은 씁쓸했을 것만 같다. 문 대통령은 처음부터 자신을 '직접 당사자'라기보다 '촉진자'로서 자리매김했다. 물론 한국인이나 한국 언론 역시 두 사람이 의기양양하게 만나는 동안 옆에서 지켜보기만 하는 대통령의 모습이 달가울 리 없었다.

양측은 2주 이내에 실무 차원의 협상을 시작하기로 합의했다. 하지만 북한은 즉시 강경한 태도를 드러내기 시작했다. 한·미 양국이 연례적인 합동군사훈련의 규모를 축소해서 실시하는 동안, 북한은 단거리 미사일을 적어도 5회 이상 발사했다. 트럼프 대통령은 이런 도발에도 개의치 않는 태도를 보이면서, 미사일의 사거리가 짧다는 말만 했다.

한국 정부는 처음에는 침묵했다. 의도하지 않은 군사 충돌을 피하고자 한국 관리들이 이번의 미사일 발사는 군사 협력과 육·해·공에서의 도발 중지를 약속한 9·19 군사협정에 어긋나지 않는다고 밝혔기 때문이다. 그러나 청와대가 북한에 대해 우려를 표명하며 그런 실험을 자제할 것을 촉구한 뒤에도 상당수 한국인은 여전히 미지근한 반응으로 일관하는 정부의 태도를 못마땅해했다. 적잖은 비판자들은 문 대통령의 신중한 입장에 계속 반대하며, 대북 노선이 너무 강경하지 않게 조율되었다고들 말했다.

한국인이 더 우려한 것은, 북한 관리와 북한의 언론이 이루 말할 수 없을 정도로 모욕적인 어조로 남한의 문 대통령을 비방하고 심지어 조롱하기까지 했다는 것이다. 한국인들이 아무리 북한의 저속하고 사나운 언어표현에 익숙해졌다고 해도, 그것은 받아들일 수 없는 수준이었다. 모욕을 당했는데도, 문 정부는 그런 비방을 무시하기로 방침을 정한 것 같았다.

많은 한국인은 까탈스러운 북한에 대한 정부의 대응에 좌절했다. 일부 언론은 문 대통령이 자신의 인기를 높이기 위해, 혹은 심지어 노벨평화상을 타기 위해 역사적 화해에 힘쓰는 것이라고 추측했다. 물론 사람들은 트럼프 대통령에 대해서도 같은 말을 했다. 아베 신조 일본 총리에게 후보로 추천해줄 것을 요청한 사실을 트럼프가 부인하지 않았다는 것이다.

2019년 10월 5일 미국의 스티븐 비건 대북 특사와 북한의 김명길 대사가 스톡홀름의 빌라 엘비크 스트란드에서 회동했다. 판문점 회담이 성과 없이 끝난 지 4개월, 북한이 잠수함 발사 탄도미사일SLBM을 발사한 지 3일밖에 지나지 않은 시점이었다. 종일 진행된 회담은 성과 없이 끝났다.

당시에는 강제로 국제규범을 준수하도록 북한에 부과한 안보리의 제재를 트럼프 행정부가 기꺼이 완화해줄 것이라는 관측이 있었다. 그런 견해가 사실인지는 몰라도 만일 그랬다면 받아들일 수 없는 거래가 되었을 것이다. 김명길은 몹시 화가 나서 그 실패를 미국 탓으로 돌리고는 심지어 은근히 협박까지 했다. "미국은 판문점 회담 이후 그 어떤 셈법도 제시하지 못했다. (…) 만일 미국이 적절한 준비를 하지 못한다면, 어떤 끔찍한 재난이 일어날지 아무도 모른다. 지켜볼 일이다." 회담에 큰 기대를 걸었던 한국 정부는 회담 결렬에 다소 실망하는 반응을 보였다. 한편 미 국무부는 북한의 발언이 "8시간 30분 동안 진행된 오늘 토론의 내용이나 정신을 반영하지 못한 것"이라고 하면서 "미국은 창의적인 아이디어를 제시했고 북한과 좋은 논의"를 했다고 말했다.

하노이 정상회담의 실패 이후 7개월 만에 열린 스톡홀름 예비 접촉이 결렬된 것은 여러 가지 우려를 낳았다. 나는 스캔들에 시달리고 패색이 짙은 선거를 앞둔 트럼프 행정부가 어중간한 거래를 받아들일까 봐 걱정이 되었다. 북한이 핵무기를 제조하지 않겠다는 약속을 쉽게 깨뜨렸음에도 불구하고 계속 핵 비축을 할 수 있도록 허용하는 것이 아닐까 하는 생각이 들어서였다. 2019년 12월, 나는 제재 해제를 제안한 러시아-중국의 안보리 결의안에 미국이 반대했을 때 비로소 마음이 놓였다.[13]

수많은 공개 연설을 하면서, 나는 세계를 상대로 북한이 핵무기를 절대 포기하지 않을 것이라고 경고해왔다.[14] 1992년 2월에 합의한 한반도 비핵화에 관한 남북 공동선언 제1조에 들어 있는 8개 항, 즉 어느 쪽도 핵무기를 "시험, 제조, 생산, 접수, 보유, 저장, 배비, 사용"하지 않는다는 결정적인 문구는 2018년 선언에 포함된 단순한 "완전 비핵화"와 비교할 때 훨씬 정교하다. 문 대통령은 2018년 4월 27일, 판문점 선언에 서명하기에 앞서 이 구절에 대한 확실한 해명을 요구했어야 한다.

1953년 이후 역대 한국 정부는, 지구상에서 가장 끈질기고 독재적인 정권과 어떻게 상대하는 것이 정답인지 알아내려고 애를 써왔다. 하지만 어떤 정부도 이런 노력에 성공하지 못했다. 노벨상을 받은 김대중 대통령의 햇볕정책을 비롯한 수십 년간의 진보적 접근에도, 또한 보수적 조치에도 관계없이 북한은 계속 비타협 독자노선을 고집하고 있다. 취임 초기, 문재인 대통령의 열정적인 접근은 예상외로 매끄러운 진전을 이룬 것처럼 보였지만, 겉으로 드러나지 않는 김정은의 궁극적 목적을 제대로 이해하지는 못했다.

한·미 양국의 입장에 중요한 한 가지 요인이 있다면, 북한 경제가 급속히 악화하고 있다는 것이다. 2020년 북한은 열한 번째 안보리 제재를 받으면서 경제가 곤두박질쳤다. 북한의 경제 구조는 부실한 통치, 불충분한 개발 투자, 그리고 대부분의 국제무역과 원조를 가로막는 심각한 고립으로 인해 망가졌다. 유일하게 유엔만이 현장에서 인도적 구호 활동을 펼칠 뿐이다.

2017년 북한의 공식 무역량은 미화로 70억 달러에 그쳤다. 2020년에는 그 절반에도 미치지 못했다. 한국의 경우, 삼성전자라는 기업 하나가 북한의 7배가 넘는 소득을 올렸다. 이렇게 절망적인 재정 상황은 북한 정부와 주민에게 극심한 부담을 안겼다. 한국의 전체 무역량은 북한의 400배에 이른다. 수출량을 비교하면 그 차이는 2,500배로 벌어진다. 이렇게 비참한 환경에서 정권의 특혜를 받지 못하는 대다수 사람들은 흔히 '장마당' 같은 자립적인 대응 수단에 의존한다. 집집마다 가지고 있는 것은 무엇이든 들고 나가 물물교환을 하든가 더 유용한 품목을 사는 데 쓴다. 설상가상으로 이런 시장조차 빠르게 줄어들고 있다.

북한은 핵을 금지하려는 국제 금융 시스템의 작동에도 불구하고 국제적 제재를 회피하려는 시도를 계속하는 한편, 핵무기 프로그램을 위한 자금을 계속 모으고 있다. 유엔 대북 제재위원회 전문가 패널의 2019년 보고서는 평양 정권이 제재를 무효화하기 위해 어떻게 낡은 방법(밀거래)과 훨씬 새로운 방법(해킹)을 이용하는지 확실하게 보여준다.[15] 북한은 선박 대 선박 운반 수법으로 계속 제재를 회피하고 있고 금융기관과 암호화폐 거래소에서 자금을 훔치기 위해 점점 정교하게 사이버 공격을 이용해왔다. 그럼에도 불구하고 전통적으로 북한 지도자들은 어떤 실패에도 책임을 지지 않았다. 김정은이 신년사에서 선언한 대로, 그는 훨씬 큰 이해가 걸린 새로운 협상에 미국 정부를 끌어들이고자 핵무기를 실험하거나 ICBM을 발사함으로써 이른바 '새로운 길'을 도모할지도 모른다.

나는 북한의 끔찍한 인권유린이나 국제적인 동맹, 핵 추구 흐름이 앞으로 어떻게 전개될지 알지 못한다. 하지만 한·미 양국이 긴장의 확대를 피하려면 오히려 단호하고 원칙적인 태도를 보여주어야 한다는 사실만은 안다. 절제와 결단력 없이 우리가 김정은에게 국제사회의 책임 있는 일원으로 행동하기를 기대할 수는 없을 것이다.

불안정한 궤적

불행하게도 냉정한 판단은 무모한 감정에 가려졌다. 김정은과 도널드 트럼프는 서로 '꼬마 로켓맨little rocket man'과 '망령 든 늙다리mentally deranged dotard' 따위의 저질스러운 욕설을 주고받으며 아슬

아슬한 자존심 대결에 열을 올렸다. 문재인 대통령도 감정에 이끌리고 있었다. 모두가 장기적 안정과 신뢰 대신 지속 가능하지 않은 영광을 찾고 있었다.

2019년 12월 5일, 북한은 '성탄절 선물'을 보낼 것이며, 어떤 선물이 될지는 미국에 달렸다고 말하며 미국을 조롱했다. 김정은이 협상의 재개를 원한다는 신호임이 분명했다. 이로부터 불과 이틀 뒤, 북한 국방과학원은 서해 위성 발사장에서 '매우 중요한 실험'을 실시했다고 발표했다. 이어 결과가 아주 성공적이어서 나라의 '전략적 위상'에 변화가 올 것이라고 했다. 한국 국방 당국은 평양이 핵무기를 운반할 수 있는 대륙간탄도탄ICBM용으로 설계된 연료 엔진을 실험한 것으로 파악하고 있다. 이 또한 북한이 다시 의도적으로 국제사회를 자극하고 있다는 신호였다.

나는 한국 정부가 북한의 비핵화를 위한 미국 주도의 노력을 지원해야 한다고 본다. 이것이 가장 유용한 방안이며 평양에 올바른 국제적 메시지를 전달하는 길이다. 김정은은 채찍을 선호하고 문 대통령은 당근에 집착했다. 대통령은 화해에 초점을 맞춰왔으며, 특히 남북 대화 분위기를 개선하기 위해 경제적 수단에 의존했다. 안타깝게도 이런 접근 방식의 타당성을 뒷받침하는 증거는 별로 없다.

트럼프 대통령과 김정은이 처음으로 쌍방의 성공을 선언한 2018년 후반에, 그리고 도널드 트럼프가 "우리는 사랑에 빠졌다"라는 말을 했을 때, 미국은 일시적으로 북한에 대한 제재를 해제했다. 덧없는 희망은 5개월 후에 하노이 정상회담이 아무런 합의 없이 결렬된 순간 사라졌다. 북·미 회담은 현재 영구 정지 상태다.

나는 에너지뿐 아니라 무기도 개발하는 것으로 널리 알려진 이란 핵 프로그램에 대한 국제적인 협상 과정을 가까이서 지켜보았다. 아마 평양도 그 과정을 꽤 열심히 관찰하고 있을 것이다. 2017년 10월에 내가 헤일리 대사에게 말한 대로, 북한은 이란이 어떻게 대우받는지를 본보기로 삼을 것이다. 만일 신중하게 합의한 이란과의 군축 협상을 미국이 지킬 것이라는 믿음이 없다면, 북한은 합의에 대한 욕구가 사라질 것이다.

나는 북한 정부와 언론이 2020년 1월 3일에 발생한 이란의 가셈 솔레이마니 장군의 암살사건을 어떻게 다룰지 궁금했다. 나는 침묵의 반응이 나오리라는 기대는 하지 않았다. 대신 이 공격에 영향을 받아 북한 정권은 트럼프 행정부의 강제력 사용과 관련한 의지와 능력을 재평가할 수밖에 없을 것으로 보았다. 북한 국영 언론은 사흘 뒤 치명적인 드론 공격을 언급했지만, 이례적으로 논조는 담담했다. 이 절제된 반응은 북한이 선택사항을 숙고하고 미국의 화를 돋우지 않기로 결정했다는 암시였다. 나는 그런 온건한 반응을 김정은이 미국과 대화할 여지를 남겨두고 있다는 의미로 해석한다. 그것은 희망적인 신호다.

하지만 내 오랜 경험에 비춰볼 때, 무작정 낙관하는 것은 금물이다. 최근의 사건들은 흥미롭지만, 나는 앞으로 당분간 한반도에서 화합과 협력의 기회가 오리라는 기대는 하지 않는다.

7

2001년 9월 11일

합의의 복잡성

사람들은 대부분 잊었겠지만, 2001년 9월 11일 아침에 뉴욕시에는 표적으로 삼을 만한 건물이 하나 더 있었다. 비행기 두 대가 초고층의 세계무역센터 쌍둥이 건물에 충돌한 당일은 유엔 총회가 개회하는 날이었다. 총회의 지도부는 매년 9월에 교체가 이루어졌고, 제56차 총회 신임 의장의 비서실장이던 나는 외교와 행정, 비극적 사건 등 수많은 문제를 해결할 책무를 맡고 있었다.

우리 직원 한 명이 나에게 비행기가 쌍둥이 건물 한 곳과 충돌했다는 소식을 알려왔을 때는, 수십 명의 외국 고위 관리들이 대표단용 식당에서 열린 조찬 기도회에 참석 중이었다. 나는 서둘러 "비행기가 세계무역센터와 충돌해서 건물이 불길에 휩싸였음"이라고 메모해서 한승수 유엔 총회의장 지명자에게 전달했다. 화해의 필요성을 주제로 한 기조연설이 포함된 조찬 행사는 계속 진행되었다. 다른 비행기가 유엔 본부에서 남쪽으로 불과 3마일 떨어진 세계무역센터 빌딩에 두 번째로 충돌하자, 보안요원들이 나서서 행사를 중단시키고 참석자 전원을 중간 크기의 회의실과 커피숍으로 가는 지하의 어두운 통로로 몰아넣었다. 모두 다른 비행기가 더 나타날까 봐 염려했다. 유엔 안전보안국은 5천여 명의 유엔 직원과 수백 명의 외교관에게 철수할 것을 지시했다.

한승수 의장 지명자와 나는 1번가를 가로질러 유엔 주재 한국대사관으로 달려갔다. 아내가 걱정되었다. 우리는 새로 지은 고층 트럼프 월드타워의 남향 아파트를 1년 기한으로 계약했고 막 이사를 한 터였다. 만일 아내가 창밖을 내다보았다면 40블록 떨어진 곳에서 일어난 재앙을 목격했을 것이다. 아내가 불안에 떨지도 몰라 당장 달려가고 싶었지만, 그때는 그럴 틈이 없었다.

원래 이날은 세계무대에서의 위상과 책임이 점증하고 있는 대한민국에 경사스러운 날로 기억될 만한 날이었다. 그러나 테러리스트의 소행으로 보이는 재난이 이런 내 생각을 산산조각 냈다. 나는 너무나도 당황해 무슨 일부터 해야 할지 몰랐다. 그러나 한두 시간 후에 나는 전례 없는 위기에 대한 유엔의 대응 과정을 관리할 수 있었고, 그럼으로써 외교적으로 대한민국의 존재감을 각인하는 데 기여했다.

압박 속의 외교

차기 총회 의장 선정을 두고 이의를 제기하는 사람은 없다. 회기 시작 1년 전에 이미 지역별로 지명이 이루어지기 때문이다. 이 자리는 대륙별로 돌아가며 맡는데, 2001년 9월 시점에는 아시아 차례였다. 단, 유엔 회원국들은 총회의 개회일까지 의장과 21명의 부의장, 6개 위원회 의장에 대한 투표를 하지 않는다. 한승수 대한민국 외교통상부 장관은 제56차 유엔 총회 의장에 선출되어 취임 연설을 하고 전통적인 의식을 거칠 예정이었다. 하지만 일정은 곧 취소되었다.

이전 총회의 마지막 날 열리는 회의와 새 총회 개회일 사이에는 보통 하루의 공백이 있다. 그런데 다음 새 총회 지도부가 구성되지 않은 채 지난 회기가 끝나면서 지도부에 긴 공백이 생겨 혼란스러워졌다. 언제 의장과 위원장을 선출할지, 또 업무나 투표는 언제 재개할지 알 수가 없는 상황이었다. 대부분의 전화선이 불통이 되어 192개 회원국 전체와 연락을 취하기란 불가능했다. 경찰 순찰차가 유엔 부근의 거리를 가로막아 봉쇄하고 있었다.

그날 오후 코피 아난 사무총장은 임기를 마친 핀란드의 하리 홀케리 의장과 새로 취임하는 한승수 의장 및 고위 보좌관들을 불러 긴급 임시회의를 소집했다. 우리는 유엔 경호원들의 안내를 받으며 지하의 사무총장 임시 집무실로 갔다. 나는 이후 1년 내내 사무국 건물에서 야근을 밥 먹듯이 했지만 이날만큼 섬뜩한 밤은 다시 없었다. 우리는 작은 방에 모였고 모두 긴장된 표정을 하고 있었다. 잡담하는 사람은 없었다. 코피 아난 사무총장은 경비태세를 강화하고 다음 날 총회를 열자고 제안했다. 당시 당면한 유일한 과제는 총회의 새로운 지도부를 신속하게 선출하는 것이었다. 전화선은 끊겼지만 사무총장 집무실에서 회원국과 이메일로 연락이 가능했기 때문에 각국 대표부와 의견을 교환할 수 있었다.

아름다운 햇살이 내리쬐던 그날 오후, 나는 한국대표부로 돌아갔다. 이번에는 뛰지 않았다. 인부들이 유엔 건물 주변에 장벽을 설치했다. 멀리서 사이렌 소리가 들려왔다. 나는 이 장벽이 얼마나 오래 세워져 있게 될까 궁금했다. 마침내 테러의 피해 규모가 전해졌다. 여객기 두 대, 무너진 쌍둥이 건물, 예상 사망자 수, 앞으로 늘어날 사망자 통계 등을 파악할 수 있었다. 상상도 하지 못한 수단으로 자행된 끔찍하고 흉악한 테러 공격이었다. 나는 이것이 전과는 다른 정치적 폭력의 시대로 진입하는 서막임을 직감했다.

세계가 더 위험한 방향으로 변하고 있음이 명백한 만큼 유엔이 과거 어느 때보다 중요한 기관이 될 것이라고 나는 확신했다. 유엔의 강점은 전 세계의 거의 모든 국가가 회원국으로 속해 있다는 것이고, 회원국들이 모든 지역과 온갖 형태의 체제를 대표한다는 데 있다. 소국이나 저개발국도 초강대국과 같은 한 표의 권리를 행사한다. 유엔이 테러리즘에 대항하는 가장 효과적인 포럼이라는 것이 내 생각이었다.

한승수 의장과 나는 첫 과제인 테러리즘 규탄 결의안을 위한 전략을 짜느라 9·11테러에 관한 감상을 주고받을 느긋한 시간이 없었다. 우리가 이 끔찍한 행위를 명확한 표현으로 비난할 능력을 갖추었는지 여하에 유엔의 신뢰성이 걸려 있었다. 총회 의장의 비서실장 자격으로 나는 아시아 지역, 아프리카 지역, 중남미와 카리브해 지역, 동유럽 지역, 서유럽 및 기타 국가 등 유엔의 5개 지역그룹 의장의 긴급회의를 소집했다. 각 지역 대표들은 바리케이드를 넘어, 군중을 뚫고, 두려움을 무릅쓰고 내 사무실에 도착했다.

지역그룹 내에서는 의견의 불일치가 적기 때문에, 이 같은 회의 소집은 모든 국가가 신속하게 동의할 수 있는 초안을 마련하기 위한 가장 빠른 방법이었다. 반드시 회의 첫날에 강력한 결의안이 채택되어야 했다. 그러지 못하면 유엔의 정당성과 권위는 실추될 터였다. 나는 그들에게 말했다. "결의안은 미국과 세계를 상대로 벌인 이번 공격을 간결하지만 강력하고 명백하게 규탄하는 내용이어야 합니다." 대사들은 즉각 원칙적 동의를 표했고, 나는 초안을 비교적 쉽사리 만들 수 있을 거라고 예상했다. 하지만 내 생각은 틀렸다. 테러를 비난하는 것처럼 자명한 일이라 하더라도 성명을 성안할 때는 다양한 관점이 있다는 점에서 몹시 까다로운 작업이 될 수 있었다. 많은 경우 결의안의 수위가 점점 약해지는 것이 바로 그 때문이다. 나는 각 지역회의 사이를 오가면서, 그리고 필요할 때는 전화를 통해 문안에 포함될 표현을 제안함으로써 합의를 끌어내려 했지만 협상은 갈수록 복잡하고 어려워지고 있었다. 이런 과정이 이어지면서 불안하기도 하고 화도 났다.

맨해튼 거리에 있던 사람들은 공황 상태에 빠져 있었고, 이 테러는 도무지 현실 같지 않았다. 시간은 초조하게 흘렀다. 결의안은 시급한 사안임에도 나는 회원국 중 일부 그룹이 시간적 압박을 느끼지 않는다는 것을 알게 되었다.

악의 뿌리

아랍권을 비롯한 몇몇 국가는 결의안에 테러리즘의 '근본 원인root cause'이 담겨야 한다고 주장했다. 유엔의 언어로 해석하면, 이 표현은 빈곤, 점령, 그리고 팔레스타인에 대한 언급을 암시한다. 특히 미국은 그런 구절들을 싫어했다. 그것이 개발원조의 의무적 확대 내지는 공공연한 반유대주의를 의미하는 것이라고 받아들이기 때문이다. 테러의 근본 원인을 설명하자면 짧고 강렬한 선언문 초안을 작성하기는 어려울 터였다. 나는 한승수 의장의 연설문을 다듬는 일도 동시에 진행했는데, 30분 분량을 절반으로 줄였다가 거기서 다시 반으로 줄이는 작업을 했다. 유엔 건물 안에서 머무는 시간을 가급적 줄여달라는 유엔의 보안지침에 따른 것이었다.

반테러 결의안 초안은 진이 빠질 정도로 느리게 진행되었다. 간단한 결의안 초안을 성안하는 데도 이처럼 질질 끌어야 한다면 애당초 회원국들이 합의할 수 있는 문제가 있기나 한 것인지 회의가 들기 시작했다.

하루가 지나 9월 12일 오후가 되었다. 테러 공격 이후 30시간이 넘게 흘렀고, 사무총장이 비난과 애도를 담은 성명을 발표한 지도 꽤 시간이 지났다. 총회는 여전히 초안 문안에 합의하지 못하고 있었는데, 15개 이사국으로만 구성된 안보리도 아직 성명을 발표하지 않고 있어 조금은 마음의 여유를 가질 수 있었다. 결의안 작성이 전부 이런 식인지 궁금했다. 나는 몹시 피곤해 잠시 책상에 엎드려 쉬고 싶었지만, 모든 대표가 결의안 초안을 기다리고 있는 상황이어서 잠시도 쉴 수 없었다.

"의장님," 나는 한승수 의장의 발언을 정리한 최종 연설 초안을 건네면서 입을 열었다. "대사들을 그대로 돌려보내면 안 됩니다. 연설이 끝나도 회의를 종료하면 안 되고요." 나는 그가 긴 회의를 선호하지 않는 것을 알았지만, 이 회의가 표결할 수 있는 유일한 기회라고 말했다. 의장도 보안이 철저한 오늘이 아니면 기회가 없다는 점에 동의했다. 하지만 아직 결의안은 초안도 완성되지 않은 상태였다.

각국 대표들은 결의안에 지나치게 많은 내용을 담으려고 애쓰고 있었다. 나는 5개 지역그룹 의장들에게 지금은 테러 공격만 규탄하면 된다고 단호하게 말했고, 그 외의 세부 사항은 다음 선언문에 담을 수 있을 거라고 설명했다. 이날 오후에는 모든 대표가 여타 쟁점을 다음으로 미루는 데 동의했다. 마침내 아랍과 여러 아프리카 국가도 요구사항을 포기하고 '근본 원인'에 대한 언급 없이 테러리즘을 비난하는 데 합의했다. 결의안은 미국에 애도를 표하면서 테러 공격을 비난했고 테러리즘에 대항하는 국제적 협력을 시급하게 요구했다. 짧고 단순한 형식의 선언문이었다. 이 정도면 충분했다.

한승수 의장을 공식적으로 선출할 오후 3시 회의를 몇 분 앞두고서야, 나는 총회의 모든 결의안은 적어도 표결 24시간 전에 회원국에 회람되고 유엔의 6개 공식 언어로 번역해야 한다는 절차 규정을 알게 되었다. 허기진 데다가 현기증까지 느낀 나는 사무국 관리들에게 고함을 치다시피 하며 24시간 규칙을 생략하고 결의안을 영어로만 인쇄하라고 주문했다. 이렇게 해서 한 번의 예외가 생겼다. 이 회의는 결의안을 채택하기 위해 총회를 소집할 수 있는 유일한 기회이기 때문이었다.

내가 총회장에 도착했을 때, 새로 선출된 총회의장은 이미 취임 선서를 하고 내가 신중하게 작성해 단 7분짜리로 줄인 연설도 마친 상태였다. 예상대로 각국 대표들은 아직 자리를 지키고 있었다. 사무국 직원들은 최종 결의안 초안의 영어본을 배포하고 있었다. 이제 표결을 진행하기 위한 절차는 거의 마무리되었다. 나나 의장이나 초조하기는 마찬가지였다. 나는 바삐 뛰어다니며 지역별 그룹의 동의는 받았지만, 개별 대표단과는 따로 초안을 두고 접촉하지 못했었다. 나는 어떤 대사가 불쾌한 반응을 보일지, 누가 원칙을 따질지, 또 누가 홧김에 합의를 거부할지 가늠해보았다.

나는 녹색 대리석 강단과 금빛 나뭇잎 문양으로 장식된 벽 앞의 연단으로 뛰어 올라갔다. 이 연단은 중요한 결정이 내려지는 공식적인 무대였다. 회의장의 모든 대표와 TV 카메라가 잘 볼 수 있는 자리였기 때문에, 이 위에서 뭔가를 의논하는 모습은 자주 볼 수 없는 일이었다. "지금 결의안이 배포되고 있습니다." 나는 손으로 마이크를 가리면서 신임 의장에게 속삭였다. 이어서 신속한 처리를 위해 유엔의 공식 언어로 번역해야 하는 24시간 규칙을 생략했다고 밝혔다.

나는 집중력을 잃지는 않았지만 건물의 넓은 통로를 달려오느라 숨이 가빴다. "의장님, 표결 시간이 되면 어떤 대사와도 눈을 마주치지 마십시오. 그리고 의사봉을 두드리기 전에 잠시 동작을 멈추시는 것도 잊지 마시고요." 나는 의장에게 "이 태도는 매우 중요한 부분입니다"라고 당부했다. 시선이 마주치면, 상대방으로 하여금 논평이나 이의를 제기할 여지를 줄 것이다. 동작을 잠시 멈추면, 대사들에게 시간이 충분했다는 인상을 주게 되어 나중에라도 다른 소리가 나오지 않을 것이다. 내가 연단을 내려올 때, 의장이 일부 규칙을 생략했다고 고지하는 소리가 들렸다. 이어 의장은 총회 결의안 A/RES/56/1을 상정하고 잠시 후 의사

봉을 두드렸다.[1]

그 순간 쿠바 대사가 발언하려고 마이크 단추를 눌렀다. 마이크에 작은 불이 들어오자, 나는 초조해졌다. "의장은 올바른 절차를 따랐어야 합니다"라고 로드리게스 파릴라가 발언했다. 그는 번역 문제와 아울러 그보다 중요한 문제로서 회원국 간에 합의가 없었다는 점을 지적하더니 다음과 같이 덧붙였다. "그래도 반대하지는 않겠습니다. 당신의 취임 첫날이니까요."

겨우 134개 단어로 이루어진 제56차 총회의 첫 결의안은 박수로 채택되었다. 나는 그제야 한숨을 내쉬었고 그때까지 숨을 멈추고 있었다는 것도 몰랐다. 회의장 옆에 서서 지켜보던 나는 결의안 초안과 협상 과정에 작게나마 기여했다는 사실에 자부심을 느꼈다. 하지만 어깨를 짓누르는 무거운 불안감을 떨칠 수 없었다. 모두가 결의안에 동의하는데도 어째서 모든 나라가 서명하는 일이 이토록 어려울까?

예리한 도구로 돌을 자르는 보석 세공사처럼 모든 대표단이 면밀히 내용을 분석하기 전까지 총회에서 어떤 결의안도 채택될 수 없는 것은 당연하다. 총회가 결론을 도출하는 데 지나치게 오래 걸린다는 비판이 틀린 말은 아니다. 컨센서스로 채택된 결의안은 무게감을 갖는다. 관료주의는 문제의 일부분일 뿐이다.

테러리즘은 모두가 혐오함에도 불구하고 논쟁적 주제가 될 수밖에 없었을까? 아니면 그런 논쟁을 새로운 패러다임으로 여겨야 하는가? 알카에다의 공격 때문에, 150여 명의 세계 지도자가 참석하는 2주간 연례회의인 유엔 총회 일반토의는 연기될 수밖에 없었다. 며칠 후, 우리는 11월 10일부터 약식으로 행사를 열기로 했다. 간단한 토론 행사였는데, 테러리즘에 대한 비난이 쇄도해 다른 중요 안건은 전부 묻히고 말았다.

한승수 의장과 나로서는 총회 개회식 행사가 끝나기 전까지는 테러리즘의 부상과 그 함의까지 숙고할 수 있는 여유가 없었다. 우리는 앞으로 회원국들이 총회 개최 수개월 전에 미리 의장을 공식적으로 선출해서 올해처럼 공백 사태가 발생하지 않도록 하자는 데 의견을 모았다. 나는 외교관들과 협력해 의장 선출을 3개월 앞당기는 개정 안건을 제안했고, 이 결의안은 회기 중간에 문제없이 채택되었다. 이제 유엔 총회의 신임 의장은 위기 상황이 있더라도 유엔의 의제를 다룰 수 있게 되었고, 이것은 그해 우리가 주도한 가장 중요한 절차적 개선 사항이었다.

테러리즘 관련 결의안을 초안하는 작업은 나로서는 속 쓰리고 진 빠지는 작업이었는데, 5년 뒤 사무총장 후보가 되었을 무렵에는 그것이 희망의 빛으로 되돌아왔다. 돌이켜 보면, 그날 유엔 외교관들은 나에 대해 좋은 인상을 받았던 것 같다. 그들은 열심히 일하고 공격을 당하면서도 공감대를 형성하려고 애쓰면서 위기에 대처하는 나의 업무 태도를 보았던 모양이다. 그 경험은 비서실장으로서 내 위상을 높여주었고, 내 능력을 보여준 계기가 되었다. 2001년에 나와 함께 일한 외교관들 중 다수는 자국에서 외교부 장관이 되었다. 내가 아는 한 그들 대부분이 최고위급에서 내 출마를 지지했다. 그중에는 러시아 외교부 장관이 된 세르게이 라브로프, 미국 주재 프랑스 대사를 거쳐 니콜라 사르코지 대통령의 고문이 된 장-다비드 레비트도 있었다.

유엔 사무총장 후보였던 2005년과 2006년 무렵, 과거에 그토록 여러 안건에 관해 극심한 불일치를 경험했던 내가 다시 유엔에서 일하려 한다는 사실에 놀라는 외교관이 한둘이 아니었다. 그러나 그때 나는 유엔에서 현명하게 일하는 방법을 체득했고, 무엇보다 유엔과 유엔의 이상에 깊은 존경심을 품고 있었다. 이 위대한 국제기구는 내 목숨과 우리 조국을 구했다. 나는 유엔의 효율성과 평판을 개선하는 데 일조할 수 있다고 확신했다. 나는 모든 국가가 보편적인 인권과 세계평화, 사회경제적 개발과 관련된 유엔의 설립 취지와 원칙을 더 열정적으로 지지하기를 바란다.

테러는 우리 모두를 위협한다. 만일 그 점에 대해 적극적으로 반대를 표명하려는 나라가 있다면, 그런 문제 제기를 평화적으로 할 수 있는 무대가 마련되어 있다는 사실을 나는 다행으로 여긴다.

8

평화유지활동

완벽한 합의 없이는 모든 단계가 전쟁터

안보리는 분쟁 발생 시 무력 사용을 승인하는 결의안을 만드는데, 사실상 결정권은 거부권을 행사하는 5개 상임이사국에 있다. 안보리가 유엔 평화유지군의 형태와 규모, 작전 범위와 우선순위 등을 결정하고 나면 그다음은 병력을 파견하는 국가의 역할이 중요하다. 잘 훈련되어 있고, 장비를 모두 갖춘 병력이 평화유지군으로서 배치되기 전까지 안보리의 결의안은 그냥 문서에 불과하다.[1] 유엔은 어느 시점에든 항상 10여 곳의 세계 각지에 평화유지군을 유지하는데, 남수단, 동티모르, 서부 사하라처럼 먼 곳까지 즉각적으로 병력을 파견해야 할 때마다 필요한 병력을 찾기란 쉬운 일이 아니다. 그래서 유엔 사무총장이라면 누구나 평화유지군의 구성 때문에 노심초사하게 된다. 하나의 분쟁이 끝나고 그다음 분쟁이 발생하는 것이 아니고, 기존의 불안정 상황이 지속되고 있을 때 설상가상으로 새로운 분쟁이 벌어진다. 나 역시 재임 기간 내내 이런 상황과 맞닥뜨려야 했다.

내가 2007년에 유엔 사무총장에 취임한 뒤 불과 한 달 안에 안보리는 다르푸르, 중앙아프리카공화국과 차드, 레바논, 네팔, 중앙아시아 등 5개 지역에 평화유지군을 창설하고 임무를 부여했다. 내 임기 후반에는 유엔이 예전에 겪어본 적이 없을 정도로 활동하기 어려운 양대 지역인 말리와 중앙아프리카공화국을 담당하는 평화유지군이 구성되었다. 각기 수천 명의 병력을 동원해야 할 정도로 어렵고 다양한 임무를 수행해야 하는 활동이었다. 내가 퇴임할 즈음에는 유엔 평화유지군을 상징하는 '푸른 헬멧'을 쓴 병력의 수가 모두 10만여 명에 달했다. 물론 수많은 민간인 근로자도 파견되었다. 나의 재임 기간 중 평화유지군의 예산은 50억 달러에서 80억 달러까지 늘었다. 그만큼 군인과 관련 직원의 수, 임무의 복잡성이 급증했다는 뜻이다. 물론 전 세계 군사비 지출의 1퍼센트에도 미치지 못하기는 하지만 어마어마한 금액이었다.

이러한 증가는 평화유지활동국DPKO: Department of Peacekeeping Operations의 기존 조직으로는 감당하기 어려운 것이었다. 유엔 평화유지국은 이미 수만 명의 병력에 필요한 모든 것, 군사 계획, 예산, 인사 등을 관할하고 있었다. 유엔 분담금과 평화유지군 관련 부담으로 이미 힘겨워하고 있던 다수 회원국 입장에서도 이러한 증가를 감당하기 어렵기는 마찬가지였다.

평화유지군을 조직하는 데는 단순히 돈과 병력만 필요한 것이 아니다. 나는 무엇보다 정치적 의지를 가장 중요한 요소로 여긴다. 하지만 아쉽게도 정치적 의지라는 자원은 지난 20여 년간 지속적으로 고갈되어왔다.

역할 분담

유엔 주변에 비공식적으로 떠도는 표현 중에 "결정하는 나라 따로, 가는 나라 따로"라는 말이 있다. 내가 한마디 덧붙인다면, "돈 내는 나라도 따로"라고 할 수 있겠다. 평화유지군 파견은 개발도상국에 주어진 일거리와 다름없다. 에티오피아, 르완다, 방글라데시, 네팔, 인도, 파키스탄과 같은 나라들이 병력의 대부분을 파견하면서 거의 모든 임무를 맡는다. 간단히 말해서, 파병국이 없다면 유엔 평화유지군도 없다. 나는 그토록 많은 나라가 멀리 떨어져 있는 지역을 보호하기 위해 자발적으로 자국의 병사와 민간인을 위험한 곳으로 파견하는 것이 고마울 따름이다. 대의를 위한 자발적인 희생은 유엔이 지향하는 이상의 중요한 부분에 해당한다.

개별 회원국 정부 입장에서 평화유지활동에 병력을 파견하는 데는 정치적 부담이 따른다. 때로는 자국의 전선에서 병력이 필요해질 수도 있다. 또는 왜 이역만리에서 벌어지는 전투에서 자국의 아들과 딸들이 희생되어야 하는지 자국민에게 설명하기 어려울 수도 있다. 그래서 나는 수천 명, 때로는 수만 명의 병력을 파견해주는 지도자들을 존경한다. 평화를 위해 조종사, 의료진, 병참 전문가들을 보내주는 경우도 마찬가지다.

하지만 평화유지군에 병력을 파견하는 국가가 얻는 것도 있다. 평화유지군에 배치된 병사들은 국내에서는 할 수 없는 체계적인 전투 훈련을 하고 실전 경험을 쌓을 수 있으며, 귀국해서는 자신이 배운 것을 가르칠 수도 있기 때문이다. 유엔은 파병국 군인 1인당 월 1,428달러를 지급한다. 선진국 기준으로는 많은 돈이 아니지만, 많은 개발도상국은 이 돈으로 평화유지군의 월급을 손쉽게 충당하고 남은 금액은 안정적인 외화 공급원이 되어 일부 국가에는 중요한 예산이 되기도 한다.

안보리에 속한 국가, 특히 5개 상임이사국도 과거에는 그들이 창설한 평화유지군에 병사를 보내곤 했지만 이제는 그렇게 하지 않는다. 미국, 러시아, 영국은 아프리카 평화유지군의 능력을 키우기 위해 노련한 훈련 교관, 또는 야전 지휘관을 보좌하는 고문관, 사령부의 전략 분석관을 파견하지만, 대규모 병력을 파견하지는 않는다. 그들은 기부금을 내거나 정치적으로 지원한다. 미국 한 나라가 평화유지군 예산의 4분의 1이 넘는 돈을 지불하고 있다.

안보리와 파병국 그리고 유엔 사무국 사이에는 의사소통 부족으로 인한 문제가 있었다. 정보를 쌓아놓고 돌리지 않는다는 의심과 불만이 커졌다. 특히 파병국들은 자국이 파견한 병력에 대한 의사결정 과정에서 배제되었다고 느꼈다. 유엔의 평화유지 담당부서가 의사결정 과정을 개선하려면 분쟁지역에서의 평화유지 전략과 변화하는 위협에 대하여 브리핑을 더 적극적으로 해주어야 한다. 점점 속으로 곪아가던 의사소통 문제를 해결하고자 나는 안보리 이사국들에도 최소한 월 1회는 파병국들과 만나서 계획을 공유하고 우려 사항을 청취할 것을 권고했다.

여성 평화유지군

나는 유엔의 직원 구성을 다양화하고자 무척이나 애를 썼다. 평화유지활동에 관해서도 마찬가지였다. 푸른 헬멧을 쓴 평화유지군의 남성과 여성 비율이 균형을 이루도록 하는 데 우선순위를 두었다. 내가 사무총장으로 재임하는 동안 내 목표였던 전체의 20퍼센트에는 훨씬 미치지 못했지만, 여성 병력의 수는 3배로 증가했다. 2018년에 여성 병력은 4,684명으로 전체 평화유지군의 5퍼센트에 불과했다. 오로지 유엔 남수단지원단UNMISS에서만 여성이 중요한 역할을 했다.

여성 병사와 민간인은 유엔 평화유지군의 소중한 자산이다. 나의 재임기간 동안 유엔은 각국 정부와 접촉하며 특수 훈련을 받은 여성 부대와 경찰관, 지원 인력을 요청했다. 일부 국가는 이 요청에 응했지만, 많은 경우 자국 군대에도 여성의 비율이 낮았으므로 이 요청에 부응하지 못했다.

인도는 2007년에 최초로 전원 여성으로만 구성된 경찰부대FPU를 라이베리아에 파견했다. 평화유지군을 상징하는 푸른색 유니폼과 파란 헬멧을 착용하고 훈련 중인 여성 평화유지 대원 125명의 모습은 연이은 내전으로 여성들이 혹독한 피해를 입은 라이베리아에서 전율을 일으킬 정도로 훌륭한 귀감이 되었다. 이 부대는 야간순찰을 돌며 성폭행을 막았고 주민들이 안전과 신뢰를 재건하도록 도와주었다. 나는 성 평등의 본보기로서 여성 평화유지군과 민간인이 교류하는 것이 중요하다고 생각했다. 게다가 신체적·성적 학대에 관해서는 여성은 물론이고 몇몇 남성조차 여성 평화유지군과 상의하는 것을 더 편하게 여겼다.

나를 비롯해 여러 평화유지활동 관련자들은 여성들이 평화유지군의 지휘관의 지위에 올라서는 것이 중요하다고 보았다. 2008년에 나는 마가레테 로이 전 유엔 주재 덴마크 대사를 유엔 라이베리아 지원단UNMIL 단장으로 임명했다. 1만 2천 명에 달하는 UNMIL의 임무는 어느 정도의 위험을 수반하는 것이었고, 이들은 유난히 잔혹했던 내전을 두 차례나 치른 라이베리아에 질서를 회복할 책임을 맡고 있었다. 이 임무단은 또한 유엔이 파견한 정부 조직 전문가 및 인권 전문가들을 지원함으로써 라이베리아의 새로운 정부가 출범하여 평화를 정착시키도록 지원했다. 로이 대사는 이 임무를 훌륭하게 수행했고, 나는 2014년

7월에 그를 가장 복잡한 평화유지임무단 중 하나인 유엔 남수단 UNMISS 단장으로 임명했다.

죽음과 기억

뉴욕 유엔 본부의 방문자 출입구 바로 옆에는 멋진 명상실이 있다. 이 자그마하고 조용한 방에는 나무 벤치 몇 개가 있고, 한 가운데에는 천장으로부터 한 줄기 조명을 받는 6톤짜리 철광석 조형물이 있다. 다그 함마르셸드 전 유엔 사무총장이 이 방을 설계하면서 철광석 조형물을 선택한 이유가 있다. 그 조형물은 칼도 쟁기도 될 수 있어 전쟁과 평화를 상징하기 때문이다. 적막하고 엄격한 분위기를 자아내는 이 방에 들어서면, 나는 마음이 안정되면서 고요한 내면을 경험할 수 있었다. 명상실 밖의 작은 현관은 정반대의 분위기다. 이곳에는 유엔 평화유지활동 중에 사망한 사람들의 유품이 진열되어 있다. 이 대조되는 두 개의 서로 다른 공간은 공히 유엔 직원과 부대가 현장에서 맞닥뜨리는 위험과 난관을 떠올리게 한다.

입구에는 청색과 백색으로 이루어진 유엔기가 2개 걸려 있다. 먼지투성이인 왼쪽 깃발은 2010년 대규모 지진으로 102명의 유엔 직원이 목숨을 잃었던 아이티 유엔사무소에 걸려 있던 것이다. 오른쪽의 찢어진 깃발은 2003년 이라크 전쟁 초기에 차량폭탄으로 파괴된 바그다드 유엔사무소에 걸려 있던 것이다. 벽에는 희생된 유엔 직원들과 평화유지군을 추모하는 금속판이 걸려 있고, 액자에 담긴 훈장은 그들의 용맹을 입증한다. 1949년 이래 4천 명이 넘는 병사가 임무 중에 희생되었다. 이 엄중한 현실은 평화를 얻기 위해서 우리가 실제로 지불하는 비용이 유엔에 책정되어 있는 예산보다 훨씬 크다는 것을 일깨운다.

1950~1953년에 있었던 한국전쟁에서는 4만 명이 넘는 군인이 전사했다. 사무총장으로서 나는 에티오피아와 터키에서 한국전에 참전했던 수많은 예비역 군인을 만나 전쟁 당시 그들의 경험담을 들었다. 한국이라는 나라를 들어본 적도 없었지만 유엔의 부름을 받고 참전했다는 그들의 이야기를 듣고 나는 이루 말할 수 없는 감동을 느꼈다. 내가 어렸을 때 목격한 유엔군 터키 병사들의 모습은 지울 수 없는 기억을 남겼다. 터키군은 한국인에게 친숙했고 내 또래의 많은 한국인들은 유명한 터키 민요 '위스퀴다르'를 아직 기억하고 있다. 나는 한국의 외교장관으로서, 그리고 유엔 사무총장으로서 터키를 방문했을 당시 이 노래를 부르곤 했는데, 그때마다 터키인들은 깜짝 놀라고 기뻐하며 미소를 지었다.

유엔 평화유지활동은 갈수록 더 위험한 임무가 되고 있다. 2007년에만도 90명의 군인이 사망했다. 이후로는 아직 유엔 사상자가 두 자릿수를 넘어선 적은 없었다.

자체 단속

나는 평화를 사랑하므로 유엔평화유지군은 내 철학의 자연스러운 연장선상일 수밖에 없다. 유엔 사무총장 재임 중에 나는 평화유지군 병력을 심사하고, 훈련하고, 필요하면 처벌하는 방식을 어떻게 개선할 수 있을지를 두고 파병국들과 협의했다. 어떤 나라든 자국 병사가 현장에서 저지르는 범죄와 부도덕한 행위를 예방하거나 처벌할 의무가 있다.

나는 기율을 강화할 수 있는 유일한 길은 지휘계통이 현장에서 제기되는 불만의 소리를 본부만큼 심각하게 다루는 것뿐이라고 생각했다. 나는 안보리에서 이 문제를 거론하며, 지휘계통이 책임을 함께 져야 하고 과오의 협의에 대해서, 특히 민간인을 상대로 하는 범죄에 대해서는 현장의 장교들이 조사해야 한다고 주장했다. 상급 장교들은 자국의 군대에 있을 때처럼 휘하 병력의 행동에 대한 책임을 져야 한다는 사실을 인식해야 한다. 그러나 유엔이 가진 지렛대는 별로 없었다. 문제에 대해 정중하게 불만을 표해서는 아무것도 바뀌지 않고, 너무 강하게 비난했다가는 파병국이 해당 임무단이나 다른 곳의 병력을 철수해버릴 수 있기 때문이다. 수년 동안 유엔이 기댈 수 있는 유일한 도구는 수치심뿐이었다.

모든 파병국은 병사들이 자국 법률에 의해서만 고발과 기소가 가능하도록 하기 위해 주둔국 및 유엔과 주둔군 지위협정SOFA을 체결한다. 그러나 경우에 따라서는 복잡한 문제가 생긴다. 평화유지군이 성매매를 했는데 자국에서는 매춘이 합법이라면 이 병사는 법을 위반한 것인가? 그 일이 벌어진 나라에서 매춘이 합법이라면 어떻게 되는가? 상대 여성이 합의에 따른 관계라고 주장하면 그때는 또 어떻게 되는가? 유엔은 성적 착취나 성폭행과 관련해 무관용 원칙을 고수하기 때문에 사실상 어떠한 성적 접촉도 금하고 있다.

오랫동안, 평화유지군이 임무 수행 중에 발생한 일로 징계를 받은 경우는 거의 없었다. 철저하게 조사하지도 않았고, 혹 재판을 받게 되더라도 형식적인 경우가 대부분이었다. 유엔은 문제 병사가 조사를 받고, 필요시 기소와 처벌까지 받도록 하기 위해서는 파병국에 자국 소환을 요청할 수밖에 없었다. 평화유지군은 출신 국가의 사법체계에서 재판을 받는데, 이 절차를 심각하게 다루는 나라는 드물었다. 유죄를 선고받고도 석방되는 경우가 많았다. 어떤 정부는 문제를 저지른 군인을 유엔의 다른 임무단으로 파견하기도 했다. 이런 관행은 반드시 사라져야 했다.

충실한 조사, 적극적 기소, 평등한 정의를 보장할 유엔의 자체 재판소가 없기 때문에 각국 정부에 범죄 혐의를 심각하게 다루어달라고 호소할 수밖에 없다. 쉽지 않은 과정이었지만, DPKO는 유엔의 입장을 강화해왔다. 새롭게 마련된 제도에 따르면, 병사가 구체적인 범죄를 저질렀을 때 파병국이 병사를 기소하기 위한 아무런 조치를 취하지 않을 경우 유엔이 해당 부대에 급여

지급을 보류할 수 있다. 2012년에 중앙아프리카공화국에서 발생한 민간인에 대한 성범죄는 어찌나 심각했던지 여단급 부대 전체를 본국으로 돌려보내야 했다.

DPKO는 병사들의 신원조사를 강화하고 문제 병사의 재파견이 이루어지지 않도록 각국 국방 당국과 협조하기 위한 더 나은 방식을 개발했다. 전력이 형편없는 병사에 대해서는 접수를 거부하기도 했다. 어떤 평화유지군은 현장에서의 활동 성적이 나빠서 철수시킬 수밖에 없었다. 어느 날 콩고민주공화국에서는 모 아프리카 국가가 파병한 소대 규모의 순찰부대가 불과 3~4명의 반군에게 항복하고, 무기와 군복, 차량 등 장비 일체를 빼앗긴 일도 있었다. 나는 그 부대 전체를 본국으로 돌려보낼 것을 지시했다. 그런 행동을 용인할 수는 없는 노릇이었다. 몇 달 후 그 나라의 정부가 수차례 탄원을 하여 그 부대원들을 다시 접수하긴 했지만, 사전에 DPKO의 철저한 검증을 받도록 했다.

내 임기 내내 분쟁은 더욱 폭력적 양상을 더하면서 다양해졌고, 평화유지군은 정규군이 아니라 민병대나 게릴라를 상대해야 했다. 분쟁의 해결이 어려워짐에 따라 새로운 접근 방식이 긴급하게 필요했다.

선제적 보호

내가 두 번째 임기를 시작할 무렵, 동부 콩고는 다시 분규에 휘말렸다. 2012년 4월 무렵 M23March 23 반군 용병들이 콩고-르완다 국경 부근의 여러 마을을 휩쓸고 다니며 파괴했다. 르완다 측의 지원을 받는 이 군대는 진격하면서 점점 규모가 더 크고, 더 약탈적이고, 더 대담하고, 더 잔혹한 무리가 되었다. 반군의 위세가 얼마나 대단했던지 1천 명이 넘는 콩고 군인들이 도주했고 나머지는 맞서 싸우기를 거부했다. 르완다의 지원을 받는 반군 집단은 처음에는 전직 콩고 군인 수백 명으로 시작했지만 진격하면서 민병대와 탈주병들로 세를 불려 5천 명에 달하는 병력으로 늘어났다. 이들 중 일부는 르완다로부터 무기를 지원받고 있었다.

이 반군집단은 콩고 동부지역을 관통하며 피와 죽음의 흔적을 남겼다. 나는 납치, 강제노동, 성고문, 그 밖의 심각한 폭력을 포함하는 그들의 인권유린 행위를 수시로 비난했다. 유엔 안보리와 인권기구들, 그리고 각국 정부는 콩고 인접국들에 이들 폭력집단을 지원하지 말 것을 요구했다. 나는 콩고, 우간다, 르완다 지도자들과 끊임없이 접촉했지만, 이들은 한결같이 반군에 대한 영향력이 없다고 항변하면서 자신들이 할 수 있는 일을 찾아보겠다고 했다. 이런 통화를 할 때면 화가 치밀었지만, 내가 화를 냈다는 이야기를 듣지 않도록 전화를 끊기 전에 잠시 듣기만 했다. 결코 즐거운 통화가 아니었다. 내게는 그런 대화야말로 유엔의 권능이 아니라 유엔의 한계를 증명하는 것처럼 느껴졌다.

유엔 콩고민주공화국 안정화임무단MONUSCO도 유엔의 무기력함을 드러냈다. 가장 활동이 왕성할 때 MONUSCO는 유엔 역사상 최대 규모의 평화유지군이었지만, 1만 8천 명에 이르는 이 부대도 넓은 지역에 걸쳐 흩어져 있는 마을과 정착지를 사나운 민병대로부터 보호하지 못했다. 이들은 기껏해야 마을 및 정착지와 이곳을 약탈하는 민병대 사이의 허술한 완충지대 역할에 불과했고, 민병대는 그 사이를 활개치며 다녔다.

전투를 시작한 지 2년도 안 되어, 평화유지군이 충돌을 피하려고만 하고 반군이 바로 옆에서 공격을 해도 효과적으로 대응하지 못한다는 것이 분명해졌다. 사람들은 이들을 환영하는 것이 아니라 간신히 참아내고 있는 실정이었다. 회원국들은 평화유지 책무를 제대로 수행하지 못하는 임무단에 매년 10억 달러씩 쏟아붓는 것을 달가워하지 않았다. 파병국들은 그처럼 위험한 임무에 자국 군인을 파견하고 싶어 하지 않았다. 콩고인들은 다른 누구보다 큰 목소리를 냈다. 자기들을 보호하지도 못하는 부대에 유엔이 큰돈을 쓰고 있다고 비난했다. 정작 필요한 것은 개발을 위한 긴급 지원인데 자신들이 얻은 것은 전투에 나서지 않는 평화유지군이라는 것이었다.

2012년 4월에는 새로운 위협이 유엔의 레이더망에 포착되었다. 현지의 기준으로 봐도 가학적인 무장단체인 M23은 콩고 반군과 르완다 전투원, 그리고 자발적으로 합류하거나 징집된 민간인으로 구성된 비정규 집단이었다. 이들은 수백 명의 한없이 무질서한 보병부대였다. 유엔 위기대응센터는 M23의 진행 상황을 추적했고 뉴욕의 평화유지국 직원들은 상시적으로 MONUSCO 사령부와 접촉했다. 우리는 반군이 북키부주의 수도인 고마시 방면으로 진격하며, 별다른 저항을 받지 않고 루슈루 인접 도시를 통과하고 계속해서 남하하는 것을 실시간으로 지켜보았다. 우리는 그 지역에 콩고 병사들이 주둔해 있는 것을 알았지만, 이들은 민간인 틈으로 숨거나 탈영해서 반군에 합류했다.

위성사진과 현지에 파견된 유엔 직원을 통해 M23의 진격 루트를 추적해나갔다. 이 반군은 변변한 저항도 없이 고마시를 향했고 그 과정에서 계속 새로운 병력을 끌어들였다. 100만 명이 넘는 군중이 고마시와 그 주변으로 몰려들었고, 총격전이 벌어진다면 콩고 지역 내에서의 어느 작전 못지않게 많은 사상자가 나올 수밖에 없는 상황이었다. 참혹한 상황의 서막이 될 수도 있는 과정을 지켜보며 우리는 모두 가슴을 졸였다.

2012년 11월 20일, 고마시는 M23 반군에게 넘어갔다. 국제사회는 무장한 남자들과 소년들이 고마시의 주요 도로를 행진하며, 낡은 픽업트럭에 매달려 고함치고 총과 포탄을 허공에 쏘는 모습을 두려움 속에서 지켜보았다.

유엔이 파견한 MONUSCO 부대가 군중 틈에 멀거니 서서

M23의 개선 행렬을 지켜보는 모습이 목격되었다. 콩고인들은 물론이고 유엔에 비판적인 사람이든 유엔을 신뢰하는 사람이든 이를 본 사람들 누구나 격분할 수밖에 없었다. 반군은 강간하고, 고문하고, 약탈하고, 아동을 납치하고, 마을을 불태웠다. 어째서 유엔은 아무런 조치를 취하지 않는가? 지휘관들은 급박한 위협에 직면하지 않으면 행동에 나설 수 없도록 규정된 MONUSCO의 지침에 따라 그날 무기를 내려놓을 수밖에 없었다고 항변했다. 유엔의 사령관들이 무슨 일이 있었는지 우리에게 설명하는 동안, 언론과 원조 기관들은 전 세계를 향하여 유엔이 실패했다는 소식을 전하고 있었다. 평화유지군의 그 임무는 재앙이 되고 말았다.

동부 콩고는 유엔의 약점 정도가 아니라 비극이자 부끄러움이었다. 왜 유엔은 하룻밤 사이에 마을들을 초토화하는 약탈자들로부터 사람들을 지켜주지 않고 아무것도 하지 않았는가? 공격 당시의 무시무시한 총성, 처절한 비명, 매캐한 연기, 불타는 집들과 오렌지색 화염은 수 킬로미터 떨어진 곳에서도 모른 체할 수 없을 정도였다. 1999년에 콩고 평화유지군이 창설된 뒤, 수십만 명의 어른과 어린이들이 학살되었고 여성들은 강간당했다.

콩고 동부지역은 이른바 '자원의 저주'에 시달리는, 광활하고 관리되지 않은 땅이다. 측정하기 어려울 정도로 풍부한 광물, 목재, 보석, 비옥한 토지, 여타 자연 자원은 이 지역에 풍요를 가져다주는 대신 지긋지긋한 폭력의 물결만을 몰고 왔다. 지방이나 중앙 정부가 취한 부는 얼마가 되었든 부패로 잠식되거나, 수시로 편을 바꾸는 군인들 손에 쥐여줄 무기로 낭비되었다. 변화무쌍한 이 갈등에서 누가 승자가 될지는 분명치 않지만, 콩고 국민이 패하고 있다는 점은 명백했다.

르완다와의 접경지역에 있는 키부주는 르완다나 우간다 정부와 연계되어 있거나 심지어 무기도 공급받는 갱단과 용병들이 번갈아 점령해왔다. 대개 어렸을 때부터 무장단체의 일원이 된 이 전투원들은 가학적이고 끈질겼다. 그들은 정착민과 목격자들을 몰아내기 위해 불과 칼과 성고문을 사용했고, 원하는 것을 아무 저항 없이 즉각 손에 넣었다. MONUSCO를 비난하는 사람들이 평화유지군이 이 민병대와 교전할 능력이 없었던 것인지, 아니면 그냥 나서지 않은 것인지 궁금해하는 것도 무리가 아니었다.

MONUSCO의 초창기 임무지침이 오직 전투원과의 교전으로만 제한되어 있었다는 사실을 이해하는 사람은 별로 없다. 민간인을 보호하도록 안보리가 교전규칙을 확장해주기 전까지는 달라지는 것이 아무것도 없을 것이다. 그러나 상황은 시급하게 바뀌어야 했고, 나는 생각을 정리하고 결심을 굳혔다.

2013년 1월, MONUSCO가 주둔지 인근의 마을을 유난히 잔혹하고 피에 굶주린 공격으로부터 지켜주지 못했을 때, 나의 인내심은 한계에 도달했다. 콩고에 있는 평화유지군 지휘부는 교전규칙상 콩고군의 활동을 지원할 수 있을 뿐, 민간인을 직접 보호하는 활동은 허용되지 않기 때문에 그 불행한 마을을 도와줄 수 없었노라고 했다. 그 교전수칙 때문에 무장세력을 추격할 수도 없다는 것이었다. MONUSCO의 실패로 유엔은 널리, 그리고 신랄하게 비난을 받았다. 이 문제는 유엔 전체에 대한 큰 오점이 되었고, 더는 내버려 둘 수 없는 문제가 되었다.

고마시에서의 재앙 이후에 나는 에르베 라드수 유엔 평화유지 담당 사무차장, 제프리 펠트먼 정무담당 사무차장, 이반 시모노빅 인권담당 사무차장보, 수잔 말코라 비서실장과 김원수 사무차장 등 간부들을 소집해 긴급회의를 열었다. 나도 분개했지만 그 자리에 참석한 누구에게도 즐거운 회의가 아니었다.

"길에 나가 아무나 붙잡고 물어보세요! MONUSCO에 대한 안보리 지침을 이해할 수 있는지." 나는 소리쳤다. 내가 언성을 높이는 일은 드물었다. "임무지침이 뭐든 간에 유엔은 민간인을 보호하기 위해 모든 조치를 취해야 하는 겁니다." 나는 참석자들에게 평화유지군으로 하여금 민간인을 보호하도록 허용하는 교전규칙의 초안을 작성하라고 지시했다.

사람들에게 유엔의 부작위는 무관심으로, 나아가서 비겁함으로 여겨졌다. 나는 묵과할 수 없었고, 에르베 라드수 사무차장에게 가능한 한 빨리 안보리에 제출할 계획서의 초안을 작성토록 지시했다.

그리고 나는 내 나름대로 아이디어를 정리했다. 나는 라드수에게는 MONUSCO 내부에 선제공격 능력을 갖춘 소규모 부대를 두는 안을 기획해보라고 지시했다. 우리는 작전지역 내에서 누가 가장 위험한 인물인지를 파악하고 있었지만, 기존 지침대로라면 협의만으로는 그들을 체포할 수 없도록 되어 있었다. 그러나 나는 무장 세력의 잔인한 살육방식을 감안하면 선제적 체포 명령은 정당하며, 설사 사상자가 발생하더라도 어쩔 수 없다고 여겼다. 나는 고도로 훈련된 '무력개입여단FIB'을 조직해 이들에게 특정 무장 전투원을 표적으로 적극적 공격을 할 권한을 부여하는 방안을 생각했다. 이것은 유엔 평화유지군 활동에 혁명적 전술이 될 터였다.

유엔 회원국들이 70년 전 평화유지군을 창설했던 것은 분쟁의 당사자들이 스스로 동의한 강화 조건을 존중하도록 보장하기 위해서였다. 그런데 평화유지활동이 점점 위험해지면서, 유엔군에 장갑차와 무장 헬기까지 제공하게 되었다. 이렇게 상황이 바뀌어갔지만 여전히 '푸른 헬멧(유엔 평화유지군)'의 임무는 예방과 방어에 국한되고 있을 뿐, 선제 조치는 아니었다. 무력개입부대FIB를 창설하기 위해서는 회원국이 종전의 유엔 평화유지군이 직면한 한계를 직시하고 한계를 확장하기 위한 과감한 조치들을 취할 수 있어야 했다. FIB는 회원국들로 하여금 국제 평화유지 자체를 새롭게 바라보도록 만드는 도전이었던 셈이다.

예상한 대로, 안보리 이사국들은 FIB 창설 문제에 유보적인 반응을 보였다. 과테말라와 영국은 그처럼 비전통적인 평화유지 전술을 사용하는 것에 거부감을 드러냈고, 선제공격이 인권 침해로 이어지지 않을까 염려했다. 선제공격이 유엔의 중립성을 훼손할 수 있다고 경고하는 이사국도 있었다. 그러나 모두가 뭔가 변화가 필요하다는 데는 동의했다. 두 달이 지난 2013년 3월 28일, 안보리는 많은 국가의 우려를 극복하고, 반군 세력을 특정하여 무장을 해제하는 임무를 맡을 3천 명 규모의 FIB을 창설했다.[3]

탄자니아, 남아프리카, 말라위로부터 3천 명의 FIB 부대가 봄에 동부 콩고에 도착했고, 비교적 소규모 교전의 초기 단계에서 뛰어난 활약을 했다. FIB를 지휘하는 사령관은 탄자니아의 제임스 알로이지 음와키볼와 장군이었다. 10월 하순, FIB와 콩고군은 민병대의 북키부 거점을 남, 서, 북 세 방향에서 공격해 수천 명에 이르는 M23 무장 반군들을 동쪽 국경 너머 르완다와 우간다 지역으로 쫓아냈다. 나머지 수천 명의 잔당을 물리치고 그들을 협상장에 불러들이는 데는 4일밖에 걸리지 않았다. 그러나 나중에는 FIB마저 의지를 상실하고 민병대와의 전투를 거부했다. 이 무렵 이런 태도는 MONUSCO 대원들 전체에 만연해 있었다.

나는 FIB가 민간인에 대한 공격은 저지했다고 생각한다. 그러나 각국에서 추가 병력을 파견할 의지가 부족한 것에 깊이 실망했다. 나아가서 평화유지활동에 대하여 좀 더 전향적인 전술을 승인하기를 거부하는 안보리 이사국들에 대한 실망은 더욱 커졌다.

60분 내로 신규 병력 4만 명

2015년 9월, 버락 오바마 미 대통령은 유엔 평화유지군의 재정 및 병력 공여국들의 지도자들을 위한 정상회의를 소집함으로써, 평화유지활동에 절실하게 필요하던 추진력을 부여했다. 오바마 대통령과 그의 팀은 정치적 영향력을 발휘해, 61개국으로 하여금 4만 명 이상의 새로운 병력을 제공하고, 훈련 및 병참, 추가적 항공 자산 및 의료 시설을 추가로 기여한다고 서약할 계기를 마련했다. 가치를 평가하기 어려울 만큼 대단히 귀중한 자원이었다.

2015년 유엔의 일반토의가 종료된 후에 개최된 정상회의에서, 나는 유엔 평화유지군이 갈수록 더 어려운 환경에 처하고 있다고 호소했다. "평화유지활동에 참여하고 있는 병사 여러분, 여러분의 아들과 딸이 처한 상황이 지금처럼 어려운 적은 없었습니다. 극단주의자, 범죄집단, 기타 국제적 인도주의와 인권법을 무시하는 세력을 상대해야 합니다"라고 나는 지도자들에게 말했다. 미국은 항공 및 해상수송, 공병을 포함하는 기술 및 병참 지원과 민정 경찰 및 급조폭발물IED 감지 훈련에 수백만 달러를 기부하겠다고 발표했다.

오바마 대통령은 "극소수의 나라가 불균형할 정도로 큰 파병의 부담을 지고 있는데, 이런 상황은 지속 가능하지 않습니다"라고 말했지만, 정작 평화유지군 내에 미국의 비율은 작은 상황이었다. 시진핑 주석은 즉시 투입 가능하고 잘 훈련된 8천 명의 상비병력을 파견하겠다고 약속해 갈채를 받았다. 대부분이 의료, 병참, 공병 등 임무단에 필요한 특수한 전문성을 갖춘 군인들이라고 했다. 중국은 또한 향후 10년간 10억 달러를 기부하기로 서약했고, 이 중 일부는 아프리카 평화유지군의 훈련에 사용되고 있다. 나는 매우 기뻤다. 100만 명이 넘는 세계 최대규모의 군대를 보유한 중국이 적극적으로 평화유지군을 지원한다면 지속성을 확보할 수 있을 터였다.

병력 공여국 회의는 짧았지만, 집단안보에 대한 회원국들의 공약을 강화하고, 평화, 인권, 개발을 잇는 강한 연결고리를 만드는 새로운 계기가 되었음을 느낄 수 있었다. 이날 수십 개국이 평화유지군에 대한 참여를 확대하겠다고 결의했다. 부유한 국가들의 강력한 지원 공약은 병력배치를 가속화하고, 훈련과 병참에 대한 투자는 장기적으로 혜택을 가져다줄 것이다. 개발도상국들은 유엔 평화유지군에 더 많은 병력을 파견하겠다고 약속했다. 유엔으로서는 더없이 좋은 날이었다.

유지할 평화의 부재

유엔 평화유지활동은 앞으로 해가 거듭될수록 더욱 위험해질 것으로 보인다. 평화유지군의 규모가 커지면서 평화유지군에 대한 공격 빈도와 강도도 높아졌다. 값싼 무기가 넘쳐나면서 정규군부터 반군에 이르는 모든 공격 주체를 부추겼다.

지난 15년에 걸쳐 군대와 군대가 대결하던 전통적 전투 공간에는 말리의 종교적 극단주의자, 남수단의 조직범죄단, 아이티의 갱단, 콩고의 밀수업자 등등의 온갖 부류가 유입되었고, 어떤 곳은 아예 그들 차지가 되었다. 이들을 비롯한 악당들은 누구에게도 충성하지 않고, 자기들이 짓밟는 비무장 민간인들의 파괴된 삶에 조금도 개의치 않는다. 이들 집단은 절대로 평화협정을 맺지 않고 희생자들에게 배상하지도 않으며 지휘계통의 명령도 듣지 않는다. 가장 걱정스러운 점은 이들은 쉽게 패배하지도 않는다는 것이다. 분쟁을 통해 얻는 것보다 잃는 것이 더 많아질 때만 이들은 자취를 감추고 자기들이 공포로 몰아넣었던 공동체 안으로 스며들거나 국경을 넘어가 재기의 기회를 노릴 것이다.

우리가 자칫 잊기 쉬운 현실이지만, 빈곤과 절망에 찌들고 정상적인 사회구조가 파괴된 지역에서 이루어지는 무장단체 가입은 취업이나 진배없는 일이 되고 만다. 전투원이 되면 식량이 생기고, 동료가 생기고, 공동의 목표도 생기기 때문이다. 예를 들어 그들이 경작지를 가꾸거나 공동체를 보호하는 생산적인 일을 할 수 있다면, 가치 있는 일을 하며 살아갈 수 있을 것이다. 농작물을 수확할 수도 있고, 이를 현금화할 수도 있고, 가정을 꾸릴 수도 있을 것이다.

분쟁국에서는 지도자들의 정치적 의지가 해당 지역에 투입되는 푸른 헬멧의 수와 국적, 성격을 좌우한다. 정치적 의지야말로 평화유지활동이 얼마나 위험해질 수 있는지를 결정하는 가장 중요한 요인이기도 하다. 주둔국의 진정한 지지가 없으면 배치된 평화유지임무단의 능력은 중대한 손상을 입는다. 솔직히 말하면, 이 문제를 어떻게 해결할 수 있을지는 잘 모르겠다.

받아들일 수 없는 요구

유엔이 가장 신뢰하는 파병국들이 위험한 임무단에 병력을 유지하거나 확대하는 대가로 특별한 대우를 요구할 때면 놀랍기도 하고 실망스럽기도 했다. 기여도가 큰 파병국들이 그 대가로 고위직 자리를 요구하는 데 충격을 받기도 했다. 어떤 아프리카 국가는 자국이 선호하는 장군을 고위직에 앉히지 않으면 병력 지원을 줄이겠다고 압박하기도 했다. 어떤 아시아 국가는 안보리 이사국 진출에 도움을 받으려고 했다. 도널드 트럼프 미 대통령은 한술 더 떠서 회원국들이 미국의 입장을 지지하지 않으면 평화유지군 예산과 유엔의 각종 분담금을 줄이겠다고 위협하기도 했다.

자국 병력이 전쟁 위험지역에 배치되는 것을 원치 않는 국가도 있다. 다르푸르든 남수단이든 위험한 지역으로 가기는 가겠지만 자국 병사들에게 도보로 순찰시키는 임무 등을 거부하는 국가도 있다. 모든 임무를 수행하되 병력을 1년 이상 주둔시키지 않겠다는 국가도 있다. 어떤 파병국 정부는 험지로 파견하는 병사 1인당 추가 요금을 요구했다. 이런 문제는 지역 그룹들이 더 많은 사항들을 통제하기 위해 혼합편성부대를 창설함에 따라 한층 더 복잡해졌다. 이런 식이라면 대체 누가 평화유지활동을 이어갈 수 있을까?

유엔의 일원으로서 담당하는 주권적 책무에 요구조건을 덧붙이는 파병국 정부를 대할 때마다 나로서는 실망을 금할 수 없었다. 유엔이 창설된 것은 명시적으로 평화와 안전을 유지하기 위한 집단적 안보를 위해서였다. 평화유지군에 생존을 의지하는 현지 주민의 가족들에게 파병국 정부들은 자국의 요구조건을 제대로 설명할 수 있을까? 어차피 이런 나라들에 유엔 사무국이 해줄 수 있는 일은 별로 없다. 안보리만이 파병국을 심사하고 자격을 결정한다. 총회는 각 회원국의 경제규모GDP 같은 척도를 다양하게 활용해서 평화유지 예산을 회원국들에 부과한다. 유엔 회원국들이 정치적 의지를 가지고 대응하지 않으면 유엔이 평화유지군을 안전하게 만들 방법은 없다.

정치적 의지가 확고한 국가들이 이토록 적다면 유엔 평화유지활동의 장래는 어떻게 될까? 평화유지군은 시간이 갈수록 더욱 규모가 커지고 복잡해지며 수적으로도 늘어날 것이다. 이러한 변화는 유엔 평화유지활동의 애로사항이 늘어나고 회원국들의 부담은 더욱 커질 것임을 뜻한다. 평화유지군이 민간인에 대한 폭력을 예방하려면 회원국들이 문제의 시급성을 깊이 인식하고 서로 협력하는 가운데 정치적 의지를 새롭게 다져야 한다. 먼저 폭력 상황을 종식한 후에는 특별정치 임무단을 설치해 통치 권력을 가진 정부 측에 인권, 입법, 사회 재건 등에 관한 조언을 제공할 수 있다.

최근의 경제적 혼란과 무서운 속도로 전파되는 팬데믹 공포는 "결속은 사리 추구에도 유익하다"라는 구테흐스 사무총장의 말이 옳았음을 입증해준다. 위험과 책임은 서로 연결되어 있는 법인데, 어째서 그토록 많은 나라와 국민이 그 점을 인식하지 못하고 있었는지 궁금할 정도다. 유엔은 모든 국가가 서로 긴밀하게 연결되어 있기 때문에 분쟁을 해결하고, 개발의 과실을 나누고, 만인의 평등한 인권을 보호할 도덕적 책임을 공유하고 있다는 생각을 기본 철학으로 삼고 있다. 유엔 회원국들이 이 고귀한 철학을 점차 잊어가는 것은 아닌지 염려된다.

개별 국가의 입장에서도 옳은 일을 하는 것이 이득이 된다. 만일 시리아 내전 초기에 유엔이 더 큰 역할을 할 수 있었다면, 오늘날 유럽은 난민 문제와 씨름하지 않을 수 있었을지도 모른다. 21세기에 말하는 '어딘가 다른 곳'은 예전처럼 머나먼 곳을 가리키는 표현이 아니다.

9

수단

전범, 피난민 그리고 '반기무'라는 이름의 소

오마르 알바시르는 무려 4년 동안 수단의 다르푸르 지역의 비무장 민간인을 상대로 유혈극을 벌였는데, 이만큼 세계의 동정과 양심을 일깨운 분쟁도 없었다. 많은 사람이 세계 전역에서 평화를 요구하는 시위에 동참했고, 군사적 개입을 요구하는 여론도 조성되었다. 이 분쟁은 일반적으로 종교적·인종적 문제에서 비롯된 것으로 이해되었지만, 그에 못지않게 자연 자원을 확보하려는 경쟁에서 비롯된 측면이 크다고 생각된다. 무려 20년에 걸친 가뭄은 수단 전역을 먼지투성이로 만들었다. 수단에서 그나마 경작 가능한 땅은 대부분 서부 국경 지역의 다르푸르에 있었다.

알바시르 대통령은 자국민 학살에 관한 국제사회의 고발을 부정하고 명백한 사실조차 인정하려 들지 않는 성마르고 잔혹한 지도자라는 악명을 얻었다. 평생을 외교관으로 산 나는 협상과 타협의 가치를 너무도 잘 알지만, 때로는 도저히 외교적으로 행동할 수 없을 때도 있다. 오마르 알바시르 대통령과 그의 정권이 다르푸르에서 벌인 잔혹행위에 관해 의논할 때가 특히 그런 경우였다.

나는 2007년 1월에 개최된 아프리카연합 정상회의를 계기로 그를 처음 만나, 다르푸르에 새롭게 배치될 평화유지군을 위한 화물 운송에 관해 의논했다. 수단 정부는 이 평화유지군의 파견을 한없이 지연시키려 들었다. 이날 만남은 긴장된 분위기로 시작되었는데 알바시르가 배석한 국방장관과 외교장관이 들으라는 듯이 언성을 높이면서 분위기는 금세 험악해졌다. 그는 다르푸르 주민이 테러 분자이며 남수단 반군은 수단의 석유생산 지역을 노리는 도둑 떼에 불과하다고 말했다. 알바시르는 안보리의 제재와 국제형사재판소ICC의 기소를 비롯한 국제사회의 압력에 격분하며 불만을 쏟아냈다. 취임한 지 29일밖에 되지 않았던 나로서는 예상치 못한 기습을 당한 셈이었지만, 입을 꾹 다문 채 미소를 지으며 흔들림 없는 자세로 평정을 유지하려고 했다.

나는 알바시르 대통령에게 화가 났지만 나 자신에게도 실망스러웠다. 이 만남은 평화유지군을 다르푸르에 파견하는 데 아무런 진전을 만들지 못했다. 수단 군인들, 정부가 지원하는 아랍 무슬림 민병대, 특히 말을 타고 공포심을 조장하는 잔자위드는 기독교 지역인 다르푸르의 주민들을 지속적으로 납치하고, 강간하고, 학살하며 불태우고 있었다. 그날 밤, 나는 혼자서 에티오피아의 최고급 호텔인 아디스아바바 쉐라톤의 스위트룸에 묵고 있던 알바시르 대통령을 만나러 갔고, 놀라울 정도로 우호적인 대화를 나누었다. 유엔의 평화유지군과 자산을 다르푸르로 보내서 그곳의 소규모 아프리카연합 임무단을 보강하는 문제는 4년에 걸쳐 수단과 유엔 사이에 언제나 폭발성이 큰 주제였다. 그러나 그날 알바시르 대통령은 나를 자신의 거실로 맞이했고, 배석자들 앞에서 짐짓 강한 모습을 과시할 필요 없이 평화유지군 배치에 필요한 헬기 등 자산의 반입에 관해 생산적인 대화를 나누었다.

전방 의료시설, 무장헬기, 중기관총 등을 포함하는 이른바 중무장 지원 패키지는 격렬한 전투와 사상자가 발생할 가능성이 있는 지역의 평화유지 작전에는 언제나 매우 중요하다. 평화유지활동국DPKO은 다르푸르 임무단이 가장 위험한 작전 지역 중 하나가 될 것으로 예상했다. 알바시르 대통령은 유엔의 요청을 수용하거나, 최소한 긍정적으로 검토할 것처럼 보였다. 알바시르와의 면담을 끝내고 내 숙소로 돌아오는 길에 나는 그의 의도가 무엇인지 곰곰이 생각해보았다. 알바시르 대통령은 그날 밤 합리적인 모습을 보이려고 애를 썼지만, 그가 그렇게 쉽게 포기할 것이라는 생각은 들지 않았다. 그는 시간을 벌려는 지연 전술을 쓰고 있다는 생각이 들었다.

다르푸르 위기는 나의 최우선 관심사였고, 가능한 어떤 방법으로든 진전을 이루겠다고 다짐했다. 노력 없이 이루어지는 일은 없다. 안보리는 평화유지군의 다르푸르 배치를 승인하는 결의안을 채택하려고 2003년부터 애쓰고 있었다. 2004년에 알바시르는 다르푸르에 소규모 아프리카연합 병력의 배치를 허용했다. 이 정도의 병력으로는 다르푸르의 경작지에서 주민들을 몰아내려는 자신의 계획에 방해가 되지 않으리라는 점을 그는 알고 있었다.

2003년부터 2007년 사이에 지상 및 공중으로부터의 공격, 뒤이어 찾아온 기아와 전염병으로 다르푸르에서는 30만 명이 사망했다. 내가 취임하고 수개월이 지난 2007년 중반, 250만 명이 다르푸르 지역에서 피난민이 되었고, 외국의 식량 원조에 의존해야 살아갈 수 있는 사람이 500만 명이 될 것으로 유엔은 추산했다. 그와 동시에 수십만 명의 난민이 눈에 보이지 않는 국경을 넘어 차드와 중앙아프리카공화국으로 넘어갔다. 이 절망적인 피난민의 인파는 그 자체로 불안정 요인이었고, 그로 인해 조만간 그 지역에서도 평화유지활동이 필요할 터였다.

압달마무드 압달할렘 모하마드 유엔 주재 수단 대사는 얼마 후 나에게 서한을 보내 수단 정부가 중무장 지원 패키지를 수용할 것임을 통보해왔다. 다르푸르 유엔-아프리카연합 다르푸르 지원단UNAMID을 받아들이라는 압력이 주효했던 것이다. 편지의 내용은 명확했지만, 다르푸르의 제공권을 확보하는 데 사용될 공격용 헬기를 알바시르 대통령이 받아들일 의사는 없을 것이 분명하다는 생각이 들었다. 헬기 반입을 지연시키면 평화유지 작전 전체가 중단되리라는 사실을 그는 잘 알고 있었다. 이런 상황이 무한정 지속될 수도 있었다.

이튿날 아침 아프리카연합 정상회의에서, 나는 아프리카 지역의 몇몇 핵심 지도자들에게 알바시르 대통령이 완강한 태도를 누그러뜨릴 것처럼 보인다는 것을 알려주었다. 나는 정치, 경제적 이해관계 때문에 수단 정부에 영향력을 행사할 수 있는 몇몇 정상을 골랐다. 알바시르 대통령과 합의를 도출했다고 언론에 미리 공개한다면 그가 더 압박을 느끼겠지만 나는 그를 궁지로 몰고 싶지는 않았다. 그러나 중요한 사람들이 그 면담 결과에 관심을 가지고 자신을 주시한다는 사실만 알바시르가 알게 되기를 원했다. UNAMID는 전례 없이 복잡한 구조와 갈등과 좌절로 점철된 15억 달러짜리 평화작전이었고, 내 임기 첫해의 대부분을 이 평화작전에 집중했다.[1]

'사무'보다는 '총장'에 무게를

그러나 그 하나의 분쟁 상황에만 몰두할 수만은 없었다. 내 임기 첫해에만 수단을 포함한 5개 지역에 특별정치 임무단과 평화유지군이 새로 설치되었다. 특별정치 임무단은 분쟁 전후와 분쟁 도중의 평화 과정을 지원하기 위해 통치제도 구축과 분쟁 해결에 중점을 둔다. 이는 민간 임무단이지만 유엔 사무소 중 가장 위험한 부류에 해당한다.

유엔 네팔지원단UNMIN은 모택동주의를 추종하며 10년간이나 정부에 대항해온 반군의 무장 해제를 감시하기 위해 2007년 1월 23일에 창설되었다.[2] 유엔 레바논특별조정관UNSCOL은 레바논에서 진행되는 유엔의 많은 사업을 조정하는 역할을 한다.[3] 중앙아시아 예방외교 지역센터UNRCCA도 창설되었는데, 이 센터는 중앙아시아 5개국 간의 예방외교를 촉진하고 아프가니스탄에서의 유엔 작전을 지원하는 임무를 맡았다. 2007년 9월에 안보리가 창설한 유엔 중앙아프리카공화국 및 차드 지원단MINURCAT은 23만 명이 넘는 다르푸르 난민이 체류하는 수단의 주변국을 지원하는 임무를 수행했다.[4]

나의 임기 내내 수단과 관련된 평화지원단에 유례없이 많은 시간과 인력과 비용이 소모되었다. 평화유지 비용은 2007 회계연도에 70억 달러로 치솟았다. 전해의 50억 달러도 당시로서는 최고 기록이었다. 하지만 나는 바람직한 투자였다고 생각한다. 정치 임무단은 통치제도를 개선하고 인권 분쟁을 예방하거나 억제할 수 있다. 이러한 민간 활동은 위험하지만 매우 중요하다. 시리아를 비롯한 극심한 분쟁지역에서 이미 본 것처럼, 적대행위는 그것을 끝내는 것보다 예방하는 것이 훨씬 쉽고 싸게 먹힌다.

하지만 다르푸르의 비극은 계속 나의 최대 현안으로 남아 있었다. 수단 정부는 공중에서는 군용 헬리콥터로 민간인을 공격했고, 지상에서는 잔자위드나 다른 민병대와 함께 공격하는 등 무자비하고 역겨운 행위를 저질렀다. 이들은 모두 현지에 공포를 퍼뜨리려는 수단 정부로부터 돈과 무기를 지원받았다. 이후 수년간 알바시르 정부는 수단 남부지역에 사는 아프리카계 수단인을 공격하기 위해 이런 과정을 반복할 터였다. 이것은 다르푸르에서와 마찬가지로 아랍계와 아프리카계 사이의 전쟁이 될 것이었다. 다르푸르에는 비가 오지만, 남수단에는 석유가 있다. 수단 남부의 전선이 다르푸르보다 덜 잔혹할 것이라는 보장은 없었다.

다르푸르 사태의 지속

2005년 안보리가 취한 무기 금수 조치에도 불구하고 다르푸르의 교전 상황은 끔찍한 피해를 야기했다. 그 갈등과 증오가 어찌나 소란스러웠던지 다른 때 같았으면 그토록 멀고 전략적 가치도 없는 곳에서 벌어지는 일에 큰 관심을 두지 않을 법한 사람들의 이목도 끌게 되었다. 2005년 6월, 조지 W. 부시 미 대통령은 유엔이나 미국 정부 내 다른 어느 인사들보다 앞서 다르푸르에서의 갈등을 '대량학살genocide'이라고 규정했다. 제2차 세계대전 이후 거의 사용되지 않았던 대량학살이라는 표현의 사용은 군사 개입을 암시하는 것이었다.

그러나 아프리카연합과의 협상은 어려웠다. 결국 아프리카연합이 병력의 대부분을 제공하고 정치적 노력에 동참하기로 했다. 유엔은 군사작전에 대한 지휘통제권을 유지하고, 예산을 조달하고, 중무장 지원을 제공하기로 합의했다. 민간인 보호와 인도적 지원 촉진 및 분쟁 해결이 임무단의 주요 임무가 되었다. 아프리카연합의 병력 7천 명은 이미 현장에 전개되어 있었지만, 수단 정부의 공중폭격과 민병대를 막기에는 수적으로도 부족하고 분산되어 있었다.

안보리는 마침내 2007년 7월 31일에 다르푸르 주재 평화유지군 UNAMID를 창설했다. 이 UNAMID는 한때 유엔 역사상 최대 규모의 평화유지군이었다. 그 규모로 인해 유엔이 단독으로 UNAMID를 지휘하기는 어려웠다. 군사적으로도 정치적으로도 아프리카연합은 유엔에 필요한 강력한 파트너가 되어주었다. 알바시르 대통령은 유엔을 서방의 앞잡이로 간주하고 유엔에 무모하게 맞서려 할 테지만 그런 그도 아프리카 지도자 10여 명의 압박을 무시할 수는 없을 터였다.

이 임무에는 2만 6천 명의 군인과 민간인이 투입되었으며 매월 1억 2천만 달러 이상, 총 15억 달러의 예산이 책정되었다. UNAMID 하나의 임무단이 유엔 전체 평화유지군 병력 수를 8만 9,400명에서 12만 7천 명으로 30퍼센트나 증가시켰다. 그러나 이 정도로도 독일 국토 면적과 맞먹는 지역을 순찰하는 데는 충분치 못했다. UNAMID에는 유엔 평화유지군 가운데 애로사항도 가장 많았다. 다르푸르에는 포장도로가 거의 없었고, 광활한 전투지역의 험한 환경 속에서 친정부 세력이나 반군 집단의 맹렬한 저항에 맞서야 했다.

우리는 평화유지군에 대한 수단 정부의 진정성 있는 승인을 얻기란 이런 어려움을 극복하는 것보다 오히려 더 어려우리라는 사실도 이미 깨닫고 있었다. 대담한 독재자인 알바시르는 평화유지활동에 표면적으로는 '동의'하고도 입국허가를 지연한다든가, 기지용 부지 제공을 거절한다든가 임의로 이동을 제한한다든가, 장비를 국경에 묶어둔다든가, 평화유지군에 필요한 기본 자재의 수입허가를 거부하는 등 다양한 방법으로 얼마든지 병력 배치를 방해할 수 있었다.

백악관의 압력

2007년 1월 16일 취임 2주에 접어들었을 때, 나는 백악관을 방문하기 위해 워싱턴에 갔다. 관례에 따른 예방이므로, 보통 이런 경우에는 여러 주제에 관해 짤막한 대화를 나눈다. 그러나 부시 대통령은 수단 문제에 관해 열성적이었다. "수단 사태로 비난받는 것이 지겹습니다"라며, 자신이 이미 그 위기를 대량학살이라고 칭했고 미국이 유엔 인도지원에 대한 최대의 공여국이라는 점을 상기시켰다. 특히 알바시르가 상황을 주도하고 있다는 점을 짜증스럽게 여겼다. 그는 말했다. "내 마음대로 할 수 있는 문제라면 군대를 보내겠지만, 그럴 수 없잖아요."

나는 그에게 말했다. "다르푸르는 나의 최우선 과제가 될 것입니다." 부시 대통령은 이렇게 말했다. "상황이 나아지지 않는다면 군사적 대안은 아니더라도 플랜 B를 실행에 옮겨야 할 겁니다. 대규모의 학살이 계속된다면 미국을 향한 압력도 거세질 겁니다." 나는 그가 말하는 플랜 B가 아마도 경제 및 여행 제재일 것이라고 추측했다. 부시 대통령은 면담 중 논의한 다른 어떤 주제보다 힘을 주어 "알바시르 대통령에게 다르푸르의 군사행동이 계속되면 전범 취급을 받을 것이라는 점을 분명히 알려야 합니다"라고 강조했다. 부시 대통령은 대단히 분개하고 있었다.

다르푸르에서의 학살에 대하여 미국의 인권 및 종교 단체들이 행동에 나섰다. 그들은 구호금을 모금했고 유명인을 동원해 사회적 관심을 불러일으키는 한편 정부와 관련 기관들이 행동에 나서도록 조직적으로 요구했다. 다르푸르에서 벌어지던 상상을 초월하는 수준의 박해와 그에 따른 결과가 많은 사람이 행동에 나서도록 만들었던 것이다.

나는 다르푸르가 서방의 과제가 되었음을 직감했다. 부시 대통령과의 면담을 마치고 나오면서 우리 일행은 미국이 저토록 강력하게 유엔의 조치를 요청하는 것이 고무적이라고 평가했다. 실제로 그 이듬해, 미 국무부와 의회는 우리가 UNAMID를 가동할 수 있도록 힘을 보태주었는데, 보는 시각에 따라서는 압력이라고도 할 수 있을 정도로 확고한 지지였다.

이 방문 직후 나는 유럽연합 외교·안보정책 고위대표인 하비에르 솔라나, 그리고 전 말리 대통령이자 아프리카연합의장인 알파 우마르 코나레와 의견을 나누었다. 그들도 평화유지군이 다르푸르에 가능한 한 신속하게 파견되도록 힘을 실어주겠다고 나를 격려해주었다. 나는 상황을 진척시키기 위해 내가 쓸 수 있는 당근과 채찍은 다 사용했다.

거짓 소문도 나돌았다. 알바시르가 2007년에는 UNAMID에 대해, 2011년에는 남수단지원단UNMISS에 대해 실질적인 통제력을 행사했다는 것이었는데, 이런 헛소문만큼 나를 성가시게 만든 것도 없었다.[5] 안보리가 평화유지군을 창설할 때, 현지 국가의 동의를 받는다는 암묵적 동의는 있었지만, 그것이 의무사항은 아니었다. 그렇기는 해도 해당 국가의 동의 없이 병력을 배치하는 것은 사실상 거의 불가능할 것이다. 평화유지군을 '승인'하고도 주권적 결정 사항을 이용해 그것을 방해할 방법은 얼마든지 있다.

알바시르의 세계

안보리가 UNAMID를 창설한 지 한 달밖에 안 된 2007년 9월 3일, 나는 수단의 수도인 하르툼과 다르푸르, 그리고 이제는 독립국이 된 남수단의 수도인 주바를 방문했다. 사무총장이 된 뒤로 두 번째 수단 방문이었다. 나는 곧장 알바시르 대통령의 공식 만찬에 초대받아 수단의 수도 하르툼으로 갔다. 만찬이 열린 공관의 거실은 육중한 가구들과 그의 모든 과거 경력을 보여주는 사진들로 가득했다.

장마리 게노 평화유지 담당 사무차장과 스웨덴 외교관 출신으로 나의 다르푸르 특사인 얀 엘리아손이 수행했다. 내가 사무총장으로 재선된 후에 나는 엘리아손을 사무부총장으로 임명했다. 나는 만찬을 기다리는 동안 아디스아바바에서의 만남처럼 적대적인 분위기가 형성되지 않을까 내심 걱정했지만, 그날 만찬은 정중한 분위기였다. 그런데 만찬을 마치고 호텔로 돌아왔을 때 알바시르 대통령이 전화를 해서 급히 자신의 공관으로 돌아와 달라고 부탁하는 것이었다.

대통령과 나는 그의 서재에서 마주 앉아 이야기를 나누었다. 나는 그에게 ICC에 적극적으로 협력할 것을 강력히 촉구했다. 그는 "외국 정부들은 이 분쟁을 제대로 이해하지도 못하면서 ICC에 나를 전범으로 기소하라고 요구하고 있습니다"라고 말했다. 그의 목소리는 분노로 차 있었다. "우리 정부의 조치는 완전히 정당합니다. 나는 결코 외세의 간섭에 굴복하지 않겠습니다."

나는 그가 화를 내리라고 예상했고, 그의 감정을 역이용해 ICC 문제에 관해 진전을 이루기를 희망하고 있었다. 나는 그에게 엄숙한 목소리로 대답했다. "기차는 곧 떠납니다. 인권 침해범들을 ICC에 자발적으로 넘겨주면 내가 그 기차를 멈추게 할 수 있을지도 모릅니다. 그렇지 않으면 기차가 당신을 향해 돌진할지도 모릅니다." 그리고 나는 그에게 5인의 명단을 건넸다. 하지만 알바시르 대통령은 "다르푸르 민병대로부터 나라를 지키려고 애쓴 나의 충성스러운 장관들을 내주지는 않을 겁니다"라고 쩌렁쩌렁한 목소리로 말했다.

2009년 3월 4일, ICC는 다르푸르에서 자행된 전쟁범죄와 반인도적 범죄를 이유로 알바시르에게 체포영장을 발부했다. 이어서 2010년 7월 12일에는 여러 건의 대량학살에 대한 두 번째 기소가 이루어졌다.[6] 그는 자기 수하의 어떤 장관도 헤이그로 넘기지 않았다.

지금 돌이켜 보면 설사 그가 그렇게 했다고 해도 상황이 달라지지는 않았을 것 같다. ICC의 알바시르 기소로 우리의 평화협상은 더 복잡해졌다. 나와 유엔 관리들이 알바시르 대통령을 직접 접촉하려면 ICC의 양해를 얻어야 했기 때문이다. 우리는 알바시르 대통령보다 그의 각료들과 더 자주 대화해야 했다.

검은 모자와 큰 소

2007년 9월 4일, 나는 분리독립을 요구하고 있던 남수단의 수도 주바로 날아갔다. 극심한 피로로 기진맥진한 상태였다. 남수단 측 지도자들은 수단 정부의 침입을 막아주는 평화유지군은 환영했지만, 그때까지 받아오던 것보다 훨씬 많은 국제 원조를 요청했다. 그렇다고 내가 걱정할 일은 아니었다.

유엔 의전요원들에 따르면 남수단 측은 나를 위해 암소 21마리를 도축하려 한다고 했다. 그것은 방문하는 정상급 인사에 대한 주바식 21발의 예포 같은 것이었다. 잡은 소를 빈민에게 나누어 준다고 듣기는 했지만 끔찍한 광경이 연출될 이 행사에 나는 도저히 동참할 수 없었다. 나는 주최측에 그 동물들을 살려 보내주라고 간청했고 고맙게도 그들은 내 말을 들어주었다. 수단에서의 나의 첫 협상이 가축의 생명을 구하는 것이 되리라고는 예상치 못했지만, 첫 시험에 비교적 수월하게 합격한 것이 기뻤다. 어쩌면 남은 출장기간을 위한 길조일지도 모른다.

유엔 차량 행렬이 공항에서 시내로 이동할 때, 수많은 사람이 연도에 줄지어 서서 팻말을 들고 "웰컴, 웰컴, 반기문!" 하고 외치는 것을 보고 깜짝 놀랐다. 화려한 천을 두른 여인들은 아름다운 호루라기 같은 높은 소리를 외쳐대고 있었다. 나는 그 환영 열기에 마음이 겸손해지면서 감동을 받았다. 손을 흔들어 고마움을 표하고 싶었지만 내 경호팀은 몸을 내미는 것은 고사하고 짙은 색으로 가려진 차창을 여는 것조차 허용하지 않았다.

나는 1952년 12월 전쟁 중인 한국을 방문했던 드와이트 D. 아이젠하워 미 대통령 당선인도 나와 비슷한 기분을 느끼지 않았을까 상상해보았다. 당시 100만 명이 넘는 한국인이 거리로 나가 그를 환영했다. 나는 다시 내 조국을 떠올리며, 남수단 사람들을 보호하고 남수단이 아프리카에서 가장 번영하는 나라가 될 수 있도록 유엔의 자원을 잘 활용하겠다는 결심을 되새겼다.

내가 주바를 처음으로 방문한 날, 오후에는 유엔 수단지원단UNMIS에서[7] 열린 회의에, 그날 저녁에는 수단 제1부통령 살바 키르가 주최하는 만찬에 참석했다. 그는 과거 수단의 3분의 1에 달하는 남부지역을 분리 독립시키려고 수단 정부와 격렬히 전쟁을 치른 베테랑 반군이었다. 수단인민해방군SPLA 사령관이었던 키르는 수단을 하나로 통합시키려는 중재의 일환으로 수단 정부에 합류한 것이었다. 그다지 성공적인 시도는 아니었다. 그는 수단 정부의 고위 관리가 된 후에도 여전히 열정적으로, 그리고 폭력적으로 남수단의 독립을 위한 활동을 지속했다. 딩카족 출신의 자칭 카우보이로서 장신인 데다 수염을 텁수룩하게 기른 그는 커다란 체구와 절대로 벗지 않는 검은 카우보이모자 때문에 유엔 정상회의에서도 눈에 잘 띈다. 모자는 키르가 백악관을 방문했을 때 조지 부시가 준 것인데, 이때 두 사람은 친구가 되었다. 키르는 그 모자가 자신의 트레이드마크라고 확실히 말할 테지만, 그의 머리숱이 줄고 있다는 것도 확실했다.

만찬 석상에서 키르 제1부통령은 나에게 흰 소 한 마리를 선물로 주었다. 나는 기가 막혔지만, 공항에서 21마리의 암소를 거절한 터여서 무례하다는 인상을 남기고 싶지 않았다. 나는 겸손하게 소를 받으며 UNMIS 평화유지군이 소를 정성스레 돌볼 것이라고 약속했다. 키르는 나의 남수단 방문 기념 만찬에서 "오늘 밤 태어나는 아이들은 모두 반기문이라는 이름을 갖게 될 것입니다"라고 선언했다.

나는 "그것만은 절대 사양하겠습니다"라고 대답했다. "여기에 단 하룻밤 머무는데, 그렇게 많은 아이들을 낳았다는 오해를 받기 싫습니다." 이 말에 좌중이 일제히 웃음을 터뜨렸다. 나와 수행원들은 이날 밤 소박한 UNMIS 베이스캠프에서 묵었다. 나는 융숭한 대접을 받았지만, 유엔의 AP통신 기자 에디트 레더러는 에어컨도 없는 비좁은 방에서 잤다고 했다. 나를 수행하는 취재단이 모두 그랬다고 했다. 또한 여성용 욕실이 없어서 자신을 비롯하여 동료 여성 기자들은 남성용 시설에서 서둘러 샤워를 해야 했다고 털어놓았다.

졸지에 나는 소 한 마리를 가지게 되었다. 반원을 그리며 휜 큼직한 뿔이 달린 아름다운 이 흰 소는 평화유지군 방글라데시 대대에 보내 돌보도록 했다. 그들은 이 소에게 '반기무'라는 이름을 붙여주었다. 내 이름이 붙은 사정도 있고 해서 나는 주바를 방문할 때마다 이 소가 행복하고 건강하게 지내는지 확인했다. 사실 나는 동물원을 차려도 좋을 만큼 제법 많은 야생동물을 선물로 받거나 입양했다. 남수단 외에도, 나를 초대한 나라들은 호의로 동물을 선물하곤 했다. 갈라파고스제도에는 내 이름을 딴 새끼 거북도 있고, 케냐에서 버려졌던 새끼 사자에게는 내가 재정지원을 한다. 몽골을 방문했을 때 차히아깅 엘벡도르지 대통령이 아주 희귀한 몽골 말을 선사했는데, 멸종위기에서 살아남은 말이었다. 나는 그 말에게 평화를 뜻하는 '엥크타이완Enkhtaiwan'이라는 이름을 붙여주었다. 나는 내 말이 몽골의 국립공원에서 달리는 모습을 망원경으로 관찰할 수 있었다. 아름답고 힘찬 말이었다.

2007년, 비록 짧은 방문이었지만 나는 주바의 사회기반시설이 너무 미비한 것을 보고 충격을 받았다. 한반도의 2배 정도의 면적에 포장도로가 기껏 6킬로미터밖에 안 된다고 상상해보라. 이만한 크기의 나라가 제대로 된 도로 없이 어떻게 정상적으로 돌아가겠는가? 나는 남수단을 돕는 일에 주요국들이 참여하도록 요청했다. 2013년 3월에 대한민국은 '한빛부대'라고 명명한 280명의 공병대와 의료단을 파견했다. 중국과 일본도 나의 요청에 응했다.

생생한 현실이 된 이상

9월 6일, 나는 주바에서 다르푸르로 날아갔다. 이번 출장은 훨씬 더 걱정스러웠다. 나는 오랫동안 매일 다르푸르에 관해 조사하고 연설하고 전략을 짜고 염려했기 때문에 이 지역이 친숙하게 느껴졌다. 하지만 연설과 사진과 통계는 결코 현장에서 직접

겪는 경험이나 현지 주민들과의 접촉을 대체할 수는 없는 법이다. 백문이 불여일견이다. 우리 일행은 수단 치고도 유난히 숨막힐 듯 덥고 먼지가 날리는 북부 다르푸르의 엘파셔 활주로에 도착했다. 그때 UNAMID는 유엔 최대 규모의 평화유지군이었지만 동시에 다르푸르는 가장 어려운 지역으로 악명을 날렸다.

우리는 마르틴 루터 아가워 현지 유엔군 사령관의 영접을 받았다. 그는 나이지리아군의 소장인데 유능하면서도 부드러운 성품을 지녔다. 또한 우리는 다르푸르의 아랍인 통치자(왈리)인 우스만 무하마드 유시프 카비르의 영접도 받았다.

나는 나의 다르푸르 특사인 얀 엘리아손의 열정적인 활동에 고마움을 느꼈다. 그는 내가 임명했는데, 그는 1990년대 초에 초대 유엔 인도지원 담당 사무차장을 역임한 바 있었다. 우리는 다르푸르 주민들이 도저히 인간이 생활할 수 없는 열악한 조건에서 지내고 있는 모습을 보았다. 생기 없는 피난민 신세가 된 그들은 여기서 수단 민병대의 공격은 피할 수 있을지 몰라도 잠잘 방은 고사하고 그늘을 의지할 나무 하나 없이 지냈다. 물론 이것은 유엔 평화유지군이 난민 보호 의무를 수행하기 몇 년 전의 상황이었다. 이때 유엔은 이 난민들에게 제공할 식량이나 물, 위생시설이 전혀 없었다. 그렇다고 그들을 내보낼 수도 없었다. 뚜렷한 해결책이 없는 심각한 문제였다.

기지 안의 본부에서 아가워 사령관이 우리에게 브리핑을 했다. 예상했던 것처럼, 수단 정부군이 민간인과 UNAMID에 대한 공격을 확대하고 있는 상황에서 평화를 유지하거나 강제할 방안이 없었다. 수단 측이 유엔의 인력과 부대, 항공기, 탄약 등의 이동 경로에 반복적으로 장애물을 놓고 있어서 임무단의 구성 자체가 궤도에 오르지 못하고 있었다. UNAMID에 병력을 추가로 공여받을 필요가 있었다.

암울한 브리핑이었지만, UNAMID 요원들은 낙심하지 않고 긍정적인 태도와 자신감 넘치는 모습을 보여주었다. 그러나 브리핑 중에 한 가지 신경 쓰이는 사항이 있었다. 회의장에 들어갔더니 1리터들이 물병이 자리마다 놓여 있었다. 불과 30분 정도의 브리핑에 참석하는 사람들을 위해 제공된 물이 20리터가 넘었다. 뙤약볕 아래 순찰을 도는 것도 아니었다. 30분 동안 1리터의 물을 마실 사람은 없다. 브리핑이 끝났을 때 한두 모금만 마신 상태로 버릴 것이 분명했다. 애당초 다르푸르는 물이 부족해서 분쟁이 발생한 지역이다. 이것은 단순히 낭비가 아니라 부도덕한 행동이었다.

내가 갑자기 물에 대해 추궁하자 당황한 UNAMID 관리는 그해에 유럽에서 식수를 수입하는 데 200만 달러를 쓴다고 했다. 그런 낭비에 너무 화가 나서 나는 할 말을 잃었다. "물을 나눠 마시면 안 됩니까?" 나는 그에게 말했다. "컵을 사용하세요." UNAMID의 물병 사건을 계기로 유엔 본부의 내 집무실에서도 절약을 실천하게 되었다. 사무총장 임기 중 나머지 9년 동안 38층에 위치한 내 사무실을 찾아오는 손님들에게 1리터 대신

360밀리리터짜리 병에 담긴 물을 대접했다. 불평하는 사람은 없었다.

엘파셔에는 해결해야 할 문제가 산적해 있었다. 우리가 수단 정부군으로부터 다르푸르 주민을 보호할 수는 있어도 그들 서로로부터 보호할 방법은 더욱 마땅치 않았다. 난민들 내부에서 발생하는 절도와 습격, 강간, 폭력 충돌에 관한 보고가 끊이지 않았다. 기본적인 민생 치안이 필요한 상황이었다. 나는 여러 파벌의 족장들을 만나 고통받는 사람들이 서로 화합을 이룰 수 있도록 만들어주고 싶었다. 세 집단의 대표들이 나와 만나기로 합의했는데, 우리가 자리에 앉기도 전에 네 번째 그룹이 나타나 참석을 요구하며 회의를 방해했다. 그들은 회의장 막사의 벽을 마구 두드렸고, 건물 전체가 무너져 내릴 것 같았다. 우리는 위협을 느꼈다. 경호팀이 민첩하게 기지 내의 더 안전한 곳으로 나를 호위했고, 우리는 상황이 안정될 때까지 기다려야만 했다.

그날 오후 나와 수행원들은 고향에서 쫓겨난 다르푸르인 난민촌을 향해 출발했다. 아가위 평화유지군 사령관이나 내 경호팀은 물론이고 왈리(아랍인 통치자) 카비르도 만류했지만 나는 가기로 했다.

난민촌에서는 유엔이나 UNAMID에 대한 적대감은 눈에 띄지 않았지만 그곳에도 극도의 긴장감이 흐르고 있었다. 우리 호송대가 4만 5천 명이 수용되어 있는 알 살람 캠프에 다가가고 있을 때, 좁은 길에 줄지어 서 있는 수천 명의 다르푸르인과 마주

쳤다. 우리는 곧장 시위대를 향해 차를 몰았다. 군중은 내가 알아들을 수 없는 구호를 외치고 있었는데, 피켓을 보고 그들이 반군 지도자로 변신한 압둘 와히드 알누르 변호사를 기다리고 있다는 것을 알았다. 그는 대부분의 생애를 파리에서 보낸 인물로 알려져 있었다. 나는 수많은 구호가 적힌 피켓과 엄청난 수의 무기를 보았다. 나를 향한 시위가 아니라는 것을 알아차렸지만 그래도 두려운 순간이었다.

우리는 순식간에 시위대에 포위되었다. 그 순간 나는 그 정도 수의 사람들이라면 우리 차량을 손쉽게 뒤집을 수도 있다는 것을 깨달았다. 우리는 갇힌 신세가 되었다. 앞으로도 뒤로도 갈 수 없던 우리 경호대는 그 자리에 멈췄다. 무슨 수를 쓰든 군중을 분산시켜야 했다. 그때 도로에서 20미터쯤 떨어진 곳에 물 펌프가 눈에 띄었다. 사람들이 주위를 에워싸고 있었지만 나는 간신히 차 문을 열고 나가 군중 속으로 뛰어들었다. 공터까지 가는데 적어도 5분은 걸렸을 것이다. 군중에게서 벗어나자, 나는 경호팀이 쫓아오기도 전에 언덕으로 달려 올라갔다. 모두가 나를 지켜보았다. 일부는 겁이 난 표정으로 일부는 흥미로운 얼굴로 보았지만, 나는 이곳에 유니세프가 있었다는 것을 알았기 때문에 펌프가 작동하기만을 바랐다.

'짧고 간단하게 말하자'라고 나는 자신을 향해 중얼거렸다. 뉴욕에서와 같은 긴 연설은 여기서 통하지 않을 터였다. "신사 숙녀 여러분!" 나는 UNAMID 병사 한 명이 건네준 확성기에 대고 입을 열었다. 나는 누군가 나의 연설을 통역할 거라고 확신했다. 물 펌프가 작동해준다면 더 이상 말은 필요 없을 것이었다. "저는 여러분에게 물을 주려고 여기 왔습니다. 그러니 돌아가세요!" 나는 펌프를 아래위로 움직이려고 살며시 힘을 주며 말했다. 그러나 펌프 손잡이는 손안에서 헐거운 느낌이 났다. 펌프가 작동하지 않을 수도 있다는 걱정이 날카롭게 뇌리를 파고들었다. 그러나 나는 왠지 모를 확신에 차서 펌프를 계속 움직였다. 그때 갑자기 부글부글하는 소리와 함께 소중한 물이 콸콸 쏟아졌다. 그제야 안도의 한숨을 토해내며, 물이 나오기 전까지 내가 숨을 멈추고 있었다는 걸 깨달았다. 이어 군중이 다시 구호를 외치는 소리가 들렸다. "웰컴, 웰컴, 반기문!"

돌파구

뉴욕으로 귀환하는 길에는 수단의 수도 카르툼을 거쳐야 했다. 알바시르 대통령은 비록 내 다르푸르 출장을 달가워하지 않았지만, 그날 밤늦은 만찬에 나를 초대했다. 그 자리엔 알리 카르티Ali Karti 수단 외교장관이 참석했고, 김원수 비서실 차장이 나를 수행했다. 만찬에는 손님이 한 명 더 있었다. 은퇴한 미국 공화당 하원의원이자 전 유엔 미국 대표부 교체대표(정식 외교관 대사가 아닌 국회위원 중 대통령이 당해연도 총회에 파견하는 대사)인 마크 실잰더였다. 실잰더 의원은 알바시르 대통령이 무슬림인 걸 알면서도 자신과 함께 기독교의 하나님께 기도하자고 청했다. 대통령은 실잰더가 소리를 내어 기도할 때, 수단의 평화를 위해 경건하게 고개를 숙였다.

그날 밤 실잰더는 유엔과 긴밀히 협력하도록 알바시르 대통령을 설득했다. 우리는 UNAMID에 헬기와 병원, 그 밖의 중화기가 필요한 상황에 관해 차분하게 대화를 나누었다. 흥미로운 밤이었다. 나는 이따금 대통령이 화를 낼 법한 순간에 숨죽이고 쳐다보았지만, 그는 전혀 화를 내지 않았다. 알바시르 대통령은 그날 밤, 독재자가 아니라 한 인간으로 행동했으며, 대화는 대체로 차분하고 정중했다. 알바시르 대통령이 즉석에서 동의하지는 않았지만, 몇 달 뒤에는 유엔이 제안한 중무장지원 패키지를 받아들였다.

최신 신생국

2011년 7월 9일, 남수단 사람들은 독립을 자축했다. 5일 후, 유엔총회는 남수단공화국을 유엔의 193번째 회원국으로 승인했다. 나는 공식 축하 행사에 참석하기 위해 비행기를 타고 주바로 가면서 민병대 지도자들이 이제 더는 민중의 삶과 미래를 파괴하지 말고 새 국가 건설을 위해 일하기로 마음을 바꾸었으면 하는 희망을 가져보았다.

독립기념일 행사는 자정 직후에 시작되었는데, 자긍심과 환희가 밤새 넘쳐흐르는 열광적인 분위기였다. 새벽이 되자, 사람들이 주바 축구 경기장 관중석을 메우며 인근의 자유광장으로 몰려들기 시작했다. 그날 그 자리에 약 30만 명이 모였다. 젊은이들은 축제를 보기 위해 나무 위로 올라갔고 기쁨에 넘친 시민들은 고함을 지르고 춤을 추었다. 국기가 게양되고 악대가 새로 작곡한 국가를 연주하자 많은 사람이 눈물을 흘렸다.

이때가 나의 외교관 생활 중에 가장 감격스러운 순간 중 하나였다. 유엔과 우리의 협력국들, 그리고 나는 오늘 이 순간을 고대해왔다. 세계에서 가장 새로운 나라가 탄생하도록 무던히도 노력했었다. 지난 22년간 140만 명이 넘는 인명이 희생된 전쟁의 참화가 끝났다. 수단의 석유는 대부분이 남수단에 매장되어 있었는데, 이것이 지속적으로 분쟁을 야기했다. 이제 독립이 이루어졌고, 알바시르도 참석을 했으므로, 전쟁이 완전히 끝났다는 희망을 가져볼 법했다.

너무나 많은 세계 지도자들이 이 독립축하 행사에 참석하는 바람에 이들을 위한 특별 연단을 설치해야 했다. 수십 명의 아프리카 지도자들은 뜨거운 햇살 아래 촘촘히 줄지어 앉아 있었다. 영국은 윌리엄 헤이그 외무장관을 파견했고, 미국 대표는 수전 라이스 유엔 대사였다. 숙적이었던 살바 키르와 오마르 알바시르는 우레와 같은 박수를 받으며 함께 입장했다. 긴 의식이 진행되는 동안 서로 죽기 살기로 싸우던 이 두 지도자가 나란히 앉아 있는 것을 보고 나는 새로운 감회에 젖어들었다. 햇볕이 뜨겁게 내리쬐고 있었다. 요제프 다이스 유엔 총회 의장의 연설을 들으면서 나는 일사병의 초기 증상이 어떤 것일까를 생각했다. 이런 환경에서 그렇게 많은 사람이 사는 것이 놀랍기만 했다.

내 연설 차례가 되었다. "두 분 모두 어려운 결심과 타협을 해주셨습니다"라고 말문을 열었다. "오늘 여기서 두 분을 보는 것이야말로 평화와 협력을 위한 공동의 공약을 증명하는 것입니다." 이어 나는 수단 사람들에게 정치적 불안정과 극심한 가난에도 불구하고 희망을 품으라고 말했다. "우리는 남수단의 놀라운 잠재력을 과소평가해서는 안 됩니다. 활력과 재능이 넘치는 국민이 있고 풍부한 자연 자원과 거대한 농경지, 그리고 남수단을 관통하는 위대한 나일강이 있습니다. 남수단은 국민의 욕구를 충족할 수 있는 생산적인 국가로 번영할 수 있을 것입니다." 그 말은, 지도자들이 순수하게 서로를 진정성 있게 포용하면 그럴 수 있으리라는 뜻이었다.

행사는 감동적이었지만 너무 길었다. 나는 행사 도중에 자리를 빠져나왔다. 뉴욕으로 돌아가는 항공편을 타기 위해 아디스아바바로 날아갈 생각이었는데, 교통체증으로 발이 묶였다. 줄잡아 30대가 넘는 개인 전용기가 세계 최빈국 중 하나인 남수단의 공항 활주로에 대기하고 있던 까닭에 내 비행기가 이륙할 수가 없었던 것이다. 순간적으로 떠오른 생각은 이토록 여러 명의 지도자가 같은 목적지로 갈 때는 비행기 카풀을 해달라고 요청해볼까 하는 생각이었다. 다행히 우리는 항공기 대열 가장자리에서 UNAMID 단장이 이용하는 항공기가 있는 것을 발견했다. 더는 지체할 시간이 없어서 나는 그것을 타고 아디스아바바로 떠났다.

남수단의 정치 상황은 복잡했다. 이 신생국이 과연 단일 정부를 구성할 수 있을까? 끊임없이 파벌이 생겨나 세력을 떨치며 신생국의 안정을 방해하고 있었다. 자유광장에서 축하 행사를 연 지 한 달도 못 되어, 종글레이주의 민족 분규로 300명이 피살되었다. 수단과 남수단은 해묵은 전쟁상태를 재개하고 있었다. 다르푸르에서처럼 양측은 자연 자원을 두고(이번에는 남수단에 매장된 풍부한 석유 자원을 둘러싸고) 싸웠는데, 여기서는 흑인계의 남수단에 대한 아랍계 수단의 인종적 혐오가 덧씌워졌다.

감동적인 독립 축하 행사 직후, 남수단의 키르 대통령은 자신의 군대에 유전을 점령할 것을 명령했다. 그리고 알바시르 대통령에게 석유 수출 시 남수단에 부과되는 관세를 낮추어줄 것을 요구했다. 알바시르 대통령은 즉각 무력으로 대응하겠다고 위협했다. 나는 키르 대통령에게 전화하여 즉각 군대를 철수하라고 요구했다. 그러자 그는 내 요구에 답하는 대신 남수단 의회 연설에서 다음과 같이 말했다. "반기문 사무총장은 나에게 유전에서 철수하라고 요구했습니다. 하지만 그는 내 지휘관이 아닙니다." 그것은 외부의 간섭을 수용하지 않겠다는 결의이며 국제사회에 대한 경고였다.

이 무렵 다양한 파벌의 반군들도 전선에 복귀했다. 그리고 다시 수만 명의 주민이 자신들이 살던 터전에서 쫓겨나기 시작했다. 나는 2012년 아프리카연합 정상회의에서 키르 대통령에게 잠시 만나자고 요청했다. 얼굴이 굳고 어깨가 처지는 걸로 보아, 내가 무슨 말을 하려는지 알고 있는 것 같았다. 나는 이렇게 말했다. "당신은 이제 한 파벌의 지도자가 아닙니다. 주권국가의 대통령입니다. 남수단은 이제 막 태어났습니다. 만일 내가 당신이라면 국내 문제 해결에 전념할 겁니다. 반목 대신 사회통합을 위해 힘써야 할 겁니다." 나도 모르게 목소리가 커지고 있었다. "정치 안정과 개발에 집중하셔야 합니다."

나는 언제나 남수단에 특별한 애정을 느꼈다. 그래서 키르 대통령이 돈과 권력의 욕망에 휩싸여, 간신히 사람들의 삶이 개선될 여지가 보이기 시작할 무렵에 수천 명을 죽음으로 내몰고 100만 명이 넘는 사람들을 피난민으로 만든 것에 화가 나고 좌절했다.

키르 대통령은 매우 불쾌한 기색이었다. 그는 내 말에 대답하지 않았다. 나는 그가 내 말이 옳다고 생각한 것인지 아니면 다른 생각을 하는 것인지 알 수 없었다. 아무튼 나는 내 메시지가 전달되었다고 생각했다. 유엔 사무총장이 주권국가의 지도자에게 그렇게 단도직입적으로 말하는 것은 유엔의 기준에는 맞지 않는 것이었지만, 숱하게 벌어진 유혈참극과 극심한 정치 불안을 생각하면 그럴 수밖에 없었다.

폭력의 분출과 평화유지군의 적응

어쩌면 내 말이 충분히 강하지 않았던 것인지도 모른다. 키르 대통령과 그의 부통령 리에크 마차르 사이에 형성된 갈등이 폭발함으로써 몰고 온 폭력 사태는 순식간에 주바를 덮쳤고, 내전으로 찢긴 나라 전체를 집어삼켰다. 2014년 5월 27일까지 UNMISS 기지 안으로 피신한 남수단인은 10만 명에 가까웠다. 그토록 많은 평화유지군과 민간인은 남수단 반군과 수단인민해방군SPLA 병사들로 구성된 신생 정규군 모두로부터 만만한 표적이 되어버렸다.

개인적인 감정을 앞세우지는 않으려고 노력했지만, 유엔 체제 전체가 남수단의 독립을 향한 기나긴 투쟁 과정을 지원해온 터였다. 그런데도 키르와 반군 지도자들은 협상 테이블로 나오는 대신 무력 충돌로 뒷걸음치고 있었다. 또다시 종족 분쟁은 통제를 벗어나고 있었다.

같은 날, 유엔 안보리는 세간의 비판을 피하기 위하여 민간인 보호를 핵심 목표로 삼도록 UNMISS의 임무 지침을 개정했다. 수년간 평화유지군이 무력을 사용할 수 있도록 허락되는 것은 공격당할 때 자기방어를 위해서뿐이고, 지역주민을 보호하기 위해서는 아니었다. 유엔 평화유지군이 민간인의 피해를 방관하고 있다는 비판은 유엔에 대한 신뢰를 심각하게 무너뜨렸다. 행동규칙이 마침내 개정됨으로써 분쟁 상황에 더 잘 대응할 수 있게 되었다. 그것은 무력 분쟁이 발생하면 수많은 민간인에게는 달아날 곳이 없다는 현실을 인정한 것이기도 했다.

남수단의 독립은 유엔 평화유지군의 개입과 유엔의 선거 감시, 교육과 사회 간접시설에 대한 조기 투자가 있었기에 가능했다. 하지만 우리는 이 신생국에서 평화를 유지하는 데, 아니 사실은 평화를 만드는 데에 실패하고 말았다. 평화와 개발에 대한 약속은 종족 및 인종 갈등과 탐욕에 오염된 권력정치에 의해 뒷전으로 밀려났다. 시간이 갈수록, 10년 전만 해도 스스로를 국민의 지도자로 포장하고 내세웠던 이들이 싸움꾼으로 전락하는 현실에 실망을 금치 못했다.

살바 키르 대통령과 리에크 마차르 부통령은 이미 600만 명이 식량 원조에 의존하게 만들고 400만 명의 생활 터전을 빼앗은 분쟁을 두 차례나 다시 시작했다. 내가 사무총장 임기를 마칠 무렵에도 10만 명이 넘는 남수단인이 유엔 주둔지 안에 피신해 있었는데, 그들끼리의 싸움도 잦았다. 이 나라는 마차르와 키르가 통제하는 민병대로 인해 갈가리 찢어져 있다.

나는 수단인에게 안정과 구호를 전해주기 위해 최선을 다했다. 그렇게 말할 수 있는 사람이 나만은 아니라는 사실도 알고 있다. 이 무의미한 갈등을 종식하기 위한 다른 방법이 있을까? 아프리카연합과 아랍연맹이 카르와 마차르에게 신생 조국을 위해 증오와 탐욕을 극복하도록 분명히 압력을 더 가할 수 있었을 것이다. 2021년에 돌이켜 보면, 키르와 마차르는 세 번씩이나 결혼과 이혼을 되풀이한 것 같은 느낌이다. 이제는 아무리 국제적인 압력을 가하더라도 그 둘을 강제로 묶어둘 수는 없을 것처럼 보였다.

"물러나라! 그뿐이다!"

2018년 12월에 나는 유엔 사무총장 임기를 마치고 평범한 시민으로 돌아와 있었다. 나는 수단인이 국민의 기대를 완전히 저버린 독재자에 대항해 해일처럼 일어나는 것을 지켜보았다. 물자 부족과 빈곤으로 피폐해진 수단인은 거리로 뛰쳐나와 경제와 정치의 개혁을 요구했다. 수단 전역의 크고 작은 마을과 도시에서 수십만에 달하는 시위대가 모였다.

수단 내의 시민사회는 알바시르의 통치하에 붕괴되었기 때문에 이 시위는 부분적으로 의사, 변호사, 기타 전문직 종사자들의 일시적 연합 세력이 주도적으로 일으켰다. 그러나 전국적으로 수많은 농촌 마을과 인근 도시에서 리더 없는 소요를 추동하고 있던 것은 수단의 여성들과 수백만의 젊은이들이었다. 그들은 시위하며 노래를 부르고 춤을 추었다. 그들은 처음에는 "높은 물가 반대! 부패 반대!"라는 구호를 외쳤다. 시위대의 세력이 커지고 자신감이 생기면서 구호는 더욱 정치적으로 변했다. "물러나라! 그뿐이다!"

실망스럽게도 국제사회는 수단에 대한 원조를 서두르지 않았다. 2019년 4월, 노래를 부르며 변화를 요구하던 시민들의 시위는 벽에 부닥치고 말았다. 수단 군부는 자신들이 비폭력적 쿠데타로 정권을 장악했다고 발표했다. 그들은 민주주의를 실현할 과도정부를 구성하겠다고 주장하면서 시위대의 해산을 요구했다. 하지만 수단인들의 저항은 지속되었다. 그들은 삶의 질을 열악하게 만드는 높은 물가에 항의하면서 새로운 시민적·정치적 권리를 요구했다.

시위 중에 주목을 받은 인물 중 하나는, '하얀 옷을 입은 여자'로 유명해진 알라 살라였다. 22세의 카리스마 넘치는 수단대학교 학생인 이 여성은 자동차 지붕으로 올라가 군 사령부 밖에서 선창-후창 방식으로 수천 명의 시위대를 이끌었다. 수단에서 한때 유행한 토브thoub(면으로 된 흰색의 머리 스카프와 셔츠, 치마)를 입은 살라는 먼지가 자욱한 황혼 속에서도 빛이 났다. 나는 한국 텔레비전 뉴스를 보며 그의 결단력과 빽빽이 둘러싼 군중의 열광적 반응에 감동했다.

나는 수단 국민이 존엄성과 자유를 되찾고 새로운 목표를 발견할 수 있도록 새 지도부가 잘해주기를 마음속으로 간절히 빌었다. 이튿날 악명높은 정보 책임자가 수단군 사령관으로 임명되었다는 말을 들었지만 수단 사람들은 눈 하나 깜빡하지 않았다. 군중은 여전히 거리로 나왔고, 시위대를 해산하라는 명령을 받은 병사들이 시민을 보호하는 경우도 많았다. 전국적으로 수백만에 이르는 시위대는 승리를 축하했지만, 그들이 진정한 승리를 거두었다고 말하기는 아직 일렀다.

민군 연립 통치기구인 주권위원회가 설치되어 정치적 정당성을 추구하는 것처럼 보였다. 2020년 2월, 주권위원회는 기소된 알바시르를 ICC에 보낼 수도 있다고 발표했다. 이것은 반가운 신호였고, 나는 그들의 말이 진심이기를 바랐다. 이 소식을 들으면서, 나는 알바시르를 만났을 ICC로부터 굴욕을 당할 수도 있다고 강하게 경고했던 일이 생각났다. 아마 그는 내 충고를 듣지 않은 것을 후회했겠지만, 때는 이미 늦었다.

주권위원회는 경제학자이자 전 유엔 아프리카경제위원회 UNECA 관리인 압달라 함독을 총리로 선출했다. 바람직한 선택이었다. 나는 그가 붕괴 직전에 놓인 절망적 상태의 수단을 전후의 경제적 위기로부터 구해낼 지혜와 인맥을 가지고 있기를 기원했다.

2020년이 되자 유엔 안보리는 다르푸르의 UNAMID를 철수시키고 훨씬 소수의 경찰과 군대로 구성된 정치적 평화구축 임무단으로 대체하기 시작했다. 나로서는 UNAMID의 활동을 종료시켜도 좋다고 확신할 수 없었다. 그렇지만 국가 건설로의 방향 전환은 유엔 평화유지국으로서는 기념비적인 쾌거이자 획기적인 성과라는 생각이 들었다. 최소 30년, 많게는 60년이나 활동하고 있는 많은 임무단의 존재가 증명하듯, 평화유지군의 활동이 끝나는 것 자체가 보기 드문 승리라고 할 수 있다.

나는 평화유지군이 다시는 남수단에 주둔할 필요가 없는 날이 오기를 바란다. 살바 키르 대통령과 리에크 마차르 부통령은 세계에서 가장 젊은 신생국을 통치하기 위해 참혹한 싸움을 끝내겠다고 약속했다. 두 전직 군벌들은 2020년 3월에 새로운 내각을 공동으로 발표했는데, 지속될 수만 있다면 더없이 반가운 소식이었다. 나로서는 의심도 없지 않다. 두 사람은 여러 번 화해했다가 갈라선 적이 있기 때문에 이번의 화해도 전처럼 깨지지 않을까 두렵다.

수단과 남수단의 지도자들은 지친 자국민이 회복하고 재건하는 데 필요한 평화와 안보를 구축할 책임이 자신들에게 있다는 사실을 이해해야 한다. 이 두 나라는 영원히 서로 얽혀 있으며, 분리되었다고 해도 여전히 상호 의존적이다. 인권을 존중하고, 개발에 투자하며, 국내와 주변국에서 평화를 추구하는 정통성 있는 정부를 건설하기 위해서는 구체적인 조치를 취해야 한다는 뜻이다. 이런 조건을 충족한다면, 수단은 고통스러웠던 아랍의 봄 이후 진짜로 성공한 유일한 사례가 될 수도 있을 것이다.

10

가자 지구

컨베이어벨트 외교

실망스럽게도, 2008년 11월 4일, 가자 지구를 장악하고 있는 하마스 무장세력은 5주간의 아슬아슬한 정전 합의를 깨고 사제 카삼 로켓으로 이스라엘의 남부지역에 집중 포격을 가했다. 하마스의 이슬람 민병대는 도발에 대한 거의 모든 나라의 비난에도 불구하고, 단 이틀 만에 이스라엘 도시들을 향해 200기 이상의 로켓을 발사했다. 로켓은 허술했다. 상대적으로 탄두 중량도 약했고, 목표물을 거의 맞히지 못할 정도로 유도체계도 저급했다. 그렇지만 공포감을 주기에는 효과적인 도구였다. 12월 말이 되자, 가자 지구의 북쪽 국경 근처에 사는 이스라엘인들은 지하 방공호에서 지내는 시간이 지상에서의 시간 못지않게 많아졌다.

이런 상황 아래 이스라엘군은 주저 없이 팔레스타인 지역으로 진입할 것이고, 그러면 무슨 일이 벌어질지 뻔했으므로, 나는 서

글픈 심정으로 사태를 지켜보았다. 150만 명이 넘는 가자 주민(이들 중 수백 명은 유엔 구호 기관에서 일한다)은 꼼짝 없이 교전 지대에 갇힐 것이고 인명피해는 처참할 터였다. 아니나 다를까, 이스라엘 전차들이 높다란 장벽 주위로 줄지어 섰다. 보강된 장벽이 가자를 지상전에서 보호할 수는 없었다. 이스라엘은 이미 이 지역으로 들어가는 전기 공급을 끊었고 수도관 대부분을 폐쇄했다. 이스라엘은 국경을 통제하고 기자들과 인권 전문가, 구호 요원들의 입국을 거부해 상황을 목격할 수 있는 외부인의 접근을 최소화했다.

나의 정치 고문들과 중동 전문가들은 상황이 암울하고 더 악화할 것이라는 데 동의했다. 린 파스코 정무 담당 사무차장이 나를 도와 상황을 모니터할 팀을 꾸렸다. 나는 즉시 호스니 무바라크 이집트 대통령과 아므르 무사 아랍연맹 사무총장, 하비에르 솔라나 유럽연합 고위 대표, 에후드 올메르트 이스라엘 총리 등 지역 및 국제 지도자들과 협의를 개시했다. 나는 이들에게 상황이 악화되지 않도록 양측에 영향력을 행사해줄 것을 강력히 호소했다. 올메르트 총리에게는 모든 군사행동을 자제할 것을 촉구했다. 그와 압바스 수반은 항구적 평화를 구축하기 위한 협상을 해왔는데, 이 협상이 실패할까 봐 염려되었다.

내 개인적으로는 아들 우현이의 약혼식이 걱정되었다. 약혼녀 유제영 양이 약혼식을 위해 뉴욕에 막 도착한 즈음이었다. 아들의 약혼녀를 처음으로 만나보는 날이었지만, 나는 약혼식장으로 가면서도 중동 상황에 정신을 쏟았다.

이스라엘의 '캐스트 리드 작전'은 2008년 12월 27일 밤 포격으로 시작했다. 이스라엘군의 공격이 밤하늘을 하얗게 물들이는 것을 보면서, 그 하늘 아래 사는 사람들이 어찌 될지 두려움이 몰려왔다.

이튿날인 12월 28일, 나는 바샤르 알아사드 시리아 대통령, 그리고 마누셰르 모타키 이란 외교장관과 접촉해, 하마스가 추가적인 도발을 중단하도록 영향력을 행사해달라고 설득했다. 나는 카렌 아부 자이드 유엔 팔레스타인 난민 구호사업기구UNWRA 사무국장을 포함한 유엔 고위 간부들을 소집하고 유엔 주재 이집트, 팔레스타인, 리비아, 시리아, 아랍연맹 대사 등 하마스에 일정한 영향력을 행사할 수 있는 관계자를 초치해 긴급회의를 열었다. 나는 또 잘메이 칼릴자드 미국 대사와 협의하며 상황이 더는 확대되지 않도록 미국이 이스라엘 정부에 영향력을 행사해달라고 요청했다. 이튿날 12월 29일, 나는 유엔 기자단 앞에서 역내 지도자들이 상황을 안정시켜줄 것을 공개적으로 촉구했다.

2009년 1월 3일에는 포격에서 지상군 투입으로 확전되었다. 수백 명의 이스라엘 병사가 가자에 투입되었고, 텔아비브 발표에 따르면 하마스가 로켓 발사를 중단할 때까지 작전은 지속될 예정이었다. 이스라엘의 가자 지구 봉쇄를 피하기 위한 지하 밀수 통로인 라파 터널은 봉쇄되었고, 납치되었던 이스라엘의 길라드 샬리트 상병은 귀가했다.

나는 이스라엘의 공격 시점이 우연히 선택된 것이 아니었다고 생각한다. 조지 W. 부시 미국 대통령은 1월 20일 퇴임을 앞두고 있었고, 이스라엘로서는 버락 오바마 신임 대통령이 전임자처럼 이스라엘에 우호적일지 아직 알 수 없었다. 나는 미국을 비롯한 핵심 당사국들에 가자 지구의 봉쇄가 완화되거나 풀리도록 중재해줄 것을 촉구했다.

2009년 1월 6일, 이스라엘군은 가자 지구 북부 시가지에 포격을 퍼부으며 공격을 강화했는데, 폭탄 2발이 유엔이 운영하는 알파쿠라 초등학교 바로 밖에서 폭발했다. 인접한 자발리야 주민 1,300명이 이 학교에 피난해 있었다. 이스라엘은 그것이 대응 포격이었다고 주장했지만, 나중에 실수였음을 인정했다. 아이들을 포함해 적어도 48명이 이 공격으로 목숨을 잃었다.

유엔 팔레스타인난민 구호사업기구UNRWA 사무국과 소수의 현지 언론인이 이 상황을 상세하게 묘사했다. 목격자들은 폭탄이 학교 부지 바깥에 떨어지는 광경을 설명했다. 학교 경비원 중 한 명은 폭발 소리를 듣고 거리로 나가 보니 갈가리 찢긴 시체들이 보였고 부상한 사람들이 사방에 쓰러져 있었다고 전했다.

이 공포스러운 상황을 보면서, 나는 어린이들이 받았을 충격이 걱정스러웠다. 1950년 북한군을 피해 우리 가족이 필사적으로 피난 갈 때 나도 아이였기 때문이다. 속이 울렁거리고 목이 메었다. 이틀이 지난 1월 8일, 안보리는 비등하는 비난 여론 속에 긴 비공식 협의를 끝내면서 마침내 양측에 즉각적이고 지속적인 정전 합의를 존중할 것을 요구하는 결의안을 통과시켰다.[1] 미국은 법적 의무를 부가하는 이 2쪽짜리 결의안의 초안 과정에 적극적으로 협조하기는 했지만, 임기를 거의 다 채운 부시 행정부는 이스라엘의 압력으로 결의안에 기권했다.

한편 하마스는 유엔 학교와 병원, 그 밖의 건물을 보호막으로 삼아 이스라엘을 향하여 계속 포격을 가했다. 이런 행위는 이스라엘 측이 대응 포격으로 반격을 불러일으킬 것이고, 팔레스타인 민간인은 죽음으로 내몰릴 터였다. 이스라엘은 실제로 그렇게 했다. 이것은 비록 새로울 것은 없는 전술이었지만, 나는 터무니없이 비인도적인 이런 행태에 대한 책임을 하마스 전투원과 이스라엘군 양측 모두 져야 한다고 생각했다.

피로 갚기

나는 가자 지구에 대한 보고서를 읽을 때마다 이루 말할 수 없는 분노를 느꼈지만 내가 느낀 감정은 그것만이 아니었다. 하마스와 이스라엘이 서로 간에는 물론이고 유엔에 대해서도 폭력을 불사하는 데 대해 분노와 모욕감을 동시에 느꼈다. 유엔은 전투의 마지막 단계까지 가자 지구에 잔류하는 길을 택했다. 우리밖에는 의지할 데가 없는 팔레스타인 민간인을 보호하는 길을 택한 것이다. 우리는 안전한 철수의 길로 달려가는 대신, 유일한 도덕적 대안을 선택한 것이었다. 유엔의 활동은 국제법으로 보호받지만, 하마스는 이를 무시했다. 그들은 유엔을 목표물로 보았고 유엔 직원들을 폭력을 위장할 장식물 정도로 취급했다.

나는 현지의 유엔 직원들이 정말 고마웠다. 그들은 대부분 자신과 가족에게 위급한 상황이 닥쳐오는 가운데서도 임무 수행을 멈추지 않았다. 실제로 그들은 여러 날 동안 사무실에서 잠을 자야 했다. 그들은 이웃을 저버리지 않으려고 애썼고, UNRWA의 일에도 열성적이었다. UNRWA는 의료와 교육, 인도적 지원, 팔레스타인인 수만 명을 수용하는 난민촌 등 가자 지구의 거의 모든 공공서비스를 제공해왔다. 유엔은 서비스만 제공한 것이 아니라, 가자 지구 안에서 일하는 대부분의 교사와 사회복지사, 의료인력, 행정관, 창고관리자, 지역사회 지도자 등을 훈련하고 고용했다. UNRWA는 가자 지구에서 최대의 고용주였고 유일한 일자리였다.

이스라엘은 유엔이 하마스와 협력했다고 반복적으로 비난했다. 나는 하마스가 가자 지구를 통치하는 한 가자 지구에서 활동하는 유엔 직원들이 그들과 소통 및 협력하는 것은 현실적으로 불가피하다고 설명했다. 하마스는 2006년 1월 25일 선거를 통해 집권했는데, 당시 선거는 강압적인 분위기 속에서 치러졌다는 것이 중론이었다. 많은 젊은이와 일부 중장년층이 적극적으로 하마스를 지지했지만, 지지하지 않았어도 가자에 사는 모두가 하마스의 지배를 받아야 했다.

UNRWA의 존 깅 가자 지구 지원국장과 존 홈스 인도 지원 담당 사무차장은 북새통 속에서 잠도 자지 못하는 것으로 보였다. 홈스는 뉴욕의 유엔 본부에서 국제 공여 기관들과 협조하는 가운데 날로 악화되고 있는 가자 지구의 상황을 모니터해서 일일 보고서를 작성했다.

존 깅은 포위공격이 이루어지는 내내 UNRWA 사무실을 거의 벗어나지 못하면서 직원들 및 기자들과 접촉했고, 문자 그대로 목숨이 걸려 있는 어려운 결정을 내리고 있었다. 그가 세계의 언론인들과 협조하는 방식은 매우 효과적이었다. 그는 가자 지구의 인권침해 상황과 파괴, 역경, 공포를 생생하게 묘사했다. 그는 사실을 꼼꼼하게 전달했고 받아적지 않을 수 없을 정도로 분노와 슬픔을 잘 표현했기 때문에, 그의 설명을 감동 없이 들을 수 없었다. 그의 동정심과 인내심이 없었다면, 외부에서 이 위기를 취재하는 기자들이 살육 장면을 그렇게 생생하게 기사화할 수 없었을 것이다. 그는 양측을 균형있게 다루려고 했기 때문에 즉각적으로 신뢰를 얻었다. 위기가 지속되자, 그는 포위공격을 당하는 가자인들의 고통에 점점 더 깊이 공감했으며 이로 인해 미국과 이스라엘로부터 비난을 들었다.

그 와중에 많은 사람이 실종되었다. 전쟁이 중반 이후로 치달을 무렵 적어도 4만 명에 이르는 팔레스타인인들이 피난민이 되었고 그중 상당수는 어린이들이었다. 이들 가족은 대부분 UNRWA에서 운영하는 학교 안의 열악한 조건 속에서 대피 생활을 했다. 민간인 사망자와 부상자 수가 급격히 증가하면서 정신적 충격은 감당하기 어려울 정도였다. 유엔은 최첨단 무기와 해묵은 증오로부터 수십만 명의 비무장 민간인을 보살피고 보호하기 위해 무진 애를 썼지만, 안타깝게도 성공하지 못하고 있었다. 유엔 긴급구호소에 따르면, 22일간의 전쟁이 끝났을 때 팔레스타인 주민 1,418명이 사망했고 11만 2,943명이 부상했다. 그중에 어린이들은 사망자가 339명, 부상자는 1,812명이었다.[2]

이 침공으로 가자 지구가 심각하게 파괴되었다. 독립 조사관들로 구성된 위원회가 피해 규모를 파악했다.[3] 이스라엘의 침공과 민병대의 반격으로 가자 지구 전역에 걸쳐 주택 약 4천 동, 학교 85개, 20킬로미터 길이의 수도관, 우물 11개, 그리고 하수도와 펌프장이 손상되거나 파괴되었다. 그것이 단순히 도발에 대한 대응이었느냐 여부와 무관하게, 이스라엘 육군과 공군은 학교를 포함한 107동의 유엔 건물을 파손하거나 파괴했다.[4] 유엔 인도지원 조정국은 가자 지구 재건에 20억 달러가 소요될 것으로 추산했다.

이스라엘도 피해를 입었다. 병사 4명을 포함해 10명이 전쟁으로 목숨을 잃었다.[5] 스데롯과 인근 지역의 주민들은 하루에도 몇 번씩 공습 사이렌이 울릴 때마다 공포에 떨어야만 했다. 최소한 500명의 이스라엘 주민이 부상을 입었다. 양측 모두에 비극이었지만, 이 비극이 양측에 비슷한 무게를 지녔다고 말하기는 어려웠다.

컨베이어벨트 외교

나는 12월 27일부터 내내 전화기에 매달려 양측이 폭력을 중단할 것을 촉구했다. 민간인의 희생이 문제였다. 민간인을 보호하고 공격을 자제하라는 국제사회의 압력을 받고 있었지만, 양쪽 다 반응이 없었다. 올메르트 이스라엘 총리가 내 전화를 받았다. 아마 마지못해 받았을 것이다. 하마스와는 직접 통화할 수가 없었다. 미국과 유럽연합, 그 밖의 많은 나라가 하마스를 테러조직으로 지정했기 때문이다. 요르단강 서안지구만 통제하는 팔레스타인 자치정부가 오랫동안 팔레스타인의 두 지역을 모두 관할하는 정부로 인정받고 있었다. 하지만 그들과 하마스 지도부의 관계는 차갑게 얼어붙어 있었기 때문에 압바스 수반이 할 수 있는 일은 별로 없었다.

여느 때였다면 미국의 역할이 요청되었겠지만, 부시 행정부는 임기 종료를 맞고 있었고 중동을 주목하는 사람도 없었다. 오바마 정부는 1월 20일이 되어야 출범할 터였고, 그나마 미국은 금융위기로 정신이 없었다. 미국 지도부의 공백으로 니콜라 사르코지 프랑스 대통령이 나섰다. 그는 2009년 1월 6일 중동지역을 방문하면서 양측 지도자들에게 휴전을 설득할 수 있으리라는 확신에 차 있었지만, 불행히도 어느 쪽도 관심을 보이지 않았고 사르코지 대통령은 빈손으로 파리로 돌아갔다.

다음은 내 차례였다. 2009년 1월 14일 수요일 카이로에 착륙했을 때, 성공해야 한다는 압박감은 나를 주눅 들게 만들기보다는 의욕을 높이고 있었다. 이후 내 여정은 7일간 이어졌고, 사무총장의 출장치고는 이례적으로 긴 일정이 되었다.

이 일주일의 출장을 나는 '컨베이어벨트 외교'라고 이름 붙였다. 사람들과의 만남이 이루어지는 속도는 줄어드는 법이 없었다. 나는 7개국을 방문하고 두 차례의 국제회의에 참석했으며, 최소한 23명의 세계 지도자, 3명의 국왕, 수십 명의 장관을 만났다. 카타르와 쿠웨이트, 요르단 정부에서 빌려준 항공기와 헬기가 아니었다면 이런 일정은 물리적으로 불가능했을 것이다. 첫날에는 이스라엘 정부와 말이 통할 만한 두 지도자인 호스니 무바라크 이집트 대통령과 압둘라 요르단 국왕과 만났다. 이 두 나라는 각각 1979년과 1994년에 이스라엘과 평화협정을 맺었지만, 이스라엘이 이들의 요구를 받아들일 정도로 관계가 우호적인 것은 아니었다.

그렇지만 이 두 사람은 최선을 다하겠다고 약속했고, 나는 이 지역에 우군이 있다는 사실에 힘을 얻었다. 과거 이스라엘은 이들의 호소에 반응하지 않았고, 하마스는 오로지 이란의 지시만 따르는 것 같았다. 이란 정부는 오랫동안 이스라엘의 '존재' 자체를 부인해왔고, 자신들을 대신해서 이스라엘을 공격할 무장집단에 자금을 지원해왔다. 이란은 하마스만이 아니라 레바논의 헤즈볼라에도 지속적으로 자금과 군사를 지원하고 있으며 그 지도자들에게 은신처까지 제공해왔다.

출장 이틀째인 1월 15일 목요일 아침에도 로켓이 연이어 떨어지고, 이집트 국경을 따라 건설된 지하 터널을 통해 무기는 계속 하마스 쪽으로 흘러들고 있었다. 하마스가 인간을 방패로 이용하는 것도, 이스라엘이 대규모 군사력을 투입하는 것도 내게는 충격이었다. 전투원들은 긴 싸움에 돌입할 채비를 하고 있었다.

시간이 흐를수록 상황은 악화일로로 치닫고 있었다. 내 아이디어는 바닥나고 있었고, 솔직히 말하면 희망도 바닥을 드러내고 있었다. 애를 썼지만 휴전을 위한 진전은 너무나 더뎠고, 뭔가 독창적인 대안, 파격적인 해결책 쪽으로 전략을 바꿀 필요가 있었다.

그 전날 무바라크 대통령과 만나서 의논하던 중에 한 가지 새로운 아이디어가 떠올랐다. 이스라엘 측에 일방적인 휴전을 제안하자는 것이었다. 끈질기게 싸우던 양쪽 중 한쪽이 무기를 내려놓으면 상대 쪽도 그렇게 하리라는 기대에 도박을 걸어야 가능한 방안이었다. 양측이 동시에 휴전에 동의하기는 대단히 어려우리라는 것이 내 생각이었다. 따라서 무력이 더 우세한 이스라엘이 먼저 나서야 했다. "이스라엘이 먼저 휴전을 선언하면, 하마스도 반드시 따르도록 내가 나서겠습니다"라고 무바라크 대통령은 단언했다. 나로서는 가자 지구에 식량과 의약품을 공급할 시간을 벌 수 있는 계획이라면 뭐든지 받아들일 용의가 있었다.

유엔을 쏘면서 가자를 때리기

목요일 아침 텔아비브 외곽에 착륙했을 때, 나는 이스라엘군이 가자 지구의 유엔 인도지원 물품 창고를 폭격했다는 것을 알게 되었다. 가자 지구 인도지원 물품의 중앙 공급소 역할을 하던 창고였다. 불과 몇 분 만에 수천 톤에 이르는 식량과 의약품, 모포, 비누, 의복이 잿더미로 변했다. 이 폭격으로 사망한 유엔 직원은 없었지만, 일순 공포감이 나를 엄습했다. 과거의 경험 때문이었다. UNRWA는 가자 지구의 모든 유엔 건물에 선명한 표식을 하고 이스라엘군에 이 건물들의 GPS 좌표를 제공해왔다. 이스라엘은 자국 군대가 이것이 유엔의 건물이라는 것도, 그 안에 무엇이 있었는지도 알고 있었다는 사실을 부인할 수 없었고, 실제로도 그들은 알고 있었다.

나는 문제의 포격이 유엔 건물 근처에서 발사된 하마스 로켓 공격에 대한 반격이었을 가능성을 떠올렸다. 곧 진상을 알게 되었다. 유엔 건물 인근으로부터는 아무것도 발사된 적이 없었다. 공격은 이스라엘군의 '중대한 실수'였을 뿐이다. 이 끔찍한 사건에 대해 이스라엘 정부가 즉시 책임을 인정한 점은 높이 평가하지만, 그 누구도 왜 유엔 창고와 인근 UNRWA 본부를 공격했는지는 설명하지 않았다.

UNRWA 직원들이 당시 상황을 보고했다. 3발의 폭탄이 떨어지자마자 창고에 순식간에 유독성 연기가 가득 차면서 불길이 치솟았다는 것이다. 직원들이 허겁지겁 불을 끄려고 나섰지만, 쌀 포대, 소독제 병, 기저귀 상자들이 남김없이 재가 될 때까지 불길은 치솟았다. 이스라엘군이 발사한 것은 제1차 세계대전에서 사용했던 백린탄white phosphorus으로, 산소로 불길을 일으켜 물만으로는 끌 수 없는 화학 무기였다. 가자시 주변에는 불길을 막을 수 있는 모래나 흙이 충분하지 않았으므로 피해는 막심했다. 창고와 그 안의 귀중한 물품들은 하루 종일 탔고, 일주일이 넘도록 연기가 사그라들지 않았다.

나는 예정대로 이스라엘 관리들을 만났다. 에후드 바라크 국방장관은 아침의 공격에 대해 다시 한번 사과했다. 나는 분노하며 철저한 조사를 요구했다. 그러자 그는 가자 지구에 대한 군사 작전은 목표를 달성했다고 말했다. 그때 다시 떠올랐다. 한쪽이 먼저 전투를 중지하고, 상대가 따른다는 구상이.

1월 15일 오후에 나는 에후드 올메르트 총리를 만나 팽팽한 긴장감 속에서 대화를 나누었다. 나는 이스라엘이 유엔 시설을 비롯한 비군사적 목표물에 대한 공격을 멈출 것을 요구했다. 이 문제를 확실히 짚고 넘어간 다음, 비로소 나는 단계적인 정전 합의를 논의하면서 일방적인 정전을 선언할 것을 촉구했다. 하마스도 뒤따라 정전에 동참하도록 최선을 다하겠노라고 확약했다. 한동안 침묵하던 총리가 입을 열었다. "정전을 검토할 용의가 있습니다. 하지만 하마스도 그럴지는 회의적입니다."

내가 말했다. "이스라엘은 정규군을 보유한 군사강국입니다.

상대가 싸움을 계속 걸어온다면 이스라엘은 반격할 권리가 있겠지요." 개인적으로 나는 이스라엘의 일방적 정전 선언이 실패할 것으로 보지 않았다. 전쟁은 이미 3주나 지속되고 있었고 양측 모두 정치적 손실과 민간의 피해가 막심했다. "하마스가 이 제안을 수용하도록 만들 방법이 있습니다." 나는 시리아의 다마스커스로 갈 생각이었다.

24시간 동안 수도 4곳 일주

무슬림과 유대인이 반나절만 근무하는 금요일이던 2009년 1월 16일 하루 만에 나는 수도 4곳을 방문했다. 예루살렘에서는 베냐민 네타냐후 리쿠드당 당수와 아침 식사를 했고, 라말라에서는 압바스 팔레스타인 수반 및 그의 선임보좌관들과 몇 시간을 보낸 다음, 앙카라로 날아가 레제프 타이이프 에르도안 총리와 압둘라 귈 대통령에게 협조를 요청했다. 그리고 베이루트에서 잠시나마 눈을 붙였다. 만일 하루에 수도 4곳 방문이 세계기록이 아니라면, 5곳을 방문한 사람을 꼭 만나보고 싶다는 생각이 들었다.

토요일도 한가하지 않았다. 레바논의 미셸 술레이만 대통령과 푸아드 시니오라 총리, 그리고 나비 베리 국회의장을 만났다. 장기간 국회의장직을 유지하고 있던 베리 의장은 이튿날인 1월 17일, 128명의 의원으로 구성된 의회에서 연설하도록 나를 초대했다. 지금까지 이런 영예를 누린 외국인은 나 외에 한 사람밖에 없었다고 말했다.

레바논은 지역 내의 주요국이었다. 헤즈볼라(이란과 시리아의 지원을 받는 레바논의 강력한 민병대 겸 정당)의 본거지이자, 이스라엘과의 접경지역은 유엔 평화유지군의 주둔지였다. 레바논 사회는 종교적 대립으로 불안정했다. 헤즈볼라가 이스라엘과의 북쪽 국경에서 제2의 전선을 만들지 않도록 하는 것이 무엇보다 중요했다. 예상대로 그들은 확실한 언질을 주지 않았다.

토요일 밤, 나는 거의 탈진 상태였다. 회의 하나하나가 긴장의 연속이었고 모든 상대는 완강하게 자신들의 입장을 고수한 터였다. 그날 밤에는 반드시 잠을 자야겠다고 생각했지만, 밤 10시 30분에는 선임 보좌관들과 함께 올메르트 총리의 기자 회견을 지켜보았다.

그는 전쟁에 관한 언급을 했다. 그의 말은 분명했지만 그래도 나는 귀를 세우고 경청했다. 회견 말미에 총리는 이스라엘이 새벽 2시를 기해 일방적인 정전을 실시할 것이라고 발표했다. 또한 이스라엘 군대는 즉시 가자 지구에서 철수를 시작할 것이라고 했다. 올메르트 총리는 내가 이번 사태에서 기여한 점에 대해서도 감사를 표했다.

안도감이 몰려왔다. 이스라엘이 제안을 받아들였다는 사실에 한 조각 자부심을 느낀 것도 사실이다. 나는 재빨리 바라크 이스라엘 국방장관에게 전화를 걸어 반드시 정전 준수에 만전을 기해줄 것을 촉구했다.

늦은 시간이긴 했지만, 방금 나처럼 기자 회견을 지켜보았을 왈리드 무알렘 시리아 외교장관에게 전화를 걸어 다음 날 아침 바샤르 알아사드 대통령을 만나기 위해 다마스커스로 가겠다고 했다. 유엔 사무총장으로서도 이례적인 여정이었지만, 상황은 수시로 변하고 있었고 우리는 시리아의 지원이 필요했다. 밤 11시 30분에 나는 수행기자단을 소집해 이스라엘이 공격을 중단하기로 결정한 데 대한 안도감을 표하고, 아침에는 시리아로 간다고 말했다.

아사드 대통령이 나서다

이튿날 일찍이 잠이 부족해 머리가 무거운 가운데, 네덜란드 외교관이자 중동 평화 특별조정관인 로버트 세리와 레바논 특별조정관인 영국의 마이클 윌리엄스, 그리고 사무차장 파스코 등 선임 보좌관들과 함께 다마스커스로 날아갔다. 나는 그동안 긴밀하게 협력해왔던 왈리드 무알렘 시리아 외교장관의 영접을 받았다. 나와 같은 차에 동승한 그는 시리아와 터키, 하마스의 대표들이 다마스커스에 모여 현 상황에 대해 협의할 예정이라고 전했다. 그리고 자신은 분쟁을 해결할 방도를 찾기 위해 최선을 다해 돕겠다고 했다. 내가 가자를 방문할 생각이라고 말하자, 그는 나의 안전을 보장하도록 하마스에게 전하겠다고 약속했다.

나는 알아사드 대통령을 그전에 한 번 만난 적이 있었다. 2007년 4월, 그가 정치적으로 외로운 들개 신세였던 시기다. 그는 시리아 지도자로서 하마스와 헤즈볼라를 개인적으로 지원했다는 이유로 많은 정부로부터 미움을 받아 결국 외톨이가 되고 말았다. 그 두 집단의 지도자들은 공공연히 알아사드 대통령의 보호를 받으며 시리아에 살고 있다. 이 두 무장세력은 중동지역의 불안정 요소였으므로, 그들을 도와준 알아사드 대통령은 아랍 세계에서 신망을 잃었고 서방과는 거리가 멀어졌다.

대통령은 오전 9시에 나를 집무실에서 맞았다. 나는 아주 솔직하게 상황을 논의했다. "이제 대통령께서 지도력을 보여줄 때입니다"라고 나는 시리아 대통령에게 말했다. 나는 2007년에도 같은 말을 했었다. "당신이 건설적인 역할을 할 때입니다. 그렇게 하신다면, 세계적인 존경과 지지를 받을 거라고 확신합니다." 나는 또 미국 측에 외교 관계를 개선하고 미국 대사를 다마스커스로 복귀시키도록 미국 측에 권유하겠다고 약속했다.

"어떻게 건설적인 역할을 할 수 있을까요?"라고 그가 물었다. 답을 뻔히 알면서 짐짓 물어보는 것처럼 보였다.

"하마스에 당장 전투를 중지하고 이스라엘 정부와 정전에 합의하라고 해주세요. 이스라엘은 이미 일방적인 정전을 선언했습니다." 그는 하마스에 대한 영향력이 없다고 했다. 나는 실망했다. 한 시간 전에 무알렘 장관이 공항에서 나에게 한 말과 정반대였기 때문이다. "대통령님, 하마스는 이 나라에 본부가 있고, 당신이 그들을 보호해주고 있지 않습니까? 그들에게 협상을 받아들이라고 한 마디만 해주십시오." 그는 서방이 국제사회와 더불어 하마스를 넓은 틀에서 인정해야 한다고 주장했다. 그러면서 자신도 최선을 다하겠다고 했다. 나는 희망적인 느낌을 그다지 받지 못한 채 떠났다.

아사드 대통령과 대화를 마친 뒤, 나는 이집트의 샤름 엘셰이크로 날아갔다. 홍해와 접하고 있는 휴양도시다. 위기 해결에 중요한 역할을 맡고 싶었던 무바라크 대통령은 가자 지구의 재건을 위해 이미 아랍 및 유럽 국가들의 정상회의 준비를 마친 상태였다. 참석자의 면면을 보면, 니콜라 사르코지 프랑스 대통령, 고든 브라운 영국 총리, 미레크 토폴라네크 유럽연합 의장 겸 체코 총리, 베니타 페레로 발트너 유럽연합 대외관계 담당 집행위원, 앙겔라 메르켈 독일 총리, 호세 루이스 로드리게스 사파테로 스페인 총리, 압둘라 2세 요르단 국왕, 압둘라 귈 터키 대통령, 실비오 베를루스코니 이탈리아 총리, 마흐무드 압바스 팔레스타인 수반, 아므르 무사 아랍연맹 사무총장 등이었다.

회의 도중에 보좌관 한 명이 카이로 주재 시리아 대사 유세프 아메드의 짤막한 메모를 나에게 따로 건네주었다. "하마스는 휴전을 받아들일 것입니다." 좌절과 분노가 나를 괴롭히고 있었지만, 그 순간 몰려드는 안도감이 그토록 클지는 몰랐다. 잠시 숨을 고른 다음 나는 그 소식을 회의 참석자들에게 알렸다. 모든 지도자가 곧바로 긴장을 풀고 등받이에 기대거나 눈을 감고 잠시 안도의 한숨을 내쉬며 감사의 혼잣말을 했다. 급한 불은 꺼졌고, 정전이 이루어진 마당에 회의는 불필요해졌다. 무바라크 대통령과 사르코지 대통령은 그 소식에 화색이 돌았다. 두 사람 모두 이 휴전협정에 자신들이 중요한 역할을 했다는 확신으로 의기양양한 모습이었다.

이어서 회의에 참석한 지도자들은 공동 기자 회견을 열기로 했다. 실은 주최자인 무바라크 대통령이 미리 준비해둔 일정이었다. 발언할 기회를 절대 놓치지 않는 12명의 지도자가 발언을 했다. 기자회견이 조금 길어지는 바람에 이 중대 뉴스를 보도해야 하는 기자들은 조바심을 냈다. 더 논의할 실질 사항은 없어서, 나는 곧바로 쿠웨이트를 향해 출발했다. 오래전부터 계획한 아랍연맹 경제정상회의와 사바 알아흐마드 알자베르 알사바 쿠웨이트 국왕이 아낌없이 지원한 2천만 달러짜리 신축 유엔 사무소 개관식에 참석하기 위해서였다. 이 유엔 건물은 테러 공격을 막는 장치를 비롯해 온갖 현대적 설비를 갖추고 있었다.

다음 날에는 쿠웨이트 국왕이 정상회의를 주재했다. 가자 사태가 중심 의제였다. 나는 거기 모인 17명의 아랍 지도자들과 공적인 면담을 할 때건 사적인 환담을 할 때건 가자 지구 휴전을 지지해줄 것을 촉구했고, 지금 더 중요한 것은 복구를 지원하는 것이라고 강조했다.

화요일 아침 비행기를 타고 이스라엘로 돌아갔을 때, 휴전은 유지되는 것처럼 보였다. 나는 이 휴전이 버락 오바마 미 대통령의 취임과 연관이 있을지 모른다고 생각했다. 나는 신임 미국 대통령과 탄탄한 관계를 맺는 것이 이스라엘 총리에게 얼마나 중요한 일인지를 잘 안다. 나 자신도 평화를 이루기 위해 일주일 동안 이 지역을 종횡무진으로 누비기는 했지만, 이스라엘과 미국과의 관계는 가볍게 여길 수 없는 요소라는 사실을 잘 알고 있었다.

머리도 마음도 집중하기 어려웠다. 수면 부족 탓이 틀림없었다. 그래도 유엔 사무총장으로서 중재 역할을 다하고 외교적 창의력을 발휘해 하마스와 이스라엘, 그리고 그들과 우호 관계를 맺고 있는 나라들을 설득했다. 주민들이 한숨 돌리면서 삶의 터전을 재건하는 긴 과정을 시작할 수 있었던 것이다. 적대 행위를 멎게 했다는 사실이 뿌듯했다.

일주일간의 노고가 성공적이었다는 점에서 안도감도 느꼈다. 몹시도 피곤했지만, 중동을 떠나기 전에 할 일이 한 가지 더 있었다. 나는 결정적 지도력을 발휘한 올메르트 총리에게 감사를 표하면서, 가자 지구를 즉시 방문하고 싶다고 말했다.

그는 놀라면서, 가자 지구에 가지 말라고 나를 설득하려 했다. 이스라엘군이 철수했기 때문에 자신으로서는 나의 안전을 책임질 수 없다는 것이었다. "만일 우리 군대가 가자 지구 내에 주둔한다면 누구도 사무총장님의 머리카락 한 오라기도 건드릴 수 없으리라고 장담할 수 있습니다. 하지만 우리 군대가 철수한 마당에, 총장님의 안전을 보장할 수 없습니다." 총리는 잠시 말이 없다가 책상 위에서 놓여 있던 종이 한 장을 집어 들었다. "총장님, 우리 정보수집 능력은 널리 알려져 있지요. 이걸 좀 보십시오." 거의 신화적이라는 소리를 듣는 이스라엘의 정보부 모사드가 얼마 전에 토니 블레어와 같은 '가치 높은 목표물'을 공격하려는 하마스의 계획서를 가로챈 것이다.

이 문서에 따르면, 하마스 군사조직의 우두머리가 불과 6개월 전에 "유럽의 개 한 마리를 제거할 것"이라고 협박한 적이 있는데, 이 말은 유엔과 미국, 유럽연합, 러시아 등 4자 회담이 외교적 노력의 일환으로 임명한 특사 자격으로 중동에서 활동 중이던 토니 블레어 전 영국 총리를 의미한다는 것이었다. 이런 경고를 받은 토니 블레어는 여행을 취소했지만, 나는 취소할 생각이 없었다.

내가 말했다. "총리님, 나는 유럽의 개가 아니라 유엔 사무총장이에요. 파괴 현장을 내 눈으로 직접 봐야겠어요. 그리고 UNWRA의 용감한 직원들을 만나서 격려할 필요가 있습니다." 그들은 몸과 마음의 힘을 다해 용기와 직업적 헌신을 요구하는 극심한 참을성의 시험을 견뎌내고 있었다. 그들이 자랑스러웠다.

나는 총리의 집무실에서 나와서 주차장에 선 채로 보좌진과 함께 출장 여부를 논의했다. 활기차고 상쾌한 아침이었지만, 날이 어두워지면 기온이 떨어진다. 에레즈 검문소까지 자동차로 얼마 안 되는 거리지만, 수행단에 속한 10여 대의 언론인 차량까지 함께 이동하려면 출발을 늦출 수 없었다. 나는 파스코 사무차장과 로버트 세리 중동 평화 특별조정관 등 선임 보좌관들을 불러 모았다. 두 사람은 반대했다. 위험을 무릅쓰고 방문해서는 안 된다고 했다. 사실 나의 가자 방문 계획을 찬성하는 사람은 없었다. 몇 분 후, 내 경호실장인 로비 로빈슨은 이스라엘 정보부로부터 걸려온 전화를 받았다. 김원수 비서실 차장은 마영삼 이스라엘 주재 한국 대사로부터 이 방문이 너무 위험하다는 경고를 모사드로부터 들었다고 알려왔다. 가자 지구의 UNRWA 관리들조차 크게 우려할 정도였다.

나는 신속히 결정을 내려야 했다. 나는 전쟁 기간 내내 가자 지구에 머물고 있었던 카렌 아부 자이드 UNRWA 대표에게 전화를 걸어 예방책을 제안했다. "내 말 잘 들으세요. 현장에서 내가 할 면담을 카렌이 준비하고 있는 걸로 압니다. 몇 번이나 됩니까?"

"세 번입니다"라고 국장이 대답했다.

"그쪽에는 이야기하지 마세요. 세 번째로 잡힌 면담을 먼저 가질 겁니다. 첫 번째로 잡힌 약속은 두 번째로 미루시고요, 두 번째 것은 끝으로 미루세요." 카렌은 곧바로 알아들었고, 우리는 예정대로 방문을 추진했다.

고립된 지역으로

중동지역 방문의 마지막 날, 내가 에레즈 검문소를 통과했을 때 수십 명의 하마스 지지자들이 나를 기다리고 있었다. 그들은 손으로 수행단 차량을 두드리면서 고함을 지르며 화를 냈다. 나는 간간이 내가 탑승한 방탄 차량 겉면이 쿵쿵거리는 느낌을 받았다. "저들이 우리에게 신발을 던지고 있습니다." 가자 직원 한 사람이 나에게 말했다. 그것은 아랍권에서 가장 모욕을 주는 행위 중 하나였다. 가자 지구 안으로 진입하니 하마스 지지자들이 큰 소리로 구호를 외치거나 이스라엘에 대한 '승리'를 축하하며 노래를 불렀다. 어디서나 녹색과 흰색의 깃발이 보였다.

현장의 파괴는 극심했다. 전쟁이 휩쓸고 지나간 흔적이 뚜렷했고, 승자는 없었다. 사람들이 살고 있던 2층, 3층의 건물들은 폭탄으로 회갈색 파편투성이로 변해 있었다. 흩어지고 널려 있는 옷가지와 가구 파편, 자잘한 가재도구만이 그곳이 한때 가정집이었음을 말해주고 있었다. 어떤 건물들은 벽이 날아가서 폭탄이 터지는 순간까지 가족이 단란하게 살던 내밀한 공간의 내부가 훤히 드러나 있었다.

어른들은 분노와 심적 고통으로 소리치며 흐느끼고 있었다. 그들의 고통에 공감하지 않기란 어려웠다. 얼마나 많은 어린이들이 목숨을 잃었을까? 수북이 쌓여 있는 콘크리트 더미 아래 깔려 있을 시신들을 떠올리자 몸이 떨려왔다. 60년 전 한국전쟁 직후 내가 느꼈던 감정과 비슷했다.

전투가 중단된 곳에서 포탄 세례의 충격에서 벗어나지 못한 팔레스타인 주민, 주로 여성들은 돌무더기 위를 정처 없이 걸어 다니거나 자신이 살던 집의 잔해에 걸터앉아 있었다. 대다수는 흐느끼거나 통곡했다. 몇몇 아이는 날카로운 콘크리트 더미 위에서 뜀박질하고 있었고, 동생을 안고 있는 6~7세쯤 된 아이들도 보였다. 파자마를 입고 있는 아이들도 있었다. 강철로 보강되고 이중유리가 달린 SUV 안에 있으면서도 콘크리트 더미 속에서 울리는 비탄의 소리를 들을 수 있었다.

눈앞에 보이는 집들과 그 밖의 수천 채의 건물을 복구하려면 얼마나 오랜 시간이 걸릴지 알 수 없었다. 그 비용은 누가 댈 것인가? 유엔은 총 20억 달러 규모의 긴급 구호 요청을 발표할 예정이었지만, 그것으로 충분할 리는 없었다. 직접 지원에 나서줄 나라는 어디일까? 이란의 역내 영향력에 대항하기 위해 시아파 헤즈볼라가 통제하는 지역의 재건에 언제나 앞장섰던 사우디아라비아가 이번에도 너그러운 원조를 해주면 좋겠다고 생각했다.

가다 서기를 반복하며 우리 일행은 가자 지구의 UNRWA 단지에 도착했다. 아니, 단지였던 자리라고 해야 맞을지 모른다. 이스라엘의 공격을 받은 지 5일이나 지났는데도 창고에서는 아직 연기가 나고 있었다. 나는 창고를 둘러보면서 치미는 분노를 느꼈다. UNRWA 직원들과 나는 검게 변해버린 쌀, 식용유, 콩, 아스피린, 인슐린, 수분보충염, 담요 등등을 바라보았다. 수 톤에 이르는 식량과 의약품, 그리고 수십만 명의 피난민 가족들에게는 말 그대로 생사가 걸린 중요한 인도지원 물품들이었다. 피난민의 80퍼센트 이상이 극빈 생활을 하고 있었다. 특히 북쪽 3분의 1 구역이 입은 피해가 컸다. 유엔은 많은 분쟁지역에서 식량을 비롯한 생필품의 유일한 공급원이었다. 공격 목표가 된 것은 유엔 건물이었지만, 그 폭격은 가자 민간인에 대한 직접 공격으로 여겨졌다. 파괴의 엄청난 규모와 불필요하게 낭비된 물자들을 보면 볼수록 뭐라 할 말이 없었다.

싸늘해져 가는 공기에서는 마늘처럼 살짝 매캐한 냄새가 났고 그을린 건물의 표면에는 서리처럼 재가 내려앉아 있었다. 눈에 보이는 모든 광경이 독극물에 잠긴 듯한 느낌이었다. 그곳에서 벗어나고 싶었지만, 그렇기 때문에 더더욱 나는 거기 머물러 있어야 했다. 가자가 지난 22일 동안 어떤 일을 겪었는지 외부세계도 알아야 했다. 나와 동행한 수십 명의 기자가 이 참혹한 광경을 전송해줄 터였다. 이스라엘 정부는 기자들의 가자 지구 출입을 3주 동안이나 거부했었다. 나는 가자 지구에 무슨 일이 벌어졌는지 세계가 똑바로 봐야 한다고 생각했고, 가능한 한 많은 국제 언론 기자와 카메라맨을 대동하는 것이 나의 의무라고 느꼈다. 이곳에서 일어난 일을 증언할 객관적인 목격자가 필요하다고 생각했다.

이스라엘과 국제 언론을 막론하고 기자들은 파괴된 창고를 보며 불편함을 느꼈고, 그들이 제기하는 질문은 그들의 우려를 반영하고 있었다. UNRWA에는 엄청난 수의 난민이 있었고 창고는 일하는 사람들로 온통 시끄러웠다. 내 소리가 전달되도록 하자면 나는 30분이 넘도록 독한 공기를 마시며 큰 소리로 말해야 했다.

"이것은 터무니없는 만행이며, 결코 용납할 수 없는 유엔에 대한 공격입니다." 말하는 동안, 내 눈앞에 작은 점들이 떠다니는 것이 보였다. 나는 백린 화합물로 뒤덮인 시멘트 위에 서 있다는 사실을 미처 깨닫지 못했다. "오늘 저는 피해의 작은 일부만을 보았을 뿐입니다." 나는 파괴의 규모를 보면서 팔레스타인 주민들이 견뎌야 했을 참기 어려운 고통과 공포를 생각하고 있었다. "이것은 충격적이고… 걱정스럽고… 가슴 아픈 광경입니다. 오늘 이곳을 보니 무척 괴롭습니다." 감정에 북받쳐 나는 옆에 있는 직원에게 마이크를 넘기고 차에 몸을 실었다.

스데롯

나는 가자를 떠나 한 시간 좀 못 되게 자동차로 달려, 북쪽으로 1.6킬로미터도 채 떨어지지 않은 이스라엘 마을 스데롯을 방문했다. 이곳 주민 2만 2천 명은 그 전 달에 수백 발의 하마스 로켓 공격을 받았었다. 나는 로켓 공격 속에서도 피난 가지 않고 이곳에서 버티고 있었던 여러 가족과 비공개로 이야기를 나누었다. 그들은 싸움을 마다할 태세가 아니었고, 자신들의 집을 포기할 생각이 없다는 것을 내게 알리고 싶어 했다. 나는 이번에는 카셈 로켓에서 회수된, 길게 구부러진 금속으로 가득 찬 헛간 앞에 서 있었다.

"여러분은 날마다 하늘에서 로켓이 떨어지는 공포 속에 살아

갑니다." 나는 이스라엘 사람들에게 말했다. 나는 그들 바로 남쪽의 민간인들도 똑같이 전쟁을 끼고 산다는 점을 지적했다. "모든 사람이 원하는 것은 크게 다르지 않습니다. 전쟁과 공포가 없는, 평범한 삶을 살 기회를 원합니다. 이스라엘 사람들이 누릴 자격이 있는 것과 똑같은 정상적인 삶을 팔레스타인 주민들도 살 수 있어야 합니다." 그리고 이렇게 덧붙였다. "정치적 겉치레만으로는 로켓포 공격을 잠깐 멈출 수 있을지 몰라도 장기적으로는 팔레스타인 주민의 절망감과 급진주의만 키울 것입니다. 절망감은 하마스의 힘을 키워줄 뿐이고, 그것은 누구에게도 득이 되지 않습니다."

이튿날 아침, 나는 목소리가 나오지 않아 보좌관들에게도 간신히 속삭일 수밖에 없었다. 가자 지구 창고에서 연설하는 동안 흡입한 백린 때문인 것이 확실했다. 뉴욕으로 돌아간 뒤에도 계속 말을 할 수 없었다. 내 상태가 알려지자 총회와 안보리 의장들은 사무부총장과 사무차장들이 나를 대신해 보고를 하도록 했다. 대변인인 미셸 몽타도 나를 대신하여 발언했다. 성대가 완전히 굳어버리는 것을 방지하기 위해서는 5년간 주사를 맞아야 했다. 수년간 2~3주마다 규칙적으로 나를 진료해준 유엔의 의사와 간호사들에게 지금도 깊이 감사한다.

나는 이 전쟁을 더 빨리 끝낼 수 없었던 것이 괴롭고 마음 아플 뿐이다. 나는 사태 초기에 내게 권한이 있는 수단은 모조리 사용해보았고, 이집트에 도착한 후로는 마지막 한 톨의 힘과 지혜까지 모두 쏟아부었다. 단계적 휴전과 같은 새로운 해결책에 지지를 모은다든지, 모든 관련자가 협력하게 하는 것이 사무총장으로서 나의 목표이자 역할이다. 그러나 정치 지도자든, 군대든, 국민 스스로든, 당사자들이 분쟁을 통해 취할 이득이 있다고 믿는다면 도덕적 호소는 별 도움이 되지 못한다. 그러나 분쟁을 통한 이익이라는 것은 위험한 환상에 지나지 않는다. 분쟁이 싹트거나 발발한 어디서든 나는 지도자들에게 이점을 강조해왔고, 앞으로도 그럴 것이다.

승인

중동 상황은 내가 유엔 사무총장 임기를 마칠 무렵 훨씬 더 악화되었다. 팔레스타인과 이스라엘, 그리고 그들의 우방국들은 수십 년 묵은 갈등과 대립구도를 해소하는 데 큰 관심을 보이지 않았다. 평범한 시민으로 돌아온 내게 이제 정치적 책임은 없지만, 나는 여전히 강력한 뭔가를 가지고 있다. 바로 나의 신념과 나의 목소리다.

미국은 2017년 미국 대사관을 예루살렘으로 옮기면서 영토 문제에 관해 새로운 논란을 야기했다. 그 조치는 동예루살렘이 팔레스타인의 수도라는 아랍의 주장에 반하는 것이었다. 2018년에 트럼프 행정부는 팔레스타인 지도부가 요구 수준을 낮추도록 압력을 가하기 위해 UNRWA를 탈퇴했다. 나는 인도적 지원을 이처럼 오용하는 것이야말로 지나치게 냉소적이고 옹호할 여지가 없는 정치 행위라고 본다.

2020년 1월, 트럼프 대통령은 팔레스타인 주민들을 더 고립시키기 위한 또 다른 조치를 내놓았다. 미소 짓는 베냐민 네타냐후 이스라엘 총리를 옆에 세워두고, 트럼프 대통령은 이른바 그의 중동평화안을 발표했다. 요르단강 서안지구에 불법적으로 세워진 이스라엘 정착촌의 존속을 허용하는 이 방안은 '두 국가 해법'을 사실상 죽이는 것이었다. 그가 '세기의 거래'라고 주장한 이 구상은 팔레스타인 주민들에게 제한된 주권만, 그것도 이스라엘의 안보 우려가 해소된 뒤에나 부여하게 되어 있다.

팔레스타인 주민들에게는 논의할 기회가 주어지지 않았지만, 소수의 예외를 제외한 이스라엘 정부 인사들은 희색이 만면했다. 서안지구의 3분의 1에 해당하는 땅을 돌이킬 수 없이 차지한 사실을 미국으로부터 보장받은 거나 마찬가지였기 때문이다. 아랍에미리트연방UAE이 재앙에 가까운 이 구상의 실현을 지연시킨 것은 기적에 가까웠다. 2020년 9월 15일, 백악관은 아브라함 협정the Abraham Accords을 발표했다. 이 합의서에서 UAE는 이론상 대부분의 아랍 세계가 계속 교전 대상국으로 간주해온 이스라엘을 외교적으로 승인하는 데 동의했다. 이어서 바레인도 합류했다. 걸프 지역의 국가 대부분이 이스라엘과 암묵적으로 무역 협정을 맺고는 있었지만, 명시적인 외교적 승인은 실로 중대한 진전이었다. 요르단이 이스라엘과 관계를 정상화한 뒤로 25년이, 이집트가 먼저 길을 닦은 뒤로 40년이 흐른 시점이었다.

나는 왜 UAE와 바레인이 이스라엘과의 관계 정상화를 승인하는 데 동의했는지 모른다. 또 어떤 나라가 이들의 뒤를 따를지도 알지 못한다. 그래도 분석해보자면 사우디아라비아의 행보와 관련되어 있을 것으로 짐작된다. 사우디아라비아의 실질적 지도자인 무하마드 빈 살만은 트럼프 행정부의 백악관과 끈끈한 관계를 맺었다. 그래도 이슬람권에서 가장 성스러운 장소임을 자부하는 사우디아라비아가 공개적으로 유대 국가를 승인하기는 어려울 것이다. 이런 점으로 미루어 빈 살만이 사우디아라비아의 영향권에 있는 국가들에 이스라엘과의 데탕트를 권유하거나 명했을 가능성이 있다고 생각한다.

미국 정부의 개입은 세계 지도자들 간의 연대가 느슨해지는 시점에 나왔다. 다자주의는 위협받고 있다. 한때 굳건했던 아랍국가연맹과 걸프협력이사회는 크게 분열되어 있다. 유럽연합도 혼란에 빠져 아랍 지역에서 이렇다 할 역할을 하지 못했다. 더욱이 트럼프 대통령이 정직한 중재자 역할을 할 의지가 있었는지는 의문이다. 두 번째 임기를 노리며 외교적 승리를 거두는 데 더 큰 관심이 있었을 수도 있다. 미국 대사관을 예루살렘으로 옮기기로 한 그의 결정으로 인해 이스라엘과 팔레스타인이 '평화와 안보 속에서 이웃으로서 공존할 것'을 촉구해온 수많은 안보리 및 총회 결의가 무의미해지지 않길 염원한다.

게다가 이스라엘 정부는 팔레스타인과 모든 아랍 국가가 강력하게 반대하는 요르단강 서안의 합병 계획을 잠시 미루었을 뿐이다. 그런데 UAE 지도자들은 트럼프 구상에서 허용된 팔레스타인 땅을 합병하지 않겠다는 보장을 이스라엘로부터 받았다고 언급했다. 이스라엘이 두 아랍 국가들과 대사를 교환하면서 중동지역 내의 적대감이 누그러질 수 있기를 기대한다.

나는 이스라엘 국민의 안보 우려도 정당하지만, 팔레스타인 주민도 불가침의 자결권을 가지고 있다고 공개적으로 언급해왔다. 팔레스타인 주민은 자신들의 미래를 자기 손으로 결정할 수 있게 되기 전까지 세계에서 가장 취약한 집단에 해당한다. 이런 인식이 광범위하게 공유되고 있기는 하지만 현실에서는 별다른 효과가 없었다. 세계의 지도자든, 국제 싱크 탱크든, 다국적 기구든, 개인이든 누구라도 아이디어를 제시하고 유인책을 고안해낼 수는 있다. 그러나 평화를 실현하는 것은 그곳에 사는 사람들과 그들이 선출한 지도자에게 달린 일이다. 나는 지금도 중동 평화가 가능하다고 믿는다. 그것이 어떤 형태가 되든지 나는 그것이 실현되는 것을 돕기 위한 노력을 멈추지 않을 것이다.

가장 힘든 일은 이스라엘과 팔레스타인 사람들이 함께 해내야 하고, 어느 한쪽의 노력만으로는 문제를 해결할 수 없다. 백지장도 맞들면 낫다는 속담도 있지 않은가.

11

아랍의 봄

불만의 계절

'아랍의 봄'이 '죽음의 겨울'로 변해감에 따라 나는 여러 감정이 뒤섞인 채로 사태의 전개를 바라보았다. 평생 외교관으로 살아오면서 단 1년의 기간에 이렇게 현기증 나는 희망과 참담한 슬픔, 심지어 공포까지 한꺼번에 엄습한 적은 없었다. 2010년 12월 17일, 튀니지 경찰이 무허가 노점상의 손수레를 압류했던 바로 그날에 문자 그대로 민주화 운동에 불이 붙었다. 26세의 무함마드 부아지지는 빈곤과 절망적 현실 속에서 재차 경찰에게 모욕을 당하자, 정부 청사 앞에서 분신을 감행했다. 이 비극적 사건은 연일 사람들의 입에 올랐다. 부패한 정치 체제가 주는 절망 앞에서 한 남자가 필사적으로 내지른 마지막 외침이 그렇게 퍼져갔다.

사실 이 사건은 국제 뉴스라기보다는 머나먼 작은 마을에서 일어난 한 개인의 자살 사건이라고 할 수 있었다. 뉴스와 소셜 미디어는 사건을 촉발한 정치적 저항의 함의보다는 선정적 행위 자체를 부각했다. 부아지지의 죽음은 내 마음속에 계속 울림을 일으켰다. 나는 젊은이들이 느끼는 좌절에 관해 늘 이야기하면서도 정작 그들이 목표를 달성하는 데 필요한 교육이나 일자리는 찾아주지 못할 때가 많았다. 그날 밤 외교단 연말 파티에 참석하려고 집무실을 나서면서도 튀니지 청년에 관한 생각이 뇌리를 떠나지 않았다. 그러나 그 활기차던 12월의 밤에 나로서는 이 사건이 아랍 전역에 전에 없던 시위의 물결을 불러오리라고는 예상하지 못했다.

민주적 자결로 가는 길에는 분명한 이정표가 없었다. 인권 행동가들의 용감한 행동은 여러 나라에서 즉각적인 반발에 부딪혔다. 경제적·정치적 요구사항들을 양보했음에도 바레인 왕실은 사우디아라비아 군대의 도움을 받아 반대자들을 저지했다. 예멘 정부는 군인과 민병대를 투입해 탱크와 총, 칼, 몽둥이로 반란을 진압했다. 오만은 수십 명의 시위자를 체포하고 고문했다. 몇몇 나라는 시민적 권리를 더욱 제한하는 법을 채택하거나 시행했다. 훨씬 더 끔찍한 경우는, 뚜렷한 권력 승계의 대안도 없이 정권을 무너뜨린 일부 시위가 인권은 고사하고 인명조차 존중하지 않는 중무장 세력으로 빠르게 채워지고 마는 정치적 진공상태를 초래했다는 사실이다. 시리아, 리비아, 예멘은 잔인한 내전의 소용돌이로 빨려 들어갔다. IS를 위시한 극단주의 단체들은 시리아와 이라크의 대부분 지역을 공포의 심연으로 빠뜨렸다. 리비아에서는 서방측의 지원을 받으면서 정부임을 내세운 집단이 권력을 장악하려고 시도했지만 실패로 돌아갔다.

불씨

제일 먼저 시위에 나선 것은 튀니지 사람들이었고, 그들의 시위는 다른 나라 사람들에게도 자극을 주었다. 나는 로스앤젤레스 출장 일정을 잠시 미루고 전례 없는 시위에 대한 대응책을 모색했다. 나는 튀니지 정부에 시위대의 주요 관심사인 해묵은 사회경제적 요구를 충족하는 데 응답하라고 요청했다. 온건한 정치 문화를 가진 튀니지는 더 이상의 폭력 사태 없이 시위대와 대화로 문제를 푸는 모범 사례가 될수도 있었다. 하지만 2011년 1월 초, 튀니지군은 11명의 시위자를 살상했다.[1] 진전을 위해서는 신속하게 법치를 회복할 필요가 있음이 분명하게 드러났다.

한 달 사이에 이집트 카이로와 예멘 사나 시민도 자신들의 시위를 시작했다. 이들 나라의 정권은 반체제 인사들을 신속하게 체포하거나 공격했고, 심지어 살해했다. 튀니지에서는 대체로 평화적인 시위가 4주간 이어졌을 뿐이었지만, 진 엘아비디네 벤 알리 대통령은 권좌에서 물러나 2011년 1월 14일에 사우디아라비아로 도피했다. 같은 날 인접국인 리비아에서도 소요사태가 발생했다. 사람들의 관심이 리비아 북부의 반항적인 해변 도시 자위야로 쏠려 있던 무렵, 이미 이집트에서도 젊은이들의 분노가 들끓고 있었다. 2011년 1월 초에 이집트에서 한 사회운동가의 시신이 찍힌 끔찍한 사진이 온라인에 유포되었다. 사망한 사람은 인터넷 카페에 있다가 경찰에게 끌려 나와 2010년 6월에 고문을 받은 뒤 살해된 칼레드 무함마드 사이드였다. 불과 28세였던 사이드의 죽음은 경찰의 야만성과 자의적인 횡포를 보여주는 새로운 사례였다. 두바이에 거주하던 이집트 구글 마케팅 임원은 이에 대한 항의로 "우리는 모두 칼레드 사이드"라는 페이스북 계정을 개설했다.

불길

소셜 미디어 게시물 하나가 수십 건이 되고, 그것은 다시 수백 건으로 늘어났다. 사이드보다 생일이 13개월 앞선 와엘 고님은 이집트 시민들을 향해 2011년 1월 25일에 경찰의 잔혹성과 실업, 부정부패에 항의하는 '분노의 날'을 위해 타흐리르 광장에 모이라고 호소했다. 그것이 혁명의 시작이었다. 시위는 수개월간 이어졌다. 튀니지 전역은 계속 들끓고 있었고, 유엔은 이집트에서, 그리고 어쩌면 리비아에서도 1월 하순에 새로운 반란이 일어나지 않을까 예의 주시하고 있었다. 우리는 무슨 일이 일어날지 알 수 없었다. 하지만 폭력 사태가 발생할 가능성은 아주 커 보였다. 이집트의 독재자 호스니 무바라크와 리비아의 독재자 무아마르 카다피가 자발적으로 하야하리라는 것은 상상하기 어려운 일이었다.

이런 격동기 내내 유엔 사무국에서는 린 파스코 정무 담당 사무차장이 분주하게 활동을 이어갔다. 나는 매일 아침, 때로는 온종일 그의 브리핑을 받았다. 나는 미국 주재 대사관 공사 시절인 1990년대 초반에 파스코와 함께 일한 적이 있는데, 당시 그는 미국 국무부 아시아·태평양 담당 수석 부차관보였다. 이제 유엔 상황실은 가용 자원의 대부분을 중동지역에 집중하고 있었고, 나는 각종 사안에서 파스코의 조언을 신뢰했다.

시위대는 30년간 이집트를 통치한 호스니 무바라크에게 처음부터 격렬하게 도전하며 퇴임을 요구했다. 경찰은 반체제 인사들을 최루탄으로 진압하고 수백 명을 체포했다. 정권은 휴대전화 서비스와 인터넷 접속을 차단하며 시위를 진압하려고 했지만, 전 세계의 지지자들은 열심히 관련 정보를 확산시켰다. 소요 사태가 알렉산드리아에서 아스완으로 번지며, 시위대는 경찰과 몸싸움을 벌였고 때로 그들 스스로 폭력을 부추기기도 했다.

나는 무바라크 대통령이 위협을 느낄 경우, 타흐리르 광장 모퉁이에 대기 중인 전차로 공격 명령을 내릴 것으로 예상했다. 그는 최루탄 사용과 구타, 대량 체포를 지시했다. 치안 병력은 단 5일 만에 적어도 100명에 이르는 시위대원을 살상했다.

사태 초기에 기자들을 포함해 세계 각지의 사람들이 타흐리르 광장으로 몰려들었다. 그야말로 끝도 없이 밀려왔다. 군중은 하나로 뭉쳤고 단호했으며 광장 분위기는 열광적이었다. 이전에 단 한 번도 본 적이 없는 장면이었다. 2011년 1월 말이 되자, 이집트 경찰과 군대 대부분이 반체제 인사에 대한 체포와 공격을 거부하며 반란을 일으켰다. 사태 초기에 시위대를 타흐리르 광장으로 몰아붙였던 치안 병력의 놀라운 이반이었다. 2월 첫째 주, 무바라크 대통령은 내각을 해산하고 그해 하반기에 예정된 대통령 선거에 출마하지 않겠다고 약속했다. 그러나 시위대는 이 정도 조치에 만족하지 않았다. 그들은 독재자가 하야할 때까지는 물러나지 않겠다며 해산을 거부했다.

마침내 외부세계가 아프리카 대륙 북부 마그레브 일대의 사태에 관여하기 시작했다. 수천 명의 이집트 시위대는 페이스북과 트위터를 무기 삼아 무바라크 정권에 맞섰다. 봉기가 확산하면서 전국의 반체제 인사들은 시위와 이에 대한 군의 대응을 주제로 사진과 짧은 동영상을 통신망에 게시했다. 정부의 통신 차단 조치에도 굴하지 않고 시위대는 계속 자금을 모금하고, 실종된 동료들을 찾고, 식품을 비롯한 생필품 기부를 독려하고, 국제적 지원을 확보하기 위해 호소하고, 다른 도시나 다른 나라의 시위대를 응원했다.

나는 수십만 명의 이집트 젊은이들이 한목소리로 저항하는 모습을 놀라움과 걱정이 뒤섞인 감정으로 지켜보았다. 나는 공개적으로 무바라크 대통령을 향해 투명하고 질서 있는 선거를 치를 것과 이집트 국민에게 집회와 언론의 자유를 보장할 것을 촉구했다. 버락 오바마 미국 대통령을 비롯한 서방 지도자들은 이미 이집트 독재자에게 민주주의로 전환하거나 구체적인 퇴임 계획을 제시하라고 압박하고 있었다.

이집트의 상황은 복잡했다. 전문가들조차 혼란에 빠졌다. 2월 초, 오바마 대통령은 이집트 주재 미국 대사를 역임한 프랭크 위스너를 파견해 이집트 지도자들과 내밀한 면담을 갖도록 지시했다. 나는 그가 무바라크 대통령의 퇴진을 권유하는 오바마 대통령의 메시지를 전달했을 것으로 짐작했다. 그러나 2월 5일, 위스너는 연례 뮌헨안보회의에서 각국의 외교장관과 국방장관에게 무바라크 대통령은 미국의 전략적 파트너이며 이집트의 안정유지를 위해 그가 계속 집권하는 것이 "긴요하다"라고 말했다.

그의 발언은 미국 정책과 배치되는 것이었으므로 오바마 행정부는 위스너의 발언을 여러 차례 부인해야 했다. 힐러리 클린턴 국무장관은, 위스너의 발언은 그의 '개인적 견해'일 뿐 정부와는 무관하다고 말하며 위스너를 공개적으로 비판했다. 국무부 정무차관을 지낸 위스너를 높게 평가하던 나로서는 이런 일이 벌어져서 유감이었다. 4년 전에 콘돌리자 라이스 국무장관은 나에게 유엔 정무 담당 사무차장 후보로 그를 추천한 적이 있었다. 내가 그 문제를 의논하자 위스너는 나에게 "저는 나이가 많아 업무 수행에 한계가 있을 겁니다"라고 완곡하게 사양했다. 누구나 좋은 기회로 여길 만한 제안에 흔들리지 않는 모습을 보고 나는 위스너가 훌륭한 사람이라고 생각해온 터였다.

그 며칠 전인 2월 2일, 나는 런던에서 데이비드 캐머런 영국 총리와 이집트 정세를 두고 의논하고 있었다. 우리는 총리 관저 앞에서 생중계로 공동 기자 회견을 열기로 했다.[2] 나는 수많은 카메라 앞에서 말했다. "묵과할 수 없는 상황이 일어나고 있습니다. 평화적인 시위대를 향한 어떠한 공격도 용납할 수 없습니다. 나는 이를 강력히 규탄합니다." 나는 몇 번인지 기억하지 못할 만큼 여러 차례에 걸쳐 정치적 폭력을 명료하게 규탄했다. 그리고 큰 좌절감 속에서 급기야 유엔의 전통을 깨뜨리고 속마음을 드러내는 발언을 하고 말았다. "무바라크 대통령은 당장 하야해야 합니다!" 추가 설명을 요청받고 나는 다시 말했다. "지금 당장이요!"

무바라크 대통령은 그로부터 2주일도 지나지 않은 2월 11일에 실제로 하야했다. 그토록 장기간 집권한 그로서는 분명 어려운 결정이었으리라는 생각이 들었다. 그러나 동시에 그가 정말로 아직까지 대통령직을 원하기는 하는 것인지 궁금하기도 했다. 그는 그동안 국민과 접촉 자체가 없었기 때문에 이집트인이 자신의 하야를 바란다는 사실을 믿기 어려웠을 것이다.

시위에 참여하는 시민의 수가 100만 명이 넘었다. 시위대는 해산을 거부했다. 많은 요구사항 중 단 하나가 충족되었을 뿐이기 때문이었다. 민주화 운동은 들불처럼 번져갔다. 나는 평화적인 시위를 지원하고, 당황한 정부가 폭력적인 진압으로 대응하지 않도록 도우려고 힘이 닿는 한 최선을 다했다.

개인적으로 나는 무바라크 대통령에게 동정심을 느꼈다. 그는 지역 내에서, 특히 이스라엘과 팔레스타인 사이에 평화 과정이 진척되도록 나와 유엔을 도왔었다. 그는 또 중동·아프리카 지역 지도자로는 처음으로 나의 유엔 사무총장 출마를 공개적으로 지지하기도 했다. 2006년 3월에 나의 출마를 지지한다는 무바라크의 공개 발언은 중동과 아프리카 전체로 빠르게 퍼졌다.

격화

아랍의 봄 초기 몇 달간 나는 아므르 무사 아랍연맹 사무총장을 비롯한 역내 지도자들과 끊임없이 접촉했다. 하지만 안정을 회복시키려던 나의 노력은 성공하지 못했다. 나는 안보리 전체 이사국과도, 5개 상임이사국과도 정례적으로 회의를 했지만, 서방 상임 3개국과 러시아·중국 간의 입장 차를 줄이는 데는 별 효과가 없었다.

2월 중순 리비아 시위는 자위야에서 지방의 중심도시인 벵가지 연안까지 확산되었다. 시위대는 주택 부족과 부정부패에 대한 오랜 분노를 터뜨리며 거리에 나섰다. 현지의 랩과 록 음악가들이 시위대를 응원했고, 튀니지와 이집트의 시위가 이들을 고무시켰다. 하지만 튀니지나 이집트와는 달리, 리비아의 시위는 경찰과 군대의 폭력적인 도발로 빠르게 양상이 변했다.

2월 18일, 항구도시 벵가지에서는 시위대 수천 명의 분노가 폭발했다. 그 전날, 군대는 긴장은 팽팽했지만 대체로 평화적이었던 3일간의 시위를 진압하는 과정에서 시위자 14명을 살해했다. 장례 행렬이 도심을 지날 때, 시위대는 치안 병력을 향해 돌을 던졌고 군인들은 사격으로 대응했다. 이에 대한 분풀이로 시위대는 경찰관 2명을 붙잡아 교살했다. 2월 20일, 적어도 230명의 시위 대원이 피살되었다. 그러나 민간인 사상자가 몇 명인지, 그것이 누구의 소행인지에 대해서는 의견이 분분했다.

정부의 폭력적 대응은 리비아인을 하나로 뭉치게 만들었다. 수만 명이 신속하게 합류하면서 시위는 전국으로 번졌다. 나는 현지에서 많은 사람이 떳떳하게 자유를 요구하며 거리로 뛰쳐나오는 모습을 뉴욕에서 지켜보았다. 나는 이 계기가 평화롭게 유지되면서 올바른 방향으로 진행되도록 외교적인 노력을 배가했다. 하지만 유엔 사무총장은 권좌를 지키려는 독재자의 적수는 못 되는 법이다.

"당신들은 테러리스트"

변덕스러운 리비아의 독재자 무아마르 카다피는 갈수록 편집증이 심해졌고, 내가 보기에는 행동도 이미 상궤를 벗어났다. 그와 나는 2월 시위 사태 초기에 두 차례 전화 통화를 했다. 카다피는 나더러 현장에 와서 '현실'을 보라고 강력하게 촉구했다. 하지만 나는 가더라도 내가 할 수 있는 일이 아무것도 없다는 사실을 잘 알고 있었다. 그는 반대자들을 '쥐새끼들'이라고 부르며 시위자 대부분은 마약중독자로 인접국으로부터 돈을 받는 용병이라고 말했다. 그가 시민봉기를 심각하게 생각하지 않는 것처럼 보였다.

당시 나는 카다피와 5년 넘게 알고 지낸 사이였다. 비록 쿠데타로 집권하기는 했어도, 그는 한때 리비아의 이익을 진심으로 중시하는 것처럼 보였다. 그가 얼마나 잔인하고 자기도취적인 통치자가 되었는지를 잘 알았던 것은 아니다. 카다피 대통령이 다른 세계 지도자들을 적대시한 것이 어제오늘의 일은 아니지만, 2009년 3월 도하에서 열린 아랍연맹 정상회의에서 최고로 무례한 모습을 연출했다.

카타르의 셰이크 칼리파 빈 하마드 알 타니 국왕은 카다피가 곧 도착하기를 기대하며 개회를 한 시간 뒤로 미루었다. 기다림에 지친 국왕이 개회사를 읽고 있을 때, 무아마르 카다피가 수행원들과 함께 입장했다. 그러자 모든 기자가 그에게 몰려들었고 카타르 국왕은 이 의도적인 훼방 때문에 회의를 중단할 수밖에 없었다. 셰이크 알 타니가 마침내 개회사를 마치자, 아므르 무사 아랍연맹 사무총장이 이어서 발언했다. 다음은 내 차례였다. 바로 그때, 카다피가 손을 들었다. 그것을 보고 카타르 국왕이 말했다. "형제여, 할 말이 있으신가요? 발언자 명단이 정해져 있으니 기다려주시죠."

카다피는 격노했다. "나는 이맘Imam 중의 이맘이요! 지도자 중의 지도자, 왕중왕이란 말이오! '발언자 명단'이라니 그게 무슨 말입니까?" 이어 카다피는 사우디의 압둘라 국왕을 가리키며 말했다. "당신이 미국의 친구고 협력자라는 걸 압니다. 나는 신분상 당신 같은 부류의 사람들과 함께 앉을 수 있는 사람이 아니오." 그런 다음 카다피는 놀란 모든 참석자를 등 뒤로 돌리며 회의장을 떠났다. 정회 시간에 나는 압둘라 국왕에게 물었다. "카다피가 미국과 가깝다고 비난했을 때 불편하셨습니까?"

국왕은 나를 보며 가볍게 미소 지었다. "그가 하는 소리를 듣지 못했습니다. 무슨 말을 하는지 들었다면 응대했었을 텐데 말입니다." 이상한 행태는 무시하거나 너그럽게 '보아 넘기는' 것이, 자칭 지도자 중의 지도자를 상대하는 국제 공통의 전략인 것처럼 보였다.

두 달 후, 카다피는 처음이자 마지막 유엔 방문 기간 중 다시 한번 나에게 충격을 안겨주었다. 2009년의 총회 기조연설 도중에 잊을 수 없는 장면이 펼쳐졌다. 그는 장장 100분 동안 고함을 치며 발언했다. 다른 정상들에게 할당된 15분보다 7배나 긴 시간이었다. 연설이 얼마나 격앙되었던지 영어 통역자가 진이 빠지는 바람에 급히 다른 통역자를 투입해야 했을 정도였다.

카다피는 첫날 세 번째 연설자였는데 인기가 높은 오바마 미국 대통령 바로 다음 차례로, 다들 선호하지 않는 순번이었다. 미국 대통령이 연단을 떠날 때면 늘 그랬듯이, 다수의 세계 지도자들이 그를 따라 나가 잠깐씩 대화와 악수를 했다. 그래서 총회장은 어수선했고 파란색 빈 의자들만 덩그러니 남았다. 카다피는 각국 대통령이나 총리가 제자리로 돌아올 때까지 연설을 거부했다. 그렇게 5분이 가고 10분이 가고 결국 15분이 흘렀다.

총회의장이 간청하자 카다피는 드디어 주목을 받으며 연단에 올랐다. 그는 유엔이 무력하다고 비난했고 오랜 세월 리비아를 냉대한 서방측의 태도에 불만을 표했다. 그는 유엔이 아프리카에 더 많은 도움을 주어야 마땅하다고 주장했다. 그는 서방 지도자들의 이름을 하나하나 부르며, 협박과 이중 잣대, 전쟁광 행태를 지적했다. 다음은 이스라엘이 도마 위에 올랐다. 듣고 있었다면 고역이었겠지만, 나는 이미 회의장을 떠난 상태였다. 사실 대통령과 총리가 연설할 때는 자리를 지키는 것이 옳았지만, 나는 아샤로즈 미기로 사무부총장을 내 자리에 대신 앉게 했다. 상황은 점점 더 악화되었다.

카다피가 연단 위에서 유엔 헌장을 찢어 의장석 쪽으로 던지자 다른 정상들은 모두 연단을 주목했다. 마침 리비아의 전 외교장관인 알리 트레키가 그해의 유엔 총회의장이라 연단 뒤에 있던 미기로 부총장 바로 옆에 앉아 있었다. 트레키는 허리를 숙이고 마치 야구선수가 공을 잡듯 헌장을 낚아챘다. 카다피의 행동은 192개국의 대표를 무시하는 모멸적인 행위였다.

2009년 7월에 실비오 베를루스코니 이탈리아 총리가 이탈리아 라퀼라에서 열린 주요 8개국G8 정상회의에 카다피를 초청했다. 이 회의의 주제 중에는 국제 테러리즘도 포함되어 있었다. 카다피는 자신을 "혁명의 선구자"라고 칭하며 손가락으로 서방 3개국G3 지도자들(오바마, 사르코지, 캐머런)을 하나씩 가리키며 말했다. "당신들이 테러리스트야."

그는 손가락질을 할 때마다 머리를 베는 시늉을 했다. 아무도 대꾸하지 않는 것을 보고 나는 놀랐지만, G8 지도자들은 태연히 그를 무시했다.

필요한 모든 수단

나는 그해 가을의 리비아 시르테 방문을 잊을 수 없다. 카다피와의 만남은 어색했지만, 나는 그날을 생생하게 기억한다. 자칭 왕중왕은 호화로운 텐트에서 나를 맞았다. 그는 자신의 베두인 혈통을 상기시킨다는 이유로 텐트를 좋아했다. 텐트 밖을 여러 겹으로 둘러싼 경호와 성형수술로 일그러진 카다피의 얼굴을 보기만 해도 광기가 느껴졌다. 내가 말하는 동안 그는 날아다니는 파리를 잡는 데 몰두했고 자신을 아프리카의 왕중왕이라고 부르라고 요구했다. 그는 유엔은 물론이고 자국의 국민도 경멸하고 있다는 인상을 주었다.

시위는 확산되고 있었고, 나는 그가 이성에 귀를 기울이고 내 말을 믿어주길 바랐다. 2011년 2월 중순의 면담 때는 민간인 시위대에 대한 군대의 유혈진압을 멈출 것을 요구했다. 나는 그에게 서방국가가 무력 사용을 고려하고 있음을 경고했다. 그러나 그는 나의 메시지를 무시했다. 그는 점점 격렬해지는 시위를 진압하려고 탱크에 전투기까지 동원할 정도였다. 뉴욕과 제네바에서 유엔 차원의 대응은 진전이 없었다. 세계가 지켜보는 가운데 총회와 안보리, 인권이사회는 다수 회원국의 동의를 얻기 위한 결의안 초안을 작성하려고 노력했다. 인권이사회에서는 그런 노력이 유난히 힘들었다. 리비아도 인권이사회 이사국이었기 때문이다.

나는 양심에 따라 거리와 온라인에서 주장을 펼치고 있던 시위대에 마음을 쏟았다. 지역 강대국들의 뜻을 거스르는 것이었지만 나는 개의치 않고 공개적으로, 개인적으로, 반복적으로 목소리를 냈다. 나는 시민들을 폭력적으로 해산시키는 대신 기본적 인권에 대한 그들의 열망에 주목할 것을 카다피 정부에 촉구했다. 그러나 나의 행동에는 법적 강제성이 따르지 않았다. 그 책임을 맡고 있는 안보리 5개 상임이사국은 갈수록 심각해지는 리비아 위기를 두고 교착상태에 빠져 있었다.

일방적 무기 금수 조치는 민간인 보호를 위한 일반적 노력의 일환이었을 뿐, 카다피 정부가 보유한 무기의 수준이나 외국 용병에 대응하기에는 충분치 않았다. 영국과 프랑스, 미국 정부는

'보호책임R2P: responsibility to protect'이라고 불리는, 아직 적용된 적 없는 원칙에 따라 리비아 사태에 개입할 의무가 안보리에 있다고 주장했다. R2P는 2005년 세계정상회의에서 대량 학살genocide, 전쟁범죄, 반인도주의 범죄 및 인종청소를 방지하기 위한 수단으로 채택된 국제규범이다. 이제 이것을 적용할 때가 온 것이다.

안보리 이사국들은 유엔 헌장 제7장에 기초한 결의안 초안을 부지런히 작성했다. 이것은 '필요한 모든 수단'의 사용을 승인하는 것으로, 모두가 이 완곡한 표현이 무력 사용을 의미한다고 이해했다. R2P를 앞세웠음에도, 러시아와 중국은 국내 문제라는 이유를 들어 무력 사용을 승인하지 않으려 했다. 안보리는 2011년 2월 26일 마침내 무기 금수, 여행 금지 및 리비아 자산 동결을 부과하는 획기적인 안보리 결의 제1970호를 채택했다. 3주 후에는 기권 5표가 나온 가운데, 리비아 상공에 비행 금지 구역을 설정하는 안보리 결의 제1973호도 채택했다.

아랍의 봄은 처음에는 상쾌했다. 그것은 자기결정권이라는 유엔의 기본 원리를 예증하는 사건이었다. 튀니지와 이집트 대통령이 자리에서 물러났고 카다피는 지방 어디론가로 숨어들었다. 점진적인 승리의 소식을 접할 때마다 기뻤다. 사우디아라비아에서는 여성이 투표를 하고 선거에 출마할 수 있는 헌법상의 권리를 획득했다. 알제리는 20년간 이어오던 비상사태에 종지부를 찍었다. 튀니지, 리비아, 이집트, 예멘에서 독재자의 구체제는 권력을 잃었다. 왕국을 다스리는 군주들조차 처음으로 유연성을 보이기 시작했다.

성공에는 후퇴도 따랐다. 걸프 지역 국가들은 시위를 진압했다. 전 지역에 걸쳐 나타나던 신중하고 온건한 자유 발언이 더는 용납되지 않았다. 소득 불평등과 인종적·종교적 긴장은 여전히 그 지역 사람들 대다수를 압박했다. 나는 아랍의 봄이 결국에는 역풍을 맞아 수많은 이들이 목숨을 잃고, 수백만이 이재민이 된 뒤에도 계속 더 불타오르는 과정을 걱정스럽게 지켜보았다.

열정적인 특사들

2011년 2월 21일, 한 직원이 유엔 본부에서 한 블록 떨어진 주유엔 리비아 대표부로부터 온 짧은 급전을 들고 내 집무실로 달려왔다. 매우 유능한 리비아의 유엔 주재 차석대사 이브라힘 다바시가 망명을 신청한 것이다. 전 세계에 포진한 리비아의 고위급 외교관 10여 명은 실제로 카다피 정권과의 관계를 단절하는 조치를 조율해왔다. "우리는 현재 리비아에서 벌어지고 있는 사태가 인도에 반하는 죄이자 전쟁범죄라고 확신합니다"라고 다바시는 기자들에게 말했다. "우리는 더 이상 침묵할 수 없습니다. 우리는 리비아 국민의 목소리를 세계에 전해야 합니다." 이 주목할 만한 성명은 곧바로 언론을 통해 전파되었다.

나는 매우 놀랐다. 외교관이 자신이 대표하는 정부에 대드는 일은 여간해서는 보기 어려운 장면이었다. 그것은 한 선량한 인간이 잔혹한 정권을 포기하는 장면이었다. 나는 다바시를 좋아했는데, 이제는 대단히 존경스럽기까지 했다. 카다피가 몰락한 뒤에도 그가 계속 리비아 대사로 근무한 것은 다행스러운 일이었다. 카다피 정권은 연이은 망명과 불복종 사례를 겪어야 했다. 이튿날인 2월 22일, 아랍연맹은 리비아를 축출했다.[3]

압두라만 무함마드 샬감 유엔 주재 리비아 대사는 동료들과 함께 사임하지는 않았다. 하지만 3일 후에 안보리 공식 회의에서 발언하는 것을 보니 그 역시 리비아 정부에 반기를 들었음을 바로 알 수 있었다. 나는 말굽 모양의 안보리 회의장 테이블 가운데에 앉아, 리비아 상황을 둘러싸고 사뭇 격앙된 토론이 벌어질 것으로 마음의 준비를 하고 있었다. 나는 각 이사국 정부를 상대로 자국의 이익보다 수십만 리비아인의 생명을 우선시해줄 것을 요청했다. 안보리 공식회의의 말미에 논의 대상이 된 국가의 대사에게 발언권을 주면, 자국 정부를 옹호하는 발언을 이어가기 마련이었다. 그러나 이번에는 달랐다.

두 시간에 걸친 회의 내내 안색이 좋지 않았던 샬감 리비아 대사는 발언을 시작하면서 눈물을 쏟았다. "유엔이여, 제발 리비아를 구해주세요!"라고 샬감 대사가 외쳤다. 그는 용병이나 리비아 공군이 민간인을 공격하는 것을 막을 수 있도록 비행 금지구역을 설정해달라고 안보리에 간청했다. "유혈사태는 안 됩니다! 무고한 사람들이 희생되어서는 안 됩니다! 우리는 안보리의 단호하고 신속하고 과감한 결의안을 희망합니다." 이 역사적 장면은 TV로 생중계되었다.

샬감은 어릴 때부터 카다피와 알고 지낸 사이였다. 그의 행동은 의로운 것이었지만, 그의 '형제 카다피'를 완전히 배신하는 행위였다. 샬감 대사가 손수건에 얼굴을 묻고 흐느끼자 많은 외교관이 그를 에워싸고 어깨를 두드리거나 악수를 하거나 뺨에 키스하며 그를 끌어안았다. 10여 개국 대표가 그를 위로하고 격려 인사를 전하기 위해 몰려드는 바람에 회의는 중단되었다. 나는 외교관들 사이를 뚫고 다가가 샬감 대사의 손을 양손으로 잡고 그를 포옹하며 위로했다. 감동적인 순간이었다. 유엔에서 이렇게 마음을 움직이는 장면을 보게 되리라고는 기대하지 못했다. 내가 경험한 외교사에서 가장 특별한 순간이었다.

"우리는 유엔 안보리에서 비범한 광경을 목격했습니다. 역사적인 순간입니다. 리비아 대사는 우리의 도움을 간청했습니다." 나는 안보리 회의장 문밖에 설치된 연단 앞에 운집해 있던 기자들에게 이렇게 말했다. 같은 날 오전, 제네바의 유엔 인권이사회는 어울리지 않는 일원이었던 리비아의 이사국 자격을 정지시키는 결정을 내렸다.

“그만하면 충분해요”

R2P 조치의 이행을 두고 15개 이사국의 협상이 난항을 거듭하고 있을 때, 나는 안보리가 과감하게 행동에 나설 것을 촉구했다. 이 원칙이 군사적 조치의 시험대에 오른 것은 이번이 처음이었다. R2P는 지난 10년에 걸쳐 가장 중요하면서도 첨예하게 의견이 갈린 원칙이었다. 마침내 서방국들은 카다피를 축출하려는 시도는 없을 것을 약속하며, 러시아와 중국에 거부권 행사 대신 기권을 종용했다. 역사적인 안보리 결의 제1973호는 3월 17일에 15개 이사국 중 5개국(중국, 러시아, 브라질, 독일, 인도)이 기권하면서 그다지 환호하는 분위기 없이 채택되었다.[4]

이틀 뒤, 나는 니콜라 사르코지 프랑스 대통령이 파리에서 소집한 리비아 관련 국제회의에 참석했다. 발언자들은 리비아 국민은 지원하겠지만 카다피 정권은 더는 용납할 수 없다고 한목소리로 말했다.

사르코지 대통령 바로 앞에 앉은 나는, 똑같은 내용의 연설이 계속 반복되는 바람에 조금 지루함을 느끼고 있었다. 그런데 갑자기 뒤에서 대통령이 “절대 안 돼!”라고 소리치는 소리에 귀가 번쩍 뜨였다. 모두가 깜짝 놀랐다. 다음 순간, 대통령이 외교 보좌관의 조언을 단호하게 거부했다는 사실을 알게 되었다. 명단에 오른 연사가 너무 많아 회의 시간을 연장하자는 장 다비드 레비트 전 유엔 주재 대사의 건의를 사르코지 대통령이 반대한 것이었다. 사르코지 대통령은 국가원수 및 정부 수반에게만 발언권을 주겠다고 밝혔다.

사르코지 대통령은 재차 언성을 높였다. "그만하면 충분해요!" 그는 모두가 놀랄 정도로 크게 소리를 질렀다. 그는 나머지 고위인사는 서면으로 연설문을 제출하면 된다고 말하면서 돌연 회의를 중단했다. 저녁 6시를 몇 분 앞둔 시간이었는데, 대통령은 나에게 밖으로 함께 나가 공동 기자 회견을 하자고 요청했다. 하지만 다음 순간 다른 지도자들이 나를 둘러싸는 바람에 사르코지 대통령은 혼자 나가서 발표를 하게 되었다.

그는 전 세계를 향해, 그 순간 북대서양조약기구NATO와 프랑스 공군이 안보리 결의를 이행하기 위해 리비아 영공으로 진입했다고 발표했다. 그것은 마치 세심하게 연출된 드라마 같은 사건이었다. 프랑스 대통령은 힘의 과시가 자신의 인기를 높여준다고 생각했을지도 모른다. 그의 명령에 따라 전투기들이 리비아의 방공망을 파괴하기 위해 벵가지와 인근 지역 남쪽의 기갑부대 상공을 비행했다. 아랍의 봄은 동쪽으로 퍼져나가고 있었고, 이미 질서정연하게 진행될 수는 없는 기세였다.

안보리와 내가 리비아에 온 정신이 쏠려 있던 즈음에, 시리아 동남부의 소도시 다라에서 10대 청소년 10여 명이 체포되어 고문을 받는 사건이 발생했다. 이들은 반정부 낙서를 한 혐의를 받았는데 아마도 아랍의 봄에서 영향을 받은 것으로 보였다. 이집트에서처럼 이 체포로 시위가 촉발되었다. 그러나 시리아 국민이 정권에 항거할 분위기는 아니었다. 바샤르 알아사드 대통령은 일찌감치 대응 준비를 마쳤다. 평화적 시위는 신속하고 잔혹하게 진압되었고 바깥세상에서 다라를 주목하는 사람도 거의 없었다.

동시에 걸프 지역에서는 1만 명에 달하는 바레인의 시아파 군중이 진주 광장에 모여 칼리파 왕정에 대해 경제적 기회와 정치적 대표성, 완전한 인권을 요구했다. 가장 위험한 내용은 시위대가 왕실의 퇴진 혹은 입헌군주제 채택을 요구했다는 점이다. 시위대 규모는 크지 않았지만, 바레인은 규모가 작은 나라였다, 반응은 즉시 나타났다. 2011년 3월 16일, 걸프협력회의GCC 소속 2천 명의 병력이 헬기와 장갑차 지원을 받으며 시위대를 공격했다. 반체제 인사 100여 명이 목숨을 잃었고, 수백 명이 구금되어 고문을 받았다. 그 밖에 수천 명이 정치적 행위로 인해 직장에서 해고되었다.

진정 국면

북아프리카를 방문하고 싶었던 나는 3월 20일 카이로에 도착했다. 인접한 리비아는 여전히 소요로 들끓고 있었지만, 이집트는 일단 태풍의 눈이 지나간 상태였다. 무함마드 탄타위 원수가 이끄는 군사정부는 6개월 내로 선출될 민간정부에 정권을 이양하겠다고 약속했다. 하지만 나는 군부 인사들이 나를 대하는 태도를 보면서 불안감을 느꼈다. 유엔 사무총장의 면담 요청은 신속하게 받아들여지는 것이 상례인데, 이번에는 기다리라는 대답이 나에게 돌아왔다. 국제적 지원이 절실한 그들 입장에서, 정중하지도 전략적이지도 못한 반응이었다.

탄타위 장군은 침착하고 점잖았으며 친절하고 말투가 부드러웠다. 나는 놀라울 만큼 그에게서 좋은 인상을 받았다. 나는 그와 우마르 술라이만 부통령에게 가능한 한 조속히 군사정부가 민간정부에 정권을 넘겨야 한다는 단호한 메시지를 전했다. 장군은 정치권에 남아 있을 생각이 없으며 병영으로 복귀하겠다는 말로 나를 안심시켰다.

타흐리르 광장에서는 시위대가 경계의 끈을 풀지 않고 여전히 시위 중이었지만, 긴장된 분위기는 아니었다. 나는 그들을 대상으로 연설했다. 이 연설은 아랍어권 전역에 전달될 터였으므로 민주주의와 평등을 추구하는 그들에게 용기와 희망을 주기 위해 신중하게 연설문을 작성했다. 기쁘고 흥분되는 날이었다.

"쿨레나 마스리옌"이라는 말로 연설을 시작했다. "오늘 우리는 모두 이집트인입니다." 이 말은 카이로 시위를 시작한 페이스북 게시물에 언급된 문구를 의도적으로 인용한 것이었다. 동시에, 존 F. 케네디가 1963년 베를린에서 공산주의를 비난하며 행한 기념비적인 연설 "나도 베를린 시민입니다Ich bin ein Berliner"와 같은 맥락이기도 했다.

"지금은 이집트의 시간입니다." 나는 모여 있는 수십만 군중과 방송을 통해 지켜보고 있을 수백만 시청자를 향해 말했다. "여러분은 정의를 옹호하고 권리를 요구하고 존엄성을 되찾을 용기를 가지고 있습니다. 여러분은 나일 삼각주에서 상류지역에 이르기까지 전국의 모든 남녀노소, 무슬림과 콥트 교도를 막론하고 모두의 더 나은 미래를 건설하기 위해 이집트 국민의 이름으로 함께 모일 용기를 가지고 있습니다." 나는 예상치 못한 박수에 잠시 말을 끊었다. "저의 희망은 이집트의 재탄생이 중동의 재탄생을 이루어내는 데 도움이 되었으면 하는 것입니다. 모든 이에게 존엄과 정의를 가져다줄 중동, 번영하고 평화로운 중동 말입니다."

나는 이 지역을 방문할 때마다 지도자들과 사회를 향해 미래를 걱정하는 젊은 세대의 말에 귀를 기울일 것을 촉구했다. 교육을 받은 젊은이는 많지 않았고, 교육을 받았다 하더라도 그럴듯한 일자리를 얻어 충분한 소득을 올리며 가정을 꾸리기가 쉽지 않았다. 아랍 인구의 3분의 2가 30세 미만이었다. 그들이 향후 수십 년간 경제와 문화를 담당할 인구집단이라는 뜻이다.

마그레브 지역을 보며 힘을 얻었다는 듯이, 바레인, 사우디아라비아, 이라크, 요르단, 요르단강 서안, 이란, 지부티, 수단, 쿠웨이트, 모로코, 모리타니, 예멘에서 반체제 시위가 번져나갔다. 자발적으로 시위를 포기한 사람도 더러 있었지만, 통치자들이 신속하게 집회를 진압할 때가 많았고, 유난히 잔혹하게 대처하는 통치자도 있었다.

사태가 어찌나 빠르게 전개되었던지, 뉴욕의 외교관들은 자국 수도와 긴밀한 연락을 취하며 TV와 소셜 미디어에서 눈을 뗄 수 없었다. 인권과 존엄성, 책임을 부르짖는 민초들의 모습은 경이로웠다. 종종 엄청난 개인적 희생을 수반하는데도 그처럼 희망이 행동으로 널리 표출되는 광경은 놀라운 것이었다. 나는 유엔이 제공할 수 있는 모든 수단을 동원해 저항하는 사람들을 돕기로 했다.

NATO가 리비아에서의 임무를 마친 이틀 후인 2011년 10월 31일, 나는 과도국가평의회NTC와 만나기 위해 유엔 직원들과 트리폴리를 몇 시간 동안 방문했다. 나는 NTC 일원에게 탄환에서부터 대포, 지대공 미사일에 이르기까지 카다피가 비축해놓은 엄청난 무기를 통제하는 것이 무엇보다 중요하다고 설명했다. 리비아의 무기는 이미 아프리카의 다른 분쟁지역으로 밀매되고 있었으므로 이 치명적인 밀거래 시장을 차단하는 것이 중요했다.

리비아 내의 시위 지역과 정부 시설 주변이 혼란으로 어지러워지자 카다피는 잠적했다. 두 달 후, 이 독재자는 고향인 시르테 부근의 배수관에서 끌려 나와 피살되었다. 그러나 누구 소행인지는 밝혀지지 않았다. 분노한 리비아인들일까? 아니면 NTC 소속의 민간인일까? 그 자신의 경호원이었을까? 아무튼 러시아는 R2P 원칙을 정권교체의 구실로 이용하지 않겠다고 약속한 미국과 유럽에 속았다고 느꼈다. 러시아 정부는 앞으로 R2P 원칙에 따른 군사행동 승인을 고려하지 않겠다고 말했다. 이런 입장은 머지않아 시리아 국민이 정부에 맞서 봉기했을 때, 무서운 결과를 초래한다.

아랍의 겨울

우리는 아랍의 봄이 시리아에서 문제를 일으키리라는 사실을 예상했다. 바샤르 알아사드는 자신의 철권통치에 대한 반대는 물론이고 도전도 용납지 않았다. 시리아는 유엔 전체 회원국 가운데 최악의 인권 탄압 기록을 가지고 있었으므로, 시위가 참혹하게 끝날까 봐 걱정스러웠다. 하지만 2011년 시점에서는, 평화로운 시위가 내전으로 이어져 10년이 지난 지금까지도 그 불길이 꺼지지 않고, 그로 말미암아 전례 없는 인권 유린이 초래되리라는 것을 미리 알 도리는 없었다.

종교적 극단주의자들이 시리아로 밀려드는 와중에 인접국들은 제각각 편이 갈렸다. 수십만 명의 시리아인이 목숨을 잃었고 인구의 절반은 삶의 터전에서 쫓겨나 난민이 되었다. 경제는 완전히 망가졌다. 가학적 성향의 IS가 딱 좋아할 조건이었다. IS는 머지않아 혼란을 타고 물밀듯이 들어와 끔찍한 살인과 성 노예, 강제 개종 따위의 수단으로 민간인을 공포의 도가니로 몰아넣었다.

안보리 상임이사국 중 예의 두 나라가 시리아를 구하기 위해 자국의 이익 너머까지 내다보기를 거부하면서, 다시금 유엔은 교착상태에 빠졌다. 미국, 프랑스, 영국은 중동 정세가 더 불안정해지는 것을 경계했고, 특히 동맹인 터키와 요르단, 이스라엘을 걱정했다. 러시아는 폭력사태가 확산 중임에도 모든 결의안 준비 작업을 차단했다. 중국 정부는 시리아 국내 문제라는 이유로 간섭을 거부했다. 티베트 문제에 대한 중국 정부의 입장이 반영된 결과였다. 처음부터 군사적·정치적으로 알아사드 정권을 지원했던 러시아 정부는 타르투스에 있는 자국의 해군기지를 보호하고 싶어 했다. 타르투스는 연중 얼지 않는, 러시아의 유일한 해군항이라는 전략적 가치가 있는 곳이었다.

서방측 정부들은 대체로 시리아 반군을 지지했다. 하지만 이런 입장은 무장집단과 종교적 극단 세력이 전투에 가담하면서 한층 더 복잡해졌다. 러시아와 중국은 리비아의 사례를 들며, R2P 원칙을 원용하지 않겠다는 입장을 굽히지 않았다. 군사훈련뿐 아니라 보급과 기술, 재정 면에서도 시리아 정권을 지원하는 이란 정부도 완강하기는 마찬가지였다. 이란은 바샤르 알아사드뿐만 아니라 30년 가까이 시리아를 철권 통치한 그의 아버지 하페즈 알아사드와도 끈끈한 관계를 다진 처지였다. 이란 정부는 시리아 정부에 막강한 영향력이 있지만, 이란 지도자들은 그 힘을 행사할 생각이 없었다.

2012년 7월 8일, 나는 긴장된 분위기에서 알리 아크바르 살레히 이란 외교장관과 대화를 나눴다. 아프가니스탄 관련 도쿄 회의에서 따로 만난 자리였다. 나는 "이란이 내전을 가라앉히는 데 중요한 역할을 할 수 있을 것이며 제네바에서 열리는 시리아 평화 정착 논의에 이란이 합류하는 것이 긴요하다"라고 말했다. 사상자가 1만 5천 명을 넘어가던 상황에서, 나는 국제사회의 최우선 목표는 폭력 종식이라는 점을 아사드에게 전해달라고 그에게 부탁했다.

살레히는 이른바 '시리아 정부의 부족함과 단점, 실수'를 인정하면서도 "이란의 입장은 분명하고 바뀐 것이 없습니다"라고 말했다. 그러면서도 그는 이란이 시리아에 선거를 강요하지는 않을 것인데, 그것은 시리아 국민의 권리를 빼앗는 행위이기 때문이라고 했다. 살레히는 나에게 이란이 "자연인 아사드 대통령을 지지하는 이유는, 그가 텐트를 떠받치는 중심 기둥이고, 그가 없으면 텐트가 무너지기 때문입니다"라고 설명했다. 그는 아사드가 축출되면 그 지역, 특히 '소요에 취약한' 레바논의 안정을 해치게 될 것이라고 경고했다.

이란의 지원은 아사드를 대담하고 오만하게 만들었다. 나는 분노을 억누르며 살레히 장관에게 말했다. "파괴의 규모를 고려하면 아사드 대통령은 도덕적 신뢰와 정당성을 상실했습니다." 돌아서면서 나는 이란의 도움을 기대하는 것이 무망하다는 것에 화가 났지만, 한편으로는 속마음을 털어놓아 후련했다. 시리아에서 벌어진 전쟁은 한 개인의 운명보다 복잡한 것이었다.

불타는 폐

2013년 8월 21일, 사악한 바람이 동부 구타를 휩쓸었다. 독가스 없이도 이미 충분히 고통을 받고 있던 다마스커스 교외 지역이었다. 동이 트기 한참 전에 시리아 병사들은 반군이 장악한 지역을 향해 8~12발의 로켓포를 연달아 발사했다. 이 무기는 러시아산 재고품이었지만, 탄두는 강력한 화학무기인 사린 60리터를 담을 수 있도록 주문 제작된 것이었다.

무색무취의 신경가스가 인구 밀집 지역에 조용히 퍼질 때, 경보를 울릴 수 있을 만큼 깨어 있는 사람은 거의 없었다. 아무런 사전 경고도 없이, 고통스럽고 두려운 혼란이 찾아왔다. 사린은 근육을 마비시키고, 폐에 산소가 공급되는 것을 막아 사람을 질식사시킨다. 이 공격으로 1,500명의 민간인이 목숨을 잃었고 5천명이 부상을 당했다. 그중에 다수는 어린이들이었다. 초점을 잃은 눈에 숨을 헐떡이며 경련하는 희생자들의 사진은 차마 눈 뜨고 볼 수 없었다. 시신이 너무 많아 이웃들은 최대한의 예우를 갖춰서 시트에 눕힌 시신을 밖에 내놓아야 했다. 1980년대 이란-이라크 전쟁 이후로 독가스가 사용된 가장 치명적인 사례였다.

시리아 정부는 사린 사용을 부인하며 반군이 국제사회를 속이기 위해 독가스를 살포했을 거라고 암시했다. 하지만 시리아군이 이 무기를 비축해왔다는 사실이 이미 알려진 데다가, 시리아 아사드 정권에 반대하는 다른 지역에 이 가스를 배치했다는 의

혹이 광범위하게 제기되었다. 국제적 전문가로 구성된 유엔 화학무기 팀이 이미 사린 공격의 의혹을 조사하기 위해 시리아 국내로 들어가 있었고, 즉시 구타 방문을 허용해달라고 요청했다. 시리아 정부는 처음에 이 요청을 승인했지만, 바샤르 알아사드는 이를 지연시키고 얼버무리는 등 예전 사담 후세인의 방식을 답습하는 것처럼 보였다.

내가 조사단이 구타로 들어갈 것이라고 발표하자마자 시리아 정부는 애초의 약속을 뒤집었다. 그들은 조사방식에 동의하지 않았고 구타로 조사단을 들여보내려는 우리 노력을 방해했다. 나는 분노하지 않을 수 없었다. 조사단이 활동할 수 있도록 정부와 반군이 휴전 기간을 둘 것을 요구했다. 2013년 8월 26일부터 29일까지 양측 전투원들은 매일 다섯 시간씩 적대 행위를 자제했고 비로소 조사단은 생존자를 면담하고 희생자, 가축, 토양에서 샘플을 채취할 수 있었다.

경고등

2013년 8월 28일, 나는 암스테르담에서 빈으로 출발하기 위해 스키폴 공항으로 가는 차 안에 있었다. 네덜란드의 빌럼 알렉산더르 국왕과 역사적인 평화궁 100주년 기념행사에 참석했다가 막 나오는 길이었다. 아내와 나는 이튿날 빈 시장이 수여하는 자유 기념 메달 증정식에 참석할 예정이었다. 이날 오바마 대통령이 긴급하게 전화를 걸어왔다. 통화 시간은 고작 17분이었지만, 내용은 상당히 심란한 것이었다. 몇 마디 의례적인 인사 뒤에, 오바마 대통령은 "단도직입적으로 말씀드리지요"라고 말문을 열었다. "유엔 조사단을 시리아에서 철수시킬 것을 강력하게 권고합니다."

유엔 화학무기 전문가들은 막 구타에 배치되어 순조롭게 임무를 수행하는 중이었다. 조사단은 이틀 후 토요일에 시리아를 떠날 예정이었다. 그런데도 오바마 대통령은 목요일 밤이나 금요일 아침에는 떠나야 한다는 주장을 굽히지 않았다.

"시리아에 그대로 남는다면 유엔 조사단의 신변 안전에 문제가 발생할 수 있습니다. 현장에서 일어날 가능성이 있다고 우리가 평가하는 몇 가지 상황에 비추어 금요일 아침 이후는 너무 늦을 것이기 때문입니다"라고 그는 말했다. "결국 유엔은 누가 화학무기를 사용했는지 지목하지 않을 거잖습니까. 우리는 누구의 소행인지 압니다."

나는 말했다. "죄송하지만, 조금만 더 참아주시면 정말 고맙겠습니다. 물론 우리는 누가 사용했는지를 밝힐 권한은 부여받지 못했지만, 최소한 화학 무기가 사용되었는지 여부는 확인할 수 있습니다." 그러면서 나는 오바마 대통령에게 유엔 조사단이 조기 철수할 경우, 2003년에 미국이 주도한 이라크 전쟁에서 미국의 신뢰성과 정직성이 손상된 과거 사례를 연상시킬 우려도 있다는 점을 지적했다.

하지만 오바마 대통령은 정치적 함의에 관한 나의 우려를 받아들이지 않고 강하게 압박했다. 이에 나는 "만약 폭격을 강행하신다면 정당성을 상실할 겁니다"라고 주장했다. "대신 하루 이틀만 기다리신다면 우리가 적어도 그 정당성의 절반은 확보해드릴 수 있습니다."

미국 대통령은 조사단을 조기에 빼낼 것을 재차 재촉하면서 덧붙였다. "공개적으로 동의하지 않아도 좋습니다만, 당장 짐을 싸서 출발시키세요!" 그는 마치 아랫사람에게 명령하듯 목청을 높였다.

나는 낮고 단호한 목소리로 말했다. "대통령님, 미안하지만 계속 연락을 취하기로 하죠." 아내는 옆에서 내가 하는 말만 듣고 있었는데, 남편과 미국 대통령 사이에 대체 무슨 일이 있는 건지 몹시 걱정하는 기색이었다. 나는 조사단에 복귀하라는 명령을 내리지 않았다. 그러나 오바마 행정부가 군사행동을 고려한다는 사실이 놀랍지는 않았고, 민간인이 더는 피해를 입어서는 안 된다고 우려하는 점에서는 오바마와 같은 입장이었다.

나는 무력 공격이 곧 있을 것으로 예상했지만, 결국 공격은 없었다. 이후 시리아 폭격에 영국을 가담시키려던 데이비드 캐머런 총리의 제안을 영국 의회가 거부했다는 사실을 알게 되었다. 게다가 미 의회마저 군사 공격을 개시하기 전에 의회의 승인을 받을 것을 정부에 요구했다는 사실도 알게 되었다. 의원들은 이

작전에 동의하기를 주저했고, 결국 오바마 대통령은 시리아 폭격 계획을 포기했다.

불꽃 튀지 않는 3명의 협상가

시리아 전쟁이 1년째 격렬하게 진행되고 있던 2012년 3월, 협상의 기회가 마침내 찾아왔다. 나는 모든 외교적 역량을 집중해서 잠시 찾아온 이 기회를 최대한 살리기로 결심했다. 나는 시리아가 수렁에서 빠져나올 수 있는 정치적 출로를 협상으로 만들어낼 수 있는, 최고의 실력을 인정받는 특사가 필요했다. 인내력과 독창성을 갖추고, 갈등의 깊은 뿌리를 이해하는 협상가이자 도덕적 권위와 개인적 인맥이 있는 원로 정치인이어야 했다.

내가 생각한 적임자는 전임 사무총장인 코피 아난이었다. 당시 우리는 이것이 기념비적인 임무이기는 하지만 조기 타결 가능성은 희박하다는 사실을 잘 알고 있었다. 하지만 아난은 흔쾌히 제안을 받아들였다. 그는 "사무총장님, 이건 거절할 수 없는 요청이군요"라고 말했다.

그는 유엔과 아랍연맹의 공동 특사로서 평화 일정을 짜고 모든 관계자를 참여시키는 임무를 맡았다. 가장 먼저 할 일은 민간인에 대한 공격을 멈추게 하는 것이었다. 그런 다음 지속적인 휴전 형태를 정하고 이어서 시리아와 다른 나라 정부가 진심으로 지지할 수 있는 평화계획을 수립하는 것이었다. 아난은 정치인과 세일즈맨 역할을 모두 해야 할 상황이었다. 우리 두 사람은 매정하게 흘러가는 시간과 불리한 경주를 하고 있다는 사실을 알고 있었다. 이 시점에 5,500명의 시리아인이 피살되었고 27만 명은 그들이 살던 고향에서 쫓겨났다.

2011년 말까지 다수의 지방 정부 요인과 지역 당국자가 처형되거나 망명했다. 이러한 상황에서, 나로서는 조직범죄나 외국 전투원 또는 이웃 군대가 빈틈을 노리고 침입하지나 않을까 하여 노심초사했다. 2004년 이라크 내전 당시 중동 지역에 터를 잡은 종교적 극단주의자들이 시리아의 혼란을 이용하거나 부추기려고 할 것이 분명했다. 시리아 정부는 수년간 하마스와 헤즈볼라 지도부를 눈감아 주거나 보호했기 때문에 이들 집단이 시리아 정권을 지지할 것은 거의 확실시되었다.

바샤르 알아사드는 그의 아버지와 마찬가지로, 시위나 위협으로 판단되는 행위에 대해서는 신속하고도 잔혹하게 무력으로 진압했다. 우리는 아사드가 가공할 전쟁 무기를 비축해왔다는 사실도 알고 있었다. 그중에는 사린가스와 같은 치명적인 화학 무기도 있었다. 그런 것들은 우리가 예상한 위협이었지만, 우리는 솔직히 충격적일 정도로 잔인한 새로운 이슬람주의 테러리즘을 일으키는 IS에 대해서는 준비가 되어 있지 않았다.

사태가 새로운 혼란 국면으로 번지자마자, 나는 아사드 대통령에게 비공개 통화로 유엔과 수많은 국제기구가 그에게 인권을 존중해줄 것을 요구한다고 말했다. 알아사드는 통화할 때마다 나에게 사람들을 해치지 않도록 최선을 다할 것이며, 언론과 집회의 자유를 보장하겠다고 장담했다. 하지만 그의 약속은 무엇이든 이튿날이면 거짓으로 드러났다. 여섯 차례나 전화통화를 한 뒤, 나는 그를 더는 상대하지 않기로 했다.

여러 해가 지난 뒤, 코피 아난에 이어 공동 특사로 활약한 라크다르 브라히미는 나에게 아사드의 행동방식과 관련해 재미있는 일화를 소개했다. 시리아 사태 초기에 사우디아라비아의 압둘라 국왕은 거의 매일 아사드 대통령에게 전화를 걸었고, 그때마다 아사드는 국왕에게 최선을 다하겠다고 안심시켰다는 것이다. 이어 아사드는 재정 지원을 요청했고 압둘라 국왕은 거의 매번 요청을 들어주었는데, 이후 사우디 왕은 이 독재자에 대한 신뢰를 거두고 합법적인 반군을 지원하는 측에 가담했다는 것이다.

코피 아난은 과거에 유엔 평화유지활동 담당 사무차장으로 일한 적이 있어서, 분쟁을 종식시키고 평화를 이루기 위해 유엔 평화유지군을 활용하겠다는 비전을 가지고 있었다. 이런 노력과 관련하여 나는 전적으로 그를 지지했다.

유엔 시리아감시단UNSMIS은 300명의 단원으로 구성된 비무장 군사옵서버 임무단이었다. 우리는 즉시 이들을 배치할 수 있었다. 하지만 적대 행위는 그치지 않았고 2012년 5월 둘째 주에 접어들면서 폭력사태는 더 악화했다. 이런 상황으로 인해 임무 수행은 불가능해졌고 임무단의 활동은 그다음 달로 미루어졌다.

7월 6일 안보리 앞 보고서에서, 나는 현장 상태를 유지하는 몇 가지 방안을 제시했다. 안보리는 8월 10일까지 UNSMIS의 임무를 연장하면서, 뚜렷한 진전이 없으면 그 이후로는 연장하지 않겠다고 못 박았다. 임무단이 현장에서 활동한 기간은 4개월도 채 되지 않았다.

아난 전 사무총장은 시리아 정부와 아랍연맹, 안보리 상임이사국P5, 특히 러시아 및 미국과 폭넓게 협력해오고 있었다. 그들은 인도주의적 위기상황을 돌파하려는 협상을 하고 있던 것처럼 보였지만, 유독 시리아는 선의로 임하지 않았다. 3월 25일, 아사드는 반군이 장악한 훌라에 대한 폭격을 명령했다, 다마스쿠스에서 40킬로미터 정도밖에 떨어지지 않은 소도시였다. 이곳에서 적어도 115명 이상이 사망했는데, 그중 다수가 어린이들이었다. 이 공격은 시리아 정부가 아난 측과 6개 항 합의를 놓고 협상하는 도중에 계획된 것이었다.

훌라에서 학살이 벌어지고 단 이틀 만에 시리아 정부가 비공식 회담에서 받아들인 합의사항은 적대 행위 중지, 인도적 원조물자의 안전한 분배 허용, 민간인 지역에서 군대와 포병 중화기 사용 중단, 정치범 및 기타 임의로 억류된 수감자 석방, 기자의 안전통행 존중, 평화회담 대표 임명, 결사 및 집회의 자유 보장 등이다. 하지만 각고의 노력에도 불구하고 상황은 갈수록 절망적으로 변했다.

2012년 6월 30일, 나는 시리아 행동그룹이라고 이름 붙은 P5,

아랍연맹, 유럽연합, 터키, 이라크, 쿠웨이트, 카타르의 외교부 장관들과 비공식 회담을 가졌다. 아난이 의장을 맡은 이 회담에서는 '완전한 집행 기능을 갖춘 과도 통치기구'를 설립하는 계획이 세워졌다. 하지만 내가 낙관할 수 있는 여지는 적었다.

6주 가까이 지났을 무렵, 시리아 정부는 합의사항을 존중할 의사가 없음이 분명해졌다. 심지어 정부군과 자유 시리아군FSA 간의 전투는 그들이 평화회담을 벌이는 도중에도 격렬하게 벌어졌다. UNSMIS를 창설한 지 불과 4개월 후인 2012년 8월 12일, 안보리는 폭력사태가 확대되자 임무단을 해체했다. 그 직전 시리아의 비타협적 태도와 P5의 분열에 화가 나고 좌절한 아난은 2012년 8월 2일에 사임했다. 자신의 결심을 기자들에게 발표하면서 전임 총장은 이렇게 말했다. "세상에는 나처럼 정신 나간 사람들이 널려 있으니, 다른 누군가가 또 이 일을 맡더라도 놀라지 마십시오."

다행히 유엔에는 숙련된 특사 후보군이 적지 않았다. 이후 5년에 걸쳐, 아난 못지않게 경험이 풍부한 외교관 3인이 차례로 특사의 자리를 계승했다. 라크다르 브라히미 알제리 전 외교장관, 유엔에서 정무 전문가로 오래도록 활약해온 다재다능한 이탈리아의 스타판 데 미스투라, 전 레바논 특별조정관 게이르 페데르센이 그들이다. 유능한 인물들이지만 그들 역시 아난보다 나은 성과를 거두지는 못했다.

이 과정의 초기에 힐러리 클린턴 미 국무장관은 내게 특사의 역할을 나누는 방안을 제안하고 설득했다. 아랍연맹이 정치적 과정을 감독하고 유엔은 인도적 지원에 치중하라는 내용이었다. 하지만 나는 그 조언을 받아들이지 않았다. 협상 대표의 역할을 분담하면 잘 되더라도 비능률적이며, 자칫 주도권 다툼을 일으킬 수 있다는 사실을 다르푸르에서 뼈저리게 경험했기 때문이었다. 시리아 협상이 벌어지던 제네바에서 유엔 자체는 영향력에 한계가 있었다. 영향력이 큰 나라들이 직접 협상하기를 원했기 때문이다. 나는 자국에서 갇힌 신세가 되어버리거나 이웃 나라의 난민 캠프로 탈출해야만 했던 시리아인의 고통을 줄이고 수백억 달러의 기금을 모아 그들에게 구호품을 전달하려고 몸을 던져 일했다.

2014년 1월 22일, 40개국과 아랍연맹은 시리아 상황을 논의하기 위해 각각 똑같이 차려진 유엔 회의장에서 따로 만났다. 대서양 상공을 비행할 때, 나는 의미 있는 타협은 차치하고 협상 분위기부터 생산적이지 못하다고 생각했다. 브라히미는 제1차 제네바 회담 이후 별 진전이 없다고 보고했지만, 나는 더 큰 규모의 회의가 열리는 만큼, 시리아에서 전쟁을 끝내고 안정된 과도정부를 구성하는 길로 나아갈 돌파구를 함께 찾아내면 좋겠다는 희망을 버리지 않았다.

대부분의 참가국은 정치적·군사적 측면에서 시리아의 궁극적 지지세력인 이란을 초청해서는 안 된다는 의견을 강경하게 고수했다. 하지만 나로서는 정권의 강력한 배후세력을 배제한 해결책이 지속 가능하리라 기대할 수 없었다. 나는 이 문제를 존 케리 미 국무장관과 협의했다. 그는 이것은 내가 주관하는 회의이니만큼 나의 고유 권한이라고 말했다. 그러면서도 그는 이란이 내전을 더 지속시키는 역할이 아니라 평화를 구축하는 데 전념해야 한다는 것을 분명하게 못 박아야 한다고 강조했다.

나머지 안보리 이사국도 어느 정도 긍정적이었다. 결국 나는 무함마드 자바드 자리프 이란 외교장관에게 전화를 걸어 이란이 제2차 제네바회의의 목표를 지지한다는 조건하에 그를 초대하겠다고 말했다. 그는 이에 동의했고, 1월 19일에 나는 이란을 초청한다고 언론에 직접 발표했다.

그런데 그 직후에 케리 국무장관과 사우디아라비아의 외교장관인 사우드 빈 파이잘 왕자가 전화로 나를 압박했다. 케리 장관은 하루에 세 차례나 전화를 걸어 이란 초청을 취소하라고 촉구했다. 사우디아라비아 외교장관은 화를 내며, 모든 아랍 국가가 이 회의를 보이콧할 것이라고 위협했다. 나는 이란 정부에 제네바 행동그룹의 성명을 존중한다는 점을 확실히 해줄 것을 확인해달라고 요청했다. 자리프 외교장관은 전제조건이 달린 회의에는 참석할 수 없다고 말하며 행동그룹 성명에 대해 후퇴된 태도를 보였다. 그것은 태도가 돌변한 것이어서 나는 초청을 취소했다. 이것은 내 외교 생활에서 가장 당혹스럽고 괴로운 순간 중 하나였다. 나는 그 이전까지는 회원국으로부터 그처럼 거친 위협은 받아본 적이 없었다.

시리아는 누구나 탐내는 지정학적 목표물이었다. 이란, 러시아, 헤즈볼라, 그리고 명목상으로는 이라크도 친아사드 노선을 걸었다. 미국과 나토 회원국, 터키, 이스라엘, 쿠르드족, 그리고 나중에 합류한 사우디아라비아는 IS와 지역 내의 여타 무장 단체들을 고무하지 않으려고 노력하면서 시리아 반군을 지원했다. 이들 모두는 각기 저마다의 정치적·군사적 목적을 위해 내전에 기름을 붓고 있었었다.

유엔은 국제적 논의의 무대로서도 소중하고, 유엔이 지닌 도덕적 권위와 세계적 영향력은 누구도 무시할 수 없다. 그러나 내가 유엔이 가장 효과적으로 활약했다고 여기는 대목은 시리아 국민에게 원조를 제공하는 일이었다. 2016년 2월 4일에 끝난 런던 회의에서는 120억 달러를 모금했는데, 단 하루의 기부서약치고는 세계기록이었다.

유엔의 평가에 따르면, 5년간의 적대행위로 사망한 사람은 약 40만 명이었다. 생존자들이 겪은 공포는 상상을 초월하는 것이었다.[5] 나는 서약을 받기 위한 회의를 네 차례 소집했다. 이 중 세 차례는 쿠웨이트에서 사바 알아흐마드 알자베르 알사바 국왕과 함께 열었는데, 나는 그의 공로를 치하하기 위해 유엔 인도주의 상을 수여했다.[6] 쿠웨이트 국왕이 이웃 나라 이라크와 어려운 문제를 겪고 있던 와중에도 시리아 난민을 돕기 위해 진정성을 가지고 헌신한 일은 결코 잊을 수가 없다. 그리고 쿠웨이트 국왕은 데이비드 캐머런 영국 총리와 함께 제4차 런던 서약 회의를 공동으로 주최했다.

지도에서 전투지역을 추적하다 보면 다음번 학살이 어디서 벌어질지 어렵지 않게 예측할 수 있었는데, 그건 큰 고역이었다. 여러 나라가 계속 전쟁에 자원을 쏟아부어 참혹한 상황을 연장시키고 있었다. 나머지 국제사회는 양 진영이 저지르는 야만적인 전쟁범죄를 막을 만한 수단이 없었다. 폭력사태를 염려하다 보니 나는 연일 불면증에 시달렸다. 2015년 11월에 아랍연맹과 서방국, 레바논, 일본, 그 밖의 많은 나라가 자문위원회를 구성했다. 국제 시리아지원그룹ISSG은 적대 행위의 완전하고 즉각적인 중단을 요구하는 정치적 성명을 발표했지만 아무런 효과도 없었다.

2012년 7월 말, 반군세력이 알레포로 진격하면서 전투는 한층 더 격렬해졌다. 유엔 상황실은 하루에 한두 차례씩 변동 상황을 보고했으며, 인도적 지원 담당, 정무 담당, 평화유지 담당 사무차장들은 각각 피해 규모를 분석했다. 갈수록 브리핑을 받는 시간이 괴로워졌다. 전투의 전후 상황을 비교하는 위성사진은 내전이 집과 건물, 농업구조, 사회기반시설을 얼마나 빠르고 완벽하게 파괴하고 있는지 보여주었다. 2015년이 되자, 알레포를 복구하는 것은 불가능해졌음이 명확히 드러났다. 이 고대도시의 이름은 지옥과 동의어가 되었다.

아랍의 미래

아랍의 봄이 암시했던 희망적인 약속은 실현되지 못했다. 하지만 자결권의 씨앗은 뿌려졌고 일부 지역에서는 뿌리를 내리기도 했다. 2018년에 수단에서는 봄을 알리는 듯한 저항의 움직임이 전국적으로 번지면서 세력과 지지자를 크게 불렸고, 1년 가까이 이어졌다. 이제 수단은 비로소 민간 지도자를 갖게 되었고, 새로운 헌법에는 이슬람의 샤리아Sharia 법에 대한 언급이 빠졌다.

2019년 알제리의 청년들은 거리로 쏟아져 나와 사실상 30년 넘게 알제리를 지배해온 압델라지즈 부테플리카의 퇴진을 요구했다. 그의 건강상태는 이미 오래전에 업무 수행이 어려운 지경이었다. 12월에 치러진 대통령 선거는 불참 운동과 시위로 얼룩졌다. 출마한 후보 5인 전원이 부테플리카 정권과 한통속이나 다름없었기 때문이다.

2010년대 초기에 아랍권의 수백만 민중은 자신들이 인권의 기본이 되는 평화와 존엄성을 요구할 수 있다고 믿었고, 그들을 응원했던 전 세계 수억 명의 사람들도 그 생각에 공감했다. 그러나 압제적인 체제를 유지하는 데서 이득을 보는 군벌, 부패 관료, 왕조의 통치자들을 모두 비켜나게 할 수는 없었다. 그럼에도 나는 수단과 이집트의 사례에서 보듯이, 디지털 시대의 저항이 문자해독률이나 소득, 인터넷 접속 측면에서 국제기준에 훨씬 못 미치는 국가에서까지 길거리의 시위만으로는 부족한 부분을 그처럼 의미심장하게 보완해주는 것을 보면서 고무되었다. 소셜 미디어는 지구 반대편 사람들로부터도 동정과 지지를 끌어냄으로써 정의와 평등의 불씨가 꺼지지 않도록 도왔다. 머나먼 곳의 사람들이 그처럼 폭발적으로 지지를 표하는 것은 긍정적 변화의 신호였다.

아랍의 봄은 지금도 내 머릿속에서 떠나지 않는다. IS는 대부분 이라크에서 쫓겨났지만, 그 전투원의 상당수는 시리아에서 재집결했다. 엄청난 인명피해를 아랑곳하지 않고 세력 경쟁에 골몰하는 외국 정부들은 여전히 전투원들을 지원한다. 아랍에서 2년간 벌어진 민주화운동은 괄목할 만한 성과를 얻었지만, 그 기세에 비해 동유럽에서 공산권이 붕괴되었던 1988년만큼 세계를 변화시키지는 못했다. 공산주의의 몰락이 중앙아시아와 동유럽을 개조했던 것처럼 아랍의 봄은 북아프리카와 중동을 개조할 잠재력이 충분히 있었다. 중동 지역 사람들은 100년에 한 번 올까 말까 한 기회를 맞아 지도자를 교체하고 그들의 통치방식까지 바꿨지만, 거기서 비롯된 폭력사태와 혼란을 극복하지 못했다. "신이 지나갈 때 신의 옷자락을 움켜쥐라"라는 말이 있는데, 아랍인은 그러지 못했다.

인간은 누구나 자결권과 평등이 주어진 상태에서 안전하게 살기를 갈망한다. 어디에서 살든, 무엇을 믿든 마찬가지다. 어쩌면 희망은 거기에 있는지도 모른다. 계절은 순환하지만 영원하다는 것을 늘 명심해야 한다.

12

이란

약속의 중요성

첫 부임지인 인도에서 주재 외교관으로 일하던 1974년에 나는 제4차 아시안게임에 참가한 200여 명의 한국 선수들을 돕기 위해 한 달 반쯤 테헤란 주재 한국 대사관 지원 인력으로 차출되었다. 누구든 이란의 유구한 역사와 문화를 접하면 깊은 인상을 받기 마련이고, 나 역시 이란에 특별한 애정을 느꼈다. 도시는 물론이고 지방에서도 생활수준이 개선되고 있었고, 미국과의 관계도 좋았다. 당시 정권을 잡고 있던 샤Shah는 중동지역에서 영향력이 큰 지도자 중 한 명으로 서구식 선진화를 추진하던 인물이었다.

그러나 내가 유엔 사무총장 자격으로 방문했던 이란은 예전에 알던 곳이 아니었다. 내 임기 중에, 이란 정부가 유엔의 정신과 결의를 어찌나 자주 위반했던지 생각만 해도 실망스럽고 진이 빠질 정도였다. 아름답고 고색창연한 문화를 자랑하던 이란은 이제 유혈충돌을 부추기고 시민의 열망을 잔인하게 억압하며, 지도자들이 공공연히 말해온 대로, 이스라엘을 '말살'하겠다는 목표에 매달림으로써 중동 걸프 지역의 안정을 뒤흔들고 있다.

한층 더 우려되는 점은 이 나라가 과거 어느 때보다 핵무기 확보에 바짝 근접했다는 사실이다. 이란 관리들은 주변에서 제기되는 의혹을 거듭 부인하고 있지만, 우라늄 농축 프로그램을 비밀에 부치고 핵사찰을 방해하려고 애쓰는 모습은 그들의 말과 배치되었다. 오랫동안 이어진 핵개발을 둘러싼 이란의 기만행위는 2009년 9월 오바마 미국 대통령과 브라운 영국 총리, 사르코지 프랑스 대통령 등이 G20 피츠버그 정상회의에서 콤 외곽에 은닉된 이란 핵농축 시설의 확실한 증거를 공개하면서 극적으로 드러났다.[1]

유엔 안보리는 2006년 이후 여섯 차례나 이란 핵 프로그램 진행 징후를 규탄했다. 일부 국가의 일방적 제재와는 별도로, 2006년 안보리는 핵기술 개발 능력을 키우지 못하도록 이란 정부에 더욱 혹독한 다자적 제재를 가했다. 그 후 10년 안에 이란 고위관리들의 해외여행이 금지되었고 세계 각국에서 이란산 석유 수입을 중단했으며, 이란 정부는 인터넷과 국제 금융을 규제하는 세계 은행망에서 축출되었다.

이러한 제재의 누적 효과로 말미암아 2013년에는 일시적으로 인플레이션이 40퍼센트나 상승할 정도로 이란 경제는 위기에 처했다.[2] 중요한 선행 지표인 청년 실업률은 2배로 늘어나 불과 4년 만에 30퍼센트까지 치솟았다.[3] 화폐가치 하락이 10년 넘게 이어지면서 2007년 달러당 9,041리알이던 이란 화폐는 이제 13만 5천 리알에 거래되고 있다.

이란은 거대한 난관에 봉착한 상황에서도 국제원자력기구IAEA의 권한을 계속 무시하는 입장을 취했다. IAEA는 핵확산금지조약NPT과 안보리 결의에 따라 민간과 군사 시설을 비롯한 모든 핵 관련 시설에 대한 사찰 권한을 쥐고 있었다. NPT를 포함해 몇몇 중요한 군비통제 협약에 서명한 당사국임에도 이란 정부의 태도는 불투명했다. 나는 유엔 사무총장으로서, 이런 위기 상황이 치명적인 충돌 국면으로 번질 가능성을 미연에 차단하기 위해 어떤 위험을 감수하더라도 협력을 끌어내야 한다고 느꼈다. 그러나 예측 불가한 이란의 핵무장이 평화와 안보에 초래할 파급효과가 중차대함에도 불구하고, 유엔이 관여할 수 있는 여지는 놀라우리만치 미미했다.

테헤란 방문

2012년 초여름, 무함마드 하자이 유엔 주재 이란 대사가 그날따라 환한 얼굴로 내 집무실에 찾아왔다. 그는 비동맹운동NAM을 대표해 나에게 공식 초청장을 전달했다. 2012년 8월 테헤란에서 열리는 NAM 정상회의 연설을 긍정적으로 고려해달라는 요청이었다. 흥미로웠지만 확답은 하지 않았다.

그런데 생각하면 할수록 구미가 당기는 초청이었다. NAM 무대라면 유엔 회원국의 3분의 2를 앞에 두고 직접 연설할 수 있을 뿐만 아니라, 이란 최고지도자 알리 하메네이와 직접 대면할 수 있는 기회이기도 했다. 초청이야 전에도 여러 번 받아보았지만, 내가 이란을 공식 방문하는 것은 다수의 유엔 회원국의 눈에는 이란 정부의 부적절한 행위에 대한 보상으로 비치리라는 사실을 무시할 수 없었다. 하지만 숱한 지역 현안의 중심에 있는 이란 문제를 생각하면, 역시 이란 지도부와 직접 대면하는 것이 사무총장으로서의 내 의무라는 느낌이 강하게 들었다. 단독으로 이란 공식방문을 추진하기보다는 NAM 정상회의 참석을 목적으로 삼는 편이 훨씬 부담이 덜한 길이었다.

이란 정부의 수사가 갈수록 호전적으로 변하고 있는 상황에서, 내가 정치적 표적이 되지 않도록 은밀하게 초청을 수락할 것을 수잔나 말코라 비서실장에게 지시했다. 나는 이란의 진정한 결정권자인 최고지도자와 직접 대면함으로써 이란이 유엔에 더 협력적인 태도를 갖게 되고, 또 평화적 정치 시위에 참여한 후 박해받는 이란인들에 대한 처우가 개선되기를 소망했다. 단 한 번의 방문으로 괄목할 만한 정치적 변화를 이룰 수는 없겠지만, 신뢰를 구축한다는 점에서 중요한 첫걸음이 될 터였다.

나는 기력이 넘치는 마무드 아마디네자드 대통령과 여러 차례 만났지만, 대화할 때마다 극심한 좌절감을 느꼈다. 그는 감정적이고 과장이 심한 성격인 데다 부정확하고 선동적인 생각에 몰두하는 인물이었다. 그는 이란의 핵 개발을 막으려는 국제사회의 노력에 계속 대항했고, 이란의 핵 개발 프로그램은 우라늄 농축 기술로 빠른 진전을 보이기 시작했다. 농축 우라늄은 평화적인 에너지원으로도, 파괴적인 무기로도 사용될 수 있다.

이란 방문을 불과 3개월 앞두고 2012년 5월 기후변화회의에 참석한 계기에 나는 독일 본에서 아마디네자드 대통령을 비공개로 만나 대화를 나누었다. 아마디네자드 대통령은 자국의 핵 야망에 관해 불길하고 모호한 태도를 보였고, 나는 확실한 입장도 설득력도 없는 그의 말을 어떻게 평가해야 할지 판단이 서지 않았다. 그는 이란 정부가 "위협에 굴복하지 않을 것이며, 이미 그런 무기를 가진 다른 나라들을 상대해야 했다"라고 힘주어 말했다. 미국과 이스라엘을 향한 위협임이 틀림없었다.

나는 이란 고위 관리들과 짧은 만남의 시간을 생산적으로 쓰고 싶었다. 외교통상부 장관 시절부터 나를 편하게 대해준 이란의 지도층 인사가 적지 않았고, 내가 느끼기에 그들은 아시아 문화권 사람들을 반겨 맞았다. 그들은 내가 대화를 비밀에 부치고, 자국 관리들을 존중하며, 곤란스러운 상황을 만들지 않을 것으로 믿어주었다. 내 접근방식은 종종 성공적인 결과를 낳아, 이란 교도소에 억류되어 있던 이란-서방 이중국적자 20여 명의 석방을 돕기도 했다.

이란은 아름답고 매혹적인 곳이지만, 나는 환상을 품지는 않았다. 국제 현안이 되어버린 이란 문제를 해결하려면 인내심, 절박함, 권위, 창의성을 균형 있게 갖추어야 한다. 나로서는 최고 지도자와 얼굴을 맞대고 앉는 것이 중요했고, 만남이 국제적으로 주목을 끌지 않는 편이 더 좋았다. 그런데 안타깝게도 무함마드 레자 라히미 이란 제1부통령은 유엔 사무총장이 비동맹 정상회의에 참석할 것이라고 기자들에게 너무 성급하게 말해버렸다. 이란 정부는 나의 짧은 방문이 공식적인 것으로 보이기를 원했고 그 덕분에 마치 국빈 방문처럼 비치게 되었다. 확실히 내 의도와는 달랐다. 외부의 시선이 어떻게 해석할까를 생각하니 마음이 불편했다.

자연히 국제 언론은 나를 비판했고, 특히 유대인과 이스라엘에 동조하는 언론이 강하게 비난했다. 많은 뉴스 매체는 사설과 기사를 통해 나를 비판함으로써 압력을 증폭시키려고 했다. 나는 사전에 미국과 이스라엘에 내 방문 사실을 설명했는데, 그들은 나의 방문이 이란 정권을 '합법화'하는 계기가 될 거라며 격분했다. 베냐민 네타냐후 이스라엘 총리와 힐러리 클린턴 미 국무장관 두 사람은 공히 이란을 포용하기보다 고립시키기를 원한다고 했다. 나는 NAM과 이란 지도자들에게 미국과 이스라엘이 전하고 싶은 똑같은 메시지를 전하겠다고 보장했지만 두 사람은 요지부동이었다.

8월 10일과 11일 양일간 나는 다시 네타냐후 총리와 클린턴 국무장관의 전화를 받았다. 네타냐후 총리는 나에게 크게 화를 냈다. 그리고 '충격을 받았다'든지, '잘못된 판단', '큰 실수', '그릇된 결정', '이스라엘 멸절' 따위의 비외교적 언어를 사용해가며 나의 방문에 반대했다. 그는 원래부터 상냥하다고는 할 수 없는 사람이었지만, 그래도 유엔 사무총장을 향해 그렇게 무례한 언사를 쓰는 것은 용납할 수 없는 일이었다. 이 통화를 끝내자 참담함이 몰려왔다.

"서방 지도자 중에 그를 만난 사람이 한 명이라도 있습니까?" 나는 그렇게 물으며, 내게 자주 용기를 주는 비유를 사용했다. "사과가 입으로 떨어질 때까지 나무 밑에 누워 기다리기만 하면 됩니까? 나무를 흔들어야죠!" 그러자 그는 내가 이란에 가는 대신 강력한 성명을 발표할 수도 있지 않으냐고 했다.

나는 그에게 나지막이 답했다. "성명이야 100번이라도 발표할 수 있지만, 내가 방문하는 것만큼 효과적이지는 않습니다." 아울러 내 방문을 비판하는 사람들에게는 NAM 정상회의 참석이 나의 아랍에미리트와 사우디아라비아 방문 일정 사이에 이루어진다는 점을 강조했다. 이 두 나라는 아랍 국가 중 이란의 최대 적국이었고, 나는 이란의 행동에 대한 지역 내 국가들의 입장을 청취하는 데 관심이 있다는 사실을 부각하고 싶었다.

개인적 외교

여건만 된다면, 언제나 상대를 직접 만나는 편이 외교에 효과적이다. 외교에서는 노련한 외교관들의 역할이 중요한데, 이란 외교관들은 내가 만나본 이들 중에 가장 상대하기 어려웠다. 하지만 외교관이란 결국 결정권자들 사이에서 활동하는 중간적 존재들이다. 보안 전화는 지금도 직접 대화를 위한 통상적 수단으로 활용되지만, 나는 화상회의를 더 선호할 때가 많았다. 어떤 직책을 맡든 개인적 외교를 대체할 소통 방법은 없음을 나는 경험으로 알고 있다. 코뮤니케, 공개 성명, 심지어 안보리의 규탄 성명도 일방적 발표일 뿐이고, 벽에 대고 말하는 것처럼 별다른 효과를 낳지 못한다.

나는 2012년 8월 29일 테헤란에 도착해 아야톨라 알리 하메네이 최고지도자를 만났다. 그는 나라 밖으로 나가는 법이 없으므로 나와는 만난 적이 없었고, 심지어 대화해본 적도 없었다. 나는 이란 최고지도자를 만난 최초의 유엔 사무총장이었고, 서방 지도자 중에도 그를 만난 사람은 아무도 없었다. 최고지도자는 자신의 집무실에서 나를 영접했다. 나는 그가 테러 공격으로 오른팔을 잃었다는 말을 들었지만, 어쨌든 우리는 악수를 한참 나누며 이란식 인사를 주고받았다.

나는 그가 우리 일행을 진심으로 환대하는 데 놀랐다. 수행원 중에는 정무 담당 유엔 사무차장인 제프리 펠트먼 대사도 있었는데, 그는 중동 담당 차관보와 레바논 주재 대사를 역임한 전직 미국 국무부 관리였다. 펠트먼은 유능하고 사려 깊은 외교관이었고, 나는 그의 조언을 존중했다. 안내받은 집무실로 들어가며 나는, 미 국무부 출신 인사가 미국의 적으로 간주되는 사람을 만나면 어떤 느낌이 들지 궁금했다. 또 미국 관리라곤 만나본 적이 없는 이란인이 그로 인해 불편해하지는 않을지도 궁금했다.

이란 최고지도자와 나는 이란과 인접국 간의 민감한 관계를 포함해 많은 주제를 논의했다. 세계 최대 테러지원국의 하나로 지목되는 이란은 2012년에 레바논, 이스라엘, 팔레스타인, 이라크, 사우디아라비아, 파키스탄, 아프가니스탄 등지의 안보와 안전을 저해하고 있었다. 이란의 핵무장이라는 망령은 이 지역의 신뢰를 떨어뜨릴 뿐이라고 나는 말했다. 이란 지도자는 귀를 기울였지만, 생각이나 심경의 변화를 암시하는 어떤 말도 하지 않았다. 그 점은 무함마드 레자 라히미 제1부통령이나 무함마드 하자이 유엔 대사 혹은 회의에 참석한 이란의 다른 모든 관계자들도 마찬가지였다.

내가 최고지도자와 논의하고 싶었던 가장 중요한 문제는 이란과 미국 사이에 수십 년간 쌓인 적대감과 깊은 불신이 이란의 선제적 행동을 통해서 풀릴 수 있다는 것이었다. 그러나 하메네이의 발언을 지배하고 있던 것은 미국에 대한 깊은 반감이었다. 나는, 이란이 현재의 노선을 지속하는 한, 우라늄 농축에 기인한 고통스러운 제재를 풀 기회는 오지 않을 것이라고 지적했다.

또한 이스라엘을 자꾸 위협하면 관계개선을 위한 일말의 여지도 사라질 것이라고 했다. 또 만일 이란이 정말로 미국 한 나라만 문제라고 생각한다면, 그건 실수라는 점을 강조했다. 그러면서 만장일치로 채택된 다수 안보리 결의야말로 이란의 핵 야망을 세계가 우려하고 있다는 증거라고 말했다.

나는 몇 가지 다른 현안도 제기했다. 이란이 NAM 의장국으로서 국제사회와의 통합을 더욱 증진해야 한다는 점, 이란이 시리아 사태에서 더 건설적인 역할을 맡아야 한다는 점, 이란 정부가 국제사회의 신뢰를 얻으려면 핵문제 관련 안보리 결의를 이행하면서 충실하게 협조해야 한다는 점, 그리고 이란이 IAEA 사찰을 완전히 수용하고 미결 협정들을 체결해야 한다는 점 등을 강조했다.

나는 아야톨라 하메네이에게 이란은 오로지 미국에만 초점을 맞추는 것으로 보인다고 말하면서, 유엔을 미국 정부와 연결되는 막후 통로로 활용하라고 제안했다. 정치적 압력이나 외교 관계의 부재 때문에 만날 수 없는 나라들 사이의 소통을 돕는 것은 유엔에게는 익숙한 역할이었다. 나는 미국과의 비공식 연락통로 역할을 자청했던 것이다.

그런데 하메네이는 이미 버락 오바마 대통령과 접촉을 해왔고 서로 서한도 주고받은 사이이기 때문에 그런 통로는 필요 없다고 말해 나를 놀라게 했다. NAM 정상회의 같은 국제 회의에 참석하기 위한 나의 이란 방문조차 그토록 완강하게 반대했던 미국 정부가 막후에서 이란 정부와 비밀리에 소통하고 있었다니 나로서는 믿기 힘들었다. 이란 지도자는 미국이 먼저 연락을 해왔고 자신은 회신을 했노라고 말했다. 그러면서 오바마 대통령의 두 번째 서한에는 답신할 생각이 없는데, 그것은 오바마 대통령이 불과 며칠 전에 이란에 비판적인 발언을 했기 때문이라고 했다. 지금도 나는 그 두 사람이 무슨 내용을 그토록 은밀하게 주고받았는지 궁금하다.

이런 사실을 접하자, 북한의 핵문제가 심각하게 치닫고 있던 2001년에 빌 클린턴 대통령이 김정일 위원장 앞으로 보낸 서한이 연상되었다. 만일 미국과 이란의 비밀 접촉 사실이 외부에 알려지면 한국을 포함한 미국의 동맹국들은 충격을 받았을 것이다. 그렇기는 하지만 지난 20년 동안 정치 전략은 달라졌다. 2019년에 트럼프 대통령은 "북한의 김정은으로부터 아름다운 편지"를 받았다고 자랑했는데, 희망적인 변화라고 할 수 있는지 분명치는 않았지만 이 발표로 여러 사람을 놀라게 한 것만은 분명했다.

내 생각에는, 미국과의 관계는 이란이 나아갈 바를 신중히 계산해야 할 여러 분야 중 하나에 불과했다. 하나의 문제에 집중하고 싶었지만 우리에게 그럴 여유는 없었다. 내가 제기한 다른 중요한 문제는 홀로코스트를 부정하는 이란의 태도였다. 나는 이란 지도자들이 역사적 사실인 홀로코스트를 부정하지 말 것을 강하게 피력했다. 하지만 최고지도자는 아마디네자드 대통령의 발언이 '합리적'이라며 옹호했다. 그는 그것이 미국과 이스라엘 정부의 음모라고 말했고, 나는 홀로코스트는 아무도 부인할 수 없는 역사적 사실이라고 강하게 이의를 제기했다. 나는 만일 이란이 그처럼 분명한 사실을 계속 부인하면, 이란이 '평화적 목적'으로 핵을 개발한다는 말을 아무도 믿지 않을 것이라고 강조했다.

나는 그에게 보편적인 인권을 존중하라고 강력히 촉구했고, 반정부 인사로 가택 연금 중인 메디 카루비와 미르호세인 무사비, 수감 중인 인권활동가 나스린 소투데를 석방할 것을 촉구했다. 그는 그 문제는 사법부 소관이라서 자신에게는 그럴 권한이 없다고 했다. 하지만 이어서 그들의 석방을 긍정적으로 검토하겠다고 여지를 남기며 "오로지 당신이 부탁해서"라고 덧붙였다.

나는 언론과 집회의 자유, 그리고 언론의 독립성을 훼손하는 이란 정부의 강경 조치를 깊이 우려하고 있었다. 게다가 보안군은 인권 탄압에 평화적으로 저항하는 시위대를 막거나 해산시키기 위해 용납할 수 없는 폭력적 전술을 사용하고 있었다. 나의 큰 걱정거리 중에는 사우디아라비아와 이란의 끊임없는 적대 관계도 있었다. 최고지도자는 대화가 진행되는 동안 정중하게 경청했고 이따금 질문하거나 고개를 끄떡였다. 그러나 나는 내가 이란의 위험한 행태를 바꾸는 데 얼마나 영향을 미쳤는지 확신할 수 없었다.

119명의 청중+이란

2012년 8월 30일, 나는 120개 회원국으로 구성된 비동맹운동 정상회의에서 연설했다. 오늘날 NAM은 지향점이 분명치 않아 회원국들이 전체적으로 추구하는 게 무엇인지 알기가 힘들게 되었다. NAM은 냉전 시대에 미국과 소련으로부터 독립적인 국가들의 연합을 자처했다. 그리고 유엔 총회와 각 위원회에서 표결할 때면, 의사결정 과정을 지배하려는 초강대국의 대항세력으로서 뭉쳤다.

정상회의 컨벤션센터 단상에서 나는 "각 국가 내의 자유에 대한 강렬한 열망, 참여의 자유, 자신의 목소리를 낼 수 있는 자유, 자신의 정부를 선택할 자유"에 관해 말했다. 나는 격화되는 시리아 분쟁을 우려했고, 핵무기를 추구하는 경향을 비난했으며, 이스라엘의 생존 권리를 명확히 확인했다. 또한 홀로코스트라는 역사적 사실을 번번이 부인하는 이란 대통령의 발언을 비판했다.

이런 문제는 내 앞에 앉아 있는 모든 지도자들과 연관이 있었지만, 사실 유독 한 정부가 내 말을 들었으면 했다. 나중에 나는 아마디네자드 대통령이 내가 연설하는 동안 몇 차례 동시통역기를 귀에서 뺐다는 말을 듣고 무척 실망했다. 세계를 향한 나의 연설이, 아마디네자드 대통령을 비롯한 이란 지도자들에게 비공개, 공개 면담을 통해 표명했던 바로 그 말임을 그들이 알아듣기 원했기 때문이다.

내 연설은 호평을 받았고,[4] 특히 서방에서 그러했다. 매우 비판적이었던 〈뉴욕포스트〉 편집자들이 2012년 9월 2일 자로 "유엔 사무총장, 국제회의에서 테헤란에 진실을 말하다"라는 제목의 사설을 게재한 것을 보았을 때는, 좋은 의미로 놀랐다. 그들은 내 행동을 칭찬하며 "우리는 반 총장에게 테헤란에 발을 들이지 말 것을 촉구했었다. 하지만 감탄스럽게도 우리 판단을 바로잡는다"라고 잘못을 시인했다. 지금 와서 하는 말이지만, 꼼꼼하게 손본 연설문이 사라지는 바람에 나는 즉석연설을 하는 불편을 겪을 뻔했다. 기자회견이라면 원고가 없어도 문제가 되지 않지만, 수백 명의 세계 지도자와 장관, 외교관 앞에서 즉흥적으로 연설할 생각은 없었다.

이란 대표 한 명이 우리 대표단을 정상회의 컨벤션센터로 태우고 가려고 호텔로 왔다. 내가 분홍색 형광펜으로 표시해둔 원고를 펠트먼 사무차장이 가지고 있었고, 우리는 차를 타고 행사장으로 가는 동안 몇 가지 사항을 더 검토할 예정이었다. 그런데 사전 예고도 없이, 무함마드 하자이 유엔 주재 이란 대사가 방문 외빈에 대한 존경의 표시로 나와 동승하겠다는 것이었다. 펠트먼은 한 부밖에 없는 연설문을 가지고 두 번째 차로 옮겨 탔다. 그 순간 나는 걱정이 앞섰고 무엇보다 마지막으로 발언 내용을 손볼 시간이 없어진 것이 좀 신경이 쓰였다. 그런데 내 차량 행렬을 따르던 펠트먼의 차가 갑자기 호송대를 이탈한 사실을 몰랐다. 이란 측에서 의도적으로 우리를 분리하기로 한 것 같았다.

강당에 도착하자마자 VIP 라운지로 안내받은 나는 거기서 세계 지도자들과 환담했다. 아무런 영문도 모르는 나는, 내 보좌진과 연설문을 찾지 못해 불안했다. 총회장에 들어갈 시간이 되었을 때, 나는 군중 틈을 벗어나 넓은 홀 안을 쭉 훑어보았다. 제프리 펠트먼은 보이지 않았다. 우리 두 사람은 각각 다른 문으로 입장한 것이었다. 그때 펠트먼이 허둥대며 숨을 헐떡거리고 달려왔다. "제가 탄 차가 갑자기 호송대에서 이탈해 깜짝 놀랐어요"라고 그는 나에게 나중에 설명했다. "운전사에게 다른 차량과 같은 대열을 유지하라고 말했지만, 마치 영어를 못하거나 제 손짓의 의미를 이해하지 못하는 것처럼 행동했습니다. 그래서 덜컥 걱정이 앞섰죠."

나는 너무 늦지 않게 연설문을 가지고 온 그가 고마웠다. 오늘날까지도 나는 혹시 이란 정부가 내 연설을 망치려고 했는지, 그게 아니라면 적어도 나를 곤혹스럽게 만들려고 했는지 궁금하다. 아마 이란 지도부는 그들이 무시할 수 없는 중요한 청중 앞에서 내가 얼마나 비판적인 입장을 취할지 알고 싶었던 것 같다.

파괴적이고 완고한 불안 조장자

이스라엘의 정통성을 부정하려는 이란의 시도는 '혁명'과 '저항'에 관한 이란의 진정성을 강조하고 무장단체에 대한 자금 지원을 국내에서 정당화하려는 의도가 분명했다. 이러한 선동적인 선언은 미국의 적대감을 자극하기도 하는데, 이란 지도부는 자국의 국내 정책과 지역 정책을 정당화하는 데 그것을 이용한다. 나는 이스라엘의 존재를 거부하는 이란의 강력한 수사가 이 지역의 많은 국민과 정부가 동의하는 하나의 문제인 팔레스타인의 권리를 옹호함으로써, 결국은 중동 내에서 지지세를 어느 정도 늘릴 것으로 보았다. 해묵은 이란의 반이스라엘 캠페인은 오바마 행정부 이전부터 시작된 것으로, 도널드 트럼프 대통령 집권기에 확대되었다.

수십 년 동안 이란 정부는 헤즈볼라와 팔레스타인의 이슬람 지하드, 하마스에 드러내놓고 자금지원을 하며 그들을 무장시켰다. 이들은 팔레스타인 영역을 요르단 국경부터 지중해 연안까지 확장하겠다는 목표를 이란과 공유하는 이슬람 군사조직이자 정치적 운동조직이다. 눈에 거슬리는 이 조직들의 그림(이스라엘이 빠진 지도)은 단추나 담배 라이터, 포스터 심지어 교과서에서도 볼 수 있다. 이렇게 그림으로 표현된 반유대주의자들과 지역 무장 세력의 목표를 보면 등골이 오싹해진다. 나는 재임 중에 이 지역을 수차례 방문하며 만나는 지도자들과 관리들에게 하마스의 도발과 이스라엘의 압도적 군사적 대응이 촉발하는 폭력의 악순환을 끊는 데 영향력을 활용할 것을 촉구했다. 그러나 하마스는 이란과 시리아 정부의 말만 들었고 이스라엘은 누구의 말도 듣지 않았다.

권력, 관리부실, 인권

오늘날에도 그러하듯, 2012년에도 이란 보안군은 평화롭게 진행되는 반정부 시위를 폭력적으로 진압하거나 해산시키고 있었다. 종교지도자들은 여성의 자유를 점차 침식시킨다. 성적 소수자들, 종교적 소수자들, 쿠르드 민족은 모욕을 당하고 공격을 받았다. 불법 마약에 대한 엄중한 단속은 터무니없는 인권 탄압으로 이어졌다. 불법 마약 사용자의 인권은 말할 것도 없었다.

이란의 사회 문제는 나아지기는커녕 훨씬 더 심각해질 것이다. 이란은 세계에서 가장 젊은 국가로, 국민의 약 40퍼센트가 25세 이하다.[5] 오늘날 이 젊은이들은 비싼 교육비와 부족한 일자리에 좌절하고 분노하고 있다. 이란에 대한 제재 효과를 완화하려면 외부세계의 도움이 필요하다. 그러나 제재 완화는 안보리 결의의 범위를 손대지 않고는 불가능하다.

힘들여 얻었지만 오래가지 못한 성과

러시아와 중국도 때때로 가세하는 가운데, 서방 국가들은 이란의 우라늄 농축 및 기타 핵능력을 두고 10년 넘게 협상을 벌여왔지만, 2013년까지 협상은 지지부진했고 적대감만 커졌다. 중동 지역 국가들의 소리 없는 지원에도 불구하고 거래는 성사될

기미가 보이지 않았다. 나는 기회가 있을 때마다 이란의 지도자들에게 적대감과 도발로는 어디서도 우군을 만들 수 없고 양보를 얻어내지도 못할 거라고 충고했다. 지도부에게는 예전의 이란을 되돌아보기를, 하자이 대사에게는 가능성의 감각을 되살려보기를 권했다.

2013년 6월, 강경파인 아마디네자드에 이어 온건파인 하산 로하니가 대통령에 당선되었다. 로하니 대통령은 전임자보다 협상에 더 수용적인 태도를 보일 것으로 기대되었고, 우려하는 시각으로 이란을 지켜봐 오던 많은 이들은 전에 없던 낙관적 기대를 품기 시작했다. 취임 후 3개월째를 맞은 로하니는 유엔 총회 참석차 뉴욕을 방문했다가 돌아갈 무렵 오바마 대통령의 전화를 받았다. 1979년 미 대사관 인질 사건 이후로 미국과 이란 정상이 직접 대화를 나눈 것은 이것이 처음이었다. 이 통화는 조심스러운 낙관론을 낳았다. 유가가 소폭 내려갔고 국제 전문가들은 이것이 위험한 이스라엘-이란 관계의 진일보를 의미한다고 평했다. 비핵화 관계자들 사이에서도 잠시 희망의 상승기류가 일었다.

통화 내용은 알 수 없지만, 나는 이 통화에서 가장 중요한 점은 전화를 걸었다는 사실 자체였다고 확신한다. 개인적인 외교는 핵 난국을 타개하지는 못하더라도 시간을 벌고 긴장을 완화하며, 신뢰를 형성하고 선의를 조성하는 계기가 된다. 이 모든 요인은 성공적 협상의 밑거름이 될 수도 있다. 꼭 두 달이 지난

2013년 11월 24일 동틀 무렵, '안보리 5개 상임이사국(P5)+독일'을 대표하여 캐서린 애슈턴 유럽연합 고위 대표와 존 케리 미국 국무장관, 그리고 이란의 자바드 자리프 외교장관은 이란의 핵 생산을 엄격하게 제한하고 그 대가로 대이란 제재를 단계적으로 해제한다는 합의를 타결했다.

이 포괄적공동행동계획JCPOA: Joint Comprehensive Plan of Action은 이란 핵 문제를 타결하기 위해 거의 10년 만에 도달한 첫 번째 돌파구였다. 이 합의안은 이란에 핵 개발 계획의 중단, 20퍼센트 농축 우라늄 비축량의 대폭 감소, 더 강화된 IAEA 사찰에 대한 협조를 요구했다. 그 대신 안보리와 유럽연합, 미국은 대이란 제재를 완화하거나 해제하기로 했다. 이는 국제 무역의 필수 조건인 세계 금융시스템에 대한 이란 정부의 접근이 곧 허용되는 것을 의미했다. 10년간 가혹한 제재와 매서운 조정을 강요받던 이란이 다시 공개시장에 석유를 팔고, 이 수익금을 사회보조금은 물론이고 석유와 가스 생산에 투자할 수 있게 되었다. 약 40억 달러에 달하는 이란 정부의 예금과 물자에 대한 동결이 해제되고,[6] 이란 제조업과 에너지 부문으로 외국의 투자도 다시 흘러 들어올 터였다. 하지만 이후 협상을 위한 두 차례의 6개월 기한은 아무런 진전 없이 흘러갔다.

나는 정직한 중재자로서 협상에 도움이 될 수 있을 거라 생각했지만, 상임이사국 중 하나가 관여하지 말라고 나에게 은밀히 조언했다. 설명은 전혀 없었다. 어쩌면 북한 핵문제와 연관된 나의 경력 때문이었을 수도 있고, 내가 이란 정부와 다소 긴장된 관계를 유지하고 있어서였는지도 모르겠다. 아니면 단지 내가 독립적인 입장이라는 점이 이유였을 수도 있다. 어쨌든 나는 포괄적인 평화와 안보 구상을 지지하고 유엔은 필요한 어떤 역할이든 맡을 의사가 있다는 점을 모든 관련국에 알려두었다.

그 협상의 전 과정에 이란의 외교부 장관들이 참여했다. 마누셰르 모타키와 알리 아크바르 살레히, 자바드 자리프는 모두 뛰어난 외교관이었다. 자리프는 내가 잘 아는 사람이었다. 사무총장 임기의 첫 반년 동안 그가 유엔 주재 이란 대사로 있었기 때문이다.

P5와 유럽연합, 독일, 이란은 로잔과 빈에서 만나며 새로운 포괄적 JCPOA의 최종 합의에 이르렀고 2015년 7월 4일에 타결했다. 이 계획은 그 이전의 합의 사항들을 문서화한 것으로서, 군사시설에 대한 IAEA 사찰의 로드맵을 집어넣었다는 데 중요한 의미가 있었다.

오바마 대통령은 이날 아침 7시 전국에 생중계되는 연설을 통해, JCPOA가 "우리가 제기한 모든 기본적 요구 조건들을 충족합니다"라며 이란이 핵무기를 보유할 수 있는 모든 길이 차단되었음을 강조했다. 그는 "2년간의 협상 끝에 오늘, 미국은 국제사회의 우방과 더불어 수십 년간의 적대 관계 속에서 이루지 못했던 성취를 이루어냈습니다"라며 이렇게 말했다. "이번 합의로 우리는 비로소 처음으로 모든 약속을 검증할 수 있는 입장이 될 것입니다. 이 거래가 신뢰에 기반한 것이 아니라 검증에 기반했다는 의미입니다."[7]

미국의 탈퇴

4일 후 안보리는 JCPOA의 합의를 채택하는 제2231호 결의를 만장일치로 통과시키고 당사국들이 세부사항을 협상할 것을 촉구했다.[8] 유엔 특유의 정통성을 감안하여 유엔은 제2231호 결의에 따라 감시와 보고라는 중요한 책임을 맡았다. 이란인들은 그들의 의무를 수용할 것인가? 미국인들은 어떤 태도를 보일까? 안타깝지만 이 합의에 먼저 등을 돌린 것은 미국 정부였다.

이란은 합의의 내용을 준수했고 사찰이 이루어진 처음 몇 년간 IAEA가 보고한 것은 사소한 위반밖에 없었다. 조심스러운 평가를 차치하고서라도 JCPOA는 언제나 위태로운 상태였다. 이 협정은 미국의 보수파에는 전혀 인기가 없었다. 그들은 이 합의가 기껏해야 이란의 핵무기 개발 속도를 늦출 뿐, 막지는 못할 것이라고 여겼기 때문이다. 이스라엘, 사우디아라비아, 아랍에미리트연방은 중동 지역에서 이란이 보이는 행태를 다루지 않았다는 점에 불만을 표했다.

극복하기 어려운 문제점은 또 있었다. 오바마 행정부에서 이루어진 이 협상을 도널드 트럼프 대통령은 수용할 수 없었다는 것이다. 트럼프는 미국을 국제적인 웃음거리로 만든 '사상 최악의 거래'로부터 미국인을 구하겠다고 거듭 말해왔다. 많은 나라들이 걱정하는 시선으로 지켜보고 있었지만, 내게 유일하게 놀라운 사실은 미국이 합의에서 탈퇴하기까지 17개월이나 걸렸다는 것뿐이었다.

퇴임을 불과 6주 앞두고 있던 2016년 11월까지도 나는 성공에 대한 실낱같은 희망을 품고 있었다. 관련국의 외교장관들은 작지만 까다로운 입장 차를 좁히기 위해 다시 마주 앉았다. 클린턴 국무장관은 물러난 상태였고 후임인 존 케리는 이란 고위 협상팀과 11개 도시에서 18차례에 걸쳐 교섭을 벌였다. 얼마 전까지 테러리즘을 후원한다는 이유로 미국이 이란을 외면하는 상황에서는 생각할 수 없었을 협상이었다.

나는 미국 정부가 이란이 IAEA의 사찰을 이행했음을 인증하지 않는 상황을 매우 우려했다. 이행 불인증은 탈퇴로 가는 첫 단계이므로, 이란이 그것을 징벌적 조치로 받아들여 대응 수순으로 합의의 제약을 이탈하리라고 예상했다. 내 걱정은 차치하고, 이런 상황은 미국과 신뢰를 쌓고 협상을 하려는 다른 국가들에게 잘못된 신호를 보내게 될 터였다. 예를 들면 북한이 그렇다.

2017년 10월, 나는 니키 헤일리 미국 대사를 만났다. 우리는 비록 이전에 서로 만난 적은 없지만, 헤일리 대사는 JCPOA 문제를 논의하기 위해 미국 대표부에서 나를 친절하게 맞이했다. 나는 그와 솔직한 대화를 주고받으면서, 미국 정부가 이란을 통제불능 상태로 내모는 실수를 저지르지 않도록 해달라고 설득했다. "이란이 핵무장을 하면 핵무장을 한 북한보다 다루기가 훨씬 어려울 것입니다"라고 나는 말했다. "이란 핵문제는 중동 정세를 훨씬 복잡하게 만들어놓았습니다."

1994년에 클린턴 행정부가 북한이 그간 은밀하게 진행해온 핵 개발 계획을 동결하는 대가로 핵 확산을 막기 쉬운 경수로 2기를 제공하기로 했던 협상을 헤일리 대사에게 상기시킬 필요는 없었다. '제네바 합의Geneva Agreed Framework'라고 명명되는 이 협의는 2001년에 조지 W. 부시 대통령의 취임 직후에 파기되었다. 북한은 합의사항을 위반하는 비밀 농축 우라늄 핵무기 개발 프로그램을 갖고 있었는데, 합의의 파기로 말미암아 북한은 2006년 10월 9일에 최초의 핵무기 실험을 할 때까지 아무런 법적·정치적 제재를 받지 않는 상태로 방치되었다. 나의 이야기를 경청한 헤일리 대사는 이르면 다음 날 중으로 트럼프 대통령에게 내 생각을 직접 전하겠다고 했다.

다행히도 미국 대통령은 그다음 달 이란의 사찰 이행에 대한 인증을 취소하지 않았는데, 결국 2018년 5월 8일에 취소하고 말았다. 그 많은 국가들이 이란 핵 계획을 억제하는 최선의, 어쩌면 유일한 방법이라고 인정한 합의를 사실상 사문화한 것이었다. 그와 거의 동시에 미국은 고통을 안기는 일방적 제재를 재개했고, 간신히 회복되고 있던 이란 경제는 다시 곤두박질쳤다. 자리프 이란 외교장관은 "미국의 위선은 끝이 없다"라는 트윗을

올렸다.[9]

오랜 세월 미국과 건설적이고 긍정적인 협력관계 속에서 일해 왔던 나로서는 트럼프 대통령의 결정 이면에 깔린 논리를 이해할 수 없었다. 한때 견고한 신뢰를 받던 미국의 말은 이제 번복할 수 있는 것이 되었다. 미국이 신뢰할 수 없는 협상 파트너가 된 것이다.

15년간 금지된 우라늄 농축과 핵능력 확대를 포기한다는 약속을 이란이 지킨다는 보장은 없었다. 나도 의심을 하고 있기는 했다. 그러나 트럼프 대통령이 JCPOA를 깨버림으로써 이란이 사실상 연구 개발은 물론이고 농축을 재개하도록 허용한 것이나 다름없는 상황이 되었다. 나아가서 이란의 비판자들과 이란의 인접국들이 그토록 우려하는 중동지역 내에서의 이란의 행태를 다루는 데도 전혀 도움이 안 되는 것이었다.

아니나 다를까 2019년 11월, 이란 핵 개발 책임자인 알리 아크바르 살레히 전 외교장관은 JCPOA가 가동될 때 0.45킬로그램 정도에 불과했던 저농축 우라늄을 이제는 매일 5킬로그램 정도씩 생산한다고 발표했다. 게다가 JCPOA하에서 136킬로그램 정도만 허용되었던 이란의 저농축 우라늄의 비축량이 227킬로그램 정도까지 증가한 것으로 평가되었다. 이미 엎질러진 물이고, 우리는 이 결과를 받아들일 수밖에 없게 되었다.

이란 정부는 여러 나라와 적대 관계에 있다. 만일 이란의 핵 개발 계획이 실제로 무기개발을 목표로 한다면, 이란은 중동 차원을 넘어 세계의 안정을 저해할 잠재력을 갖게 된다. 핵무기 개발에 대한 불안은 오래전부터 이스라엘의 적대감을 계속 키워왔고, 이는 이란 시설을 선제공격할 수도 있다는 우려의 확산으로 이어졌다. 나는 이로 인해 사우디아라비아나 이집트가 저마다 핵무기를 개발하는 상황으로 이어질 가능성을 경계한다. 이 지역의 안보 환경은 대량파괴무기 없이도 이미 충분히 취약하다. 특히 현재의 이란처럼 야심이 크고 과격한 국가의 경우라면 더 말할 나위가 없다.

JCPOA 합의의 붕괴는 광범위하고, 경우에 따라서는 파국적인 함의를 지닌다. 2020년 2월 9일, IAEA는 이란의 농축 우라늄 비축량이 2015년 합의에서 정한 한계치 기준보다 5배나 더 늘었다고 보고했다. 이란이 앞으로 핵무기를 제조하고 배치하기까지는 여러 단계를 더 거쳐야 하지만, 그 실현 가능성은 과거 어느 때보다 높아진 것처럼 보인다. 국제사회는 신뢰 속에서 정직하게 협상해야 한다. 합의 조건을 준수하는 것 외에 대안은 없다.

이란은 열린 자세, 순수한 마음, 그리고 자국의 고대문명이 제공하는 지혜를 가지고 협상 테이블로 나가야 한다. 지구의 운명이 거기에 달려 있다는 표현도 이 경우만큼은 지나치게 진부하다고 말할 수 없겠다.

원로그룹의 일원으로서

나는 이제 평범한 시민이 되었지만, 이란 문제는 여전히 나의 걱정거리다. 이란은 세계의 '불량국가rogue states' 중 하나로 간주된다. 국가원수를 포함한 전직 지도자들과 노벨평화상 수상자들의 모임인 엘더스에 가입한 후, 나는 이란인들과 접촉을 하고 싶었고, 특히 무함마드 자바드 자리프 외교장관과 의논하길 바랐다. 핵 문제는 과거에도 지금도 가장 중요한 지정학적 우려 사항이고, 아마 앞으로도 그럴 것이다. 엘더스는 국가의 지위, 심지어는 유엔의 지위와도 달라서 대체로 정치를 초월하며, 회원들은 개발과 인권, 평화를 위해 현직 지도자들과 협력하며 봉사한다.

2019년 9월 22일, 전 아일랜드 대통령인 메리 로빈슨 엘더스 의장과 부의장인 나는 유엔 기후행동 정상회의에 참석하는 계기에 뉴욕에서 자리프 장관을 만났다. 로빈슨 의장은 유능한 협상가이자 믿음직한 동료다. 그는 나더러 평생 중동 문제에 매달려온 전문가인 라크다르 브라히미 전 알제리 외교부 장관과 함께 2020년 1월에 엘더스 대표단을 이끌고 이란을 방문할 것을 제안했다. 자리프 장관은 우리의 방문을 환영한다는 입장이었고, 나는 이란이 역내에서 더 건설적인 역할을 하도록 도울 수 있는 기회가 생겨 아주 기뻤다. 안타깝게도 이 방문은 연기되었는데, 우선 이란 혁명수비대 사령관인 가셈 솔레이마니 장군의 피살 사건이 일어난 데다 뒤이어 코로나19 팬데믹이 발생했기 때문이다.

이란은 과연 이 지역에서 호전적 태도 대신 평화를 선택할 것인가? 많은 것이 이란과 이란 인접국의 지도부에 달려 있다. 예멘에서 벌어지고 있는 무차별적 전쟁 같은 대리전쟁은 적대감을 확산시킬 뿐이다. 핵무기를 추구하고 지역 패권에 집착하는 듯한 이란의 태도는 당연히 인접국과 전 세계의 불신에 불을 지핀다. 나는 이란에 이런 무기가 필요하다고 보지 않는다. 핵무기가 필요한 나라는 사실상 없다. 우리가 이미 보아 왔듯이, 불신과 파괴는 분쟁보다 오래간다.

13

미얀마

사이클론 나르기스가 은둔 국가의 문을 열다

2008년 4월 27일 인도, 방글라데시, 미얀마 해안에 사이클론(폭풍)이 불어닥쳐 이들 나라는 모두 전례 없는 피해에 대비했다. 시속 100마일의 강풍임에도, 바람은 이 지역에만 머물며 세력을 키웠다. 사이클론이 언제 다시 움직일지, 어디로 상륙할지 분명치 않았지만, 뉴욕의 유엔 위기관리센터는 매시간 나에게 상황을 보고했다. 케이블 뉴스에서 현지의 사이클론 소식이 전해질 무렵 유엔 본부에서는 대피계획을 세우고 있었다.

나는 이날 오후에 있을 중동 관련 회의 준비로 분주했지만, 남아시아 쪽으로 관심을 돌려야 했다. 얼마나 많은 유엔 직원이 위험에 빠졌을까? 그들은 대부분 인도적 지원이나 난민 지원, 혹은 그와 유사한 원조 활동에 종사하는 사람들이었다. 이 중에 자신들의 역할이 가장 필요해질 시점에 임지를 떠나려 할 사람이 몇이나 될까? 인류애와 책임감이 남다른 영국 외교관인 존 홈스 유엔 인도적 지원 담당 사무차장은 사전에 직원들에게 전 지역에 걸쳐 비축해둔 식량과 구호물자를 보강하도록 지시했었다. 나는 이 용감한 유엔 직원들이 무척 고마웠지만, 가용 보급물자가 충분치 않으리라는 것을 알았다.

나는 홈스와 내 비서실장인 비제이 남비아르와 함께 사이클론 나르기스의 상황을 지켜보았는데, 시시각각 강해지는 위력이 믿기지 않을 정도였다. 초틴셰 유엔 주재 미얀마 대사와는 밤낮으로 연락을 주고받았다.

자연의 자비에 맡기고 지켜보며 기다리는 순간은, 외교관 입장에서는 가장 갑갑한 시간이다. 유엔이 신속한 외교적 조치나 총회 결의를 채택한다 한들 사이클론의 진로를 바꿀 수는 없는 노릇이다. 현장 직원들이 주기적으로 상황을 보고하고 있었지만, 사이클론이 미얀마 남서 해안을 강타하면서 통신은 수시로 끊겼다. 215킬로미터의 사이클론은 땅으로 쏟아진다기보다 지면과 평행하게 휘날리는 폭우를 동반했다. 사이클론은 5월 2일 저녁에 상륙하면서 나무와 초가집을 쓰러뜨리고 전선을 끊고 거목을 꺾었다.

사이클론이 계속된 이틀간은 악몽 같은 시간이었다. 이후 사이클론 나르기스는 사상 두 번째로 위력적인 사이클론으로 기록되었다. 이보다 더 강한 폭풍은 1975년에 필리핀을 강타한 니나뿐이었다. 하늘이 개고 대기가 다시 안정을 찾으며 드러난 피해는 우려한 것보다 훨씬 심각했다. 사이클론과 그에 따른 해일이 이라와디 삼각주 40킬로미터 상류까지 밀어닥치면서 마을 수백 곳이 파괴되고 논 수천 곳이 침수되었다. 미얀마의 식량 사정은 순식간에 악화되었다.

구호의 손길이 닿지 않는 수백만 명

사이클론 나르기스가 최악의 인도적 재난을 남긴 바람에 국제적으로 고립된 미얀마 군사정권은 수십 년 만에 처음으로 국경을 개방하고 외국의 긴급지원을 받아들일 수밖에 없었다. 미얀마(예전의 버마)는 1962년에 쿠데타로 외교 관계를 동결하고 기업을 국유화하며 반대세력을 탄압한 이래, 국제사회에서 수십 년간 고립 상태였다.

내륙에 새로 세워진 네피도를 수도로 삼은 군사정부는 계속해서 사이클론의 피해를 축소 평가했다. 해안지대는 철저히 파괴되어서 피해 규모를 파악하기조차 힘들었고, 정부는 일주일도 못 가서 피해 산정을 포기했다.

우리 쪽 보고에 따르면, 미얀마 남부와 동부 3분의 1을 차지하는 지역 대부분에서 식수, 식량, 연료, 통신, 위생, 전기, 교통수단, 의료, 대피소가 파괴되었다. 해당 지역에는 상당수의 인도적 구조대원이 파견되어 있었지만, 더 안전한 곳으로 대피했기 때문에 현장으로 돌아갈 수 없는 상황이라고 보고했다. 유엔의 각 기구는 사이클론 나르기스가 미얀마에서 약 14만 명의 목숨을 앗아가고 80만 채 정도의 가옥을 파괴했다고 추산했다. 약 240만 명이 오염수와 굶주림, 의료 시설 부족에 시달렸고,[1] 전기와 도로 등 주요 사회기반시설이 파괴되었다.

이런 피해 상황을 접하자 나는 2004년 동남아시아에서 발생한 쓰나미의 여파가 떠올랐다. 당시 한국 외교통상부 장관이었던 나는 2005년 1월에 아세안이 주최한 국제 공여국 회의에 참석했다가 스리랑카로 날아가 직접 쓰나미 피해지역을 둘러보고 피해 복구 노력을 돕는 데 매진했었다.

나는 외국의 간섭을 경계하며 의혹의 눈길을 보내는 미얀마 정부의 태도가 긴급원조를 어렵게 만들 것으로 짐작했다. 미얀마 통치세력은 인접국인 태국과, 무역 상대국인 중국을 제외하고는 외부세계와 접촉을 피했으며 재난 발생 후 사흘이 지나도록 다른 어떤 외부의 원조도 거부했다. 설상가상으로 5월 7일, 베르나르 쿠슈네르 프랑스 외교장관은 안보리에 긴급구호물자의 강제 배급을 승인할 것을 촉구했다. 구호물자 수령을 거부하는 미얀마 정부는 자국 시민을 보호할 책임 이행 의사가 없음이 명백하므로 국제적 개입이 정당하다는 주장이었다.

국제사회는 자국민에 대한 보호책임R2P을 다하는 국가를 지원할 책임이 있으며, 다른 한편으로 R2P를 이행할 의사나 능력이 없는 국가에는 개입할 책임을 지고 있다. 1990년대에 국제사회가 르완다, 스레브레니차, 코소보 등지에서 벌어진 대량학살과 인종청소를 저지하는 데 크게 실패한 뒤에, 2005년 R2P 원칙이 유엔에서 채택되었다. 대량학살과 같은 끔찍한 범죄에 대처하기 위한 이 원칙을 쿠슈네르가 끌어들인 것은 자극적인 데다 부적절했고 역효과를 낳았다.

우리가 우려했던 상황은 이틀 후에 사실로 드러났다. 유엔 세계식량계획WFP이 구호품을 실은 화물기 2대의 착륙허가를 받았지만, 군사정부는 긴급 배급물자를 압수한 다음 고열량 비스킷, 정수제, 의약품 같은 물자를 직접 배급했다. 나는 절박한 상황에 빠진 사이클론 피해자 수십만 명을 위한 구명 노력을 정치권이 방해하고 있는 현실에 분노했다. 네피도의 미얀마 정부가 양자원조bilateral assistance를 받아들일 나라를 독자적으로 선택하겠다는 전례 없는 요구를 했을 때는 크게 충격을 받았다. 그리고 서방정부와 구호기관들은 이 나라를 군사정부 이전의 명칭인 버마로 부르자고 요구하며 불필요하게 장군들을 적대시했다. 나라 안팎으로 암담한 상황이었다.

구호 노력을 정치화하려는 시도는 시급한 구호물자의 도착을 지연시킬 가능성이 있고, 결과적으로 배급 여부와 장소에 대한 통제권은 정부에 넘어갈 상황이었다. 둘 다 도덕적으로 그른 결과였다. WFP, 세계보건기구WHO, 유엔 인도지원 조정국, 식량농업기구, 적십자사, 그 밖의 많은 국제 구호단체에서 보낸 수천만 달러 상당의 긴급 구호물자가 이미 도착해 있었지만, 그리 멀지 않은 곳에서 구호품을 애타게 기다리는 사람들에게 전달되지 못하고 있었다.

이런 상황에서 정부는 군 장교들에게 의회 내 일정 의석을 할당하는 내용이 담긴 헌법개정안에 대한 국민투표를 5월로 연기하는 방안을 거부했다. 이 개정안이 통과되면 문민정부하에서도 군부의 영향력이 영구화될 수 있었다. 투표의 시기와 내용을 두고 전 세계에서 비난이 빗발쳤다. 그러나 이런 비난에 개의치 않고 투표는 늘 하던 대로 비밀의 장막 뒤에서 실시되었고 압도적 다수로 통과되었다. 미얀마 해안지대에서 살아남은 수백만 명의 생존자가 투표에 참여할 수 있었을 턱이 없었다.

유엔 산하의 각종 기구는 거듭해서 군사정권의 인권 탄압 사례를 지적했다. 이런 시각에 동의하면서도 나는 원칙을 지키는 것보다 구호 요원을 현지로 들여보내는 게 더 간절했다.

사이클론 이후 미얀마에 들어간 원조의 규모는, 정부에 대한 깊은 불신에도 불구하고 즉시 재난구호에 나선 각국 정부와 단체 그리고 세계인들의 너그러움을 보여주는 증거였다. 영국의 국제개발부는 원조 첫 달에만 방수포와 담요, 기타 비식량 구호품을 화물기 20대에 가득 실어 보냈다. 런던은 긴급복구 노력을 위한 최대의 단일 기부자로서 4,500만 파운드(2008년 현재 미화 8,800만 달러)가 넘는 현금을 보냈고 귀중한 공중과 해상 지원을 제공했다.[2] 조지 W. 부시 미 대통령은 미얀마 장군들을 가장 격렬하게 비난한 사람 중 하나였지만, 미국은 원조에 어느 나라보다 신속히 응한 국가이기도 했다. 미국 정부는 한 달 내에 7,500만 달러 상당의 구호품을 보냈는데 주로 식량이나 의약품이었다. 미국 국방부는 또 태국에서 미얀마로 가는 화물기 수송로를 개설했다.

유엔은 아세안과도 긴밀하게 협력했다. 미얀마의 인접국들은 네피도 군사정부가 인도적 지원을 받아들이도록 협상하는 데 도움을 주었다. 그리고 5월 25일에 긴급구호를 위한 공여국 회의를 공동 개최하기로 합의했다. 하지만 유엔 기구들은 여전히 필요한 원조물자의 90퍼센트를 배급하지 못한 상태였고, 정부가 구호품을 압수한다는 보고도 있었다. 하루도 지나지 않아 미얀마 군부 통치자들은 그들의 권력을 지키는 데 필요한 고립노선을 유지하기 위해 수십만 명의 목숨도 아랑곳하지 않는다는 것이 분명해졌다.

모든 시선이 벵골만 동부로 향해 있는 동안, 유엔 본부 38층의 사무총장 집무실에서 나는 미얀마의 탄슈웨 국가원수와 하루라도 빨리 대화를 해야 한다는 생각에 점점 더 초조해졌다. 유엔 직원들은 나르기스의 상륙 이래 탄슈웨 장군이나 그의 부관들과 접촉하려고 애를 썼지만 통신은 불가능했다. 기술적 문제를 배제할 수는 없지만 외부기관과의 연락을 꺼리는 그의 태도가 더 크게 작용한 것으로 보였다. 정부는 구호 요원과 지원단을 인근 지역에 묶어놓은 채 입국허가 절차를 계속 지연했다.

지도부와 직접 비공개 대화를 할 수 없게 된 나는 어쩔 수 없이 기자 회견을 통해 공개적으로 정권을 향해 성명을 낼 수밖에 없었다. 나는 5월 12일 기자 브리핑을 열어 다시 미얀마 수도를 향해 강력하되 강압적으로 들리지는 않을 정도로 간곡히 호소했다.

"나는 이 중대한 인도주의적 위기에 대한 대응이 받아들이기 어려울 정도로 지연되고 있는 데 대해 깊은 우려와 엄청난 좌절감을 표하는 바입니다." 나는 기자들을 앞에 두고 말을 이어갔다. "이것은 정치 문제가 아니라 인명을 구하는 문제입니다. 나는 간절한 마음을 담아, 국민의 생명을 무엇보다 중시해줄 것을 미얀마 정부에 호소합니다. 재난이 더 심각해지는 것을 막기 위해 미얀마 정부는 할 수 있는 모든 노력을 기울여야 합니다." 양곤에 있는 유엔 사무소는 드넓은 지역이 물에 잠기고 전기가 끊겨 있는 현지 상황을 담은 사진을 보내왔다.

홈스 긴급구호 조정관에 따르면, 군사정권이 접근제한을 완화하는 일부 초기 조치를 취하기는 했지만 기아와 전염병의 위기에 노출된 100만 명이 넘는 이재민 중에서 유엔 기구가 접근할 수 있는 사람은 3분의 1도 안 되었다. 홈스는 기자들에게 미얀마 정부가 취할 필요가 있는 조치는 피해가 가장 큰 지역에 구호품을 배급할 대규모 수송 작전인데, 이는 국제 구호 기관의 전문성이 요구되는 복잡한 사업이라는 점을 설명하면서 덧붙였다. "간단히 말해, 미얀마 단독으로는 이 비상사태를 감당할 수 없습니다."

나는 미얀마를 방문해서 직접 장군들과 이야기할 필요가 있다는 점을 더욱 절실하게 느꼈다. 식량과 의약품이 원활히 분배되지 않음으로써 사이클론 생존자들이 처한 어려움은 상상을 초월할 정도로 나날이 커지고 있었다. 나는 초틴세 대사에게 정부를 난처하게 만들지 않을 것이며, 또 정치범 아웅 산 수 치 여사도 방문하지 않겠다고 직접 약속했다. '정치'의 '정'자도 입에 담지 않겠노라고 거듭 강조했다. 일주일 뒤, 나는 마침내 미얀마 정부의 초청을 받았다. 나의 임기 중에 있었던 다섯 번에 걸친 미얀마 방문 가운데 첫 번째였다.

상륙

5월 22일 아침에 태국 항공사의 비행기를 타고 방콕에서 양곤으로 이동했다. 유엔 사무총장이 미얀마를 방문한 것은 44년 만이었다. 도착하자 100명이 넘는 기자들이 기다리고 있었다. 나는 먼저 2천 년의 역사를 간직한 미얀마 최고의 성지 슈웨다곤 사원으로 갔다. 나와 동행해준 테인 세인 총리와 함께 갈 수 있어서 기뻤다. 나는 전통에 따라 신발을 벗고 사원 안에 들어가 불상들 앞에 헌화를 하며 속으로 말했다. "유엔과 국제사회는 이 비극의 극복을 도울 준비가 되었습니다. 저는 연대감을 표하고 희망의 메시지를 전하려고 여기 왔습니다."

이어 우리 일행은 헬기에 올라 이라와디 삼각주를 방문했다.

온 마을과 시가지가 사이클론에 무너지고 홍수에 휩쓸렸으며, 드넓은 논이 황톳빛 진흙으로 뒤덮여 있었다. 창밖을 내다보니 무너져 내린 초라한 건물들이 흙탕물에 잠긴 모습에서 눈을 뗄 수 없었다. 참담한 풍경이었다. 나는 수많은 생존자를 위험에 빠뜨릴 재난의 '두 번째 파도'가 두려웠다. 불결한 악조건 속에서는 으레 콜레라와 탈수증이 번지기 마련이었다.

그날 오후 촌다 난민촌에 도착하자, 미얀마의 국가기획부, 경제개발부, 보건부 장관들이 나를 기다리고 있었다. 여기서 사이클론으로 집을 잃은 수많은 이재민을 만났고 가슴이 먹먹해졌다. 나는 희망과 용기를 잃지 말라고 그들을 위로하고, 유엔이 도울 것이라며 안심시키려고 애썼다.

인명피해는 막대했다. 바로 그날 태어난 아기를 보니 가슴이 아팠다. 아기는 건강해 보였다. 힘없이 늘어져 있는 생후 19일 된 여자 아기도 보았는데, 벌써 얼굴이 햇볕에 벌겋게 그을어 있었다. 세상이 나온지 3주도 안 되었는데 이토록 심한 역경을 겪은 것이다. 집과 가족과 지역사회가 물에 잠긴 탓에 살기 어려워진 어린이들이 얼마나 많을지 알 수 없었다.

테인 세인 총리와 나는 사이클론과 그에 따른 인도적 재난에 관해 의논하기 위해 그날 오후에 다시 만났다. 이 만남은 대단히 유익했다. 그는 꽤 합리적이고 전술적인 면을 지닌 사람 같았다. 그는 정부 내에서 나의 주요 접촉창구가 되었으며, 특히 2010년 선거에서 대통령이 된 뒤로 큰 도움을 주었다. 나는 지금도 그의 리더십에 깊이 감사한다.

이튿날인 5월 23일, 나는 미얀마 정부가 제공한 특별기를 타고 양곤에서 네피도까지 327킬로미터를 날아갔다. 외지인들이 좀처럼 볼 수 없는 곳으로 가고 있다는 생각에 기대감이 솟았다. 사이클론 나르기스의 피해자들을 도울 수 있는 사람은 장군들밖에 없는 상황이었다. 나의 방문과 나의 말이 그들이 세계의 도움을 받아들이는 계기가 되기를 간절히 바랐다. 현장에 있는 몇 안 되는 구호 요원들은 배급센터에 물자를 비축하고, 제한된 구호품을 분배하며 느린 속도로 복구를 진행하고 있었다. 나는 방문 기간 내내 이런 상황을 최대한 활용했다.

드디어 우리 일행은 안내를 받으며 현대식 캠퍼스를 지나 이캇 카펫과 사찰 풍경이 걸린 커다란 방을 가로질러 갔다. 탄 슈웨 국가원수가 나를 영접했다. 그의 옆에는 정권 이인자인 마웅에 장군과 실세들인 국가평화발전평의회SPDC 위원들이 서 있었다. 우리 쪽에서는 비제이 남비아르 비서실장과 존 홈스 인도지원 차장, 마이클 마이어 홍보국장, 비쇼 파라줄리 현지 유엔 조정관이 나를 수행했다.

군복 차림에 다부진 체격의 탄 슈웨가 나에게 무뚝뚝한 인사를 하고는 곧바로 본론으로 들어갔다. 그는 "우리는 외국의 해군 함정이 공급하는 어떤 원조물자도 받을 수 없습니다"라고 말했다. "그것은 국가 주권의 문제입니다." 나는 그에게, 쓰나미가 휩쓸고 간 이후 인도네시아 정부도 처음에는 같은 말을 했지만, 결국 수십 곳의 국제 구호단체나 NGO의 원조, 정부 직접출연금은 말할 것도 없고 미국과 중국, 인도의 군함이 싣고 온 구호물자를 받았다는 사실을 상기시켰다. 나는 인도적 비상사태 속에서 정치적 고려는 절대 있을 수 없다고 주장했다.

"그럴 필요는 없어요. 구호활동은 이미 끝났습니다. 우리는 상황을 통제하고 있습니다"라고 탄 슈웨가 말했다.

나는 놀란 표정을 지으며 말했다. "하지만 사람들은 여전히 어려움에 처해 있습니다. 어제 이리와디 삼각주 상공을 지나면서 피해지역이 끝없이 이어지고 있는 걸 봤어요." 나는 탄 슈웨 국가원수에게 즉시 6개월분의 식량과 의약품을 반입 허가해줄 것 촉구했다. 전 세계가 그의 국민을 돕고 싶어 하며, 그의 정부는 우리 활동을 도울 의무가 있다고 했다.

그는 흔들림이 없는 것 같았다. "우리는 국제 구호활동가들을 위해 국경을 개방하지는 않을 것입니다." 그는 안보 우려를 들먹였다. 하지만 나는 거세게 밀어붙였다. 한 시간 정도가 지나자 장군들이 천천히 고개를 끄떡이는 모습이 눈에 띄었다. 탄 슈웨는 돌연 태도를 바꾸더니, 출처를 가리지 않고 원조를 받아들일 것이며 국적과 무관하게 '모든' 구호 인력에게 비자를 발급하고 피해지역에 대한 접근을 허가하겠다고 말했다.

그것은 놀라운 상황 반전이었지만, 언제 다시 번복할지 알 수 없었다. 그리고 솔직히 전혀 예상하지 못한 것도 아니었다. 수십 개 공여국이 수백만 달러의 구호금 서약 회의에 모이기 불과 이틀 전에 미얀마 정부가 국제사회에 전적으로 협조하겠다고 나선 것은 우연이라고 할 수 없는 것이 분명했다. 나는 구호 기관들이 조심스럽고 공여국들이 변덕스럽다는 것을 알고 있었으므로, 탄 슈웨의 마음이 변하기 전에 그의 결심을 더 굳혀야 했다. 그 무렵 몇 주간 군사정부와의 구두 약속은 별 의미가 없다는 것을 너무도 잘 파악했기 때문이다.

문 밖에는 수행 취재단과 미얀마 국영 언론 기자들이 있었다. 나는 문을 열고 심호흡한 다음, 미얀마 언론, CNN, BBC, CBC, 기타 아시아 뉴스 기관에서 나온 수십 명의 기자에게 미얀마 정부가 '모든 구호 인력'과 긴급원조를 받아들이는 데 동의했다고 발표했다. 기자들은 여러 언어로 질문을 쏟아냈지만, 내가 덧붙일 내용은 별로 없었다. 예상했던 대로, 이 발표는 긴급뉴스가 되어 전 세계로 퍼져나갔다. 이 행동은 또한 일종의 보험이기도 했다. 결정 내용이 널리 보도되고 두루 환영받게 되면 미얀마 통치자들이 그 말을 다시 거둬들이기는 훨씬 더 어려워지기 때문이다.

이 때문에 탄 슈웨 국가원수의 기분이 그다지 좋지 않았으리라고 짐작하지만, 나는 접견실로 돌아가 그와 비공개 면담을 가졌다. 예상외로 따뜻한 반응이었다. 완벽하게 손질된 군복에 줄줄이 훈장을 매단 옷차림을 하고 거기에 어울리는 화려한 접견실에 앉은 그는 편안해 보였다. 탄 슈웨 국가원수가 뜻밖에도 자신은 "미얀마의 박정희 장군"으로 기억되기를 바란다고 했을 때, 나는 무척 놀랐다. 탄 슈웨처럼 4성 장군이 되었던 박정희도 1961년의 쿠데타를 통해 국가지도자가 되었지만 1979년에 암살당했다. 독재자이기는 했지만, 박정희 대통령은 한국의 제조 산업을 확장하고 그 수준을 끌어올리는 한편 우리나라를 빈곤국에서 수출중심의 산업국으로 탈바꿈시킨 지도자라는 평가를 받는다. 그는 또 과거 한국을 점령했던 일본과의 관계를 정상화하기도 했다.

나는 미얀마의 지도자에게 박 장군은 고립주의자가 아니었다고 말했다. 그는 외국의 고위인사, 세계 지도자, 언론 인터뷰를 환영했다고 했다. 나는 "그런데 유엔 사무총장인 나조차 탄 슈웨 장군을 만나기가 힘들었습니다"라고 덧붙였다. 도움을 주려는 지도자들과의 만남과 국제 원조를 거부하는 행위가 그의 명성을 훼손하고 있다고 지적했다. "만일 장군께서 박정희 장군처럼 되고 싶다면, 통치방식을 바꿔야 합니다. 세계를 향해 문호를 개방해야 합니다." 이튿날 그는 가장 까다로운 몇 가지 조건을 완화했지만, 일시적인 조치에 그쳤다.

원칙과 인접성

신중을 기하는 나라가 많았다. 51개 국가와 구호단체, NGO가 미얀마 기금모금을 위한 국제회의에 대표를 파견했지만, 모금액은 목표치인 1억 8,700만 달러의 절반에도 미치지 못했다. 복수의 외교관들이 전하는 말로는, 자국 정부는 더 많은 원조를 제공하고 싶어 하지만 변덕스러운 미얀마 지도부를 의식해 신중한 접근을 하고 있다는 것이었다. 그들 중 대다수는 자국 정부가 하지 못하는 조용한 압박을 가하고 있는 데 대해 나에게 고마움을 표했다. 3년 후 미얀마가 의장국이 되는 아세안에는 특히 더 민감한 사안이었다. 회원국들은 미얀마를 통치하는 장군들이 아세안의 신뢰성을 훼손하지나 않을까 내심 걱정했다. 게다가 지역 내의 국가가 불안정해지는 것은 어느 나라도 원치 않았다. 아시아 지역 국가의 한 외교관이 이런 상황을 잘 요약해주었다. "우리는 이웃 국가지만 별로 가깝지도 않고 오히려 인접성으로 인해 도전을 받고 있다."

외국의 원조와 구호활동가를 받아들이겠다는 탄 슈웨 국가원수의 약속에도 불구하고 공여국들이 직면한 또 다른 문제가 있었는데, 내 힘으로는 해결해줄 수 없는 문제였다. 그것은 바로 인권 문제였다. 1988년의 시위는 잔혹한 군사적 탄압으로 이어져, 1만 명에 이르는 학생과 불교 승려, 그 밖의 시위자들이 목숨을 잃었다. 그 후 군사정부는 수천 명의 비불교도와 기자를 비롯한 사람들을 사기 혐의로 괴롭히고 투옥했다. 게다가 장군들은 민족갈등을 조장하고 땅을 몰수하기까지 했다.

정치범으로 수감된 아웅 산 수 치 여사는 카리스마 있는 민주화 운동가로서 전체주의 정부에 희생당한 사람들의 상징이었다.

버마 최고의 '국민 영웅'인 보조 아웅 산의 딸인 그는 불굴의 의지와 단호한 결단력으로 널리 존경을 받았다. 이로부터 10년도 지나지 않아 국가권력을 장악한 그가 고립무원에 빠진 미얀마 내의 소수민족인 로힝야 무슬림을 상대로 바로 그와 똑같은 부당한 행위를 자행하리라고 누가 상상이나 했겠는가? 아웅 산 수 치 여사에 대한 가택연금이 이튿날 풀릴 예정이었지만 상당수는 군부가 그를 석방하지 않으리라 예측했고 실제로 그렇게 되었다. 더욱이 탄 슈웨는 여사가 승인받지 않은 손님을 만났다는 이유로 연금 기간을 1년 연장했다. 여기서 손님이란 아웅 산 수 치 여사를 '구출'하겠다며 그 얼마 전에 인야 호수를 헤엄쳐 건너갔던 미국인 존 예토를 말한다.

사이클론 나르기스가 몰고 온 혼돈과 역경은 사람이 치르기에는 너무나 값비싼 대가였다. 나는 탄 슈웨 또는 테인 세인과 같은 장군들을 적극적으로 접촉함으로써 해안을 초토화한 참화가 하나의 기회로 전환되기를 소망했다. 내가 당시 미얀마 지도부를 접촉할 수 있었던 유일한 이유는, 내가 유엔의 기본입장인 인권이나 경제개혁에 관한 광범위한 우려 표명에 초점을 두기보다는, 긴박한 재난상황과 국제적 대응에 중점을 두었기 때문이었다. 서방권에서는 의혹과 좌절감으로 대응했지만, 비서방권에서는 대체로 신중한 지원과 격려를 기꺼이 베풀었다.

불어오는 미풍

2009년 7월에 이루어진 나의 두 번째 미얀마 방문은 논란이 많았고 성과도 제한적이었다. 탄 슈웨 장군은 아웅 산 수 치 여사를 면담하겠다는 내 요청을 거부했다. 언론에서는 내가 '유약하게' 보였다고 보도했지만, 나는 별로 개의치 않았다. 그 방문의 성패가 아웅 산 수 치 여사와의 면담 여부에만 달린 것이 아니었기 때문이다.

나는 미얀마에 등록된 정당 사람들과 마지못해 정부와 정전협상에 나선 몇몇 민족 단체의 관계자들을 만났다. 그사이에 나의 미얀마 특별고문인 이브라힘 감바리가 문제로 대두되었다. 감바리는 코피 아난 시절에 유엔 정무 담당 사무차장을 역임했고 내 임기 중에도 잠시 그 자리에 있었다. 그런데 미얀마 정부는 오랫동안 유엔의 정치 전문가로 활동한 그가 인권에 '이중 잣대'를 들이댔다고 불평하며 감바리와는 상대하고 싶지 않다는 것이었다. 반대로 다른 나라들은 그가 군사정권을 과도하게 신뢰한다며 감바리의 판단을 의심하기 시작했다. 나는 이 문제를 어떻게 처리할지 궁리해야 했다.

2010년 12월에 나는 전 나이지리아 외교장관인 감바리를 유엔-아프리카연합 다르푸르 임무단UNAMID의 내 특별대표로 임명해 다르푸르로 보냈다. 뉴욕에 있는 비서실장 비제이 남비아르는 나의 미얀마 문제 특별고문이 되었다. 유능한 외교관인 남비아르는 이미 모든 관련 당사자들에게 잘 알려져 있었으므로 환영을 받을 터였다. 미얀마에서 유엔의 외교와 긴급구호가 작동하기 시작했다. 해안지대로 가는 보급선에 대한 방해는 거의 없었고, 이재민들은 마침내 필요한 원조를 받기 시작했다. 재난이 발생한 지 3주가 흐른 시점이었다. 놀랍게도 이런 협조적 분위기는, 미얀마의 외교관들이 유엔 총회의 몇몇 위원회에 참석하기 시작하면서 뉴욕까지 번졌다.

'레이디'

서방 국가들은 1989년에 정치 행위로 인해 장군들에게 체포된 민주화 운동가 아웅 산 수 치 여사를 치켜세웠다. 군사정부는 그에게 온갖 수상쩍은 혐의를 씌워 유죄선고를 내리고 21년간 가택연금에 처했다. 아름다우면서도 비극적인 분위기를 지닌 아웅 산 수 치 여사는 정치적 박해의 세계적인 상징이었다. 1991년에 그는 '민주주의와 인권을 위한 비폭력 투쟁'의 공로로 노벨평화상을 받았다. 국제사회는 아웅 산 수 치 여사를 '더 레이디the Lady'라고 칭했다.

나는 군사정부의 광범위한 인권 침해를 줄곧 규탄했다. 주된 내용은 소수민족에 대한 정권의 핍박, 구조적 빈곤, 언론의 자유에 대한 가혹한 억압, 그리고 물론 '레이디'의 연금에 관한 것이었다. 조지 W. 부시 대통령은 군사정권의 탄압을 크게 우려하면서, 종종 나와 비공개 소통을 통해 이 문제를 제기하면서 정치적인 지원 의사를 표하곤 했다. 당시에는 잘 몰랐지만, 워싱턴에서 '레이디'의 가장 큰 지지자는 대통령이 아니라 영부인 로라 부시 여사였을 수도 있다. 로라 부시 여사와 나는 아웅 산 수 치 여사와 언론 자유에 대한 탄압, 군부를 비판하는 불교 승려들에 대한 처우 같은 문제를 비공개로 논의했다.

나는 아웅 산 수 치 여사가 결국 석방되어 우리의 생각처럼 지도자가 될 때 어떤 일이 일어날지 궁금해지기 시작했다. 그는 자신의 민주주의적 태도를 고수할 수 있을까? 어떤 형태의 리더십을 보여줄 것인가? 이 시점까지 그는 조건 없는 전폭적 지지를 누렸다. 그의 말과 행동에 대한 지지가 아니라 상징으로서 받는 지지였다. 나는 그가 일단 정치권에 발을 들여놓으면, 비전과 행동으로 자신의 리더십을 증명해야 한다고 생각했다. 나는 내 선임보좌관들에게 그에 대한 회의적인 생각을 밝혔다. 군부는 2010년 11월 13일 아웅 산 수 치 여사를 석방했다. 전 세계의 인권운동가들이 그가 자유를 찾은 것을 축하했지만, 우리 중 몇몇은 신중한 반응을 보였다.

한편 그 3일 전에 치러진 선거에서, 전 총리인 테인 세인 장군이 대통령에 당선되었다. 비록 군부에서 내세운 후보이기는 했지만, 테인 세인은 빠른 속도로 광범위한 정치·경제 개혁에 착수했다. 더 중요한 것은, '민주적 미얀마 연방'을 건설한다는 목표를 선언하고 국내의 다양한 무장 민족집단과 접촉하면서 처음으로 진정한 포괄적 평화 프로세스를 시작했다는 점이었다. 프놈펜에서 열린 '2012 아세안 정상회의'에서 테인 세인 대통령과 광범위하고 생산적인 면담을 가지는 동안, 그는 나에게 자국의 정부가 이 민주화 과정을 계속 밟아나갈 것이라고 다짐했다.

민족민주연맹NLD은 2010년 총선을 보이콧했지만, 구금에서 풀려난 아웅 산 수 치 여사는 2012년 보궐선거에 출마하여 제1야당 지도자로 원내에 진출하는 데 동의했다. 이런 변화는 세계적으로 환영받았고 미얀마에 대한 경제제재는 서서히 해제되었다. 서구 강대국들은 공을 차지하기 위한 경쟁을 벌였다. 2011년 11월 힐러리 클린턴 미 국무장관이 최초로 미얀마를 방문했고, 곧 영국의 데이비드 캐머런 총리가 그 뒤를 이었다. 클린턴이 방문하고 1년 뒤에는 마침내 버락 오바마 대통령도 미얀마를 찾았다.

이들은 모두 미얀마의 인권 문제, 특히 언론 자유와 로힝야족과 같은 종교적·민족적 소수자에 대한 박해를 해소하라고 테인 세인 대통령을 압박했다. 당시 한 보좌관은 내게 이렇게 말했다. "사무총장님, 저들이 모두 우리의 공을 가로채려고 애를 쓰고 있으니 총장님도 목소리를 내고 당장 미얀마를 방문하셔야 합니다."

나는 대답했다. "그게 자연스러운 거예요. 기다려봅시다. 미얀마 정부를 움직일 수 있는 더 강력한 자원을 그들이 가지고 있으니까 그걸 사용하게끔 합시다. 저들이 미얀마 측을 압박해서 합의를 이루고, 계약을 맺고, 미얀마 정권이 올바르게 행동하도록 하는 것은 결국 우리의 노력을 보강해주는 겁니다." 내 보좌진도 유엔 사무총장의 일이란 원래 생색내고 감사받는 것과는 거리가 멀다는 사실을 머지않아 깨닫게 될 거라고 나는 생각했다. 유엔은 성공의 공을 차지하는 이들에게 인정받지 못하는 그림자와도 같은 존재이고, 그것이 유엔이 가진 힘의 속성이다.

강대국들의 방문이 전부 끝난 뒤인 2012년 4월 30일, 나는 미얀마 의회 합동회의에서 연설을 맡았다. 외국인 지도자가 의회 연설에 초청을 받은 건 처음이었다. 나는 이 영광을 2008년 유엔의 개입과 민간통치의 지속적인 장려에 대한 감사의 표시로 받아들였고, 감회가 깊었다. 나는 나무로 만든 널찍한 무대의 단상에서 이렇게 말했다. "미얀마를 휩쓰는 극적인 변화가 전 세계에 감동을 주었습니다. 우리는 미래에 대한 여러분의 야망이 더 높은 곳을 향하고 있음을 알고 있습니다. 우리는 화해와 민주주의, 개발이라는 도전적 과제에 미얀마가 잘 대처하리라는 것을 알지만 그러기 위해서는 여러분의 굳은 결단과 공동의 리더십, 동반자 관계가 필요할 것입니다."[3]

의원 취임 시기를 미루기로 한 아웅 산 수 치 여사는 회의장에 없었다. 그가 취임을 거부한 까닭은, 의원들이 헌법수호를 맹세하는 취임선서의 표현을 둘러싼 논란 때문이었는데, 헌법에는 그의 소속정당이 비민주적이라고 지적하는 조항이 들어 있었다.

그중에 대표적인 것은 의석의 4분의 1을 군부에 배정하는 조항이었다.

기자들은 아웅 산 수 치 여사가 의회에 합류하지 않는 것을 어떻게 생각하는지 나에게 물었다. 나는 미얀마 사태 기간 중 세 번째로, 특정 개인에게 핵심 메시지를 전달하는 방편으로 언론을 활용했다. 나는 기자들에게 민주화 과정과 관련된 내 경험에 비추어볼 때, 개인은 밖에서보다 안에서 더 효과적인 활동을 할 수 있다고 밝혔다. 나는 "진정한 지도자는 국민의 더 중요한 대의를 위해 유연성을 발휘해야 합니다"라고 말했다. 이튿날 아침, 아웅 산 수 치 여사는 의회에 들어왔다. 나로서는 감동스럽고 존중할 수밖에 없는 행동이었다.

아내와 나는 차를 타고 수십 명의 기자가 모인 곳을 지나 아웅 산 수 치 여사를 방문했다. 그가 사는 넓지만 다소 황폐한 집은 양곤의 인야 호반에 있었다. 우리는 함께 앉아 호수의 경치에 감탄하며 편하게 이야기를 나누었다. 이어 미얀마 지도자인 아웅 산 수 치 여사와 나는 단독회담을 가졌다. 나는 선거 관리와 공식적인 개발원조를 동원하는 과제를 유엔이 지원하겠다는 약속을 전달한 다음, 유엔 내의 미얀마 담당팀UNCT과 인권사무소에 대한 전폭적인 협조를 요청했다.

아웅 산 수 치 여사는 헌법을 개정하지 않는 한 테인 세인 대통령이 개혁을 수행할 수 없을 것이라며 깊은 우려를 토로했다. 그 이유는, 대통령이 내린 어떤 결정도 뒤집을 수 있는 전적인

권한이 군 최고 사령관에게 있기 때문이라는 것이었다. 아웅 산 수 치 여사는 테인 세인 대통령이 좋은 사람이지만 군사정권에 맞설 만큼 강하지 못하다고 염려했다.

나로서는 가장 성공적인 방문이었다. 미얀마 정부와 국민은 우리 대표단을 환대했다. 샨주에서건 공항에서건 방문하는 곳마다 수백 명의 환영 인파가 우리 대표단을 맞았다.

'선동적'

2016년 8월 30일, 나는 마지막 미얀마 방문 일정으로 21세기 팡롱회의Twenty-First Century Panglong Conference에 참석하기 위해 네피도를 방문했다. 70년간 이어진 민족 갈등을 해결하기 위한 평화 과정의 첫걸음이었다. 그때까지 유엔은 정부와 무장 민족집단의 초청으로 3년 이상에 걸쳐 '평화회담'에 옵서버로 참여해왔었다. 우리는 정전을 위한 예비협정과, 나라 전체가 휘말렸던 내전을 정치적으로 타결하기 위한 우선적 요인들과 관련된 협상을 지원했다.

'레이디'와의 대화는 고무적이었지만, 유감스럽게도 그 이후 인권과 관련된 그의 행보는 갈수록 실망스러웠다. 지금도 이 불교 정부가 로힝야족을 대하는 방식은 섬뜩하고, 다른 사람들도 그렇게 느꼈다. 최소한 12만 명이 라카인주의 불결한 난민촌에 수용되었고 65만 명이 지속적인 방화와 강간, 살인의 위협 속에서 바다로 내몰리거나 이웃 국가로 쫓겨났다.

나는 이제 국가고문State Counsellor이라는 직함을 달고 미얀마의 실질적 지도자가 된 아웅 산 수 치 여사와의 비공개 회담에서 극도의 우려를 표명했다. 우리는 논쟁에 가까운 긴 대담을 가졌다. 대화는 명칭의 문제, 즉 이 피압박 집단을 뭐라고 칭할 것인가로 시작했다. 정부는 그들을 '벵골인Bengalis'이라고 칭하는데, 이 말은 그들이 최근에 이주해왔다는 인상을 주지만, 실은 일부 가정은 수 세대에 걸쳐 미얀마 국내에서 살아왔다. 관리들은 '라카인주의 무슬림'이란 명칭도 사용하는데, 이것은 불필요하게 이슬람권 전체와 연결 지음으로써 상황을 더 복잡하게 만든다.

장소와 사람을 당사자들이 부르는 대로 칭하는 것은 유엔의 오랜 정책이다. 그에 따르면 이들의 명칭은 로힝야가 된다. 그 이전에 방문했을 때, 나는 기자 회견에서 이 명칭을 사용한 것에 항의하는 편지를 담당 장관으로부터 받은 적이 있었다. 하지만 이제는 '로힝야라 불러줘요Call Me Rohingya' 운동이 국제적으로 자리를 잡았고, 미얀마 정부는 무국적 집단에게 신변 안전과 완전한 시민권을 부여하라는 압력을 받고 있다.

아웅 산 수 치 국가고문은 회의 기간 내내 방어적 태도를 보이며 유엔이 불편부당하지 않다고 주장했다. 그는 나에게 로힝야란 명칭이 '선동적'이라고 말했다. 나는 팡롱회의에 모인 공동체 지도자들에게 평화로 가는 유일한 길은 희망과 존엄을 보장하는 공동의 미래를 확보하는 것이라고 피력했다. 이어진 기자 회견에서 나는 다시 정부를 신랄하게 비판하며 국내의 10여 개 소수민족에 대한 폭력을 멈출 것을 촉구했다. 수십 명의 기자 앞에서 나는 로힝야족에게 완전한 시민권과 혜택을 주어야 함을 강조했다.

2016년 유엔 총회의 연설을 통해 아웅 산 수 치 국가고문은 미얀마가 "기본적인 인권 그리고 인간의 존엄과 가치"를 믿는다는 점을 재차 단언했다. 그는 또 개인적으로 "편견과 불관용의 힘에 단호하게 맞설 것"이라고 선언했다. 지금 되돌아보면 이런 주장은 그저 말뿐이었던 것 같다. 로힝야족에 대한 박해를 끝낼 능력 또는 의지가 없는 레이디를 보며 나는 크게 실망했다.

아웅 산 수 치 국가고문은 여러 민족이 뒤섞여 있는 라카인주에서 벌어지는 일에 관해 국제사회가 '공정한 시각'을 갖고 있지 않다고 내게 말하면서 자국 정부의 정책을 옹호했다. 그는 당시 코피 아난 재단을 설립한 아난 전 사무총장과 그들의 삶의 질을 향상시킬 제안서를 작성하는 데 협력하기로 동의했다. 아난 위원회는 국내 피난민캠프를 폐쇄하고 시민적 혜택을 확대할 것을 강력하게 촉구했다.

아웅 산 수 치 국가고문은 이런 권고를 이론적으로는 수용했지만, 불과 수일 후에 군부가 해당 지역에서 다시 잔혹한 진압작전을 전개했다. 갈수록 악화되는 로힝야족의 생존 상황에 대해 세계적인 경각심이 점증했다. 평화유지군 출신의 자이드 라아드 알 후세인 유엔 인권고등판무관은 2017년, 로힝야족에 대한 공격을 "인종청소의 교과서적인 사례"라고 표현하며 규탄했다. "대량학살genocide"이라고 표현하는 이들도 있었다.

정권의 민낯

오늘날 '레이디'는 국제 인권단체와 학생연맹, 그리고 각국 정부로부터 로힝야족과 여타 소수민족을 보호하지 못한 데 대해 집중적인 비난을 받고 있다. 침묵하거나 공격을 옹호하는 최근의 그의 태도는 한때 그가 상징했던 가치에 대한 배신이라는 지적도 받는다. 노벨상위원회는 그에게 수여한 평화상을 취소하라는 압력을 받고 있으며, 2018년 말 국제 앰네스티는 최고의 상인 '양심의 대사Ambassador of Conscience상' 수여를 취소했다. 이 밖에도 그가 받았던 12개의 국제적 표창과 상이 철회되었다.

2019년 12월 11일, 아웅 산 수 치 국가고문은 국가 간 분쟁을 검토하고 권고안을 내는 국제사법재판소ICJ 앞에서 자국 정부를 옹호함으로써 남아 있던 지지자들을 놀라게 했다. 감비아는 이슬람협력기구OIC를 대표해 미얀마를 상대로 소송을 제기했는데, 그 이유는 미얀마 정부가 로힝야 소수민족을 공격함으로써 1948년의 대량학살 방지협정을 위반했다는 것이었다. 아웅 산 수 치 국가고문은 다음과 같이 말했다. "재판장님, 몇몇 사례에서 군의 구성원에 의해 국제인도법에 위배되는 불균형한 무력이 사용되었거나, 그들이 전투원과 민간인을 아주 명확하게 구별하지 않았을 가능성을 배제할 수는 없습니다. 전투가 끝난 뒤나 방기된 마을에서 민간인이 자행하는 재산의 약탈이나 파괴를 예방하는 데 실패한 사례도 있을 것입니다." 그는 또 정부가 '소탕 작전clearance operation'이라는 인종청소와 연관된 군대용어를 사용한 데 대해 부연설명도 했다. "미얀마어로 '나에 미아이 신 린 예nae myay shin lin yeh'라는 말은 글자 그대로 '지역의 청소'이며 단순히 폭도나 테러리스트 지역을 깨끗이 한다는 뜻입니다." 그는 이런 말도 덧붙였다. "만일 전쟁범죄가 있었다면, 그것은 우리 군 사법제도에 따라 기소될 것입니다."

정부의 행동에 대한 아웅 산 수 치 국가고문의 공공연한 옹호는 곧바로 국제사회의 비난을 불러일으켰다. 나는 군부가 정책결정에 적극적으로 개입하는 나라의 지도자인 그에게 적잖은 어려움이 있으리라는 점은 어느 정도 이해할 수 있었다. 하지만 내가 그였다면, 비록 장군들의 도전을 받는 한이 있더라도 목소리를 내면서 나의 정치적 영향력을 행사했을 것이다. 로힝야족의 대탈출이라는 인도주의적 악몽은 오로지 정치적 수단으로만 해결될 수 있는 문제였다. 나는 미얀마 당국이 측은지심을 보여줄 것을 지속적으로 촉구했다.

나는 퇴임한 뒤인 2019년 7월 10일에 방글라데시를 방문했다. 그곳에는 잔혹한 공격을 받고 고향에서 쫓겨난 110만 명의 로힝야족을 수용하기 위해 정부가 건설한 난민촌이 있었다. 콕스바자르 캠프The Cox's Bazar Camp는 산악지대를 가로지른 험준한 곳에 자리 잡고 있지만, 그곳에 피난한 가족들에게 이런 문제는 자신들의 안전에 비하면 아무것도 아니었다. 압둘 모멘 외교장관은 나와 함께 비행기를 타고 넓게 펼쳐진 이 지역을 살펴보면서, 난민들의 참담한 곤란을 경감시키기 위해 방글라데시 정부가 어떤 일을 하고 있는지 설명했다. 알록달록한 천으로 몸을 감싼 어머니들은 느릿느릿 언덕을 오르내렸고, 더러 어린이들이 그들을 둘러싸고 있었다. 벌건 흙탕물이 흐르는 더러운 강에서 많은 사람이 목욕하려고 애쓰는 모습을 보니 마음이 아팠다. 공중에서 내려다보니, 유엔의 여러 기구 및 인도주의 단체에서 제공한 임시거처와 햇빛을 받아 선명한 그들의 로고가 눈에 들어왔다. WHO와 유니세프UNICEF, 유엔인구기금UNFPA, 유엔 난민고등판무관실UNHCR 등 로힝야족 난민을 돕고 있는 많은 사람과 기관에 거듭 고개가 숙여지며 고마운 마음이 들었다. 그러나 이런 식으로는 오래갈 수 없었다. 미얀마는 로힝야족의 안전하고 자유로운 귀향을 허용해야 한다. 나는 로힝야족 난민을 위한 전 세계의 지지를 끌어모으기 위해 UNHCR 한국 사무소와 긴밀하게 협력해왔다.

2021년 2월 1일에 벌어진 미얀마 쿠데타 소식을 접하고 나는 줄곧 걱정스러운 마음을 내려놓을 수 없었다. 새 정권이 모쪼록 로힝야족과 다른 모든 미얀마인의 권리를 존중해주기를 소망했다.

수 주에 걸쳐 수만 명이 새 집권자들에게 저항하기 위해 나섰다. 이 정치적 격동기를 맞아 사람들이 다시 한번 아웅 산 수 치 여사에게 의지하는 모습은 전혀 예상하지 못했던 터라 다소 놀라웠다. 민주적으로 선출된 이 NLD의 지도자는 터무니없는 혐의로 즉시 구금되었지만, 여전히 시위대에는 길을 안내하는 등불 같은 존재로 남아 있다. 시위대는 아웅 산 수 치 여사의 사진이 들어간 피켓을 들거나 그의 얼굴이 찍힌 티셔츠를 입었다. 그의 석방을 요구하는 플래카드도 있었고, 그의 운명과 나라의 운명을 하나로 보는 듯한 구호도 있었다. "우리의 지도자·미래·희망을 구해줘요."

지금 아웅 산 수 치 여사는 가택연금 중이다. 그러나 때가 오면 그는 평화와 민주적 법치를 위해 다시 한번 일어서서 자신의 정당성을 되찾아야 할 것이다. 미얀마에서 그는 너무도 중요한 상징적 존재여서 새로운 군부 정권을 옹호하기는 어렵다.

미얀마의 처절한 국내 상황을 개선하는 데 조금이라도 도움을 주기 위해, 나는 순수하게 인도적 목적의 미얀마 방문을 미얀마 군부에 요청했으나, 유감스럽게도 미얀마 군부는 현시점에서 나의 방문을 수용할 수 없다고 알려왔다. 안보리는 올 4월 19일 온라인으로 미얀마 사태에 대한 공개토의를 개최했는데, 나는 그 회의에 초청을 받아 "미얀마에서 진행되고 있는 잔혹한 행위가 반인도죄crimes against humanity가 될 수 있음에 비추어, 안보리가 미얀마 상황에 부합되도록 R2P 원칙의 적용을 심각하게 검토"할 것을 강력히 요청했다. 나는 지금도 계속되는 미얀마의 비인도적 상황을 매우 염려한다.

코펜하겐을 방문했던 2018년 6월 18일, 나는 덴마크 교육의 질적 수준을 소개하고 싶어 하는 몇몇 고위관리가 동행한 가운데, 마뤼 덴마크 왕세자빈과 함께 뤼센스텐 고등학교를 방문했다. 학교 건물에 들어서자, 입구에 에이브러햄 링컨 미 대통령과 알베르트 아인슈타인, 넬슨 만델라 등 존경받는 세계 지도자의 초상화 10여 점이 걸려 있었다. 내 사진도 함께 걸려 있어서 깜짝 선물처럼 느껴졌는데, 아웅 산 수 치 여사의 초상화도 거기 있었다. 이곳의 학생들과 교직원들이 자신들에게 깊은 영감을 주었던 이 강인하고 우아한 여성이 조국에 긍정적인 기여를 하는 모습을 보면서 축하하는 날이 오기를 소망한다.

14

스리랑카

접근과 방치

스리랑카는 내가 사무총장직을 맡기 수십 년 전부터 내전 상태에 빠져 있었다. 인도 동남단 해안선 바깥쪽에 자리 잡은 눈물방울 모양의 이 섬나라는 1980년대부터 폭력적 봉기와 무자비한 대응으로 몸살을 앓아왔다. 2009년 중반에 마침내 내전이 멎었을 때는 전쟁이 휩쓸고 간 도시와 마을과 촌락에서 이미 10만 명 이상이 사망하고 80만 명 이상이 피난민이 되었다. 내전 기간 동안 사망한 전투원은 줄잡아 4만 명이 넘었다.

20여 년간 소수민족인 타밀족 반란세력은 스리랑카 북부와 동부 해안지역 상당 부분이 자기 땅이라고 주장하며 반정부 봉기를 일으켰다. 무장은 잘되어 있었지만, 스리랑카 정부군에 맞서기에는 역부족이었던 '타밀일람 해방 호랑이들LTTE'이라는 반란세력은 공공건물에 대한 자살폭탄 공격 같은 테러를 자행하고,

스리랑카 군경을 상대로 총격전을 벌였다. 스리랑카 정부는 압도적이고, 때로는 무차별적인 무력으로 대응했다. 반군도 정부군도 콜롬보와 분쟁지역에 있는 민간인의 안전 따위는 전혀 아랑곳하지 않았다. 이 내전은 세계에서 가장 심각한 실종률, 자살폭탄, 재판 없는 처형, 고문 등을 초래했다.

시끄러운 침묵

이렇게 무시무시한 상황이 이어지고 있었음에도 안보리는 스리랑카를 의제로 삼지 않았고, 사무국도 기본개발계획을 챙기는 국가사무소 인력 외에는 추가 인력을 파견하지 않았다. 안보리는 이사국들의 국내 정치적 이유 등으로 분열되어 아무 조치도 취하지 못하고 있었다. 독립적인 기능을 가진 제네바의 인권이사회는 전투세력들에 대한 비난을 거듭했지만, 국제사회는 별 관심을 갖지 않는 것처럼 보였다.

2007년 중반이 되자 LTTE는 정전합의를 위반하고 다시 대규모 폭력사태를 일으키고 있었다. 마힌다 라자팍사 대통령은 돌연 정부의 전략적 목표를 협상에서 섬멸로 바꿔버렸다. 나의 강력한 공개성명과 나와의 비공개 협의에도 불구하고, 스리랑카 정부는 LTTE를 겨냥해 지상과 공중에서 무차별적인 공격을 가했다. 반군의 반격이 있었지만 수십만의 민간인과 반군병사들은 스리랑카 북서해안의 반니에 있는 LTTE 본거지로 피하면서 막다른 길로 내몰렸다. LTTE는 어린이까지 병사로 징집하고 민간인을 방패로 이용하며 계속 싸웠다. 정부는 전투용 헬기를 띄워 반란지역에 기총사격을 퍼부었고 잔류세력을 소탕하도록 병사들을 투입했다. 전투가 잠시 멈추는 사이, 민간인들은 지정된 안전한 지대로 이동하라는 지시를 들었는데, 사실상 안전한 곳은 없었다.

물론 우리는 이런 상황을 알고 있었다. 지역 언론이 수년간 내전 소식을 다루어왔고, 유엔의 국가팀도 주기적으로 걱정스러운 보고를 보내오고 있었다. 상황이 이런데도, 안보리는 분열 상태에 빠진 채 관여하지 않고 있었다. 중국은 국내 문제라는 이유로 개입을 반대했고, 지역의 대국인 인도도 이 지역에 과도하게 연루됨으로써 초래될 위험을 감수하기를 꺼렸다. 스리랑카에 관한 유엔 서류를 살펴보다가 나는 현지에서 벌어지는 만행에 충격을 받았고, 이러한 적대 행위를 저지하지 못하고 도움이 필요한 사람들에게 다가가지도 못하는 유엔의 무기력함에 넌더리가 났다.

유엔은 분쟁의 늪에 빠진 비전투원을 보호하고 보살피는 데 60년 이상의 경험을 축적하고 있었는데, 스리랑카 내전은 세계적으로 가장 파괴적인 사태 중 하나였다. 폭력이 멋대로 자행되다 보니, 항상 도망 다니는 처지에 있는 민간인을 상대로 국제기구가 긴급구호품을 비축하거나 분배하기란 불가능했다. 2008년 9월, 라자팍사 정부는 유엔 직원에 대한 '안전'을 더 이상 보장할 수 없다는 불길한 통보를 해왔다. 이런 표현은 스리랑카 정부가 국제기구 직원들을 추방하겠다는 의사를 내비치는 외교 용어였고, 거의 언제나 잔혹 행위의 시작을 알리는 전조였다.

안보리는 수많은 유엔 보고서와 제네바 인권위원회의 거듭된 논의에도 불구하고 계속 무책임한 태도로 일관했다. 안보리는 1955년 스리랑카의 유엔 회원국 가입을 승인한 이래, 단 한 건의 스리랑카 관련 결의안도 채택한 적이 없었다. 아무런 조치도 하지 않은 것이다. 절망적인 빈곤에 허덕이는 작은 섬나라인 스리랑카는 이사국들의 시간과 관심을 들일 만한 정도로 전략적인 대상으로 여겨지지 않았던 것이다.

이사국들은 개별적으로는 나에게 스리랑카 정부를 설득해 대규모 인도주의적 참사를 막아볼 것을 권유했다. 나는 인도, 중국, 일본, 유럽연합, 미국 등 몇몇 나라가 개별적으로 기울이는 노력에 유엔 차원의 정치적 관여를 보태며 최선을 다했다. 나는 비제이 남비야르 비서실장을 비롯한 여러 사무차장이 연속적으로 현지를 방문하도록 지시했다. 스리랑카 정부는 이들의 방문은 받아들였지만, 우리가 제안하는 실질적인 내용은 대부분 거부했다. 수도인 콜롬보에 주재하는 닐 부네 상주조정관은 자신이 상대하는 스리랑카 외교부 관리들에게 정기적으로 인도적 상황이 악화되고 있다고 알려주었지만, 그도 별다른 진전은 끌어내지 못했다.

LTTE의 자금과 무기 중 상당 부분은 규모가 큰 타밀족 재외

국민들이 공급하고 있었다. 이 공급망을 차단하면 전투활동은 이내 잦아들겠지만, 안보리 제재 말고는 그것을 실행할 마땅한 방법이 없었다. 스리랑카 정부는 주요국 정부를 양자적으로 접촉하면서 타밀 무장세력에 대한 지원을 차단할 수 있는 경제적·외교적·법적 수단을 사용해달라고 촉구하기 시작했다. 그러나 무슬림 극단주의에 대한 대책이 세계적 우선순위가 된 '포스트 9·11시대'가 오기 전까지 국제사회의 협조는 지지부진했다. 2009년 3월 13일, 나바네템 필레이 유엔 인권고등판무관은 양측을 거명하며 신랄하게 비판했다. "스리랑카 군부와 LTTE가 자행하는 행위의 일부는 국제인권 및 인도법 위반 소지가 있다." [1]

4월이 되자 LTTE 전투원들은 사격 금지구역에 갇혔고 정부는 이틀간 인도적 정전을 개시한다고 발표했다. 사상자가 많았고, 식량과 물이 절대적으로 부족했다. 나는 민간인들이 전투지역을 떠날 수 있도록 정전 기한을 연장할 것을 스리랑카 대통령에게 요청했지만, 여느 때처럼 이런 호소는 받아들여지지 않았다. 5월 5일에 라자팍사 대통령과 통화했을 때 그는 유엔의 입장을 듣고 흥분한 나머지 마치 부하에게 하듯 내게 소리를 질렀다. 그것은 부적절한 행동이었고 내가 이제까지 세계 지도자들과 접촉한 가운데 가장 당혹스러운 반응 중의 하나이기도 했다.

학살을 통한 정복

광범위한 유혈참극이 벌어지고 네 차례의 '비공식' 협의를 거친 뒤인 2009년 5월 13일에서야 비로소 안보리는 반니 지역에서 악화일로에 있던 인도적 위기에 대해 우려를 표하는 낮은 수준의 언론성명을 발표했다.[2] 그날 늦게 나는 제네바에서 기자 회견을 갖고 가장 격렬한 전투가 벌어지는 지역의 상황을 평가하기 위해 스리랑카로 갈 계획임을 밝혔다.

5월 18일 스리랑카 국방부는 뜻밖에 최근의 적대 행위가 종식되었다고 발표하면서 26년에 걸친 내전의 승리를 선언했다.[3] 정부와 LTTE 사이의 분쟁이 '공식적'으로 끝난 것이었다. 스리랑카 정부는 LTTE를 완전히 제압함으로써, 이제까지 테러조직을 상대로 한 전투에서 가장 확실한 승리를 거두었다고 밝혔다. 그러나 이 승리가 있기까지 스리랑카 국민은 끔찍하리만큼 힘든 일을 겪었다.

사흘 뒤인 5월 22일에 나는 월초에 계획했던 이틀간의 방문 일정으로 콜롬보에 도착했다.[4] 방문 시점이 좀 미묘하다는 생각은 했지만, 내 가슴의 고통이 아직 생생할 때 방문을 실행하기로 결심했다. 아니나 다를까, 정부의 선언 직후에 이루어진 방문은 스리랑카 정부가 저지른 행위를 승인하는 모양새로 비쳐져 여기저기에서 비판이 나왔다. 하지만 결단코 라자팍사 정부에 축하 인사를 하려고 간 것은 아니었다. 그날 오후 헬기를 타고 북부의 분쟁지역으로 날아갔다. 내전 막바지에 물라이티부 인근에 지정되었던 '사격 금지구역'에서 벌어진 엄청난 참상을 확인하기 위해서였다. 민간인들은 전투가 가장 치열했던 살벌한 상황에서 발이 묶인 채 그곳에 갇혀 있었다. 또한 22만 명의 국내피난민IDP으로 넘쳐나는 마니크 팜 난민촌을 방문했다. 상상하기 어려울 만큼 많은 사람이 머물고 있었다. 그 처참한 비극 앞에서 나는 인간의 끝없는 잔인성에 통탄했다.

그후에 캔디로 날아가 마힌다 라자팍사 대통령과 로히타 보골라가마 외교장관을 만났다. 두 사람은 나를 따뜻하게 맞이하며 내가 내전 종식 후 최초로 스리랑카를 방문한 외빈이라고 밝혔다. 남비아르 비서실장이 며칠 먼저 도착해 나의 방문을 준비했었다. 나는 라자팍사 대통령에게 구호, 복구, 재정착, 화해를 위한 힘겨운 과업에 착수하는 것이 긴요하다고 강조했다. 당장 서둘러도 모자랄 판이었다. 스리랑카 정부는 도움을 요하는 주민에 대한 유엔이나 다른 구호기관의 즉각적이고 무제한적인 접근을 허용하고 보장해야 마땅할 터였다. 수백만의 실향민이 재정착을 기다리고 있었고, 그것은 안전, 투자, 일자리를 창출해야 하는 거대한 재정 및 보급 프로젝트였다.

스리랑카에 궁극적인 평화를 불러오는 데 필요한 조정과 화해를 시작할 수 있는 유일한 길은 정부와 LTTE의 진정성 있는 대화뿐임에도, 라자팍사 대통령은 이를 거부했다. 나는 그에게 법적인 책임 문제를 다루는 절차는 어떤 정치적 진행 과정에도 필수적인 선결요건이라고 못 박았다. 화해 과정이 없으면 폭력 상황이 재발할 것이라고 경고도 했다. 이 절차들은 동시에 병행되어야 하며, 그것도 당장 시작해야 한다고 재차 강조했다.

반갑게도 라자팍사 대통령은 내 말에 동의하면서, 파괴된 LTTE 지역을 재건하는 것은 장기적으로 지속 가능한 발전에 투자할 기회라고까지 말했다. 그는 인프라 건설과 일자리 창출을 서두르겠노라고 약속했다. 나는 그가 진심이기를 간절히 바랐다. 그런데 대통령의 보좌관들, 특히 그의 형제들인 고타바야 국방장관과 바실 수석보좌관은 이런 입장에 맹렬하게 반대했고 걸핏하면 언성을 높였다.

라자팍사 형제들은 수년간 장관, 국회의원, 대통령 등을 역임하며 한 번도 권력에서 멀어진 적이 없었다. 측근들의 완강한 반대에 부딪치자 라자팍사 대통령은 당황한 기색이 역력했고 이를 중재하고자 나머지 각료를 한 사람씩 불러 내 앞에서 의견을 물었다. “유엔 사무총장께서 우리를 돕기 위해 여기에 와 계십니다. 이분의 조언에 귀를 기울여야 할 것 같은데, 책임성을 결정할 위원회를 설치하려는 내 의견에 동의할 수 있습니까?” 고타바야 국방장관을 비롯해 주요 보좌관들은 마지못해 한 사람씩 동의했다.

마침내 모든 지역사회의 염원과 불만을 해결하고 장기 발전에 필수적인 지속 가능한 정치적 해법을 도출하기 위해 협력하기로 라자팍사 대통령과 합의했다. 끝으로 대통령은 정부가 내전 중에 행한 일들에 대해 책임을 지겠다고 약속했다. 방문을 마무리하며, 스리랑카와 유엔은 가장 시급한 우려사항을 해결하고 화해를 위한 광범위한 로드맵에 관한 공동성명을 발표했다.[5]

평생 외교관의 길을 걸으며, 나는 개인 간의 우정이 때로는 공식적인 관계보다 더 효과적임을 깨달았다. 돌이켜 보면, 라자팍사 대통령이 유엔의 입장을 수용하는 데는 우리 두 사람의 관계가 도움이 되었다고 생각한다. 나는 한국의 외교장관이던 시절부터 그를 알고 지냈다. 2004년 스리랑카가 쓰나미로 큰 타격을 받았을 때, 나는 한국의 이해찬 총리와 재난구조팀과 함께 재난을 당한 그의 고향 함반토타를 방문한 적이 있었다. 그 후 그가 총리 자격으로 한국을 공식 방문했을 때, 나는 그를 돕기 위한 여러 행사에 참석했었다.

2주 뒤에, 나는 기자 회견 자리에서 스리랑카 정부는 LTTE를 쳐부순 데 대한 자랑을 멈춰야 한다고 언급했다. "나는 이 기회를 빌려, 이번 내전이 끝난 뒤의 승리에 도취될 수 있는 승리만능주의triumphalism의 위험성을 경고하고 싶습니다. 이런 태도는 스리랑카 정부와 국민, 국제사회가 상처를 치유하기 위해 기울이고 있는 노력을 방해할 것입니다. 지금은 하나가 되어 상처를 치유하는 것이 가장 중요합니다."

2010년 3월이 되자, 스리랑카 정부가 2009년 5월에 합의했던 내용과 달리 책임을 받아들이지 않으려 한다는 사실이 여실히 드러났다. 스리랑카 책임 문제에 관한 전문가 패널이 즉시 설치되었고,[6] 나는 인도네시아의 마르주키 다루스만을 위원장에, 남아프리카 인권운동가인 야스민 수카와 미국 변호사 스티븐 래트너를 조사관에 임명했다. 두 달 후에 스리랑카 정부는 자체적으로 '교훈 및 화해위원회'를 설치했지만, 실체적 책임 문제에 초점을 맞추지도 않았고 사법적 후속조치도 없었다. 그에 대한 인권이사회의 반응은 정부가 책임을 지는 조치들을 취할 것을 요구한 것이었다.

2011년 4월 25일, 유엔 패널은 전쟁의 막바지 단계에 관해 스리랑카 정부의 보고와는 전혀 다른 내용을 담은 보고서를 발표했다.[7] 이 위원회는 스리랑카군과 분리주의 민병대가 전쟁범죄와 반인도적 범죄를 저질렀다는 '믿을 만한 의혹'을 찾아냈다. 나는 유엔이 전반적으로 인권을 보호하고 잔혹 행위를 방지하기 위해서 훨씬 더 많은 일을 할 수도 있었으리라는 사실에 깊이 통감하고 있었고, 언론과 몇몇 국가가 왜 유엔을 비난하는지도 충분히 이해할 수 있었다. 나는 비난을 수용하는 한편, 어째서 그런 잘못이 벌어졌는지를 알아내고 그런 일이 결코 되풀이되지 않도록 하겠다는 결의를 더욱 굳혔다.

2012년 6월, 나는 분쟁의 막바지 단계에서 유엔이 취한 행동들을 재검토하기 위한 내부 패널을 구성하고 전 유엔 고위 관료인 영국의 찰스 페트리를 책임자로 임명했다.

2012년 11월 14일에 발간된 패널 보고서는 본부와 현장 전반에 걸친 유엔의 '시스템 고장'을 지적했다. 128쪽 분량의 패널 보고서는 유엔의 전 체계(나와 사무국, 안보리, 구호기관, 해당 국가팀 등)가 내전의 가장 참혹한 국면에 관해 세계의 충분한 관심을 끌어내는 데 실패했다고 결론지었다. 아울러 유엔이 조기경보에 반응하지 못함으로써 결과적으로 수십만 명이 피해를 입었다고 평가했다. 더 구체적으로는, 안보리가 내전의 마지막 몇 달간 스리랑카와 관련해서는 단 한 차례의 공식회의도 소집하지 않은 점을 비판했다. 나로서는 이런 지적사항을 읽기가 무척 괴로웠다. 유엔의 현장팀은 임무를 적절히 수행하지 못했는데, 그것은 세계 모든 곳에서 벌이는 유엔 활동에 중대한 함의를 주는 실수였다. 유엔의 전 체계는 이런 평가로부터 적절한 교훈을 도출할 필요가 있었다. 우리는 분쟁에 휘말려 유엔의 도움을 기다리는 사람들의 신뢰를 얻기 위해 각고의 노력을 해야 할 상황이었다.

잘잘못의 되새김

나는 유엔 기관의 임무수행 방식을 개선하기로 했고, 특히 인권 보호에 중점을 두었다. 얀 엘리아손 사무부총장에게 우리의 단점을 검토하고 권고사항을 도출해달라고 요청했다. 엘리아손은 국제적으로 존경받는 인물로서, 2006년 9월부터 2007년 9월까지 총회의장을 역임한 역량 있는 외교관이었다. 유엔 패널의 권고사항 중에 가장 주목되는 것은 '인권 우선Human Rrights Up Front'

의 창설이었는데, 이것은 발생 장소를 불문하고 심각한 인권유린 사태를 탐지하고 방지하는 유엔의 역량을 강화하는 데 초점을 두는 나의 이니셔티브가 되었다. 인권우선 이니셔티브는 세계적으로 인권보호를 확대하려 애쓴 나의 10년간의 노력 중 가장 중요한 요소로 자리 잡게 될 터였다.

스리랑카 정부가 과연 스스로 행동을 냉철히 돌아보고 약속한 개선사항을 이행하기 위한 계획을 세울 능력이 있을지에 대한 우려는 오랫동안 지속되었다. 유엔 인권고등판무관인 요르단의 자이드 빈 라아드 왕자는 처벌받지 않는 관행의 종식을 촉구하면서 "대통령과 망갈라 사마라위라 외교장관이 보여준 태도를 감안컨대, 과거를 청산해야 한다는 것을 열린 마음으로 인정하는 태도가 있기를 희망한다"라고 언급했다.

2015년 인권이사회에서 자이드 고등판무관은 정부와 반군 모두 범죄를 저질렀기 때문에 양측 공히 신뢰할 수 있는 사법절차를 거쳐야 할 것이라고 주장하고, 국제 변호사, 검사, 수사관, 재판관 등으로 구성된 스리랑카 혼성법원을 만들 것을 제안했다. 몇몇 회원국은 스리랑카가 해당 사안에 대해 만족할 만한 조사를 시행할 능력이 없고 ICC의 당사국이 아님을 지적하면서 국제적 조사를 주장했다.

2014년 3월 인권이사회는 보고서를 채택하고, 인권고등판무관실이 내전 마지막 단계에서 자행된 인권 위반 상황을 조사해 줄 것을 요구했다.[8]

전 핀란드 대통령이자 노벨평화상 수상자인 마르티 아티사리를 포함한 조사 책임자 3인은 2015년 9월 28일에 20쪽 분량의 자체 보고서를 발표했다.[9] 유엔이 스리랑카의 유혈참극을 저지하지도 완화하지도 못했던 것은 주지의 사실이었다. 스리랑카 정부와 LTTE가 저지른 인권유린 관련 사항들이 꼼꼼히 기록되었다. 현장에는 많은 유엔의 기구 및 기관들이 활동하고 있었고, 유엔 국가팀 직원들은 무슨 일이 벌어지는지 잘 알고 있었다. 스리랑카 내전의 결정적인 마지막 몇 달 동안 유엔이 얼마나 다른 결과를 만들어낼 수 있었을지는 알 수 없지만, 인권을 보호하고 잔혹 행위를 막기 위해 더 열심히 노력했어야 했다는 사실만은 분명하다고 생각한다. 어쨌든 10만 명이 넘는 민간인의 목숨을 앗아간 한 세대에 걸친 분쟁이 한 건의 안보리 결의도 없이 지나갔다. 이 점만으로도 유엔은 광범위한 비난을 피할 수 없게 되었다.

라자팍사 형제들은 그들의 가족이 1945년부터 계속 그러했듯이, 지금도 스리랑카를 통치하고 있다. 2019년 11월에 고타바야는 대통령에 선출되고 나서, 자신의 형이자 직전 대통령이었던 마힌다를 총리로 임명했다. 1970년 이후로 세 형제 모두 장관, 총리, 대통령을 돌아가며 맡았고 의회에서 의석을 차지했다. 그런 행태가 50년 이상 계속되고 있다.

젊은이들의 미래를 위해

스리랑카 정부에 대해 오랫동안 느껴온 좌절감에도 불구하고 나는 아직도 스리랑카의 미래에 일말의 희망을 품고 있다. 유엔에서 퇴임을 불과 4개월 앞두고 있던 2016년 8월, 나는 아내와 함께 스리랑카를 방문했다. 나는 '화해와 공존: 젊은이의 역할'을 주제로 한 회의에서 연설을 통해, 스리랑카 젊은이들이 수십 년간의 상처를 치유하고 국가 재건을 새롭게 시작할 길을 제시해달라고 촉구했다.

이 젊은이들은 내전 이후 국가의 미래를 안정시키고 강화해야 할 책무를 맡은 첫 세대였다. 나는 그들에게 "왜 젊은이들을 전장에는 내보내면서 평화 구축에는 참여시키지 않는 걸까요?"라고 물었다. 나는 새로운 발상에 개방적이고 기꺼이 경청하는 자세가 젊은이의 특징이므로, 평화를 건설하는 과정에 이들이 필히 참여해야 한다고 강조했다. 나는 스리랑카 전후의 발전 목표에는 교육의 질 향상, 여성과 소녀의 권리 향상, 모두를 위한 양질의 일자리 창출 등 젊은이들에게 우선적으로 적용될 많은 사항이 포함된다는 점을 지적하고 "젊은이들이 선도적 역할을 할 것을 촉구합니다"라고 강조했다.[10]

그들은 인생의 초반기를 분쟁, 테러, 피난 속에서 태어나 자랐고, 내전 속에서 박탈, 공포, 불의를 겪어야만 했다. 한반도가 초토화되었던 참혹한 전쟁의 공포 속에서 지냈던 나 자신의 어린 시절을 떠올리지 않을 수 없었다.

나는 다음 세대의 젊은이들이 마음과 생각을 가장 잘 통합할 수 있으리라고 믿는다. 이것이야말로 내 조국 한국, 스리랑카, 그리고 전쟁의 참화로부터 회복하기 위해 고군분투하는 모든 사회를 위한 나의 소망이다.

15

아이티

지진에서 비탄으로

"끔찍한 일이 생겼습니다." 유엔 대변인 마르틴 네시르키가 보고했다. "매우 심각한 상황이지만, 어느 정도인지 보고 드리기는 아직 이른 상태입니다." 고위 보좌관들과 뉴욕 근교에서 이틀간의 연찬회를 마치고 관저로 막 돌아왔을 때였다. 나는 지진 발생 직후인 2010년 1월 12일 화요일 오후 6시에 이미 아이티의 수도인 포르토프랭스에서 지진이 발생했다는 소식을 들은 터였다. 오후 5시경에 많은 사람으로 붐비고 있었을 5층짜리 아이티 유엔 사무실이 규모 7.0의 지진으로 무너졌다는 소식이었다. 동이 트기 전까지는 더 자세한 사정을 알 길이 없었다.

당시 아이티 유엔 사무실에는 9,057명의 다국적 직원이 근무하고 있었다. 거기에는 47개국에서 파견되어 유엔 아이티 안정화 임무단MINUSTAH에서 근무하는 8,500명의 평화유지군 병력도 포함되어 있었다.[1] 이 평화유지 임무단은 쿠데타 발생 후 아이티의 법질서 회복을 돕기 위해 2004년에 안보리가 창설했다. 이들이 맡은 구체적인 임무는 드넓은 시테 솔레이 슬럼가를 손아귀에 쥐고 있는 무장 폭력단에 맞설, 훈련이 부족한 민간 경찰을 지원하는 것이었다.

국제 마약 밀매로 번창하는 이곳의 범죄 조직은 일반 대중을 상대로 납치 사업을 벌이면서 아이티와 그 주변 지역을 불안정하게 만들었다. 그러나 임무단은 아이티 국민의 사랑을 그다지 받지 못했는데, 이는 평화유지군이 폭력을 진압하기보다 폭력을 유발한다고 생각하는 사람들이 적지 않았기 때문이다. 이런 인식은 평화유지군이 구호와 긴급복구를 돕지 않고 있는 것처럼 보이자 더욱 악화되었다. 실제로 평화유지군은 순찰 임무를 부여받았는데, 난민촌의 범죄와 폭력은 시간이 갈수록 악화되었고, 아이티 국민의 분노와 불만도 커졌다.

아이티 유엔 사무실은 객실 75개를 보유한 크리스토퍼 호텔을 사용하고 있었는데, 콘크리트 블록으로 지어진 이 건물의 각층이 차례대로 주저앉아 팬케이크처럼 납작해지는 바람에 수십 명의 유엔 직원이 빠져나오지 못했다. 이 헌신적인 직원들은 어려운 상황에서 임무를 수행하고 있었고, 틀림없이 그 순간에도 통화를 하거나, 복도에서 대화를 나누고, 문서작업을 마무리하면서 일상적인 민간 및 군사 행정업무를 수행하고 있었을 것이다. 호텔 위층의 공동숙소에서는 야간 근무조 직원들이 일을 시작하기 위해 막 잠을 깬 상태였을 것이다. 머리로 이해하고 받아들이기에는 너무도 버거운 상황이었다.

나는 관저에서 밤새도록 전화기에 매달려 있었다. 우선 고위 보좌관들을 이른 아침의 긴급회의에 소집했다. 재난 소식이 전파되면서 세계 각국의 수도로부터 원조와 지원을 제공하겠다는 전화가 빗발쳤다. 나는 관저에서 상황을 모니터했는데, 포르토프랭스와 뉴욕의 유엔지휘부로부터 새로운 소식이 보고될 때마다 불안감은 커졌다. 그날 밤늦게 나는 수전 라이스 유엔 주재 미국 대사와 통화했고, 6개월 전에 유엔 사무총장 아이티 특사로 임명했던 빌 클린턴 전 미국 대통령과도 의견을 나누었다. 믿음직한 협력자들과 이야기를 나누어도 충격과 전율은 가실 줄을 몰랐다.

밤새도록 많은 질문이 머릿속을 맴돌았다. 사망자는 몇 명일까? 아이티에 즉각 보내야 할 긴급지원은 어느 정도여야 할까? 여진이 구조 노력에 영향을 미칠까? 수천 명에 달하는 평화유지군과 직원들은 무사할까?

우리의 상상을 초월하는 현실

수요일 새벽까지 MINUSTAH는 피해가 적었던 투생 루베르튀르 공항 구역에서 사진과 정보를 이메일로 보내왔지만, 대략적 피해 규모 외에는 구체적인 상황을 알 수 없었다. 피해가 가장 심한 지역으로부터는 상황 보고를 받을 수 없어 정보는 불완전했다. 누구도 돌아다닐 수 없는 상황이었으므로 피해를 수치로 평가하기는커녕 대략 추산하는 데만도 며칠이 걸릴 터였다. 위성사진으로 파괴 규모를 확인하고, 헬기를 이용해 어느 쪽의 피해가 심한지 알아냈지만, 사상자 수를 파악하려면 조사관 등이 직접 얻은 정보가 필요했다.

나는 오전 7시 50분에 고위보좌관들을 소집해 아이티 위기관리 긴급회의를 열었다. 아샤로즈 미기로 사무차장, 헬렌 클라크 유엔개발계획UNDP 처장, 알랭 르 로이 평화유지군 담당 사무차장, 존 홈스 인도주의 업무 담당 사무차장, 비제이 남비아르 비서실장, 김원수 비서실 차장 등이 모였다. 모두가 한숨도 못 잤을 것이 분명했지만, 다들 집중력을 발휘해 브리핑을 했고 신속하게 초기대응 전략을 수립했다.

평화유지활동국DPKO과 인도지원조정국은 아이티에 가장 우선적으로 필요한 것이 무엇이고 그것을 어떻게 조달할 것인지를 검토하느라 밤샘 작업을 했다. 세계적 규모의 노력이 필요한 상황이었다. 로마의 세계식량계획, 뉴욕의 유니세프, 제네바의 유엔 난민고등판무관실UNHCR, 워싱턴의 세계은행 등이 일제히 긴급구호를 위한 계획과 실행, 자금조달에 나섰다. 각국 정부도 비슷한 계산을 하고 있었다.

그날 오전에 존 홈스와 알랭 르 로이가 계획 초안을 보고했다. 예비적 검토 단계였지만, 아이티로 식량, 의약품, 방수포, 기타 비상 보급품을 대량 공수하자면 수천만 달러가 소요될 것이 뻔했다. 우리는 수년간 아이티의 상황에 주의를 기울여왔고, 인도지원 전문가와 구호 관계자들은 20년 넘게 이어지고 있는 아이티 국민의 비참한 생존 상황을 잘 알고 있었다. 대규모 지진은 설상가상으로 고통을 더한 것이었다. 나는 기부자들이 아이티에 등을 돌리지는 않을 거라고 확신했다.

유엔의 이번 구호 활동에는 물류 계획의 창의성과 협동이 필요했고, 이제껏 시행한 사업 가운데 가장 복잡한 사업이 될 터였다. 공항과 항만 모두 부분적으로 파괴되었기 때문에 무너진 도시 전체에 걸쳐 구호품을 전달할 방법이 없었다. 진원지는 포르토프랭스에서 서쪽으로 불과 25킬로미터 정도밖에 떨어지지 않는 곳이어서, 수도는 무너져 내린 건물 잔해로 뒤덮여 있었다. 우리가 아는 것은 그게 다였다. TV 카메라는 아직 현장에 도착하지 못했고, 우리 위성통신 장비는 응답이 없었다. 이메일도 불안정했다. 구호품 전달과 분배를 조정하는 역할을 맡아줄 유엔의 생존 직원들은 대부분 20시간 전에 발생한 사태로 인한 충격과 슬픔으로 무력한 상태였다. 마이애미 해변에서 불과 두 시간 거리에 있는 곳인데도 무슨 일이 일어났는지 정확하게 알아낼 수가 없었다. 다만 대략의 상황을 상상할 수 있을 따름이었다.

포르토프랭스 주변지역에 있는 유엔 지방 사무실 4곳에서는 몸이 성한 직원들이 밤새 사다리, 손전등, 삽을 들고 동료들을 찾아다녔다. 다행히 부상은 면했지만 충격을 받은 생존 직원들도 수색에 합류해 부상자들을 안전한 곳으로 옮기는 작업을 도왔다. 이 직원들은 잔해에 깔리거나 질식사한 동료들의 시신을 발견하기도 했다. 그 광경을 상상하면서 나 또한 숨이 막히고 온몸에 힘이 빠지는 것 같았다.

단 몇 분 만에 유엔은 직원 102명의 소중한 목숨을 잃었는데, 이것은 평시, 전시, 테러, 또는 그간의 자연재해를 막론하고 유엔 창설 이후 가장 큰 인명손실이었다. 최고위직 대표 2인이 사망자 명단에 포함되었다는 소식을 들었을 때는 현실을 부정하고 싶었다. 우리의 도움이 필요한 사람들과 마찬가지로 우리도 지진으로 두들겨 맞은 것만 같았다. 이 지진은 25만 명이 넘는 아이티인의 목숨을 앗아갔다. 이 비극으로 인해 유엔과 아이티는 잠시나마 슬픔으로 하나가 되었다.

가장 긴 하루

지진 발생 후 13시간이 지나자, 세계가 포르토프랭스와 접하기에 가장 가까운 장소가 뉴욕의 유엔 본부였다. 피해 상황 평가와 우리의 긴급구호 관련 소식을 입수하려고 세계 각국의 기자들이 쇄도했다. 유엔 홍보실은 정보가 입수되는 즉시 진위를 확인하느라 북새통을 이루었다. 저명한 아이티 기자이면서 얼마 전까지 유엔 대변인으로 근무했던 미셸 몽타는 고향 아이티에서 눈물겨운 소식을 꾸준히 전해왔다.

오전 10시 30분, 유엔 안보리의 의장이던 중국의 리바오둥 대사는 예정되어 있던 회의를 기립 묵념으로 시작했다. 나는 이런 저런 생각으로 머릿속이 복잡했다. 집중하려고 애썼지만 온갖 질문이 꼬리를 물고 떠올랐다. 정오 무렵이 되자 초동 피해 집계를 할 수 있었다. 줄잡아 200만 명 이상의 생존자에게 피난처, 식량, 물과 전기가 필요했다. 3만 내지 5만 명으로 추산되는 사망자를 신속히 매장해야 했다. 나는 다시 카메라 앞에 서서 긴급 인도지원을 위한 비상 모금계획을 발표했다. 텐트, 방수포, 발전기, 의약품, 의료팀, 덤프트럭, 크레인, 굴착기, 정수시설 그리고 지원금이 필요했다. TV 뉴스는 가늠하기 어려울 정도의 재앙을 당한 현장의 영상을 방송했다. 기자들마저 엄청난 재난의 규모에 할 말을 잃을 정도였다

나는 수요일 아침부터 포르토프랭스 현장으로 출발하던 1월 17일 일요일 사이에 대부분의 시간을 인도적 대응을 담당하는 조정관들과 함께 보냈다. 그들은 하루에도 여러 번씩 내게 브리핑을 했다. 나는 기자단에 설명하고, 총회에서 연설하고, 20여 개국 이상의 정부를 상대로 자금 기부와 구호품 수송, 전문가 파견 등을 간곡히 요청했다. 각국은 저마다 구체적인 지원을 약속했다. 그 와중에 르네 프레발 아이티 대통령만이 연락이 닿지 않았다.

버락 오바마 미국 대통령은 지진 직후 아침에 내 전화를 받고는 자신과 영부인의 애도의 뜻을 표했다. 그는 이미 미군이 선박과 항공기 편으로, 그리고 도미니카공화국의 육로를 통해 구호품을 보낼 준비를 하는 중이라고 했다. 미군 수송선 1진이 곧 출항할 예정이었다. 세계 각국 정상으로부터 걸려온 전화에 답신하는 데만도 몇 시간이나 걸렸다. 심지어 최빈국들도 재정적·기술적 지원을 제공하겠다고 했다. 지진 발생 후 며칠간 나와 통화한 모든 정상들은 경악을 금치 못하면서 유엔 직원들의 사망에 깊은 애도를 표했다.

각종 분야의 전문가들이 광범위하게 필요했다. 살아남은 사람들은 즉각적인 도로 정비와 의료지원, 식수, 이동식 여과 장치, 식량, 방수포, 텐트 등 수많은 보급품이 필요했다. 중장비와 냉동 트럭, 그리고 자연재해로 인해 발생한 많은 시신을 안전하게 다룰 줄 아는 숙련된 시신 수습 전문가들도 필요했다. 오전 내내 각국 정부와 구호단체, 심지어 개인들도 긴급지원 의사를 표해왔다. 문제는 수송이었다. 공항과 항구가 파괴되어서 구호품을 하역하고 부상자를 대피시키기는 것이 거의 불가능한 상태였다.

리비아 출신의 알리 압두살람 트레키 총회 의장은 수요일 오후 늦게 보기 드문 비상 회의를 개최했다. 이때는 이미 포르토프랭스에 다시 어둠이 내리고 있던 즈음이었다. 나는 총회에서 "어제 발생한 지진의 참혹한 피해 상황을 파악하려고 아직도 애쓰는 중입니다. 여러분 모두가 TV에서 무너져 내린 병원과 학교,

폐허로 변한 공공건물 등의 광경을 보았을 것입니다. 수만 명이 집도 없이 거리에 나앉았습니다. 잔해 속에 갇혀 있는 사람은 몇 명인지 알 수도 없습니다. 사상자는 아직 집계할 수 없지만, 많다는 것만은 분명합니다. 초기 단계 보고지만, 아이티 국민 900만 명 중 3분의 1 정도가 이번 재난으로 피해를 입었을 가능성이 제기되고 있습니다"라고 말했다.

아울러 나는 유엔 비상기금 1천만 달러의 사용을 승인했음을 설명하고 회원국들의 너그러운 기부를 요청했다. 이 금액은 집을 잃거나 부상을 당한 수십만 명의 아이티인을 위해 당장 집행될 필요가 있는 액수를 그 시점에서 최선을 다해 추산한 것이었다. 우리는 주민을 안정시키고 아픈 사람을 돌보는 일에 집중했다. 이질 같은 질병이 몰고 올 수 있는 두 번째 죽음의 파도를 막는 것이 급선무였다.

유엔 사무총장실은 프레발 대통령과 접촉하기 위해 우리가 가지고 있는 모든 아이티 관계자들의 연락처로 계속 전화를 해보았지만 허사였다. 지진으로 통신이 두절된 상태였다. 첫날 오후로 접어들자 최악의 상황이 우려되기 시작했다. 주민을 안심시키고 유엔의 활동을 지원하는 아이티 정부가 없다면 유엔이 어떻게 현지에서 기능할 수 있을지 알 수 없는 노릇이었다.

목요일 늦게야 마침내 대통령과 연락이 닿았다. 이렇게 엄청난 재난이 벌어진 후 대통령과 접촉하는 데 이렇게 긴 시간이 걸리는 것은 특이한 경우였다. 짧은 통화였지만, 나는 대통령이 이

번 구조 노력에 능동적인 협력자가 되지 못하리라는 것을 알아차렸다. 실망스럽게도, 프레발 대통령은 충격에서 헤어나오지 못하고 있었고, 앞으로 벌어질 위기에 대처할 준비도 전혀 되어 있지 않았다. 나는 국제사회가 아이티 국민을 돕기 위해 뭉쳤다며 그를 안심시켰다.

무소식과 꺼져가는 희망

아이티 유엔 본부에서는 튀니지의 유능한 외교관이자 나의 특별대표인 에디 아나비와 브라질 출신의 특별 부대표 루이즈 카를로스 다 코스타를 포함해 직원 수십 명의 생사와 관련해 여전히 아무런 보고가 없었다. 나는 9년 동안 아나비를 알고 지내며 그의 능력을 높이 평가해왔다. 아나비는 유능하고 창의적인 외교관으로서, 그의 솔직한 의견과 건의는 거의 언제나 핵심을 짚는 것이었다. 아나비가 크리스토퍼 호텔에 있는 자신의 집무실에 있었을 가능성이 있기는 하지만, 수색과 구조 작전이 진행되는 동안에는 희망의 끈을 놓을 수 없었다. 건물 잔해에서 생존자가 더 구조될 수도 있었다.

나는 에드먼드 물레트 평화유지활동 담당 사무차장보를 MINUSTAH 임시 대표로 임명했다. 과테말라 외교관인 물레트는 내가 임명한 첫 아이티 특별대표였고, 훗날에는 내 비서실장이 되었다. 내 마음과 기운은 절망적인 공포와 결핍 상태에 빠진 아이티 국민을 향했지만, 가슴 한구석에는 먼저 유엔 가족을 돌봐야 한다는 마음이 일었다. 나는 이것이 자연스러운 본능이라고 생각했고, 모든 이들에게 나눠주기 충분할 정도의 애정과 힘을 길어 올리겠노라고 마음을 굳게 다잡았다.

목요일 아침에 처음으로 반가운 소식이 들려왔다. 구호물자를 가득 실은 화물기가 포르토프랭스에 착륙할 수 있도록, 미국이 이동식 공항 관제탑을 설치하고 있다는 것이었다. 나는 우리나라와 중국, 일본이 공병대를 포함해 첫 발굴단을 앞다투어 파견하는 것을 보고 자랑스러웠다. 힐러리 클린턴 미 국무장관은 첫 번째로 착륙한 외빈으로서 공항에서 아이티 지도자들을 만났다.

규모 7.0

일요일인 1월 17일에 나는 포르토프랭스로 날아갔다. 아주 긴 하루였고 내가 겪었던 날 중에 가장 슬픈 날이었다. 공중에서 내려다본 참상에 말문이 막혔다. 몇몇 유엔 시설을 포함해 거의 모든 건물이 완전히 무너져 있었다. 심지어 의회 건물도 입이 다물어지지 않을 정도로 피해가 막대했다. 비행기가 착륙하기 전부터도 그곳에 사는 사람들을 덮친 스트레스와 고통을 느낄 수 있는 듯했다. 우리가 탄 비행기가 포르토프랭스에 착륙하기 전에,

나는 유엔 직원들에게 가능하면 물을 많이 마셔두라고 당부했다. "온종일 물이나 먹을 것은 기대하지 마세요. 물을 휴대하지도 마세요. 아이티 사람들에게 우리의 연대감을 보여줍시다."

공항에 도착해서 르네 프레발 대통령을 만났지만, 그는 어찌할 바를 모르는 것처럼 보였다. 그때까지 그는 아이티 국민에게 희망의 메시지도 보내지 않은 상태였다. 나는 강하게 채근했다. "대통령님, 유엔 라디오를 이용해서 국민을 안심시키십시오. 지금 하고 계신 일을 설명하고, 도움의 손길이 오고 있다고 알리십시오. 힘을 내라고 해주십시오." 하지만 그는 어찌나 심하게 충격을 받았던지 갈피를 잡지 못하고 있었다. 그는 겁에 질려 공황 상태에 빠졌다. 재난이 발생한 지 5일이나 지났는데도 대통령이 자국을 위해 무슨 말을 할지, 무엇을 해야 할지 모르고 있는 것이다. 전 세계에서 원조가 쇄도하고 있었고, 우리는 아이티 정부 내에 믿을 만한 파트너가 필요하게 될 터였다. 걱정이 앞섰다.

밤낮으로 치안 상황이 악화되는 가운데, 사람들은 사랑하는 가족을 찾지 못한 채 길거리에서 잠을 자고 있었다. 아이티 국민에게 유엔은 국제사회가 그들을 포기하지 않는다는 것을 보여주는 것이 중요했다. 나는 아이티 국민을 만나 그들의 목소리를 듣겠노라고 했다. 공중에서만이 아니라 현장에서 상황을 보고 싶었다. 포르토프랭스 시가지를 둘러보았는데, 대통령궁과 관공서 건물들도 폐허가 된 것을 보며 충격을 받았다. 구역 전체, 동네 전체가 평평하게 주저앉은 모습이었다. 가는 곳마다 울음소리와 고함소리가 들렸다.

대통령을 만난 후에 나는 크리스토퍼 호텔 부지에서 생존한 우리 직원들과 함께 있고 싶었다. 무너진 콘크리트와 뒤틀어진 철근 더미 위로 아이티의 태양이 무자비하게 내리쬐고 있었다. 유엔 직원들은 울음을 참으려고 애쓰고 있었고 일부는 용케도 잘 버티고 있었다. 아무도 대비할 수 없는 재난을 이미 겪어본 사람들이었고, 동료 중에 누가 실종되었는지 다들 알고 있었다. 에디 아나비와 루이스 카를로스 다 코스타의 시신이 수습되었고 그날밤 나와 같은 항공편으로 돌아갈 예정이었다.

나는 이 장면을 보면서 호흡을 가다듬기 위해 무던히도 애를 썼다. 아이티 직원 한 명이 MINUSTAH 건물에 게양되었던 유엔기를 나에게 건넸다. 콘크리트 먼지에 더럽혀지고 찢긴 청색과 백색의 기가 사망한 우리 직원들을 기리는 취지로 삼각형으로 접혀 있었다. 그 남자 직원의 이름은 모르지만 그의 눈자위는 붉게 부어 있었고 한 손에는 붕대가 투박하게 감겨 있었다. 그의 온몸이 피로와 고통을 여실히 드러내고 있었다. 나는 이런 순간을 예상하지는 못했다. 유엔이 당한 피해를 완벽하게 상징하는 그 유엔기를 받아들었을 때 슬픔과 전율이 나를 후려치는 것만 같았다. 감정이 북받쳐 일순 아무 말도 할 수가 없었다. 이윽고 그 직원에게 고맙다고 인사했고, 직원들에게 힘을 내라고 격려했다. 나는 거의 반사적으로, 실종된 직원들도 우리가 아이티 국민을 위해 계속 활동하기를 바라고 있을 거라고 말했지만, 수색

대의 소음 속에서 낮고 떨리는 내 목소리는 대부분의 사람들에게 들리지 않을 터였다.

수천 명의 아이티 젊은이들이 태양이 내리쬐는 야외에 나와 있었다. 달리 갈 곳이 없기 때문이었다. 사람들은 무엇을 해야 할지 몰라 무턱대고 돌아다니고 있었다. 나는 왜 그들이 기계장비나 트럭이 통과할 수 있도록 도로를 치우지 않는지 궁금했다. 그러나 그들은 그럴 수 없었다. 모두들 충격을 받은 상태였던 것이다. 그들은 나를 둘러싸더니 도와달라고 소리치기 시작했다. 나를 해치려는 의도가 아니라는 것을 알았지만, 한꺼번에 많은 사람이 내 주변으로 몰려들어 아이티의 토속어인 크리올어로 고함을 치거나 격정적인 몸짓을 하는 바람에 두려운 생각이 들었다. 통제 불능의 대규모 군중을 뚫고 이동하기는 어려웠기 때문에 내 경호팀은 공항으로 이동하려고 했지만, 나는 아직 떠나고 싶지 않았다. 무너진 건물에서 잔해를 파내며 그 속에 있는 누군가를 향해 소리치는 소년들을 보았다. 거기 좀 더 머물고 싶었지만 우리는 계속 움직여야 했다.

그날 오후 늦게 공항에 도착했을 때 나는 감정적으로 견딜 수 없는 하루를 보내고 녹초가 된 상태였다. 그곳에서 나는 에디 아나비 사무총장 특별대표와 루이스 다 코스타 특별부대표의 시신을 운구할 관을 보았다. 유엔기로 덮힌 관은 기내의 화물칸에 실을 준비를 마친 상태였다. 다시금 엄청난 슬픔이 엄습했다. 울음을 참느라 숨이 막혔고 무릎이 후들거렸지만 자세를 애써 다잡았다. 몇 마디 칭송과 애도를 표하는 말을 했던 것 같다. 비행기를 타고 돌아갈 때의 기억은 가물가물하다. 너무도 지친 나머지, 공항에서 관저까지 이동하는 차 안에서는 짧지만 깊은 잠에 빠졌다.

이튿날 아침, 헬렌 클라크 유엔 개발계획 처장에게 아이티 국민이 공황 상태에 있으며, 자체적으로 구호 노력은 쉽지 않을 것 같다고 전했다. 우리는 기계 없이 할 수 있는 일은 무엇이든지 하도록 하루에 1인당 5달러씩 지급하는 '현금 지급 사업Cash for Work Program'을 시작하기로 했다. 도로에서 바위나 돌무더기를 치운다든지, 쓰레기를 치운다든지, 잔해를 들어 올리는 따위의 일이었다. 수십만 명이 기꺼이 구호 활동에 참여했고, 손으로 할 수 있는 일은 다 했다.[2] 대형 크레인이 필요했지만 아직 그런 장비는 없었다.

구호활동을 시작하고 처음 며칠간 유엔 회원국들은 돈, 장비, 군인, 민간인, 기술자, 구호활동가 등을 보내왔다. 그 후 몇 주 동안 에드먼드 물레트 사무총장 특별대표와 토니 밴버리 부대표는 현장에서 유엔의 활동을 조직하고 확장하는 과업을 영웅적으로 수행했다. 특히 국가 재건에 전념한 물레트 특별대표는 아이티 국민으로부터 사랑과 존경을 받았다. 이후 내가 아이티를 방문했을 때 많은 아이티인이 그의 열정과 리더십을 높이 칭송했다.

카리브해와 중남미 국가들은 주요 기반시설 복구와 구호품 보급을 돕기 위해 군부대를 파견했다. 사람들은 이것을 보고 고마움을 표하거나, 그러지 않더라도 최소한 협력적인 태도를 보였다. 국제적인 군 인력이 인도적 지원에 나섬에 따라, 평화유지군은 급증하는 강간과 강도 사건을 막기 위해 과밀한 임시수용소에 배치되었다. 물론 이들이 모든 강력 사건을 막을 수는 없었다. 안타깝게도, 많은 아이티인은 수용소 안에만 있는 평화유지군이 시급한 국가적 과제는 다루지 않는다고 여겼다. 여기서 생기는 긴장감이 공공연한 적대감으로 번지는 것은 불가피했다. 2010년 10월에 아이티에 콜레라가 발생했을 때, 아이티인들은 서슴없이 평화유지군에 책임을 돌렸다.

세계가 거들다

2010년 3월 31일, 유엔과 클린턴 전 대통령은 아이티 공여국 회의를 개최해서 단 하루 만에 99억 달러를 모금했다. 이것은 유엔 역사상 단연 최대의 단일 건 국제원조 모금 기록이었다.[3] 사무총장 재임 중에 나는 시리아, 아프가니스탄, 팔레스타인, 레바논을 비롯하여, 몇몇 위기에 빠진 국가를 위한 회의를 주최하거나 참여해보았지만 이만큼 성공적인 회의나 강력한 지원은 본 적이 없었다. 유엔 본부에서 열린 회의에서 빌 클린턴 특사는 내 왼쪽에, 힐러리 클린턴 국무장관은 내 오른쪽에 앉았다. 나의 수석 대표와 주최국 대표를 위한 전형적인 자리 배치였다. 나는 웃으며 말했다. "보통 이 두 분은 함께 앉지만, 오늘은 아닙니다." 비록 내가 공식적으로 언급하지는 않았지만, 아이티는 두 사람에게 각별한 의미가 있었다. 클린턴 부부는 1975년 신혼 시절에 아이티를 방문한 적이 있기 때문이다.

국제사회가 유난히 아이티에 관대했던 이유는 어마어마한 재난 규모 때문이기도 했지만, 유엔의 군사적·정치적·인도적 참여의 역사 때문이기도 했다. 게다가 아이티는 이런 형태의 기여금 서약회의로는 오랜만에 열리는 회의였기 때문에 덕을 본 측면도 있었다. 아직 각국 정부가 공여 피로감에 시달리기 전이었다.

한편 아이티의 재외국민들은 크고 작은 자원을 동원해 강력하면서도 예상치 못한 효과를 일으켰다. 외국에 거주하는 수십만 명의 아이티인은 봉사하고 돈을 기부하고 모금하면서 정치적·인도적 노력을 기울였고, 고국에 돌아와 무거운 짐을 나누어지기도 했다. 아이티인의 영업장에는 금전등록기 옆에 자선함이 비치되었고, 아이티에 한 번도 가본 적이 없는 유명 운동선수나 배우들이 수백만 달러의 기부금을 보내기도 했다. 모든 기부를 일일이 추적하는 것이 불가능할 정도였다.

아이티는 할리우드의 관심도 끌었다. 수많은 연예인과 스포츠 스타가 긴급구호나 특정한 복구를 위해 기부금을 내면서 팬들에게도 동참할 것을 권했다. 아이티 출신의 가수이자 음악 프로듀서인 위클레프 장은 연줄을 동원해 두 차례의 슈퍼스타 행사를 개최하며 조국의 구호와 재건에 발 벗고 나섰다. 그가 주관한

'지금 아이티에 희망을Hope for Haiti Now'이라는 특별방송은 두 시간 만에 6,100만 달러를 모금했고 많은 동료 음악인이 참여했던 모금행사 타이틀 곡은 그해 겨울 차내 라디오에서부터 국제 스포츠 행사에 이르기까지 어디서나 흘러나왔다.

나는 그해 겨울과 봄에 아이티를 방문했던 유명인사들을 일일이 기억하지도 못한다. 매트 데이먼, 수전 서랜든, 데미 무어, 존 트라볼타, 훌리오 이글레시아스, 유니세프 친선대사인 리오넬 메시와 샤키라 등등. 콜롬비아의 인기가수인 샤키라는 수년간 여러 차례 아이티를 방문했다고 말했다. 미셸 오바마도 이곳의 상황을 크게 걱정하며 위로차 아이티를 찾았다. 하지만 어떤 유명인사도 지진 며칠 후 포르토프랭스에 도착해 2년간 머문 미국 영화배우 숀 펜의 결단력에 견줄 수는 없을 것 같다. 그는 페티옹빌 캠프에 있는 노숙자 보호소 옆에 텐트를 치고 잠을 자면서 아이티 사람들과 함께 돌무더기를 치우고 생필품을 운반했다. 내가 펜을 소개받았을 때, 그는 땀에 젖어 동분서주하고 있었다. 그는 아이티 상황에 대한 인식을 높여주었을 뿐만 아니라, 몸소 구호활동에도 참여했다.

자신의 의료 시설을 휴업하고 아이티로 달려온 수많은 의료진에 대해서는 더 깊은 감사를 느꼈다. 간호사들은 직장을 포기하고 왔다. 노동자들, 물류 전문가들도 자비로 아이티를 돕기 위해 왔다. 이때의 위기는 상상할 수 없는 다른 어떤 재난보다 더 많은 사람들의 마음을 움직였다. 예컨대, 교사들이 여름방학을 이용해 레바논이나 아프가니스탄에 가는 것을 본 적은 없었지만, 아이티에는 갔다.

긴급구조와 구호를 위한 초기 활동이 끝나고, 유엔은 아이티의 중장기 재건으로 사업의 초점을 확대했다. 클린턴 대통령은 기업의 기부금을 동원하기 위해 자신의 인맥을 활용했다. 그는 심지어 투자와 일자리 증진을 호소하기 위해 기업 경영자들과 함께 아이티로 가기도 했다. 이들 중 몇몇은 다시 다른 기업 경영자들을 아이티에 투자하도록 독려했다. 2009년 3월, 클린턴 대통령과 나는 공장과 학교를 방문해 근로자와 학생들을 만났고, 국제사회가 지속해서 지원하는 동안 아이티에 머물면서 열심히 일하라고 그들을 격려했다.

그런 가운데 나는 서로 분열하고 다투는 아이티 정치지도자들에게 점점 더 실망이 커졌다. 프레발 대통령과 그의 후임인 미셸 마르텔리 대통령은 정책 집행을 위한 의회의 지지를 받지 못했고, 재건 계획은 내분으로 인해 터무니없이 오랫동안 실시되지 못했다. 나는 의원들이 마치 다른 세상에 살기라도 하는 듯 자국의 재건을 위해 뭉치지 못하는 것에 화가 치밀었다. 매우 장기적인 공약과 지속적인 대량의 자원 투입만이 아이티에 안정을 가져다줄 수 있겠다는 생각이 들었다.

무위로 돌아간 노력

그러나 아이티의 안정은 결국 오지 않았다. 대신 지독한 콜레라가 찾아왔고, 이후에도 주기적으로 기승을 부렸다. 2010년 10월, 지진 발생 후 10개월밖에 지나지 않은 시기에 북부 시골 지역에서 몇 사람이 전염성이 강한 이 병에 걸렸다. 콜레라는 일부 지역에서 발생한 것으로 여겨졌기 때문에 유엔의 현장 직원이나 인근의 평화유지군 기지는 별다른 경계심을 갖지 않았다. 하지만 오염된 물과 사람의 배설물로 전파되는 콜레라균은 작은 지류를 거쳐 수천 명의 사람들이 식수와 세탁, 목욕물로 사용하는 아르티보니트강으로 흘러들었다.

구조대원들은 콜레라가 순식간에 엄청난 규모와 속도로 번지면서 치명적인 전염병으로 변했다고 보고했다. 콜레라는 1월 지진의 생존자 텐트촌을 거쳐 지칠 대로 지친 아이티인 모두에게로 퍼져나갔다. 전염병의 위력은 파괴된 기반시설, 인구과밀, 의료서비스 부족으로 인해 배가되었다. 6년 동안 수도와 여타 지역에서 콜레라로 인해 9천 명이 사망하고 75만 명의 환자가 발생했다.[4] 세계 최대의 콜레라 발병 사태였고, 아이티에서도 한 세기 이상 없던 일이었다.

이 재난은 아이티에서 유엔의 명성을 영원히 깍아내렸다. 나는 이 나라가 완전히 회복되지 못한 것이 가슴 아프다. 아이티인들은 유엔 평화유지군이 콜레라를 불러들였다고 믿었고, 유사한 증상의 이력을 가지고 새로 도착한 네팔 대대를 콕 집어 지목했다. 아이티인들의 점점 커지는 분노에 대응하기 위해, 나는 콜레라 전문가로 구성된 독자적인 과학자 패널을 임명했다. 알레한드로 크라비오토 의장(브라질), 클라우디오 라나타(페루), 다니엘 랑텐(미국), 인도 국립 콜레라 및 장 질환 연구소의 발라크리시 나이어 등의 패널은 유엔의 책임을 완전히 배제하지는 않으면서 "다양한 상황이 누적"되어 전염병이 발생했다고 결론을 내렸다.[5] 그러나 WHO는 MINUSTAH, 특히 네팔 출신 평화유지군을 직접적인 콜레라 전염병의 근원으로 추적했다. WHO는 유엔 산하 기구지만 독립적으로 활동한다. 그들은 네팔군 막사의 배관이 파손되어 하수가 지류로 흘러 들어갔음을 알아냈다고 보고했다.

결론이 불일치했으므로 나는 재조사를 명령했다. 2016년 8월 8일에 나온 그 보고서는 의심할 바 없이 네팔 평화유지군, 특히 위생 도급업자들이 배설물로 물을 오염시켰다고 발표했다. WHO는 유엔이 법적인 책임을 인정할 것을 촉구했다. 나를 비롯해 다수의 유엔 관리들은 그 결론에 대해 여전히 확신하지는 못했지만, 상황이 절망적임은 부인할 도리가 없었다. 위생, 하수, 보건 시스템을 개선하는 장기적인 개발 프로젝트를 공약하는 것이 긴요했다. 나는 피해를 집중적으로 입은 지역의 위생시설 재건을 지원하는 데 유엔 기구 내에 이용 가능한 모든 의료 및 건설 자원을 동원하라고 지시했다. 유엔 직원들은 아이티의 보건 전문가들과 협력해 비누와 정수제를 비롯한 비상용 키트를 대량으로 배급했다.

변호사들의 방문

2011년 11월, 500명의 아이티 희생자와 그 가족이 유엔과 사무총장인 나를 상대로 뉴욕 남부 지방법원에 집단소송을 제기하며 직무유기로 인한 손해와 억울한 죽음을 이유로 400억 달러의 손해배상을 청구했다. 이런 일이 생기자 충격이 너무 컸던 탓에 도무지 현실이란 생각이 들지 않았다. 이 사건이 우리의 명예를 크게 훼손했지만, 처음에는 담담하려고 애썼다. 모든 회원국은 유엔과 그 근무자를 어떤 이유로든 국가 법원에 기소할 수 없다는 데 동의했고, 우리에게는 그런 소송이 기각된 선례가 몇 건 있었기 때문이다. 그러나 나는 이 소송이 우리의 인도적 사업과 자문 및 개발 활동을 위축시키는 법률적 도전의 발단이 되어 조직에 재앙을 부르는 선례가 되지는 않을지 염려스러웠다. 그들이 승소한다면 평화유지활동의 주재국이나 참여국과 맺은 유사한 주둔군협정을 무효화하는 데 이용될 수 있을지도 몰랐다.

원고 측 변호사들이 유엔에 배상금을 요구하면서 소송은 5년이나 이어졌다. 우리는 유엔이 아이티에 콜레라를 끌어들였다는 주장에 반론을 제기했고, 외교 특권과 면제를 규정한 유엔 협약에 따른 외교상의 면책 특권을 주장했다. 재판에는 적잖은 재정적 지원이 필요했고 미국 법체계에 대한 지식이 있어야 했다. 나는 아이티인들이 자신들을 돕기 위해 써야 할 재원을 재판을 진행하거나 법률지식을 구하는 데 사용할 거라고 믿기도 어려웠다.

내 생각에 변호사들이 노리는 목표는 고액의 수임료와 언론의 관심이었다. 나는 외교관이나 언론으로부터 질문을 받을 때는 가급적 답변을 피하라는 조언을 들었다. 그러나 대재난에 고초를 당하고 범죄를 저지르는 정치지도자들에게 오랫동안 시달려 온 아이티 국민을 생각하면 가슴이 쓰라렸다. 나는 우리가 전염병을 막고 환자들을 돌보기 위해 충분한 노력을 기울이지 않았다는 생각에 그들을 원망할 수도 없었다.

폴 외트켄 지방법원 판사가 법원은 이 사건에 대한 관할권이 없어 기각한다는 결정을 내린 것은 정말 다행이었다. 지진이 발생한 지 정확히 5년이 지난 2015년 1월 9일의 일이었다.[6] 2014년 7월에 나는 아이티를 여섯 번째 방문했다. 희생자 가족을 만나는 일은 사무총장 재임 중 가장 힘들었던 출장이었지만, 나로서는 꼭 해야 할 순례 여행이나 다름없었다. 흩어진 가족, 잃어버린 생계, 고통받는 고아, 세상을 떠난 자녀, 배우자, 부모들에 관한 이야기를 들었다. 남편이자 아버지이자 할아버지이기도 한 나는 그토록 많은 가족이 겪어야 했던 고통을 접하며 가슴이 미어졌다. 결코 잊을 수 없을 아픔이었다.

소송 및 지속되던 콜레라 위기는 나만이 아니라, 많은 유엔 직원들을 지치게 만들었다. 물론 항소를 막을 길도 없었다. 다행히

2016년 8월 18일, 연방 항소심 판사는 '기소 근거 부족'을 들어 미 법정에서 유엔의 절대적 면책 특권이 인정된다고 판시했다. 속이 후련한 판결이었다.

후회와 회복

사무총장 임기가 끝나감에 따라, 나는 비극적인 콜레라 문제를 완전하게, 공개적으로, 투명하게 밝히고 싶었다. 우리의 초기 대응이 지체되고 불충분했던 점이 비극을 악화시켰다. 소송이 마무리된 날 내가 몇 마디 하기는 했지만, 말만으로 매듭짓기는 부족했다. 내 사무총장 임기가 끝나기 전에 기록을 바로잡을 필요가 있었다.

중요한 것은 회원국과 유엔의 공약을 강화하는 것이고, 이런 전염병이 다시는 발생하지 않도록 만드는 것이었다. 아이티인들도 들을 필요가 있었다. 정부와 국민 모두가 들어야 했다. 나는 2016년 12월 1일 총회에서 영어, 프랑스어, 크리올어로 사과문을 발표하며 이렇게 말했다. "우리는 아이티에서의 콜레라 발생 및 확산과 관련해 충분한 조치를 취하지 못했습니다. 우리가 콜레라 발생과 관련해서 취했어야 할 일을 충분히 이행하지 못한 데 대해 깊이 유감을 표합니다."

2016년 12월, 나는 아이티에서 콜레라균을 박멸하고 이 전염병으로 피해를 본 사람들을 지원하는 병행 대책을 발표했다. 첫째는 콜레라와 같은 수인성 질병이 퍼지지 못하도록 비위생적인 생활환경을 개선하는 데 필요한 매우 장기적인 노력이다. 이 노력은 이미 진행 중이었다. 내 임기 마지막 해에, 우리는 100만 명이 넘는 사람에게 예방접종을 하고 새로운 전염병 발병에 신속히 대응할 수 있는 의료팀의 수를 3배로 늘리는 등 예방 대책에 관해 큰 진전을 이루었다.

두 번째는 콜레라에 걸린 사람들을 직접 지원하는 것이었는데, 이쪽이 훨씬 더 복잡했다. 지원을 하려면 피해자의 신원을 확인해야 하지만, 지진과 같은 자연재해 이후에는 확인이 불가능한 경우가 잦았다. 지진과 허리케인으로 기록이 대부분 소실되어 문서 기록이 없는 사람이 많았다. 전염병으로 피해를 당한 가족 구성원이나 다른 사람들에게 의미 있는 지원을 제공하자면, 신뢰성 있고 충분한 재원이 필요하다는 점도 그에 못지않게 중요했다. 이런 노력에 드는 예상 경비는 4억 달러 정도로, 이 목적을 위해 설립된 특별기금에 대한 자발적 기여로 충당할 수밖에 없었다.

하지만 천문학적인 지원 액수는 유엔에 가장 협조적인 기부자들마저도 질리게 만들었다. 회원국들의 기여금은 이 경비의 작은 일부밖에 채우지 못했고, 그나마 기여금 중 대부분은 특정 개발계획에 미리 할당되어 있었다. 개발도상국 대다수는 분담금 이상을 지급할 여력이 없다고 했다. 몇몇 대사는 유엔의 부주의로 초래된 부채를 자국 정부가 갚을 생각은 없다고 못 박았다. 나는 아주 강력하게 그런 입장에 대해 반박했지만, 그것에 대해 내가 할 수 있는 일은 아무것도 없었다.

콜레라는 아이티 국민과 유엔의 관계를 계속 악화시키고 있다. 회원국과 그 밖의 기부자들은 아이티 국민들과 유엔 조직 자체를 위한 대책을 실행할 도덕적 책임이 있음을 기억해야 한다. 아이티에서의 콜레라 발병은 평화유지군과 유엔 조직의 오점으로 남았다. 나는 유엔이 충분히 대응하지 못한 점을 끝내 잊지 못할 것이다.

내가 유엔에 바라는 것은 우리가 도우려고 하는 사람들이 직면하는 위협에 대해 더욱 면밀히 파악해야 한다는 사실이다. 그런 도전 중 한 가지라도 감지했을 때, 유엔은 더 적극적으로 개입하여 과감한 조치를 취해야만 한다.

RESOLVED 제3부

인권과 개발

인류와 지구에 대한 지원

16

인권

천부적 자유와 평등

유엔 사무총장이 되어 처음 출근하던 2007년 1월 2일, 나는 기대에 부풀어 일찍 사무실에 도착했다. 관례에 따라 신임 사무총장을 환영하려고 수백 명의 직원이 유엔 로비에 도열해 있는 것을 보고 감격했다. 나는 그들에게 고개 숙여 인사하며 유엔과 직원들을 위해 최선을 다하겠노라고 마음속으로 다짐했다. 아내와 함께 로비 한쪽에 있는 작은 명상실로 발걸음을 옮겨 다그 함마르셸드 및 유엔의 이상을 위해 목숨을 바친 직원들을 위해 묵념을 했다. 그 자리에 서서 앞으로 5년 동안 세계가 얼마나 더 크게 요동칠지를 생각하면서, 심각한 사건들이 생기더라도 우리의 헌신적인 직원들이 무탈하기를 기원했다.

로비에서 우리를 기다리던 직원들 옆에는 제8대 유엔 사무총장의 첫날을 취재하려고 세계 각지의 기자들도 수십 명 모여 있었다. 나는 인사말을 몇 마디 했지만, 내 말은 금세 이어지는 소란에 파묻혀 버렸다. 기자들은 3일 전에 처형된 이라크의 독재자 사담 후세인에 관해 큰 소리로 질문을 퍼붓기 시작했다. 처형은 적법했는가? 이라크에 안정이 찾아올 것인가? 내전이 발생하는 것은 아닌가? 유엔은 세계적인 사형제 폐지를 지지하는가? 등등. 나는 이러한 물음에 다음과 같이 대답했다.

"사담 후세인은 이라크 국민에게 흉악한 범죄와 이루 말할 수 없는 잔학 행위를 저지른 책임이 있습니다. 사형제도는 각 회원국이 결정할 문제입니다. 나 역시 불처벌의 관행에는 반대합니다만, 동시에 국제사회의 구성원들이 국제 인도법의 모든 측면을 충분히 고려하기를 희망합니다. 나는 내 임기 중에 회원국과 국제사회가 법의 지배를 강화할 수 있도록 돕는 데 최선을 다할 것입니다."[1]

사실을 솔직히 밝힌 것이긴 했지만, 언론은 이 발언을 호의적으로 받아들이지 않았다. 엘리베이터가 38층의 집무실에 도착했을 때, 홍보실은 이미 문제 수습에 착수해 있었다. 나는 사형제 폐지처럼 세계적으로 논란이 큰 문제에는 사무총장이 함부로 뛰어들면 안 된다는 사실을 나중에야 깨달았다. 반발은 즉각적이면서도 야릇하게 개인적인 형태로 나왔다. 인권단체는 내 발언이 사담 후세인의 재판을 정당화했으며, 사형제를 폐지하려는 유엔의 노력을 후퇴시켰다고 비판했다. 언론은 나의 절제된 발언을 거두절미해서 인권 관계자들이 보여준 열정과 비교하며 비우호적인 태도를 드러냈다. 며칠 뒤 〈뉴욕타임스〉의 사설 제목은 나를 "현상유지 사무총장"이라고 지칭했고, 내 발언의 취지를 진의와 다르게 해석했다.[2]

나는 충격을 받았다. 개인적으로는 21세기에 사형제는 절대 설 자리가 없다고 생각하고, 이미 사형제를 폐지하는 데 내 직책을 활용하겠다는 결심을 하고 있었기 때문이다. 나는 1월 11일 첫 번째 기자 회견 석상에서 추가 성명을 발표했다.

"생명은 소중하며 존중받고 보호받아야 한다고 믿습니다. 모든 인간은 존엄하게 살 권리가 있습니다. 국제법과 각국의 관행 속에서 사형제도는 점차 폐지되는 추세라는 사실을 인식하고 있습니다. 회원국들이 이 문제를 논의하는 가운데, 나는 그런 추세를 장려하고자 합니다."

언론은 흔히 부검한 뒤에 일어난 일은 다루지 않는다. 하지만 이 발언이 나가고 나서 내 입장에 대한 대개의 비판은 사그라졌다.

세계인권선언은 "개인의 생명권과 자유, 안전"을 신성시하고 있다. 그러나 사형제도 중단처럼 시종일관 논쟁적인 문제는 유엔에서도 별로 다루어지지 않았다. 당시 유엔은 사형제 폐지에 대해 회원국의 국내법에 맡긴 채 공식 입장을 취하지 않고 있었다.

그러다가 2007년 12월 18일에 가서야 이탈리아가 제안한 총회 결의안이 채택되었다. 이 결의안은 회원국들이 사형제를 폐지함으로써 국제 기준을 존중하고 사형에 처할 수 있는 범죄의 수를 점진적으로 줄여나갈 것을 촉구하는 것을 골자로 했다.[3] 많게는 117개국의 지지를 받은 비슷한 결의안이 사무총장 임기 중 다섯 차례나 채택되었다.

사무총장 임기 동안 50개국 남짓한 나라가 사형 제도를 두고 있는 형법을 개정하라는 국제적 압력을 단호히 거부한다는 명시적 태도를 견지하며 사형 집행을 고수했다. 이렇게 거부하는 국가들은 철옹성처럼 굳건한 입장을 고수했다. 나는 종종 워싱턴 DC, 베이징, 리야드 등 각국 정부와 접촉을 시도하며 임박한 사형집행을 막아보려고 노력했지만, 안타깝게도 별 성과는 없었다.

나는 사형제 폐지를 위한 활동을 이어나갔다. 예컨대, 전 유엔 인권고등판무관 나바네템 필레이가 이끄는 국제사형반대위원회ICDP 같은 NGO와 손잡고 일해왔다.

보호책임

'보호책임R2P: Responsibility-to Protect'이라고 명명되는 인도적 원칙에 대한 내 연설은 사무총장 첫 임기에 행한 여러 연설 중 가장 중요한 연설이 되었다. R2P 원칙은 당시에도 새로운 개념은 아니었지만 2008년 여름이 되자 인권 NGO의 범주를 넘어 폭넓은 호응을 얻기 시작했다. R2P는 주권국가가 잔학 행위로부터 자국민을 보호할 의무가 있으며 전체 국제사회가 이 책임을 공유한다는 것이지만, 이 원칙이 완벽하게 정의된 적이 없었고, 그 법적 근거에 관해서는 여전히 이견이 분분했다. 아주 개괄적으로 논의되는 단계부터도 R2P는 이미 복잡하고 논쟁적인 소재였다.

훗날 독일의 대통령이 된 프랑크발터 슈타인마이어 독일 외교장관은 R2P 문제와 관련된 회의에 나를 기조연설자로 초대했다.[4] 2008년 7월 15일 하루 동안 베를린에서 열린 '책임 있는 주권: 변화된 세계를 위한 국제 협력'이라는 명칭의 회의였다.

내가 취임할 당시만 해도 R2P는 색다르긴 했으나 새로운 문제는 아니었다. 전 유엔 사무총장 코피 아난은 유엔 60주년을 맞아 컨센서스로 채택된 광범위한 결의안 가운데 '새롭게 등장하는 규범'이라고 이 원칙을 소개했다. 코피 아난은 이 원칙이 인정받도록 만드는 데 중추적 역할을 했고, 그것은 그가 임기 중에 이룬 가장 돋보이는 업적 중 하나다.

R2P는 국가가 정치적·법적·경제적·군사적 수단을 동원해 유혈사태를 막을 의무가 있음을 가리키며, 유엔 헌장이나 안보리 결의들과도 전적으로 부합한다. 몇몇 정부는 막을 수도 있었던 르완다나 구유고슬라비아의 학살에 대한 중요한 법적 대응으로 R2P를 받아들였다. 하지만 서방이 주도하는 이 제안이 주권을 침해할 소지가 있다고 의심하는 나라들도 있었다.

이 원칙은 3가지 핵심 가치를 기반으로 한다. 첫째는 자국민을 보호할 국가의 책임, 둘째는 각국이 이 의무를 충족하도록 도울 국제사회의 책임, 셋째는 대규모 잔학 행위가 일어날 조짐이 보이거나 이미 벌어졌을 때 개입할 의무다.

그렇다고 해서, 국가가 저마다 자국 국경 내에서 무엇이든 원하는 대로 할 수 있는 것이 아니라는 발상이 얼마나 혁명적인지 무시해서는 안 된다. 이 원칙을 인정하는 것은 인권 보호를 증진하는 한편, 수 세기에 걸친 역사를 뒤집는 것이기도 했다.

유엔에는 에드워드 럭이라는 강력한 우군이 있었다. 컬럼비아 대학교 국제관계학 교수인 그는 훗날 R2P라고 명명되는 원칙들을 일찍부터 옹호한 사람이었다. 2008년에 나는 럭 교수를 보호담당 특별자문으로 임명했고, 그는 R2P가 인도적 개입을 위한 새로운 규정이라고 의심하는 회원국들의 우려를 불식시키기 위해 정력적으로 활동했다.

처음부터 힘든 설득 작업이었다. 많은 국가가 유엔 예산위원회에서 거부감을 드러냈고, 자금지원을 거부함으로써 이를 위한 노력이 수포로 돌아갈 위기에 놓였다. 에드워드 럭은 급여도, 사무실도, 직원도, 공식적 권한도 없이 R2P에 대한 옹호를 계속했다. 그는 대량학살 예방 특별자문인 프란시스 뎅과 긴밀하게 협력했다. 남수단 출신의 교수이자 학자인 뎅은 브루킹스 연구소의 동료들과 함께 10년 전에 이미 R2P의 개요를 정리한 적이 있었다.[5]

우리 팀과 나는 2009년 1월 12일 총회에 제출한 획기적인 보고서 '보호책임의 이행Implementing the Responsibility to Protect'을 통해 R2P의 포괄적인 비전을 제시했다.[6] 이 보고서는 R2P의 의미와 적용

방법, 민간인을 보호할 궁극적인 책임 주체 등에 관해 처음으로 상세하게 개념화한 문서였다. 유엔의 모델은 앞으로 나아가기 위한 청사진이었다. 나는 선거공약 중 하나를 구체적으로 실천했다는 사실에 긍지를 느꼈다.

그리고 리비아 사태가 일어났다. 아랍의 봄 직후에 무아마르 카다피가 공격용 헬기와 군인을 동원해 자국민에게 집중포화를 퍼부은 것이 R2P의 시범 사례가 되었다. 안보리는 나의 권고에 따라 2011년 3월 17일, NATO가 리비아 상공에 비행금지구역을 설정하는 것을 승인했다.[7] 카다피는 도피 중에 살해되었다. 격노한 러시아는 안보리에서 미국과 유럽 국가들이 암묵적인 합의를 깨고 정권교체를 시도했다며 맹비난했다. 러시아는 향후 R2P를 발동하는 인도적 개입에 거부권을 행사하겠다고 단언했다.

그에 따른 파급 효과는 비극적이었다. 시리아에 비슷한 대응이 필요해진 순간에 안보리는 무력했기 때문이다. 나는 개인적 대화와 공개 성명을 통해 거부권 행사를 거두도록 설득하려 했지만, 그들의 태도를 바꿀 수는 없었다.

사랑을 위한 아픔

나는 50대에 오스트리아 주재 한국 대사로 근무할 때까지는 성 소수자와 연관된 경험이 전무했다. 1998년 어느 날, 유럽 국가의 대사 한 명이 우리 부부를 비롯해 몇몇 부부를 관저 만찬에 초대한 적이 있었다. 나는 거기서 그 대사와 남자 참사관 한 명이 함께 찍은 사진이 많다는 걸 깨달았다. 작은 액자에 담긴 그 사진들은 휴가 여행과 같은 사적인 추억을 담고 있었다. 만찬을 하는 동안, 나는 두 사람의 관계가 결혼한 여느 부부만큼이나 친밀하다는 것을 알게 되었다. 그들은 함께 있을 때 아주 편해 보였다. 그것이 내가 목격한 첫 번째 긍정적인 동성애 사례였다.

성장하면서 동성애자의 권리에 대해 생각해본 적이 없던 나에게는 대단히 새로운 경험이었다. 아시아 사회는 동성애를 금기시했다. 특히 한국은 매우 보수적인 국가였다. 게다가 나는 올바른 길을 강조하는 유교 문화에서 교육을 받았다. 지금 와서 되돌아보면, 부모들은 동성애 어린이들을 감추려고 했던 것 같다. 물론 이제는 한국에도 성적 지향성이 다른 사람들이 있다는 사실을 알지만, 그들은 여전히 사회의 그늘 속에서 살아간다. LGBTI(레즈비언, 게이, 양성애자, 트랜스젠더, 간성intersex)인 사람들은 자신을 공개적으로 드러내지 않았으며 언론도 그들을 긍정적으로 다루지 않았다.

차별과 폭력, 두려움은 에이즈가 동성애 남성들을 괴롭히기 시작한 1980년대와 1990년대에 전세계적으로 더욱 맹렬한 양상을 띠었다. 내가 동성애자의 권리에 관해, 그리고 그들의 투쟁이 포용성과 평등, 기회를 부르짖는 여성들의 요구와 얼마나 흡사한지를 생각하기 시작한 것은 이 무렵이었다. 이런 가치는 유엔의 초석이며, 내 가치관의 핵심이기도 했다. 많은 회원국에서 태도의 변화가 일어나려면 오랜 시간이 걸릴 것이라는 사실을 모르지 않았지만, 유엔은 이상을 체현하는 기구가 되어야 한다고 믿었다.

2007년에 사무총장이 된 직후, 나는 다수의 동성 기혼자 커플들이 이성 기혼자 커플들에게 부여되는 유엔의 혜택을 받지 못하고 있다는 사실을 알게 되었다. 어떤 근무처에서는 주택이나 생활 여건, 교육보조금 등과 관련되는 혜택이 중대한 의미를 지닐 수도 있었다. 취임 후 몇 달이 지나자 유엔 인권사무소는 불평등에 불만을 가진 직원들과의 만남을 건의하기도 했다.

면담을 시작하기 전, 나는 참석자들에게 모두가 찍고 싶어 하는 유엔 사무총장과의 사진을 촬영하자고 제안했는데, 그들이 거절해서 진심으로 놀랐다. 그들 대부분은 직장에서 여전히 자신의 성적 정체성을 감추고 있었던 것이다. 사진은 나 자신의 기록을 위한 것이니 공개하지 않을 것이라고 하면서 그들을 설득했다.

나는 그들에게 "나는 인권을 만인의 권리로서 진지하게 생각합니다. 그리고 유엔이 레즈비언과 게이, 트랜스젠더를 위한 최고의 직장이 되도록 노력할 것을 약속합니다. 용기를 잃지 마십시오"라고 말했다. 그중 많은 사람이 안심하는 눈치였다. 실제로 내 말은 몇몇 직원에게 정체성을 공개할 용기를 주었다.

연말이 가까워졌을 때, 나는 이 사진이 실린 달력을 받아보고

뜻밖의 선물에 놀랐다. 이 경험으로 유엔의 혜택을 골고루 나누겠다는 내 결심은 더 굳어졌다. 보좌관들은 많은 국가가 이것을 그들의 사회에 대한 간섭으로 받아들일 것이라며, 논쟁적인 다툼에는 굳이 끼어들지 말라고 조언했다. 그럼에도 나는 이 문제를 다루기로 결심했다. 오히려 이전의 사무총장 중에 동성애 문제를 다룬 이가 없었다는 사실이 놀라웠다.

LGBTI와 관련된 문제를 들여다볼수록 우리가 얼마나 많은 기회를 놓치고 있는지를 깨달을 수 있었다. 너무나 많은 사람이 단지 누구를 사랑하느냐의 문제로 인해 끔찍한 개인적 폭력의 위험에 노출되어 있었다. 그런데도 다수의 국가들은 어떤 면에서 이런 사람들을 위한 탄원을 받아들일 준비가 되어 있지 않았다. 회원국의 3분의 1 가까이는 동성애를 불법화했고, 5개국은 특정한 성적 행위를 사형으로 처벌하고 있었다. 러시아에서 우간다, 콜롬비아에 이르기까지 이런 문화를 가진 나라에서는 성적 소수자에 대한 폭력과 괴롭힘은 거의 장려되다시피 하는 실정이었다.

2010년 5월에 나는 말라위를 공식 방문했다. 그때 한 게이 커플이 "서로를 남편과 아내로 생각한다"는 이유로 14년의 중노동형을 선고받은 심각한 사건이 발생했다. 빙구와 무타리카 대통령을 만난 나는 이 젊은이들에게 관용을 베풀어줄 것을 호소했다. 대통령은 내 말을 가만히 듣더니 이렇게 말했다. "당신의 입장에 동의하지 않습니다만, 유엔 사무총장이 문제를 제기한 만큼 생각은 해보겠습니다."

우리는 면담장 밖에서 공동기자회견을 하고 질문을 받았다. 그때 말라위 대통령은 스티븐 모네자와 티옹게 침바랑구 두 사람을 특별 사면하고, 사면 효력은 즉시 발효된다고 발표했다.[8] 그가 자신의 결심을 사전에 내게 귀띔해주지 않았으므로, 나는 다른 사람들과 마찬가지로 깜짝 놀랐다. 나는 나의 호소로 다른 동성 커플도 구원받는 계기가 되기를 바랬다.

나는 우간다로 이동하여 요웨리 무세베니 대통령을 만났다. 성소수자 문제를 거론하자, 그는 내 생각에 동의하지 않으며, 우간다의 보수적인 문화도 그것을 용납하지 않을 것이라고 말했다. 성적인 모든 것은 금기의 대상이며, 사람들은 이성 커플의 공개적인 애정 표현에조차 눈살을 찌푸린다는 것이었다. 대통령은 실제로 얼마 전에 힐러리 클린턴 미 국무장관에게도 비슷한 이야기를 했다고 했다. "그분에게 말했죠. '장관님은 클린턴 대통령과 공공연히 키스해도 괜찮을지 모르지만, 만약 내가 남들이 보는 데서 아내와 키스한다면 대통령 자리에서 쫓겨날 겁니다'라고요."

이 문제를 다루기에 논리적으로 적절한 기관은 유엔 인권이사회UNHRC였지만 실정이 이렇다 보니 나는 게이와 트랜스젠더의 권리 문제를 인권이사회 안건으로 가져가기가 걱정스러웠다. 다수의 이사회 회원국은 종교적으로나 문화적으로 보수적이어서 그들 역시 성 소수자들을 공공연히 범법자로 간주하거나 악마로 취급했다. 인권이사회는 이미 '전통 규범'과 '가족'을 지지하는 몇 건의 결의안을 채택한 전례가 있었다. 그러나 나는 유엔의 모든 인권 활동에서 성 소수자를 포용하는 노선을 계속 밀어붙였다.

2012년 12월 11일 게이 리더십에 관한 세계인권선언일 포럼에 참석하기 위해 유엔을 방문한 연예인 중에는 라틴계 가수 리키 마틴도 있었다. 이날 열린 회의는 정상회의라기보다는 축하연처럼 느껴졌다. 수십 명의 LGBTI 유엔 직원을 비롯해 세계적인 LGBTI 옹호자들, 공공연하게 동성애자임을 밝힌 대사들, 그 밖에 이 운동을 지지하는 사람들이 이 회의에 참석했다.[9] 2011년에도 전세계 75개국이 동성애를 불법화하고 있었기 때문에 외교관이 참여하는 것은 대담한 것이었다.

이듬해 나비 필레이 유엔 인권고등판무관은 세계적인 동성애 혐오증과 트랜스젠더 혐오증에 대응하기 위해 '자유롭고 평등한 유엔UN Free & Equal'이라는, 전례 없는 대중 홍보 행사를 개최했다.[10] 수백 명의 유명인, 정치인, 종교지도자 등이 게이와 트랜스젠더에 대한 공감과 수용, 긍정적 시선을 증진하기 위한 지역 캠페인에 참여했다. 법률적·구조적 틀을 기반으로 한 다른 많은 유엔 활동과는 달리, '자유롭고 평등한 유엔'은 보편적 가치를 개인적인 이야기로 풀어냈다.

한편 10여 개에 달하는 유엔의 기관들은 수개월에 걸쳐 전 세계 국가를 대상으로 성소수자 개인들을 폭력과 차별로부터 보호하고 그들을 처벌하는 법을 폐지할 것을 촉구하는 공동선언문 초안을 작성했다. 2015년에 나온 이 문서에는 난민, 여성, 보건, 식량, 마약 및 조직범죄 방지, 인구, 문화, 노동, 에이즈 등과 관련된 유엔의 활동을 관할하는 기관이 서명했다. 이것은 성 소수자의 합법화를 향한 큰 진전이었다.

사무총장으로 일하는 동안, 나는 게이와 트랜스젠더의 권리에 관해 열정적으로 자주 언급함으로써 세계적인 지지의 발판을 구축하려고 애썼다. 나는 수백 명이 피살되고 수천 명이 공격을 받으며 수백만 명이 그늘 속에 살아가는 성소수자의 세계적 비극을 강조했다. 세계 지도자들을 난처하게 만들면서까지, 동정과 수용을 끌어내기 위해 모든 기회를 활용했다.

2014년 소치 동계올림픽 당시에는 자신이 게이임을 밝힌 선수와 에이즈 보균자의 출전을 금지한 러시아 정부를 비판했다. 비공개 대화만으로는 정부를 움직이는 데 실패한 나는, 올림픽 개막을 하루 앞두고 IOC 회의에서 발언하면서 이 논란을 언급했다. 러시아는 당황했지만, 나는 그때가 목소리를 내야 할 적절한 시점이라고 생각했다. 서구의 많은 도시에서 시민들이 항의의 표시로 성화 봉송을 가로막았다.

푸틴 대통령이 게이 선수의 출전금지 조치를 공식적으로 해제하긴 했지만, 러시아 정부는 내 발언에 당혹감을 감추지 못했다. 뉴욕으로 돌아오자 비탈리 추르킨 러시아 대사는 흥겨운 올림픽 경기의 "판을 깼다"고 표현하면서 고함을 지르다시피 했다. 그는 "상임이사국들P5과의 관계를 어떻게 관리하려는 겁니까?"라고 위협했다. 필경 정부로부터 엄한 질책을 받고 그 화풀이를 나에게 하는 것처럼 보였다. "그게 무슨 뜻입니까?"라고 내가 반문하자 논란은 그걸로 일단락되었다.

게이와 트랜스젠더 옹호자들은 나를 동맹으로 인식하기 시작했다. 2015년 6월 26일, 나는 샌프란시스코에서 성소수자 문제에 대한 '전례 없는 확실한 지지'와 '자유롭고 평등한 유엔' 운동에 대한 공로를 인정받아 하비 밀크 메달을 수상했다. 자신이 동성애자임을 밝혔던 밀크 의원은 그의 정치 활동 때문에 1978년에 암살당했지만, 그는 동성애자의 긍지를 상징하는 인물이 되었다. 나는 내가 이제껏 본 중에 가장 큰 무지개 깃발 앞에서 자랑스럽게 이 영예를 받아들였다.

이날 우연의 일치라기에는 너무나 놀라운 일이 벌어졌다. 미국 연방대법원이 레즈비언과 게이의 동성혼 권리를 인정한 것이다. 성 소수자 공동체에게는 뜻깊은 날이었고, 많은 사람이 대법원 결정을 기뻐했다.

하지만 성 소수자를 옹호하는 나의 태도가 한국에서는 아주 인기가 없다는 사실을 알고는 놀랐다. 어느 여성 대사가 나에게 플래카드를 든 시위대를 보았다고 알려주었는데, 거기에 동성애를 지지하는 나를 규탄하는 문구가 적혀 있었다는 것이다. 당시는 내가 다가오는 한국 대선의 잠재적인 후보자로 간주되던 무렵이었다. 가깝게 지내는 많은 사람이 나에게 그 문제에서 한발

물러나 있으라고 했지만 나는 그럴 수 없었다.

때로는 강심장이 이기는 것 같다. 로버트 무가베 짐바브웨 대통령은 제70차 유엔총회 연설을 통해, 성평등에 대한 유엔 차원의 공약을 조롱했다. 그는 준비된 원고에서 벗어나 고압적인 목소리로 이렇게 말했다. "우리는 우리의 가치, 규범, 전통, 믿음에 반하는 새로운 권리를 제정하려는 시도를 배격합니다. 우리는 게이가 아닙니다."[11] 이 말에 회의장에는 놀라움의 탄식과 산발적인 약간의 박수가 나왔다. 어쨌거나 2016년 6월 30일에 인권이사회는 성적 지향과 성 정체성에 근거한 폭력과 차별을 조사하기 위한 특별 보고관을 임명했다.[12] 성소수자 문제를 담당하는 인권 전문가를 임명한 것은 주목할 만한 성과였다. 인권위원회의 구성을 감안할 때 많은 사람이 놀랐던 것도 사실이다.

그 후에 일어난 일은 정말 전례가 없고 우려스러운 것이었다. 러시아와 몇몇 아프리카 및 중동 국가를 포함한 많은 나라가 성소수자 가족을 인정하기로 한 나의 행정적 결정이 무효화될 수도 있는 결의안 초안을 제출했다. 이때는 서맨사 파워 유엔 대사가 주도한 미 정부의 외교적 개입에 큰 신세를 졌다. 결과적으로는 내가 투자한 시간과 정치적 자산의 효과가 입증된 셈이었다. 동성애와 트랜스젠더를 혐오하는 정부, 지역사회, 개인들이 누구를 사랑하는가를 기준 삼아 사람을 혐오하고 차별하고 공격하는 것들이 잘못이라고 믿는 날이 오기를 바랄 따름이다. 오래전에 내가 그랬듯이, 이들이 눈과 마음을 활짝 열 수 있도록 돕는 일을 나는 계속할 것이다.

사무총장으로서 내게는 많은 우선적 과제가 있었다. 그 모두가 인종, 성, 종교, 경제적 또는 개인적 특성과 상관없이 모든 사람의 인권을 신장하겠다는 궁극적 목표를 지향하는 것이었다. 50년이 넘는 공직생활 경험을 통해 확립한 신조가 있다. 인간의 존엄과 평등은 성취할 수 있고, 지속 가능하고, 타협 불가능한 것이다. 그리고 바로 그것을 달성해온 것이 유엔의 가장 큰 성과다.

17

여성

유엔과 전 세계에 걸친 기회의 확대

내 어머니 신현순 여사는 내가 아는 가장 강인한 여성 중 한 분이었다. 어머니는 감동적인 삶을 살다가 2019년 6월 17일, 향년 100세를 일기로 눈을 감으셨다. 비록 교육은 받지는 못했지만, 혼란스럽던 어린 시절 내내 어머니는 내게 생명력의 원천이었다. 어머니는 북한군과 중공군을 피해 피난 가던 중에 누이동생을 낳았는데, 고통스러운 출산으로 인해 평생 후유증에 시달렸다. 아이를 낳은 불과 사흘 후에 어머니는 눈 덮인 길을 수십 리나 걸어야 했다.

이때의 광경은 내 평생 생생한 기억으로 남았다. 어린 나이였지만 본능적으로 잘못된 것임을 알 수 있었다. 성장해가면서, 여성에 대한 불평등과 불공정이 해소되어야 여성이 공동체에 온전히 이바지할 수 있다는 사실을 이해하게 되었다.

페미니스트로서의 일생

중학생 시절, 12월 10일 유엔 세계 인권의 날을 기념하는 백일장에서 수필로 충주시 교육감상을 받았다. 내가 기억하기로는 이렇게 시작한다. "'또 딸이야!' 실망한 아버지는 소리치며 집 밖으로 나가셨다." 간절하게 아들을 기대했는데, 아내가 넷째도 딸을 낳았기 때문이었다. 1950년대부터 1970년대까지 흔하게 볼 수 있던 상황이었다. 한국에서는 여성이 아들을 낳을 때까지 계속 출산을 하는 경우가 드물지 않았다. 나는 여성들에게 둘러싸여 자랐다고 할 수 있다. 전쟁 속에서도 살아남기 위해 집안을 꾸려갔던 강인한 여인들이었다. 그래서 여성에 대한 나의 존경심은 절대적이었다.

수십 년 뒤 한국 외교부에 근무하는 동안, 부서 내에서 가장 뛰어난 남성들 못지않게 재능과 자질을 갖춘 여성을 발굴해 승진시켰다. 당시만 해도 고위직에 여성이 없던 시절이었고, 다수 직원이 반기는 조치는 아니었다. 그럼에도 2005년 7월에는 강경화 씨를 국제기구 국장으로 임명했으며, 그로 인해 강 국장은 당시 외교통상부의 유일한 고위직 여성이 되었다. 그는 내 임기 중에 유엔 인도지원 사무차장보를 지냈고 훗날 외교부 장관이 되었다. 성평등 운동가들은 여성 채용과 승진을 위한 내 노력을 높이 평가했지만, 내게 평등의 가치를 높인 특별한 공로가 있다고는 생각지 않았다. 정상적인 일을 했을 뿐이다.

사무총장 재임 중에는 유엔 내에서뿐만 아니라, 전 세계 여성들의 권한을 강화할 수 있는 기회가 많았다. 사무총장 업무를 개시하기 위해 준비하고 있던 2006년 12월에는 유엔 내의 성평등 문제를 개선할 여지가 크다는 사실을 알게 되었다. 조직 내 직원 성비는 나의 재임 기간과 그 후로도 극적으로 균형에 다가갔지만 여전히 불균형하다. 아직도 유엔은 신선한 관점과 에너지를 가진 여성을 더 채용해 성비 균형을 개선할 필요가 있다. 여성이 책임자 지위에서도 지극히 효율적인 역할을 할 수 있다는 사실을 지방 및 중앙 정부 관리들에게 증명해 보이려면, 현장 사무소에서 일하는 여성이 늘어나는 것이 관건이다. 그들이 본보기가 되어 전 세계의 소녀들에게 희망의 불씨를 지펴줄 거라고 확신한다.

과거 기록을 살펴보니, 마거릿 앤스티라는 인상적인 영국 외교관이 눈에 띄었다. 앤스티는 40년 넘게 유엔에서 활동하면서 여성으로서 '최초'라는 수식어를 잇달아 얻은 인물이었다. 앤스티는 방글라데시에서 재난구호 활동을 했고, 붕괴를 앞둔 소비에트 4개 공화국에서 체르노빌 아동 지원계획에도 관여했다. 제2차 세계대전의 참화를 막 벗어난 나라들을 다니며 어려운 임무를 수행한 적도 있었다. 쿠르트 발트하임 제4대 유엔 사무총장은 앤스티를 유엔 역사상 최초의 여성 사무차장으로 발탁했고, 앤스티는 오스트리아 빈에서 조직범죄에 대응하는 유엔 사무소를 지휘했다. 1992년 페레스 데 케야르의 임명을 받은 앤스티는 앙골라에서 정치적 임무를 성공적으로 수행했다.

내 전임자인 코피 아난도 많은 여성을 요직에 임명했지만, 아직 더 노력할 여지가 있었다. 나는 취임 초기에 코피 아난의 비서실장이었던 멕시코의 알리시아 바르세나를 관리담당 사무차장에 임명했다. 그리고 유엔 라디오 방송 업무를 맡고 있던 아이티 출신 저명 방송기자 미셸 몽타스에게는 대변인 자리를 맡겼다. 대변인은 유엔에서 가장 주목받는 자리 중 하나였다. 헬렌 클라크 뉴질랜드 전 총리에게는 유엔 개발계획UNDP 최초의 여성 처장이 되어달라고 요청했고, 아샤로즈 미기로 탄자니아 외교장관을 사무부총장에 임명했다.

나는 사무국, 평화유지군, 현장 사무소의 중요하고, 눈에 잘 띄고, 도전적인 고위직에 여성을 임명하려는 나의 의욕이 진지하다는 사실을 회원국과 유엔의 경력직원들에게 알리고 싶었다.

그러나 남성 후보를 선호하는 관료주의가 유엔에도 뿌리 깊게 스며들어 있다는 사실을 깨닫고 실망하지 않을 수 없었다. 공석이 생기면 선임 직원들이 인사위원회를 꾸리고 나에게 최종 후보 3인을 보고했는데, 처음에는 남성 후보자들만 올라왔다. 몇몇 자리를 이런 식으로 계속 채운다면 여태까지 회원국에 촉구한 여성 권한 향상을 정작 유엔은 결코 달성할 수 없으리라는 생각이 들었다. 왜 최종 후보에 여성은 없는지 물어보니, 여성 후보는 있기는 하지만 기준에 미달한다는 대답이 돌아왔다. 결국 나는 낙마한 여성 중에 '최고' 후보를 면접하게 해달라고 요청했다. 얼마 안 가서 자격을 갖춘 여성을 여러 명 만날 수 있었고 그들을 고위관리직에 임명했다.

이런 조치는 고위급 남성 보좌관들에게 강력한 메시지로 작용했다. 처음에 그들은 내가 지나친 인사 간섭을 한다고 불평했지만, 나는 그것이 나의 고유 권한임을 주지시켰다. 최종 후보 3인에 여성을 1인 이상 포함하도록 지시했다. 시간이 흐르면서 새롭게 채용되는 여성이 늘어났다. 그러다 보니, 선발위원회 전체가 여성으로 구성된 적도 있었다. 그렇다고 유엔 인사의 질적 수준이 떨어지는 일은 결코 없었다. 결과적으로 내가 전 세계에 포진한 유엔 고위관리직에 임명하거나 승진시킨 여성은 150명이 넘었다.

노력에 박차를

유엔 기구들과 NGO, 일반 대중, 나아가서 전 세계 여성들 사이의 협력을 증진하기 위해 2010년에는 '유엔 여성기구UN Women' 라는 새로운 기관을 창설했다. 여성의 권리 증진, 성평등, 생식보건, 문맹퇴치 및 기타 전 세계 모든 지역 모든 연령대의 여성들이 직면하는 중요한 문제를 다룬다는 야심 찬 목적으로 설립된 기구다. 기구를 이끌 강력한 지도자가 필요했다. 함께 일할 운동가들로부터 존경받고, 세계 지도자들과도 자신 있게, 심지어 공격적으로 교류할 수 있을 만큼 정치적으로나 직업적으로 권위 있는 인물이라야 했다.

나는 칠레 대통령으로 임기를 막 마친 미첼 바첼레트가 적임자라고 판단했다. 스페인 회의에서 만나 이 새로운 기구를 언급했을 때, 그가 의욕을 보여서 반가웠다. 바첼레트는 후보 물색을 위한 위원회와의 면담에도 동의했다. 이 자리에 관심을 보인 몇몇 저명인사 중에는 선구자적 여성으로 캐나다 총리를 지낸 킴 캠벨도 있었는데, 정치적 지도력과 훌륭한 평판을 감안할 때 그 역시 유엔 고위직에 적격이었다. 결국 미첼 바첼레트가 이 자리를 맡게 되었다.

바첼레트 총재의 지도력 아래 유엔 여성기구는 유엔이 시행하는 모든 사업에 성 문제와 관련한 관심사를 포함시켰고, 외교관들과 지도자들에게 여성의 삶을 개선하는 데 필요한 중요한 조치에 대한 정보와 관점을 제공했다. 안보리가 승인하는 평화 활동에 소녀와 여성을 보호한다는 구체적인 임무가 포함되기 시작한 것은 우연이 아니다. 바첼레트는 이후 칠레 대통령직을 한 번 더 맡았고, 다시 유엔에 복귀해 인권고등판무관으로 활동했다.

유엔 여성기구는 현장 활동만이 아니라, 법적 개혁, 교육, 정보 수집 측면에서 갈수록 더 큰 역할을 하고 있는 NGO 및 성평등 활동단체들에 꼭 필요한 지원과 격려를 제공하고, 그들의 활동을 공식화할 수 있는 대표성도 부여해주는 역할을 하고 있다. 시민 사회가 그들의 관심사를 대표할 수 있는 더 크고, 더 응집력 있고 존중받는 유엔의 구심점 역할을 원하고 요구한 지는 이미 오래되었고, 나는 열정적으로 거기에 공감하고 있었다.

2010년 7월 2일 유엔 총회는 공식 명칭이 '성평등과 여성 권한 강화를 위한 유엔 기구'이고, 흔히 유엔 여성기구라고 불리게 된 이 기구의 창설을 승인했다. 이 승인 절차가 필요 이상으로 오래 걸린 까닭은, 몇몇 회원국이 이 기구가 생식 자율성이나 완전한 정치적 권리 등 자국이 사회적으로 용납할 수 없는 활동에 중점을 두지 않을까 우려했기 때문이었다.

이 기구는 여성 지위 향상국, 여성 지위 향상을 위한 국제연구훈련원INSTRAW, 성 문제와 여성 발전에 관한 특별자문관실, 유엔 여성개발기금UNIFEM 등 업무 범위가 제한된 4개 부서를 합병해 유엔 전체의 여성 문제를 효율적으로 조정하는 하나의 통합기구로 만들어졌다. 그런데 기존 4개 부서의 책임자들은 통합에 반대했다. 놀랍게도 이들의 출신국 정부는 그런 이유로 유엔 여성기구를 반대하기로 담합했고 다른 나라도 반대하도록 설득하기까지 했다.

나는 우선 유엔 여성기구의 창설에 반대하거나 소극적으로 지원하는 회원국 대표들을 만나 좀 더 강력하고 효율적인 여성 관련 상위 통합기관의 필요성을 설명했다. 그러면서 유엔 및 산하 조직의 발전을 위해 힘을 모아달라고 부탁했다. 나는 여성기구의 창설로 인해 기존 부서의 가치가 떨어졌다고는 생각지 않는다고 밝히면서, 새 부서로 옮겨도 거의 변함없는 책임이 주어질 거라고 그들을 설득했다. 싱가포르의 놀린 헤이저는 13년 동안이나 UNIFEM을 이끌어왔고 능수능란한 조정 능력으로 나에게 깊은 인상을 주었다. 유엔 여성기구가 창설된 후에 나는 헤이저를 아시아태평양 경제사회 위원회ESCAP 사무총장으로 임명했다.

하지만 전반적인 상황은 내 속을 태웠다. 아직 임기 초반이긴 했지만, 나는 사무총장 선거운동 기간에 유엔이 조직 내의 여성과 전 세계 여성들의 참여를 독려하고 권한을 확대할 새로운 방법을 찾아내야 한다는 점을 명확히 밝힌 터였다. 솔직히 그토록 정치적 반대가 심할 줄은 미처 예상하지 못했었다.

여권은 인권이다

1995년 유엔 회원국들은 '베이징 선언 및 행동강령Beijing Declaration and Platform for Action'을 만장일치로 채택했다. 이것은 여성의 완전한 시민적·정치적·경제적 권리와 교육 및 생식 권리를 요구하는 12개 항으로 이루어진 기념비적인 문건이었다[1] 또한 이 행동강령은 소녀들에 대한 특별한 보호와, 성적 폭력의 두려움이나 피해 없이 살아갈 모든 여성의 권리도 강조하고 있다. 그러나 이 강령의 이행은 달팽이처럼 더디기만 했다.

인권 활동에는 대개 벽을 허무는 일이 포함된다. 침묵의 벽, 공모의 벽, 무관심의 벽 같은 것들을 허물어야 한다. 유엔보다 이런 일을 하기에 더 좋은 곳은 없고 유엔이 모범을 보이는 것보다 더 좋은 방법은 없었다. 개발도상국의 여성을 진정으로 돕기 위해 유엔은 제한된 자원을 적재적소에 활용하고 원조물품과 전문성의 지원을 극대화할 필요가 있었다. 나는 종종 내 어머니의 젊은 시절의 삶이 얼마나 힘들었을지를 생각해보곤 했다. 개발 사업의 중점을 여성에게 두어야 한다는 나의 흔들리지 않는 믿음은 거기서 비롯된 것이었다.

나는 구성원의 절반이 기여할 길도, 혜택을 받을 길도 없는 사회라면 번영할 수 없다고 믿기 때문에, 여성들과 소녀들의 건강과 평등을 지속가능개발목표SDGs의 중심에 두었다. SDGs 2015는 세계인구의 10퍼센트가 겪고 있는 극빈 상태를 2030년까지 근절하기 위한 17개 세부목표를 하나로 묶은 것이다. 7억 3천만 명이 넘는 사람이 하루 1.9달러 이하의 돈으로 살아간다.[2] 이 계획은 2000년의 '밀레니엄 개발목표MDGs: Millennium Development Goals'를 토대로 광범위하고 체계적으로 개발 상태를 점검하면서, 위생, 교육, 영양, 의료서비스에 대한 접근 등을 개선하기 위해 각국 정부가 지켜야 할 일정을 제시한다. 몇몇 SDGs 목표는 생식 보건 서비스에 대한 접근, 교육에 대한 평등한 접근, 법적 보호 등 여성에게 시급하게 필요한 사항을 구체적으로 다루고 있다.

역사적으로 여성은 지독하게 가난한 사회에서 불평등하게 심한 고생을 겪으면서 많은 경우 소외당하고, 권리를 박탈당하고, 학대를 받아왔다. 처음에 나는 일부 회원국이 여전히 여성들과 소녀들의 기본적 인권이 처한 현실과 그 중요성을 받아들이지 않는 데 실망했다. 나는 그들에게 정부가 여성의 건강과 시민적 권리를 우선순위로 다루지 않는 한, 발전은 먼 이야기고 평등은 오늘의 현실이 아니라 내일의 꿈으로만 남게 될 것이라고 말했다. 어떤 단일 의제도 여성의 건강만큼 세계의 안전, 번영, 발전을 하나로 묶어 다루지 못한다. 더 안전하게 분만할 수 있도록 하는 노력은 직관적이고 온정적인 일임에도 어떤 지도자들은 자국에 상존하는 생식 관련 위험을 제대로 인식하지 못하는 것처럼 보였다.

2010년 6월에 '모든 여성 모든 아이EWEC'를 출범시켰다. 향후 5년에 걸쳐 임산부 사망 및 영아 사망 건수를 1,600만 명 이하로 줄이고, 3,300만 건으로 추산되는 원치 않는 임신을 막기 위한 400억 달러의 기부금 서약으로 뒷받침된 사업이었다. 유산으로 두 아이를 잃고 평생을 괴로워했을 내 어머니를 떠올리며, 나는 이런 비극을 운명적인 위험이 아닌 드문 예외로 만들기 위해 유엔의 세계적 조직 기반을 가동하겠다고 다짐했다.

21세기에 여성이 아이를 낳을 때 생명의 위험을 무릅써야 한다면 말이 안 되는 일이다. 이런 단순한 진실이 나와 내 전임자들에게 개발도상국의 영아와 산모의 사망률을 낮출 동기를 부여했던 것이다. 내가 외교관들이나 세계 지도자들 앞에서 자주 말했던 것처럼, 남수단이나 아프가니스탄에서 출산을 하는 여자가 스웨덴이나 오스트레일리아에서 출산할 때보다 덜 안전해야만 할 이유란 있을 수 없다. 나의 세 아이들이 태어났을 때 아내가 병원에서 숙련된 의사와 간호사들의 도움을 받았다는 것을 감사히 여겼다. 여덟 번에 걸친 임신(그중 세 차례는 일제 강점기였다)을 내 어머니가 어떻게 겪어내셨는지 감히 상상이 되지 않았다.

아직도 해마다 임신과 출산 과정에서 30만 명에 달하는 여성이 사망한다는 것은 받아들일 수 없는 일이다. 충격적인 수치다. 성폭행, 생식기관 상해, 조혼, 성노예도 용납할 수 없기는 마찬가지다. 여성 문제에 초점을 두는 NGO들은 이제 막 문 안으로 발을 들인 상태이고, 그들은 효과적인 지지그룹이자 정보 제공자로 성장했다. 사업 과정에서 얻은 연구 결과와 일회성 정보, 의약품이나 의료서비스를 제공하는 기존의 네트워크, 정치적 선의, 인프라가 거의 없는 원격지에서 거양한 모범 사례 등을 포함해서 자신들이 가진 강점을 우리와 공유해준 NGO와 여타 기구가 없었다면, 유엔은 성과를 낼 수 없었을 것이다.

언론은 '여성의' 관심사를 정당화하기 위한 투쟁에서 언제나 중요한 역할을 했다. 그들은 다른 어디와도 비할 수 없는 정보와 사진 자료의 원천이다. 나는 2014년에 여성 할례 연재기사와 관련해 〈가디언〉이 개최한 몇몇 행사에 참석했다. 지역 언론사, 라디오, 그 밖의 통신사가 여성은 대등하고 존중받아야 한다는 메시지에 힘을 실었다. 나의 홍보활동 형태는 다양했지만 메시지는 일관되었다. 나는 세계 지도자들과 일대일로 소통할 때는 물론이고 유엔 총회, 세계은행, WHO, 지역 정상회의, 헤아릴 수 없이 많은 국제회의 등 유엔과 세계의 다른 모든 계기의 연설에서 여성 문제에 관해 말했다. 언론은 평등한 권리, 교육, 투자, 폭력 종식, 출산 터울 등의 중요성을 언급하는 나의 연설을 수백 차례 인용했다.

나는 아내의 결단력과 내조에 많은 빚을 졌다. 사무총장 첫 임기에는 특히 그랬다. 한국전쟁에서 남편을 잃은 장모님은 나에게 열정과 의지에 대해 가르침을 주셨는데, 아내는 나에게 인내의 힘을 보여주었다. 여성의 삶을 더 관대하게 이해하도록 격려해준 사람이 바로 아내였다. 아내는 인류 역사를 통틀어 세상을 지배한 것은 남자였고 여성은 이제야 겨우 목소리를 내기 시작하는 것이라면서 이렇게 말했다. “남자들은 왜 그렇게 속이 좁나요? 우리는 남자의 어머니고 아내고 딸이에요. 여성은 자신의 지위를 남성 수준으로 대등하게 올리려는 것뿐이에요.”

약탈자가 아닌 평화유지군

안보리에서 변화는 이미 진행되고 있었다. 2000년에 안보리는 결의안 제1325호를 만장일치로 통과시켰다. 분쟁 지역의 여성에 대한 보호를 명시적으로 요구하고, 여성이 피해자에 그치지 않고 평화중재자 역할을 할 수 있음을 인정하는 결의였다.[3]

전투원들이 훨씬 더 잔인해졌음을 감안하면 한층 더 중요한 내용이다. 아프가니스탄에서, 시리아에서, 말리에서, 그 외 지역에서도 여성과 소녀들은 군인 및 전투원이 저지르는 성고문과 성폭력에 시달릴 우려가 점점 더 커지고 있다. 그런데 우리는 유엔 평화유지군 중 일부도 비난받을 짓을 했다는 추악한 현실을 알게 되었다.

우리의 평화유지군 병사들은 공포와 밀주에 취해 흥분한 콩고 민병대와 대치할 정도로 용감하고, 남수단의 짙은 암흑 속에서 막사를 세울 정도로 당당하다. 그들은 시에라리온에서 질서를 회복했고, 동티모르와 아프가니스탄에서는 정치적 협상을 위해 치안을 유지했다. 1950년에 21개국으로 구성된 유엔군은 우리나라에 평화를 가져다주었다. 그렇다고 평화유지군의 과오가 없는 것은 아니다. 수백 명의 여성과 아이들이 자신들을 보호하겠다고 파견된 평화유지군에게 성적 학대를 당했다.

성적 학대는 가장 은밀하게 저질러지는 폭력이다. 일부 평화유지군이 우리가 보호해야 할 사람들에게 그렇게 잔인한 짓을 저질렀다는 사실에 나는 메스꺼움을 느낄 정도로 충격을 받았다. 대부분의 신고는 유엔 평화유지군 기지 안에서 보호받고자 했던 민간인들로부터 제기되었다. 안전을 보장받는 대가로 성행위로 거래해야 한다는 느낌을 받은 여성들, 심지어 아동들도 있었다. 어느 모로 보나 합의라고 간주할 여지는 없었다. 나는 지휘관들이 이런 사실을 몰랐다는 것도, 알면서 개의치 않았다는 것도 납득할 수 없었다.

중앙아프리카공화국의 평화유지군에 관해 묵과할 수 없는 불만이 계속 제기됨에 따라, 나는 중앙아프리카공화국 안정화 임무단MINUSCA의 단장인 세네갈의 바바카 가예 장군에게 사임을 요구하는 전례 없는 조치를 취했다. 많은 평화유지임무단 경험을 가진 존경받는 베테랑이자 나의 특별대표였던 지휘관을 해고하는 결정은 논쟁의 여지가 있었지만 정당한 것이었다. 이후 모든 평화유지군의 고위급 정무담당자 및 장교들은 유엔의 무관용 정책이 엄중하고, 실제 이행되는 것이며, 지휘계통의 책임을 묻는 것임을 인식하게 되었다. 나는 잘못을 저지르고도 처벌받지 않는 관행을 끝내기로 결심했다.

2015년에는 MINUSCA와 콩고민주공화국 안정화 임무단MONUSCO 2곳의 평화유지군 병사들을 대상으로 30여 건의 성폭력이 신고되었다. 병사들 대부분이 윤리 교육을 받지 않았지만 그것이 문제의 전부일 리는 없었다. 이 사건에 대한 보고를 받고 내가 얼마나 괴롭고 화나고 부끄러웠는지는 말로 표현할 수도 없었다. 성적 착취나 학대 신고 하나하나가 유엔의 세계적인 명성을 더럽히고, 현장의 성과를 깎아내리고, 지역의 존경심과 협력을 훼손하고, 심지어 4천 명 가까운 고귀한 희생의 의미조차 파괴하는 것이었다.

지상의 지옥 같은 상황을 이미 겪은 사람들에게 유엔이 가한 가공할 피해를 해결하는 데 더뎠다는 점을 인정하지 않을 수 없었다. 신고가 접수되기는 했지만 제도화된 보고 절차도 없었고, 평화유지활동국DPKO은 사건 자체를 인지하지 못하는 경우가 많았다. 규칙을 만들고 지침을 하달해도 그것이 실제로 이행되는 경우는 드물었다. 처음에는 유엔 본부에 있는 우리 중에도 문제 자체를 이해하는 사람이 거의 없었다. 몇 명의 나쁜 평화유지군만이 아니라, 시스템 자체가 문제였다.

2010년에 마르고트 발스트룀 전 유럽연합 집행위원회 부위원장을 분쟁지역 성폭력 담당 특별대표로 임명했다. 발스트룀은 현장의 실태와 유엔 체계를 잘 알고 있었고, 놀라운 활동을 펼쳤다. 나는 그의 도움으로 우리가 비로소 문제를 제대로 다룰 수 있게 되었다는 느낌을 받았다. 우리는 윤리 교육을 의무화했고, 평화유지군으로 파견되기 전에 이 교육을 받지 않으면 해당 지휘관의 책임을 물을 것이라고 안보리에 보고했다.

그리고 우리는 군, 정복 경찰, 특히 장교 지위에 더 많은 여성을 배치하는 것이 얼마나 중요한지 알게 되었다. 여성 지휘관은 성범죄자에 대한 임무단의 자체 대응 방식을 정할 수 있고, 여성이 상급자로 존재하는 것 자체가 병사들의 과오를 줄여줄 터였다. 나는 더 가시성이 높고 중요한 보직에 여성을 임명하겠다는 결심을 다시금 다졌다. 2010년 3월 8일에는 스웨덴의 안 마리 울레르를 유엔 DPKO의 경찰업무 자문관으로 임명했다. 법학 학위를 소유한 베테랑 경찰간부로 인권 문제에 전문성을 갖춘 울레르는 평화유지군에 더 많은 여성 민간경찰을 채용하려는 조직의 노력을 이끌었다.

2014년 5월에 나는 노르웨이의 크리스틴 룬드 소장을 유엔 사이프러스 평화유지군UNFICYP 사령관에 임명했다. 그는 유엔의 군사 임무단을 지휘하는 첫 여성이 되었다. 룬드가 유능하다는 사실이 명백함에도 몇몇 남성 관리는 다국적군을 지휘할 여성 장군의 능력에 의심을 표했다. 나의 예상대로 룬드 장군은 훌륭한 사령관이었다. 구테흐스 사무총장은 룬드 장군을 예루살렘 주둔 유엔 정전감시단UNTSO 참모장에 임명했고, 나의 사이프러스 특별대표였던 리자 부텐하임은 현장지원국의 사무차장보가 되었다.

평화유지군의 성비는 분쟁이 끝나는 지역에서 유엔이 성취하려고 노력하는 가치와 목표에 여전히 별로 어울리지 않는 상태로 남아 있다. 내가 재임하던 10년간 여성 병력의 규모는 2007년의 1,400명에서 2016년에는 3,200명으로 2배 이상 늘어났다.[4] 2019년에는 5,200명까지 증가하긴 했지만, 유엔과 회원국은 5퍼센트가 넘는 수준으로 여군 비율을 증가시킬 수 있고, 또 그래야만 한다. 2007년 인도는 라이베리아에 유엔 최초로 여성만으로 구성된 경찰부대FPU: Formed Police Unit를 파견함으로써 파병국들이 따를 모범의 기준을 높여주었다. 라이베리아는 20년간의 격렬한 권력투쟁으로부터 회복을 막 시작하는 단계에 있었고, FPU는 흔들림 없는 활동과 직업정신으로 라이베리아의 소녀들에게 자신감을 불어넣어 주었다. 라이베리아 소녀들 중 적지 않은 수가 성적 트라우마를 겪고 있는 피해자들이었지만, 이제 라이베리아에서는 여성이 국가 치안 부문의 17퍼센트를 담당하고 있다.

파병국들은 비전통적 역할이 필요한 여타 평화유지 임무단에도 여성을 보내기 시작했다. 르완다는 새롭게 선발된 여성 조종사 2인을 파견했는데, 이들은 남수단 임무에 절실히 필요한 인력이었다. 이들은 유엔의 가장 위험한 작전지역에서 보급로를 가로지르며 군사 작전을 위해 헬기를 조종했다.

여성 지도자는 어디에?

성평등 및 참여 확대를 성취하려는 유엔의 노력이 궤도에 오르면서, 나는 세계적인 정치지도자들을 접촉하기 시작했다. 우선 통계를 살펴보았다. 지도자들에게 이런 질문을 했다. “귀국 정부에는 여성 장관이 몇 명입니까? 여성 국회의원은 몇 명입니까?” 유엔 총회에서도 공개 발언을 통해서 여성의 정치참여를 막는 사회적·법적 장애물을 해소할 것을 지도자들에게 촉구했다. 이렇게 애쓰는 것이 중요했다. 르완다와 스페인 같은 몇몇 나라에서 성공적 사례가 나왔지만 여전히 많은 나라가 미진한 상태였기 때문이다.

절대로 개발도상국이나 종교적으로 보수적인 국가에만 한정된 문제가 아니다. 앙겔라 메르켈 독일 총리가 G7 정상회의 단체사진에서 유일한 여성이 아니었던 적이 얼마나 많았던가?

10여 개 국가에서는 문자 그대로 여성이 전혀 보이지 않는다. 많은 여성이 집에서 아이를 돌보거나 저임금 품삯일로 돈을 벌고 있을 터다. 동네 시장에 갈 때조차 머리부터 발끝까지 옷으로 몸을 가리는 여인들도 있다.

이런 현실은 지역사회에 융화되기를 열망하는 소녀들에게 소외된 미래를 예고한다. 그들의 목소리를 담은 메시지가 나오고 있지만, 그 속도는 빠르지 않다. 나는 사우디아라비아의 압둘라 국왕에게 그의 정부에 고위직 여성이 전무하다는 사실을 비공개적으로 지적한 적이 있었다. 그는 머지않아 샤리아 법원에 32명의 여성을 임명했다. 걸프 지역의 다른 지도자들에게도 정부 요직에 여성이 드물다는 사실을 지적했고, 같은 주제를 남태평양과 카리브해 지역의 지도자들과도 협의했다. 국내 문제에 간섭한다며 나를 비난하는 지도자는 아무도 없었는데, 그들도 내가 옳다는 사실을 알고 있었기 때문일 것이다.

회원국은 유엔에도 갈수록 더 많은 여성 대사를 보내기 시작했다. 2007년 임기 초에 11명에 불과하던 여성 유엔 대사는 내가 총회에서 이임사를 할 무렵에는 40명이 넘었다. 여전히 여성 비율은 20퍼센트에 불과했지만, 개발에서 군비축소에 이르기까지 모든 분야에 걸쳐 많은 여성 전문가가 외교장관이나 대표단으로 활동하는 것을 보며 든든하게 생각했다.

2017년에 지타 메타가 이끄는 여성 NGO 아시아 이니셔티브Asia Initiatives에서 내 이름을 딴 '반기문 여성권익상Ban Ki-moon Award for Women's Empowerment'을 제정했을 때, 나는 그 영예에 놀라움을 감출 수 없었다. 나와 아내는 지금까지 기쁜 마음으로 세 차례의 시상식에 참석했다.

2017년 수상자는 미국 페미니스트 작가 겸 정치활동가인 글로리아 스타이넘과 중국의 유명 방송진행자 겸 프로듀서인 유에사이 칸이었다. 2018년에는 아동도서 저자 겸 세계보건 운동가인 첼시 클린턴과 '위민 스트롱 인터내셔널Women Strong International' 설립자 겸 '컬럼비아대학교 밀레니엄 시티 이니셔티브Columbia University's Millennium Cities Initiative' 공동설립자인 수전 블라우스타인에게 영예가 돌아갔다. 2019년에는 '압도적 다수Supermajority'의 공동설립자인 세실 리처즈와 일본 골드만삭스 부회장 캐시 마츠이, 그리고 인도 첸나이 MS 스와미나단 연구재단 이사장인 마두라 스와미나단이 상을 받았다. 2020년에는 유명한 영장류학 학자이자 인류학 학자이며, 유엔 평화 사절인 제인 구달 여사에게 내가 시상했다. 2021에는 한국의 이배용 전 이화여대 총장을, 그리고 최초로 남성으로서 여성 지위 향상에 공헌한 폴 폴만 전 유니레버Unilever 회장을 시상했다.

타자기의 횡포

타자기가 여성에게는 고용의 모든 단계에서 마주치는 '성차

별'의 상징으로 존재해왔다는 사실을 나는 미처 알지 못했다. 나는 2016년 6월 영국 버밍햄에서, 1950년대부터 여성을 위한 새로운 길을 개척해온 용감무쌍한 유엔 관료인 마거릿 앤스티 여사를 만났다. 그는 어릴 때 자신의 어머니가 타자를 배우지 못하게 했는데, 그 이유는 1940년대 영국에서는 비서직이 여자가 가장 높이 오를 수 있는 지위였기 때문이라고 말했다. 앤스티 여사는 똑똑하고 용감한 여자는 사무실 밖에서도 성공할 수 있다는 사실을 확실히 보여주었다. 그는 2003년에 출간한 자서전《타자는 절대 배우지 마라Never Learn to Type》를 나에게 한 권 주었는데, 90회 생일잔치의 축하 테마도 타자기였다는 사실을 듣고 놀랐다. 나는 그에게 생일카드를 보냈고 예쁜 답장을 받았는데 지금도 보관하고 있다.

2010년에는 콘돌리자 라이스 전 미국 국무장관과 오찬을 하다가 회고록을 쓸 계획이 있는지, 있다면 도와주는 사람을 활용할 것인지에 대해 물었다. 그러자 그는 "아니요, 나는 타자를 아주 잘 칩니다"라고 대답했다. 어렸을 때 그의 아버지는 딸에게 타자를 배우게 했는데, 1960년대 덴버에서 아프리카계 미국 여학생이 구할 수 있는 최고의 직업이 비서직이었기 때문이라고 했다.

"그렇군요, 라이스 박사님." 나는 농담을 건넸다. "당신은 실제로 위대한 비서Secretary가 되었잖아요, 미합중국의 국무장관Secretary of State 말입니다!" 그의 회고록《더 이상의 명예는 없다No Higher

Honor》도 내 소장도서 목록에 들어 있다.

컴퓨터를 사용하는 시대에 태어난 내 딸들이 타자를 배우리라는 것은 너무도 당연했다. 오늘날에는 최고경영자에서부터 시간제 근로자에 이르기까지, 누구나 자신의 문장과 도표와 이미지를 제작하고, 정보를 검색할 수 있다. 키보드가 또 다른 권한 부여의 표현이 되리라는 것을 알았더라면 앤스티 여사의 세대는 놀랐을 것이다. 소녀들이 한계를 극복하고 강하고 유능한 여성이 되는 세계, 이것이 내가 만들고 싶은 세계다. 나는 여성이 건강한 어머니로서, 숙련된 노동자로서 남자들로부터 대등한 존재로 존중받는 모습을 보고 싶다.

개인적으로 나는 후임자가 여성이었으면 했다. 유엔 사무총장 직위에 도전했던 13명의 후보 중 여성은 7명이었다. 유엔 역사상 이 자리에 도전한 여성이 극소수였음을 고려하면, 후보자 수만으로도 축하할 일이다. 이들은 세계 지도자와 유능한 유엔 관리를 포함해 모두 탁월한 여성들이었다. 하지만 2016년은 때가 아니었다. 나의 전 비서실장이자 현장지원국장인 수잔나 말코라도 후보 중 한 명이었다. 그는 유엔에 "유리 천장이 아니라 강철 천장이 있다"라고 말했다.

제9대 유엔 사무총장으로는 전 포르투갈 총리이자 내 임기 중 유엔난민고등판무관을 역임한 안토니우 구테흐스가 선출되었다. 그는 여성을 채용하고 승진시키려는 명확한 의지를 가지고 있다.

나는 과거에 외교관으로, 지금은 일반 시민으로서 세계 곳곳을 여행하며 성별에 따른 존엄성의 격차를 가까이에서 지켜보았다. 진화는 계속 진행 중이지만, 너무 많은 나라가 뒷걸음질을 치고 있다. 아직도 평등을 요구하고, 노래하고, 외치는 더 많은 남녀의 목소리가 필요하다. 개발도상국뿐 아니라 선진국에서도.

18

지속가능개발목표

만인의 존엄성을 위하여

"진통이 시작될 때, 여자들은 자기 고무신을 물끄러미 쳐다보고는 했단다." 어릴 때 어머니는 내게 이런 말을 했다. "여자들은 깊은 한숨을 내쉬면서, 그 신발을 다시 신을 수 있을지 걱정했던 거야." 어릴 때는 어머니 말씀이 무슨 뜻이었는지 전혀 알아듣지 못했다. 1950년대의 한국을 포함해 개발도상국에서 출산의 위험은 여성이 피할 길이 없는 크나큰 고통이었다. 새 생명의 탄생을 알리는 산고가 시작될 때면, 수많은 여성이 심각한 부상이나 죽음까지도 각오해야 했다. 많은 산모가 집에서 출산했고, 이들을 곁에서 도와주는 사람은 스스로 몇 번의 출산을 하면서 살아남았다는 것을 빼면 별다른 자격도 없는 이웃 아주머니들뿐이었다. 약도 없고 의사 진료도 없었다. 일이 잘못되면 희망도 없었다. 극도로 가난한 지방에서 순조롭지 못한 출산은 드물지 않았다. 매년 세계적으로 4,400만 명이나 되는 여성이 아직도 이런 환경에서 출산한다.

아기들은 어떨까? 태어나면서부터 발육에 문제가 생길 수도 있고, 부상을 입은 어머니에게서 태어날 수도 있으며, 아이를 키울 수 없는 형편이어서 다른 집에 넘겨질 수도 있다. 남자아이는 10대가 되기 전에 일터로 내몰릴 수도 있고, 여자아이는 조혼을 강요받을 수도 있다. 이런 어린이들은 공부는커녕 자신과 가족의 생활 수준을 높이는 데 필요한 기술 없이 자라게 된다. 이런 아동들의 몸을 성장시켜줄 좋은 음식, 건강을 지켜줄 위생, 앞날을 밝혀줄 교육, 뛰놀 수 있는 안전한 여건, 성인이 되면 버젓한 일을 하리라는 기대감이 필요하다.

오늘날에도 세계에서 7억 3,400만 명 넘는 사람들이 극빈 상태로 살아간다. 그중의 다수는 배고픈 채 잠자리에 드는 것을 당연한 것으로 여기는 아동들이다. 최빈국의 평균소득에 해당하는 하루 1.9달러 이하의 생활비로 활기차고 품위 있는 생활을 영위하기란 세계 어디서도 불가능하다.

결핍은 분쟁의 근본 원인이 되는 경우가 많다. 열악한 경제 상황과 빈약한 개발 여건으로 인해 수많은 가정이 위험하고 불안하기까지 한 일에 내몰리고 있다. 극단적인 기후나 변덕스러운 날씨, 남획으로 인해 농지에서는 수확량이 줄어들고 있으며, 바다에서는 어획량이 격감하고 있다. 극도의 빈곤과 기아는 최빈국 간의 무력 충돌까지 야기하고 있다.

날로 악화되는 빈곤, 불평등과 기아는 사회 공동체의 파괴를 야기하고 있다. 빈곤과 불평등의 문제를 따로 떼어서 해결할 수 없으며, 두 가지 문제에 대해 동시에 근본적인 해결을 이루어내야만 한다.

빈곤은 불평등, 굶주림, 건강상의 위험으로 공동체들의 숨통을 조인다. 이런 문제 가운데 어느 하나라도 해결하자면 유일한 길은 그 모든 문제에 관해 의미 있는 진전을 이루는 것뿐이다.

현상 유지 타파하기

2000년 9월 새천년의 출발을 축하하기 위해 모인 세계 지도자들은 특별 정상회의에서 '밀레니엄 개발목표MDGs'를 채택했다.

MDGs는 극심한 빈곤과 배고픔을 줄이고, 여성의 권한을 증진하고, 초등교육에 중점을 두고, 에이즈와 말라리아를 비롯한 각종 질병과 싸우기 위해 8개의 큰 목표와 21개의 점진적인 세부목표를 하나로 묶은 과감한 프로젝트였다. 이 선언은 자유, 평등, 연대, 관용, 책임 공유 등 기본 가치를 강조했다. MDGs는 성공적이었다. 극빈자 수, 아동 사망률, 에이즈 신규 감염 등의 지표는 최소한 반으로 떨어졌다.

이 당시 많은 국가가 초등학교의 성비 균형 목표를 달성했고, 산모 사망률은 1990년 이후 40퍼센트나 감소했다. 20억 명의 인구가 개선된 위생시설에 접근할 수 있게 되었고, 1,200만 명이 넘는 에이즈 감염자가 항레트로바이러스 치료를 받게 되었으며, 2000년부터 2014년 사이에 선진국의 개발원조가 1,352억 달러로 66퍼센트 증가했다. 목표 시한을 5년 남겨놓은 2010년에 세계은행은 자랑스럽게 1번 목표를 달성했다고 발표했다. 사실 지표의 이런 개선은 4억 명 가까운 인구를 빈곤에서 벗어나게 한 중국의 강력한 조치에 힘입은 측면이 컸다.

나는 빈곤에 시달리는 많은 다른 나라도 비슷한 성공을 누릴 수 있게 도와야겠다는 굳은 결의를 가지고 있었다. 수억 명에 이르는 사람들이 여전히 빈곤의 대물림으로 고통에 시달리고 있었다. 그들의 미래가 과거보다 나아지도록 만들자면 이런 악순환을 타파해야 한다고 생각했다. MDGs가 2015년에 기한이 만료된 후에도 어떤 형태로든 계속될 것이라는 데는 그 어떤 의문의 여지도 없었다. 회원국들은 이 사업이 순조롭게 다음 단계로 이어질 수 있도록 내가 2013년까지 계획을 제시하기를 원했다.

많은 세계 지도자와 저명인사들은 개발의 우선순위와 현실에 관한 통찰을 공유했고, 우리는 5년간 열심히 작업해서 지속가능개발목표SDGs를 수립했다. 인권과 국제협력을 강화하면서 기후변화와 빈곤에 대처하기 위한 17개 항목이 과제로 선정되었다. 만일 2030년까지 이 목표가 달성된다면 극빈 상태는 종식되고 기후변화의 피해도 줄어들 것이며, 수억 명의 사람들이 인권, 의료서비스, 개발을 향유할 수 있을 것이다.

지구적 과제, 지구적 해법

SDGs는 유엔이 추구하는 목표의 기본이라고 할 수 있는 공동행동에 딱 들어맞는다. MDGs와 SDGs는 둘 다 원대하고, 대담하고, 야심적이고, 광범위했으며, 모든 나라 정부에 너그러움에 관한 신념, 공약에 관한 신념을 요구한다는 공통점이 있었다. 나는 MDGs 지원그룹을 조직했는데, 여기에 참여하는 저명인사들은 지원을 아끼지 않았다. 나는 예전의 관례보다 더 포용적인 과정을 원했고, MDGs 지원그룹의 구성원들은 그런 종류의 도움을 제공할 수 있는 사람들이어야 했다. 나는 이미 놀라운 성공을 경험한 바 있는 르완다의 폴 카가메 대통령과, 스페인의 호세 루이스 로드리게스 사파테로 총리를 이 그룹의 공동의장으로 선임했다. 그 외에도 보건, 환경, 교육, 여성권리를 비롯한 여러 분야의 전문가들이 열의를 가지고 참여해준 것이 반가웠다.

MDGs 지원그룹은 2010년 7월 마드리드에서 첫 회의를 열었다. 그런데 한 가지 말썽이 생겼다. 카가메 대통령의 방문을 반대하는 탄원서가 돌았던 것이다. 투치족 중심의 르완다군이 전쟁범죄를 저질렀다는 주장을 제기하면서 스페인의 의회 지도자들이 사파테로 총리가 카가메 대통령을 만나지 말 것을 촉구하는 탄원이었다. 사파테로 총리는 할 수 없이 르완다 대통령과의 만남을 사양했다. 큰 문제였다. 공동의장들이 한 공간에 있을 수 없게 된 것이다.

카가메 대통령은 이미 마드리드에 와 있는 상태였으므로 나는 그에게 상황을 설명했다. 나는 그가 회담을 시작하기도 전에 스페인을 떠나지나 않을까 걱정했다. 그가 큰 모욕감을 느끼면서 화를 참는 모습이 지금도 기억이 생생하다. 하지만 카가메 대통령은 MDGs에 헌신적이었고, 떠나지 않기로 결정했다. 나는 카가메 대통령에게 스페인 총리 대리로 참석하는 미구엘 앙헬 모라티노스 외교부 장관과 첫 회의를 주재하는 것이 어떻겠냐고 제안했다. 그런 다음 카가메 대통령이 참석하지 않는 상태로 다음 회의를 사파테로 총리가 그의 집무실에서 주재하는 방안을 제시했다. 르완다 대통령은 내가 제안한 새로운 회의 운영 방안을 불만스럽지만 품위 있게 수용했고, 나는 그에게 감사했다. 이때 생긴 문제를 처리하지 못했을 때 모든 참석자가 처했을 수도 있는 당황스러운 상황은 생각만 해도 몸서리가 쳐진다.

문제가 일단락되자, 나는 MDGs 지지자들로 눈길을 돌렸다. 이들 중에는 노벨평화상 수상자인 무함마드 유누스와 케냐의 환경운동가 왕가리 마타이, 라이브 에이드Live Aid 공연으로 유명한 밥 겔도프 경, 모잠비크와 남아프리카 양국의 퍼스트레이디였으며 오랫동안 아프리카 여성을 위해 싸운 투사 그라사 마셜, 멕시코 보건부 장관을 맡은 바 있는 훌리오 프렝크 하버드대학교 보건대학원장, 자선 활동가 빌 게이츠와 같은 유명인사도 포함되어 있었다. 또한 카타르의 셰이카 모자 빈트 나세르 왕비, 컬럼비아대학교의 제프리 삭스 교수, 한국의 도영심 대사, CNN 창립자이며 자선가인 테드 터너, 미국 인류학자 레이 체임버스, 그 밖에 몇몇 인사도 눈에 띄는 지지자였다.

나는 이들에게 말했다. "대중의 인식을 높이고 정치적 의지를 모으려면 설득력 있는 목소리와 감동적인 리더십, 창의적 사고가 필요합니다. 그것이 제가 여러분을 모신 이유입니다."

나는 이제 MDGs가 끝나는 2015년 이후로 이어질 후속 비전에 관심을 집중할 수 있게 되었다. 2010년 8월에는 고위급으로 구성된 '글로벌 지속가능성 패널Global Sustainability Panel'을 설치해 타르야 할로넨 핀란드 대통령과 제이컵 주마 남아프리카 대통령에게 공동의장을 맡겼다. 22명의 패널 위원 가운데는 알리 바바칸 터키 부총리, 2001~2002년 회기에 유엔 총회 의장을 역임했던 한승수 전 총리, 유키오 하토마야 전 일본 총리, 수전 라이스 유엔 주재 미국 대사 등이 포함되었다.

나는 특히 할렘 브룬틀란트 전 노르웨이 총리가 환경파괴를 감시하는 또 다른 패널의 의장직을 수락해주어 무척 기뻤다. 브룬틀란트 위원회는 2012년 1월에 〈회복하는 사람, 회복하는 지구: 선택가치가 있는 미래〉라는 보고서를 발간했다. 이 보고서는 저탄소 번영을 추구하는 설득력 있는 내용을 담고 있었다. 나는 브룬틀란트와의 협업을 절실히 원했다. 그는 30년 넘게 개발 문제에 헌신해왔고, 1987년의 유엔 보고서에 '지속 가능한 개발sustainable development'이라는 표현을 처음 사용한 장본인이기도 했다.[1] 그 보고서는 현재의 필요를 충족하기 위해 개선을 추구할 때, 미래 세대가 그들의 필요를 충족할 능력을 훼손하지는 않아야 한다는, 지속 가능한 개발의 철학을 제시했다. 유엔에서 활동하기 이미 오래전에 읽어본 내용이었지만 나의 사고에 지대한 영향을 미친 보고서였다.

나는 WHO 전 사무총장이기도 했던 브룬틀란트를 다년간 알고 지냈고, 최근에는 전직 국가수반 및 노벨평화상 수상자 등으로 구성된 엘더스 회원으로 같이 활동하고 있다. 그가 제기한 도발적인 통찰이 논의를 진전시키는 경우가 많았다. 그럴 때면 합의문 초안 작성 과정이 마치 고양이 떼를 모는 것처럼 힘들기는 했다. 나는 야심차면서도 도달 가능한 목표에 논의의 초점을 집중시키는 그의 능력에 경의를 표했다.

2012년 8월에 나는 또 하나의 강력한 패널을 창설했다. 27명의 위원으로 구성된 저명인사 패널의 공동의장은 인도네시아의 수실로 밤방 유도요노 대통령, 라이베리아의 엘런 존슨설리프 대통령, 데이비드 캐머런 영국 총리가 맡았다. 이들은 2030 이후의 개발 의제에 집중하게 될 지도자들이었다. SDGs의 기한을 넘어 수년간 우리의 계획을 확장하게 될 중차대한 사업의 일환이었다. 패널은 큰 틀에서의 사고를 바탕으로 정부, 개발, 사람을 변화시키기 위한 5개 권고사항을 제안했다. 이 '투명성의 혁명'은 공익을 위해 수집된 데이터를 사용해야 할 필요성을 강조했다. 실제로 패널의 위원들은 개발의 복잡성에 깊이 몰두했고, 나는 그들의 신선한 아이디어를 믿었다.

아울러 나는 유엔 체제의 모든 기구, 기금, 프로그램의 관계자들과도 긴밀하게 협력했다. 우홍보 경제사회국DESA 사무차장과 헬렌 클라크 유엔개발계획UNDP 처장은 특별히 중요한 우군이었다. 이들의 우선순위, 경험, 정보 접근능력은 개발이 어디로 향하고 있는지, 어느 부분에서 개선이 필요한지 등에 관한 전체적인 시각을 나에게 제공해주었다. 나는 MDGs의 동력을 유지하는 데 힘을 쏟았지만, 또 한편으로는 환경파괴라든지 책임 있는 소비 같은 새로운 일련의 문제를 다루고 싶다는 바람도 있었다.

리우에서 길을 찾다

제1차 SDGs 회의는 2012년 6월 20~22일, 꼭 20년 전에 리우 정상회의를 개최했던 브라질에서 열렸다. 공식적으로는 유엔 지속가능 발전회의라는 명칭이 붙은 이날의 회의는 '리우+20'이라고 더 널리 알려졌다. 이 회의는 SDGs 초안의 주요 쟁점과 우선순위를 확인하기 위한 브레인스토밍, 홍보활동, 외교의 연장선상에 있었다. 193개 유엔 회원국 중 거의 모든 국가에서 파견된 대표단이 브라질 해안의 휴양지로 모여들었다. 미래의 SDGs를 뒷받침하는 정치적 선언을 협상하기 위해서였다. 세계 지도자들이 정상회의를 위해 도착하기 전까지 문구를 협상할 시간은 일주일 남짓 주어진 상황이었다. 경험에 비춰볼 때, 슬쩍 빠져나가 수영이나 즐길 여유가 있는 사람은 아무도 없을 터였다.

수천 명의 SDGs 대표와 지지자들이 호텔과 회의장을 오가는 일과를 반복했는데, 교통체증이 심한 출퇴근 시간이 겹칠 때도 많았다. 국가원수, 정부 수반, 경제 및 외교 담당 장관들, 정치인들, 그리고 그들의 수행원이 도착하기 시작하자 회의 참가자 수는 50퍼센트 가까이 늘었다. 그토록 많은 비행기가 내뿜었을 탄소에 대해서는 생각하지 않기로 했다. 고위급 참석자들도 카풀을 해달라는 부탁을 하고 싶어 입이 근질거렸지만 그것도 꾹 참았다. 나에게 리우는 인류가 환경에 미치는 영향과 지구의 자원을 덜 쓰면서도 더 큰 성과를 내야 할 필요성에 2년 내내 몰입해 왔던 노력의 절정이었다. 불가능한 과제는 아니었지만, 그 목표를 이루려면 지속 가능한 개발을 범지구적 우선 과제로 삼을 필요가 있었다.

포부가 크고 정력적이면서도 솔직담백한 인물인 데이비드 캐머런 영국 총리가 예비 협상을 이끌었다. 영국 정치는 그에게 대표단, 인물, 이슈의 까탈스러움에 관한 풍성한 경험을 선사한 터였다. 그는 회원국들이 목표는 물론이고, 그것을 달성 시한까지 수용하도록 지칠 줄 모르고 밀어붙였다. 늘 그렇듯, 첫 주에는 별 진전이 없었다. 브라질 외교관들은 섬세한 외교술로 존경을 받는데, 안토니우 드 아기아르 파트리오타 외교장관이 그중에서도 최고수 가운데 한 명이라는 점은 다행이었다. 나는 리우+20 회의의 의장인 그가 복잡한 문제를 조정하는 과정에서 자신의 외교술을 총동원해야만 했으리라고 생각한다.

얼음이 녹아내리듯 하루하루가 지나고 정상회의 날짜가 다가오자, 나는 아예 양복저고리를 벗어부치고 논의에 뛰어들었다. 한 그룹과 협의를 마치면 그다음 그룹과, 또 그다음 그룹과 논의를 이어갔다. 주제를 바꿔가며, 하루에 열세 차례 연설한 날도 있었다. 10년 재임 중의 기록이었다. 익숙한 내용이었기 때문에, 대부분의 연설은 비공식적으로 즉석에서 이루어졌다. 한동안 거의 잠도 못 자고 밥 먹을 시간도 없이 일하다 보니 결국 모두가 지치고 말았다. 한 국가씩, 한 블록씩, 한 지역씩, 하루에 조금씩 우리는 합의된 문안을 향해 접근해나갔다.

항상 그런 식이다. 협상은 항상 마지막 순간까지 시간을 끌게 되어 있다. 아무리 많은 시간이 허용되어 있더라도, 아무리 시시한 주제라고 하더라도, 사람들은 결착을 보거나 협상을 깨기 직전까지 쟁점을 물고 늘어질 필요가 있다고 생각한다. 이제 그런 순간이 왔다. 대표단은 거의 언제나 판을 깨버리기보다는 집단에 합류하려는 경향이 있다. 막판 호소를 한 번 더 하려고 달려가거나 TV 인터뷰에 응하면서, 나는 그런 본능에 감사했다. 문자 그대로 성공과 실패의 기로에 서 있던 상태였지만, 리우는 이상하리만치 축제 분위기였다.

피플스 서밋을 위해 전 세계에서 수백 개 그룹이 저마다의 비전과 긴급 안건을 가지고 리우로 모여들었다. 합의문 초안 작업이 이루어지던 2주 동안 수만 명의 활동가가 수십 건의 주제로 시위를 벌였는데, 이들의 시위는 평화적이었고 심지어 흥겹기도 했다. 나는 매일 이런 모습을 보았고, 그 직후에 나온 많은 선언문을 읽어보았다. 그중에는 독창적인 아이디어와 예기치 못한 해결책도 있었다. 저렇게 흘러넘치는 에너지에 둘러싸인 채, 양복을 벗어던지고 야구모자와 청바지 차림으로 하루를 보내는 상상을 해보았다. 저 리더들이 자기들의 비전을 반영할 합의문을 도출하는 데 도움을 주면 좋겠다는 생각도 했다.

정상들이 도착하기 시작할 즈음에 나의 보좌진은 "우리가 원하는 미래"라고 명명한 리우 정치 성명의 마지막 초안을 깔끔하게 정리해서 회람했다. 이 49쪽짜리 문서는 구속력 없는 합의문이었지만, 대통령들과 총리들의 이름을 기록에 남김으로써 2030년까지 빈곤을 종식하겠다는 그들의 약속을 확인했다는 의미가 있었다. 또한 이 문서는 유엔에 향후 15년에 걸친 새로운 세계적 목표를 성안할 수 있는 권위를 부여해주었다.

나는 표현의 애매함 속으로 도망갈 여지가 없도록, SDGs가 분명하고도 간결한 언어로 쓰이기를 원했다. 이즈음에 나는 보다 나은 세계를 위해 투자하고, 소수민족의 소외감를 극복하고, 여성과 소녀의 권한을 강화하고, 최고위층의 부패를 근절하고, 공적 개발원조를 확대하고, 저비용 에너지 절약형 신기술을 공유하는 등의 일에 진정한 의지가 없는 나라가 어디인지 이미 알 수 있었다. 나는 개발도상국의 국민만이 아니라, 모든 사람이 똑같이 이 야심찬 계획의 성공을 누릴 수 있기를 희망했다. 두 번째 목표군은 더 복잡하고 더 구체적일 터였다. MDGs를 채택하고 12년이 지난 뒤, 모든 대표단은 신중한 행동의 중요성과 더불어, 모든 것을 포괄하고 연결하는 원칙들을 이해하게 되었다.

나는 '리우+20'의 성과와 그 밖의 기후와 관련된 유엔의 활동을 자랑스럽게 생각한다. 오늘날까지도 유효한 2가지 구체적인 성과는, 첫째, 세계 전역에 청정에너지에 대한 접근을 확대하려는 '모두를 위한 지속 가능한 에너지Sustainable Energy for All' 계획, 둘째, 브라질의 농업학자 그라지아노 다 실바와 함께 개발한 '제로 헝거 챌린지Zero Hunger Challenge'로, 식량이 필요한 모든 사람에게 항상 식량에 접근할 기회를 제공한다는 프로젝트다.

목표와 시한

세계 지도자들은 자국민의 삶이 나아지기를 그저 바라는 데만 머물지 않고, 그것을 실현할 구체적인 일정에 관해 자신들의 공약을 재확인했다. 궁극적으로, SDGs는 앞으로 15년에 걸쳐 수백만 명의 삶을 개선하기 위해 세계 각국 정부가 자국 시민들과 맺은 사회계약이다. 17개 목표는 어느 것 하나 예외 없이 야심차다. 각각의 목표는 다른 목표와 동시에 풀어야 하는 복잡하고 장기적인 퍼즐이다. 이 퍼즐을 풀자면 타이밍도, 재원도, 우선순위도 조정해나가야 한다. 각국 정부의 노력이 노선을 벗어나지 않도록 돕기 위해 유엔은 진행 과정을 평가할 169개의 세부목표 목록을 만들었다.

지구촌의 구성원들은 거리낌 없이 의견을 제시했다. 2012년에는 900만 명이라는 전례 없이 많은 사람이 '나의 세계'라는 유엔의 온라인 설문조사에 응해 자신들이 원하는 미래가 어떤 것인지를 설명했다. 답변을 집계해보니 놀라운 결과가 나왔다. 지구촌의 모든 국가, 모든 이데올로기, 모든 사회경제적 계층으로부터 제시된 의견과 제안이 6천 쪽이나 되었다.[2]

우홍보 DESA 사무차장과 한국의 김숙 유엔 주재 대사가 그것을 전부 읽었다. 김 대사는 지속 가능한 개발에 오래 헌신해왔고, 설문 분석에 특히 많은 노력을 투자했다. 그는 2011~2012년에 앤티가 바부다의 존 애시 대사와 함께 리우+20 준비위원회의 공동의장을 맡았는데, 두 사람의 노력 덕분에 우리는 성공할 수 있었다.

열정적으로 일하는 유엔 직원들, DESA의 니킬 세트 국장과 샤 사무차장, 김 대사가 결국 이 6천 쪽 분량의 방대한 자료를 부담 없이 읽을 수 있도록 정리해 30쪽으로 압축했다. 이들은 세계의 많은 사람이 제안한 수백 가지 아이디어를 여러 날 야근까지 해가며 분류했다. 그게 끝이 아니었다. 그 30쪽짜리 문서를 첫 회의에 회람용으로 회원국에 돌린 뒤 이루어진 논평과 보충 내용을 담고 보니 요약본은 다시 300쪽 분량으로 불어났다.

어쨌든 193개국의 보통 사람들이 자신들의 생각을 밝힌 것이었고, 그들이 제시한 우선순위는 명확했다. 빈곤, 교육, 의료, 성 권한 부여, 환경, 정직한 정부 등을 그들은 원했다. 나는 그들의 우선순위를 '우리의 해야 할 일' 목록으로 여기게 되었다.

- 경제를 확대하고, 특히 젊은 성인을 위한 일자리를 창출함으로써 빈곤과 경제적 불균형을 줄일 것
- 양질의 교육을 제공할 것
- 자원이 풍부한 나라마저 파산시키곤 하는 부패에 대해 정부에 책임을 물을 것
- 소녀들이 배울 수 있고 여성이 지도력을 발휘할 수 있도록 권한을 강화할 것
- 지속 가능한 에너지 관행들을 채택할 것
- 영농, 방목, 어로, 주거를 어렵게 만들고 식량, 에너지, 토지의 효용을 훼손하는 기후 혼란을 완화할 것
- 많은 보조금을 받아 이루어진 기술, 혁신, 기회를 궁핍한 국가 및 지역과 공유할 것

기념비적인 사업이라고 할 수 있는 SDGs는 비록 그 속도는 느리지만 확실하게 초점이 또렷해지기 시작했고 우리 팀도 그랬다.

원칙에 충실하고 재능이 있는 아미나 모하메드 전 나이지리아 환경부 장관이 이 문제에 관해 사무국을 이끌었다. 나는 그가 공직을 맡기 전부터 서로 알고 지낸 사이였다. 보건이나 여성 복지

관련 회의에서 종종 그를 보았는데, 그때마다 핵심을 찌르는 그의 발언은 내 눈길을 끌었다. 모하메드는 나와 회원국을 이어주는 탄탄한 연결고리였다. 나는 그가 내 후임자의 휘하에서도 사무부총장으로서 SDGs에 계속 관여하게 된 것을 기쁘게 생각한다. 나는 선임보좌관인 로버트 오어 현 메릴랜드대학교 대학원장의 정력과 경험에도 신세를 졌다. 수십 년간 빈곤 문제 해결과 씨름해온 저명한 경제학자 제프리 삭스도 필요한 단계마다 나에게 조언을 해주었다.

스위스의 출중한 외교관 토머스 가스가 팀에 합류한 것도 행운이었다. 그에게는 1차 SDGs 초안 작성을 총괄해달라고 요청했다. 그가 열성적으로 작업한 문건을 많은 사람이 다듬어 2014년 12월에 발간되었다. 이 문서에 설정된 6대 목표는 빈곤 퇴치 및 불평등 해소, 생활의 질과 복지 향상, 경제의 포괄적 전환 확보, 정의롭고 안전하고 평화로운 사회 조성, 지구 보호, 파트너십 구축 등이었다.[3]

비록 모든 나라가 원칙에는 합의했다고는 하지만 SDGs의 세부사항을 놓고서는 극심한 의견대립이 있었다. 최대의 난관은 이 세계적 과업을 수행할 때 각국 정부가 맡은 역할에 스스로 책임지도록 설득하는 일이었다. 이것은 개발도상국들에는 성별, 인종, 지위와 상관없이 모든 시민을 위한 시민적·정치적·경제적 권리를 창출해야 한다는 것을 의미했다. 대다수 선진국들은 SDGs의 내용에 동의했지만 비용에 관해서는 경계하는 태도를 보였다. 예상했던 바였다.

정작 모든 지도자를 당황시킨 것은 SDGs의 대담한 보편성이었다. MDGs 때와는 달리, 개발도상국과 선진국을 구별하는 선은 없었다. 가장 부유한 나라에 사는 가장 가난한 시민들에게도 적용될 목표들이었다. 부유한 국가에는 이미 높은 삶의 질을 누리고 있는 사람들만이 아니라 가난한 사람들까지 포함된 모든 국민의 삶의 질을 개선할 의무가 있다. 세계 최고의 선진국인 미국에서 3천만 명의 국민이 의료서비스를 제공받지 못한다면 그것은 정의롭지 못한 것이다.

선진국들은 SDGs가 선정, 정의, 평등한 권리, 강력한 제도를 강조하기를 원했다. 그러나 134개 개발도상국으로 구성되어 강력한 발언권을 가진 77그룹Group of 77은 이런 비판이 반복될 것을 예상했기 때문에 SDGs의 논의를 액면 그대로 받아들이려고 하지 않았다. 77그룹 회원국들은 개선의 모든 짐을 개발도상국의 어깨에 지우는 식의 요구에 넌더리가 난다고 누차 말했다. 반면에 부국들은 투명성이 없이 한 해에 수억 달러에 달하는 기여금을 정당화할 길은 없다고 주장했다. 정부는 자국의 돈이 어떻게 쓰이는지 알 권리가 있으므로, 어떻게 사용하는 것이 최선의 자원 활용인지를 결정할 권한도 있다는 말이었다. 이것에 관해 끝없는 논쟁이 이어졌다. 이 문제가 어떻게 해소될 수 있을지 나로서는 알 수가 없었다. 처음에는 거의 모든 정부가 적어도 SDGs의 한 가지 목표씩에 대해서는 유보적인 태도를 보였다. 이것도 예상 못한 바는 아니었다.

책임 있는 생산과 소비(목표 12)는 절대적으로 타당한 것이고 탁월한 아이디어였다. 과소비로 인해 쓰레기 매립지는 포화 상태이고, 바다는 플라스틱과 여타 폐기물로 몸살을 앓는다. 일부 서방 정부는 자신들 또한 서로 연결된 광범위한 생태계의 일부라는 사실을 상기할 필요가 있었다.

몇몇 국가는 양성평등에 관한 언급(목표 5)을 걱정했다. 이란, 아프가니스탄, 파키스탄, 사우디아라비아, 예멘을 포함해 무슬림이 주를 이루는 15개국은 부분적으로 샤리아Sharia법에 바탕을 둔 헌법을 가지고 있다. 샤리아는 여성을 가혹하게 다룰 개연성이 있는 이슬람 법전이다. 어떤 나라들은 SDGs에 동의했지만 보편적 의료서비스(목표 3), 교육(목표 4), 물과 위생 체계(목표 6), 청정에너지(목표 7), 현대적 인프라(목표 9) 등을 공급할 자원을 보유하지 못하고 있었다.

건강과 복지(목표 3)에서도 문제점이 드러났다. 이 목표는 의료서비스에 대한 접근, 산모 및 영아 사망률을 다루며 성과 생식보건 문제에 관한 여성의 권리를 중시한다. 그런데 가톨릭과 무슬림 국가들은 이 조항이 낙태의 권리를 보장하는 것이 아니냐고 우려했다.

최종적으로, 나는 앞의 16개 목표가 파트너십 구축이라는 17번째 목표에 도달하지 않고는 달성될 수 없다는 것을 절실히 깨닫게 되었다. 파트너십은 지금도 여전히 자원, 지식, 기술을 최적화하기 위한 유엔 최고의 전략이 되고 있다.

유엔이 약속한 사업이라도 이 정도 규모가 되고 보면 NGO, 정책전문가, 학계, 국제 및 다국적 기구, 유명인사, 종교기관, 기업, 현지 지도자 등 파트너의 도움이 긴요하며, 그들의 기여 없이는 실행될 수 없다. 언론은 우리의 우군 중 가장 중요하면서도 조금은 예측하기가 어려운 상대다. 오지 마을이나 고립된 공동체에까지 정보나 격려의 메시지를 전파하는 데 언론보다 더 나은 수단은 없다. 언론은 핵심 관계자를 스타로 만들거나, 정부에 영향을 미칠 개연성이 큰 대중적 지지를 불러일으키거나, 다양한 견해를 제시할 수 있고, 이 모든 것을 현지의 언어로 해낼 수 있다. 다만 전적으로 언론의 지원에 의지하기는 어렵다는 점은 염두에 두어야 한다. 언론은 때로는 물어뜯고, 왜곡하고, 부정적인 관점을 전파하고, 급진적인 제안을 부당하게 헐뜯기도 하기 때문이다.

경제학자들이 동의하는 한 가지

빈곤 퇴치는 싸게 먹히지 않는다. 모든 비용을 쏟아 완전한 혜택이 실현되기까지는 여러 세대가 걸릴 것이다. 세계은행부터 대학원들에 이르기까지 여러 방면의 경제학자들은 10년 넘게 MDGs와 SDGs를 연구하고 있지만, 이들의 평가는 크게 갈린다. 추산 비용에 붙은 0의 개수는 물론이고, 비용을 예단할 수 없다는 사실도, 보장된 결과와 정확한 일정표를 선호하는 각국 정부의 확신을 아마도 흔들어댈 것이다.

사실 이처럼 방대한 사업에는 최고 또는 최저 견적이라는 것이 있을 수 없다. 분석마다 편차가 심하고, 애당초 비교가 가능한 것들끼리 비교한 경우도 드물다. 초기에 나온 유엔 보고서는 7억 3,400만 명을 빈곤에서 구제한다는 SDGs '목표 1' 달성에 소요될 비용을 15년간 11조 달러로 잡았다. 2014년에 나온 또 다른 유엔 보고서는 해당 지역이 고용을 창출하고 성장을 유지한다는 전제 아래 인프라 투자에만 연간 7조 달러가 소요될 것이라고 추산했다.[4]

이런 액수는 가늠이 안 될 정도로 어마어마한 것이지만, 지레 겁먹을 필요는 없다. 정치적 의지만 있다면 우리가 해내지 못할 일은 없다. 나는 세계 지도자들에게 언제나 그렇게 말하고 그들은 언제나 내 말에 동의한다고 대답한다. 하지만 나는 지도자들이 법을 만들고, 헌법을 개정하고, 병원과 학교에 투자하고, 청정에너지를 개발하려는 의미 있는 노력을 실제로 행동으로 옮기기 전까지는 그 말을 믿지 않는다.

개발도상국들이 얻을 이익은 무수히 많다. 그렇다면 더 잘사는 나라가 SDGs 달성으로 얻는 것은 무엇일까? 아마도 선진국에는 장기적이고 잠재적인 보상이 주어질 것이다. 2017년에 미국에 본부를 두고 개발을 지향하는 대기업 및 금융계의 합동연구단체인 세계자원연구소WRI는 식량과 농업, 도시, 에너지와 자원, 건강과 복지 등 4개 목표를 달성하는 것만으로도 SDGs가 만료되는 2030년까지 새로운 사업으로 무려 12조 달러의 창출이 가능할 것이라고 추산했다. 아울러 탄소배출을 줄이고, 물, 에너지, 여타 자원의 소비를 제한함으로써 추가로 17조 달러를 절약할 수 있으리라고 예측했다.

나와 빌 게이츠, 크리스탈리나 게오르기에바 IMF 총재가 공동의장을 맡았던 글로벌 적응위원회Global Commission on Adaptation는 2019년 9월 23일에 열린 유엔 기후행동 정상회의에 야심 찬 보고서를 제출했다. 이 보고서는 기후위기 대응의 일환으로, 효과적인 조기경보 체계, 기후 탄력성을 갖춘 기반시설, 건조한 고지대 농업, 맹그로브 재식림, 수자원 등 5대 주요 영역에서 적응을 위해 현명하게 투자할 필요성을 강조했다. 이 보고서는 2030년 말까지 기반시설에 1조 9천억 달러의 투자가 점증적으로 이루어진다면 7조 달러 이상의 가시적인 혜택이 창출될 것이라고 예측했다.[5]

MDGs와 SDGs는 그것이 내포하고 있는 정신적인 측면에서 본다면, 경제학에 바탕을 둔 세계은행 모델보다는 경제 전문가 아마르티아 센과 마붑 울 하크가 1990년대에 개척한 광범위한 개념인 '인간 개발'의 접근방식에 더 가깝다. 이 새로운 접근방식은 기존의 GDP 통계를 성인 문자해독률, 아동 사망률, 양성평등, 휴대전화 가입자 수, 이산화탄소 배출, 인터넷 접근성, 전기, 위생 개선 등과 같은 사회적 데이터로 보완함으로써 우리가 빈곤을 정의하고 측정하는 방식을 급진적으로 바꿔놓았다. 두 가지 측정방식 다 중요하기는 하지만, 공식 경제의 영역만이 아닌 모든 사람의 삶의 질이야말로 그 나라 경제에 관한 수만 가지의 요약 자료보다 개발에 관한 더 정확한 척도가 된다.

SDGs는 삶의 개선을 위한 총체적 접근방식을 취한다. 모든 목표에서 진전을 이루지 않고서는 어느 한 목표도 완전히 달성하는 것은 불가능에 가깝다. 그럼에도 불구하고 17개 항목 중에서 가장 중요한 것을 하나만 골라야 한다면, 나는 '목표 4, 교육'을 선택할 것이다. 나를 절망적인 가난에서 끌어내준 것은 배움이었다. 교육은 내 삶의 모든 측면을 개선했고 국제기구 공무원이라는 꿈을 성취할 수 있도록 해주었다. 모든 어린이는 읽는 즐거움과 배우는 황홀감을 경험할 수 있어야 한다. 1962년에 존 F. 케네디 미국 대통령은 18세 청소년이던 내가 공감 능력에 눈을 뜰 수 있게 해주었다.

그때 이후로 나는 세계에서 가장 어려운 처지에 있는 사람들을 도와야겠다는 도덕적 의무감을 내면에 간직하고 있었다. SDGs에 참여한 모두는 이런 생각을 공유했다. 다행히 한국 정부는 열렬한 참여자였다. 대한민국은 전쟁에 찢긴 1950년대의 농업경제국가에서 불과 30년 만에 번영하는 산업국가로 발돋움했다. 다른 무엇으로도 대체할 수 없는 유엔의 도움에 감사하면서, 우리나라는 세계의 발전을 위해 자금과 기술과 전문지식을 기여해왔다.

궁극적으로 볼 때 MDGs와 SDGs는 야심적이면서도 원대하다. 최종 합의문을 수용한 나라들 가운데, 그 문서가 법적 구속력이 있는 조약이 아니라 의향을 기술한 정치적 문서라서 수용한 나라들이 얼마나 많을 것인지에 관해서 나는 환상을 갖고 있지 않다. 다수의 회원국들은 이런 자발적인 서약의 형태를 더 받아들이기 쉽다고 여겼고, 내키지 않는 면이 없지는 않았음에도 리우데자네이루에서 열린 '2012 유엔 지속가능발전 정상회의'에서 컨센서스로 합의문을 채택했다.

중요한 것은, 모든 정부가 지속적으로 관심을 가지고 자국의 국민과 국민의 미래에 자원을 투입하는 것이다. 지도자들은 사람들이 그들에게 무엇을 기대하는지 안다. 나는 그들이 국민의 꿈을 실현하겠다는 스스로의 공약을 끝까지 이행하기를 희망한다. 나는 코피 아난 사무총장이 MDGs로 거둔 성공을 확장해 다음 세대를 위한 개선을 이루어낼 수 있으리라고 내다보았고, 심지어 기대감도 품고 있었다.

희망의 등불

나는 지금까지 매년 9월에 열리는 유엔 총회에서 세계 지도자들의 일반토의를 포함해 수많은 총회 세션에 참석했다. 복잡한 결의안이 채택되는 광경도 목격했고, 자부심과 낙관주의를 고양하는 성 소수자와 아프리카 여성들의 축하 행사에도 참석했다. 그러나 2015년 9월 25일에 모겐스 리케토프트 총회의장이 SDGs를 위한 의제 2030을 채택하는 의사봉을 두드리던 순간 150명이 넘는 세계 지도자들을 휩싸던 흥분은 다른 어떤 경험과도 달랐다. 이 근엄한 청중으로부터 터져 나온 기립박수는 2분 가까이 이어졌다.

이런 결과가 나올 것을 의심한 적이 없었음에도 나는 탈진과 환희를 동시에 느꼈다. 그 자리에 모인 대통령들과 총리들은 세계 만민, 특히 자국민을 위한 존엄성과 개발을 지지한 데 대해 기쁨과, 그 이상의 개인적 성취감을 만끽했다. 이날 분열을 조장하는 정치를 말한 사람은 없었다. 기권한 국가도 없었다. 유엔이 진정으로 통합된 보기 드문 순간이었다.

나는 SDGs에 대한 가톨릭교회의 지원을 지속적으로 표명한 프란치스코 교황에게 공로의 큰 부분을 돌리고 싶다. 영광스럽게도, 교황 성하는 표결 직전에 세계 지도자들을 상대로 연설을 해달라는 우리 요청을 수락했다. 그는 지도자들에게 이렇게 훈계했다. "권력과 물질적 풍요에 대한 이기적이고 끝없는 갈망은 이용 가능한 자연자원의 남용과 약자, 빈자들에 대한 배제로 이어집니다." 스페인어 연설을 통해 교황은 각국 정부와 개인들이 양심과 동정심을 발휘해달라는 종파를 초월한, 심지어 인도주의적인 호소를 보냈다. 이 연설로 교황은 67초간의 전례 없는 기립

박수를 받았다.

개발도상국과 선진국에서 온 다수의 지도자들은 각기 자국과 세계에 MDGs가 무엇을 의미했는지 이야기하면서 SDGs로 그 활동이 이어지는 것을 환영했다. 이날 발언한 정상들은 저마다 지지 서약을 구체적으로 표명했다.

노벨상 수상자 말랄라 유사프자이는 총회장 2층 발코니에 서서 정부 고위지도자들을 향해 연설했다. 이 18세의 파키스탄 소녀는 "교육은 희망이고, 교육은 평화예요!"라고 선언하고,[6] 모든 아이에게 무상으로 양질의 초중등 교육을 보장해줄 것을 지도자들에게 요청했다. 그 주장을 강조하기 위해, 모든 유엔 회원국을 대표하는 193명의 청소년이 유사프자이 뒤에서 저마다 푸른색으로 빛나는 큐브를 들고 있었다. 그 앞에서 유사프자이는 말했다. "우리가 들고 있는 등불 하나하나는 지구적 목표에 대한 여러분의 공약 덕분에 미래에 대해 우리가 품게 된 희망을 상징합니다." 많은 세계 지도자에게 깊은 인상을 남긴 극적인 순간이었다. 그들 중 일부는 미소를 띠거나 동의의 뜻으로 고개를 끄떡였다.

지속 가능한 미래

나는 유엔을 떠났지만 모든 투쟁을 끝낸 것은 아니다. 나는 10여 개 이상의 국제기구나 싱크탱크에 몸담고 있으며, 이들 중

대부분은 기후변화 혹은 개발의 일부 영역에 직접적으로 관여하고 있다. 그러나 점증하는 우려가 나의 활동을 저해했다. 세계 경제는 급속히 어려워졌고 주권국가와 그들의 투자가 많은 경우 가치를 잃고 있다. 상거래는 변동이 심하고, 국제 무역은 제한되거나 줄어들고 있다. 많은 선진국에서 기업이 실패함에 따라, SDGs 공약을 재정적으로 뒷받침하는 데 필요한 조세 기반도 축소되고 있는 실정이다.

그러더니, 이제는 코로나19가 지구 전체를 휩쓸면서 이런 모든 문제를 증폭하고 있다. 치명적인 바이러스는 실제로 일부 분야에서 개발을 저하했고, 분야에 따라서는 수년간의 성과를 지워버렸다. 모쪼록 각국 정부가 이번 팬데믹으로부터 교훈을 얻고, 구호 원조만이 아니라 회복력의 투자에도 힘쓰기를 바란다.

또한 나는 권위주의로 흘러가는 국제적 추세에 대해서도 심히 염려가 된다. 이런 흐름은 민주주의를 전복시키고, 시민의 복지를 위협하며, 경제사회적 성과도 약화시킨다. 권위주의적 추세는 많은 나라에서 빈곤층, 소수자, 여성, 이민자 등 사회에서 가장 취약한 사람들에 대한 혐오감을 조장했다. 이런 약자들은 부유한 나라에도 존재한다. 이것은 위험한 추세이므로, 우리는 모든 수단을 동원해 민주주의와 평등을 수호해야 한다.

그러나 나는 희망도 품고 있다. SDGs를 수립한 일은 나에게, 그리고 전 세계에 퍼져 있는 수만 명의 개인에게 성스러운 전쟁 같은 그 무엇이었다. 수백만 명씩 대규모 시위도 벌이곤 한다.

이처럼 강력한 풀뿌리 지지를 고려하면, SDGs가 이미 무시하기에는 너무 크고, 방치하기에는 너무 중요하다는 내 확신은 날로 확고해지고 있다. 어떤 기준으로 보더라도 발전된 사회가 빈곤한 사회보다 더 잘 해내는 법이다.

나는 유엔이 단합을 유지하고, 세계 지도자들이 자국민에 대한 책무를 저버리지 않기를 소망한다. 나는 푸르게 빛나던 그 등불이 언젠가 세상의 가장 어두운 구석까지 비출 것이라고 굳게 믿는다.

19

기후위기

생사의 갈림길

솔로몬제도는 야자수가 바람에 흔들리고 성난 파도가 해변의 백사장을 핥아대는 남태평양의 낭만적인 낙원이다. 그러나 이 아름다운 초승달 모양의 작은 섬과 환초는 이제 더는 아무 걱정 없는 휴가 여행지가 아니다. 오히려 이곳은 수온이 상승하는 바다와 사라지는 해안선이 등장하는 재난영화의 배경이 될 가능성이 있다.

아내와 나는 2011년 9월에 군소도서개발도상국SIDS: Small Island Developing States인 솔로몬제도와 키리바시 양국을 방문했다. 인간이 조장한 환경적 위험의 최전선에 있는, 세계적으로 환경이 가장 취약한 지역을 돌아보는 일정이었다. 이들 도서국가와 그 인근의 수백 개 섬들은 파도 아래로 가라앉는 중이다. 50만 명이 넘는 사람들이 그 때문에 이주하거나 멸망할 운명의 기로에 서 있다. 그들의 일상에는 공포의 그림자가 드리워져 있다.

솔로몬제도의 수도인 호니아라에 있는 호텔에서 체크인했을 때, 우리는 태평양이 아름다운 것 못지않게 위험하기도 하다는 경고를 들었다. 호텔 측이 실내가운 대신 구명복을 내준 덕분에 그 경고의 메시지는 한층 실감이 났다. 키리바시의 집들은 말뚝 위에 지어졌기 때문에 부모는 아이들이 거친 바다에 쓸려가지나 않을까 전전긍긍한다. 최고점이라고 해봤자 해수면보다 3미터밖에 높지 않기 때문에 밀물 때면 자주 물속에 가라앉는다. 우리는 간선도로로 차를 몰고 가면서 차바퀴에 파도가 부딪치는 것을 보고 충격을 받았다.

마이애미에서 마카오에 이르기까지 해안지역은 말할 것도 없고, 비슷한 위험에 처한 섬이 수천 개나 된다. 많은 노인이 자신이 사는 동안 멀리 있는 섬들이 사라지는 걸 여러 번 목격했다고 내게 말해주었다. 섬들에만 국한된 문제가 아니다. 사하라에서 시베리아에 이르기까지, 지구온난화는 사막의 끝자락을 확대하고, 통제할 수 없는 산불을 놓고, 영구 동토층을 녹이고, 치명적인 태풍을 만들었다. 생물의 서식지가 어찌나 빨리 줄어드는지 종들은 빠른 속도로 멸종되고, 사람은 야생동물과의 접촉으로 새로운 병을 얻고 있다.

그레타 툰베리와 열대우림재단Rainforest Foundation은 최선을 다했고, 미국의 도널드 트럼프와 브라질의 자이르 보우소나루가 최악을 저질렀다. 여러분과 나, 그리고 그 밖에 우리가 아는 모든 사람 도 그 결과를 몸소 경험하고 있다. 기후위기는 이제 몇백만 분의 1(ppm)을 따지는 과학 학위의 주제가 아니다. 기후위기는 이제 얼굴과 이름을 지닌 모든 사람의 실질적 문제다.

대량파괴 기후

유엔 공직생활 10년간 가장 자랑스러운 성과를 꼽으라면 인간이 조장한 지구온난화의 피해를 늦추기 위해 마련한 국제협약이다. 세계 각국 정부가 온실가스 제한에 관한 합의를 도출하리라는 생각을 아무도 하지 못하던 오래전부터 나는 장차 '2015 파리 기후협약'으로 발전할 발상과 움직임을 몸소 옹호해왔다.

소년 시절, 나는 하루에도 몇 시간씩 시골의 산과 들을 쏘다니곤 했다. 전쟁 직후의 한국이 가진 것이라곤 자연밖에 없었다. 온종일 돌아다니다가 들풀과 바위 사이로 흐르는 시냇물을 마주치면 기뻐하며 물가에 무릎을 꿇고 차가운 물을 손으로 떠 마셨다. 내 손자들도 그런 경험을 누릴 수 있을까?

제8대 유엔 사무총장에 출마하기 전까지 기후변화는 내 관심의 초점은 아니었다. 위기가 다가오고 있다는 것은 알았지만, 그것은 내 서류함 속 십수 가지 문제 중 하나일 뿐이었다는 사실을 인정한다. 그러다가 생각해보니, 빈곤 퇴치, 무력 분쟁 종식, 식량 생산, 식수 확보 등 유엔이 추구하는 대다수의 목표가 수 세기 동안 별로 변하지 않는 기온과 강우량에 바탕을 둔 안정적인 기후 덕분이었다는 사실을 깨달았다.

녹아내려 장엄한 모습을 조금씩 잃어가는 극지 만년설, 갈수록 거칠어지는 날씨, 생물종과 주변 환경의 파괴, 진격해오는 사막에 자리를 내주고 있는 3천만 에이커 상당의 땅, 정부의 경제개발 우선 정책 예산에서 매년 수십억 달러씩을 빨아들이는 가뭄 등을 못 본 체하기란 애당초 불가능했다. 북반구는 점점 더 뜨거워지는 여름과 추워지는 겨울로, 남반구는 시드는 농작물과 높아지는 해수면으로 고통을 겪고 있다. 기후변화는 국제 평화안보에 대한 궁극적 위협이다. 하지만 이런 관점은 내가 출마했던 2006년 당시에는 일반적인 것이 아니었다. 그럼에도 나는 모든 외교관과 각국 장관을 상대로, 내가 사무총장에 선출된다면 기후변화를 가장 우선적인 의제로 삼을 것이라고 설명했다.

총장직 인수를 위한 사무실을 차리자마자 나는 그 약속을 실행하는 일에 착수했다. 나는 먼저 코피 아난의 선임보좌관으로서 내게 인수인계 관련 브리핑을 담당했던 밥 오어에게 도움을 청했다. 점잖은 말투를 가진 미국인인 밥은 학계와 국제업무에 두루 경험이 있었다. 나는 그의 민첩한 판단력과 문제를 현실적이면서도 전체적으로 바라보는 식견에 감탄했다. 나는 그에게 기후 캠페인의 실행 가능성에 관해 솔직하게 의견을 물었다.

그는 대답했다. "기후는 다루어야만 하는 심각한 문제죠. 하지만 그 길은 몹시 가파른 오르막길일 겁니다." 고무적인 대답은 아니었지만 적어도 그가 '제로'라고 말한 건 아니었다. 바로 그 때, 나는 수많은 우리의 자녀들과 손자들에게 영향을 미칠 이 단일 사안에 정치적 자산을 투입할 가치가 있다고 판단했다. 기후 문제는 본질적으로 세계적인 해결을 요하는 세계적인 문제였다.

격동적 전망

사실 이산화탄소 배출 제한은 회원국 사이에서 누가 봐도 인기가 없는 주제였다. 추상적인 미래의 위협이라고 여겨지는 것을 막자고 눈앞의 경제 성장을 포기하려 드는 나라는 거의 없었다. 사실 한국을 포함해 많은 개발도상국은 빠르게 이루어지는 산업화 과정을 거치는 동안, 공장에서 나오는 검은 연기를 번영을 상징하는 축복쯤으로 여겼다. 실제로 그런 배출을 제한하는 과정은 이미 거의 죽은 거나 마찬가지였다.

기후변화에 관해 대대적으로 이루어진 마지막 합의는 1997년의 교토의정서였다. 그것만으로는 충분치 못하다는 것이 분명했다. 미국과 같은 핵심 선진국이 의정서의 당사국이 아닌 데다, 중국과 인도 같은 핵심 개발도상국은 협정에 따라 배출량을 감축할 의무가 없었기 때문이다. 이런 주요 배출국을 통제하지 못한다면, 지구는 계속 온난화될 수밖에 없을 터였다.

표면적으로는 정치적 문제가 아닌 것처럼 보이지만, 기후변화 문제는 회원국, 특히 강대국들의 정치적 계산 및 전략적 고려와 깊이 얽혀 있었다. 그들은 경제적 함의를 포함한 협정을 쉽사리 받아들이려고 하지 않았다. 겉으로 봐서는 기후변화 방지의 혜택만을 볼 것처럼 보이는 개발도상국들조차 주저하는 태도를 보였다. 상당수의 개발도상국과 소국들은 먼저 번영에 도달한 국가들이 사다리를 걷어차는 마당에 자국의 발전에 족쇄를 채우는 것을 거부했다.

나는 기후변화라는 고르디우스의 매듭을 풀어내겠다고 결심했고, 열정, 공감, 인내라는 최고의 무기를 동원했다. 나는 중앙아프리카의 출력 100와트짜리 라디오 방송국에서부터 중앙아시아의 안보포럼에 이르기까지, 방문하는 거의 모든 곳에서 기후변화의 문제점에 관해 언급했다. 나는 임기 초반 2년 동안 100회 이상 기후변화에 대해 연설했고, 세계 지도자들과의 비공개 대화도 헤아릴 수 없이 많이 가졌다. 회의론자로 알려진 상대 앞에서도 굴하지 않고 기후변화 문제를 제기했다.

굴하지 않고 환경을 말하기

조지 W. 부시 미국 대통령과의 첫 만남이자 아마도 가장 중요한 만남이었을 2007년 1월 16일에 나는 그에게 기후변화 문제를 제기했다. 나의 보좌관들은 거의 모두가 그렇게 중요한 지도자와 처음 대면하는 자리에서는 기후에 관해 논쟁하지 말라고 조언했다. 나와 미국 대통령의 관계가 껄끄럽게 시작해 내내 어렵게 이어질까 봐 우려했기 때문이었다. 하지만 나는 기후변화에 관한 유엔 기본협약UNFCCC의 책임자로 있는 이보 드 보어가 본에 있는 본부에서 뉴욕으로 날아와 기후변화 문제를 어떻게든 제기해달라고 부탁한 뒤로는 그렇게 해야겠다고 결심했다. 밥 오어가 백악관 참모들과 의제를 협의했는데, 그냥 '유엔의 관심사항'이라고만 써넣었다.

오벌 오피스에서 면담을 하는 동안 나는 미국과 유엔 관계, 다르푸르 사태, 기타 여러 분쟁지역 등 예상할 수 있던 각종 문제를 거론했다. 그런 다음 미국 대통령에게 기후 문제가 매우 심각해서 즉시 관심을 기울여야 한다고 말했다. 내 말에 부시 대통령이 방어적인 태도를 보인 것은 좀 의외였다. 그는 미국이 배출감축과 관련해 공정한 몫 이상을 부담할 수는 없다고 밝혔다. 그는 중국과 인도를 지목했고, 이렇게 말했다. "미국은 기후변화를 해결하기 위해 전 세계와 공유할 기술을 개발하는 데 수십억 달러를 쓰고 있습니다. 이 문제의 해결방법을 두고 국제적 합의가 과연 이루어질 수 있을지 모르겠군요." 대단히 성공적인 토론이라고 할 수는 없었지만, 핵심적인 국가와의 논의가 중요한 출발점을 지난 것이었다.

면담 이후 백악관 출입기자들에게 브리핑할 때, 기자들은 모두 기후 문제에 초점을 맞췄다. 기자들은 이것이 폭발성 있는 쟁점이라는 것을 알았다. 아마도 바로 그런 점 때문에 내 보좌관들이 기후 발언을 한사코 말렸을 터였다. 내 보좌진은 기후 문제가 미국과 유엔 사이의 모든 협력 영역을 가려버리는 것을 원치 않았고, 나와 부시 대통령이 논쟁을 벌인 것 같은 인상을 주고 싶지 않아 했다. 그러나 일부 언론은 미국 정부를 향해 기후 문제를 꺼낸 나의 확고한 입장과 용기를 높이 평가했다. 상대가 오랫동안 석유사업에 관여해온 가문 출신의 대통령이라는 점에서 더욱 그러했다.

나는 세계 지도자들이 모이는 기후변화 토의를 위한 정상회의에 부시 대통령을 초청하고 싶었다. 그는 처음에는 거부 의사를 표했지만, 나는 그 모임에서 이루어지는 어떤 노력이든지 그것이 의미를 가지려면 그가 필요하다고 말했다. 나는 주요 강대국과 탄소 배출국이 빠진 새로운 기후협약을 절대 원치 않았다. 그래서 나는 2007년 7월 17일에 있었던 두 번째 만남에서, 참가를 망설이는 부시 대통령에게 직접 초대장을 전달하며 호소했다. "대통령님, 당신은 내가 개인적으로 초대장을 전달하는 최초의 국가원수입니다. 이 정상회의의 성공 여부는 당신의 참석에 달려 있습니다."

"나를 회의장으로 '소환'하려고 애쓰시는군요!" 그가 농을 던졌다. 그 순간 콘돌리자 라이스 국무장관이 말문을 열었다. "한 건 하셨네요, 사무총장님. 대통령 말씀은 '예스'라는 뜻입니다." 2007년 9월 24일, 세계 지도자 80여 명이 기후변화에 관한 전례 없는 토론에 참석하려고 뉴욕에 모였다. 하지만 부시 대통령은 하루 동안 개최되는 정상회의 중에 총회 연설을 거부했다. 나로서는 매우 난처한 상황이었다.

이 문제를 라이스 장관과 협의하자, 그는 소수의 국가원수 및 정부 수반을 위한 비공식 업무 만찬을 개최하라고 조언했다. 나는 난감함을 무릅쓰고, 모든 대륙을 대표하는 30여 명의 세계 지도자를 비공식 유엔 만찬에 초대했다. 나는 군서도서개발도상국SIDS으로 지정된 38개국에서도 여러 지도자를 정중히 초대했다. 쿠바, 피지, 세이셸 등을 포함하는 이 나라들은 기후회담에서 특별한 도덕적 위상을 차지했다. 해수면의 상승으로 국토를 조금씩 잃고 있고, 우리 모두가 머지않아 직면할 고통스러운 적응 과정과 이미 씨름하고 있는 사람들이 사는 나라들이기 때문이었다.

의외로 음식과 대화가 부드럽게 어우러진 만찬이 회의보다 더 생산적이었다. 나는 모두발언을 했다. 미국 대통령은 주최국의 지도자이기 때문에 유엔 사무총장 다음에 연설하는 것이 보통이다. 하지만 그는 성미가 급하다고 알려진 인물이었다. 나는 그에게 좌중의 견해를 들어본 다음에 발언하는 것이 좋겠으니 몇몇 다른 대통령과 총리에게도 연설할 기회를 주자고 말했다. 아니나 다를까, 미국 대통령은 연설을 마치더니 먼저 가봐야겠다며 나에게 양해를 구했다.

부시 대통령이 회의장을 떠나자마자 실비오 베를루스코니 이탈리아 총리가 그 뒤를 따랐고 곧이어 사르코지 프랑스 대통령도 자리를 떠났다. 나는 화가 나거나 놀랐다기보다 실망했다. 끝까지 자리를 지킨 사람은 앙겔라 메르켈 독일 총리와 아시아와 아프리카, 도서 국가의 지도자들뿐이었다. 그래도 내 계획은 적중해서, 부시 대통령은 자신이 존중하는 사람들의 솔직하고 열정적인 견해를 경청했다.

나는 사무총장으로서 방문하는 곳마다 기후변화에 주목할 것을 촉구했고, 종종 위험을 강조할 의도로 환경이 취약한 곳을 방문지로 선택하곤 했다. 남극대륙 주위의 극지 빙하에서부터 면적이 줄어드는 아랄해, 차드호, 아마존 유역의 분지와 그 밖의 다른 곳에서도 나는 피해를 목격했고, 기후위기에 관해 말했다. 또한 지열발전소, 태양열 전지판 공장, 담수화 설비, 연구용 실험실, 기타 세계 여기저기에 있는 혁신 시설 등 기후 문제를 해결하기 위한 시설도 방문했다. 녹색도시들도 가보았고, 갈라파고스제도를 비롯하여 여러 섬지역도 방문하였다. 그 섬지역에 살고 있는 원주민들은 자신들이 지구를 지켜야 한다는 특별한 책임감으로 충만해 있었다. 시대를 초월한 그들의 전통에 관심을 쏟고 지원하는 것이 마땅하다는 생각이 들었다. 나는 경제계, 특히 자연재해의 혹독함과 그에 상응하는 책임을 줄이는 데 재정적 이해를 가지고 있는 보험업계와도 동맹을 만들었다.

태풍을 꺼뜨리기

공식적으로는 '유엔 기후변화협약 당사국회의', 비공식적으로는 COP13으로 알려진 발리 당사국 회의Bali Conference of Parties가 2007년 12월 3일에 개최되었다. 세계 각국이 기후위기 대응을 위한 합의를 끌어내려고 모인 열세 번째 자리였다. 별다른 진전을 보지 못하고 있었지만, 나는 그 과정에 활기를 불어넣고 싶었다. 그래서 대표단을 향해 기후가 우리 시대의 결정적인 문제임을 강조한 다음, 타협을 통해 이견을 좁힐 창의적인 해결방안을 마련할 것을 열정적으로 촉구했다. 광범위한 의제를 다루는 회의가 대개 그렇듯, 2주간의 협상 후에 이틀간의 정상회의가 예정되어 있었다. 나는 지도자들이 합의할 수 있는 초안을 마련하려면 그 2주의 한순간도 허투루 쓸 수 없으리라는 사실을 알고 있었다.

처음에는 협상이 비교적 순조롭게 진행되는 것처럼 보였다. 케빈 러드 신임 오스트레일리아 총리는 교토의정서 비준 문서를 나에게 직접 건넸다. 각국 지도자와 일련의 회담을 마친 다음, 나는 인근의 동티모르를 공식 방문하기 위해 회의장을 떠났다. 동티모르는 유엔의 도움으로 인도네시아로부터 독립한 지 얼마 안 된 상태였고, 여전히 많은 유엔 직원들이 주재하고 있었다. 그런데 COP 협상은 정체상태에 빠졌고, 각국 대표들은 벌써 기진맥진한 상태였다. 회의 폐막을 코앞에 두고도 돌파구를 찾지 못하고 있었다.

이튿날 동티모르에서 나는 밥 오어로부터 긴급전화를 받았다. 오어는 발리 회의가 막다른 궁지에 빠졌다고 전했다. 그대로 내버려 둘 수 없었다. 나는 즉시 발리로 돌아가 유엔 평화유지군 출신인 수실로 밤방 유도요노 인도네시아 대통령과 공동으로 각국 대표단에 협상을 계속해줄 것을 호소했다. 긴장으로 팽팽한 분위기였다. 하지만 우리가 회의장 안으로 들어서자 각국 대표단은 우리를 향해 우렁찬 기립박수를 보냈다. 나는 안도했다. 이러한 반응은 모두가 기후협정을 절실하게 원한다는 신호였기 때문이다. 나는 다시 한번 대표단을 향해 강력히 촉구했다. "인류를 위해 여러분의 숙제를 끝마쳐 주십시오!" 그러나 이것은 시작에 불과했다.

처음에는 대표단들이 교착상태에 빠졌고, 자국의 경제 성장을 제한할 조건을 수용하려 들지 않았다. 가장 부정적 태도를 보인 미국을 비롯한 많은 선진국은 제조업과 농업 등 여러 분야에 부담스러운 환경규제를 떠안길 어떤 협정에도 서명하려고 하지 않았다. 선진국과 개발도상국의 셈법이 서로 다르다는 것은 분명했다. 선진국들은 상대적으로 가난하지만 성장 잠재력이 큰 중국이나 인도 같은 나라에 비해 더 큰 불이익을 받지 않는다는 점을 확실히 해두고 싶어 했다. 그들은 느슨한 배출 목표를 선호했다.

개발도상국들도 자국의 경제적 잠재력을 제한하는 조건은 거부했다. 선진국들이 번영으로 가는 사다리를 걷어찼다는 사실을 지적하면서, 자국도 동등한 기회를 누릴 필요가 있다는 점을 지적하는 나라들이 수십 개국이었다. 게다가 지도자들은 재정 지원, 훈련, 기술의 공유가 없으면 자국은 친환경 정책을 추구할 수 없다고 주장했다. 정작 게임에서 잃을 것이 더 많은 쪽은 개발도상국들이었다. 상대적으로 더 더운 기후에 노출된 개발도상국들은 특히 농업 분야에서 기후변화의 효과를 더 심하게 경험할 터였다. 섬들과 해안지역은 이미 심하게 변덕스러운 날씨와 홍수에 시달리고 있었다.

각국 대표단이 제기하는 난마와 같이 얽힌 문제들이 어찌나 어려웠던지 이보 드 보어 UNFCCC 사무총장은 급기야 눈물을 흘리면서 연단에서 내려왔다. 가장 완고하게 고집을 부리는 나라는 미국이었고, 모든 대표단은 교착상태를 타개할 워싱턴의 조치를 원했다. 심지어 미국 대표단이 야유를 받는 일도 있었다. 좌절감을 느낀 각국 대표단은 회의 중간에 공공연히 출발 비행기를 예약하며 발리를 떠나기 시작했다.

그때 기적이 일어났다. 미국 민주당 및 공화당이 각기 주도한 과거의 다섯 행정부에서 꾸준히 봉직한 이력을 가진 폴라 도브리안스키 민주주의 및 세계 문제 국무차관이 컨센서스에 참여하겠다는 미국의 의사를 밝혔고, 모두가 열광했다. 인도를 비롯한 다른 주요 경제대국도 자국의 공약을 재확인했고, 이러한 성공은 모든 대표단을 위한 인공호흡 조치와도 같았다. 미국 정부의 참여하에 '발리 로드맵Bali Roadmap'이 전격적으로 채택되었고, 기후변화에 대한 합의로 나아가는 길이 열렸다.

나는 미국 정부가 왜 태도를 180도 바꾸기로 결정했던 것인지 의아할 때가 종종 있었지만, 1년 후까지 그 이유를 깨닫지 못했다. 부시 대통령 퇴임을 불과 2주 앞둔 2009년 1월 6일에 아내와 나는 백악관 주최 작별오찬에 초대받았다. 초청받은 인사가 우리 둘만이라는 것에 놀랐고, 영예로 생각했다. 네 사람이 가진 백악관 오찬은 무척 즐거웠다.

오찬이 끝날 무렵, 묻지도 않았는데 부시 대통령은 도브리안스키가 발리 회의장에서 전화로 최종지침을 내려달라고 청훈했던 일화를 설명했다. 대통령은 바로 그 순간에 내 생각이 나서 그에게 "반 총장이 원하는 대로 해주세요"라고 지침을 내렸노라고 했다. 나는 지구 기후변화의 충격에 대처하기 위해 다른 나라들과 협력할 책무를 결국 받아들인 그에게 고마움을 느꼈다.

오벌 오피스에서 가졌던 부시 대통령과의 첫 만남 이래 미국에 대한 유엔의 지속적인 설득이 예상하지 못했던 방식으로 성과를 낸 것이다. 부시 대통령은 나에 대한 존중과 신뢰를 배출 목표에 대한 지원으로 표현했다. 비록 최종적인 합의까지는 갈 길이 멀었지만, 이것은 섬세한 개인외교를 통해 미국을 협력 대열에 합류시키는 것이 가능하다는 생생한 증거인 셈이었다. 나로서는 이제 내 접근방식이 통한다는 확신을 갖게 되었다. 마침내 역사적인 파리기후협약이 채택되던 2015년 12월 12일에 〈뉴욕타임스〉와의 인터뷰에서 나는 우리 모두를 여기까지 오게 도와준 부시 대통령에게 특별한 사의를 표했다.

나무 심기와 길 닦기

발리 로드맵은 위험한 탄소 배출을 줄이는 데서 시작해서, 복잡한 새 기후 합의를 협상하기 위한 첫걸음이었다. 나는 사무총장실 직속으로 기후 전문가팀을 꾸렸다. 이런 팀은 으레 개발이나 다른 업무를 담당하는 부서 소관사항으로 맡기는 것이 관행이기 때문에 무척 이례적인 조치였다. 결성 직후에는 오르가팀을 이끌었고, 그 후에는 헝가리의 기후전문가인 야노스 파스토르가 팀장이 되었다. 오래지 않아 이 팀에는 녹색 비즈니스, 경제학, 외교 및 다른 분야의 전문가들도 합류했다.

우리는 작지만 의미있는 성과를 얻어내는 데 집중했다. 이러한 성과들이 축적되면 커다란 모멘텀을 형성하게 될 것이다. 첫 목표는 숲이었다. 옌스 스톨텐베르그 노르웨이 총리와 손잡고 활동하는 동안, 우리는 '삼림파괴 및 삼림황폐에 따른 배출 감축REDD'이라고 명명된 대책을 세웠다. 2015년의 파리회의 무렵에는 그와 비슷한 계획들이 활발하게 수립되었다. 그 모두가 지구라는 행성을 보호할 벽을 만드는 데 쓰일 하나하나의 벽돌이었다. 나도 더 작은 물병을 사용하라는 지침을 내리고 실내 온도 설정을 바꿈으로써 무거운 탄소발자국을 다소나마 줄이는 등 열성적으로 모범을 보이려 애썼다.

유엔이 가장 심하게 낭비하는 자원에 종이가 포함된다는 사실은 비판자들에게조차 그리 놀랍지도 않을 것이다. 매일 수십 건씩 발간되는 공식문서는 대부분 프랑스어, 중국어, 영어, 러시아어, 스페인어, 아랍어 등 6개 공식 언어로 번역된다. 보고서와 회의록은 걸핏하면 20쪽을 넘고, 우리는 이런 문서를 하루에도 여러 번 발간했다. 유엔 관리국이 내게 알려준 바에 따르면 유엔이 매일 사용하는 종이를 한곳에 쌓으면 사무총장실이 있는 38층 높이는 될 거라고 했다. 우리가 홈페이지를 개선하고 www.UN.org 포탈 사용을 훨씬 쉽게 만들어서 절약된 종이가 얼마나 될지는 가늠하기도 어렵다. 복사할 때 나는 언제나 이면지를 사용했다.

나는 수시로 비행기를 타고 다녔기 때문에 기후변화를 부인하는 사람들이 비난하는 단골 대상이었다. 수 톤의 에너지를 소비하고 유독한 연료로 움직이면서 기다란 탄소 구름을 내뿜는 비행기를 타고 끊임없이 세계 방방곡곡을 다니는 외교관이 어떻게 기후 문제의 해결을 이끌 수 있느냐는 것이었다.

모든 방문지에서 기후 문제를 제기함으로써 탄소배출의 과오를 조금이나마 만회하려고 애쓰면서도, 나 역시 스스로에게 비슷한 질문을 던졌다. 전쟁, 분쟁, 정치적 소요가 주요 현안인 콩고민주공화국 같은 곳에서조차 나는 기후를 수많은 국가적 문제의 원인으로 제기했다. 산림으로 유명했던 콩고민주공화국에서도 여러 지역의 삼림이 파괴되고 있었다. 이 나라의 안전하고 지속 가능한 미래를 위해서는, 킨샤사 또한 기후 협약의 당사자가 되어야 할 터였다. 그러나, 조제프 카빌라 대통령은 세계적으로 소중한 녹지에 해당하는 자국에서 벌어지고 있는 삼림파괴가 초래할 영향에 관심이 없는 것처럼 보여서 나는 실망하지 않을 수 없었다.

좋은 일들도 적지 않았다. 미국 오바마 대통령의 당선은 탄소 배출 반대 운동에 추진력을 제공했다. 선거운동 기간에 그는 미국 정부의 환경에 대한 접근법을 바꾸겠노라고 약속했고, 기후의 옹호자로 유명했던 앨 고어 전 부통령에 대한 신뢰를 표명하기도 했다. 오바마 대통령은 기꺼이 협상에 임하고 지도력을 발휘하겠다는 의지를 보였다. 2009년 9월에 오바마 대통령은 내가 뉴욕에서 소집한 기후정상회의에 100여 명의 세계 지도자와 함께 참가했다. 구속력 있는 약속에 대한 협상은 없었고 토론만으로 이루어진 행사였지만, 여기서 나온 연설은 각국의 공식 입장으로 기록되었다. 어쨌든 이 회의는 그때까지 이루어진 기후 관련 모임 중 최대 규모였다. 내가 비공식 정상급 만찬을 주최했고, 이번에는 아무도 일찍 자리를 뜨지 않았다. 미국의 오바마 대통령조차도.

코펜하겐의 빛과 그늘

발리의 성공은 폴란드 포즈난의 COP14, 그리고 다시 코펜하겐의 COP15로 이어졌다. 2009년 12월에 코펜하겐에서 열린 정상회담은 실패였다는 평가가 지배적이었다. 우리는 "합의를 만들자!Seal the Deal"라는 캠페인을 활기차게 전개했다. 유엔 기후변화와 홍보담당 부서가 각국 정부로 하여금 의무감과 필연성을 느끼도록 하려고 만든 구호였다.

불행히도 의미있는 탄소배출 감축을 위한 법적 구속력 있는 합의가 도출될 가능성이 별로 없었다. 그럼에도 우리는 한참 뒤까지도 이 구호를 계속 사용했다. 유감스럽게도 덴마크 기후 대응팀도 몇 가지 실수를 저질렀다. 전통적으로 어떤 회의에서건 주최국 정부는 단순히 장소를 제공하는 것 이상으로 많은 역할을 수행하기 마련이다. 회의 절차를 이끌고 나가는 정치적·외교적 지도력을 발휘할 책임이 주최국에 있다. 당시 나는 환경 및 사회적 이슈에서 오랫동안 세계적 리더 역할을 해온 덴마크에 거는 기대가 컸다.

덴마크 관리들은 참가국들이 온실가스 감축을 이행할 의무를 떠안는 대신, 의향만을 표명하는 정치적 합의를 통해 회의를 살리려고 시도했다. 이론상으로는 그럴듯해 보였지만, 초안 작성 과정에 소수의 국가만 참여시키는 바람에 실제로 작동되지 못하고 실패했다. 발언 기회가 차단되었다는 느낌을 받은 참가국들에 잘못된 신호를 보낸 것이다. 베네수엘라의 우고 차베스를 비롯한 많은 지도자가 초대받지 못했고 그들이 배제됨에 따라 자연히 협상 분위기는 망가졌다. 설상가상으로 〈가디언〉은 합의문 초안의 초기 버전을 기사화했다. 유출된 초안의 보도를 접한 대표 대부분이 분노했다. 자신들과 협의도 거치지 않은 합의문 초안을 신문에서 보게 되었기 때문이다. 특히 개발도상국 대표들은 모욕감을 느꼈고, 그럴 만도 했다. 이런 실수들 때문에 나는 걱정이 앞섰다.

덴마크 주최 측의 의도는 좋았다. 하지만 폐막 전날인 12월 16일 금요일 밤이 되자 법적 합의에 도달할 수 없다는 것이 분명해졌다. 분위기는 최악이었다. 그럼에도 나는 지도자들에게 "합의서에 서명하자"고 촉구했다. 그러면서도, 문제점과 우려사항 및 실패가 초래할 위험에 관한 현실적인 설명도 덧붙였다.

나는 지도자들이 국내에서 받는 압박과 정치적 입장에 대한 이해를 바탕으로 관련국들과 우호적인 관계를 유지했다. 컨센서스에 가담하기를 주저하는 개발도상국의 동참을 유도하고자 최대 배출국들은 유인책을 썼다. 힐러리 클린턴 국무장관이 대표하던 미국은 유럽연합, 일본과 함께 2020년까지 개발도상국을 위해 1천억 달러를 모으고, 그 후에는 해마다 1천억 달러를 제공하겠다고 약속했다. 그러나 이 약속은 지금 이 순간까지 지켜지지 않고 있다.

근본적인 이견은 우리가 어느 정도로 야심 찬 목표를 설정해야 하는지, 더 구체적으로 말하면 세계를 함께 구성하는 우리가 어느 정도의 지구온난화까지 참아낼 의지를 가지고 있느냐에 관한 것이었다.

나는 섭씨 1.5도보다 낮은 목표가 타결되기를 희망했다. 과학자들에 따르면, 이 온도를 넘어가면 지구는 돌이킬 수 없는 타격을 받고 예측할 수 없는 결과가 초래될 것이라고 한다. 도서 국가와 다수의 해안 국가는 이 기준을 열렬히 지지했지만, 대규모 오염 유발자에 해당하는 선진국들은 섭씨 2도의 상한선을 고집했다. 이런 대립은 파리협약으로 가는 협상을 더 꼬이게 만들었다.

나는 그렇게 많은 나라가, 특히 '가질 만큼 가진' 나라들이 그토록 이기적일 수 있다는 데 놀랐다. 이미 미국의 참여는 확보된 만큼, 이른바 브릭BRIC 국가에 해당하는 브라질, 러시아, 인도, 중국의 참여가 필요한 상황이었다. 오바마 대통령은 브릭 지도자의 내부 모임에 불쑥 들르는 식으로 관심을 표했다. 이런 성원 덕분에 약간의 진전은 있었지만, 원자바오 중국 총리는 여전히 실질적 타협을 거부하고 있었다. 발언은 하되 참여는 하지 않고 있었던 셈이다.

의장으로서 시간의 압박을 받던 라스무센 덴마크 총리, 오바마 대통령, 그리고 나, 이렇게 세 사람은 따로따로 중국 총리가 묵는 호텔을 찾았다. 이런 일은 이례적이었다. 타국을 방문하는 외국 지도자는 주최국 정부의 최고위급 대표를 예방하는 것이 관례였지만, 원 총리는 그러지 않았다. 우리의 방문은 코펜하겐

협정의 돌파구를 여는 데 필요한 행동이었다. 모든 참가국 정부, 그중에서도 특히 중국 정부의 도움이 필요하다는 내 입장은 확고했다. 중국은 지구상의 최대 탄소배출국 중 하나일 뿐 아니라, 아시아 지역에서 영향력이 컸고, 그 영향력은 점점 아프리카 지역에서도 커지고 있기 때문이었다.

한편 회의장 밖에서는 평화적 시위가 이어지고 있었다. 그것은 기후에 관해 강력하고 지속적인 행동을 원한다는 생생한 증거였으므로, 보기 좋았다. 그러나 정확히 말하자면, 이것은 제대로 된 대화 방식은 아니었다. 훗날 나는 모든 기후 관련 회의에 시민 사회와 비정부기구의 참여 공간을 넓힐 것을 주장했다. 그들은 우리의 동맹이자 파트너였다. 나는 그들의 견해와 기여를 깊이 존중한다. 모두가 그렇게 생각하는 건 아니었지만, 나는 나의 후임자들도 시민 사회가 회의에 참석할 자격이 있다고 여겨주기를 희망했다.

라스무센 총리가 주재하는 비공식 협상이 시작되었을 때, 주요 관계자들은 작고 후덥지근한 방에 모여 앉았다. 샌드위치, 생야채, 쿠키가 담긴 평범한 접시도 격에 맞지 않았다. 거기 모인 국가원수들이 끼니 걱정을 하고 있지 않다는 걸 모르는 사람은 없었지만, 40년 외교관의 경험을 통해 내가 깨달은 것이 있다면, 사람은 적당히 먹고 마셨을 때 더 협조적이 된다는 사실이었다.

이런 상황에서도 오바마 대통령은 우아한 행동으로 남다른 태도를 보였다. 그는 자신의 노트북 컴퓨터에 정치적 합의문의 최신 초안을 작성하고 그것을 들고 돌아다니며 다른 지도자들에게 문안을 보여주었다. 나는 장기적인 협상에 미국의 지원이 결정적이라는 점을 잘 알고 있었으므로 활발하게 관여하는 그의 모습을 보면서 더없이 기뻤다.

길고도 힘든 협상을 벌였지만, 결국 우리는 코펜하겐에서 합의에 도달할 길은 없다는 결론을 내릴 수밖에 없었다. 몹시 논쟁적인 분위기였다. 심지어 중국 대표 한 사람은 협상 중에 비외교적인 언사로 몇몇 국가원수나 정부 수반에게 반박하기도 했다.

실망감에 휩싸인 회의장이 점차 조용해졌다. 참석자들은 실패했다는 사실을 인식하게 되면서 목소리를 낮췄다. 최종 코펜하겐 합의문에는 목표가 포함되지 않았다. 대기 온난화에 관해 섭씨 1.5도라는 더 낮은 목표를 옹호하지 않은 채, 섭씨 2도 이하로 제한할 과학적 근거들을 단순히 '인식한다'고 되어 있을 뿐이었다. 군소 개발도상국 지도자 중에는 눈물을 흘리는 사람도 있었다. 그러나 많은 선진국과 중국은 그들의 울부짖음을 무시했다.

전체 회의를 개회하자마자, 라스무센 총리는 초안 결정에 이의가 있는지 물었다. 당연히 있었다. 찬성이나 기권 대신, 발언자 대부분이 이의를 제기하기 위해 발언을 신청했다. 외교적인 풍경이 아니었다. 불안하고 부정적인 분위기로 변해가고 있었다. 일부 발언자는 언성을 높이면서 책상을 두드리기까지 했다. 회의장은 시끄러웠고 불쾌한 감정으로 가득 찼다. 혼란스러운 상황이었다.

이틀 전 전체 회의에서 수단의 대표 한 사람은, 코펜하겐 정치적 합의가 600만 명의 아프리카인에 타격을 줄 '자살 협정'이라고 주장하면서 정치적 합의를 홀로코스트에 비유하는 일이 있었다. 절대 받아들일 수 없는 말이었고, 많은 참석자를 불쾌하게 만들었다.

험악한 분위기가 독처럼 번져갔다. 거기서 그친 게 아니었다. 같은 날, 클라우디아 살레르노 베네수엘라 대표가 자신의 명패를 들어 발언 신청을 했다. 지명을 받지 못한 그는 명패로 책상을 두드리다가 깊은 자상을 입었다. 마침내 발언권을 얻어낸 살레르노는 피가 흐르는 손을 들어 올리며 장내의 감정적 온도를 족히 2도는 더 끌어올렸다. 끝내 컨센서스가 이루어지지 않자, 분위기에 압도된 라스무센 총리는 합의에 이르지 못했음을 선포하며 의사봉을 두드리고는 도망치듯 연단을 떠났다.

혼란스러운 상황에 홀로 남은 나로서는 믿기지 않는 현실이었다. 이보 드 보어와 나는 자리를 지키기로 했다. 에드 밀리밴드 영국 환경장관, 토드 스턴 미국 협상대표, 유럽연합의 베니타 페레로 발트너를 포함해, 분노와 좌절감에 빠진 많은 대표들이 연단으로 몰려왔고 그들 중에는 나에게 삿대질을 하면서 언성을 높이며 불만을 표하는 사람도 있었다. 오랜 외교관 생활 동안 그토록 당혹스러웠던 순간은 단 한 번도 없었다. 소란이 잦아든 뒤에 나는 밥 오어에게 깊은 유감의 뜻을 미국 협상책임자에게 전해달라고 부탁했고, 스턴은 깊은 사과의 뜻을 전해왔다.

혼란 속에 회의가 정회한 뒤에 나는 쿠바, 이집트, 니카라과, 베네수엘라, 인도 등 몇몇 주요국 대표에게 별도 면담을 요청했다. 나는 그들에게 간청했다. "진심으로 부탁드립니다. 꼭 합의를 도출해야 합니다. 이번 회의는 성과가 있어야 하고, 그 성패는 우리에게 달렸습니다." 그들은 몹시 화가 나 있었지만 나는 일부러 그들의 아이디어를 물어보았다.

나는 외교에서는 듣는 것이 중요하다는 사실을 익히 알고 있었다. 때로 사람은 자신의 말을 들어주기만을 바랄 때도 있기 때문이다. 대표들에게 자신들이 생각하는 해법을 주장할 기회를 주면 줄수록 짜증스러운 상황을 조금 잊어버리게 될 터였다. 이 전략은 보람이 있었다. 이집트 협상 대표는 다른 나라들이 이미 결과물을 협상해두었기 때문에, 합의에 동참하지 말도록 강요받은 거나 마찬가지인 나라들도 있다고 불만을 표했다. 나는 그러면 그 대신 많은 나라가 동참할 수 있는 문안에 합의할 수는 있겠느냐고 물어보면서 분위기를 돌려놓았다.

회의가 재개되었을 때, 나는 즉석에서 회원국들의 단합을 위해 적어도 "코펜하겐 협정에 주목한다"고 발표해줄 것을 열정적으로 호소했다. 각국이 마침내 '정보문서' 발표를 수용하기로 한 것은 이튿날 이른 아침이 되어서였다. 정보문서는 결의안보다 무게가 훨씬 떨어지고, 구속력이 없는 참고용에 불과했다.

'합의서'에 '서명'을 하지 않은 탓에 코펜하겐 회의가 실패로 간주되는 것은 사실이지만, 최종적으로는 100개국이 넘는 나라가 추후에 이 문서를 승인했다.

지구에서 가장 취약한 곳

임기 첫날부터 나는 기후변화의 영향을 가장 크게 받는 장소들을 방문하면서 기후 외교를 강화하기 시작했다. 나는 내 여행이 큰 압박과 대중의 우려를 촉발하리라는 것과, 그것이 어떤 나라에서는 정책에도 영향을 미칠 수 있다는 사실을 알고 있었다. 나는 기후 문제를 해결하려는 의지를 보여주고자 남극대륙을 방문했다. 빙하가 녹고 부서지며 해수면 상승을 촉발하는 모습을 보기 위한 것이었다. 칠레 정부와 미첼 바첼레트 당시 칠레 대통령의 후원이 없었다면, 그 방문은 성사되지 못했을 것이다. 바첼레트 대통령이 내준 칠레 공군기는 2007년 11월 11일에 남극대륙에 있는 칠레 공군기지로 우리를 데려다주었다. 세계 언론에 둘러싸인 채 남극의 얼음 위에 서서, 나는 깨어지는 빙하를 가리키며 기후변화 해결이 시급하다고 말했다.

이 여행에서 가장 기억에 남는 일화 중 하나는 한국의 세종과학기지를 방문한 것이었다. 세종과학기지는 남극에 있는 많은 국가의 연구단지 중 하나로, 킹 조지 아일랜드 바톤 반도의 영구동토층에 자리 잡은 선홍색 건물이다. 세종과학기지에서는 멀리 떨어진 대기권으로부터 차가운 심해에 이르기까지 기후를 추적한다. 초겨울 기온은 섭씨 영하 10도(화씨 14도) 안팎이었지만 청정한 공기와 얼음장 같은 물이 어찌나 신선했던지 나는 추운 줄도 몰랐다.

뒤쪽에서 웃음소리가 들렸다. 유엔 탐험대 일행은 두터운 옷을 겹겹이 껴입은 나머지 몸놀림이 자유롭지 못했다. 선임보좌관들은 서로를 바라보며 웃음을 터뜨렸고, 펭귄들처럼 뒤뚱거리며 걸었다. 나의 아내는 적색과 청색의 두툼한 방한복으로 몸을 감싸고 있어 얼굴이 조금밖에 보이지 않았다. 하지만 모두가 낯선 풍경에 감탄하고 있는 와중에 아내 역시 미소 짓고 있는 것을 볼 수 있었다. 스러져가는 아름다움에 둘러싸인 짧은 즐김의 순간이었다고 할까.

그날 저녁 한국 과학자들은 우리 팀을 위해 환영회를 열어주며 예상치도 못한 생선회와 스카치위스키를 대접했다. 특별히 기억에 남는 식사였다. 우리를 대접하려고 과학자들은 인근 바다에서 물고기를 잡았고 4만 년 묵은 얼음을 넣은 술을 주었다. 그 세월을 상상하려고 해보았지만, 술잔 안에서 녹고 있던 얼음 조각에 비교할 만큼 오래된 것은 아무것도 떠오르지 않았다. 이날의 멋진 경험을 거부할 수 있는 사람은 아무도 없었다. 술을 못 하는 직원까지도.

감질나는 모금

코펜하겐에서 쓴맛을 보았음에도, 아니 어쩌면 바로 쓴맛을 본 덕분에 2010년 11월에서 12월에 걸쳐 칸쿤에서 열린 유엔 기후회의는 극적인 전개 없이 능률적이고 효과적으로 진행되었다. 참가국들은 새로운 자금조달 구조를 수립했다. 공여국들이 기여한 녹색기후기금GCF은 개발도상국들이 기후변화에 적응할 수 있도록 도와준다. 개발도상국들은 화석연료를 청정에너지로 전환한다거나, 기후변화에 따른 환경파괴를 완화하고, 정책을 개발하거나 집행할 수 있게 된다.

한국이 인천 송도에 GCF 본부를 유치하고 필요한 지원을 제공하겠다고 제안했을 때는 자랑스러웠다. 우리는 파리협약까지 이어지는 2014년에서 2015년까지 2년의 시간을 합의하는 데, 그것도 그냥 합의가 아니라 훌륭한 합의를 달성하는 데 필요한 광범위한 연합전선을 구축하는 데 사용했다. 그러자면 정치인들의 지원뿐 아니라 재계 지도자들, 지자체장들, NGO 관계자들, 유명인사들의 열성적인 지지도 필요했다. 정말이지 세상 모든 사람을 동원하는 거나 마찬가지인 셈이다.

기여 서약이 100억 달러를 돌파했고, 시작치고는 괜찮은 것처럼 보였다. 나는 국제적 시급성과 가시적 성과들이 기여금 증가로 이어질 것이라고 확신하고 있었다. GCF에 대한 일치된 지지는 신뢰를 증명해주는 신호였지만 그 효과를 거두려면 자본이 필요했다. 각국 대표는 2020년까지 1천억 달러 모금이라는 야심찬 목표를 세우고, 개발도상국을 원조하는 프로젝트에 매년 같은 액수의 집행계획을 승인했다. 이것은 희망적인 출발이었다. 그러나 나도 알고 다른 모든 이도 알고 있듯이, 목표를 설정하고 서약을 받아내는 것이 손에 든 현금과 똑같은 것은 아니다. 각국이 서약을 이행하기만 바랄 수밖에 없었다.

나는 GCF에 대한 공여를 독려하기 위해 각국 정부를 회유하고, 설득하고, 죄책감을 자극하고, 상대가 지칠 정도로 조르기도 했다. 프랑수아 올랑드 프랑스 대통령과 앙겔라 메르켈 독일 총리는 2014년에 각각 10억 달러씩을 GCF에 기탁하겠다고 발표했다. 아베 신조 일본 총리는 15억 달러를 서약했고, 데이비드 캐머런 영국 총리는 11억 5천만 달러, 스티븐 하퍼 캐나다 총리는 7천만 달러를 각각 서약했다. 한국 정부도 노르웨이, 스웨덴과 마찬가지로 1억 달러를 보탰다. 파나마에서 불가리아, 뉴질랜드에 이르기까지 세계 각국의 소규모 기부도 이어졌다.

문제는 미국 정부였다. 미국은 30억 달러를 서약했고, 나는 오바마 대통령에게 미국의 서약을 이행해달라고 계속 독촉했다. 하지만 그는 미국 예산에 발이 묶여 있었다. 2014년 11월 오스트레일리아 브리즈번의 G20 정상회담에서 오바마 대통령은 내가 다가가는 것을 보자 짓궂은 미소를 지었다. 내가 인사말을 건네기도 전에, 그는 "30억 달러 드릴 거 있죠"라고 말했다. 내 속마음을 꿰뚫고 있었던 것이다. 오바마 대통령이 퇴임하기 전에 미국은 약속한 금액의 3분의 1을 기탁했다. 나머지 20억 달러도 기여할 것인지, 한다면 시점은 언제쯤이 될지는 나로서는 알 수가 없었다. 후임인 도널드 트럼프 대통령은 미국이 파리기후협약에서 탈퇴하는 결정을 내렸고, 국제적 원조를 우선시하지도, 대안적 청정에너지 대책을 채택하지도 않았다.

기후회의와의 씨름

2014년의 리마 기후회의는 기후 운동의 결정적 순간이 될 것으로 기대했기 때문에, 나는 충분한 시간을 두고 미리부터 정상회의에 대한 궁리를 시작했다. 평소라면 따분했을 2012년 12월의 카타르 도하 기후회의에서 나는 밥 오어에게 판을 뒤흔들고 싶다고 말했다. 그는 내가 리마 회의에 앞서서 뉴욕에서 정상회의를 주최할 의도가 있다고 간략히 발표하는 방안을 제안했다. 다만 이번에는 국가 지도자만이 아니라 재계, 지방정부, 시민사회에 이르기까지 우리가 필요하다고 생각하는 모든 지도급 인사들을 대상으로 하는 회의로 열자는 제안이었다. 이와 같은 의도를 알리자 모든 대표가 깜짝 놀랐지만, 결국은 다들 내 발표 내용을 환영했다. 우리는 2013년 내내 이전의 회의들과는 모든 면에서 다른 정상회의를 준비했다.

지도자들을 초대하지만 협상은 없을 예정이었다. 경제적 측면의 조언을 제공해줄 사업가 및 재정 전문가들이 유엔을 그득히 채우게 될 터였다. 1년 후에 정부 대표들이 협상 타결이 가능하다는 확신을 가질 수 있도록 굵직한 사업을 개발하고 대형 뉴스가 될 만한 발표를 지원했다.

리마 정상회의가 열리기 이틀 전인 9월 21일, 기후행진을 위해 다양한 민간단체가 뉴욕에 모였다. 30만 명이 넘는 대규모 군중이 뉴욕의 5번가에 모여든 것이었다.

유엔 사무총장이 군중 시위에 참여하는 것은 어떤 상황에서도 지극히 이례적인 일이었지만, 나는 그들과 함께하지 않을 수 없었다. 나와 함께 뉴욕의 거리를 행진한 사람들 중에는 빌 디블라지오 시장, 훗날 파리기후협약을 채택하며 의사봉을 두드린 로랑 파비우스 프랑스 외교장관, 기후에 관한 열정적 리더십과 영화 〈불편한 진실An Inconvenient Truth〉로 2007년 노벨평화상을 받은 앨 고어 전 미국 부통령도 포함되어 있었다. 전 세계의 다른 도시들에서도 수십만 명이 기후 정의를 요구하며 행진한다는 것은 설레는 소식이었다. 기후위기의 경종을 울리는 활동에 힘쓴 공로로 내가 유엔 평화의 사절로 임명한 배우 레오나르도 디카프리오도 행진에 참여했다. 그는 이후 기후변화에 관한 영화 〈비포 더 플러드Before the Flood〉를 제작했는데, 나도 작은 배역을 맡았다.

좋은 소식은 더 있었다. '뉴욕삼림선언The New York Declaration on Forests'이 150개 이상의 파트너들의 찬성으로 채택되었다. 국가, 기업은 물론이고 원주민 단체 같은 핵심 관련 그룹들도 거기에 참여했다. 그들은 2030년까지 천연림 손실을 종식시키고, 중간 목표로 2020년까지는 손실을 반으로 줄이겠다고 서약했다. 삼림 파괴가 이산화탄소 배출과 연관되어 있다는 점에서 이것도 하나의 기후 약속이었다. 그리고 주요 당사자들이 환경적으로 지속가능개발에 관심을 기울인다는 추가적인 신호이기도 했다. 전 뉴욕 시장인 마이클 블룸버그 기후변화 특사의 주도로 2천여 개 도시의 시장들은 기후 행동을 맹세하는 유엔의 시장협약Compact of Mayors에 참여했다. 100여 군데에 이르는 세계적 대도시들은 시 차원에서 파리기후협약의 목표를 충족하겠다고 약속했다. 이것이 돌파구 역할을 했다. 도시는 녹색 경제와 환경에 큰 영향을 미치고, 이들의 협력이 있으면 온실가스 배출을 크게 줄일 수 있기 때문이었다.

리마에서는 5억 명에 이르는 농민들의 운동인 '기후 스마트 농업을 위한 세계연합the Global Alliance for Climate-Smart Agriculture'이 발표되었다. 총체적으로 30조 달러의 가치를 지닌 거대 보험사들의 지지를 끌어낸 '기후위험 투자 체제Climate Risk Investment Framework'도 출범했다. 나는 우리가 만들어낸 추진력의 강력한 힘에 압도되는 느낌이었다. 기후변화는 돌이킬 수 없는 수준에 도달했고, 우리 행동은 멈출 수 없었다.

2014년 리마 회의는 말잔치에 그치지 않았다. 기업 및 금융계 지도자들, 시장들, 그리고 시민사회 지도자들은 핵심 부문의 구체적인 해결책과 과감한 목표를 제시했다. 우리 기후변화 지원팀의 활약과 수백 차례에 걸친 산업계 지도자들과의 만남 덕분에 우리는 의미 있는 돌파구를 마련했다. 우리가 모은 것이 물질적 지원이었다면, 영적 세계로부터의 가장 큰 지원은 프란치스코 교황으로부터 왔다. 가톨릭교회는 유엔에서 투표권이 없는 옵서버 지위를 유지하는데, 언제나 사회적 문제에 대해 회원국들에 영향을 미치기 위해 그 지위를 활용했다. 교황청이 기후 행동을 옹호하기 시작했을 때, 내게는 그것이 이치에 맞는다고 여겨졌다.

나는 프란치스코 교황이야말로 진정한 선각자라고 생각한다. 그가 낮은 자세로 가난한 사람들에게 봉사함으로써 여러 차례 증명했듯이, 매우 소박한 면모를 가진 최고위급 영적 지도자다. 그가 나에게 지구온난화에 관해 말할 때 엿볼 수 있었던 조용하지만 확고한 신념을 잊을 수 없다. 물론 그의 관심의 초점은 천국이라는 영역에 있었지만, 지상의 삶에 담긴 가치는 결코 그의 마음에서 멀리 떨어진 것이 아니었다. 교황은 2015년 5월 24일, "찬미받으소서Laudato si, 우리 모두의 보금자리에 관하여"라는 기후변화에 관한 자신의 회칙回勅을 공포했는데, 그럼으로써 자신의 엄청난 영향력을 파리기후협약에 이바지하는 방향으로 행사했다. 이 회칙의 문구는 아름다웠고, 교황이 10억 명도 넘는 가톨릭 신도들을 향해 환경에 관심을 가지고 행동할 것을 명확히 촉구하는 내용이었다. 2015년 9월 25일 교황은 역사적인 유엔 방문을 통해 이 메시지를 다시 한번 강하게 발신했다.

극지방의 매력

2015년 7월 6일에 두 번째로 북극을 방문했다. 최종 협상을 위해 파리로 가기 전에, 나는 한 번 더 얼음 위에 서서 세계를 향해 강한 메시지를 보내고 싶었다. 우리는 작은 과학탐사선을 타고 북극권에 있는 노르웨이 스발바르 군도의 경계로 향했다. 나는 숨 막히게 아름다운 청록색 바다를 응시했다. 부서진 얼음판들이 수평선 끝까지 바다를 뒤덮고 있던 풍경을 잊을 수 없다. 비상하게 아름다우면서도 마음 깊은 곳의 불안을 자극하는 풍경이었다. 이미 너무 늦은 건 아닐까 하는 생각이 들었다.

이때의 극지 방문은 유익하기는 했지만, 2008년 당시 같은 흥분은 없었다. 빙산은 계속 녹아내리며 깊고 미끄러운 진흙바닥을 만들고 있었다. 야노스 파스토르의 부츠가 진창에 빠졌다. 나는 미끄러지지 않으려고 각별히 조심했다. 옆구리 몇 군데에 멍이 들면서 제대로 걷기가 힘들었다.

거지들의 연회

식량의 생산과 소비를 둘러싼 태도에 대해 따져볼 차례였다. 매일 음식의 3분의 1이 버려지고 있기 때문이었다. 2015년 9월 27일의 기후변화 정상회의 참석 지도자들을 위한 오찬을 준비

중이던 나는 백악관 요리사 출신인 샘 카스에게 일상적으로 버려지는 식품 재료를 활용해 세계 지도자 30명을 위한 채식 식단을 꾸려보라고 부탁했다. 카스는 '쓰레기매립 샐러드', '사용한 곡물빵'에 얹은 '등급 외 채소' 패티 등 인스타그램에 올려도 손색이 없을 식사를 만들었다. 버리는 재료로 만든 초라하지만 맛있는 식사는 도자기 접시에 담겨, 그것을 먹는 지구상에서 가장 막강한 권력을 쥔 사람들과 강렬한 대비를 이루었다. 매년 3조 파운드 가까운 식량이 버려지는 상황에 저항하는 방법으로서 이보다 더 좋은 방식은 없을 터였다. 이 식사는 지도자들 간의 활발한 대화도 촉발했다. 그토록 용납할 수 없는 낭비가 벌어지고 있다는 사실을 사람들은 잘 모른다.

오찬이 끝난 후, 나는 지도자들에게 요리하다 남은 음식재료로 식단을 꾸렸다고 발표하고, 어느 정상이든지 혹시 배탈이 나면 유엔에 청구하라고 하였다. 다행히 어느 누구도 유엔에 청구서를 보낸 정상은 없었다.

파리에 가득한 햇살

프랑스 정부가 수십 명의 세계 지도자들을 맞이하기 불과 몇 주 전인 2015년 11월 13~14일 양일간 테러 공격이 파리를 휩쓰는 비극적인 사건이 일어났다. 프랑스 온 나라가 동요했다. 그러나 올랑드 대통령은 훌륭한 리더십을 발휘했고, 프랑스 국민은 테러 위협에 맞서 하나가 되었다. 그들은 단호한 태도를 견지하며 지구를 살리기 위해 파리로 모이는 세계 지도자들을 환영했다.

나는 파리 시민이 일상으로 돌아간 의연함에 감동했다. 그래서 희생자들에 대한 애도와 테러에 대한 항의의 취지를 담아, 5명이 목숨을 잃은 '아 라 본느 비에르À la bonne bière' 식당에서 안 이달고 파리 시장과 커피를 마셨다. 이보다 더 파리다운 행동이 없었고, 이 도시에서 누리는 '삶의 기쁨joie de vivre'을 이보다 더 잘 상징하는 행위도 없었다. 나는 기후회의를 예정대로 개최하기로 한 프랑스 정부에 대해서도 깊은 존경심을 느꼈고, 자유, 평화, 정의라는 유엔의 3대 가치를 지키겠다는 그들의 결의를 느낄 수 있었다. 나는 테러 공격의 현장에 바치는 화환으로 존경심을 표했다.

이후로 나는 테러 위협에 어떻게 대처할지를 보여주는 사례로 이때의 경험을 자주 이야기했다. 용감하게, 주저 없이, 그리고 우리가 공유하는 미래에 초점을 맞추어야 한다고. 파리 시민과 프랑스 지도자들은 우리가 뭉칠 때 어떤 폭력보다 더 강하다는 것을, 그리고 분열시키는 사람들은 결속하는 사람들보다 훨씬 약하다는 것을 보여주었다.

파리정상회의 전날 밤, 나는 이달고 시장의 초대로 전 세계의 시장들 수백 명을 만났다. 그중에는 박원순 서울시장도 있었다.

기후정상회의를 정치적으로 지원하기 위해 전 세계로부터 파리로 온 시장 일행은 1천여 명에 달했다.

파리기후회의는 예정대로 150명의 정상이 참석한 가운데 열렸다. 나는 그들 모두에게 강력히 호소했다. 다시는 이와 같은 정치적 추진력을 얻기는 어려울 수 있다는 경고도 했다. 나는 이렇게 촉구했다. "여러분은 이 세대와 다음 세대의 행복을 확보할 힘을 가지고 있습니다. 여러분의 협상팀에 타협과 합의의 길을 택하도록 지시하십시오." 그들은 이 요구에 응답했다. 모든 주요 당사국이 합의를 지지하는 대열에 섰다. 탄광 속의 카나리아 신세였던 군소도서국가연합AOSIS 국가들은 다른 나라들이 주목하기 훨씬 전부터 지구온난화의 위험을 경고해왔다. 이제 그들 편에 중국, 인도, 미국 같은 대규모 탄소 배출국들이 함께 섰고, 그 양대 진영 사이에 있던 모든 나라도 지지 의사를 밝혔다.

그런데 컨센서스가 막 이루어지려던 마지막 순간에 갑자기 한 나라가 합의를 깨겠다고 위협했다. 마지막에 저항하는 사람이 니카라과 대표일 것이라고는 전혀 예상하지 못했다.

나는 니카라과 정부와 우호적인 관계를 맺어왔다. 그 전해에는 다니엘 오르테가 대통령을 비롯한 고위 관료들을 만나기 위해 수도인 마나과를 방문했었고, 과거에 혁명가였던 지도자가 몸소 차를 몰던 것이 인상적이었다. 그는 나를 태우고 손수 운전한 첫 번째이자 유일한 세계 지도자였다. 그런데 니카라과 대통령은 파리에 오지 않았고, 대신 파울 오키스트 켈레이 환경장관을 보냈다. 큰 키에 빨강머리인 켈레이는 논쟁을 마다하지 않는 사람이었다. 올랑드 대통령과 앙겔라 메르켈 총리, 존 케리 미국 국무장관, 그리고 의장인 로랑 파비우스는 정교한 표현의 합의문을 승인하도록 켈레이를 설득하려고 애썼다.

니카라과 대표는 합의가 개발도상국을 해칠 수도 있다고 주장하며 태도를 바꾸려 하지 않았다. 올랑드 대통령은 프란치스코 교황에게 호소해보자고 제안했다. 니카라과가 가톨릭 국가임을 감안해 나는 그 제안에 동의했지만, 바티칸과 연락이 닿지 않았다. 나는 오르테가 대통령과도 여러 차례 통화를 시도했지만, 아무도 전화를 받지 않았다. 정상 회담의 희망적인 환경은 언제라도 무너질 수 있는 것이었다. 나는 한 국가가 컨센서스에서 이탈하면 여러 나라가 영향을 받는 도미노 효과를 우려했다. 코펜하겐의 그림자가 어른거렸다.

그때 갑자기 켈레이 장관이 내 집무실에서의 단독 면담을 요청했다. 그는 한 가지 조건만 충족되면 니카라과가 합의를 따를 것이라고 하면서, 오르테가 대통령이 연말 전에 내가 다시 니카라과를 방문해주기를 바란다고 전했다. 나로서는 그 순간에 무슨 약속이든 했을 것이다. 문자 그대로 지구의 미래가 걸린 문제였으니까.

무대는 파르크 데 젝스포지시옹Parc des Expositions에 설치되었고, 파비우스 의장이 연단에 섰다. 코펜하겐에서와 달리 그는 망설임이 없었다. 내가 전화로 니카라과가 동의했다는 기쁜 소식을 전하자마자, 그는 이 합의안 채택을 선포하며 의사봉을 힘차게 두드렸다. 올랑드 대통령과 나는 밖에서 기다리다가 거대한 강당에서 박수갈채가 터져 나올 때 안으로 달려 들어갔다. 회의장에서는 환호성, 눈물, 포옹, 박수갈채가 끝없이 이어졌다. VIP 열에 앉아 있던 앨 고어는 벌떡 일어나 환호성을 내질렀고, 각국 대표단은 자기 자리나 통로에서 춤을 추었다. 그렇게 짧은 순간에 그토록 많은 손을 잡고 악수를 해본 적은 없었다.

그날의 광경에서 되풀이해서 가장 많이 떠오르는 장면 중 하나는, 기후변화에 관한 유엔 기본협약UNFCCC 사무국의 크리스티아나 피규어리스 사무총장과 나, 올랑드 대통령, 로랑 파비우스 의장이 서로 맞잡은 손을 무의식적으로 번쩍 들어 올리며 승리의 미소를 짓던, 표결의 마지막 순간이었다. 나는 아내가 골라준 연녹색 넥타이를 매고 있었다. 유엔 사무총장으로서의 나날 중 가장 흥분된 하루였다.

마지막 고비

나는 2016년 4월 22일 지구의 날에 뉴욕에서 대대적인 파리협약 서명식을 열기로 했다. 우리는 기후변화 관련 서명식 신기록을 세우고 싶었는데, 실제로는 무려 175개국이 동시에 서명함으로써, 그간의 모든 협정 서명식의 참가국 수를 능가하는 대기록을 세우고 말았다. 나는 특정 이정표에 도달할 때마다, 하이파이브를 하는 기후전문가들의 모습을 포착했다. 나도 그런 들뜬 기분에 동참하고 싶었다. 나는 임기가 끝나는 2016년 12월 31일 이전에 협정이 구속력을 갖추거나 발효되도록 하겠노라고 결심했다. 그렇게 되려면, 전 세계 온실가스 배출의 55퍼센트를 차지하는 55개국의 비준이 필요했다. 문제는 즉각 서명에 참여한 국가들이 대부분 최저 배출국이기도 했다는 점이었다. 그들 국가의 배출량은 다 합쳐도 55퍼센트의 요건에는 훨씬 못 미쳤다. 숫자판이 아주 조금씩 올라가는 것을 지켜보며 슬슬 걱정되기 시작했다.

이런 분위기는 2016년 9월 3일 중국 항저우에서 열린 G20 정상회의 직전에 극적인 반전을 이루었다. 시진핑 주석이 항저우에서 그와 오바마 대통령이 비준서를 직접 나에게 기탁하는 특별한 행사를 준비한 것을 보고, 나는 정말 놀랐고, 말할 나위 없이 기뻤다. 미국과 중국 양국만 따져도, 지구 탄소배출의 38퍼센트를 차지했다. 최대 배출국인 양국이 공약 이행 의지가 있다는 강력한 메시지를 세계에 보낸 것이었다. 이날의 행사는 비준 과정을 돛단배에 불어오는 순풍처럼 촉진하는 계기가 되었다.

9월 30일에 유럽연합은 비준 절차의 신속처리를 의결했다. 나는 직접 유럽연합 의회를 방문해 이 안건이 통과되기 직전에 연설하며 열정적으로 말했다. "인류의 이름으로, 그리고 미래의 세대를 위해, 파리협약의 조속한 비준을 부탁합니다." 법안은 절대

다수로 통과되었다.

오바마 대통령은 항저우에서 개인적인 대화를 하던 도중 내게 말했다. "뛰어난 리더십을 보여주셨습니다."

파리협약은 공식적으로 2016년 11월 4일에 발효되었다. 유엔에서 퇴임하기 두 달 전이었고 기후변화를 우선 과제로 삼겠다고 약속한 지 꼭 10년이 흐른 뒤였다. 파리협약은 유엔 역사상 최단 시간에 발효된 협정이라는 기록을 가지게 되었다. 나는 어지러움을 느낄 정도로 복잡한 감정을 느꼈다. 기쁨에 넘치고, 자랑스럽고, 고단했고, 희망이 솟구쳤으며, 성실히 협상에 임해 결국 파리협약에 서명한 모든 나라에 진정으로 감사했다. 지금도 나는 가끔 깊은 안도의 숨을 쉬곤 한다. 만일 2016년 11월 4일에 파리기후변화협약이 발효되지 못했었다면 지금쯤 어떻게 되었을까 하는 생각에서다. 2개월 후 트럼프 미국 대통령이 취임하면서 파리기후협약에서 탈퇴했으니 그야말로 극적으로 파리기후협약은 생명력을 가지게 되었다.

나는 트럼프 행정부의 파리기후협약 탈퇴에 대해서 "정치적 단견, 경제적 무책임, 과학적 무지의 결과이며, 트럼프는 역사의 잘못된 지도자로 남게 될 것이다"라고 거세게 비판하곤 했다. 바이든 미국 대통령의 2021년 1월 20일 취임식 당일에, 미국이 파리기후협약에 재가입한 것은 너무나 당연하고 다행스러운 일이 아닐 수 없다.

미국 정부 대 세계

트럼프 대통령이 취임한 후 딱 한 나라, 바로 빠져서는 안 될 미국만이 뒷걸음질을 쳤다. 트럼프의 일방적 결정은 우리에게 충격을 주었지만, 정작 2017년 6월 1일의 발표에 놀라는 사람은 없었다. 미국 대통령은 유엔을, 기후과학을, 다자합의를 반복적으로 폄훼했다. 그러나 트럼프든, 그 누구든 파리협약을 탈퇴할 것처럼 보이지는 않았다. 기후위기는 미국 행정부가 바뀌었다고 해도 부인할 수 없는 명백한 현상이라는 것이 내 생각이었다.

하버드대학교의 로버트 스태빈스 교수와 나는 미국의 이탈을 막기 위해 2017년 4월 20일 자 〈보스턴 글로브〉에 공동으로 기명 논평을 써서 미국이 파리협약에 잔류할 것을 촉구했다. 우리는 파리협약이 미국에 '나쁜 거래'이기는커녕, 선진국과 대규모 신흥국가들을 다 포함함으로써 운동장을 평평하게 만들 것이라고 썼다. 게다가 석유회사, 전기회사, 제조업 등 협정의 영향을 직접적으로 받는 회사들을 포함하는 기업계도 광범위하게 이 협정을 지지하고 있었다.

기후 운동 지지자들은 세간의 이목을 끄는 "우리는 탈퇴하지 않았다We Are Still In"라는 캠페인을 보며 희망을 품기도 했다. 미국에서 가장 큰 10여 개의 주, 300개 도시, 500개 대학교, 900개 회사가 워싱턴 정부가 어떤 조치를 취하든지 자신들은 파리협약의 원칙을 계속 지켜나가겠다고 선언한 캠페인이었다. 유엔에서 행한 10년간의 기후연구는 국제적 합의의 당사국으로 남는 것이 왜 미국에 이익인지를 뼈아플 만큼, 그리고 놀랄 만큼 선명하게 보여주었다.

트럼프는 이 협정이 특히 중국과 비교해 미국에 '매우 매우 큰 경제적 불이익'을 안겨준다고 언급했다. 이것은 사실이 아니다. 파리협약은 역사적인 약속이다. 발을 빼는 것이야말로 역사적인 과오였다. 무려 유엔 회원국 193개국에 팔레스타인까지 더한 온 세계가 2015년에 선택의 순간에 서서 "이 첫걸음을 함께 디딥시다"라고 했던 것이다. 그런데 예측할 수 없고, 신뢰할 수 없고, 책임감도 없고, 고압적인 트럼프가 단번의 조치로 범지구적 약속을 꺾어버렸다.

다행히 조 바이든 대통령은 트럼프와는 생각이 달랐다. 그가 주창한 그린 뉴딜은 일부만 시행되어도 기후위기에 대한 미국 정부의 태도를 큰 폭으로 재조정하는 것이 될 터였다. 그가 존 케리 전 국무장관을 미국 환경특사라는 전례 없는 자리에 임명한 것에 나는 고무되었다. 그처럼 존경받는 외교관을 고위급 각료 직위에 임명한 것은 미국 정부가 앞으로 기후협상에서 주도적인 역할을 하겠다는 신호로 보였다.

미국은 지구 온실가스 배출의 14퍼센트를 차지하는 나라로, 중국 다음으로 세계에서 두 번째로 큰 배출국이다. 바이든 대통령이 아닌 다른 누가 보더라도, 미국 정부의 참여는 지구 자체의 건강은 말할 것도 없고, 파리 기후협약의 성공을 위해서도 결정적 요인임이 분명하다.

기후 전사

그레타 툰베리는 열다섯의 나이에 홀로 기후 불침번을 서기 시작했다. 그러기 시작한 지 채 1년이 되지 않아 그는 전 세계 젊은이들을 동원해 매주 하루는 학교에 가는 대신 '미래를 위한 금요일'로 알려진 평화적 운동에 참여하도록 만들었다. 이 시위는 우리가 직면한 기후위기에 대한 장기적 인식을 제고해주었다.

툰베리가 세계 지도자들을 향해, 그간 취해 온 입장을 확인하고 이행하라는 도전장을 제기하는 것을 보면서 나는 놀라기도 했고, 깊은 인상을 받기도 했다. 그는 청소년이 의제를 주도하는 강력한 사례였고, 젊은이들이 자신의 세상을 더 나은 곳으로 만들 수 있도록 그들을 격려하고 준비시켜야 하는 또 하나의 이유이기도 했다. 툰베리를 보며 나는 일말의 죄책감을 느꼈고, 나는 그 나이에 무슨 말과 행동을 했었는지 되돌아보지 않을 수 없었다.

2019년 1월 세계경제포럼WFF에 초대받은 툰베리는 전 세계의 부유층과 권력층을 향해 즉각적이고 의미 있는 행동을 할 것을 촉구했다. "당신 집에 불이 났어요!"라고 그는 경고했다. 신기할 정도로 딱 부러지고 외골수 같은 툰베리는 2019년 9월 23일의 유엔 기후행동 정상회의에서 청중에게 가장 전율을 일으킨 연사 중 하나였다. 이제는 유명해진 "당신들이 감히!"라는 그의 연설은 그곳에 있던 각국 대통령과 총리들을 소스라치도록 놀라게 만들었다.

몇 주 뒤 COP25가 열린 마드리드에서 툰베리는 '영리한 회계와 창의적인 홍보' 뒤에 숨는 CEO와 정치인들을 비판했는데, 이 연설을 제외하면 COP25는 대체로 실망스러운 회의였다. 툰베리는 깨끗한 공기를 걱정하는 자동차 제조회사나 소셜 미디어 회사의 개인정보 보호 의지를 보여주려고 애쓰는 홍보 노력을 꼬집은 것이었다. 툰베리는 각국 대표로부터 박수를 받았고, 심지어 그 회의를 해결책보다는 허점을 공유하는 무대로 묘사해 웃음까지 터뜨렸다. 그레타 툰베리는 외교관과는 가장 거리가 먼 처지였지만 오히려 외교관보다 훨씬 강했다. 그의 통렬함, 에너지, 그리고 나이는 그를 단지 신랄한 비평가로 만들어줄 뿐만 아니라, 으레 기대할 정도보다 더 돋보이는 카리스마도 씌워주었다.

사실 기후위기에 대한 나의 접근방식이 더 직설적이고 조금은 덜 외교적이 된 것도 툰베리로부터 받은 영감 덕분이었다. 2020년 1월, 나는 워싱턴 브루킹스 연구소에서 기조연설을 했다. 뒤이어 벌어진 토론은 도널드 트럼프 대통령을 향했다.

나는 말했다. "나는 여러분에게 트럼프 대통령이 정치적으로 매우 근시안적이고, 과학적으로 그르며, 도덕적으로 무책임하다는 사실만은 말할 수 있습니다. 경제적으로 보더라도 이치에 닿지 않습니다. 그는 역사의 잘못된 편에 서게 될 것입니다." 사무총장 재직 시절이었다면 결코 할 수 없는 말이었다. 성인이 된 이후 거의 처음으로 일반 시민으로서 마음에 있는 말을 하자, 속이 후련했다. 나는 이제 193개국은커녕, 단 한 나라의 이익을 대변하는 입장도 아니고, 외교의 전통에 속박당하는 처지도 아니다.

그레타 툰베리나 그와 같은 생각을 하는 사람들은 정확하게 우리가 기후행동을 결집하는 데 필요한 힘이다. 툰베리는 녹색혁명을 시작했다. 우리가 단순히 고맙게 여기는 데서 그치지 않고 적극적으로 동참해야 할 혁명이다. 나는 자연은 그 자체의 방식대로 움직일 뿐이며, 협상을 하지 않는다고 누차 말해왔다. 지구에서 조화롭게 사는 길을 발견할 수 있을지 여부는 우리에게 달렸다.

2018년 4월 11일 일반 시민으로서 바티칸을 방문한 나는 프란치스코 교황을 만났다. 이 특별한 분을 다섯 번째로 알현하는 자리였다. 그는 나에게 말했다. "신은 언제나 용서하십니다. 우리 인간도 때때로 용서하지요. 그러나 자연은 결코 용서하지 않습니다." 이 얼마나 감동적이고 강렬한 메시지인가!

내 손자들은 아직 10대가 되지 않았다. 나는 그 아이들이 물려받을 미래의 세상이 매우 걱정스럽다. 나는 그 아이들을 한국의 산 이곳저곳으로 데리고 다닐 수 있기를 즐거운 마음으로 기대하고, 그 아이들이 나처럼 자연을 사랑하고 자연의 힘을 경외하게 되기를 소망한다. 그러면 그들은 자기들의 손자를 위해 시원하고 맑은 시냇물을 보존하는 중요한 사명을 이어나갈 것이라고 생각한다.

20

세계의 보건

함께 예방하고 억제하고 치료하기

2014년 여름과 가을 내내, 에볼라가 시에라리온과 라이베리아, 기니 일대에서 기승을 부리면서 전 세계에 공포를 불러일으켰다. 우리는 아직 에볼라를 충분히 파악하지 못했지만, 그 병은 전염성이 강하고 감염자의 절반이 목숨을 잃을 만큼 치명적이었으므로 나는 불안에 휩싸였다. 유엔과 WHO와 같은 유엔 체계의 자율적 기관들이 최전선에 나섰지만, 나는 충분한 대응책을 마련하지 못할 수도 있다는 근심을 거둘 수 없었다.

에볼라는 극심한 구토와 출혈, 설사를 동반하며 감염자를 사망에 이르게 하는 끔찍한 질병이다. 이 질병은 어찌나 치명적인지, 감염 피해지역에서는 공황상태가 벌어지거나 습격사건이 발생하고, 심지어 의료진이 병을 옮기는 매개체로 인식되어 공격의 대상이 되기도 했다. 그럼에도 우리는 겁에 질린 수많은 사람들을 안심시켜야 했고, 역병에 맞서 끈질긴 싸움을 하기 위해 모금해야 할 과제도 있었다. 물론 불안하기는 했지만, 나는 서아프리카로 가야만 했다. 보좌관들은 강력하게 나의 아프리카행을 말렸다. 아내는 소란스럽게 굴지는 않았지만 걱정하는 기색이 완연했다. 아내가 내게 한 말은 "조심하세요"가 전부였다.

2014년 12월 17일에 나는 역병의 최전선에 있는 3개국과 가나, 말리를 방문하기 위해 아프리카 현지로 떠났다. 가나의 유엔 지역 에볼라 지휘본부인 에볼라 비상대응단UNMEER에서 5일간의 출장을 시작했다. 노련한 정무 및 평화유지 전문가인 토니 밴버리가 내 특별대표 겸 UNMEER 대표로 봉직하면서 나 대신에 그 지역 정부들과 접촉하고 있었다. 비상대응단 사무실은 전염병이 맹렬하게 위세를 떨치던 2014년 9월 중순, 가나에 개소되었다. UNMEER는 처음부터 전염병을 단순히 공중보건 위기가 아니라 경제, 교통, 국가안보, 인권 등에 영향을 미치는 강력한 현상으로 보고 총체적인 맥락에서 접근했다.

나는 평생 외교관으로서 여러 나라의 문화를 접하며 산 덕분에 에티켓에 익숙하고, '예절의 까탈스러운 친척'이라고 할 수 있는 의전에도 익숙하다. 예절과 의전은 공식적이거나 정치적인 상황에서 정중하지만 복잡한 행동지침을 규정해둠으로써, 누가 먼저 문 밖으로 나가느냐는 문제 따위에 신경 쓰지 않고 관심의 초점이 눈앞의 업무가 되도록 도와준다.

에볼라는 그런 격식을 전부 쓸모없는 것으로 만들었다. 내가 팔꿈치끼리 툭 하고 마주치는 인사법에 익숙해지기까지는 시간이 좀 걸렸다. 이 인사법은 빠르고 위생적이었으며 이 끔찍한 시기에 사람들을 하나로 이어주었다. 공중보건의 관점에서 보면 악수를 한다든지 다정하면서도 어색하게 뺨을 맞대고 키스하는 시늉을 나누며 외교가 특유의 동작이라고 할 수 있는 행동을 하는 것은 이치에 닿지 않는 짓이었다. 나는 이 지역 모든 곳의 유엔 직원들로부터 팔꿈치를 부딪치는 인사를 통해 사람들이 더 가깝고 다정해졌다는 말을 들었다. 그것은 낯선 사람들끼리도 공동의 인간애와 공포를 공유한다는 사실을 잠시나마 인정하는 행위였다.

대통령도 전염병 앞에서는 무기력했다. 나는 존 드라마니 마하마 가나 대통령이 팔꿈치 인사를 해오는 바람에 당황했다. 가나에서는 아직 에볼라가 발생하지 않았지만, 모두가 극도로 조심하고 있었다. 사실 대통령은 아크라에 UNMEER를 설치하기로 동의함으로써 국내에서 정치적 비난을 받았다. 나는 진심으로 그에게 감사했다. 나는 에볼라 발생지역에서 멀리 떨어진 곳을 여행하더라도 출장 기간 내내 엄격한 예방조치를 따르겠노라고 약속했다. 나는 자주 체온을 쟀고 건물을 드나들 때마다 염소 소독수에 손을 철저히 씻었다. 이런 행동은 나 자신은 물론이고, 나와 접촉하는 모든 사람을 보호하기 위한 것이었다. 불안감의 수위가 너무도 높았기 때문에, 나는 다른 사람들도 대부분 같은 예방조치 방식을 따를 것이라고 믿었다.

저녁식사를 간단히 마친 뒤에는 몸이 좀 좋지 않아 내 방으로 돌아왔다. 나는 다음 날 첫 방문지인 시에라리온 방문을 앞두고 신경이 곤두서 있었다. 나는 일흔이라는 나이에도 신체가 건강하다는 사실에 늘 감사하고 있었고, 위험 지구를 방문하는 동안 모든 예방조치가 취해진다는 사실을 잘 알고 있었다. 그래도 나는 그날 밤 내 마음을 무겁게 하던 그 병에 대해 알아보기 시작했다. 무뎌지는 허파, 아픈 눈, 탈수로 인한 두통, 고열, 극심한 통증 그리고 다가오는 죽음. 갈증이 나도 물을 마시지도 못할 만큼 기력이 없는 환자를 상상해보았다. 병자들은 왜 가족이 찾아오지 않는지 궁금해했을까?

나는 이튿날 아침 일찍 일어났다. 지역 전체에서 운영되는 의료 텐트는 인원이 찼거나 수용 능력을 넘긴 상태였다. 시에라리온에서는, 그곳에서 일하는 직원들과 훨씬 더 많은 환자를 치료해야 할 가능성에 관해 의논했다. 남녀를 막론하고 모든 직원이 여러 날 동안 제대로 자거나 먹지도 못한 것이 분명한데도, 한결같이 환자를 계속 돌보겠다고 했다. 굳이 말하지 않지만 모두가 염려하는 위협은 탈진이 아니라 감염이었다. 환자들도 탈진 상태였다. 살아남은 사람들은 다시 일어나 앉게 되기 전에 힘부터 길러야 했다. 나머지 환자들은 에볼라 증상이 가하는 고통에 빠져 움츠러들고 정신이 혼미한 상태였다.

의료 텐트 밖에서, 나는 생존자와 그 가족들에게 유엔이 의학적으로, 재정적으로, 심지어 신체적으로도 지원을 제공할 거라고 말했다. 나는 이 사람들이 건강한 이방인인 내가 에볼라를 두려워하지 않고, 그들을 두려워하지 않는다는 사실을 알았으면 했다. 하지만 나의 메시지는 차림새 때문에 힘을 쓰지 못했다. 수술용 마스크와 안면 보호대, 긴 소매의 방수 가운, 고무장화, 장갑 두 켤레 등을 쓰고 입고 끼운 나는 우주비행사 같은 모습이었다. 이것은 공감을 주는 옷차림이 아니라 거리를 유지하려는 차림새였다. 옷차림을 비롯해, 그 밖의 엄격한 예방조치는 미국 질병통제예방센터CDC가 권장한 것으로 전 세계에서 받아들이는 방식인데, 안면 보호대나 고무장화가 충분치 않을 때는 최대한 비슷하게라도 따라야 했다.

병원 텐트에서 일하는 사람들은 내가 만나본 가장 용감한 사람들이었다. 이들은 평범한 사람들이지만 죽음의 위협 앞에서도 물러서지 않았다. 이 가족들과 이웃들, 생존자들은 의료진과 함께 종이 마스크와 고무장갑을 착용하고 자원봉사를 했다.

나는 에볼라 생존자로서 시에라리온 헤이스팅스의 의료 텐트에서 자원봉사를 하고 있던 레베카 존슨을 만났다. 그는 나에게 자신은 너무 아파서 먹고 말하는 데도 도움이 필요했다며 이것이 '세상의 끝이구나' 하는 생각에 덜컥 겁이 났었다고 고백했다. 병을 이기고 난 뒤에는, 동네 사람들이 자신을 불결한 대상인 것처럼 꺼리는 것을 보고 병원에서 봉사 활동을 하기로 결심했다고 말했다. 그의 헌신은 나로 하여금 전염병 퇴치를 위해 더 분발하도록 자극했다. 아울러 생존자를 따라다니는 낙인을 깨야겠다는 결심을 더욱 굳히는 계기가 되었다.

시에라리온을 방문한 날, 우리는 시에라리온의 '의술의 아버지'인 빅터 윌로비가 사망했다는 소식을 들었다. 그는 이 나라에서만 에볼라로 죽은 열한 번째 의사였다. 의사 대 환자 비율이 전 세계 최저 수준인 나라로서는 큰 손실이었다.

서아프리카에 갔을 때는, 백신의 신속 승인 절차가 진행 중이었다. 백신주사는 자발적으로 투여량을 테스트하려는 용감한 의사와 간호사들이 먼저 맞을 예정이었다. 에볼라는 빠른 속도로 기니에서 시에라리온과 라이베리아로 퍼져나갔는데 모두 절망적인 빈곤에 시달리며 전쟁의 후유증에서 막 벗어나려던 나라들이었다.

발병 사례는 말리와 나이지리아에서도 보고되었지만, 이들 나라에서는 바이러스가 그다지 위력적이지 않아서 싸워볼 만했다. 마누강 유역의 에볼라 생존자 수만 명은 가족과 집을 잃고 심지어 마을마저 사라져 불확실한 미래에 직면해 있었다. 에볼라에서 살아난 사람 중 다수는 회복 후에 축하받기보다 오히려 배척받는다는 것을 듣고는 가슴이 찢어질 듯 아팠다.

나는 빈곤 퇴치를 위한 밀리니엄 개발목표MDGs가 충분히 이행되었더라면 에볼라 발병 지역에서 피해 규모도 축소될 수 있었을 것이라고 생각했다. 그러나 충분한 물, 위생, 의료 서비스가 없는 환경에서 에볼라의 비극적 피해는 지역 전체로 퍼져가고 있었고, 최악의 시나리오라고 생각했던 상황보다 더 악화되는 경우도 많았다. 곳곳에서 자연과 운명이 힘을 합쳐 에볼라 피해를 더 크게, 더 치명적으로 만들고 있었다.

최초 감염자

2013년 12월 기니의 작은 마을에서 18개월 된 남아가 박쥐에게 물렸다. 1년도 안 되어 2만 8,600명이 감염되고, 확진자의 40퍼센트에 가까운 1만 1,300명이 목숨을 잃은 에볼라 피해를 촉발한 '최초 감염자patient zero' 또는 '표준감염자index patient'가 이 아기였다고 추정되었다. 이 아이가 사망하기 전까지 사흘 동안 박쥐의 질병은 그의 대가족으로 옮아갔다.

그들이 살던 멜리안두 마을은 기니와 라이베리아, 시에라리온이 만나는 국경 근처 삼각지대의 외딴 숲속에 있었다. 이 3개국 모두 빈곤과 내전에 시달려왔기 때문에 피난민들은 좀 더 형편이 나은 곳을 찾아 멜리안두 부근을 마음대로 왕래하고 있었다. 에볼라는 기침이 시작됨과 동시에 주변 사람들에게 전염되며 수개월간 이 숲 지대에서 소리 없이 퍼져나갔다. 기니에서만 최소 3,800명이 감염되었고 2,536명이 목숨을 잃었다.

8월 중순이 되자 에볼라는 라이베리아의 수도 몬로비아 외곽에 7천여 명이 거주하는 슬럼가 웨스트포인트에까지 퍼졌다. 생존자들은 이 질병을 마치 위생시설도 의료서비스도 없고 식량도 불충분한 인구 과밀지역을 향해 사방에서 몰려드는 파도 같았다고 묘사했다.

의료계와 유엔 기관을 포함하는 인권보호 단체의 거센 비판에도 불구하고, 라이베리아 정부는 웨스트포인트를 봉쇄하도록 군대에 명령을 내렸다. 철조망과 바리케이드로 인해 의료서비스는 더 어려워졌고, 곧이어 생필품 부족과 공황상태가 이어졌다.

그에 못지않게 두려운 것은 이런 정책이 건강한 사람까지 감염시킬 것을 보장하는 거나 다름없다는 점이었다. 나는 환자, 의사, 군인이 함께 찍힌 사진을 보고 등골이 오싹했다. 군대가 의료 행위를 돕는 게 아니라 격리를 강제하려고 거기 있다는 사실을 알았기 때문에 더욱 그랬다.

유엔의 전문가들은 감염자 1만 600명, 사망자 4,800명이라고 발표한 라이베리아 정부의 추산이 너무 낮다고 평가했다. 겁에 질린 장의사와 가족들이 시신을 집단 매장지에 유기했거나 강으로 떠내려 보냈기 때문이었다.

그동안 시에라리온의 에볼라 전염병도 우리 눈앞에서 퍼져나가고 있었다. 널리 존경을 받으며 먼 동네까지도 이름을 떨치던 심령치료사 때문에 급속하게 확산이 촉발된 것으로 추정되었다. 감염된 마을 사람들은 그 치료사를 만나려고 여행하면서 에볼라 바이러스의 자취를 남기고 다녔다. 이 치료사의 전통적인 장례식에는 수백 명이 참석했는데 동선을 추적한 결과에 따르면, 이 장례식이 시에라리온의 확진자 1만 4천만 명 중 300명 이상의 감염원일 가능성이 컸다.

UNMEER 창설

사무국의 긴급대응을 감독하는 부서와 더불어 유엔 개발계획UNDP의 국별 사무소가 초기 대응을 담당한 기관이었다. 당초의 주도기관은 WHO였다. 하지만 에볼라 방역을 위한 유엔의 협력 기관들은 조직적이지 못한 WHO 서아프리카 지부와, 한심할 정도로 지체된 WHO의 위기대응 방식에 오래전부터 좌절감을 느끼고 있었다. 나는 마거릿 챈 WHO 사무총장을 진심으로 존경하지만, 우리가 시간과 돈을 낭비하고 있고 그 탓에 더 많은 사람을 도울 기회를 놓치고 있다는 점을 지적하지 않을 수 없었다. 2000년대 초반에 WHO 국장을 역임한 김용 세계은행 총재는 특히 WHO의 에볼라 위기 대처방식에 비판적이었다.

비상사태는 어느 한 기관이 담당하기에는 너무 복잡해졌다. 에볼라 특별고문인 데이비드 나바로와 내 비서실장인 수잔나 말코라, 그 밖의 다른 사람도 유엔 시스템 전체가 방역에 나서야 한다는 데 의견이 일치했다. 우리는 유엔의 재정적·의학적·정치적·인도적 전문지식을 총동원할 필요가 있었고, 평화유지활동국DPKO의 수송 및 작전 능력도 활용할 필요가 있었다. 에볼라 전염병은 전쟁이었고, 우리는 보건위협의 대응에 전념하는 유엔 최초의 임무단인 UNMEER과 더불어 에볼라에 맞서 싸우기로 했다.

전염병이 절정으로 치닫고 있던 2014년 9월 18일에 나는 감염 지역에 전문가와 장비를 파견하는 에볼라 전담 임무단의 필요성을 안보리에 제기했다. 나는 이 질병이 감염된 지역 사회를 파괴하는 양상은 의학적 측면에 국한되지 않는다는 점을 강조했다. 9월이 되자 사람들은 이미 집 밖으로 나가기조차 두려워했다. 나는 안보리에서 발언했다. "이 바이러스는 경제적 타격도 초래합니다. 인플레이션이 진행되고 식료품 가격이 오르고 있습니다. 교통과 사회서비스가 붕괴되고 있습니다. 이런 상황은 라이베리아와 시에라리온이 참혹한 전쟁과 복잡하게 얽힌 국내적 갈등을 뒤로 하고 주목할 만한 성취를 이루고 있었다는 사실을 감안할 때 더욱 비극적입니다."

이튿날인 9월 19일에 안보리는 "아프리카에서의 전례 없는 에볼라 확산은 국제 평화와 안보에 대한 위협에 해당한다"라고 규정하고 결의 제2177호(2014)를 컨센서스로 채택했다. UNMEER 결의안에는 전례 없이 많은 130개국이 공동제안국으로 참여했다. 이것은 공중보건 비상사태를 위해 유엔 임무단을 창설한 최초이자 지금까지 유일한 사례였다. (나는 회원국들이 코로나19에도 유사한 대응을 진지하게 고려하기를 희망했었다).

유엔 예산위원회ACABQ는 2014년의 잔여 기간에 사용할 5천만 달러를 총회가 승인해주기를 권고했다. 우간다 외교장관인 샘 쿠테사 총회의장은 예산승인을 위한 즉각적인 조치를 취했다.

평소라면 수개월 혹은 그 이상 소요되었을 절차였다. 내가 목격한 중에 가장 신속하게 이루어진 재정적 결정이었다.

아주 작은 적과의 싸움

유엔과 WHO는 귀중한 자원이라고 할 수 있는 유엔 라이베리아지원단UNMIL을 신속히 활용하지 못했다. UNMIL은 의료 종사자를 위한 수송과 보안, 그 밖의 지원을 제공했다.[1] 이것이 가능했던 이유는 UNMIL이 10년에 걸친 재앙적 내전 이후에 배치된 민간 경찰 위주의 임무단이라는 데 있었다. 유엔 평화유지군이 주둔하는 국가에서 심각한 공중보건 위기가 발생한다면 파병국들과 유엔의 관련 기구들과 주둔국 정부는 평화유지군을 해당 지역에 투입할 것인지, 한다면 어떻게 할 것인지에 관해 합의해야 했다.

에볼라 기금에 기여금을 조기 제공한 주요 국가는 미국, 영국, 독일로, 총 36억 달러 상당의 현금과 현물을 기여했다. 그러나 이 임무단의 예산은 아주 빈약했다. 나는 기꺼이 기금에 동참할 만큼 동정심을 공유하고, 긴급성을 이해하는 나라가 너무 적다는 사실이 유감스럽다 못해 부끄럽기까지 했다. 위기가 지속되면서 다른 나라들도 지원을 서약했지만, 모든 감염 사례를 찾아내 병을 근절할 포괄적인 계획을 이행하기에는 어림도 없었다.

알파 콩데 기니 대통령은 나에게 프랑스 정부가 특히 병력 면에서 충분한 지원을 하지 않았는다는 불만을 자주 표출했다.

2014년 9월 16일 오바마 미국 대통령은 미국은 병력 3천 명과 7억 5천만 달러를 라이베리아에 지원하겠다고 발표했다. 영국은 시에라리온에 병력 750명을 파견했고, 프랑스는 기니에 치료센터를 세우고 병사 400명을 보냈다. 나는 군사기지 3곳을 모두 방문하고 위험 구역에 대한 적극적인 지원에 감사를 표했다.

2017년에 전염병이 콩고 동부지역을 휩쓸기 전에 에볼라 바이러스를 막기 위해 유엔이 더 나은 조치를 취할 수 있었을까 하는 의문이 가끔 떠오르곤 한다. 이 나라의 사회조직은 산산조각이 났다. 수 세대에 걸쳐 형성된 전통이 사람들이 사는 방식, 관계를 맺는 방식, 특히 죽는 방식을 결정했다.

매장은 당장 포기해야 할 관습 중 하나였다. 서아프리카의 많은 지역에서 행해지는 전통적인 장례식에서는 망자를 무덤에 안장하기 전에 수십 명 혹은 그 이상의 조문객이 시신을 씻기거나 안아줌으로써 고인을 추모한다. 그런데 시신은 여전히 전염성을 가지고 있어서 바이러스는 빠른 속도로 조문객 사이에 퍼졌다. 전염병으로 겁에 질린 사람들에게 매장 전에 정식 장례의식을 거쳐서는 안 된다는 말을 어떻게 할 수 있을까?

토니 밴버리는 매장관습을 대체할 만한 방법에 대해 한 인류학자에게 의견을 구했고, 의문의 여지없이 전염을 억제하는 데 도움을 줄 기발한 아이디어를 찾아냈다. 예를 들어, 이웃의 주검을 시신용 부대에 담아 예와 존경을 갖추어 운반한다면, 대개의 경우 조문객들은 서둘러 먼 곳에 매장하는 것도 받아들이는 경향이 있었다. 경우에 따라서는 조문객들이 통나무나 금속 덩어리 등을 시신의 대용품으로 받아들일 때도 있었는데, 이것은 전쟁 기간에 유용한 관행이기도 했다. 이런 예방책은 적잖은 도움이 되었지만, 이 정도로는 끔찍한 전염병을 끝내기에는 역부족이었다.

격리

에볼라 위험 지구에서 돌아오는 길은 덜 불편할 것으로 생각했다. 하지만 그것은 수행원들과 내가 JFK 공항에서 철저한 검사를 받은 다음의 이야기였다. 의전적 예양에 따라 나는 간단한 체온측정과 한두 가지 질문으로 통과되었지만, 나를 수행한 직원들은 철저한 검사를 거쳐야 했다. 그들은 경유지와 몸 상태를 세세하게 설명하고 검사를 받아야 했다.

만약을 위해 나는 21일 동안 가벼운 격리에 들어갔다. 미국 질병통제예방센터CDC는 나와 우리 팀 전원에게 CDC로 직통으로 연결되는 '에볼라 통제 전화'를 내주었다. 나는 그 전화로 하루에 두 번씩 체온과 각종 증상을 보고하도록 되어 있었고, 시간이 지나면서 몸이 불편하지도 않고 감염증상이 느껴지지도 않아 마음이 놓였다. 그래도 주의를 게을리하지 않고 손을 자주 씻었다. 누군가 악수를 하려고 손을 내밀면 나는 팔꿈치를 내밀었다. 집무실에는 매일 나갔지만, 사람들과 거리 두기가 어려운 리셉션 행사에는 밤마다 나가지 않아도 되어 내심 기뻤다.

가족을 포함해 어느 누구와도 신체접촉이 허용되지 않았다. 서아프리카에서 고통스러운 한 주를 보낸 뒤에 아내를 만났지만 손조차 잡을 수 없었다. 걸음마를 하는 손녀들은 내가 평소처럼 안아 올리며 뽀뽀를 해주지도 않고 손만 흔들어 보이자 나를 의아한 눈빛으로 바라보았다. 나는 맨해튼을 벗어나는 것도 금지되었는데, 이것은 미국이 북한과 이란의 유엔 주재 대사에게 부과하는 것과 동일한 제한조치였다.

한번은 그 사실을 깜빡 잊고 뉴저지로 골프를 치러 갔는데, 도착하기 전에 에볼라 전화가 울리더니 녹음된 메시지로 내가 맨해튼 경계를 벗어나고 있다는 사실을 알렸다. 위성으로 감시받고 있음을 깨닫고는 골프 칠 의욕이 싹 가셨다. 그때 나는 이런 위험으로부터 철저하게 사람들을 보호하는 미국 정부의 힘과 능력에 깊은 인상을 받았다. 미국의 잠재적 에볼라 보균자들은 자신들에게 부과되는 제한을 가택연금이라고 불렀지만, 실은 꽤 인도적인 대우를 받았다.

북한의 리수용 외무상은 아프리카 방문 기간 중 에볼라 지역 근처에는 얼씬한 적이 없었지만 21일간 격리되었다고 한다. 에볼라 바이러스에 대처하거나 발병을 억제할 의료 인프라가 미비한 북한은 감염지역에 가까이 있었던 사람은 누구라도 입국을 막는 국경 봉쇄를 최초로 실시한 나라였다.

나로서는 그로부터 불과 6년 후에 미국이 코로나19에 그렇게 엉성하게 대응하리라고는 상상하지 못했다.

유엔, WHO, 세계은행, CDC 그리고 그 밖의 여러 단체와 기관은 서아프리카에서 놀라운 활동을 벌이며 재앙이 몇 배나 더 커지는 것을 막았다. 특히 노련한 의학박사이자 전염병학자이기도 한 김용 세계은행 총재는 감염 지구를 돌아보고, UNMEER의 예산 5억 달러의 상당 부분을 제공했다.[2] 나는 사망자가 훨씬 더 많을 수도 있었다는 사실을 알고 있고, 어쩌면 다음번에는 더 많을 수도 있다는 것도 안다. 하지만 동시에 2014년 에볼라 전염병이 초래한 비용을 모든 면에서 훨씬 더 줄일 수도 있었다고 생각한다.

에볼라 위기 이후에 작성된 WHO 내부보고서는 서아프리카에서의 운영방식을 통렬히 비판했다. 주무 부서의 조직은 체계적이지 못하고 인력이 부족했는데, 이는 특히 일선의 NGO나 본부와 협조하고 소통해야 할 때 문제를 드러냈다. 이런 혼선 탓에 귀중한 시간이 낭비되고 활동의 중복이 일어났다. 또한 평가 결과 WHO는 지역의 불충분한 보건시설과 감염된 난민의 자유로운 이동은 고려하지 않은 채 '규정에 따라'서만 유엔의 대응을 조율한 것으로 드러났다. 2018년의 연구에 따르면 서아프리카의 에볼라 발생이 초래한 비용은 도합 590억 달러가 넘는다고 평가했다. 이 전염병은 최소 1만 1,310명의 목숨을 앗아갔고, 최소 150억 달러 상당의 무역과 투자 기회를 날렸으며, 지역 교육, 관광, 개발에도 산정이 불가능할 정도의 피해를 떠안겼다.

평범한 시민이 된 후에, 나는 콩고 북부에 있는 키부 지역 당국이 2018년 8월에 발생한 에볼라에 대처하는 양상을 지켜보며 크나큰 슬픔을 느꼈다. 의료팀은 무장세력의 공격과 명백한 위험을 무릅쓰며 병원 텐트를 운영했다. 그들은 2020년 초에 에볼라바이러스를 퇴치한 것으로 보였지만, 코로나19가 퍼지면서 이 지역은 바이러스와의 싸움을 다시 시작해야 했다.

마노강 유역과 마찬가지로 동부 콩고는 인구가 희박하고 몹시 가난한 지역으로, 가난과 갈등을 피해 떠나는 난민들이 통과하는 곳이었다. 하지만 나는 콩고에 대해서는 그렇게 걱정하지 않는다. 인접국들은 위험을 인식하고 증상을 경계하고 있다. 그 후에 백신 1종 이상이 비상용으로 승인되었고 다른 백신도 곧 사용이 가능해질 것이다. 필요하다면 유엔은 라이베리아와 시에라리온, 기니에서 위기가 지나갔을 때 폐쇄한 UNMEER을 재가동할 수도 있을 터이다.

인플루엔자

재임 기간 중 산발적으로 기승을 부리던 조류와 돼지 인플루엔자가 2007년에는 내내 전 세계적으로 발생했다. 이들은 호흡기에 치명적인 전염병의 잠재적 파괴력에 대한 새로운 공포를 안겨주었다. 이 전염병의 확산은 유엔이 얼마나 필수 불가결한 기관인지를 인식시켜주었다. 유엔 전문가들은 유엔 체계 전체를 통해, 그리고 전 세계에 걸쳐 환자를 돕고, 건강한 사람을 보호하고, 농업환경을 감시하고, 발병 사례를 감시하고, 질병 확산을 방지하고, 경고를 발령했다. 그리고, 재원을 마련하고, 의학적 연구를 추적했으며, 아마도 가장 중요하게는 각각의 지역에서 그곳의 언어로 그 지역이 받을 영향과 취해야 할 조치에 관해 말할 수 있는 논의의 장을 제공했다.

동남아시아의 가금류 농장주들은 바이러스에 노출되었을 가능성이 있는 수천만 마리의 닭을 어쩔 수 없이 살처분해야 했다. 초기의 인간감염 사례도 대부분 이곳에서 나오고 있었다. 아마도 밀집된 생활환경과 지역시장에서 갓 잡은 조류를 선호하는 관습 때문이었을 것이다. 이와는 별도로, 돼지 독감의 발병은 2009년 봄, 균주가 발견되거나 확인되기도 전에 멕시코의 돼지 농장에서 수천 마리가 병에 걸리면서 시작되었다. 이 인플루엔자 2종은 심한 기침과 열을 동반했지만, 나는 그 대표적인 증상 중의 하나가 공포라고 생각했다. 아시아 가금류와 멕시코 돼지가 돌연 식단에서 사라지면서 전 세계의 식습관이 바뀌는 것 같았다.

각국 정부가 여행경보를 발령하면서 항공사들은 취소 사례의 급증을 보고했다. 북미지역에서는 발병 사례가 확인되거나 의심 증상이 나오기만 해도 지역 전체의 학교들이 휴교에 들어갔다.

되돌아보면, 유엔이 부분적으로는 경보를 부채질한 측면도 있었다는 생각이 든다. 2009년 4월 하순, 제네바에 본부를 둔 세계보건기구는 불과 사흘 만에 신종플루H1N1의 경보 수준을 3단계에서 4단계로, 다시 5단계로 격상했다. 게다가 이 기구는 당황스럽게도 과욕을 부렸다. "5단계 선포는 세계적 전염병이 임박했으며 계획된 경감 대책의 작성, 소통, 실행을 마무리할 시간이 많지 않다는 강력한 신호"라고 경고한 것이다. 5단계는 이 병이 인간 사이에 전파된다는 의미다. 실제로 나의 임기 말에 WHO는 조류인플루엔자로 인한 사망자 수가 452명이고 돼지 인플루엔자로 인한 사망자는 130명이 넘는 것으로 확인했다.

그러나 사람들을 두렵게 만든 것은 사망자 수만이 아니었다. 내가 보기에는 감염, 팬데믹, 변종, 타액, 위협, 선별 같은 단어들이 더 큰 원인처럼 보였다. 나는 기회가 있을 때마다 차분한 대응을 촉구했지만, 휴교, 정부의 경고, 대중의 공황, 숨 가쁜 언론 보도 속에서 이런 호소는 제대로 전달되지 않았다.

2020년, 신종 코로나바이러스가 1년도 안 되는 기간에 세계적으로 수백만 명의 목숨을 앗아가리라는 예상은 하지 못했다.

말라리아

모기처럼 작은 생물이 수억 명의 사람들에게 그토록 큰 슬픔과 고통을 안겨줄 수 있다는 사실은 놀랄 만한 일이다. 2015년에만 말라리아로 죽은 사람이 42만 9천 명이 넘는다. 더구나 이것은 내가 말라리아로 인한 사망자가 사상 최저라고 발표했던 해의 통계 수치다. 실제로 WHO는 2010년 이후 말라리아 발병 건수가 29퍼센트 감소한 것을 확인했다. 매우 치명적인 이 질병은 주로 어린아이들을 표적으로 삼는다. 말라리아는 저절로 낫는 법이 거의 없다. 몸이 부서지는 듯한 고열과 끔찍한 두통을 거느리고 재발할 기회를 엿보며 잠복할 뿐이다. 유엔 관리들은 고전을 면치 못하고 있었다. 이 질병에 반복해서 시달리는 어린이들이 가여웠다.

WHO는 1955년 이래 모기가 옮기는 이 질병을 박멸하겠다는 목표를 내걸고 있지만, 세계인구의 거의 절반 정도가 말라리아에 걸릴 위험에 노출되어 있다. 나는 국제연맹League of Nations이 발간한 말라리아 퇴치 포스터를 보고 놀란 적도 있었다. 말라리아는 제1차 세계대전 종전 이래, 인류의 생명을 위협하는 걱정거리였던 것이다. 우리는 몇 가지 조치를 취하기는 했지만, 새로운 감염을 막는 데 충분한 노력을 기울이지는 못했다. 내 마음을 제일 불편하게 만든 것은 모기 개체군을 퇴치하는 법이 알려져 있는데도 여전히 그것을 해내지 못하고 있는 현실이었다.

도시마다 마을마다 적절한 위생 및 배수 시스템을 구축해 수많은 도로에 늘어선 물통이나 도랑을 없앨 필요가 있다. 아동 질병과 끈질긴 바이러스를 품은 지옥의 배양액 같은 더러운 물이 고인 웅덩이를 없애면 우기를 덜 위험하게 만들 수도 있다. 가장 심한 빈곤을 2030년까지 퇴치하는 데 필요한 사회경제적 조치들의 시간표인 지속가능개발목표SDGs가 하나의 커다란 텐트라면, 폐기물과 물 관리는 지지대인 기둥의 일부다. 2000년에 출범한 밀레니엄 개발목표MDGs는 여러 나라의 정부들이 의료서비스, 교육, 위생에 대한 접근성을 확대하고 그 밖의 필요한 개선을 이루기 위해 처음으로 발표한 구체적인 공약이었다. SDGs의 17개 항목은 그것을 계승하는 것이었다.

말라리아에 대한 대응은 크고 복잡한 과정의 작은 부분에 불과하다. 하지만 세계은행은 이 질병 때문에 매년 1.3퍼센트씩 아프리카의 경제 성장이 둔화되고, 개발도 치명적인 영향을 받는다는 사실을 잘 알고 있다. 레이 체임버스 유엔 말라리아 특사가 내게 말해준 내용에 따르면, 생산성 손실만으로도 아프리카 대륙 전체에 연간 약 300억 달러의 비용이 발생한다. 나는 우리가 궁극적으로 말라리아를 극복할 수 있고 비용도 연간 300억 달러 미만으로 줄일 수 있을 것이라고 믿는다.

현재 우리가 가진 것이라곤 살충제 처리를 한 모기장뿐이다. 이것은 감염원인 모기에 물리는 것을 매우 효과적으로 막아주는 방책이지만, 모기장이 근본적인 해결책이라고 할 수는 없다.

2008년 1월에 일본 홋카이도 도야코에서 열린 G8 정상회의 계기에 나는 어린이들을 보호해주는 살충제 처리 모기장을 공급하기 위해 적어도 10억 달러를 기여해달라고 G8 지도자들을 설득했다. 나는 내 호소에 정치적 지지를 싣기 위해 G8 회의의 관련 세션을 주재해준 후쿠다 야스오 총리에게 감사했다. 그러나 원조(혹은 투자)가 너무 적거나 너무 늦을 수도 있다는 점이 걱정스러웠다.

내 임기의 마지막 해에 WHO는 말라리아가 76개국에서 여전히 풍토병으로 남아 있으며, 그중에 61개국에는 적어도 한 가지 이상의 내성이 생긴 변종이 존재한다고 보고했다. 나는 에티오피아 아디스아바바의 연례 아프리카연합 정상회의 계기에 개최된 아프리카 지도자 말라리아 동맹ALMA 회의에 참석했다. 나는 국민들, 특히 어린이들을 보호하려는 아프리카 지도자들의 강력한 의지에 늘 감명을 받는다.

끈질긴 재앙

내 임기가 끝날 즈음 세계 보건당국 관계자들은 소아마비를 물리치고 발생지를 3개국으로 줄였다. 무수한 생명을 구한 엄청난 업적이었다. 세계보건기구가 '퇴치기금' 마련을 위한 밀레니엄 모금을 시작했을 때, 무슬림 국가에서 벌어진 두 건의 다국적 전쟁은 종교 지도자들을 불안하게 만들었다.[3] 2003년에 나이지리아 북부에 모인 많은 종교 및 정치 지도자들은 소아마비 백신이 무슬림 인구를 억제하려는 서방의 음모라고 선언했다. 어떤 이슬람 지도자는 대중에게 백신을 거부할 것을 노골적으로 종용하면서, 백신이 소년들을 생식불능으로 만들고 소녀들을 불임으로 만든다고 말하기도 했다. 그런 잘못된 믿음이 퍼지는 것을 막기 위해, 나는 아직 소아마비가 퇴치되지 않고 있던 아프가니스탄, 파키스탄, 나이지리아의 대통령과 총리, 고위 종교 지도자들에게 서한을 보냈다.

2004년이 되자, 유엔이 소아마비 확산의 도구로 전락했다는 잘못된 믿음을 가진 사람들의 분노가 어찌나 심해졌던지, 북부 나이지리아에서 백신 보급 활동을 하고 있던 유니세프 직원들은 차량이 매복공격을 당하지 않도록 낯익은 유엔의 상징을 테이프로 가리기까지 해야 했다. 백신 접종에 종사하는 인원은 부족의 세력이 강한 파키스탄 지역에서 일상적으로 공격을 당했고 피살되는 경우도 많았다. 아프가니스탄의 일부 지역에서는 가족들이 자녀를 숨기기도 했다.

내가 사무총장이 되었을 당시에는 4개국에 소아마비 전염이 남아 있었다. 나는 보건이나 그 밖의 업무를 계기로 4개국을 모두 방문했고, 무시무시한 전염병인 소아마비를 퇴치하는 것이 얼마나 중요한지 늘 강조했다. 인도는 2014년 1월에 소아마비 박멸 판정을 받았다. 그러나 이 성공사례를 제외하면, 우리는 여전히 스스로 거둔 성공의 희생양으로 전락할 위험을 안고 있었다.

오늘날 세계 인구의 절대다수는 소아마비를 접한 적이 없으며, 백신에 별 관심이 없는 지역이 많다. 심지어 선진국의 의사들은 45년 동안 본 적이 없는 이 병을 진단하지 못할 수도 있다. 이런 상황에서 바이러스가 발생하면 그 영향은 더욱 파괴적일 것이다.

나와 아내도 우리가 해야 할 일을 했다. 소아마비가 아직 퇴치되지 않고 있는 나라를 방문할 때마다 우리는 수도를 벗어나 소아마비가 여전히 확산되고 있는 시골 마을을 방문했다. 백신이 얼마나 안전한지를 보여주려고 우리는 지역 주민들이 보는 가운데, 한 아이의 혀에 달콤한 맛이 나는 경구용 백신 한두 방울을 조심스럽게 짜서 떨어뜨리면서 주변에서 지켜보는 사람들도 줄서기를 기대했다. 설령 내가 유엔 사무총장인 것은 모르더라도, 우리와 함께 다니는 마을 원로나 경호원, 종교 관계자 등을 보면 우리가 보여주는 모범이 따를 만한 것임은 분명해 보일 터였다.

나는 소아마비 퇴치를 위한 세계적인 노력에 경외심을 품지 않을 수 없다. 특히 유니세프의 전략가들과 현장 직원들은 지역사회의 완강한 반발을 견뎌내면서 오지의 마을까지 바이러스를 끈질기게 추적하고, 부실한 냉장시설부터 치명적인 헛소문에 이르기까지 온갖 문제를 창의적으로 해결하기 위한 방안을 찾는 노력에 대해 감사를 받아야 마땅하다.

지금은 '소아마비 근절을 위한 글로벌 이니셔티브GPEI'로 통합된 외부 협력기관의 장기적 지원과 수 개 유엔 기관의 조정 노력이 없었더라면 우리는 성공하지 못했을 것이다. 30년에 걸친 국제 로터리의 세계적인 기금모금에도 감사한다. 로터리 회원들은 각국의 소아마비 박멸 캠페인에 20억 달러가 넘는 돈을 기부했다. 나는 부방그룹의 이동건 회장이 당시 세계회장으로 있던 시카고의 로터리 본부를 방문해 그들의 대규모 후원에 감사를 표했다.

세계가 위생과 관련된 SDGs 과제를 달성할 수 있다면, 소아마비, 말라리아, 콜레라, 그리고 그 밖의 수인성 질병을 예방하기 위한 우리의 노력은 궤도에 오를 것이다. 물 관리만 제대로 해도 말라리아 모기의 번식처이자, 다른 세균과 바이러스의 온상인 물웅덩이를 대폭 줄일 수 있을 것이다.

얻은 교훈과 잊은 교훈

역사에 기록된 최초의 바이러스 전염은 아마도 구약성서의 10가지 재앙보다 먼저 일어났을 것이다. 인류는 역사상의 모든 발병 사례를 연구함으로써 많은 것을 배웠지만, 모든 교훈을 기억하고 있는지는 의문이다. 다음 세기를 보내면서 더 많은 교훈을 얻게 되리라는 것도 분명하다. 그 많은 교훈에 내 목소리를 보탠다면, 나로서는 우리가 실패로부터 교훈을 얻지 못했고, 그러므로 준비가 되어 있지 않다고 지적하고 싶다.

2020년은 신종 코로나바이러스가 중국 중부지역에서부터 세계 구석구석까지 놀라운 속도로 퍼지고 있다는 우울한 소식으로 시작했다. 한국까지 감염이 전파된 2020년 2월 무렵에는 이 바이러스에 코로나19COVID-19라는 이름이 붙었다. 그러나 너무나 많은 사람이 SDGs의 도움으로 벗어났던 빈곤의 나락으로 다시 떨어지고 있다. 학교를 갈 수 없는 어린이들이 너무 많아져서 안토니우 구테흐스 사무총장은 '세대적 재앙generational catastrophe'을 경고했다. 이런 위험은 전 세계에 걸쳐 있으며, 백신으로 바이러스를 억제하거나 바이러스가 다시 잠복기에 들어간 뒤에도 오래 지속될 것이다.

코로나19의 희생자 수는 에볼라, 사스, 메르스, 조류 및 돼지 인플루엔자의 희생자를 합한 수를 빠르게 넘어섰고, 아직도 그 끝이 보이지 않는다. 이 역병을 인류가 예방할 수 있었을까? 아마도 아닐 것이다. 코로나19의 치명적인 영향을 줄이기는 한 것일까? 분명 그러할 것이다.

세계적 전염병은 인간의 생활 양상을 바꾸어놓았다. 국가별로 봉쇄는 필요했지만, 이 조치로 수십억 인구의 발이 묶였고, 가족이나 일터로 접근하지 못하는 경우도 많았다. 많은 사람이 재택근무를 하게 되면서, 출근을 해야만 하는 필수 인력은 매일 자신의 건강에 영향을 미칠 수 있는 결정을 내려야 하는 상황에 직면했다. 우리 삶의 기본적인 의식들(결혼식, 장례식, 종교행사 등)은 공동체보다 고립을 강조하는 방식으로 변모했다. 바이러스로 여행이 금지되고 이민이 동결되고 국제 협력이 중단되는 한편 외국인 혐오는 급증했다.

유엔은 2020년 9월에 창설 75주년을 맞았는데, 세계 지도자들은 거의 텅 빈 총회장에서 상영되는 동영상으로 연설을 했다. 바이러스에 대처하기 위해 국제적인 지원을 호소하는 발언이 많았다. 실제로 총회가 제일 먼저 채택한 결의안은 코로나19를 일컬어 "보건 위기만이 아니라 다른 도전과 위기에 대한 우리의 대비태세를 강화하라는 경종wake-up call"이라고 표현하면서, "우리는 국제적인 협력과 조율과 연대를 강화할 필요가 있다. 위험을 줄이고 시스템의 회복력을 강화하려면, 경험과 정보를 배우고 공유하는 것이 중요하다"라고 규정했다.

코로나19가 막 발생한 즈음이던 2020년 1월 31일, 나는 테드로스 아드하놈 게브레예수스 WHO 사무총장에게 전화해 구테흐스 사무총장과 긴밀히 협력해 모든 자원을 동원할 것을 촉구했다. WHO나 유엔 사무총장실의 능력과 권위를 훼손할 생각은 없지만, 유엔이 더 일찍 더 강력한 전략을 실행했더라면 지금의 전염병이나 다른 위기를 억제하고 완화할 수 있었으리라고 생각한다. 세계적 전염병에 대응하고 이 역병을 억제할 수 있는 정치적·재정적 자원과 물류 능력을 동원하는 데 유엔보다 더 나은 플랫폼은 없다.

안전하고 합리적인 가격의 백신이 놀랄 만큼 빠른 속도로 개발되고 있다. 그리고 세계적인 수요에 부응할 만큼 충분한 양이 생산될 것이다. 나는 많은 지도자들에게 연락을 취해 이 백신이 공정하고 신속하게 배포되도록 해달라고 부탁하고 있다. 각국 정부는 자국민만 걱정하고 있는 것처럼 보이기는 하지만 재채기 한 번으로도 국경을 넘나드는 이 미세한 적을 앞에 둔 이상, 단합된 대응책을 마련해야 할 것이다.

안보리가 코로나19와 관련된 첫 번째 결의안을 채택하는 데 4개월이나 걸렸다는 사실도 불길했다. 포위된 지역에 인도주의 지원팀이 접근할 수 있도록 전 세계의 분쟁지역에 90일간 정전을 촉구하는 내용의 결의안이었다. 신기원을 여는 결의도, 위협을 억제하는 결의도 아니었다. 이와는 대조적으로, 2014년에 에볼라 발병이 국제 안보에 대한 위협이라고 선언할 때의 안보리는 단 하루 만에 결의안을 채택했었다. 더욱이 미국의 트럼프 대통령은 '차이나 바이러스'라고 부르며 조롱했고, 이어서 WHO에서 탈퇴했다.

나는 세계적 도전에는 세계적 차원의 해결책으로 대응하는 것이 중요하다는 점을 늘 강조했다. 이것이야말로 SDGs의 요체이고, 기후위기에 대한 우리의 집단적 대응을 뒷받침하는 힘이기도 하다. 모든 나라는 지속적 감시, 조기 탐지 및 통제, 정직하고 탈정치화한 정보 확산에 참여함으로써, 세계 공중보건을 개선하는 데 동참해야 한다.

한국은 초기의 전장이었다. 대구에서 한 종교단체가 비밀집회 개최를 고집스레 이어갔고, 감염을 전파한 책임이 분명한데도 허위 정보를 제출한 뒤, 2020년 2월 하순에 바이러스 감염은 예기치 못하게 폭증했다. 대한의사협회는 위기 발생 첫 주에 정부가 미약하게 대응한 것과 중국발 항공편 입국금지를 망설인 것을 비판하고 나섰다. 마스크의 조기 부족 사태도 겪었다. 그래도 한국은 신속하게 수만 명씩 검사를 진행하고 강력한 이동 제한을 실시했던 덕분에 결과적으로 효과가 있었다. 한국은 전 세계 의료계와 언론으로부터 코로나19 대응의 선구자로 인정받았다. 그럼에도 2차 팬데믹을 피하지는 못했지만, 그때도 다른 나라들은 한국의 성공을 적용하고 몇몇 실수에서 교훈을 얻으려고 했다.

한국에 조언을 구하고 의료지원을 요청한 나라는 100개국을 넘어섰고 한국은 이들 국가에 최선을 다해 각종 자원을 공유하고 있다. 앞으로 다시 전염병 팬데믹이 발생하더라도 한국의 모범 사례가 지구촌 공동체에 영감을 주기를 바라는 마음이다.

RESOLVED 제4부

우리의 미래

유엔과 세계의 전진

21

책임

정의 없이는 평화도 없다

때와 장소를 막론하고, 평화를 구축하고 단절된 관계를 회복하려면 책임을 묻는 것이 불가결하다. 억압과 폭력, 인권침해의 문화를 치유하려면, 사회는 광범위한 정서적·육체적 상처를 보듬는 일부터 시작해야 한다. 진정한 평화를 이루려면 고통, 손실, 굴욕, 공포를 인정하고 속죄를 구해야 한다. 주지하다시피, 이렇게 역사를 극복하지 못한 사람들은 그 역사를 반복할 우려가 있다.

국가 간의 관계도 별반 다르지 않다. 정의를 향한 의지는 한국문화에 깊이 새겨져 있고, 그것은 나에게도 매우 중요하다. 1948년에 한국 정부가 수립되었을 때, 정부는 '친일파'를 심판하기 위한 특별위원회를 설치했으나 막상 처벌받은 반역자는 많지 않았다. 2003년에 취임한 노무현 대통령은 일제 식민통치 기간과 그 이전의 친일 행위를 조사하기 위해 대통령 직속 위원회를 설치했다. 60년 이상이 흐른 마당에 이런 조사는 불필요하다고 여기는 한국인이 많았지만, 정부는 국민에게 정의가 이긴다는 것을 보여주고 싶어 했다. 외교관으로서, 그리고 이후 유엔 사무총장으로서, 나는 책임성과 화해를 대하는 당시의 접근방식에서 많은 영감을 받았다.

잘못의 공개적인 인정이라든지, 국제형사재판소ICC의 기소를 통해 화해를 끌어내는 방법까지 다양하다. 나는 많은 정부와 국민이 점점 정의에 대한 믿음을 잃고, 책임성에 대해 저항하는 것에 실망했다. 지속적인 평화로 가는 길은 멀고 험난하지만, 내 경험으로 볼 때, 항구적인 평화는 잘못에 대한 책임이 밝혀진 토대 위에 구축될 수 있다.

레바논 특별재판소

2005년 2월 14일에 라피크 하리리 레바논 총리가 탄 차량 행렬 옆에서 2,200파운드의 트럭 폭탄이 터졌다. 베이루트의 코니시 해안 산책로에 운석 자욱 같은 커다란 구덩이를 남길 정도로 폭발은 강력했다. 이 테러로, 나라를 불안정하게 만드는 시리아의 간섭을 힘차게 반대했던 수니파 출신 건설업계의 거물인 하리리 총리 외에 21명이 목숨을 잃었다. 그리고 231명이 다쳤다.

총리는 시아파 정당이자 거대한 군사조직이기도 한 헤즈볼라에 대한 시리아의 지원을 막으려고 했다. 그의 죽음은 레바논과 그 북쪽의 강력한 인접국 시리아 간의 뒤틀어진 관계가 위험하게 재편되는 계기가 되었다.

당시 외교통상부 장관이었던 나는 공격의 대담성과 규모에 충격을 받았다. 평화로운 시기에 발생한 학살은 말할 수 없이 끔찍했다. 나는 뉴스 채널에서 반복해서 보도되는 화염에 휩싸인 장면에서 좀처럼 눈을 뗄 수 없었다. 시리아 정부의 소행임을 의심하는 사람은 없었다. 이 공격으로 30년에 걸친 시리아의 레바논에 대한 간섭을 거부하는 광범위하고 강력한 기류가 순식간에 촉발되었다.

'백향목 혁명Cedar Revolution'으로 명명되는 이 상황은 아랍의 봄보다 거의 5년이나 앞서 일어났으므로, 훗날 벌어지는 상황의 견본 사례가 되었다. 수십만 명의 시민이 거리로 쏟아져 나와 수도에서 자발적 시위를 벌이며 정치 변혁을 요구했다. 이후 일어났던 수많은 다른 저항 사례와는 달리 레바논 국민의 반항은 성공적이었다. 시리아 군대는 몇 주 후 철수했다. 수니파와 기독교도들은 거리로 쏟아져 나와 환호했지만, 남부지역에 살고 있던 대부분 시아파 무슬림은 여전히 시리아 정부에 충성했다.

시아파와 수니파 간의 반목에 발목이 잡힌 레바논 정부는 폭탄 테러에 대한 자체 조사를 수행할 수 없었다. 1년간 교착상태가 이어졌고, 레바논 정부와 레바논을 후원하는 프랑스는 테러

용의자들을 레바논 국내법에 따라 재판하는 국제재판소 설치를 안보리에 요청했다. 하리리 총리와의 오랜 친분이 동기로 작용했을 수도 있지만, 자크 시라크 프랑스 대통령은 2007년 5월에 레바논 특별재판소STL 설치를 열렬히 주장하며 안보리를 압박했다.[1] 이 건은 사무총장으로서 내가 처음으로 취한 주요 조치였다. 이 사례는 내가 임기 내내 정의와 책임성에 초점을 맞출 수 있도록 영감을 주었다.

나는 세르게 브라메르츠 벨기에 연방검사를 STL 검사로 임명했다. 시리아 정부는 유엔의 STL을 거세게 반대했고, 결국 시리아의 방해로 국제재판소는 무용지물이 되었다. 상대적으로 혐의가 가벼운 피고조차 어느 누구도 피고석에 앉은 적이 없었다. 법원은 15년간 활동하면서 유죄판결은 단 1건만 내렸고, 헤즈볼라 지도부나 시리아 정부가 폭탄 테러에 연루되었다는 증거는 찾지 못했다.

비용은 10억 달러에 달했다. 정의를 이루는 데는 종종 강력하고 지속적인 지원이 요구된다고는 하지만, 불합리할 정도로 높은 이 비용은 20여 개의 회원국과 레바논 국민이 51대 49의 비율로 분담했다. 재판소는 수년간 비어 있었고 예산은 대부분 급여로 나갔다. 나는 그렇게 많은 돈이 레바논을 포함해 여러 나라 국민의 삶을 개선할 수 있는 개발 및 여타 예산에서 빠져나갔다는 사실이 개탄스러웠다.

사무총장으로서 나는 내 감정을 기록에 남기지는 않았다. 대신 사무총장실은 매년 두 번씩 맥이 풀릴 만큼 정보가 빈약한 현황보고서를 발표했다. 갱신이 필요한 사실관계라고는 지출 액수 외에는 누락된 경우가 많았다. STL에 대한 기여금은 자발적으로 제공되었다. 나는 매년 레바논 정부가 기여금을 내는 것이 불편했다. 2006년 헤즈볼라와 이스라엘 사이에 벌어졌던 처참한 전쟁을 겪은 레바논은 이렇게 값비싼 정의를 쉽사리 감당할 수 없는 나라였다.

레바논 사태는 책임성과 정의를 촉진하는 나의 첫 번째 주요 임무였고, 그 소송절차는 내 재임 기간보다 4년이나 더 길었다. 사법절차는 우리가 택할 수 있는 최선의 방안이었지만, 시리아의 협조가 없는 상태에서 STL은 인권 옹호자와 중동 전문가, 레바논 국민에게 실망만을 남겼다.

코트디부아르: 피고석의 독재자

2007년에 임기를 개시하면서 나는 코트디부아르를 방문하고 싶었다. 코트디부아르는 군부의 지원으로 진행되었지만 폭력으로 얼룩진 2000년의 선거에서 승리한 로랑 그바그보 대통령이 집권하고 있었다. 11년에 걸친 그의 재임 기간은 파벌 투쟁, 부정부패, 극심한 빈곤으로 얼룩져 있었고, 비판자들이 그의 사퇴를 요구하면서 국내의 긴장은 빠르게 고조되었다.

당시의 상황이 강한 리더십을 요구하고 있었으므로, 나로서는 휘발성이 큰 상황에 대처할 수 있는 노련한 외교관이 필요했다. 나는 코피 아난 사무총장이 임명한 스웨덴 외교관 피에르 쇼리 코트디부아르 특별대표를 유능한 한국 외교관 최영진으로 교체했다. 최영진은 내가 외교통상부 장관으로 봉직할 때 외교통상부 차관으로 근무했고, 이후에는 유엔 대사로 봉직했던 인물이다.

그바그보 대통령은 최영진 특별대표 임명에 반대하며 자신이 영향력 행사할 수 있는 아프리카인을 임명해줄 것을 요청했다. 나는 굽히지 않았고 서아프리카 경제공동체ECOWAS의 코트디부아르 문제 중재자인 블레즈 콩파오레 부르키나파소 대통령에게 영향력을 발휘해달라고 부탁했다. 결국 그바그보는 콩파오레의 설득으로 마음을 바꿔 2007년 9월의 유엔 총회 계기에 나를 만났을 때 나의 선택을 받아들였다. 특별대표가 나를 대변한다고는 해도 정부가 수용하지 않는 사절을 임명하는 것도 의미가 없는 일이었다.

코트디부아르는 과거 식민지로 지배했던 프랑스와 여전히 긴밀하게 연결되어 있었고, 프랑스는 이 나라에 대해 큰 우려를 가지고 있었다. 니콜라 사르코지 대통령은 나의 코트디부아르 공식방문을 단호하게 반대하면서, 내 방문이 그바그보 정권을 '정당화'해줄 것이라고 말했다. "사무총장은 왜 코트디부아르를 방문하려고 하십니까? 그바그보 대통령은 거짓말쟁이입니다."

"그 사람은 거짓말쟁이죠"라고 나도 동의했다. 다만 신뢰할 수 있는 선거가 이루어져야 한다는 점을 대통령에게 가감 없이 직접 말하고 싶다고 덧붙였다. 나는 정치적 과정에 진전이 있기를 희망하며, 2008년 4월 23일 수도인 아비장으로 갔다.

그바그보 대통령은 즉시 나를 만났다. 나는 그에게 말했다. "대통령님은 오랫동안 집권하시면서 경제적·정치적 안정을 이루셨습니다. 대통령님의 그런 집권을 정당화하기 위해서도 대선을 치러야 하지 않겠습니까?" 노동 운동가 출신인 그바그보 대통령은 후에 내 의견을 따랐고, 나는 이런 결과에 뿌듯했다.

이때가 나의 첫 번째 코트디부아르 방문이었다. 비교적 작은 나라로 대서양에 면한 긴 해안을 가진 코트디부아르는 세계 최대의 코코아 수출국이었다. 유엔 코트디부아르 임무단UNOCI은 일련의 개발 계획을 수행하는 소규모 임무단으로서, 2002~2007년의 내전 이후 의미 있는 역할을 해왔다. 과거 식민지배세력이었던 프랑스는 1천 명 이상의 병력, 중화기, 병참 전문가, 공군력을 포함한 별도 부대를 제공함으로써 9,600명이던 기존의 평화유지군을 보강했다.

나는 아비장에서 수십 명의 군소정당 지도자들을 만나 공정한 선거에 참여하겠다는 서약서를 받았다. 그바그보 대통령도 경쟁 후보들과 언론이 지켜보는 가운데 같은 서약서에 서명했다. 그는 자신의 승리를 확신했지만, 우리는 1990년대 초에 총리를 지내고 국제통화기금에서 경제학자로 활동한 알라산 우아타라를 강력한 도전자로 내다봤다.

2010년 10월 31일에 코트디부아르 국민은 10년 만에 처음으로 대통령 선거를 치렀다. 2차에 걸친 선거는 극심한 분열상을 노정했다. 그바그보는 1차 투표에서 최다 득표를 했지만, 승리에 필요한 단독 과반에는 조금 미치지 못해 2차 투표까지 갔다. 독립적 기관인 코트디부아르 선관위는 우아타라가 11월 28일의 2차 결선투표에서 54 대 46으로 승리했다고 발표했다. 아프리카연합과 유엔, 미국, 유럽연합은 이 결과를 받아들였지만, 그바그보 대통령은 그러지 않았다. 그 대신에 그는 이 사건을 코트디부아르 헌법재판소에 제소했고, 전원 그바그보가 임명했던 재판관들은 그의 승리로 판결했다.

당선자 확정은 유엔과 아프리카연합뿐만 아니라, 정부와 사법부의 여러 부서 등 각종 기관이 관여하는 극도로 민감한 과정이었다. 최영진 특별대표는 내가 코트디부아르 선관위의 결정을 승인하고 우아타라를 당선자로 확정하는 방안을 추천했다. 나는 그 의견을 따랐다. 이것은 내가 내린 가장 중대한 결정 중 하나였다.

그바그보 대통령은 계속 자신의 승리를 주장하며 대통령궁을 떠나지 않았다. 용납할 수 없는 일이었다. 나는 선거결과를 받아들일 것을 공개적으로 촉구했으나, 그는 도리어 평화유지군이 코트디부아르에서 철수할 것을 요구했다. 그는 거부했고 나도 이에 맞섰다. 이런 교착상태는 유엔과 코트디부아르 정부 사이에 긴장된 대치국면을 조성했다. 3월 하순에 갈등은 새롭고 더 치명적인 국면으로 접어들며 UNOCI 시설이 공격의 표적이 됨에 따라, 나는 유엔은 분쟁의 당사자가 아니라 갈등을 막기 위해 왔다는 점을 강조했다. 2011년 3월 30일에 안보리는 적대 행위에 대한 규탄을 재확인했다.[2]

그러나 이런 조치가 우리를 향한 폭력 행위를 막지 못했다. 실제로 그바그보의 군인들이 이제 유엔 직원들을 공격의 표적으로 삼는 것처럼 보였다. 정부군은 유엔 내부의 민간인을 공격하기 시작했고 4월 중순에는 공격의 수위를 높여 평화유지군 진지를 포격했다. 그바그보 군대는 가까운 언덕의 능선에 위치한 대규모 군사시설인 갈리에니 병영에서 고성능 박격포와 로켓 추진 수류탄을 발사하면서, 세브로코 호텔에 자리 잡은 UNOCI 본부에 대한 지속적인 공격을 개시했다. 포탄이 무차별적으로 쏟아져 수십 명의 평화유지군과 최영진 특별대표, 민간인 직원 모두는 헬멧을 쓰고 지하벙커에 피신해 비스킷을 먹고 보급 식수를 마시면서 10일 동안 버텼다. 평화유지군 4명이 다치는 정도에 그쳤지만, 더 심각한 피해가 일어났을 수도 있는 위기 상황이었다.

대부분의 평화유지군 병력은 코트디부아르 전역에 산재해 있었다. 수도에 주둔한 부대만으로 5만 명의 군대에 맞설 수는 없었다. 게다가 UNOCI 특수부대는 한국, 중국, 일본 등 각국의 외교관을 구출해야 했다. 그 때문에 유엔의 대응력은 더 분산되었고 이미 위험한 상황은 한층 더 위험해졌다.

정부군과 우아타라의 군대가 도심을 장악했기 때문에 불가피하게 최대의 피해자는 시민들이었다. 16주나 지속된 내전 끝에, 3천 명의 코트디부아르인이 목숨을 잃었고 100만 명에 가까운 국민이 집을 잃었다. 나는 뉴욕에서 공포를 느끼며 양측이 권력을 잡기 위한 전투를 벌이는 것을 지켜보았다. 4개월 동안 성폭행, 납치, 처형, 고문이 마을과 거주지 곳곳에서 자행되었다.

나는 그바그보 대통령에게 패배를 받아들일 것을 준엄하게 촉구하고, 양 지도자에게는 국가를 위해, 그리고 그들이 이끌고 싶어 하는 국민을 위해 전투를 멈출 것을 요구했다. 평화를 위한 호소에는 각국 정부는 물론이고 안보리, 인권이사회, 그 밖의 유엔 기구들도 가세했다.

마침내 나는 4월 3일에 파리로 전화를 걸었다. "대통령님, 공군력을 동원할 수 있을까요?" 사르코지 대통령은 즉시 응했다. 내가 UNOCI와 코트디부아르 국민을 겨냥하는 정부군의 중화기를 무력화하기 위한 군사 지원을 요청한다는 공식 요청 서한을 보내기도 전에, 프랑스 조종사들은 현지로 출격했다. 프랑스 정부가 친프랑스파인 우아타라에 우호적이라는 것은 공공연한 비밀이었다. 뇌이쉬르센 시장으로 재직하던 당시 사르코지는 1990년에 있었던 우아타라의 결혼식 주례를 서기도 했다. 나는 UNOCI의 더 강화된 교전규칙이 프랑스의 정치적 의도에 이용되는 것처럼 보일 수도 있다는 점이 불편했다. 실제로 러시아 정부는 유엔군의 무력사용이 정당한지 검토하겠다는 성명을 즉시

발표했다.[3]

2011년 4월 7일에 나는 기자들에게 이렇게 말했다. "그바그보는 자국민의 안녕, 안전, 번영을 생각해야 합니다. 지금이 그가 명예롭게 퇴진할 수 있는 마지막 기회입니다." 그러나 정부군은 유엔 건물을 향한 포격을 지속했다.

4월 10일에 UNOCI, 프랑스군의 헬리콥터 부대, 우아타라의 지상군은 그바그보의 자택과 그가 통제하는 아비장의 다른 거점들을 포위했다. 며칠 후 전 대통령 부부는 저택의 지하벙커에서 발견되었고, 그 자리에서 체포되었다. 불필요한 정치적·법적 문제를 야기하지 않기 위해 나는 반드시 유엔 평화유지군이 아닌 코트디부아르인이 그바그보를 체포해야 한다고 유엔 사령관에게 엄중한 지시를 내렸다.

사르코지 대통령은 우아타라의 정권 인수에 열정적이었고 2011년 5월 21일의 취임식에 나도 함께 참석할 것을 요청했다. "사무총장님, 우리 두 사람이 이 일을 해냈으니 우리 둘 다 참석해야 합니다." 나는 보통 이런 요청을 거절해왔다. 만일 내가 192개국 국가원수의 취임식에 전부 참석한다면 뉴욕에 머무는 날은 거의 없게 될 터였다. 그러나 코트디부아르는 공명선거와 폭력 종식을 위해 유엔이 맡았던 역할 때문에 나에게 특별했다.

취임식은 성대했고 20명이 넘는 아프리카 지도자들이 참석했다. 그들은 신임 대통령에게 연대감을 표하고 코트디부아르가 정치적 혼란과 내전을 끝낸 것을 축하하기 위해 참석한 것이었다. 장내를 둘러보며 나는 그바그보처럼 자신에게 주어진 시간이 끝났음에도 고집스럽게 권력에 집착하는 사람이 다시는 없기를 염원했다.

우아타라 대통령은 치유에 관해, 평화에 관해, 그리고 코트디부아르의 미래를 위한 개발의 중요성에 관해 말했다. 그리고 그는 4건의 반인도적 범죄로 고발된 그바그보를 ICC에 인도하겠다고 약속했다.[4] 이것은 아프리카의 현직 지도자들이 귀담아들어야 하는 메시지였지만, 의외로 그들은 이 재판소가 아프리카 지도자들을 불균등하게 표적으로 삼고 아프리카의 주권을 존중하지 않았다며 ICC를 거부하기 시작했다.

2011년 5월 당시에는 이 재판소가 공식적으로 조사하던 사건이 대부분 아프리카 상황과 관련되어 있었다는 것은 사실이었다. 하지만 나는 그토록 많은 아프리카 지도자가 ICC에 대한 불신을 표하는 것을 보며 좌절감을 느꼈다. 어떤 지도자는 간단히 ICC를 '서방의 발명품'이라고 깎아내렸다. 설상가상으로 이들 중 몇몇 정부는 이 법원이 설립 취지상 처벌하기로 되어 있는 종류의 행위에 연루되어 있었다. 이런 태도는 ICC와 협조하지 않겠다는 다른 여러 정부의 결정에 힘을 실어주고, 증인의 증언과 조사관의 증거 수집을 방해함으로써 기소를 거의 불가능하게 만드는 것이었다.

나의 집중적인 로비에도 불구하고, 2017년에 아프리카연합은 아프리카 국가에 ICC에서 탈퇴할 것을 요구하는 구속력 없는 결의안을 통과시켰다. 나는 ICC의 명성을 흔들고 정의의 가치를 훼손하는 행위가 지금은 물론이고, 앞으로도 아프리카인에게 이익이 되지 않는다는 사실을 그들이 깨닫기를 바란다.

나는 그바그보의 운명에 특별히 신경을 쓰는 아프리카 지도자가 몇 명이나 되는지 궁금했다. 그들 중에 폭력으로 권력을 잡은 사람은 한둘이 아니었다. 엉터리 선거와 폭력으로 집권한 사람도 있었다. 그들 중에 과연 자신도 ICC에 넘겨질까 걱정하는 사람이 있을까? 자신들의 혐의에 관해 제기되는 섬뜩한 주장에 어떻게 답할지 생각하고 있었을까? 취임식장에는 상당수의 독재자가 있었다. 그들 중에서 자신이 임기를 마친 후에 면책을 누리며 평안한 망명 생활을 할 수 있을 거라고 생각하는 사람은 몇 명이나 있을지 궁금했다.

2019년 1월 15일에 나는 ICC가 그바그보의 반인도적 범죄에 무죄를 선고했다는 소식을 듣고 깜짝 놀랐다. ICC에 제기된 주목받는 기소 한 건이 심각한 타격을 입은 것이다. 나는 ICC의 재판절차를 신뢰하지만 이 사건의 판결은 몹시 실망스러웠다. 유죄판결과 징역형이 나왔다면 코코아 농부들, 의회 의원들, 그리고 세계 지도자들에게 법의 지배야말로 사회를 안정시키는 가장 강력한 닻이라는 것을 보여주었을 것이다.

르완다의 영향력

책임성을 추구하면서 평화와 정의 사이에서 어떻게 적절한 균형을 맞출 수 있을까? 이것은 분쟁에서 막 벗어난 모든 나라에게 중요한 질문이다. 유엔을 지탱하는 세 기둥인 평화, 인권, 개발은 서로 맞물리고, 겹치고, 동등한 중요성을 가진다. 3가지가 동시에 균등하게 실현되지는 않더라도 서로 연결되어야 한다. 그래야만 유엔을 이끄는 원칙이 무너지지 않는다.

나는 고위 보좌관들과 책임성과 정의의 관계에 관해, 그리고 분쟁 후 사회에서의 책임성과 정의의 역할에 관해 토론하고 싶었다. 2010년 9월 초, 나는 나비 필레이 인권고등판무관이 작성한 매우 섬세한 보고서에 대한 답변을 준비하고 있었다. 1993년부터 2003년까지 콩고(당시는 자이레)에서 일어난 수백 건의 잔혹 행위를 조사한 내용이었다. 콩고민주공화국에 관한 550쪽 분량의 이 보고서는 후투족에 대한 체계적 공격으로 초래된 수만 명의 학살을 상세히 설명하고 있었다. 물론 앙골라, 부룬디, 콩고, 우간다도 관련되어 있었지만, 보고서는 르완다의 행위가 "집단 학살 범죄로 규정할 수 있는 것"이라고 보았다.[5]

이 보고서는 논쟁의 여지가 있는 내용을 담고 있었는데, 한 고위 인권 담당관은 국제적인 압력으로 표현의 수위가 약해지는 것을 막으려고 프랑스어본 초안을 언론에 흘렸다. 르완다 정부는 보고서가 공표되면 보복으로 자신들의 4개 대대를 유엔-아프리카연합 다르푸르 합동임무단UNAMID에서 철수하겠다고 위협했다. 나도 이 의도적인 유출에 대해 당혹스럽고 화가 났다.

나는 폴 카가메 대통령을 직접 만나려고 곧장 르완다로 날아갔다. 수도인 키갈리로 가는 길에 브뤼셀을 경유했는데, 스티븐 바나케레 벨기에 외교부 장관이 나를 만나러 공항에 왔다. 르완다는 과거 벨기에의 식민지였기 때문에 양국은 여전히 긴밀한 관계를 유지하고 있었다. 벨기에 정부는 보고서의 파장을 몹시 우려했고, 바나케레 장관은 나의 외교적 노력에 강한 지지를 표명했다.

2010년 9월 7일 저녁에 키갈리에 도착했고, 루이즈 무시키와보 외교장관이 나를 영접했다. 그가 주최한 업무 만찬은 자정까지 이어졌다. 타르시스 카루가라마 르완다 법무장관과 대통령 국방 및 안보보좌관인 리처드 루타티나 준장도 동석했다. 우리 쪽에서는 알랭 르 로이 유엔 평화유지활동 담당 사무차장, 이반 시모노빅 인권 담당 사무차장보, 김원수 비서실 차장이 참석했다.

세 시간 동안 이어진 만찬은 매우 긴장된 분위기에서 진행되었다. 르완다 외교장관과 법무장관은 보고서에 '오류'가 있으며 '이중 대량학살'에 해당한다고 주장했다. 이는 1994년 후투족이 벌인 것과 같은 규모의 전쟁범죄를 르완다의 투치족이 저질렀다고 말하는 것이나 마찬가지라고 했다. 그들은 투치족은 희생자이며 그들의 대응은 불법이 아니라고 주장했다. 두 장관은 만찬 석상에서 분노를 드러냈다. 내 예상대로, 그들은 이 보고서가 공개되면 다르푸르에서 자국의 평화유지군을 철수하겠다는 정부의 위협을 되풀이했다. 실제로 르완다군이 철수한다면 끔찍한 일이었고, 그것은 단순히 병력 수의 문제가 아니었다. 우리는 르완다 부대를 가장 의지하고 있었는데, 군대의 병력이 1만 명에서 7,700명으로 줄어든다는 것은 UNAMID의 평화유지군 부대가 사실상 붕괴된다는 의미였다.

나는 유엔의 입장을 차분하게 설명했다. 보고서는 르완다를 '이중 대량학살'로 비난하려는 의도가 결코 아니었다. 만일 르완다 정부가 그 보고서에 '불법과 오류'가 있다고 생각할 경우, 자국의 입장을 유엔에 제출하면 보고서에 그 내용을 추가해서 동시에 발표될 수 있었다. UNAMID에서 군대를 철수하면, 다르푸르에 심각한 위험을 초래하고 은연중에 인접국들에도 영향을 미치게 될 것이었다. 그러면 이 일은 르완다의 국제적인 명성에도 부정적인 영향을 미칠 것이며, 회원국들은 르완다의 조치를 단기적인 정치보복으로 여길 터였다.

나는 다음 날 두 시간 동안 카가메 대통령과 만났다. 나는 전날과 같은 내용으로 내 입장을 설명했다. "르완다 평화유지군을 철수한다면, UNAMID를 불구로 만들게 된다는 것입니다." 긴장감은 흘렀지만 서로 존중하는 태도로 긴 대화를 마친 뒤, 카가메 대통령은 평화유지활동에 대한 자신의 약속을 지키기로 동의했다. 나는 위기를 넘겼다는 안도의 한숨을 쉬었다.

카가메 대통령과 나는, 내가 외교통상부 장관이었던 2005년부터 함께 활동해온 사이였다. 일국의 대통령이 밤중에 자신의 공관에서 외국의 장관을 만나는 것은 이례적이었다. 그는 한국에 특별한 호감이 있었고, 우리나라의 경제적·사회적 개발사업이었던 새마을운동을 연구하고 있었다. 박정희 대통령이 1969년에 시작한 새마을운동은 놀라운 성과를 거두었다. 카가메 대통령은 1994년의 집단학살 이후 나라를 재건하면서 이 운동을 스스로 연구하고 장관들에게 한국 정부가 실행한 것을 적용해보라고 지시했다. "당신네 국민들이 한 것을 나도 하고 있습니다"라고 그는 말했다. 한국에 대한 그의 신뢰와 존경에 나는 감동했다.

우리의 관계는 내가 사무총장이 된 뒤에 더 가까워졌다. 카가메 대통령은 각료회의에 나를 초청했고, 나는 관리들에게 사회경제적 운동에 착수할 것을 권고했다. 오늘날 르완다와 한국은 전국이 인터넷망으로 연결되는 몇 안 되는 국가다. 사실 나는 에티오피아와 우간다 같은 아프리카 국가가 한국의 새마을운동을 적용하는 것을 알고 감동했다.

이런 관계는 2년 후, 스페인의 페르난도 안드레우 메렐레스 판사가 르완다의 에마뉘엘 카렌지 카라케 중장이 투치족 대학살 이후 정치적 암살과 집단학살을 명령함으로써 반인도적 범죄를 저질렀다는 이유로 체포영장을 발부했을 때 특히 중요하게 작용했다. 이 당시 스페인 법은 전 세계의 인권 사건을 추적하는 보편적인 관할권을 인정하고 있었다.

우리가 당황한 것은 이때 카라케 장군이 UNAMID의 부사령관이었기 때문이다. 나는 그를 즉각 해임하려고 했지만, 카가메 대통령은 나에게 그를 유임하거나 UNAMID의 부사령관을 다른 르완다 장군으로 교체하라고 요구했다. 나는 마지못해 2010년 4월에 그가 예정대로 명예로운 퇴진을 할 때까지 몇 달 동안 그의 복무를 연장해주었다. 당시의 결정은 힘든 것이었지만, 결국 르완다 부대는 유지되었다.

유엔 사무총장은 단일 문제에 집중할 수 있는 여유를 누리지 못하며 상호 연관된 많은 문제들 사이에서 균형을 잡아야 한다. 보고서는 큰 불길을 일으켰고 나는 그 불을 꺼야 했다. 그대로 두면 불길은 다르푸르 임무단을 살라버릴 위험이 있었는데, 우리는 다르푸르의 취약한 안보 상황을 위험에 빠지도록 놔둘 수 없었다. 외교적 노력은 어려움에 빠진 지역에 평화를 유지하는 데 도움이 되었다. 그리고 카가메 대통령과 나의 개인적인 친분은 정의가 승리하도록 우리 두 사람이 합의하는 데 도움이 되었다. 정의는 지체되더라도 결국에는 승리한다는 사실을 우리는 믿어야 한다.

카가메 대통령은 2010년 9월 유엔 총회 일반토의 참석차 뉴욕에 왔다. 내 고위 보좌관 몇 명은 그를 만나지 말 것을 내게 건의했지만, 나는 뜻을 굽히지 않고 그를 만났다. 다르푸르의 군대 철수와 관련해 그의 마음이 변하지 않았다는 것을 확인하고 싶었다. 문제의 보고서에 관해 그는 여전히 격노하고 있었다. 그는 총회 연단에서 유엔의 이중기준을 비난했고, 여러 서방국가의 위선을 우회적으로 비판했다. "유엔은 2개의 서로 다른 카테고리로 나누어져서 서로 다른 바퀴로 굴러가고 있습니다. 하나는 안전과 자유 등 고귀한 가치를 자기들의 전유물로 떠드는 나라들로 구성되어 있고 다른 하나는 이러한 가치들에 대하여 가르침을 받아야 하는 나라들로 구성되어 있습니다."

나는 이런 견해에 반대한다. 아직 정의와 책임성의 원칙에 열의가 없는 지도자도 있지만, 대부분의 지도자는 이 약속을 지켰고 앞으로 더 많은 지도자가 지킬 것이다. 내가 공개적으로 언급했듯이, 정의는 승리할 것이다. 오늘이 아니라면 내일이라도.

22

유엔 개혁

미래를 위해 예비한 공간

2006년 가을, 서울 아파트의 평화로운 서재에 혼자 있을 때, 돌연 사무총장 선출이 가지는 엄청난 의미가 나를 엄습했다. 유엔은 현대화할 필요가 있었다. 그러나 몇 달간 선거운동을 하면서도, 나는 그것이 얼마나 야심 찬 일인지 구체적으로 인식하지 못하고 있었다. 지하 2층의 인쇄기부터 물이 새는 총회장의 지붕까지 온갖 것의 수리와 업그레이드가 필요했다. 사무국의 천장과 벽면 재료는 모두 석면이었고, 현장사무실 중에 부정부패가 확인된 곳도 있었다. 아태지역의 인도적 구호 활동에서부터 중앙아프리카의 평화유지 임무에 이르기까지, 전 세계에서 이뤄지는 현장 활동은 비효율적이었고, 유엔의 자체 환경보호 성적은 부끄러울 정도였다. 유엔의 문제는 재정적·물리적·정치적·환경적인 것이었다.

나는 수직에 가까운 학습 곡선을 소화해야 한다는 불안감에 시달렸다. 유엔 사무총장은 먼 곳에서 벌어지는 온갖 위기에 책임지고, 수십억 달러의 예산을 관리하고, 계약을 협상하고, 사무국 건물을 보수하고, 수많은 사무소들 간의 상호 협력 시스템을 개선하고, 기금을 모으고, 10여 개의 군사 임무단 운영을 동시에 지원하고, 수천 번의 회의와 수십 번의 리셉션과 오찬에서 기관을 대표하고, 복잡한 인도적 재난 구호 활동을 감독하는가 하면, 석면이나 저수류 수세식 화장실의 생태적 영향도 이해해야 한다.

유엔에 대한 요구가 증가하면서 2007년에 39억 달러에 달하는 유엔의 핵심예산 규모는 서서히 커지고 있었다. 삭감할 부분이 전혀 없어 보였다. 낭비가 있다면 막아야 했다. 안보리의 권위는 약해졌다. 아마도 그것은 어쩔 수 없는 현상일 것이고, 그 원인은 60년 묵은 역학관계에서 찾아야 할 것이다. 평화유지군은 자신들이 보호해야 할 주민들로부터 갈수록 더 높은 원성을 듣고 있었다. 사무총장 선거운동을 하는 1년 동안 나는 유엔 개혁에 관한 생각을 굳히게 되었다. 이제 와서 생각해보니 '전면적 정비'가 더 적당한 표현이었을 것이다.

나는 비밀보고서, 브리핑 자료집, 내부평가서, 그 밖에 사무실 한쪽에 쌓인 다른 자료까지 꼼꼼히 살펴보았다. 모든 페이지가 새로운 우선 과제처럼 느껴졌다. 유엔이 요행히 피한 온갖 법적·정치적·재정적 재난을 떠올리자 속이 울렁거릴 지경이었다. 전 세계의 호의와 약간의 행운이라는 조합에 우리가 영원히 의

존할 수는 없다고 결론 내렸다. "만일 유엔이 개인 기업체였다면, 50년 전에 파산했을 겁니다"라고 나는 유엔 직원들에게 말하곤 했다. 어디서부터 손을 대야 할지 막막했다.

한편으로 나는 이 기구가 어떻게 돌아가는지는 알고 있었다. 2001년 9월부터 2002년 9월까지 한승수 총회 의장의 비서실장으로 1년 동안 일하며 얻은 자산이었다. 거기다 나는 특정한 문제에 대해 어느 나라가 영향력을 가졌는지 알고 있었다. 16개월간 사무총장 선거운동을 하면서, 나는 어떤 대사가 일을 책임 있게 처리했는지도 파악했다. 나는 할 수 있다고 생각했다.

"통상적인 업무방식" 뒤집기

나는 유엔 역사상 가장 광범위한 개혁에 대한 구상을 일찌감치 착수했다. 이전의 의제가 현 상황의 원인이 아닌 증상만 다루는 데 그쳤다면, 이제는 제도적·재정적·지적·인적 자원을 동원해 대대적인 개혁을 시작해야 했다. 하지만 많은 혁신 과제가 서로 연계되어 있어서 동시에 진행해야 했기 때문에 버거운 과업이었다. 이런 노력은 흔히 바다 위에서 전함에 페인트 칠하기에 비유되었다.

무엇보다 우리는 유엔 예산을 삭감하라는 미국의 노골적인 요구와 유엔 개혁의 연결고리를 끊어야 했다. 유엔 소재 국가이고,

최대 기여금 제공 국가인 동시에 가장 요란한 비판자이기도 한 미국은 개혁을 요구하고 있었다. '개혁'은 유엔이 납세자의 돈을 받을 자격이 있는지, 나아가서 미국이 회원국으로 남을지에 관한 문제를 한마디로 함축한 것 같은 단어가 되어 있었다. 이 단어는 회원국들을 방어적으로 만들거나 화를 돋울 수도 있었다. 개혁에 반대하며 비용 절감조치를 방해하는 나라들까지 있었다.

나는 유엔 개혁이 단순히 운영 예산을 임의로 삭감하는 것보다 훨씬 더 미묘한 문제라는 것을 알고 있었다. 우리는 기존의 직원과 자원으로 훨씬 더 많은 일을 해야 했고 더 잘해야 했다. 철저한 재평가의 시간이었다. 나는 2011년 6월에 두 번째 임기를 시작하면서 이렇게 말했다. "우리가 개혁하는 이유는 다른 사람을 기쁘게 하려는 것이 아니라, 이 기구가 수호하는 가치를 소중히 여기기 때문입니다. 유엔의 미래를 믿기 때문에 개혁하는 것입니다."

2007년 1월 1일에 내가 취임했을 때 유엔은 아직 석유-식량 교환 프로그램 스캔들oil-for-food scandal로 휘청대고 있었다. 미국을 필두로 여러 서방국가가 이라크 석유 판매를 감독하는 유엔 당국에 불만을 표시했다. 안보리 제재의 여파로 궁핍해진 이라크 가정을 돕는 데 사용되어야 할 수십억 달러를 사담 후세인 일당이 빼돌리도록 허용했다는 것이었다.

2004년에 코피 아난은 널리 존경받는 폴 볼커 전 미연방준비제도 의장에게 복잡다단한 스캔들을 조사하는 위원회를 맡아달라고 설득했다. 나는 그의 임명을 존중했다. 미국 경제계의 전설인 볼커는 철저하고 불편부당한 조사를 해줄 인물이었다.

1년 이상 이어진 조사 후에 발간된 보고서는 5권 분량에 이르렀고, 이라크의 석유 판매수입과 지출, 선호 업체와 맺은 계약, 심지어 정권이 불법적으로 흥청망청 써버린 식료품 구입비 목록까지도 상세하게 기록하고 있었다. 범죄 혐의에서 처벌 없이 빠져나간 사람은 거의 없었고, 대부분 의심스러운 결정을 내린 혐의나 알아야 할 부조리를 몰랐던 책임이 있었다.

이 사건은 비판자들에게 유엔이 믿지 못할 기구라는 점을 상기시켰고, 어떻게 사무국, 안보리, 이라크 제재 감독기관들이 그렇게나 많은 부정과 운영 미숙의 징후들을 놓칠 수 있었는지 도저히 이해할 수 없다는 점에서 지지자들의 마음을 흔들었다. 2000년대 초반에 일어난 유엔의 끔찍한 실수를 밖에서 지켜보던 나는 실망을 금할 수 없었다.

투명성, 책임성, 효율성

유엔 개혁의 첫걸음이 투명성과 공정성의 문화를 구축하는 것임을 나는 경험을 통해 알 수 있었다. 나는 유엔을 직원들, 회원국, 파트너, 일반대중까지 신뢰하는 기구로 탈바꿈하겠다고 굳게 결심했다. 유엔은 다시금 세계인과 각국 정부의 눈에 긍정적인 힘이자, 삶을 개선하고 평화를 집행하는 기구로 보일 수 있어야 했다. 그런 확신은 현장에 투입된 우리 직원의 안전을 위해서도 중요하고, 우리의 위상을 높이고 회원국을 안심시킬 터였다.

사무총장으로서 내가 처음 시도한 일 가운데 하나는, 사무차장 및 사무차장보급 이상의 250여 명에 달하는 모든 유엔 고위직 관리에게 자산내역을 작성해 공개하도록 한 것이었다. 취임 2주 전인 2006년 12월 14일에 나는 기자들에게 나의 금융자산을 자진 신고할 것이라고 발표하며 모범을 보였고, 5주 후에 실제로 신고서를 제출했다.[1] 공자의 가르침 중에 '수신제가 치국평천하修身齊家 治國平天下'는 나의 이런 생각과 일맥상통한다. "세상을 바로잡으려면 먼저 나라를 바로잡아야 하고, 나라를 바로잡으려면 먼저 가정을 바로잡아야 하고, 가정을 바로잡으려면 먼저 자신의 개인적인 생활을 갈고닦아야 한다. 즉 먼저 자신의 마음을 바로 세워야 한다"는 가르침이다.

자산공개 방침은 유엔에서 엄청난 저항을 받았다. 사무총장실 직원들 중에도 반대자가 있었다. 반발하는 이유는 다양했다. 진행 중이던 이혼 절차 때문에 자산공개를 원치 않는 직원도 있었다. 먼 친척들이 자신의 자산을 보고 돈을 요구할 것을 우려하는 직원도 있었다. 한 여성 직원은 모국이 여성의 재산상속을 허용하지 않기 때문에 사무국 내에서는 기꺼이 자산공개를 하겠지만 외부에는 공개할 수 없다고 했다. 암으로 죽음을 앞둔 네덜란드 출신 직원도 재산공개 방침에서 제외되기를 원했다.

나는 직접 이런 요청을 개별적으로 확인하고 예외를 몇 건 인정했다. 마침내 나는 대부분의 고위 직원이 자산명세서를 제출하도록 설득할 수 있었다. 그러나 회원국들의 강력한 반대에 부딪혀 자산내용은 대부분 대외비로 처리했다. 그렇지만 나의 자산은 이미 한국에서 공직 생활을 할 때 공개된 바 있으므로, 그대로 공개했다.

헌신적이고 의욕적인 직원들 없이는 유엔은 아무 일도 할 수 없다. 그러나 이 기구에 진입하기는 어렵고, 각각의 직원에게는 유엔이란 조직이 몹시 불공정하게 느껴질 수도 있다. 이 기구의 행정과 관리 실태를 연구하면서, 나는 직무가 11가지로 분류되어 있고 같은 업무를 담당하는 직원들에게 각기 다른 보상 체계를 적용하는 것을 보고 놀랐다. 이런 체계는 관리하기도 복잡하고 직원들 모두의 사기를 저하하는 요소였다. 내 관리팀이 직급을 3가지 형태의 고용 계약으로 재편하고 급여 체계를 최대한 조화시키는 데는 몇 년이 걸렸다. 이것은 유엔 개혁의 연대기에 큰 승리로 기록될 만한 일이었다.

나는 또한 유엔만이 아니라 어느 조직을 건강하게 만들기 위해서도 긴요한 보직순환의 필요성을 강조했다. 너무나 많은 직원들, 특히 뉴욕 본부나 선진국 사무소 근무자들은 10년, 심지어 20년씩 같은 업무를 수행하고 있었다. 그중 일부는 타성에 젖어 업무에 신선한 아이디어를 제공하지 못하고 있었다. 다수의 직원에게 자극이 필요했다. 현장 근무지로 발령을 내면 그들에게 활기를 되찾아줄 수 있으리라는 것이 내 의견이었다.

한편 기존 체계는 우수한 직원을 험지 근무처에 방치함으로써 그들을 전혀 활용하지 못하고 있었다. 이 헌신적인 직원들은 본부로 이동해 자유롭게 도심을 돌아다니며 주변 환경을 즐길 기회를 얻었다. 의사를 타진해보니 가족과 함께 살며 한곳에 정착하고 싶다면서 불만을 토로하는 직원이 많았다.

내 예상대로, 순환 근무는 본부보다 현장 직원에게 인기가 많았다. 맨해튼, 제네바, 빈을 자발적으로 떠나는 사람은 많지 않았고, 내가 가능하다고 보는 수준까지 성과를 얻기에 충분할 정도로 순환배치를 실행할 수는 없었다. 회원국들도 이 계획을 경계했다. 본부에 근무하는 자국의 인력을 국가 자부심의 원천이나 내부정보를 획득하는 잠재적인 창구로 여기는 나라도 있었다. 그들은 이런 이점을 놓치지 않으려고 했다.

전 세계의 유엔 대사들이나 직원 노조와 여러 차례 회의를 진행하면서 좌절감을 느꼈던 기억이 생생하다. 그들은 자신의 특권을 포기하는 것을 내켜하지 않았기 때문에 순환근무 계획은 초기에 그다지 지지를 받지 못했다. 하루는 전체 유엔 대사들과 회의를 하며 호소했다. "여러분은 여러분의 정부에서 시행하는 순환 인사 체제 덕분에 여기서 근무하고 있습니다. 한 임지에서 영원히 근무할 것으로 기대하는 사람은 없을 겁니다. 나는 유엔의 전 직원이 공정하고 정당한 기회를 얻고 다양한 경험을 하며 배우기를 원합니다. 직원이 한 근무지에 지나치게 오래 머문다면 그 자체로서 다른 직원의 기회를 빼앗는 것일 뿐만 아니라, 맡은 업무에서도 안일주의에 빠지게 됩니다."

공격적인 노조나 다양한 이익단체의 반대를 넘어서 순환배치를 승인하는 총회의 결의안을 끌어내는 데는 7년이 걸렸다.[2] 내 임기 중 좀 더 일찍 채택되었더라면 총회 결의가 조직에 얼마나 더 큰 영향을 미쳤을지는 알 수 없지만, 시기적으로 이미 늦어서 체제를 바꾸는 데 큰 역할을 할 수는 없었다. 내가 유엔에서 퇴임하자마자 내 후임인 안토니우 구테흐스는 이 계획을 실행하지 않기로 결정했다. 많은 직원이 인사와 관련된 소동은 조직의 이익에 부합하지 않는다고 신임 사무총장을 끈질기게 설득한 것이 분명했다. 대부분 나라의 외교부처럼, 유엔도 직원들이 순환 근무를 하도록 체제를 바꿔야 한다.

공정성을 제고하는 차원에서, 2009년 7월에 사무국은 나의 지휘하에 유엔 조직과 운영방식에 불만을 품은 직원들이 의견을 개진할 수 있는 새로운 통로를 마련했다. 나는 사무총장으로서, 유엔 분쟁재판소UNDT와 유엔 항소심재판소UNAT에 올라오는 모든 사건에서 피고가 되었다. 유엔이 국내 법원에 제소될 수 없는 독특한 국제적 지위를 가진다는 점을 고려해서라도 내부의 사법체계를 만들 필요가 있었다. 나는 법무담당 부서와 함께 내부고발자 보호를 강화하는 규범 및 계약을 위반하거나 신뢰를 저버린 직원을 징계하는 장치를 마련했다.

유엔의 효율성은 응당 도달해야 할 수준을 밑돌고 있었다. 겹치는 책임소재, 파편화된 조달 절차, 중복된 문서관리 등으로 수백만 달러가 낭비되고 있었다. 유엔 조직은 바깥에 알려진 것처럼 비대하다기보다는 체계적이지 못한 쪽에 가까웠다. 취임을 앞두고 유엔 회의와 브리핑 자료를 연구하면서, 나는 충격적일 정도로 시대에 뒤떨어진 10여 가지 시스템을 통합할 필요가 있다는 사실을 발견했다. 불필요하게 중복되는 노력과 마지막 순간의 수정 때문에 발생하는 비용이 수백만 달러에 달했다.

2008년에 유엔은 외부업체와 계약을 맺고 회계에서 재고 점검까지 모든 활동을 간소화하기 위해 '우모자Umoja 프로젝트'를 추진했다. 통합을 뜻하는 스와힐리어로 명명한 이 시스템은 급여, 구매, 예산, 출장 및 기타 비용 등을 자동화하고 수백 곳의 사무소에 흩어져 근무하는 3만 명의 직원들 사이의 협조를 개선하기 위해 개발되었다.

시스템 활용 초기였던 2015년 11월 무렵 우리는 우모자가 유엔을 더 현대적이고 유연하고 효율적인 조직으로 만들어주리라고 기대했다. 나는 지금도 그런 기대를 가지고 있다. 안타깝게도, 우리는 직원들에게 우모자 사용법을 충분히 교육시키기도 전에 4억 달러짜리 이 프로그램의 사용을 개시했다. 그러다 보니 행정의 지연과 유엔 직원들의 광범위한 불만이 야기되었다. 사용이 어렵고 오류가 자주 발생하는 바람에 이 시스템을 혼란스럽다고 생각하며 불신하는 직원이 많았다. 나는 그런 상황에서도 최선을 다해 새 시스템을 지원했다.

영원한 권력

나는 유엔 체제의 온갖 모순과 실패 가운데, 안보리 이사국을 시대에 맞게 바꿀 수 없었던 것이 가장 큰 문제였다고 평가한다. 유엔 회원국들이 안보리의 10개 비상임이사국을 선출하지만, 이들에게는 5개 상임이사국과 동등한 권한이 없다. 미국, 영국, 프랑스, 러시아, 중국(P5)은 그들끼리 대부분의 문제를 결정한다. 이유를 불문하고 안보리의 어떤 입장에 대해서도 거부권을 행사할 수 있기 때문이다. 견제되지 않는 이 권력이 안보리의 신뢰성을 훼손한 나머지, 불량국가들은 걸핏하면 안보리의 비판이 부당하다며 대수롭지 않게 취급하곤 한다.

여기서 초래되는 문제가 2가지 있는데, 둘 중 어느 것도 저절로 사라지지는 않을 것이다. 첫 번째 문제는, 어떤 나라가 국제 평화나 안보에 미치는 영향 때문이 아니라 국내 문제나 전략적인 고려에서 결의안에 거부권을 행사한다면 그 자체로 잘못된 일이라는 점이다. 멋대로 국제법을 어기는 나라도 있었고, P5 중 하나와 동맹관계를 맺은 독재자들은 인권을 유린해도 묵인되었다. 시리아 내전 초기에 중국과 러시아가 안보리의 조치에 거부권을 행사했을 때 과연 타당한 이유가 있었을까? 이 두 나라는 서방에 대항하는 참혹한 대리전쟁에서 알 아사드 시리아 대통령을 지지했다.

두 번째 문제는, P5 구성이 현재가 아닌 1945년의 세계 권력

구조를 반영한다는 점이다. 많은 나라가 중동, 중남미, 아프리카 국가 중에 상임이사국이 없고, 이러한 공백은 유엔에 대한 그들의 기여를 과소평가하는 것이라고 지적한다. 이것은 앞으로도 변하지 않을 현실이다.

모든 P5가 우선 상임이사국 확대가 필요한지에 관해, 그다음 추가한다면 어떤 나라가 추가되어야 할지에 관해 합의해야 한다. 말굽 모양의 안보리 회의탁자를 지배하는 5개국은 자국의 권한을 희석하는 그 어떤 제안에도 거부권을 행사할 것이다. 한편 나머지 국가들 쪽에서 보자면 어느 나라가 그들의 지역을 대표할지를 정해야 한다.

P5와 유엔의 다른 회원국들 간에 타협을 끌어낼 수 있다면 영원한 업적이 되겠지만, 내 임기 중에 바꿀 수 있는 일이 아니라는 사실도 잘 알고 있었다. 나의 잦은 비판적 언급과는 무관하게, 유엔 헌장은 이 문제에 관한 권한을 사무총장에게 부여하지 않았다.

비극적 교훈

유엔은 격동의 시기에는 언제나 적극적으로 활동했다. 예컨대 난민, 긴급구호, 평화 활동 분야의 관계자들은 온갖 유형의 인도적 긴급상황의 최일선에서 일한다. 이런 삶은 위험하고, 더럽고, 스트레스가 많고, 지치는 일이지만 보람차기도 하다. 때로는 그 모든 것을 한꺼번에 겪기도 한다. 오늘날 청색과 백색의 유엔기는 방패가 되기보다 표적이 될 때가 더 많다. 2003년 8월 19일 이슬람 테러 단체가 바그다드 외곽에 있는 유엔 본부 옆의 진입로에서 차량폭탄을 터뜨렸을 때, 우리는 그 사실을 깨달았어야 했다. 카날 호텔의 폭발로 22명이 사망했는데, 그중에는 세르지우 비에이라 지 멜루 유엔 이라크 특별대표도 있었다. 그는 온갖 역경을 헤쳐온 브라질 출신 외교관으로 인도주의 공동체의 영웅이었다.

다국적군의 임시당국이 유엔 단지를 보호하겠다고 제안했는데, 비에이라 지 멜루 특별대표는 그런 조치가 유엔의 중립을 훼손하고 이라크인들의 유엔 사무소 방문을 어렵게 할 거라고 생각해 제안을 거절하는 중대한 결정을 내린 바 있었다. 그것은 34년간 눈부신 활약을 하며 열 군데가 넘는 근무지에서 활약했던 베테랑이 저지른 비극적 실수였다. 그의 죽음은 유엔과 이라크 국민에게 크나큰 손실이었다. 그때까지의 유엔 역사상 가장 끔찍한 테러에 유엔 전체가 슬픔에 빠졌다. 비에이라 지 멜루를 존중했던 나로서는 충격을 받아 한동안 몸이 좋지 않았다.

당시 코피 아난 사무총장은 곧바로 유엔 경비부서를 재정비했지만, 유엔의 구조적인 취약점을 극복하지는 못했다. 유엔은 내가 취임하고 1년쯤 지난 2007년 12월 11일에 재차 공격을 받았다. 마그레브에서 알카에다와 연계된 자살 폭탄 테러범이 알제리의 유엔 사무소에 차량폭탄을 터뜨려 알제리인 14명을 포함해 민간요원 17명이 사망했다. 비열한 공격이었다. 이 폭발은 얼마나 강했던지 길 맞은편의 유엔 난민사무소 건물을 거의 완전히 무너뜨렸고, 근처에 살던 알제리 주민 27명도 목숨을 잃었다. 최소 100명 이상이 부상당했다.

당시 나는 기후변화와 관련한 연례 국제회의 참석차 발리에 가 있었는데, 언론에 보도되기 단 몇 분을 앞두고 폭탄 테러 소식을 들었다. 그 소식을 듣고 어찌나 큰 충격을 받았던지 테러 행위를 비난하고 유엔 동료들의 용감한 활동을 칭송하는 일을 순간 잊을 뻔했다. 나는 기자들에게 아직 세부적인 정보가 없다고 말했는데, 나지막한 나의 음성은 떨리고 있었다. “유엔 직원이 사망했습니까?” 한 기자가 조심스레 물었다.

“그런 정보가 들어왔습니다”라고 나는 말했다. 나는 충격에 빠진 상태였다. 정신을 가다듬어도 알제리 국민을 돕기 위해 일하던 선량한 사람들을 상대로 한 비겁한 공격에 대해 내가 느낀 분노는 이루 말로 표현할 수가 없었다. 그것은 유엔의 보안 문제를 심각하게 생각하라는 끔찍한 경고였다. 나는 사고 뒤에 알제리에서 보안책임을 맡고 있던 세네갈 출신 바바카 은디아예가 공격 가능성이 크다고 유엔 안전보안국에 누차 경고했었다는 사실을 듣고는 화가 치밀었다. 건물 경비를 강화하라거나 외국인 직원을 내보내라는 그의 건의에 보안국 관리들이 아무런 대응을 하지 않은 것은 이해할 수 없는 노릇이었다. 나는 보안 수준이 더 높았더라면 폭발의 피해를 줄이거나, 아예 폭발을 막을 수도 있었으리라고 확신했다. 그것은 인재였다.

나는 서둘러 알제리 수도로 날아가 차를 타고 곧장 현장으로 갔다. 파괴된 현장을 보자 속이 울렁대며 눈물이 나왔다. 나는 콘크리트 잔해로 덮인 바닥을 지나 엿가락처럼 휘어진 철근을 타넘으며 걸어갔다. 끔찍한 광경이었다. 검게 그을리고 움푹 파인 벽 너머로 가구와 개인물품들이 보였다. 시신들은 수습되어 그곳에 없었지만, 옷가지와 깨진 물건들, 종이 등이 파편들 사이로 흩어져 있었다. 피해는 눈 뜨고 볼 수 없을 정도였다. 잔뜩 찌푸린 하늘 아래, 부서진 우리 사무실 근처에서 추도식이 열렸다. 나는 짤막한 추도사를 낭독하며 흐르는 눈물을 참을 수 없었다. 생존자 모임에서는 슬픔이 북받쳐 입을 떼기조차 힘겨웠다. 위로의 말 대신, 나는 피해자와 그 가족들을 안아주었다.

압델라지즈 부테플리카 알제리 대통령과의 면담은 긴장된 분위기에서 이루어졌다. 나는 전에 이미 유엔 알제리 사무소의 위협 평가를 상향할 것이라고 분명히 밝혔었다. 그러나 안전하지 않다고 여겨지는 곳에는 기업과 관광객이 찾아오지 않는다는 사실을 알고 있던 대통령은 반발했다. 그는 집요했고, 사무총장 선거 초기에 나를 적극 지지했다는 점을 내세우며 내가 물러서기를 기대했다. 공격의 규모를 직접 목격한 후에 나는 직원의 보호를 우선시했어야 했다는 것을 깨달았다. 나는 처음으로 너덜너덜하게 찢어진 유엔기를 들고 귀환했다. 그러나 그것이 마지막은 아니었다.

내 임기 중에 유엔 직원에 대한 또 다른 공격이 일어났다. 이 사건은 내게 영영 가시지 않는 비통과 분노를 남겼다. 2009년 8월 28일에 경찰 제복 차림의 무장한 남자 3명이 카불의 직원 기숙사를 습격했다. 직원들은 한적한 동네의 여러 게스트하우스에서 눈에 띄지 않게 살고 있었다. 아프간인으로 구성된 유엔 경비원들은 침입에 맞서 대항하다가 피해를 입었다. 아프가니스탄 정에 보안부대가 우리의 구조 요청에 응했으나, 우리 건물이 카르자이 대통령의 동생 집이 아닌 것을 확인하고는 그대로 돌아갔다는 사실도 이내 파악되었다.

이 습격으로 외국인 유엔 직원 5명과 아프간인 3명이 피살되었다. 그것은 유엔을 향한 직접적인 공격으로 느껴졌다. 아울러 이 공격은 심각한 저개발 상태의 아프가니스탄을 돕는 집단 원조와 국제적 지원을 거부하는 것이기도 했다. 나는 충격을 받았고, 비탄에 빠졌고, 화가 치밀었으나 투지도 타올랐다. 탈레반은 자신들의 소행이라고 주장했다. 망가진 이 나라를 지배할 수 없다면 완전히 파괴하겠다는 그들의 무자비한 활동이 빚어낸 또 하나의 살육 행위였다.

나는 카불로 가서 카르자이 대통령에게 유엔 보안 수준을 보강할 것을 요구하고, 그렇지 않다면 직원을 철수시키겠다고 했다. 그는 나를 안심시키며 다시는 그런 문제가 생기지 않을 것이라고 했다. 여전히 걱정스러웠지만, 이 나라에 유엔의 지원이 얼마나 절실한지 알고 있었기에 일단 철수는 하지 않기로 했다. 선거 기간이나 기념일이 다가오면 때로 비필수요원들에게는 휴가를 가도록 지시했다. 또한 다수의 외국인 직원들을 경비 수준이 더 안전한 다른 숙소로 이동시켰다.

2011년 8월 26일에는 이슬람 무장단체 보코하람이 폭탄을 가득 실은 승용차를 몰고 검문소 2곳을 통과해 나이지리아 유엔 사무소의 로비로 돌진해서 민간요원 18명이 사망했다. 이 집단은 조나단 정부에 대한 투쟁을 전개하면서, 외국인도 결코 안전하지 않다는 것을 보여줄 의도로 공격을 감행했기 때문에 우리가 엉뚱하게 피해를 입은 것이었다.

지난 10년간 평화유지군을 향한 공격이 증가해서 공여국이나 파병국은 평화유지 작전을 감당하기 어려워지고, 지역 주민의 존경과 지지 열기는 식었다. 정치 임무단의 입지가 약해지면 존중을 덜 받게 되고, 효과도 약해진다. 오늘날에는 무장세력과 정부 양쪽 모두가 구호활동가를 국제적인 간섭의 상징으로 여기고 표적으로 삼는 경우도 늘고 있다.

코끼리를 더 민첩하게

사무총장 취임을 준비하는 동안 평화유지활동국DPKO을 연구하다 보니, 이 부서가 코끼리처럼 움직임이 둔하다는 인상을 받았다. 평화유지 담당 사무차장은 군사 전략 및 계획, 행정업무,

정보 기술, 병참, 인사 관리, 임무단을 운영하는 데 필요한 다른 사항을 포함해 그야말로 모든 일을 감독하고 있었다. 이런 일들에 쫓기다 보니 그에게는 현장 지휘관이나 본부의 고위 간부와 의견을 교환할 시간이 없었다. 이 부서가 제트 연료를 구하거나 급여를 계산하는 대신 평화작전을 수행하는 데 집중해야 한다는 점은 자명하다. 문제의 규모가 큰 만큼 나는 신속한 해결책을 강구했다. 나는 평화유지국에서 하는 활동을 2개 부서로 분리할 생각이었다. DPKO는 모든 군사업무를 감독하고, 신설하는 현장지원국이 보급 및 배후 기능을 담당하도록 하는 것이었다.

수치를 보면 납득할 수밖에 없었다. 평화유지 작전에 민간 활동인 특별정치 임무단까지 합치면, 유엔은 30개국에 245곳의 임지를 운영하고 있고, 약 15만 명의 민간인과 군 병력이 항공기 200대, 차량 1만 4천 대, 의료 시설 300곳의 지원을 받는다. 이들은 매일 1천만 리터의 식수와 100만 리터의 연료를 소비했다. 임무단의 조달은 유엔 전체의 85퍼센트에 달했고, 임무단이 배출하는 이산화탄소는 유엔 전체의 절반에 해당했다.

20대 초반에 자원입대해서 군 복무를 마쳤고, 김영삼 대통령 재임 기간에 외교안보 수석비서관으로 봉직한 적이 있기는 해도, 나는 군사 전문가가 아니다. 하지만 이러한 군 경험은 생각을 정리하는 데 도움이 되었고, 나는 이 문제를 민간인이 아닌 군인의 관점으로 접근했다.

현장지원국(현 작전지원국)은 인사, 예산, 재정, 병참, 정보 기술을 감독하기 위해 창설되었는데, 이런 일의 거의 대부분은 현장 임무단이 자체적으로 감당하기보다는 뉴욕이나 지역사무소에서 더 잘 수행할 수 있는 것이었다. 지원국은 평화유지 임무단의 원상회복력을 강화하는 역할을 맡았다. 대부분의 근무지가 고립되어 있거나 절망적인 난민이 밀집해 있는 혹독한 험지에 있기 때문에, 이 역할은 특히 중요했다. 주둔 지역이 평화유지군에 적대적인 세력들의 근거지인 경우도 있었다.

저항이 있을 것이라고 예상은 했지만, 나는 생각보다 거센 반대에 부딪히면서 놀라지 않을 수 없었다. 나는 장마리 게노 평화유지 담당 사무차장에게 나의 계획을 알렸다. 과도한 비군사적 임무의 부담을 덜어주는 계획을 열정적으로 동조해줄 거라고 생각했는데 내 예상과는 달랐다. 혹시 영역다툼이 아닐까 짐작했는데, 내 생각이 맞았다. 프랑스 외교관들이 제일 먼저 부서 신설에 반대했다. 이 협상이 유난히 민감했던 것은 1997년 이래 프랑스인이 DPKO의 운영 책임을 맡아왔기 때문이었다. 프랑스 정부는 이 지위를 끈질기게 지키려 했고 유엔은 그 기대에 부응했는데, 그 이유는 역사적으로 프랑스가 다른 상임이사국보다 평화유지군에 더 많은 병력을 파견해온 탓이었다.

나는 필리프 두스트블라지 프랑스 외교부 장관에게 지원 기능을 분리한다고 해서 평화유지활동 책임자의 권한이 저해되는 것은 아니며, 실제로는 군사 전문가들이 업무에 매진할 시간이 늘고 중요한 결정에서 실수가 발생할 가능성은 줄어들 거라고 설명했다. 제2부서의 설립으로 운영이 실질적으로 간소화할 터였다. 결국 그도 동의했다.

미국은 평화유지활동 비용의 큰 부분을 부담하는 다른 나라들과 마찬가지로 일찌감치 나의 계획에 동의했다. 그러나 수십 년간 기존 체제에 익숙해진 사람들의 사고방식을 바꾸기는 쉽지 않았다. 니루팜 센 인도 대사는 심지어 〈뉴욕타임스〉 기자에게 "사무총장은 왕이 아니고 회원국은 왕의 신하가 아니다"라며 나를 공개적으로 비판했다. 내가 이의를 제기하자, 만모한 싱 인도 총리는 선임보좌관을 보내 내게 사과하고, 센 대사를 인도로 소환했다.

나의 전 비서실장이었던 아르헨티나 출신 수잔나 말코라를 신설 부서의 사무차장으로 임명했다. 그는 전기공학을 전공했고, 세계식량계획의 선임 운영책임자로 근무한 경력이 있었다. 나는 그를 전적으로 신임했으며, 그가 신속하게 새 부서를 궤도에 올려줄 것을 알고 있었다. 나는 합리적이고 외교적인 그가 경직된 절차를 바꾸고 환경에 미치는 영향을 저감할 창의적 전략을 찾아낼 것으로 믿었다.

녹색 평화유지

우리의 평화유지활동은 물이나 목초지나 다른 자원이 워낙 부족해서 자원 자체가 분쟁의 원인이 될 수도 있는 취약한 환경에서 이루어지는 경우가 많다. 임무단의 환경 영향은 새로운 문제가 아니다. 모든 기관과 기금, 프로그램, 그리고 특히 DPKO는 평화유지활동이 환경에 남기는 흔적이 얼마나 큰지 잘 안다. 나는 처음 이 문제를 들여다보았을 때 이제까지 이루어진 진전이 너무 없어서 실망했다.

한 차례의 유엔 평화작전만으로도 이미 그 지역에 살고 있는 수만 명의 현지 주민들을 아무것도 없는 척박한 땅으로 내몰 수 있다. 현지인들을 돕겠다고 가서는 정작 그들로부터 물과 땅과 식량을 빼앗는 상황이 초래되는 것은 도덕적으로 잘못된 일이다. 우리의 비행기, 발전기, 차량에서 나오는 이산화탄소로 그 사람들의 공기를 오염시키는 것은 잘못이며, 그들의 밭이나 수로에 쓰레기를 버리는 행위도 변명의 여지가 없다.

우리가 물리적으로 끼치는 영향을 재평가할 필요가 있다는 점이 명백했다. 우리는 이미 청정발전기, 태양에너지, 정수, 폐소각로, 폐기물처리 시스템으로 전환을 시작했다. 각각의 혁신은 그 다음 단계에 도움이 될 수 있는 구체적인 절감효과가 있었다. 동티모르 임무단은 우리 차량의 공회전 시간을 분석하고 차량의 흐름을 개선함으로써 36만 달러가량을 절감했다. 아이티 평화유지군은 판지와 종이를 잘게 찢어서 지역 주민이 요리용 연료로 쓰도록 숯 알갱이로 만들었다. 레바논 남부에서는 평화유지군UNIFIL이 차량을 전기차로 전환하고 인근 공동체에 재활용 방식을 소개했다. 우리는 거의 모든 임무단에 태양광 전지판을 설치했다.

유엔 본부 보수공사

내가 취임하고 다섯 달쯤 지났을 때 당시 뉴욕시 부동산 개발업자이던 도널드 트럼프가 전화를 걸어와 나와의 통화를 요청했다. 나는 개인적으로 그를 몰랐지만 그의 전화를 받았다. 우리는 7년에 걸쳐 18억 달러가 소요되는 사무국과 총회 건물의 리모델링 사업을 진행하고 있었다. 그런데 갑자기 트럼프가 나에게 그 프로젝트를 맡고 싶다고 한 것이었다. 장차 미국의 대통령이 된 트럼프는 이렇게 말했다. "나라면 정확히 반값에 할 수 있습니다. 많은 돈이 절약되니 미국인들은 좋아할 겁니다. 게다가 내가 훨씬 더 멋지고 아름답게 만들어드리죠. 그러면 미국 정부도 당신을 좋아할 것입니다."

나는 그것이 가능하지 않다고 대답했다. 아난 사무총장은 건축비를 부담할 회원국들과 2년 넘게 비용, 물류, 일정 등을 협상한 터였다. 나는 트럼프에게 "노"라는 말을 여러 차례 했지만, 그는 내 말을 듣지 않는 것처럼 같은 말을 되풀이했다. "내가 맡도록 해주세요! 같은 기간에 같은 디자인, 같은 자재로 훨씬 더 멋진 공사를 해드릴 겁니다."

나는 단호한 말투로 말했다. "당신의 제안은 검토할 여지가 없습니다. 미국인들이 변경을 원한다면, 직접 나에게 연락하라고 하세요." 우리는 다시 대화할 기회가 없었다.

사실 나는 트럼프와 인연이 있었다. 2001~2002년 회기에 총회의장 비서실장으로 근무할 때, 아내와 나는 새로 지은 트럼프 월드 아파트 16층에 침실 2개짜리 집을 임차해서 지냈기 때문이다. 인근의 고가 주택에 그늘을 드리우는 그 고층건물 건설을 동네 전체가 반대하고 나섰다. 결국 지역주민이 소송에서 졌는데, 물론 유엔은 어느 쪽 편도 들지 않았다.

사무국 리모델링 프로젝트는 번잡하면서 위험하고, 실행 면에서 불가능에 가깝지만 꼭 필요한 것이었다. 건물은 절망적이고 위험할 정도로 낡은 상태였다. 거대한 녹색 얼음 틀을 닮은 건물 전면의 유리와 대리석은 겨울이면 열기를 빼내고 여름에는 햇빛을 가두는 엄청난 에너지 낭비의 주범이었다. 보수가 지체되는 동안 구조물 일부가 침식되기도 했다. 사무 공간은 5천 명의 직원이 근무하기에는 이제 너무 협소했다. 전화 시설은 어찌나 오래되었는지 인터넷을 연결하려면 구조 자체를 바꿔야 했다. 사무국 화장실들이 얼마나 많은 물을 낭비하고 있는지 알고 나서는 충격을 받을 정도였다.

사무국을 보수하고 나면 1964년 12월 체 게바라의 총회 연설 후에 벌어진 일처럼 누군가가 이스트강 건너편에서 박격포를 발사해도, 또는 누군가가 차량 진입을 막는 1번가의 말뚝들을 넘어 차량폭탄을 몰고 돌진해도 산산조각 나지 않는 38층짜리 유리벽을 갖게 될 것이었다. 처음 계획은 10개 층씩 공사하면서 나머지 층은 사무실로 사용한다는 것이었다.

나는 공사 기간 동안, 직원들이 석면에 과다 노출되는 것과 사고가 발생할 가능성을 염려했다. 주요 공사 관계자들은 공사 기간에 건물의 다른 구역에서 근무하는 직원들에게 해롭지 않을 거라고 나를 안심시켰지만, 나는 확신할 수 없었다. 결국 나는 역사보존 전문 건축가인 마이클 아들러스타인을 고용했다. 그는 건물을 3분의 1씩 나눠서 공사하는 대신 사무국 전체를 한 번에 공사해야 한다는 내 의견에 동의했다. 아들러스타인은 얼마 전 자유의 여신상 복원공사를 감독한 경험이 있었던 터라, 나는 그의 능력을 신뢰했다.

이런 결정은 공사비 지급 일정과 시간 계획을 재협상해야 함을 의미했다. 힘든 절차였지만, 여러 차례의 협상을 거친 끝에 회원국들은 마침내 이 계획을 승인했다. 리모델링 공사를 한 번에 마침으로써 우리는 지급 일정을 바꾸지 않고도 공사기간을 7년에서 5년으로 단축했다. 회의를 수없이 거듭하는 과정에서 모두가 내 아이디어를 지지하게 되었다. 2008~2009년의 세계적 불황으로 맨해튼 중심가에 빈 사무실이 남아돌았다. 덕분에 5천 명이나 되는 직원이 한꺼번에 움직일 수 있었다.

유엔은 법적으로 국제 영토에 속하기 때문에 랜드마크로는 지정될 수 없다. 하지만 10여 명의 세계적인 건축가가 설계에 참여한 건물과 내부 구조는 20세기 중반 현대건축의 귀중한 사례로 꼽혔다. 록펠러 가문의 건축가인 미국의 월리스 해리슨이 디자인팀을 이끌었는데, 그 팀에는 당시 명성이 자자하던 스위스의 건축가 겸 화가인 르 코르뷔지에도 포함되어 있었다. 누가 봐도 유엔을 위한 장소라는 것을 즉시 알아볼 수 있도록 총회장을 설계하고 건축했던 북유럽 국가들이 해당 수리비용을 지불했다. 자국의 건축가 오스카르 니에메예르의 공헌을 자랑스러워하던 브라질은 건물 외관을 바꿀 생각이 전혀 없었고, 다른 라틴아메리카 국가들도 뜻을 같이하도록 설득할 태세였다.

조심스러운 복원과 큰 규모의 공사가 정성스레 진행되었다. 나로서는 사무국을 복원하기보다는 허물고 새로 짓고 싶은 마음이 더 컸다. 그편이 우리의 목적에도 더 부합하고 비용도 더 저렴했기 때문이었다.

또 다른 중요한 요인은 사무총장이나 연례 총회에 참석하는 수십 명의 세계 지도자와 같은 이른바 귀빈들을 보호하는 문제였다. 미국 비밀경호국U.S. Secret Service은 안전을 보장할 수 없다는 이유로 우리가 상업용 건물로 이전하는 것을 반대했다. 우리를 유엔 구역 내에 두는 것이 유일한 선택지였다. 회원국들은 이스트강 옆의 유엔 잔디밭에 한 블록 정도 길이의 3층짜리 임시 사무동을 세우는 데 동의했다.

비판자들에게도, 우리 자신에게도 이 별도의 사무공간이 임시 용도가 분명하다는 점을 입증하고자, 우리는 일부러 가장 비용이 저렴한 방법을 선택했다. 월마트 정도 되는 크기로 조립식 흰색 상자를 만든 것이었다. 물론 모두가 임시건물을 농담 삼아 그렇게 불렀다. 내 집무실이 월마트에 있었다! 가건물이 우아하지 않다는 건 사실이었고, 내부에는 엘리베이터도 없었다. 세계 지도자들은 숨을 헐떡이며 올라와야 하는 내 집무실을 '반 체육관'이라고 불렀다. 당시 나는 꽤 많은 사람이 월마트가 영구적인 사무실이 될 거라고 장담한다는 사실을 전혀 알지 못했다. 실제로 그 건물을 고철로 처리하려고 철거할 때, 〈뉴욕타임스〉는 이 해체작업을 '놀라운 일'이라고 표현했다.[3]

나는 재임 기간의 절반이 소요된 리모델링 공사를 환경적 효율성을 반영해 진행한 점이 자랑스럽다. 빈 사무실은 자동적으로 소등되는 전기 설비에서 보듯, 수리, 교체, 혁신 과정을 거쳐 사무국 전체의 에너지 비용은 65퍼센트가 경감되었고, 탄소배출은 자그마치 86퍼센트가 감소했으며, 물은 80퍼센트나 절약되었다. 신기술과 모범 사례 적용을 통해 유엔의 상징인 사무국 건물은 기대 이상으로 에너지 효율이 높고 관리비용은 낮아졌다.

나는 각국 대표와 유엔 직원이 멋지게 꾸민 새로운 건물에서 즐겁게 근무하며 건물의 에너지 효율성, 접속 가능성, 편의성의 진가를 알아보기를 기대한다. 이 복원사업은 세계적으로 중요한 본보기가 되었으므로, 모든 부동산 개발업자들이 주목하기를 기대한다.

23

미션 파서블

우리의 세계를 육성하기

나는 인류가 스스로를 구원할 힘과 동기를 지니고 있다고 믿는다. 슈퍼 박테리아에서 초강대국, 초대형 태풍에 이르기까지 위협은 곳곳에 도사리고 있지만, 우리가 신속히 그리고 함께 대응한다면 이런 도전을 충분히 넘어설 수 있다. 분명 쉽지 않겠지만 우리의 사명은 불가능한 꿈이 아니다. 평생 외교적으로 문제를 해결해온 내 경험은 나에게 앞으로 나아갈 길을 보여주었고, 나는 사무총장으로 봉직하는 동안 매일 나의 비전을 전파하려고 분투했다. 덜 사용하고, 더 신경 쓰고, 멀리 내다보고, 국경을 초월하고, 공동체를 구축하고, 공감대를 키우고, 평화에 기여하는 것.

나는 50년 가까이 한국과 세계를 대표해 일했고, 이 회고록이 다른 이들도 평화를 위해 일하도록 동기와 영감을 제공할 수 있다면 더없이 기쁠 것이다.

우리 세계는 갈수록 양극화되고, 군사화되고, 탄소화되고 있다. 이것은 지속 불가능한 궤적이다. 우리의 생존은 지구와 우리 자신을 구하겠다는 모두의 공약에 달려 있다. 쉽지 않은 일이다. 우리는 긴박하게 행동해야 하지만, 동시에 인내심도 발휘해야 한다. 갈 길이 멀기 때문이다. 실현되어야 할 공약은 대륙마다, 나라마다, 문화마다, 공동체마다 다르고, 또 개인마다 다를 것이다.

이것 하나만은 확실하다. 우리가 어디에 있든, 자신의 지구상 위치를 뭐라고 규정하든, 우리에게는 행동해야 할 도덕적 책무가 있다는 사실이다. 나는 그것을 '세계시민정신Global Citizenship'이라고 명명한다.

세계 지도자들에게 호소한다. 부패한 자들을 기소할 것을, 평화를 추구할 것을, 여성의 권한을 강화할 것을, 젊은이에게 투자할 것을, 효율적인 집단행동을 위해 다른 나라와 협력할 것을, 공정한 개발과 포괄적 인권을 보장할 것을, 전 국민에 봉사하는 법과 정책을 세울 것을, 그리고 대리전쟁을 중단할 것을.

기업 임원들에게 호소한다. 부정부패에 맞설 것을, 인권을 중시하는 문화로 바꿀 것을, 탄소배출을 대폭 줄일 것을, 회사 주주 이외의 더 많은 시민에 대해서도 책임감을 가질 것을, 그리고 책임 있는 기업시민정신Corporate Citizenship을 위해 유엔 글로벌 컴팩트UN Global Compact에 동참할 것을.

세계시민에게 호소한다. 폭력 없이 변화를 요구하는 목소리를 높일 것을, 지도자에게 책임을 물을 것을, 공감으로 불만을 극복할 것을, 평화를 위해 단결할 것을, 그리고 기후위기에 대처하기 위해 타인과 연대할 것을.

우리가 유엔의 지속가능개발목표SDGs를 충실히 이행하면, 모든 이에게 식량과 교육과 의료서비스와 기회를 제공할 수 있는 자원을 가지게 된다. 2030년까지 극심한 빈곤을 근절하도록 설계된 SDGs는 야심 차고 대담한 것이 사실이지만, 우리 또한 야심 차고 대담하다. 코로나19의 확산과 불경기가 무척 걱정스럽기는 하지만, 나는 우리가 이 재난을 극복하고 더 나은 삶을 성취해낼 거라고 믿는다.

나의 내면에는 여전히 유엔이 구조한 소년이 살고 있다. 나는 유엔의 사명인 평화와 개발과 인권 활동을 촉진하는 것으로 내가 유엔에 진 빚을 계속 갚아나갈 것이다. 나는 여전히 SDGs, 파리기후협약, 여성과 청소년의 권한 향상을 중시한다. 이것이 인류의 번영과 평화를 실현하는 원동력이기 때문이다.

나는 2007년 이후부터 나타나고 있는 의미심장하고 고무적인 변화에 주목해왔다. 점점 더 많은 사람이, 특히 젊은이들이 세계의 공익을 위해 책임감을 느끼며 싸우고 있다. 단호한 웅변가인 말랄라 유사프자이와 그레타 툰베리는 교육을 중시하고 기후위기에 대항하는 더 나은 세계를 만들려는 동기를 우리에게 부여해준다. 나는 이 젊은 여성들이 담론의 장에서 자신들의 자리를 당당하게 요구하고, 훌륭한 역할 모델이 되고 있는 것이 대단히 기쁘다. 청소년이 주도하는 기후위기 대응은 내가 여태껏 목격한 가장 강력한 운동이다. 나는 그것을 보며 우리의 미래와 우리의 행성에 대해 희망을 품는다.

지금의 아이들이 살아갈 세상은 100세 시대로, 그들 중에는 내 손주들인 서연, 서진, 자이, 현진이도 포함된다. 그들이 사는 미래 사회는 어떤 모습일까? 우리가 지금 행동하지 않으면 그때쯤엔 폭력과 가난과 환경 악화로 세상이 더 불안정해지지 않을까 두렵다. 우리가 젊은이들에게 물려주는 행성은 연약한 생명체의 삶을 지탱해주기에는 지나치게 덥고 건조하다. 이미 수만 종의 동식물이 멸종되었고, 게걸스레 주변을 삼키는 사막과 통제되지 않는 화재와 높아지는 해수면이 거주 가능한 땅을 파괴하고 있다. 최대의 오염 유발자이기도 한 최강대국들은 21세기 중반까지 탄소중립을 달성하겠다고 약속했다. 이 목표 달성이 너무 늦지 않기를 바란다.

유엔에서 퇴임하자마자, 다양한 국제적·국내적 자리를 맡아 달라는 요청이 쇄도했다. 나는 그중에서 일부 자리를 수락했다. 이해와 협력 증진을 지향하는 자리들이었기 때문이다.

영예롭게도, 나는 엘더스의 일원으로 합류했다. 엘더스는 분쟁을 예방하고 개발을 장려하기 위해 넬슨 만델라가 설립한 전직 세계 지도자와 유명 인사들로 구성된 작은 모임이다. 부족한 점이 많은 내가 2018년에는 이 모임의 부회장에 선출되었다.

종종 '아시아의 다보스 포럼'이라고도 불리는 보아오 포럼Boao Forum의 의장으로서, 나는 전 세계적인 문제에 정치적·경제적·

원칙적으로 대응하기 위해 세계 지도자들이나 혁신가들과 함께 방안을 모색한다. 나는 또 국제올림픽위원회IOC 윤리위원회 의장을 맡고 있다. 스포츠를 통한 책임감과 단결의 중요성을 강조하기 때문에 내가 소중히 여기는 자리다. 이 외에도 나는 글로벌녹색성장기구GGGI, 세계기후적응센터GCA, 유엔글로벌컴팩트UNGC 한국협회, 지속 가능한 개발방안 네트워크SDSN 코리아 등 여러 기구의 대표를 맡고 있다. 포용성을 가지고 모두를 위한 기회를 증진하는 새 지도자를 양성할 목적으로 빈에는 반기문세계시민센터BKM Centre를 설립했다. 2018년 1월에 개관한 BKM 센터의 공동의장인 하인츠 피셔 오스트리아 전 대통령에게 진심으로 감사드린다. 이 기구는 내가 서울에 설립한 '보다나은미래를위한 반기문재단'과 협력하고 있다.

나는 또한 연세대학교에서 석좌교수직을 맡았는데, 한국에서 가장 역사가 깊은 이 대학은 '글로벌사회공헌원IGEE'을 설립했다. 한동 글로벌대학은 영광스럽게도 '반기문 글로벌교육연구소'를 위한 건물을 지어주었다. 한국 정부와 충청북도는 나의 유엔 10년간의 업적을 기리기 위해서, 내가 태어난 고향인 음성군에 '제8대 유엔 사무총장 반기문 평화기념관'을 만들어 많은 젊은이들에게 유엔이 추구하는 이상과 목적을 알리고 있다.

나는 태생적으로 낙관주의자이다. 그러나 인권과 민주주의를 후퇴시키려고 위협하는 포퓰리즘으로 인하여 나의 타고난 낙관주의가 많이 약화되었다는 사실을 인정하지 않을 수 없다. 우리는 강력한 힘과 핵심주체들이 점점 배타적으로 변해가는 모습을 지켜보고 있다. 한때 국제협력의 등대 역할을 하던 미국은 바이든 행정부 아래서 파리기후협약이나 세계보건기구WHO와 같은 다자간의 정치적·재정적 공약으로 복귀했다.

나 자신의 일생에 관한 이야기를 쓰는 것이 이렇게 어려울 줄은 미처 예상하지 못했다. 50년에 가까운 공직생활 가운데 어떻게 주제를 선별할 것인가? 수많은 대통령들, 총리들, 기업인들, 운동가들, 학자들, 오피니언 리더들과 만났던 방대한 내용을 어떻게 되새길 것인가?

트뤼그베 리 초대 유엔 사무총장은 후임인 다그 함마르셸드에게 "지구상에서 가장 불가능한 일"을 떠맡는 것이라고 경고한 적이 있었다. 우리는 지도자들만의 힘으로 이 세상을 더 나은 곳으로 만들 수 있을 거라고 기대해서는 안 된다. 부분적으로 이 책은 일방주의가 누군가에게 장기적으로 이득을 안겨줄 거라는 생각에 대한 비판을 담고 있다. 세계적인 문제에는 그에 걸맞은 세계적인 해결책이 필요하다. 나는 다음 세대를 위해 국제적 협력에 도움이 되는 일을 계속 해나갈 것이다. 모든 남자, 모든 여자, 모든 어린이는 미래에 대한 책임을 나눠 갖고 있다. 함께라면 우리는 우리에게 주어진 사명을 실현 가능한 것으로 만들 수 있다.

RESOLVED 제5부

나의 정치 참여

24

나의 정치 참여

나는 2017년 1월 12일부터 그해 2월 1일까지 20일간 국내정치에 직접 참여했다. 그 이후에도 간헐적으로 정치적 메시지를 내곤 했지만, 그것은 국내정치 행보가 아닌 시민의 한 사람으로서 대한민국호의 항로를 바로잡기 위한 우국충정의 발로였다. 앞으로도 국민과 세계시민을 위해서라면 정론正論과 정언正言을 마다치 않을 것이다.

나는 천성이 남과 치열하게 다투는 스타일이 아니다. 학창 시절 민주화 시위에 참여하기도 했지만 앞장서지는 않았다. 그러나 아주 어린 시절부터 옳고 그름에 대한 내 나름대로의 판단은 있었다. 4·19 혁명 4년 전인 1956년, 민주주의를 열망했던 헝가리 국민의 외침이 소련군의 탱크 앞에서 무참히 짓밟히고 있었다. 열두 살의 초등학생이던 나는 학생들을 대표하여 '머나먼 유럽의 한 나라에서 자유와 민주주의를 위해 투쟁 중인 국민들을 도와달라'는 호소문을 낭독하고 다그 함마숄트 당시 유엔 사무총장에게 보냈다.

나는 오랫동안 공직생활을 해오면서도 나 자신이 국내정치와는 거리가 먼 사람이라고 생각해왔었다. 정치적 무관심이 아니라 정치보다는 공직생활을 통해 나라에 보탬이 되려고 했다. 청와대 외교안보수석이나 외교통상부 장관처럼 고위 정무직을 맡았을 때도 정치적 인맥보다는 공직자로서의 품성과 임명권자로부터 능력과 필요성을 인정받아 임명되었다는 데 자부심을 느낀다.

이렇게 국내정치에 거리를 두었음에도 불구하고 내가 2006년 10월, 제8대 유엔 사무총장에 선출된 직후부터 이런저런 경로로 향후 정계 진출에 대한 가능성이 회자되었다. 10년간 유엔 사무총장직을 명예롭게 마친 후 대선에 나서야 한다는 기대감이었다. 사실 2017년 12월에 대선이 예정되어 있었기 때문에 시기적으로 2016년 임기 만료 후 대선 출마를 하기에 안성맞춤이었다. 그래서 국내 정치권에서 그런 이야기가 나왔을 것이지만 나는 일절 신경 쓰지 않았다. 그 당시 나의 관심과 각오는 분명했다. 유엔 사무총장의 임무를 완벽하게 수행해서 성공한 사무총장으로 역사에 남는 것이 우리 국민에 대한 보답이며 대한민국의 국익을 위하는 것이라는 굳은 신념이 있었다. 따라서 정계 진출이라는 생각은 내 머릿속에 아예 없었다.

2007년 1월 1일, 유엔 사무총장으로서 맞이하는 첫날은 이러한 마음으로 시작했었다. 2008년 6월 미국 메릴랜드대학교에서 세계 20개국 1만 9,751명을 대상으로 나를 비롯해 미·영·중·러 등 세계 주요 지도자 8인에 대한 신뢰도를 조사했는데, 나는 그 조사에서 평균 35퍼센트의 신뢰도를 얻어 1위를 차지했다. 나는 정말 희망에 차 있었고, 자신감이 넘쳤다.

국내외의 긍정적인 평가에 힘입어 나는 유엔 역사상 가장 빠르게 임기만료 6개월 전인 2011년 6월에 연임이 확정되었다. 유엔 사무총장 연임은 국내에서 엄청난 반향을 일으켰다. 나를 유력한 정치지도자, 국가지도자로 인식하는 여론이 급속도로 확산되었다. 앞서 언급한 대로 사실 나는 유엔 사무총장으로 취임한 후 가급적 국내정치와는 거리를 두려 했다. 그럼에도 2012년 두 번째 임기가 시작되니 내가 유력한 한국의 대통령 후보라는 이야기가 바다 건너 뉴욕까지 들려왔다.

2013년 가을쯤 어느 여론조사에서 유력 대권주자로 꼽히며 지지율 1위로 뛰어올랐고, 자연스럽게 '반기문 대망론'이 국내정치의 화두로 회자되었다. 2015년 상반기 한 여론조사에서는 지지율 32퍼센트로 압도적 1위를 기록했다. '반기문 대망론'은 더욱 확산되었고, 당시 야권의 유력 주자였던 문재인 대표와도 지지율 격차가 꽤 컸다. 그럴수록 나는 국내정치와 거리를 두기 위해 말과 행동을 더욱 주의했다. 내 쪽으로 오겠다거나 자문을 하겠다는 제의도 많았지만 모두 거절했다. 방미 길에 뉴욕에 들른 여야 의원들을 만나긴 했지만 이는 공식 일정이었을 뿐, 국내 정치인과의 사적인 만남은 가급적 갖지 않으려고 노력했다.

2016년 임기 마지막 해를 맞아 여러모로 분주하기 그지없었다. 퇴임 준비는 그리 간단한 일이 아니었다. 2017년 12월로 예정된 대선 출마 가능성에 대한 국내 언론의 보도와 여론의 관심은 더욱 증폭되었다. 심리적 압박감이 상당했지만 나는 성공한 유엔 사무총장으로 평가받겠다는 초심을 지키기 위해 일과 사람을 대할 때 한 치의 소홀함도 없고자 최선을 다했다.

이런 가운데 나는 2016년 5월 25일 제주포럼 참석차 방한한 계기에 관훈클럽 주최로 언론인들과 간담회를 가졌다. 국내정치에 관한 질문은 자제해달라고 사전요청을 했음에도 불구하고 화제는 여지없이 내년 대선 출마에 관한 것이었다.

나는 "내년 1월, 한국 시민으로서 어떤 일을 해야 하는지 결심하겠다. 그동안 나의 노력에 대한 평가가 있구나 싶어 자부심을 느끼고 자랑스럽고 고맙게 생각한다"고 말하면서 '국가 대통합'을 강조했다. 다음 날 언론은 내 뜻과는 달리 '대권 도전 시사'로 대서특필했다. 국가 대통합은 지금도 나의 지론이다. 전 세계를 다니면서 분열이 그들 나라를 어떻게 실패의 질곡으로 몰아갔는지 생생히 목도했다. 정치지도자, 특히 국가지도자가 되려는 사람은 사심을 내려놓고 국가 대통합에 솔선수범해야 한다.

예측 가능한 상황에는 누구에게나 적절한 대비가 있었겠지만 2016년 10월 하순부터 일어난 국내 상황은 나에게도 당혹스러움, 그 자체였다. 박근혜 대통령의 탄핵 불가피론과 함께 조기 대선의 가능성이 급부상하고 있었다. 김숙 전 유엔 대사가 나를 만나려고 방미했다. 한국의 상황과 예상되는 정치일정을 설명했지만 솔직히 내가 어찌해야 할지 마음을 잡을 수 없었다. 나는 퇴임 후에 닥치게 될 진실의 순간이 다가오고 있음을 직감하고 있었다. 미리 대비한 것은 아무것도 없었다.

퇴임을 며칠 앞두고 유엔 본부에서 고별 기자 회견을 가졌다. 예상했던 대로 귀국 후 대선 출마를 하느냐는 질문이 쏟아졌다. 나는 "아직 결정한 바 없다. 나는 아직 유엔 사무총장직을 수행 중이므로 다음에 이야기하겠다"고만 했다. 질문 기회를 못 잡은 한국 특파원들과 별도로 만났다. 여기서 나는 조금 더 나아간 발언을 했다. 나는 그들에게 "지금 나라의 상태가 어떤가. 이런 식으로 되면 국가의 장래가 어려운 것이 아닌가. 만약 내가 필요하다면 내 한 몸을 불사르는 한이 있더라도 검토해보겠다"고 했다. 이 발언을 국내에서는 내가 대선 출마를 결정한 것으로 기정사실화하는 듯했다. 이 인터뷰를 끝으로 나는 2016년 12월 31일, 제8대 유엔 사무총장직을 마치고 퇴임했다.

자유인이 되었지만, 귀국을 앞두고 나는 어떤 형태로든 결심을 해야 했다. 귀국 전 머리를 식히고, 마음을 정리할 시간을 갖고자 미국 뉴욕 외곽에 거처를 마련하고 숙고에 들어갔다. 그 기간 중에 김숙 대사가 몇몇 지인과 함께 두 번째로 나를 찾아왔다. 나는 아직 확신이 서지 않았기 때문에 확답을 줄 수 없다고 말했고 그들은 내 답변을 듣고 실망한 표정으로 돌아갔다.

솔직히 말해 그 당시 나는 최종적이지는 않았지만 정치 참여를 고려하지 않을 수 없었다. 정치 참여를 하지 않겠다는 나의 평소 신념과 각오에도 불구하고 국내의 급변하는 상황을 지켜보며 개인으로서의 반기문만을 생각하는 것이 과연 올바른 자세인가 하는 강한 의문이 들기도 했다. 여러 여건상 되돌리기 어려운 상황이라는 것도 통감하고 있었다. 정치 참여에 대한 요체는 단순히 대통령이 되는 것이 아니라 왜 정치에 나서야 하는가, 정치를 통해 내가 무엇을 하고자 하는 것에 관한 것이었다.

불면의 날을 거듭한 뒤에야 정계 진출에 대한 나의 신념과 목표를 정립할 수 있었다. 유엔 사무총장의 10년 세월 동안 내가 목격하고 경험한 참혹한 국제 상황들은 모두 분열과 대립에 그 원인이 있었다. 남북이 분단된 것만도 서러운데 국내에서 벌어지는 사분오열의 참담한 남남갈등을 그저 바라만 볼 수 없다고 생각했다. 나는 지역, 세대, 이념편향으로 분열된 한국 정치를 혁신시키는 데 앞장서고 하나로 통합된 대한민국을 건설하는 것이 절대적으로 필요하다고 판단했다. 국민이 뭉쳐서 전진하면 그 어떤 나라에게도 뒤지지 않는 국력을 기를 수 있다고 확신했다. 10년간의 유엔 사무총장 경험을 대한민국의 발전에 접목시켜야 하고 그것이 나에 대한 국민의 바람이요, 시대가 요청하는 지도자의 역할이라는 결론에 다다르고 있었다.

나는 2017년 1월 12일 귀국길에 올랐다. 기내에서 서울의 김숙 대사와 협의하여 '국민께 드리는 말씀'을 정리하면서 만감이 교차했다. 저녁 늦게 도착한 인천공항은 지지자들로 인산인해였다. 나는 그 광경을 보고 열망을 느끼며 그 자리에서 난국 극복을 위해 국민대통합과 정권교체가 아닌 정치교체를 역설했다. 상황적 숙명이라고 생각했다. 아울러 분명히 내 한 몸을 불태울 각오가 되어 있음을 재차 강조했다. 국민의 다양한 의견을 듣고, 오래 걸리지 않아 사심 없는 결정을 하겠다고 밝혔다. 언론은 사실상 대권 도전 선언이라고 못 박았다.

나는 곧바로 국민 속으로 직진해 들어갔다. 안정 속의 변화와 개혁, 새로운 정치에 대한 국민의 열망을 확인했다. 국민은 패권 정치와 기득권에 안주하고 있는 정치권에 대해 강한 거부감을 표출했다. 쇄도하는 동참과 격려에 살아 있는 대한민국의 힘을 느꼈다. 하지만 나는 국민의 성원을 받들지 못하고 2017년 2월 1일, 대선 출마의 꿈을 접었다.

정치교체 실현에 대한 좌절감이 가장 큰 이유였다. 대한민국 정치판을 제대로 맛본 20일의 짧은 기간 동안 내로라하는 정계와 사회단체 인사들과 접촉해보았다. 대체로 실망의 연속이었다. 특히 정계 인사들에게 실망이 컸다. 오로지 자기 자신을 위한 정치적 계산에만 몰두하고 있었다. 정치교체의 실현을 위해 나는 20일 동안 두 차례에 걸쳐 개헌의 필요성을 강조했고 동참을 호소했다. 처음은 1월 25일에 개최된 관훈클럽 초청 토론회였고, 그다음은 1월 31일에 마포 사무실에서 개최한 기자 회견을 통해서였다.

개헌이 정치교체의 기본 조건이며 분권형 대통령제, 즉 대통령은 외치를 그리고 국회에서 선출된 국무총리가 내치를 통괄하는 권력구조가 바람직하고 이를 위해 당선되면 임기 단축도 받아들일 용의가 있다고 제안했다.

정치권의 반응은 싸늘했다. 특히 당시 문재인 후보의 반대가 가장 컸다. 2007년 대선 당시 노무현 대통령은 권력구조 변경만을 위한 '원포인트' 개헌을 제안했었다. 문재인 후보는 그 당시 노무현 대통령 비서실장이었다. 2017년 대선에서 당선된 문재인 대통령은 2018년 자신 스스로가 정치개혁의 명분을 내세우면서 대통령 4년 연임제 개헌안을 발의했었다. 정치 참여의 가장 큰 명분이었던 나의 정치교체 염원은 정치적 이기주의와 패권정치 속에서 힘을 잃어가고 있었다.

정치교체와 관련하여 내게 닥친 큰 문제는 함께할 정치세력을 선택할 수 없었던 특수한 상황이었다. 그리고 그것은 내가 대선 도전을 중단한 커다란 이유 중 하나였다. 2017년 1월 12일, 귀국 당시 보수여당인 새누리당은 사실상 분당 상태에 있었다. 뒤돌아보면 탄핵 사태에도 불구하고 새누리당이 분당되지 않았다면 나는 결국 새누리당에 입당했을 것이며 승패를 떠나 대선 레이스를 완주했을 가능성이 컸을 것이다. 그러나 현실은 1월 24일에 탄핵 찬성파 의원들이 만든 바른정당이 창당되면서 보수세력은 끝내 분열하고 말았다.

이런 상황에서 새누리당에 들어가는 것은 정치적으로 문제가 있을 뿐만 아니라 탄핵 반대파로 몰릴 위험이 컸고, 김무성 전 새누리당 대표는 바른정당 입당을 재촉했지만 안 된다고 말리는 사람이 주변에 더 많았다. 창당을 해서 내 정당을 가져야 한다는 사람들도 있었다. 그러나 그것은 대선용 정당으로서 정치교체 명분에도 맞지 않았고 또 다른 보수분열일 뿐이란 생각이 들었다. 국민대통합과 정치교체를 명분으로 제시한 소위 '빅텐트'도 자신들의 정치적 유불리만 계산하는 정치인들로 인해 진전이 없었다.

결과적으로 나는 마땅히 함께할 정치세력을 찾아내지 못했던 셈이다. 이것은 정치 경험이 부족했던 나에게 책임이 있다. 유엔 사무총장 시절 지속가능개발목표SDGs와 파리기후협약을 끌어냈던 것처럼 단호하게 결단하고 과감하게 주도하고 신속하게 집행했어야 했다. 나를 돕겠다는 조직이 많았지만 다들 자생적인 조직으로 나와의 사전협의는 일절 없었다. 그때는 이런 조직들을 챙겨볼 시간조차 없었지만 어찌되었든 지지자들을 조직화하지 못한 것 역시 마지막까지 유엔 사무총장 직무에 매진하겠다는 스스로의 다짐에 충실했던 나의 부족함 탓도 있다. 바른정당이 나를 대선 후보로 만들기 위해 창당했고 그때 입당했더라면 보수 성향의 정치인들이 다 헤쳐모여식으로 왔을 거라는 말도 있었지만 이 또한 개연성을 염두에 둔 누군가의 정치적 상상에 불과할 뿐이다.

대권 도전 중단을 선언한 가장 최종적이며 결정적인 이유는 이 정치판이 내가 있을 곳이 아니라는 사실을 절감했기 때문이다. 거짓되고 악의적이며 조작된 구태정치와 공작이 난무하고 있는 곳에서 국민대통합과 대한민국의 미래를 말하는 나의 목소리는 묻혔다. 대표적인 것이 기업인 박연차 씨로부터 돈을 받았다는 가짜뉴스였다. 지극히 악의적인 이야기지만 으레 사람들은 언론에 나면 아니 땐 굴뚝에 연기 날까 하는 반응을 보인다. 허위사실이라고 소송을 걸어봐야 자꾸 법원에 들락거리면 그 자체가 이미지에 좋지 않을 게 뻔하다.

하도 기가 막혀서 내 나름대로 대응하기로 했다. 나는 평소 일기를 쓰는 습관이 있어 박 씨와의 만남에 대한 내용도 있을 것으로 믿었다. 과연 박 씨와 관련된 내용이 있었다. 일기장을 쭉 읽어보니 그를 만난 것은 내가 외교통상부 장관이던 2005년 5월 3일 방한 중인 응우옌 지 니엔 베트남 외무장관을 위한 관저 만찬에서였다.

당시 박준우 아주국장의 실무준비로 한국 주재 베트남 대사 외에 베트남에서 사업을 하는 양국 기업인 등 28명을 초청했는데 그중에 한 번도 만난 적이 없었던 박 씨도 포함되어 있었다. 그는 만찬 예정시간이 6시 30분이었는데도 7시 30분경에 도착했다. 식전 칵테일 순서가 너무 길어지는 것 같아 만찬장으로 들어가려는데 그때서야 나타났다. 설사 늦게 도착했더라도 손님은 손님이라 그와 악수를 나눴는데 술 냄새가 진하게 풍겼다. 이후 만찬이 시작되어 건배를 하려는데 박 씨가 나서서 "장관님, 무슨 건배를 시시하게 화이트와인으로 하십니까, 폭탄주로 합시다"라며 바람을 잡았다. 어쨌거나 폭탄주 한 잔씩을 했는데 박 씨가 또 하자고 해 내가 언성을 높였다. "여기는 외교 디너를 하는 자리니 그러지 말라"고. 그렇게 상황이 무마되고 만찬도 무사히 끝났으며, 이후 박 씨는 비틀거리며 남들보다 먼저 관저를 떠났다.

상황이 이랬음에도 〈시사저널〉은 "정통한 소식통에 따르면 박 씨는 행사 두 시간 전에 도착해 반 장관에게 20만 달러가 든 봉투를 주었다고 알려졌다"라고 보도했다. 이와 관련해 박연차 씨는 "내가 왜 돈을 주느냐. 줄 일이 없다"라고 부인했다. 이 기사는 워낙 악의적이라, 결국 언론중재위원회에 제소했다.

검사 출신인 박민식 전 의원이 도와주겠다며 나섰다. 박 의원은 외교부에 보관된 만찬 때 찍었던 사진들을 찾아내 이를 분석하게 했다. 분석을 맡은 과학수사연구소는 박 씨가 도착한 시간은 7시 30분 이후라는 결론을 내렸다. 만찬장에 들어가기 직전에 일렬로 서서 찍은 사진에 박 씨가 없었을 뿐만 아니라 리셉션 도중에 찍힌 손님 중 한 사람의 손목시계에 시간이 찍힌 것을 분석한 결과였다. 그가 두 시간 전에 도착해 돈 봉투를 건넸다는 주장이 엉터리임을 증명하는 증거인 셈이다.

이런 내용을 국회에 가서 명명백백히 밝혔는데도 언론사 기자들은 이 문제가 해명되었다는 기사를 어느 누구도 쓰지 않았다. 〈시사저널〉 조차 "박연차 씨는 안 주었다고 했고 반기문 총장도 안 받았다고 했다"라는 밋밋한 내용을 기사에 간단히 삽입하는 수준으로 끝냈다. 나머지는 우리가 취재해서 쓴 것이니 틀릴 수는 있지만 잘못한 것은 없다는 투였다. 정치권과 언론은 나를 음해하고 공격하는 단골 소재로 삼았다.

가짜뉴스와 함께 악성댓글이 기승을 부렸다. 2017년 1월 12일 귀국 이후부터 대선 중단을 선언하기까지 나의 일거수일투족은 언론을 통해 낱낱이 보도되고 있었다. 어떤 언론은 단순한 실수를 침소봉대해서 보도했다. 나는 2017년 1월 12일, 귀국 기자회견을 마치고 공항철도를 이용해 귀가하려고 했다. 자동발권기에서 티켓 2매를 직접 구입할 때 1만 원권 지폐 2장을 한 번에 투입하는 작은 해프닝이 있었다. 상당수 언론이 이를 서민 흉내 내기라느니, 지도자로서의 준비가 덜 되었다느니 꼬집었다. 목이 말라서 상점에 진열된 '에비앙'을 꺼낸 것이 애국심과 직결되어 비난을 받는 어처구니 없는 일도 일어났다.

대한민국의 대통령을 이런 기준으로 뽑는다는 것은 국민의 정치 수준을 무시하고 폄훼하는 일이 아닐 수 없다. 세계의 대통령이라 불리는 유엔 사무총장으로 10년간 일했던 것을 온 국민이 다 알고 있는데 내가 굳이 서민 흉내를 낼 이유가 어디에 있겠는가. 나는 정말 진솔하게 살아온 사람이라고 자부하고 있고 그런 정치술수는 생각조차 해본 적이 없다.

나는 전 세계 지도자를 유권자로 선거를 해본 사람이다. 정직하지 못하고 자신을 포장하려는 행위는 결코 긍정적인 결과로 이어지지 않음을 잘 알고 있다.

일부 언론은 아예 거두절미하고 나를 깎아내렸다. 나는 귀국하고 이틀 후 고향 음성을 찾아 선친 묘소에 성묘를 했다. 처음 절을 올리고 퇴주잔을 묘소에 뿌렸고 두 번째 절을 올린 후의 퇴주잔을 음복했다. 진실이 이러했음에도 내가 마치 처음 절을 올린 뒤 그 퇴주잔을 음복한 것처럼 조작된 영상이 나돌았고 많은 언론이 사실 확인 없이 보도했다. 나는 즉시 사실이 아님을 알리고 집안 관례대로 제례를 올렸다고 밝혔으나, 조작된 영상은 이미 광범위하게 유포되었고 언론은 그저 나의 반박이 있었다고만 보도했다. 한 유력 방송사가 제례 전 과정을 방영하면서 조작 편집된 영상임을 보도했으나 이미 내가 받은 상처는 컸고 명예를 회복할 수도 없었다.

제례까지 정치공작의 수단으로 일삼는 것은 패륜이다. 대한민국의 대선에서 다시는 이런 일이 없기를 바란다.

언론의 신속한 보도는 중요하다. 그러나 사실에 부합하는 정확한 보도에도 힘써야 할 것이다. 이와 관련해 한마디 해두고 싶은 것이 있다. 명백한 고의에 의한 잘못된 보도에 대해 징벌적 배상을 규정하는 '언론중재법'이 국내외에서 논란의 대상이 되고 있다. 언론은 정론을 추구해야 한다. 그러나 언론자유를 법으로 속박하는 것은 21세기 일류 선진국을 지향하는 대한민국에서는 있을 수 없는 일이다. 더욱이 이것이 정치적 의도로 의심받는 상황에서 추진되는 것이라면 '언론재갈법'이라는 비난을 감수하면서까지 밀어붙일 사안은 절대 아니라고 생각한다.

나를 더욱 견딜 수 없고 분노하게 한 것은 악성댓글이었다. 나에 관한 기사에 삽시간에 무분별하고 악의적이며 모멸스러운 댓글이 붙었다. 수천수만 건의 조회 수가 순식간에 올라갔다. 나의 이미지는 훼손되었고 나는 심리적으로 상당히 위축되었다. 하지만 당시에는 그것이 조직적인 댓글 조작에 의한 여론 조작이라는 사실을 몰랐다. 대명천지에 이런 천인공노할 민주주의 파괴 행위를 버젓이 하리라는 것을 누군들 알았겠는가.

2018년 5월에 기어이 진실이 드러났다. 드루킹 일당이 당시 문재인 후보의 최측근이었던 김경수 전 경남지사와 공모해 이런 범죄를 저지른 것이었다. 2018년 5월 서울시장 선거에 출마한 안철수 후보는 그의 페이스북에 이렇게 썼다. "지난해 1월 반기문 유엔 사무총장이 귀국하던 날부터 며칠간 벌어졌던 일들이 이상하지 않았는지요. 공항철도 티켓 구입 논란, 선친 묘소 퇴주잔 논란 등으로 이어진 여론 조작, 댓글 조작 또한 드루킹의 짓"이라고. 드루킹은 단죄되었고 2018년 경남지사로 당선되었던 김경수 지사는 2021년 7월 21일, 대법원의 유죄 판결로 지사직을 잃고 재수감되었다.

댓글 조작을 통한 여론 조작 행위는 민의를 왜곡하여 민주주의를 병들게 만든다. 증오와 분열을 조장하는 망국적 범죄다. 표현과 언론의 자유를 훼손하지 않는 가운데 실명제 도입 등 법과 제도로 발본색원해야 한다. 문재인 대통령은 2017년 대선 과정에서 비방 댓글을 "우리 경쟁을 더 이렇게 흥미롭게 만들어주는 양념 같은 것"이라고 했다. 2018년 1월 10일 대통령 신년 기자 회견에서는 "나와 생각이 같건 다르건 국민의 의사표시라고 받아들인다"라고 했다. 대통령의 인식이 그러하니 악성댓글이나 가짜뉴스가 더 판을 치고 횡행해지는 것은 당연지사다. 우리 모두 이런 반민주적 사고는 뜯어고쳐야 한다.

나를 둘러싼 정치 공세도 추잡하게 전개되고 있었다. 문재인 후보의 극렬 지지층은 갖은 비방을 퍼부었다. 심지어 봉하마을에 간 것조차 시비를 걸었다. 또한 당시 나는 공개적으로 정치 자금을 모을 수 없었던 터라 모든 비용을 사비로 지출해야 했다. "생각보다 돈이 훨씬 많이 들어서 깜짝 놀랐다"고 기자들에게 순진하게 이야기했더니 그 말이 "저 사람 곧 포기할 것 같다"는 뒤틀린 정치 공세로 돌아왔다.

이 상태로는 아무 일도 안되겠다는 무력감이 커지고 이건 내가 할 일이 아닌 것 같다는 생각이 굳어갔다. 결국 나는 누구와의 상의도 없이 대선 불출마를 결정했다. 2017년 2월 1일 아침, 나의 결심을 김숙 대사에게만 털어놓은 뒤 그날 새벽 혼자서 작성한 불출마 결정문을 건네며 "고칠 부분이 있으면 고치라"고 했다. 그날도 나는 담담하게 일정을 소화해나갔다. 예정되었던 3당 대표도 예의를 갖추어서 만났다.

이날 새누리당 인명진 비대위원장과 만났던 일을 나는 아직도 잊지 못한다. 그는 만나자마자 대뜸, "반 총장님은 진보입니까, 보수입니까" 하고 물었다. 숨이 턱 막혔다. 나는 2017년 1월

12일 귀국하는 비행기 속에서 동승한 기자와 인터뷰를 하는 도중에 "나는 진보적 보수주의자다"라고 밝혔다. 유엔의 3대 목표인 안보 · 개발 · 인권 중 특히 개발과 인권 분야는 진보와 진취적 사고를 요한다. 안보에 관한 한 나는 오랜 외교관 생활을 통해 갖게 된 소신에 따라 한·미동맹 지지와 함께 보수적 시각을 견지하고 있다. 그런 뜻을 이해하지 못했는지 이념적 편가르기 식으로 나온 것이었다.

나는 "'표를 얻으려면 보수 쪽이라고 확실하게 말하라'는 요청을 너무나 많이 들었다. 그러나 보수만을 위해 일하는 사람은 대통령의 자격이 없다. 나는 보수지만 그런 이야기는 내 양심상 받아들일 수가 없다"라고 늘 강조했었다. 모든 이슈에 대해 천편일률적으로 보수다, 진보다 하고 편가르기를 하는 것은 무리한 이분법일 뿐만 아니라 정략적인 태도라 생각한다.

인격모독성 발언도 서슴지 않았다. 그는 "나이가 들어 낙상하면 큰일이다. 특히 겨울엔 미끄러워서 여기저기 다니면 낙상하기 쉬우니 집에 가만히 있는게 좋다"고 했다. 입당 권유라기보다는 나의 대선 출마 결정에 대한 저속한 비난으로 들렸다. 우리 정치지도자의 수준이 이 정도인가, 나는 또다시 당혹감을 느꼈고 망연자실했다.

주머니 속 불출마 결정문을 힘주어 만져보았다. 여의도로 가면서 이도운 대변인에게 전화해 기자 회견을 준비하라고 지시했다. 이 대변인의 섭외로 국회 정론관에서 대선 불출마 기자 회견을 할 수 있었다.

이 자리에서 나는 20일간의 짧은 시간이나마 개인적으로 느낀 소감을 털어놨다. "일부 정치인의 구태의연하고 편협한 이기주의적 태도는 지극히 실망스러웠고, 결국 이들과 함께 길을 가는 것은 무의미하다는 판단에 이르게 되었습니다." 이는 당시 나의 숨김없는 진심이었다. 정치인 대부분이 일신의 영달을 위해 정치적 계산에만 골몰하고 있다는 확신이 나의 결심을 끌어냈다. 그리하여 나는 "정치교체를 이루고 국가통합을 이루려 했던 순수한 뜻을 접겠다"고 결정한 것이다. 이 당시 내 머릿속에는 이렇게 가다간 '개인과 가족, 그리고 10년을 봉직했던 유엔의 명예에 큰 상처만 남기게 될 것'이라는 두려움이 무엇보다도 컸다.

이후 마포 사무실로 돌아왔다. 사무실 직원 모두가 "그렇게 힘드셨냐, 우리와 한 번이라도 상의하시지 그랬냐"면서 울먹이는 목소리로 아쉬움을 표시했다. 내 눈에도 눈물이 고였다. 미리 이야기했다면 아마 모두가 말렸을 것이다. 나의 출마 포기를 지지하는 사람은 아내가 유일했을 것이다. 아내는 나보다 훨씬 더 비정치적이다.

개인적 역량도 역량이지만 무엇보다 시간과 준비가 부족했던 것에도 원인이 있었다. 탄핵으로 대선이 갑자기 앞당겨지지만 않았어도 조금은 더 준비된 모습을 보였을 것이다. 나와는 달리 문재인 대통령의 경우, 그의 개인적 역량을 의심하는 사람도 있었지만 지지자들이 똘똘 뭉쳐 그를 도왔다. 2012년에 대선을 치른 경험도 있었을뿐더러 수백 명에 달하는 전문가 집단이 수년간 준비했다고 했다. 그 격차를 실감할 수밖에 없었다.

끝까지 가면 이길 수도 있는데 왜 불출마하느냐는 원망도 많이 들었다. 실제로 대선 당시 민주당 공동선거대책위원장이면서 원내대표였던 우상호 의원은 대선 직후 한 언론과의 인터뷰에서 이런 발언을 하기도 했다. "가장 큰 걱정은 반기문이었다. 그가 완주했다면 문재인 후보와 20만 표를 놓고 초박빙 혈투를 벌였을 것이다. 그는 최순실 게이트에 책임이 없어 가장 위협적인 후보였다. 위험했을 수도 있었다"고.

내가 20만 표 차이로 이겼을지 졌을지 모르겠으나 만약 내가 당선됐더라면 누구보다 직무를 잘 수행할 수 있었을 것이라는 생각이 든다. 권력의지가 부족했다는 말들을 많이 했다. 어려운 말로 권력의지이지 직설적 표현으로 소위 '맷집'이 약했다는 의미일 것이다. 나는 2017년 1월 12일 귀국 기자 회견에서 "분열된 나라를 하나로 묶어서 다시 세계 일류 국가로 만드는 데 노력을 하는 그런 의지라면 나는 분명히 권력의지가 있지만, 남을 헐뜯고 무슨 수단을 써서라도 정권과 권력을 쟁취하겠다, 그런 것이 권력의지라면 저는 그런 권력의지는 없다"라고 말한 바 있다.

불출마 선언을 번복하고 다시 시작해보자는 구체적인 이야기도 있었다. 불출마 선언 후 하버드대학교로 떠나려 하자 "김대중 대통령도 정계 은퇴를 서너 번 번복했으니 불출마를 뒤집는 것 역시 아무것도 아니다"라며 말리는 이들이 부지기수였다. 하지만 이런 말들이 도리어 정신을 번쩍 들게 만들었다. 정치와 절연할 필요가 있었다. 미국에 가지 않고 여기 있으면 안 되겠다는 생각이 들었다. 그래서 아예 선거가 끝날 때까지 해외에 가 있는 게 낫겠다고 마음을 굳혔다.

이런 곡절이 있었음에도 요즘도 지방에 연설을 하러 다니면 종종 따뜻한 인사를 건네면서 "왜 그때 대선에 나가지 않았느냐"고 아쉬워하며 묻는 이들이 많다. 얼마 전 동네 이발소에 갔는데 거기서 만난 한 동네 주민은 "불출마 발표를 듣고 3일간 잠을 못 잤다"고 한탄했다. 그런 말을 들을 때면 나의 정치 참여 명분을 적극 지지했던 사람들에 대한 감사한 마음과 함께 그런 사람들의 기대를 저버렸구나 하는 회한이 들기도 한다. 가는 곳마다 이런 이야기를 들으면 보람과 함께 미안함을 느끼지 않을 수 없다. "다음에 꼭 나오세요"라고 말하는 이들도 있는데 그럴 때면 그냥 웃고 만다.

2022년 3월 대선을 향한 예비주자들의 치열한 레이스가 시작되었다. 권력구조가 개편되거나 헌정 중단 사태와 같은 비상 상황이 발생하지 않는 한 이 중대한 정치과정은 5년마다 반복될 것이다. 불행하게도 또다시 가짜뉴스와 여론 조작, 인신 비방과 같은 구태정치가 재연되고 있는 것을 매우 우려스럽게 바라보고 있다. 2021년에도 일부 정치세력과 정치인들이 2017년 나의 불출마를 특정 후보를 폄훼하고 흠집 내는 수단으로 악용하는 행태를 지켜보면, 실망스럽기 그지없다. 특히 젊은 여권 정치인들의 모욕적 언급이 있었으나 나는 그런 행태에 휘두릴 생각이 조금도 없기에 무대응으로 일관했다.

분명히 말하지만 능력이 모자라서 대선 출마를 접었던 게 결코 아니다. 내가 지향했던 국민통합과 정치교체의 염원이 국민으로부터 멀어져서도 아니다. 패권과 기득권을 앞세워 권력욕에만 매몰되어 있는 정치인들에게서 안타까움을 느꼈기 때문이다. 그런 사람들과 경쟁하면서 대의를 세우고 대한민국의 밝은 미래를 논한다는 것이 무의미하다는 판단에 이르렀기 때문이다.

'까마귀 노는 곳에 백로야 가지 말라'고 했던가. 그 당시 나의 솔직한 심정이 그랬다. 그러한 정치세력들이 나를 절망하게 만든 수단이 반인륜적 음해였고 국민을 기만하는 조작이었다. 앞서 언급한 것과 같이 법에 의해 단죄된 사람도 있지만, 반성하고 속죄해야 할 일부 정치인이 2017년 1월, 그때의 나를 실패한 경우라고 멋대로 설정하고 음해하고 있는 데 대해 개탄치 않을 수 없다. 언어도단이고 후안무치한 언동이다. 그 당시 나의 불출마를 지금의 대선 상황에 빗대어 악용하는 일부 패거리 정치인들에게 그럴 자격이 있던가. 국민을 이념과 진영으로 편가르고 헐뜯게 만드는 정치풍토를 조성했던 당사자가 아니던가. 더욱이 이런 정치인들이 비교적 젊은 세대라는 데 더 실망이 크다. 염치를 안다면 자중자애해야 할 것이다. 이런 정치인들로부터 우리의 미래세대가 무엇을 배울 수 있을는지 두렵기조차 하다.

나는 실패한 것이 아니다. 국민통합과 정치교체에 대해 갖고 있던 열정을 더 정의롭고 더 인류적인 일에 쏟아붓고자 단안을 내렸던 것이다. 다시 한번 강조하건대 정치철학은 없고 정치술수에 기대는 질 낮은 정치는 종식되어야 한다. 언론도 분별없이 그들의 주장을 전달하는 것은 바람직한 처사가 아니라고 생각한다. 미증유의 대통령 탄핵에 따른 2017년의 대선과 정상적인 헌정 절차에 따른 2022년의 대선이라는 점에서 비교조차 할 수 없는 것 아닌가.

대한민국호의 5년 항해를 책임질 선장을 이런 식으로 선출하는 것은 이젠 멈추어야 한다. 특히 언론의 역할이 중요하다. 정론직필의 사명을 다해야 한다. 우리 국민도 이제는 사실에 입각해서 검증할 능력을 갖추었다고 생각한다. 사람은 누구나 약한 면이 있는 법이다. 대한민국의 대통령을 정치철학이나 능력을 보고 뽑지 않고 부정적인 면을 들추어내어 떨어뜨리려고 드는 행태는 이제 끝내야 한다. 그런 의미에서 이번 대선 레이스를 보면서 국민의 마음속에 대통령의 자질 중에서 인격과 인성도 주요기준으로 삼으면 좋겠다는 생각을 해본다.

오늘날 가장 중대한 시대정신은 여전히 국민대통합이다. '불여인화不如人和'라고 했다. 그 어떠한 것도 인화만 못하다는 말이다. 화합과 단합으로 국운을 개척해야 한다. 애국심 없는 권력의지는 권력욕에 불과하다. 지도자는 국가에 대한 열정이 있어야 한다.

나는 지난 2019년 4월부터 2년간 '국가기후환경회의' 위원장으로 일했다. 문재인 대통령의 제안을 받았을 때 겸허한 마음으로 수락했다. 주변의 많은 사람이 이 정권에 왜 참여하려 드느냐고 심각하게 반대했었다. 2017년 대선 국면에서 배신자 프레임을 씌웠던 사람들이 아니냐고까지 했다. 해결하기 어려운 문제니까 책임을 떠넘기려는 것이라고 열을 올리기도 했다.

그러나 내가 해외에 나가서는 지속가능발전과 기후위기행동을 외치면서도 정작 국내의 미세먼지 문제 해결에 기여해달라는 정부의 요청을 회피하는 것은 어떤 이유로든 옳지 않다고 생각했다. 국민이 미세먼지로 고통받고 있는데 개인적 이유로 외면하는 것은 지도자가 취할 자세는 결코 아니라고 판단했다. 국가와 국민을 위해 때때로 흔쾌하게 자신을 내려놓을 줄도 알아야 한다.

나는 내가 이루고자 했던 꿈과 비전의 실현을 위해 앞으로도 내 모든 것을 바칠 것이다. 유엔 사무총장 10년의 경험은 국가와 국민이 함께 나눌 공공자산이라고 생각한다. 보람 있는 일을 더 포용적으로 실천하기 위해 지난 2019년 4월에 '보다나은미래를 위한 반기문재단'을 설립했다. 또한 외국에서의 활동을 위해 유엔의 제3본부가 소재한 오스트리아 수도 빈에 '반기문세계시민센터'를 설립했다. 그 외에도 유력한 각종 국제기구에 참여하면서 내 나름대로 기후위기, 지속가능발전, 인권신장 등을 위해 노력하고 있다. 나는 앞으로 어떠한 일에 대해서도 힘 있고 단호하게 말할 것이다. 나의 도움이 필요한 곳이라면, 또 내가 기여할 수 있는 곳이라면 어디든 달려갈 것이다. 희망과 용기를 나눌 수 있는 사람이라면 누구와도 만날 것이다.

나의 사랑, 나의 자랑 대한민국을 위하여!

미래의 우리 후손을 위하여!

그리고 보다 나은 지구촌의 미래를 위하여!

감사의 말

50년이 넘는 세월을 함께한 아내 유순택에게 특별히 감사한다. 아내는 헌신과 인내와 신뢰로 항상 나를 지지해주었고, 내가 난관에 부닥칠 때마다 이겨낼 수 있도록 용기를 북돋아 주었다. 사랑하는 아들딸 선용, 우현, 현희, 그리고 그들의 배우자 박성완, 유제영, 시드 채터지와 아이들에게도 대단히 고맙다. 이들은 모두 단지 내 가족이라는 이유로 긴 시간 인내하며 매사에 긴장을 늦추지 않고 살아왔다.

작가 벳시 피식에게 진심으로 감사한다. 그의 헌신과 열정적인 작업이 아니었다면 이 책은 세상에 나올 수 없었을 것이다.

사무부총장이었던 탄자니아의 아샤로즈 미기로와 스웨덴의 얀 엘리아손을 필두로 비서실장으로서 나를 보좌해준 인도의 비제이 남비아르, 아르헨티나의 수잔나 말코라, 과테말라의 에드먼드 물레트 등 고위 보좌진에게 깊이 감사한다. 다수의 사무차장 및 사무차장보, 그리고 그들과 함께 손발을 맞춰온 성실한 직원들에게도 고마움을 전한다. 특히 윤여철 대사, 장욱진, 엘리자베스 와이드만, 엘레나 스트로가노바, 김은하, 지안 딘, 그 밖에 불면의 밤을 숱하게 지새우며 내가 과업을 감당할 수 있도록 헌신적으로 노력한 많은 협조자들에게 감사를 드린다.

나의 비서실 차장으로 근무하다가 후에는 군축담당 사무차장으로 활약한 김원수 대사에게도 감사의 뜻을 표한다. 그리고 유엔의 여러 고위직에서 뛰어난 활약을 펼친 강경화 전 외교부 장관에게 감사드린다. 최영진, 박인국, 김숙, 오준, 조태열 대사는 내 재임 기간 중 유엔 주재 한국 대사로서 나를 업무적·개인적으로 지원해주었다.

이 책을 검토하는 데 귀한 시간을 할애해준 비제이 남비아르, 린 파스코, 제프리 펠트먼, 이반 시모노비치, 김숙, 정래권, 윤여철 대사와 로버트 오어 교수에게도 감사를 표한다.

나의 개인경호를 맡았던 버나드 로빈슨 경호대장과 토머스 브라이언트 경호부대장, 그리고 24시간 내내 성실히 소임을 다한 안전보안국의 경호관들에게도 늘 고마움을 느낀다.

연구원인 달리 텐 호브와 재닛 네일러 반덴아벨레의 지식, 호기심, 결단력은 이 책의 내용에 깊이를 더해주었다.

빠뜨릴 수 없는 감사할 사람들이 더 있다. '제니퍼 라이언스 문해 에이전시'의 제니퍼 라이언스는 나를 위해 최선의 노력을 다했다. 컬럼비아대학교 출판부의 제니퍼 크루 대표와 캘린 코브 편집장은 친절한 안내와 전폭적인 지원을 해주었다. 엘스비어의 지영석 회장은 전문적인 지도를 아끼지 않았다.

끝으로 세계 곳곳에서 유엔의 가치와 원칙을 받들어 봉직하다가 희생된 수많은 직원과 평화유지군에게 경건한 마음으로 이 책을 바친다.

2. 외교관 생활: 한국의 전통적 가치를 공유하기

1 United Nations Security Council Resolution 82, S/RES/82, June 25, 1950, https://undocs.org/S/RES/82(1950).

2 Patrick E. Tyler, "South Korean President Sides with Russia on Missile Defense," *New York Times*, February 27, 2001, https://www.nytimes.com/2001/02/27/world/south-korean-president-sides-with-russia-on-missile-defense.html.

3. 유엔 사무총장으로 선출되다: 지휘권을 확보하기

1 "Preamble," United Nations Charter, https://www.un.org/en/sections/un-charter/preamble/index.html.

2 Ban Ki-moon, "Address on Taking the Oath of Office in the General Assembly," United Nations Secretary-General, December 14, 2006, https://www.un.org/sg/en/content/sg/speeches/2006-12-14/address-taking-oath-office-general-assembly.

3 Roh Moo-hyun, "Address by President Roh Moo-hyun of the Republic of Korea at the High-Level Plenary Meeting of the 60th Session of the United Nations General Assembly," September 14, 2005, https://www.un.org/webcast/summit2005/statements/rok050914eng.pdf.

4 Association of Southeast Asian Nations, "Chairman's Statement of the 10th ASEAN Summit Vientiane, 29 November 2004," November 29, 2004, https://asean.org/?static_post=chairman-s-statement-of-the-10th-asean-summit-vientiane-29-november-2004.

5 Park Song-wu, "Minister Ban to Run for Top UN Job," *Korea Times*, February 14, 2006.

6 "Bolton Pushing for Female UNSG?," unsg.org, April 10, 2006, http://www.unsg.org/wordpress/2006/04/bolton-looking-for-woman-unsg/.

7 "Ban Takes 1st Straw Poll," unsg.org, July 24, 2006, http://www.unsg.org/wordpress/2006/07/ban-takes-1st-straw-poll/.

8 "Ban Firms Up Lead in Second Straw Poll," unsg.org, September 14, 2006, unsg.org/wordpress/2006/09/ban-firms-up-lead-in-second-straw-poll/.

9 "Ban Slips but Holds, Vike Freiberga Pushes Into Third," unsg.org, September 28, 2006, http://www.unsg.org/wordpress/2006/09/ban-slips-but-holds-vike-freiberga-pushes-into-third/.

10 "Ban Ki Moon Wins," unsg.org, October 2, 2006, http://www.unsg.org/wordpress/2006/10/first-color-coded-straw-poll-results/.

5. 협상: 상선약수

1 Zeid Ra'ad Al Hussein, *Denial of Access and Lack of Cooperation with UN Bodies Will Not Diminish Scrutiny of a State's Human Rights Record*, Human Rights Council, Thirty-Fifth Session, Opening Statement by United Nations High Commissioner for Human Rights, June 6, 2017, https://www.ohchr.org/EN/NewsEvents/Pages/DisplayNews.aspx?NewsID=21687&LangID=E.

2 United Nations Security Council, *Report of the Secretary-General on His Mission of Good Offices in Cyprus*, July 8, 2016, https://undocs.org/en/S/2016/599.

6. 북한: 다루기 어려운 형제 관계

1 United Nations Security Council Resolution 83, S/RES/83, June 25, 1950, https://undocs.org/S/RES/83(1950).

2 Allan R. Millett, "Korean War: 1950–953," *Britannica*, last updated September 10, 2020, https://www.britannica.com/event/Korean-War.

3 "Joint Declaration of the Denuclearization of the Korean Peninsula," January 20, 1992, https://peacemaker.un.org/sites/peacemaker.un.org/files/KR%20KP_920120_Joint-DeclarationDenuclearizationKoreanPeninsula.pdf.

4 Korean Peninsula Energy Development Organization, "Nuclear Threat Initiative," October 26, 2011, https://www.nti.org/learn/treaties-and-regimes/korean-peninsula-energy-development-organization-kedo/.

5 George W. Bush, "The President's State of the Union Address," January 29, 2002, https://georgewbush-whitehouse.archives.gov/news/releases/2002/01/20020129-11.html.

6 United Nations Office for Disarmament Affairs, "Treaty on the Non-Proliferation of Nuclear Weapons," https://www.un.org/disarmament/wmd/nuclear/npt/text; see also International Atomic Energy Agency, "Safeguards and Verification," https://www.iaea.org/topics/safeguards-and-verification.

7 United Nations Security Council, "Statement by the President of the Security Council," April 13, 2009, https://www.un.org/en/ga/search/view_doc.asp?symbol=S/PRST/2009/7.

8 "UN Chief Announces Rare Visit to DPR Korea, Aiming to Help Boost Cooperation on Peninsula," *UN News*, May 19, 2015, https://news.un.org/en/story/2015/05/499112-un-chief-announces-rare-visit-dpr-korea-aiming-help-boost-cooperation-peninsula.

9 "Secretary-General's Remarks at the Seoul Digital Forum," United Nations, May 20, 2015, https://www.un.org/sg/en/content/sg/statement/2015-05-20/secretary-generals-remarks-seoul-digital-forum.

10 "U.N. Chief Ban Ki-moon to Visit Pyongyang This Week," *Yonhap News Agency*, November 16, 2015, https://en.yna.co.kr/view/AEN20151116001453315.

11 John Hudson and Josh Dawsey, "Trump Botches North Korea Sanctions Announcement, Sparking Widespread Confusion," *Washington Post*, March 22, 2019, https://www.washingtonpost.com/world/national-security/trump-cancels-some-sanctions-aimed-at-north-korea-contradicting-treasury-dept/2019/03/22/6ecb2732-4cd0-11e9-93d0-64dbcf38ba41_story.html.

12 Choonsik Yoo, "North Korea's Economy Tanks as Sanctions, Drought Bite: South Korea," *Reuters*, updated July 25, 2019, https://www.reuters.com/article/us-northkorea-economy-gdp/north-koreas-economy-tanks-as-sanctions-drought-bite-south-korea-idUSKCN1UL08G.

13 Edith M. Lederer, "US Opposes Lifting Key Sanctions Against North Korea," *Associated Press*, December 18, 2019, https://apnews.com/article/8692b877d6c22548622056e263f25ec7.

14 Christy Lee, "Will Kim's Claim in Constitution Weaken Efforts to Denuclearize?," *Voice of America*, July 21, 2019, https://www.voanews.com/east-asia-pacific/will-kims-claim-constitution-weaken-efforts-denuclearize.

15 United Nations Security Council, *Report of the Panel of Experts Established Pursuant to Resolution 1874* (2009), August 30, 2019, https://undocs.org/S/2019/691.

7. 2001년 9월 11일: 합의의 복잡성

1 "Condemnation of Terrorist Attacks in the United States of America," Resolution A/RES/56/1, adopted by the UN General Assembly, September 18, 2001, https://digitallibrary.un.org/record/448065?ln=en.

8. 평화유지활동: 완벽한 합의 없이는 모든 단계가 전쟁터

1 For a full list of UN peace operations, see "List of Peacekeeping Operations 1948–2019," United Nations Peacekeeping, https://peacekeeping.un.org/sites/default/files/unpeacekeeping-operationlist_3_1_0.pdf.

2 "Fatalities," United Nations Peacekeeping, https://peacekeeping.un.org/en/fatalities.

3 "'Intervention Brigade' Authorized as Security Council Grants Mandate Renewal for United Nations Mission in Democratic Republic of Congo" (press release), United Nations, March 28, 2013, https://www.un.org/press/en/2013/sc10964.doc.htm.

9. 수단: 전범, 피난민 그리고 '반기무'라는 이름의 소

1 United Nations Security Council Resolution 1769, S/RES/1769, July 31, 2007, https://undocs.org/en/S/RES/1769(2007).

2 United Nations Security Council Resolution 1740, S/RES/1740, January 23, 2007, https://www.un.org/ga/search/view_doc.asp?symbol=S/RES/1740(2007).

3 "Secretary-General Appoints Geir O. Pedersen of Norway Special Coordinator for Lebanon" (press release), February 16, 2007, https://www.un.org/press/en/2007/sga1056.doc.htm.

4 United Nations Security Council Resolution 1778, S/RES/1778, September 25, 2007, https://undocs.org/en/S/RES/1778(2007).

5 United Nations Security Council Resolution 1996, S/RES/1996, July 8, 2011, https://undocs.org/S/RES/1996(2011).

6 International Criminal Court, "Situation in Darfur, Sudan: The Prosecutor v. Omar Hassan Ahmad Al Bashir," Case Information Sheet, updated April 2018, https://www.icc-cpi.int/CaseInformationSheets/AlBashirEng.pdf.

7 UNMIS became UNMISS in 2011.

10. 가자 지구: 컨베이어벨트 외교

1 United Nations Security Council Resolution 1860, S/RES/1860, January 8, 2009, https://undocs.org/S/RES/1860(2009).

2 "Data on Casualties," United Nations Office for the Coordination of Humanitarian Affairs in Occupied Palestinian Territory, https://www.ochaopt.org/data/casualties.

3 United Nations Human Rights Council, *Human Rights in Palestine and Other Occupied Arab Territories: Report of the United Nations Fact-Finding Mission on the Gaza Conflict*, A/HRC/12/48, September 25, 2009, https://www2.ohchr.org/english/bodies/hrcouncil/docs/12session/A-HRC-12-48.pdf.

4 United Nations Relief and Works Agency for Palestine Refugees in the Near East, *Updated Quick Response Plan for Gaza: An Assessment of Needs Six Months After the War*, July 2009, https://www.unrwa.org/sites/default/files/20100119144213.pdf.

5 "Data on casualties."

11. 아랍의 봄: 불만의 계절

1 Associated Press, "Tunisia: 11 Die in New Clashes After Weeks of Unrest," *Guardian*, January 9, 2011, https://www.theguardian.com/world/2011/

jan/09/tunisia-clashes-weeks-unrest.

2 Hélène Mulholland, "David Cameron Condemns 'Despicable' Violence in Egypt," *Guardian*, February 2, 2011, https://www.theguardian.com/politics/2011/feb/02/egypt-transition-of-power-david-cameron.

3 "Arab League Suspends Libya Delegation—TV," *Reuters*, February 22, 2011, https://www.reuters.com/article/libya-protests-league/arab-%C3%82%C2%ADleague-suspends-libya-delegation-tv-idUSLDE71L2GK20110222.

4 United Nations Security Council Resolution 1973, S/RES/1973, March 17, 2011, https://www.undocs.org/S/RES/1973(2011).

5 "Syria Death Toll: UN Envoy Estimates 400,000 Killed," *Al Jazeera*, April 23, 2016, https://www.aljazeera.com/news/2016/04/23/syria-death-toll-un-envoy-estimates-400000-killed/.

6 United Nations Office for the Coordination of Humanitarian Affairs, "UN Secretary-General Pays Tribute to Kuwaiti Amir for Humanitarian Leadership" Relief Web, https://reliefweb.int/sites/reliefweb.int/files/resources/Kuwait%20humanitarian%20award_press%20release%209%20Sept%202014.pdf.

12. 이란: 약속의 중요성

1 "Statements by President Obama, French President Sarkozy, and British Prime Minister Brown on Iranian Nuclear Facility," The White House, September 25, 2009, https://obamawhitehouse.archives.gov/the-press-office/2009/09/25/statements-president-obama-french-president-sarkozy-and-british-prime-mi.

2 "Inflation, Consumer Prices (Annual %)—Iran, Islamic Rep.," The World Bank, accessed October 10, 2020, https://data.worldbank.org/indicator/

FP.CPI.TOTL.ZG?end=2015&locations=IR&start=2000.

3 "Unemployment, Youth Total (% of Total Labor Force Ages 15-4) (National Estimate)," The World Bank, accessed October 4, 2020, https://data.worldbank.org/indicator/SL.UEM.1524.NE.ZS?end=2015&locations=IR&start=2000.

4 Ban Ki-moon, "Secretary-General's Remarks to the High-Level Segment of the 16th Non-Aligned Movement Summit," United Nations, August 30, 2012, https://www.un.org/sg/en/content/sg/statement/2012-08-30/secretary-generals-remarks-high-level-segment-16th-non-aligned.

5 "The World Factbook: Middle East: Iran," United States Central Intelligence Agency, last updated September 24, 2020, https://www.cia.gov/library/publications/the-world-factbook/geos/ir.html#People.

6 "Implementation of the Joint Plan of Action at a Glance," Arms Control Association, last updated August 2017, https://www.armscontrol.org/Implementation-of-the-Joint-Plan-of-Action-At-A-Glance.

7 Barack Obama, "Statement by the President on Iran," The White House, July 14, 2015, https://obamawhitehouse.archives.gov/the-press-office/2015/07/14/statement-president-iran.

8 United Nations Security Council Resolution 2231, S/RES/2231, July 20, 2015, https://www.undocs.org/S/RES/2231(2015).

9 Gardiner Harris and Jack Ewing, "U.S. to Restore Sanctions on Iran, Deepening Divide with Europe," *New York Times*, August 6, 2018, https://www.nytimes.com/2018/08/06/us/politics/iran-sanctions-trump.html.

13. 미얀마: 사이클론 나르기스가 은둔 국가의 문을 열다

1 Knut Ostby, "Statement by the United Nations Resident and Humanitarian Coordinator in Myanmar, Knut Ostby, Ten Years After Cyclone Nargis,"

May 2, 2018, https://myanmar.un.org/en/21807-statement-united-nations-resident-and-humanitarian-coordinator-myanmar-knut-ostby-ten-years.

2 "UKAID in Burma," Department for International Development, accessed November 12, 2020, https://reliefweb.int/sites/reliefweb.int/files/resources/B6115C470BC0B96D852576EF0058D317-Full_Report.pdf.

3 Ban Ki-moon, "Address to Union Assembly of the Republic of the Union of Myanmar," April 30, 2012, https://www.un.org/sg/en/content/sg/speeches/2012-04-30/address-union-assembly-republic-union-myanmar.

14. 스리랑카: 접근과 방치

1 Navanethem Pillay, "Serious Violations of International Law Committed in Sri Lanka Conflict: UN Human Rights Chief," Office of the United Nations High Commissioner for Human Rights, March 13, 2009, https://newsarchive.ohchr.org/en/NewsEvents/Pages/DisplayNews.aspx?NewsID=9499&LangID=E.

2 United Nations Security Council, "Press Statement on Sri Lanka" (press release), May 13, 2009, https://www.un.org/press/en/2009/sc9659.doc.htm.

3 Sri Lankan Ministry of Defence, "LTTE Defeated; Sri Lanka Liberated from Terror," May 18, 2009, https://web.archive.org/web/20090521113622/http:/www.defence.lk/new.asp?fname=20090518_10.

4 "Ban Arrives in Sri Lanka for First-Hand Look at Post-Conflict Situation," *UN News*, May 22, 2009, https://news.un.org/en/story/2009/05/300982.

5 "Joint Statement by United Nations Secretary-General, Government of Sri Lanka" (press release), May 26, 2009, https://www.un.org/press/en/2009/sg2151.doc.htm.

6 "Secretary-General Names Panel of Experts to Advise on Accountability for Possible Rights Violations During Sri Lanka Conflict" (press release),

June 22, 2010, https://www.un.org/press/en/2010/sgsm12967.doc.htm.

7 "Secretary-General Releases Expert Panel's Report on Accountability with Respect to Final Stages of Sri Lanka Conflict" (press release), April 25, 2011, https://www.un.org/press/en/2011/sgsm13524.doc.htm.

8 United Nations Human Rights Council Resolution 25/1, A/HRC/RES/25/1, April 9, 2014, https://undocs.org/A/HRC/RES/25/1.

9 United Nations Human Rights Council Document 30/61, *Comprehensive Report of the Office of the United Nations High Commissioner for Human Rights on Sri Lanka*, A/HRC/30/61, September 28, 2015, https://undocs.org/A/HRC/30/61.

10 Ban Ki-moon, "Secretary-General's Remarks at Youth Event in Galle, Sri Lanka: Reconciliation and Coexistence: The Role of Youth," September 1, 2016, https://www.un.org/sg/en/content/sg/statement/2016-09-01/secretary-general's-remarks-youth-event-galle-sri-lanka.

15. 아이티: 지진에서 비탄으로

1 United Nations Peacekeeping, "UN Mission's Contributions by Country—Month of Report: 31-Dec-09," December 31, 2009, https://peacekeeping.un.org/sites/default/files/dec09_5.pdf.

2 "Haitians in UN's Cash-for-Work Scheme Earn Income as They Help Their Country," *UN News*, January 26, 2010, https://news.un.org/en/story/2010/01/327652-haitians-uns-cash-work-scheme-earn-income-they-help-their-country.

3 "Billions Pledged at Donors' Conference as Ban Calls for Wholesale Rebuilding of Haiti," *UN News*, March 31, 2010, https://news.un.org/en/story/2010/03/334242-billions-pledged-donors-conference-ban-calls-wholesale-rebuilding-haiti.

4 United Nations General Assembly Document, *New Approach to Cholera in Haiti: Report of the Secretary-General*, A/71/895, May 3, 2017, https://undocs.org/A/71/895.

5 "U.N. Haiti Cholera Panel Avoids Blaming Peacekeepers," Reuters, May 5, 2011, https://www.reuters.com/article/us-haiti-cholera-panel/u-n-haiti-cholera-panel-avoids-blaming-peacekeepers-idUSTRE74457Q20110505.

6 David Ingram, "U.S Judge Rules Haitians Cannot Sue U.N. for Cholera Epidemic," *Reuters*, January 10, 2015, https://www.reuters.com/article/us-un-haiti-lawsuit-idUSKBN0KJ0PX20150110.

16. 인권: 천부적 자유와 평등

1 "Secretary-General's Encounter with the UN Press Corp" (statement), January 2, 2007, https://www.un.org/sg/en/content/sg/press-encounter/2007-01-02/secretary-generals-encounter-un-press-corps.

2 "A Status Quo Secretary General" (editorial), *New York Times*, January 6, 2007, https://www.nytimes.com/2007/01/06/opinion/06sat3.html.

3 "General Assembly Adopts Landmark Text Calling for Moratorium on Death Penalty" (press release), General Assembly, December 18, 2007, https://www.un.org/press/en/2007/ga10678.doc.htm.

4 Ban Ki-moon, "Secretary-General Defends, Clarifies 'Responsibility to Protect' at Berlin Event on 'Responsible Sovereignty: International Cooperation for a Changed World' " (press release), Secretary-General, July 15, 2008, https://www.un.org/press/en/2008/sgsm11701.doc.htm.

5 Francis Deng, Sadikiel Kimaro, Terrence Lyons, Donald Rothchild, and I. William Zartman, *Sovereignty as Responsibility: Conflict Management in Africa* (Washington, DC: Brookings Institution Press, 1996).

6 Ban Ki-moon, "Implementing the Responsibility to Protect: Report of

the Secretary-General," United Nations General Assembly Document, A/63/677, January 12, 2009, https://undocs.org/en/A/63/677.

7 "Security Council Approves 'No-Fly Zone' Over Libya, Authorizing 'All Necessary Measures' to Protect Civilians, by Vote of 10 in Favour with 5 Abstentions" (press release), Security Council, March 17, 2011, https://www.un.org/press/en/2011/sc10200.doc.htm.

8 Mabvuto Banda, "Malawi Pardons Gay Couple During UN Chief's Visit," *Reuters*, May 29, 2010, https://www.reuters.com/article/idINIndia-48907720100530.

9 "Ban Calls for End to Violence and Discrimination Against Lesbian, Gay, Bisexual, and Transgender People," UN News, December 11, 2012, https://news.un.org/en/story/2012/12/428052-ban-calls-end-violence-and-discrimination-against-lesbian-gay-bisexual-and.

10 "Stand Up for Equal Rights & Fair Treatment for Lesbian, Gay, Bi, Trans, & Intersex People Everywhere," UN Free & Equal (website), accessed November 12, 2020, https://www.unfe.org/.

11 Rose Troup Buchanan, "Robert Mugabe Tells UN General Assembly: 'We Are Not Gays!'," *Independent*, September 29, 2015, https://www.independent.co.uk/news/people/robert-mugabe-tells-un-general-assembly-we-are-not-gays-a6671316.html.

12 Office of the High Commissioner on Human Rights, "Independent Expert on Sexual Orientation and Gender Identity," accessed June 30, 2019, https://www.ohchr.org/EN/Issues/SexualOrientationGender/Pages/Index.aspx.

17. 여성: 유엔과 전 세계에 걸친 기회의 확대

1 UN Women, *Beijing Declaration and Platform for Action* (New York:

United Nations, 1995, repr, 2014), https://beijing20.unwomen.org/~/media/headquarters/attachments/sections/csw/pfa_e_final_web.pdf.

2 "Goal 1: End Poverty in All Its Forms Everywhere," *United Nations Sustainable Development Goals*, accessed October 5, 2020, https://www.un.org/sustainabledevelopment/poverty/.

3 United Nations Security Council Resolution 1325, S/RES/1325, October 31, 2000, https://undocs.org/en/S/RES/1325(2000).

4 "Gender," United Nations Peacekeeping, accessed October 5, 2020, https://peacekeeping.un.org/en/gender.

18. 지속가능개발목표: 만인의 존엄성을 위하여

1 Harlem Brundtland, *Our Common Future* (Geneva, Switzerland: World Commission on Environment and Development, 1987).

2 *The Future We Want*, United Nations Conference on Sustainable Deve-lopment, Rio de Janeiro, Brazil, June 20–22, 2012, https://sustainabledevelopment.un.org/content/documents/733FutureWeWant.pdf.

3 *The Road to Dignity by 2030: Ending Poverty, Transforming All Lives and Protecting the Planet*, United Nations, December 4, 2014, https://www.un.org/ga/search/view_doc.asp?symbol=A/69/700&Lang=E.

4 *Investing in the SDGs: An Action Plan for Promoting Private Sector Contributions*, World Investment Report, chap. 4, 2014, https://unctad.org/en/PublicationChapters/wir2014ch4_en.pdf.

5 Global Commission on Adaptation, *Adapt Now: A Global Call for Leadership on Climate Resilience*, updated September 13, 2019, https://cdn.gca.org/assets/2019-09/GlobalCommission_Report_FINAL.pdf.

6 "Malala Yousafzai Urges World Leaders at UN to Promise Safe, Quality Education for Every Child," *UN News*, September 25, 2015, https://news.

un.org/en/story/2015/09/509752-malala-yousafzai-urges-world-leaders-un-promise-safe-quality-education-every.

20. 세계의 보건: 함께 예방하고 억제하고 치료하기

1 Michael R. Snyder, "What Role for UN Peacekeepers in Tackling Ebola?," International Peace Institute Global Observatory, September 8, 2014, https://theglobalobservatory.org/2014/09/role-un-peacekeepers-unmil-tackling-ebola/.

2 World Bank Group, "World Bank Group Pledges Additional $100 Million to Speed New Health Workers to Ebola-Stricken Countries," October 30, 2014, https://www.worldbank.org/en/news/press-release/2014/10/30/world-bank-group-additional-100-million-new-health-workers-ebola-stricken-countries.

3 World Health Organization, "Poliomyelitis," July 22, 2019, https://www.who.int/en/news-room/fact-sheets/detail/poliomyelitis.

21. 책임: 정의 없이는 평화도 없다

1 United Nations Security Council Resolution 1757, S/RES/1757, May 30, 2007, https://undocs.org/S/RES/1757(2007).

2 United Nations Security Council Resolution 1975, S/RES/1975, March 30, 2011, https://undocs.org/S/RES/1975(2011).

3 "Lavrov Questions Use of Force in Ivory Coast," *Moscow Times*, April 5, 2011, https://www.themoscowtimes.com/2011/04/05/lavrov-questions-use-of-force-in-ivory-coast-a6104.

4 International Criminal Court, "Situation in Cote d'Ivoire: The Prosecutor v. Laurent Gbagbo and Charles Ble Goude" (Case Information Sheet), September 2019, https://www.icc-cpi.int/CaseInformationSheets/gbagbo-

goudeEng.pdf.

5 Office of the High Commissioner for Human Rights, *Democratic Republic of the Congo*, 1993–2003, United Nations, August 2010, https://www.ohchr.org/Documents/Countries/CD/DRC_MAPPING_REPORT_FINAL_EN.pdf.

22. 유엔 개혁: 미래를 위해 예비한 공간

1 "Secretary-General Makes Public His Financial Disclosure Statement," *UN News*, January 26, 2007, https://news.un.org/en/story/2007/01/206992-secretary-general-makes-public-his-financial-disclosure-statement.

2 Ban Ki-moon, *Towards a Global, Dynamic and Adaptable Workforce Mobility*, United Nations General Assembly Document 68/358, September 3, 2013, https://undocs.org/en/A/68/358.

3 David W. Dunlap, "Retiring a U.N. Building Not Quite Fit for the World Stage," *New York Times*, January 6, 2016, https://www.nytimes.com/2016/01/07/nyregion/retiring-a-un-building-not-quite-fit-for-the-world-stage.html.

ㄴ

ㄷ

ㄹ

ㅁ

ㅂ

ㅅ

ㅇ

ㅈ

ㅌ

ㅍ

ㅎ

Ki Moon Ban